प्राचीन भारतीय अभिलेख

प्राचीन भारतीय अभिलेख

ANCIENT INDIAN INSCRIPTIONS

पं० गौरीशङ्कर हीराचन्द ओझा

भारतीय कला प्रकाशन

दिल्ली (भारत)

प्रथम संस्करण : सन् 1918
संशोधित संस्करण : 2006
संशोधित संस्करण : 2024

Published by C.P. Gautam *for*
BHARATIYA KALA PRAKASHAN
3480/1, Ground Floor, Narang Colony,
Tri Nagar, Delhi - 110035,
Contact No. : 011 71522860, 9811642997, 8595139625,
E-mail : info@bkpbooks.com; sales.bkpbooks@gmail.com
Website: www.bkpbooks.com

ISBN : 978-81-8090-092-1

लेजर टाईप सेटिंग :
ए-वन ग्राफिक्स
जेडी-18सी, द्वितीय तल, पीतमपुरा,
दिल्ली-58

मुद्रित :
डी. के. फाइन आर्ट प्रेस दिल्ली 110052

PREFACE

Up to the dawn of the nineteenth century the early history of India was practically a sealed book to the world. Little material for a true history of the country was available even to scholars who could understand and appreciate the different stages through which the people of this great and ancient country had passed during the last three or four thousand years. The political changes and social disintegration which marked the eight or ten centuries preceding the arrival of the British in India left little opportunity of inclination in people to study the history or the literature of their country. With the advent of the English and the gradual opening up of the different parts of the country, an interest in its history and literature was awakened and scholars took to a study of Sanskrit literature and philosophy. This gave rise to a study of Indian archaeology which has since the beginning of the last century brought to light much important material for a proper and systematic reconstruction of the history of India. A knowledge of Indian Palaeography, however, is essential for a study of Indian archaeology. Ignorance of ancient Indian scripts and the consequent inability to read inscriptions on stone, copper plates and coins contributed not a little to the confused and incorrect ideas on Indian history, which prevailed in the country for a long time, Whatever light modern researches have cast on the dark pages of the early history of this country is due, to a large extent, to the labours of the pioneers among European scholars who succeeded in tracing out the various forms through which the Indian alphabets have passed. The complete reading of the Brāhmī and Kharoṣṭhī characters by Princep and other marks the beginning of much valuable works done by European and Indian scholars, without which our present knowledge of the early history of Indian would have been impossible.

To a student of the early history of Indian a thorough acquaintance with the various alphabets in use in ancient India and their correlation is necessary. The great obstacle, however, to the cultivation of the study of Indian Palaeography was the absence of a single book dealing with the subject as a whole a—book by means of which the subject could be studied without the help of a teacher. The materials for such study are to be found in English and other European language. Numerous facsimilies transcripts translation dissertations, comments and criticisms have, from time to time, appeared in various Government publications and the journals of learned societies. The volume and expense to these publications, however, place them out of the reach of the ordinary student who has no means of referring to them unless he happens to reside in a large town which has a good library.

To meet this want I published, as early as 1894 A.D., Prāchīna Lipimālā or 'The Palaeography of India in Hindi. It was the first book of its kind in any language and was much appreciated by European and Indian scholars. It gave am impetus to the study of the subject, and many Indian and European scholars found the book useful for a study of Indian Palaeography. The Indian Universities too included Palaeography as an optional subject for the M.A degree and the book was used by students going up for that examination. The demand was so great that the first edition was sold out in a few years, and copies were not available even when twenty times the original price was offered for them.

The book therefore, apears to have supplied a widely-felt want, and I have, from time to time, received letters urging me to bring out a second edition of the book. In doing so, I have thoroughly revised and rewritten the whole of the subject matter.

Archaeology has made great progress in India during the last 25 years, owing to the important research work of various scholars and to the impetus given to the study of the subject by the reorganisation of the Archaeological Department by Lord Curzon. A mere reprint of the first edition would therefore, have rendered the book very incomplete as a work of reference. I have, therefore, incorporated in it the results of recent researches on the subject. The present edition has, in consequence, increased to thrice the bulk of the original book.

The book naturally divides itself into two parts, the first Descriptive and the second Illustrative. The first part contains the following chapters:—

I. The antiquity of the art of writing in Ancient India.

II. The origin of the Brāhmī alphabet.

III. The orgin of the Kharoṣṭhī alphabet.

IV. The history of the decipherment of ancient characters.

V. The Brāhmī script (Plates1-15)

VI. The Gupta script (Plates16-17)

VII. The Kuṭila script (Plates 18-23)

VIII. The Nāgarī script (Plates 24-27)

IX. The Śāradā script (Plates 28-31)

X. The Bangālī script (Plates 32-35)

XI. The Western script (Plates 36-40)

XII. The script of the Central Provinces (plates 41-42)

XIII. The Telugu-Canarese script (Plates 43-51)

XIV. The Grantha script (Plates 52-56)

XV. The Kalinga script (Plates 57-59)

XVI. The Tāmli script (Plates 60-62)

XVII. The Vaṭṭeluttu script (Plates 63-64)

XVIII. The Kharoṣṭhī script (Plates 65-70)

XIX. Numerical symbol and figures of the Brāhmī and other script derived from it (Plates 71-76)

XX. Numerical symbol of the Kharoṣṭhī script (Plates 76, last chart).

XXI. The principal Indian scripts of the present day (Plates 77-81).

XXIII. Evolution of the principal Indian script of the present day (Plates 82 84).

XXIII. Evolution of the present Nāgarī nurmerals (Plates 84, last chart).

XXIV. Writing materials.

I have, where necessary, given the opinions of various writers and my reasons for agreeing with or dissenting from their views.

An appendix follows containing a dissertation on the epochs of various eras used in India, viz:—

Saptarṣī Kaliyuga, Vīra-Nirvāṇa, Buddha-Nirvāṇa, Maurya Selucidi, Vikrama, Śaka Kalachuri, Gupta, Gāngeya, Harsha, Kollam Nevāra Chālukya Vikrama, Lakṣmaṇasena, Puduveppu, Rājyābhiṣeka, Bārhaspatya, Grahaparivṛītti, solar and lunar years, Hijri, Śāhūra, Faslī Vilāyatī, Amīl, Bengali Magi and Christian eras.

The second párt comprises 84 plates. The relation of the various plates to defferent chapters of the text has been detailed above.

In the plates 1-70 dealing with the various scripts, covering the period from the 3rd century B.C to the 16th centry A.D the following method has been adopted:—

> Vowels, consonants, consonants with vowel particles, conjunct consonants and special symbol or formations are selected from important inscriptions, copper-plates, coins and manuscripts of the period in question and arranged in proper order under the corresponding Nāgarī characters. Then follow a few lines from the same sources in original for exercise in deciphering. The characteristics of each script and special formations are traced and explained in the chapter relating to the plate, which also contains a Nāgarī transcript of the lines given for exercise.

Extracts in original are not given for exercise in plates 60-64, as all inscriptions found in these characters are in Tāmil language and not Sanskrit.

I trust that those interested in the subject will find in this book all that is required for the beginner and that my book will arouse interest among my countrymen and induce them to follow this fascinating study, which has helped, and will continue to help, the restoration of an authentic history of India. Should it prove so, my labours will have been more than amply rewarded.

GAURISHANKAR HIRACHAND OJHA

भूमिका

प्राचीन काल में आर्य जाति विद्या और सभ्यता में सर्वोच्च पद पा चुकी थी और एशिया खण्ड ही आर्यों की सभ्यता का मूल स्थान था जहां से बहुधा दुनिया भर में धर्म, विद्या और सभ्यता का प्रचार हुआ, एशिया में भारत, ईरान और असारिया वाले तथा अफ्रिका में मिस्र वाले बड़ी उन्नत दशा को पहुंचे थे, परंतु परिवर्तनशील समय किसी को सर्वदा एक दशा में नहीं रहने देता, अनेक राष्ट्रविप्लव होते होते ईरान, असीरिया और मिस्र वाले तो अपने प्राचीन साहित्य आदि के उत्तराधिकारी न रहे परंतु भारतवर्ष के आर्य लोगों ने वैसी ही अनेक आपत्तियां सहने पर भी अपनी प्राचीन सभ्यता के गौरवरूपी अपने प्राचीन साहित्य को बहुत कुछ बचा रखा और विद्या के संबंध में सारे भूमण्डल के लोग थोड़े बहुत उनके ऋणी हैं।

ऐसे प्राचीन गौरव वाले भारतवर्ष का मुसलमानों के यहां आने के पहले का शृंखलाबद्ध इतिहास, जिसे आधुनिक काल के विद्वान् वास्तविक इतिहास कह सकें, नहीं मिलता। भारतवर्ष बड़ा ही विस्तीर्ण देश है, जहां पर प्राचीन काल से ही एक ही राजा का राज्य नहीं रहा किंतु समय-समय पर अनेक स्वतंत्र राज्यों का उदय और अस्त होता रहा; विदेशियों के अनेक आक्रमणों से प्राचीन नगर नष्ट होते और उन पर नये बसते गये और मुसलमानों के समय में तो राजपूताने के बड़े अंश को छोड़ कर भारतवर्ष के बहुधा सब हिंदू राज्य अस्त हो गये इतना ही नहीं किंतु बहुत से प्राचीन नगर, मंदिर, मठ आदि धर्मस्थान तथा प्राचीन पुस्तकालय नष्ट कर दिये गये। ऐसी दशा में इस विशाल देश के शृंखलाबद्ध प्राचीन इतिहास का मिलना सर्वथा असंभव है, परंतु यह निर्विवाद है कि यहां वाले इतिहास विद्या के प्रेमी अवश्य थे और समय-समय पर इतिहास से संबंध रखने वाले अनेक ग्रंथ यहां लिखे गये थे। वैदिक साहित्य आर्यों की प्राचीन दशा का विस्तृत हाल प्रकट करता है। रामायण में रघुवंश का और महाभारत में कुरुवंश का विस्तृत इतिहास एवं उस समय की इस देश की दशा तथा लोगों के आचार-विचार आदि का वर्णन मिलता है। मत्स्य, वायु, विष्णु और भागवत आदि पुराणों में सूर्य और चंद्रवंशी राजाओं की प्राचीन काल से लगा कर भारत के युद्ध के पीछे की कई शताब्दियों तक की वंशावलियां, कितने एक राजाओं का कुछ-कुछ वृत्तांत एवं नंद, मौर्य, शुंग, काण्व और आंध्रवंशी राजाओं की नामावलियां तथा प्रत्येक राजा के राजत्वकाल के वर्षों की संख्या तक मिलती है, आंध्रों के पीछे के समय में भी अनेक ऐतिहासिक पुस्तक लिखी गयी थीं जिनमें से बाणभट्टरचित 'हर्षचरित'; वाक्यपतिराज का 'गउडवहो';

पद्मगुप्त(परिमल) प्रणीत 'नवसाहसांकचरित'; बिल्हण का 'विक्रमांकदेवचरित'; संध्याकरनंदिरचित 'रामचरित';, कल्हण तथा जोनराज की 'राजतरंगिणी'; हेम चन्द्ररचित 'द्वाश्रयकाव्य' तथा 'कुमारपालचरित'; जयानक (जयरथ) का 'पृथ्वीराजविजय'; सोमेश्वर की 'कीर्तिकौमुदी'; अरिसिंहरचित 'सुकृतसंकीर्तन'; जयसिंहसूरि का 'हंमीरमदमर्दन'; मेरुतुंग का 'प्रबंधचिंतामणि'; राजशेखर का 'चतुर्विंशतिप्रबंध'; चंद्रप्रभसूरिप्रणीत 'प्रभावकचरित'; गंगादेवीरचित 'कंपरायचरितम्' (मधुराविजयम्); जयसिंहसूरि, चारित्रसुंदरगणि तथा जिनमंडनोपाध्याय के भिन्न-भिन्न तीन 'कुमारपालचरित'; जिनहर्षगणि का 'वस्तुपालचरित'; नयचंद्रसूरिप्रणीत 'हंमीरमहाकाव्य'; आनंदभट्ट का 'बल्लालचरित'; गंगाधर पंडितरचित 'मंडलीकमहाकाव्य'; राजनाथ का 'अच्युतराजाभ्युदयकाव्य'; तथा 'मूषकवंशम्'; आदि कई ग्रंथ अब तक मिल चुके हैं और नये मिलते जाते हैं। इनके अतिरिक्त हिंदी, गुजराती और तामिल आदि भाषाओं में लिखी हुई कई ऐतिहासिक पुस्तकें मिली हैं, परंतु ये सब पुस्तक भी इस विस्तीर्ण देश पर राज्य करने वाले अनेक राजवंशों में से थोड़े-से का कुछ इतिहास प्रकट करती हैं। इनमें बड़ी त्रुटि यह है कि बहुधा संवतों का तो अभाव ही है, और ये शुद्ध इतिहास की दृष्टि से नहीं किंतु काव्यरूप में अतिशयोक्ति से लिखे गये हैं।

बुद्ध के समय से इधर का इतिहास जानने के लिये धर्मबुद्धि से अनेक राजवंशियों और धनाढ्य पुरुषों के बनवाये हुए बहुत से स्तूप, मंदिर, गुफा, तालाब, बावड़ी आदि पर लगाये हुए एवं स्तंभों और मूर्तियों के आसनों पर खुदे हुए अनेक लेख, जो मुसलमानों से बचने पाये तथा मंदिर मठ आदि के अर्पण की हुई अथवा ब्राह्मणादि को दी हुई भूमि के दानपत्र एवं अनेक राजाओं के सिक्के, जो सांप्रतकाल में सत्य इतिहास के मुख्य साधन माने जाते हैं, बहुतायत के साथ उपलब्ध होने से उनके द्वारा बहुत कुछ प्राचीन इतिहास मालूम हो सकता था; परंतु उनकी ओर किसी ने दृष्टि न दी और समय के साथ लिपियों में परिवर्तन होते रहने से प्राचीन लिपियों का पढ़ना भी लोग भूल गये जिससे इतिहास के ये अमूल्य साधन हर एक प्रदेश में, कहीं अधिक कहीं कम, उपस्थित होने पर भी निरुपयोगी हो गये।

दिल्ली के सुल्तान फीरोज़शाह तुगलक ने अशोक के लेख वाले दो स्तंभ लाकर दिल्ली में खड़े करवाये। उन पर के लेखों का आशय जानने के लिये सुल्तान ने बहुत से विद्वानों को एकत्र किया परन्तु वे उन लेखों को न पढ़ सके। ऐसा भी कहते हैं कि बादशाह अकबर को भी उन लेखों का आशय जानने में बहुत कुछ जिज्ञासा रही परंतु उस समय एक भी ऐसा विद्वान् न था कि उनको पढ़ कर बादशाह की जिज्ञासा पूर्ण कर सकता। प्राचीन लिपियों का पढ़ना भूल जाने के कारण जब कहीं ऐसा प्राचीन लेख मिल जाता है कि जिसके अक्षर पढ़े नहीं जाते तो उसको देखकर लोग अनेक कल्पना करते हैं। कोई उसके अक्षरों को देवताओं के अक्षर बतलाते हैं, कोई गड़े हुए धन का बीजक कहते और कोई उसको सिद्धिदायक यंत्र बतलाते हैं। इस अज्ञान के कारण प्राचीन वस्तुओं की कुछ भी कद्र न रही इतना ही नहीं किंतु टूटे हुए मंदिरों आदि के शिलालेख तोड़-फोड़ कर कहीं मामूली पत्थरों की तरह चिनाई के काम में लाये गये; कहीं उनकी भंग,

मसाला आदि पीसने की सिलाएं बनाई गईं; और कहीं नये मंदिर, मकान की सीढ़ियां, छबने आदि बनाने में भी वे काम लाये गये जिसके अनेक उदाहरण मिले हैं। कई प्राचीन ताम्रपत्र तांबे के भाव बेचे जा कर उनके बरतन बनाये गये, सोने चांदी के असंख्य सिक्के गलाये जा कर उनके जेवर बने और अब तक बनते जाते हैं। तांबे के प्राचीन सिक्के तो अब तक सालाना मनों गलाये जाते हैं।

विद्या की अवनति के साथ हमारे यहां के प्राचीन इतिहास की बची खुची सामग्री की यह दशा हुई। प्राचीन ऐतिहासिक पुस्तकों का मिलना भी सर्व-साधारण के लिये कठिन हो गया जिस से प्राय: १७५ वर्ष ही पहले तक इस देश के मुसलमानों के पूर्व के इतिहास की यह दशा थी कि विक्रम, बापारावल, भोज, सिद्धराज जयसिंह, पृथ्वीसिंह, जयचंद, रावल समरसी (समरसिंह) आदि प्रसिद्ध राजाओं के नाममात्र सुनने में आते थे परंतु यह कोई नहीं जानता था कि वे कब हुए और उनके पहले उन वंशों में कौन-कौन से राजा हुए। भोज का चरित्र लिखने वाले बल्लाल पंडित को भी यह मालूम न था कि मुंज (वाक्पतिराज) सिंधुराज (सिंधुल) का बड़ा भाई था और उसके मारे जाने पर सिंधुराज को राज्य मिला था, क्योंकि 'भोजप्रबन्ध' में सिंधुल (सिंधुराज) के मरने पर उसके छोटे भाई मुंज का राजा होना लिखा है। जब भोज का इतिहास लिखने वाले को भी भोज के वंश के इतिहास का सामान्य ज्ञान भी न था तब सर्वसाधारण में ऐतिहासिक ज्ञान की क्या अवस्था होनी चाहिये यह सहज ही अनुमान हो सकता है। ऐसी दशा में बड़वों (भाटों), जागों आदि ने राजाओं की ई० स० की १४वीं शताब्दी के पूर्व की वंशावलिया गढ़ंत कर सैंकड़ों मनमाने नाम उनमें दर्ज कर दिये और वे पुस्तक भी इतिहास के सच्चे साधन और अमूल्य समझे जा कर बहुत गुप्त रखे जाने लगीं।

इस देश पर अंग्रेजी सरकार का राज्य होने पर देशभर में फिर शांति का प्रचार हुआ। कलकत्ता अंग्रेजों सरकार की राजधानी बना और विद्या का सूर्य, जो कई शताब्दियों से अस्त सा हो रहा था, फिर उदय हुआ, पश्चिम शैली से अंग्रेजी की पढ़ाई शुरू होने के साथ संस्कृत और देशी भाषाओं की पढ़ाई भी होने लगी। कई अंग्रेज़ों ने केवल विद्यानुराग से संस्कृत पढ़ना शुरू किया और सर विलियम जोन्स ने शाकुंतल नाटक का अंग्रेज़ी अनुवाद किया जिससे कविकुल गुरु कालिदास को यूरोप के सर्वोत्तम कवि शेक्सपियर का पद मिला। इतना ही नहीं किंतु हिंदुओं का संस्कृत साहित्य कितनी उच्च कोटि का है यह दुनिया को मालूम हुआ और क्रमश: यूरोप में भी संस्कृत का पठनपाठन शुरू हुआ।

ई० संवत् १७८४ में सर विलियम् जोन्स के यत्न से एशिया के इतिहास, शिल्प, साहित्य आदि के शोध के लिये कलकत्ते में 'एशियाटिक सोसाइटी बंगाल' नाम का समाज स्थापित हुआ। तब से ही भारतवर्ष के प्राचीन इतिहास की खोज का प्रारंभ हुआ मानना चाहिये। कई अंग्रेज और देशी विद्वानों ने समाज का उद्देश्य सफल करने को लेख लिखे जो ई० स० १७८८ में 'एशियाटिक रिसर्चेस' (एशियासंबंधी शोध) नामक ग्रंथमाला की पहली जिल्द में प्रकाशित हुए और ई० स० १७६७ तक उक्त ग्रंथमाला की ५ जिल्दें प्रकट हुईं ई० स० १७६८ में उनका नया संस्करण चोरी

से ही इंग्लैण्ड में छापा गया। उनकी मांग यहां तक बढ़ीं कि पांच छः बरसों में ही उनके दो और संस्करण छप गये और एम० ए० लेबोम् नामक विद्वान् ने 'रिसर्चेज् एशियाटिकस्' नाम से उनका फ्रेंच अनुवाद भी छाप डाला जिसकी बहुत कुछ प्रशंसा हुई। ई० स० १८३९ तक उक्त ग्रंथमाला की २० जिल्दें छप गईं फिर उसका छपना तो बंद हो गया परंतु ई० सं० १८३२ से 'जर्नल ऑफ दी एशियाटिक सोसाइटी ऑफ बंगाल' नामक उक्त समाज का सामयिक पत्र निकलना प्रारंभ हुआ जो अब तक साक्षर वर्ग की बड़ी सेवा कर रहा है।

इस प्रकार उक्त समाज के द्वारा एशिया के प्राचीन शोध की ओर यूरोप में भी विद्वानों का ध्यान गया और ई० स० १८२३ के मार्च में लंदन नगर में उसी उद्देश्य से 'रॉयल एशियाटिक सोसायईटी' नामक समाज स्थापित हुआ और उसकी शाखाएं बंबई और सीलोन में भी स्थापित हुईं। ऐसे ही समय-समय पर फ्रांस, जर्मनी, इटली आदि यूरोप के अन्य देशों तथा अमेरिका, जापान आदि में भी एशिया संबंधी भिन्न-भिन्न विषयों के शोध के लिये समाज स्थापित हुए जिनके जर्नलों (सामयिक पुस्तकों) में भारतवर्ष के प्राचीन शोधसंबंधी विषयों पर अनेक लेख प्रकट हुए और होते ही जा रहे हैं। यूरोप के कई विद्वानों ने चीनी, तिब्बती, पाली, अरबी आदि भाषाएं पढ़ कर उनमें से जो कुछ सामग्री भारतवर्ष के प्राचीन इतिहास पर प्रकाश डालने वाली थी वह एकत्रित कर बहुत कुछ प्रकाशित की।

एशियाटिक सोसाइटी बंगाल के द्वारा कार्य आरंभ होते ही कई विद्वान् अपनी-अपनी रुचि के अनुसार भिन्न-भिन्न विषयों के शोध में लगे। कितने एक विद्वानों ने यहां के ऐतिहासिक शोध में लग कर प्राचीन शिलालेख, दानपत्र और सिक्कों का टटोलना शुरू किया। इस प्रकार भारतवर्ष की प्राचीन लिपियों पर विद्वानों की दृष्टि पड़ी; भारतवर्ष जैसे विशाल देश में लेखनशैली के प्रवाह ने लेखकों की भिन्न रुचि के अनुसार भिन्न-भिन्न मार्ग ग्रहण किये थे जिससे प्राचीन ब्राह्मी लिपि से गुप्त, कुटिल, नागरी, शारदा, बंगला, पश्चिमी, मध्यप्रदेशी, तेलुगु-कन्नड़ी, ग्रंथ, कलिंग तामिल आदि अनेक लिपियां निकलीं और समय-समय पर उनके कई रूपांतर होते गये जिससे सारे देश की प्राचीन लिपियों का पढ़ना कठिन हो गया था; परंतु चार्ल्स विल्किन्स, पंडित राधाकांत शर्मा, कर्नल जेम्स टॉड के गुरु यति ज्ञानचंद्र, डॉक्टर बी० जी० वंबिगटन्, वाल्टर इलियट्, डॉ० मिल, डब्ल्यू, एच वॉथन्, जेम्स प्रिंसेप आदि विद्वानों ने ब्राह्मी और उससे निकली हुईं उपर्युक्त लिपियों को बड़े परिश्रम से पढ़ कर उनकी वर्ण-मालाओं का ज्ञान प्राप्त किया। इसी तरह जेम्स प्रिन्सेप, मि० नॉरिस तथा जनरल कनिंघम आदि विद्वानों के श्रम से विदेशी खरोष्ठी लिपि की वर्णमाला भी मालूम हो गई। इन सब विद्वानों का यत्न प्रशंसनीय है परंतु जेम्स प्रिन्सेप का अगाध श्रम, जिससे अशोक के समय की ब्राह्मी लिपि का तथा खरोष्ठी लिपि के कई अक्षरों का ज्ञान प्राप्त हुआ, विशेष प्रशंसा के योग्य है। (प्राचीन लिपियों के पढ़े जाने के वृत्तान्त के लिये देखो, इस पुस्तक के पृष्ठ ३७-४१)

प्रारम्भ में इस देश में प्राचीन शोध के संबंध में जो कुछ कार्य हुआ वह भिन्न-भिन्न विद्वानों और समाजों के द्वारा ही होता रहा। ई० सं० १८४४ में रॉयल एशियाटिक ने सरकारी तौर से भी

इस कार्य का किया जाना आवश्यक समझ कर ईस्ट इंडिया कंपनी की सेवा में निवेदन किया और ई० स० १८४७ में लॉर्ड हार्डिज के प्रस्ताव पर 'बोर्ड ऑफ डायरेक्टर्स' ने भी इस काम के लिये खर्च की मंजूरी दी परंतु ई० स० १८६० तक उसका स्वास्तविक फल कुछ भी न हुआ। ई० स० १८६१ में संयुक्त प्रदेश के चीफ इंजीनियर कर्नल ए० कनिंगहाम ने इस विषय की योजना तैयार कर भारत के गवर्नर जनरल लॉर्ड कनिंग की सेवा में पेश की जो स्वीकृत हुई और सरकार की ओर से 'आर्कियालोजिकल सर्वे' नामक महकमा कायम हुआ तथा जनरल कनिंगहाम उसके अध्यक्ष नियत हुए। सरकार के इस बड़े उपयोगी कार्य को हाथ में लेने से प्राचीन शोध के काम में बहुत कुछ उन्नति हुई। जनरल कनिंगहाम ने उत्तरी और डॉ० जेम्स बजस ने पश्चिमी व दक्षिणी भारत में प्राचीन शोध का कार्य किया। इन दोनों विद्वानों ने कई उत्तम रिपोर्ट छाप कर बड़ी प्रतिष्ठा प्राप्त की। ई० स० १८७२ से डॉ० बर्जेस ने 'इंडियन ऐंटिक्वेरी' नामक भारतीय प्राचीन शोध का मासिक पत्र निकालना प्रारम्भ किया जो अब तक चल रहा है और जिसमें प्राचीन शोध संबंधी लेखों के अतिरिक्त अनेक शिलालेख ताम्रपत्र और सिक्के छप चुके हैं। ई० सं० १८७७ में सरकार की तरफ से जनरल कनिंगहाम ने उस समय तक मौर्य वंशी राजा अशोक के जितने शिलालेख मालूम हुए थे उनकी एक पुस्तक और ई० स० १८८८ में जे० एफ० फ्लीट ने गुप्तों और उनके समकालीन राजाओं के शिलालेखों तथा दानपत्रों का अनुपम ग्रंथ प्रकट किया। उसी वर्ष से आर्कियोलोजिकल सर्वे के महकमे से 'एपियाग्राफिया इंडिका' नामक त्रैमासिक पुस्तक का छपना प्रारंभ हुआ, जिसमें केवल शिलालेख और दानपत्र ही प्रकट होते हैं। इस समय इसकी १४वीं जिल्दी छप रही है। प्राचीन इतिहास के लिये ये जिल्दें रत्नाकर के समान हैं। ऐसे ही उसी महकमे की ओर से ई० स० १८९० से 'साउथ इंडियन् इन्स्क्रिपशन्स' नामक पुस्तक का छपना भी प्रारंभ हुआ, जिसमें दक्षिण के संस्कृत, तामिल आदि भाषाओं के शिलालेख और दानपत्र छपते हैं ओर जिसकी ८ हिस्सों में ३ जिल्दें अब तक छप चुकी हैं। ये भी बड़े महत्व की हैं।

प्राचीन विषयों के प्रेमी लॉर्ड कर्जन ने आर्कियोलॉजिकल विभाग को विशेष उन्नति दी और डाइरेक्टर जनरल ऑफ आर्कियोलॉजी की अध्यक्षता में भारत के प्रत्येक विभाग के लिये अलग-अलग सुपरिंटेंडेंट नियत किये। तब से प्राचीन शोध के इस विभाग का कार्य विशेष उत्तमता से चल रहा है और डाइरेक्टर जनरल एवं भिन्न-भिन्न विभागों के सुपरिंटेंडेंट की सालाना रिपोर्टों में बहुत से उपयोगी विषय भरे रहते हैं।

प्राचीन शोध के कार्य के संबंध में भिन्न-भिन्न समाजों तथा सरकार ने प्राचीन शिलालेख, दानपत्र, सिक्के, मुद्राऐं, प्राचीन मूर्तियां तथा शिल्प के उत्तम-उत्तम नमूने आदि प्राचीन वस्तुओं का संग्रह करना भी शुरू किया और ऐसी वस्तुओं के बड़े-बड़े बंबई (एशियाटिक सोसाइटी में), कलकत्ता (इंडियन म्यूज़ियम और एशियाटिक सोसाइटी बंगाल में) मद्रास, नागपुर, अजमेर, लाहौर, पेशावर, मथुरा, लखनऊ आदि के म्यूजियमों (अजायबघरों) में संगृहीत हो चुके हैं और उनमें से कई एक की सूचियां भी छप गई हैं। जनरल कनिंगघम ने अपने संग्रह के भारतीय प्राचीन सिक्कों

की चार जिल्दें[१] और लंदन के ब्रिटिश म्यूज़ियम ने अपने संग्रह की तीन[२] जिल्दें छपवाईं ऐसे ही पंजाब म्यूज़ियम (लाहौर), इंडियन म्यूज़ियम आदि के संग्रहों के सिक्कों की चित्रों सहित सूचियां छप चुकी हैं। इंडियन ऐंटिक्वेरी, आर्कियोलॉजिकल सर्वे की भिन्न-भिन्न रिपोर्टों, एशियाटिक सोसाइटियों के जर्नलों तथा कई स्वतंत्र पुस्तकों में भी कई सिक्के प्रकट हुए हैं।

जब अंग्रेजी सरकार की तरफ से प्राचीन शोध का प्रशंसनीय कार्य होने लगा तब कितने एक विद्याप्रेमी देशी राज्यों ने भी अपने यहां प्राचीन शोधसंबंधी कार्यालय स्थापित किये। भावनगर दरबार ने अपने पंडितों के द्वारा काठियावाड़, गुजरात और राजपूताना के अनेक शिलालेख और दानपत्रों की नकलें तैयार करवा कर उनमें से कई एक 'भावनगर प्राचीन शोध संग्रह' (भाग प्रथम) और 'भावनगर इन्सिक्रिप्शन्स नामक पुस्तकों में प्रकट किये। काठियावाड़ के पोलिटिकल एजेंट कर्नल वॉटसन् का प्राचीन वस्तुओं का प्रेम देखकर काठियावाड़ के राजाओं ने मिलकर राजकोट में 'वाटसन म्यूज़ियम' स्थापित किया जिसमें कई प्राचीन शिलालेखों, दानपत्रों, सिक्कों और पुस्तकों आदि का अच्छा संग्रह है। मैसूर राज्य ने ऐसी वस्तुओं का संग्रह किया। इतना ही नहीं किन्तु प्राचीन शोध के लिये आर्कियोलॉजिकल विभाग स्थापित कर अपने विस्तृत राज्य में मिलने वाले हजारों शिलालेखों तथा ताम्रपत्रों को 'एपियाग्राफिया कर्नाटिका' नामक ग्रंथमाला की कई बड़ी-बड़ी जिल्दों में प्रसिद्ध किया और ई० स० १८८५ से अपने प्राचीन शोध विभाग की सालाना रिपोर्ट भी, जो बड़े महत्व की हैं, छपाना आरंभ किया। चंबा राज्य ने प्राचीन वस्तुओं का अच्छा संग्रह किया जिसके प्राचीन शिलालेख और दानपत्रों को प्रसिद्ध पुरातत्ववेत्ता डॉ० फोजल ने 'ऐंटिक्विटीज आफ दी चंबा स्टेट' नामक अमूल्य ग्रंथ में प्रसिद्ध कर प्राचीन लिपियों का अभ्यास करने वालों के लिये शारदा लिपि की बड़ी सामग्री एकत्रित कर दी। ट्राबनकोर तथा हैदराबाद राज्यों ने भी अपने यहां वैसा ही प्रशंसनीय कार्य प्रारंभ कर दिया है। उदयपुर (मेवाड़), झालावाड़, ग्वालियर, धार, भोपाल, बड़ौदा, जूनागढ़, भावनगर आदि राज्यों में भी प्राचीन वस्तुओं के संग्रह हुए हैं और होते जाते हैं।

इस प्रकार अंग्रेजी सरकार की उदार सहायता और एशियाटिक सोसाइटियों, देशी राज्यों, साधारण गृहस्थों तथा विद्वानों के श्रम से हमारे यहां के प्राचीन इतिहास की बहुत कुछ सामग्री उपलब्ध हुई है जिससे नंद, मौर्य, ग्रीक, शातकर्णी (आंध्रभृत्य), शक, पार्थियन, कुशन, क्षत्रप, अभीर, गुप्त, हूण, यौद्धेय, बैस, लिच्छिवि, परिव्राजक, राजर्षितुल्य, वाकाटक, मुखर (मौखरी), मैत्रक, गुहल, चापोत्कट (चावड़े) चालुक्य (सोलंकी), प्रतिहार (पड़िहार), परमार, चाहमान (चौहान), राष्ट्रकूट (राठौड), कच्छ्रपघात (कछवाहा), तोमन (तंवर), कलचुरि (हैहय), त्रैकूटक, चंद्रात्रेय (चंदेल), यादव, गूर्जर, मिहिर, पाल, मेन, पल्लव, चोल, कदंब, शिलार, सेंद्रक, काकतीय, नाग, निकुंभ, बाण, मत्स्य, शालंकायन, शैल, मूषक, चतुर्थवर्ण (रेड्डि) आदि अनेक राजवंशों का

१. 'कॉइन्स ऑफ एन्श्यंट इंडिआ'; 'कॉइन्स ऑफ मिडिएवल इंडिआ'; 'कॉइन्स ऑफ दी इंडोसीथिअन्स'; और 'कॉइन्स ऑफ दी लेटर इंडोसिथिअन्स'।

२. 'दी कॉइन्स ऑफ् दी ग्रीक एण्ड सीथिक् किग्ज़ आफ बाकट्रिआ एण्ड इंडिया'; 'दी कॉइन्स ऑफ दी आन्ध्र डाइनेस्टी, दी वेर्स्टन क्षत्रप्स, दी त्रैकूटक डाइनेस्टी एण्ड दी बोधि डाइनेस्टी' ; और 'दी कॉइन्स ऑफ् दी गुप्त डाइनेस्टीज'।

बहुत कुछ वृत्तांत, उनकी वंशावलियां एवं कई एक राजाओं का निश्चित समय भी मालूम होता है। इतना ही नहीं, किंतु अनेक विद्वानों, धर्माचार्यों, धनाढ्यों, दानी, वीर आदि प्रसिद्ध पुरुषों के नाम, उनके वृत्तांत तथा समय आदि का पता चलता है। ऐसे ही भारत के भिन्न-भिन्न प्रदेशों में चलने वाले भिन्न-भिन्न संवतों के प्रारंभ का निश्चय होता है। इसी तरह प्राचीन काल के देशों, जिलों, नगरों, गांवों आदि भूगोल से संबंध रखने वाले नामों तथा उनके वर्तमान स्थलों का ज्ञान हो सकता है। प्राचीन शोध के संबंध में जो कुछ कार्य अब तक हुआ है वह बड़े महत्व का है तो भी यह कहना अनुचित न होगा कि वह अब तक प्रारंभिक दशा में है और इस विशाल देश के किसी-किसी अंश में ही हुआ है। आगे के लिये इतना विस्तीर्ण क्षेत्र बिना टटोला हुआ पड़ा है कि सैकड़ों विद्वान् बहुत वर्षों तक लगे रहें तो भी उसकी समाप्ति होना कठिन है।

हमारे यहां प्राचीन शोध का कार्य बहुत ही आवश्यक है और जितने अधिक विद्वान् उधर प्रवृत्त हों उतना ही अधिक लाभकारी होगा। परंतु अभी तक उसमें बहुत ही कम विद्वानों की रुचि प्रवृत्त हुई है। इसका मुख्य कारण यही है कि तत्संबंधी साहित्य इतने भिन्न-भिन्न पुस्तकों में बिखरा हुआ है कि बंबई, कलकत्ता जैसे बड़े शहरों को, जहां पर उत्तम पुस्तकालय हैं, छोड़कर अन्यत्र उन सब पुस्तकों का दर्शन होना भी कठिन है।

ई० स० १८९३ तक कोई ऐसा पुस्तक नहीं बनी थी कि केवल उस एक ही पुस्तक की सहायता से हिमालय से कन्याकुमारी तक और द्वारिका से उड़ीसा तक की समस्त प्राचीन लिपियों का पढ़ना कोई भी विद्वान् आसानी के साथ सीख सके। इस अभाव को मिटाने के लिये मैंने ई० स० १८९४ में 'प्राचीन लिपिमाला' नामक छोटी-सी पुस्तक लिखी जिसको यहां के और यूरोप के विद्वानों ने उपयोगी बतलाया इतना ही नहीं किंतु उसको इस विषय की प्रथम पुस्तक प्रकट कर उसका आदर किया। उस समय तक इस विषय की कोई पाठ्य पुस्तक न होने के कारण विश्वविद्यालयों की परीक्षाओं में प्राचीन लिपियों को स्थान नहीं मिला था परंतु उक्त पुस्तक के प्रसिद्ध होने के पीछे प्राचीन लिपियों का विषय विश्वविद्यालयों की एम० ए० की पढ़ाई में रखा गया और कलकत्ता यूनिवर्सिटी ने इस पुस्तक को उक्त विषय का पाठ्य पुस्तक स्थिर किया। ऐसे ही अन्य युनिवर्सिटियों के विद्यार्थी लोग भी अपनी पढ़ाई में उक्त पुस्तक का सहारा लेने लगे। कई देशी एवं यूरोपियन विद्वानों ने उससे भारतीय प्राचीन लिपियों का पढ़ना सुगमता के साथ सीखा। थोड़े ही बरसों में उसकी सब प्रतियां उठ गईं इतना नहीं, उसकी मांग यहां तक बढ़ी कि बीस गुना मूल्य देने पर भी उसका मिलना कठिन हो गया। इस पर मेरे कई एक विद्वान् मित्रों ने उसका नवीन संस्करण छपवाने का आग्रह किया; परंतु गत २५ वर्षों में प्राचीन शोध में बहुत कुछ उन्नति हुई जिससे उसी को दुबारा छपवाना ठीक न समझ कर मैंने अब तक के शोध के साथ यह विस्तृत नवीन संस्करण तैयार किया है जो प्रथम संस्करण से करीब तिगुने से भी अधिक बढ़ गया है। इसमें पहले संस्करण से बहुत अधिक शिलालेखों, दानपत्रों और सिक्कों से वर्णमालाएं बनाई गई हैं और वे लिपियों के विकासक्रम के अनुसार जमाई गई हैं जिससे गुप्त, कुटिल, नागरी, शारदा (कश्मीरी), बंगला, पश्चिमी, मध्यप्रदेशी, तेलुगु-कन्नड़ी, ग्रंथ, कलिंगा, तामिल आदि लिपियों का

एक ही सामान्य लिपि ब्राह्मी से क्रमशः विकास कैसे हुआ एवं भारतवर्ष की सब वर्तमान आर्य लिपियों की उत्पत्ति हुई यह आसानी से मालूम हो सकता है।

इस बड़े ग्रंथ को देख कर कोई विद्वान् यह शंका न करें कि इतनी बहुत लिपियों का ज्ञान संपादन कर भारत के प्राचीन लेखादि का पढ़ना बहुत ही कठिन है, क्योंकि वास्तव में यह बात नहीं है केवल यह प्रारम्भ की ब्राह्मीलिपि को समझते ही आगे के लिये मार्ग बहुत ही सुगम हो जाता है जिस का कारण यही है कि आगे की लिपियों में बहुत ही थोड़ा-थोड़ा अंतर पड़ता जाता है जिससे उनके सीखने में अधिक श्रम नहीं पड़ता। मैं अपने अनुभव से कह सकता हूं कि संस्कृतज्ञ विद्वान् छः मास से भी कम समय में इस पुस्तक के सहारे प्राचीन लिपियों के पढ़ने का ज्ञान अच्छी तरह संपादन कर सकता है। मेरे पास आकर पढ़ने वालों में से एक विद्वान् ने तो उससे भी थोड़े समय में अच्छी तरह पढ़ना सीख लिया।

मनुष्य की बुद्धि के सब से बड़े महत्व के दो कार्य भारतीय ब्राह्मी लिपि और वर्तमान शैली के अंकों की कल्पना है। इस बीसवीं शताब्दी में भी संसार की बड़ी उन्नतिशील जातियों की लिपियों की तरफ देखते हैं तो उनमें उन्नति की गंध भी नहीं पाई जाती। कहीं तो ध्वनि और उसके सूचक चिह्नों (अक्षरों) में साम्य ही नहीं है जिससे एक ही चिह्न से एक से अधिक ध्वनियां प्रकट होती हैं और कहीं एक ही ध्वनि के लिये एक से अधिक चिह्नों का व्यवहार होता है और अक्षरों के लिये कोई शास्त्रीय क्रम ही नहीं। कहीं लिपि वर्णात्मक नहीं किंतु चित्रात्मक ही है। ये लिपियां मनुष्य जाति के ज्ञान की प्रारंभिक दशा का निर्माण स्थिति से अब तक कुछ भी आगे नहीं बढ़ सकीं परंतु भारतवर्ष की लिपि हज़ारों वर्षों पहले भी इतनी उच्च कोटि को पहुंच गई थी कि उसकी उत्तमत्ता की कुछ भी समानता संसारभर की कोई दूसरी लिपि अब तक नहीं कर सकती। इसमें ध्वनि और लिखितवर्ण का संबंध ठीक वैसा ही है जैसा कि फोनोग्राफ की ध्वनि और उसकी चूड़ियों पर के चिह्नों के बीच है। इसमें प्रत्येक कार्य ध्वनि के लिये अलग-अलग चिह्न होने से जैसा बोला जाये वैसा ही लिखा जाता है और जैसा लिखा जाये वैसा ही पढ़ा जाता है तथा वर्णक्रम वैज्ञानिक रीति से स्थिर किया गया है। यह उत्तमता किसी अन्य लिपि में नहीं है। ऐसे ही प्राचीन काल में संसार भर की अंक विद्या भी प्रारंभिक दशा में थी। कहीं अक्षरों को ही भिन्न-भिन्न अंकों के लिये काम में लाते थे, तो कहीं इकाई के १ से १ तक के ९ चिह्न, एवं दहाइयों के १० से ९० तक के ९ और सैंकड़ा, हजार आदि के भिन्न-भिन्न चिह्न थे। उन २० चिह्नों से केवल एक लाख के नीचे की ही संख्या प्रकट होती थी और प्रत्येक चिह्न अपनी नियत संख्या ही प्रकट कर सकता था। भारतवर्ष में भी अंकों का प्राचीन क्रम यही था परंतु इस जटिल अंकक्रम से गणित विद्या में विशेष उन्नति हो सकती थी जिससे यहां वालों ने ही वर्तमान अंकक्रम निकाला जिसमें १ से ९ तक के नव अंक और खाली स्थानसूचक शून्य इन दस चिन्हों से अंकविद्या का संपूर्ण व्यवहार चल सकता है। भारतवर्ष से ही यह अंकक्रम संसार भर ने सीखा और वर्तमान समय में गणित और उससे संबंध अन्य शास्त्रों में जो उन्नति हुई है वह इसी क्रम के कारण से ही है। इन्हीं दोनों बातों से प्राचीन काल के भारतीय आर्य लोगों की बुद्धि और विद्या संबंधी उन्नत दशा का

अनुमान होता है। इन्हीं दोनों विषयों एवं उनके समय-समय के भिन्न-भिन्न रूपांतरों के संबंध का यह पुस्तक है।

हिंदी भाषा में इस पुस्तक के लिखे जाने के दो कारण हैं–प्रथम तो यह कि हमारे यहां के केवल संस्कृत जानने वाले बड़े-बड़े पंडितों को जब कोई १०० वर्ष से अधिक प्राचीन शिलालेख, दानपत्र, सिक्का या पुस्तक मिल जाता है तो वे जिस भाषा में वह लिखा गया है उसके विद्वान् होने पर भी उसको पढ़ नहीं सकते उसकी लिपि को तिलंगी, या कनड़ी आदि कह कर टाल जाते हैं और उसका आशय जान नहीं सकते, यह थोड़े खेद की बात नहीं है। यदि वे इस पुस्तक के सहारे थोड़े से श्रम से सारे भारतवर्ष की नहीं तो अपने प्रदेश की प्राचीन लिपियों का पढ़ना भी सीख जायें तो उनकी विद्वत्ता के लिये सोने के साथ सुगंधि हो जाय और हमारे यहां के प्राचीन शोध को सहायता भी मिले। जिन विद्यापीठों में केवल संस्कृत की पढ़ाई होती है वहां की उच्च श्रेणियों में यदि यह पुस्तक पढ़ाई जावे तो संस्कृतज्ञ विद्वानों में जो इतिहास के ज्ञान की त्रुटि पाई जाती है उसकी कुछ पूर्ति हो जायगी। हिंदी न जानने वाले जो विद्वान् प्राचीन शोध में अनुराग दिखाते हैं वे संस्कृत तो पढ़े ही होते हैं और देवनागरी लिपि से भी भली-भांति परिचित होते हैं। भले ही वे इस पुस्तक के प्रारंभ के लेखों को न समझ सकें, तो भी लिपिपत्रों की सहायता से वे प्राचीन लिपियों का पढ़ना सीख सकते हैं। दूसरा कारण यह है कि हिन्दी साहित्य में अब तक प्राचीन शोधसंबंधी साहित्य का अभाव सा ही है। यदि इस पुस्तक से उक्त अभाव के एक अणुमात्र अंश की भी पूर्ति हुई तो मुझ जैसे हिंदी के तुच्छ सेवक के लिये विशेष आनंद की बात होगी।

इस पुस्तक का क्रम ऐसा रखा गया है कि ई० स० की चौथी शताब्दी के मध्य के आसपास तक की समस्त भारतवर्ष की लिपियों की संज्ञा ब्राह्मी रखी है। उसके बाद लेखन प्रवाह स्पष्ट रूप दे दो स्रोतों में विभक्त होता है, जिनके नाम 'उत्तरी' और 'दक्षिणी' रखे हैं। उत्तरी शैली में गुप्त, कुटिल, नागरी, शारदा और बंगला लिपियों का समावेश होता है और दक्षिणी में पश्चिमी, मध्यप्रदेशी, तेलुगु-कन्नड़ी, ग्रंथ, कलिंग और तामिल लिपियां हैं। इन्हीं मुख्य लिपियों से भारतवर्ष की समस्त वर्तमान (उर्दू के अतिरिक्त) लिपियां निकली हैं। अंत में खरोष्ठी लिपि दी गई है। १ से ७० तक के लिपिपत्रों के बनाने में क्रम ऐसा रखा गया हैं कि प्रथम स्वर, फिर व्यंजन, उसके पीछे क्रम से हलंत व्यंजन, स्वरमिलित व्यंजन, संयुक्त व्यंजन, जिह्वामूलीय और उपध्मानीय के चिह्नों सहित व्यंजन और अंत में 'ओं' का सांकेतिक चिह्न (यदि हो तो) दिया गया है। १ से ५९ तक और ६५ से ७० तक के लिपिपत्रों में से प्रत्येक के अंत में अभ्यास के लिये कुछ पंक्तियां मूल लेखादि से उद्धृत की गई हैं। उनमें शब्द समासों के अनुसार अलग-अलग इस विचार से रखे गये हैं कि विद्यार्थियों को उनके पढ़ने में सुविधा हो। उक्त पंक्तियों का नागरी अक्षरांतर भी पंक्ति क्रम से प्रत्येक लिपिपत्र के वर्णन के अंत में दे दिया है, जिससे पढ़ने वालों को उन पंक्तियों के पढ़ने में कहीं संदेह रह जाय तो उसका निराकरण हो सकेगा। उन पंक्तियों में जहां कोई अक्षर अस्पष्ट है अथवा छूट गया है अक्षरांतर में उसको [ ] चिह्न के भीतर, और जहां कोई अशुद्धि है उसका शुद्ध रूप ( ) चिह्न के भीतर लिखा है, जहां मूल का कोई अंश जाता रहा है वहां..

....ऐसी बिंदिया बना दी हैं, जहां कहीं 'ङ्श' और 'ङ्ह' संयुक्त व्यंजन मूल में प्रयुक्त लिखे हुए हैं वहां उनके संयुक्त टाइप न होने से प्रथम अक्षर को हलंत रखना पड़ा है। परंतु उनके नीचे आड़ी लकीर बहुधा रख दी गई है जिससे पाठकों को मालूम हो सकेगा कि मूल में ये अक्षर एक-दूसरे से मिला कर लिखे गये हैं। मुझे पूरा विश्वास है कि उक्त लिपिपत्रों के अंत में दी हुई मूल पंक्तियों को पढ़ लेने वाले को कोई भी अन्य लेख पढ़ लेने में कठिनता न होगी। लिपिपत्र ६० से ६४ में मूल पंक्तियां नहीं दी गईं जिसका कारण यह है कि उनमें तामिल तथा वट्टेलुत्तु लिपियां दी गई हैं। वर्णों की कमी के कारण उन लिपियों में संस्कृत भाषा लिखी नहीं जा सकती, वे केवल तामिल ही में काम दे सकती हैं और उनको तामिल भाषा जानने वाले ही समझ सकते हैं, तो भी बहुधा प्रत्येक शताब्दी के लेखादि से उनकी विस्तृत वर्णमालाएं बना दी हैं, जिनसे तामिल जानने वालों को उन लिपियों के लेखादि के पढ़ने में सहायता मिल सकेगी।

लिपिपत्रों में दिये हुए अक्षरों तथा अंकों का समय निर्णय करने में जिन लेखादि में निश्चित संवत् मिले उनके तो वे ही संवत् दिये गये हैं, परंतु जिनमें कोई निश्चित संवत् नहीं है उनका समय बहुधा लिपियों के आधार पर ही या अन्य साधनों से लिखा गया है जिससे उसमें अंतर होना संभव है; क्योंकि किसी लेख या दानपत्र में निश्चिंत संवत् न होने की दशा में केवल उसकी लिपि के आधार पर ही उसका समय स्थिर करने का मार्ग निष्कंटक नहीं है। उसमें पच्चीस पचास ही नहीं किंतु कभी कभी तो सौ दो सौ या उससे भी अधिक वर्षों की चूक हो जाना संभव है ऐसा में अपने अनुभव से कह सकता हूं।

टिप्पणों में दिये हुए संस्कृत के अवतरणों को हिंदी से भिन्न बतलाने के लिये बारीक टाइप में छापना आरंभ किया था परंतु टाइप कमजोर होने के कारण छपते समय कई अक्षरों के साथ की मात्राएं, और विशेष कर 'उ' की मात्राएं, टूट गईं जिससे परिशिष्ट में ऐसे अवतरणों के लिये पहले से भिन्न टाइप काम में लाना पड़ा है।

इस प्रकार की पुस्तक की रचना के लिये बहुत अधिक सामग्री एकत्र करने की आवश्यकता पड़ी। इस कार्य में मेरे कई एक विद्वान् मित्रों ने मेरी सहायता की है जिसके लिये मैं उनका उपकार मानता हूं। उनमें से मुंशी हरविलास सारडा बी० ए०, जज स्माल काजेज कोर्ट, अजमेर, प्रसिद्ध इतिहासवेत्ता मुंशी देवीप्रसादजी जोधपुर वाले और पूर्णचंद्र नाहर एम० ए०, बी० एल, कलकत्ता, विशेष धन्यवाद के पात्र हैं।

इस पुस्तक के संबंध में मेरे विद्वान् मित्र पंडित चंद्रधरशर्मा गुलेरी, बी० ए०, हेड पंडित, मेयो कॉलेज, अजमेर, ने बड़ी सहायता की है जिसके लिए मैं उनका विशेष रूप से अनुगृहीत हूं। जिन विद्वानों के लेख और ग्रंथों से मैंने सहायता ली है उनके नाम यथास्थान दिये गये हैं। उन सब का भी मैं ऋणी हूं। पंडित जीयालाल शर्मा ने लिपिपत्र बनाने और मि० जे० इंगलिश, मेनेजर, स्कॉटिश मिशन प्रेस, अजमेर ने इस पुस्तक को उत्तमता से छापने में बड़ा परिश्रम किया है इसलिये मैं उनको भी धन्यवाद देना अपना कर्तव्य समझता हूं।

गौरीशंकर हीराचंद ओझा

विषय-सूची

लिपि पत्र १-८४

(ब्राह्मी लिपि–लिपिपत्र १-१५)

लिपिपत्र पहला - मौर्य राजा अशोक के गिरनार के चट्टान पर के लेख से।

लिपिपत्र दूसरा - मौर्य वंशी राजा अशोक के अन्य लेखों से।

लिपिपत्र तीसरा - रामगढ़, घोसुंडी, वेसनगर आदि के लेखों से।

लिपिपत्र चौथा - भट्टिप्रोलु के स्तूप के १० लेखों से।

लिपिपत्र पांचवां - पभोसा और मथुरा के लेखों से।

लिपिपत्र छठा - कुशन वंशी राजाओं के समय के मथुरा, सारनाथ आदि के लेखों से।

लिपिपत्र सातवां - शक उषवदात और उसकी स्त्री दक्षमित्रा के नासिक के ५ लेखों से।

लिपिपत्र आठवां - क्षत्रपवंशी राजा रुददामन् के गिरनार के चट्टान के लेख से।

लिपिपत्र नवां - सातवाहन (आंध्र) वंश राजाओं के नासिक के लेखों से।

लिपिपत्र १०वां - पश्चिमी क्षत्रप, त्रैकूटक और आंध्रवंशी राजाओं के सिक्कों से।

लिपिपत्र ११वां - दक्षिण की भिन्न-भिन्न गुफाओं के लेखों से।

लिपिपत्र १२वां - अमरावती और जग्गयपेट के लेखों से।

लिपिपत्र १३वां - मोयिडवोलु से मिले हुए पल्लववंशी शिवस्कंद वर्मन् के दानपत्र से।

लिपिपत्र १४वां - कोंडमुडि से मिले राजा जयवर्मन् के दानपत्र से।

लिपिपत्र १५वां - हीरहडगल्ली से मिले हुए पल्लववंशी राजा शिवस्कंदवर्मन् के दान पत्र से।

(गुप्त लिपि–लिपिपत्र १६-१७)

लिपिपत्र १६वां - गुप्तवंशी राजा समुद्रगुप्त के इलाहाबाद के स्तंभ के लेख से।

(कुटिल लिपि-लिपिपत्र १८-२३)

(नागरी लिपि-लिपिपत्र २४-२७)

(शारदा लिपि-लिपिपत्र २८-३१)

(बंगला लिपि-लिपिपत्र ३२-३५)

(पश्चिमी लिपि-लिपिपत्र ३६-४०)

लिपिपत्र ३६वां - राजा नरवर्मन् और कुमारगुप्त के समय के मंदसौर के लेखों से।

लिपिपत्र ३७वां - वल्लभी के राजा ध्रुवसेन और धरसेन (दूसरे) के दानपत्रों से।

लिपिपत्र ३८वां - गारुलक सिंहादित्य और वलभी के राजा शीलादित्य (पांचवें) के दानपत्रों से।

लिपिपत्र ३९वां - त्रैकुटकवंशी दर्हसेन और गुर्जरवंशी रणग्रह तथा दह (दूसरे) के दानपत्रों से।

लिपिपत्र ४०वां - चालुक्य युवराज श्याश्रय (शीलादित्य) और राष्ट्रकूट कर्कराज के दानपत्रों से।

(मध्य प्रदेशी लिपि-लिपिपत्र ४१-४२)

लिपिपत्र ४१वां - वाकाटकवंशी राजाप्रवरसेन (दूसरे) के तीन दानपत्रों से।

लिपिपत्र ४२वां - पृथिवीसेन, महासुदेव और तिविरदेव के दानपत्रों से।

(तेलुगु-कन्नड़ी लिपि-लिपिपत्र ४३-५१)

लिपिपत्र ४३वां - पल्ववंशी राजा विष्णुगोपवर्मन् और सिंहवर्मन् के दान पत्रों से।

लिपिपत्र ४४वां - कदंबवंशी राजा मृगेशवर्मन् और काकुस्थवर्मन् के दानपत्रों से।

लिपिपत्र ४५वां - चालुक्यवंशी राजाओं के लेख और दानपत्रों से।

लिपिपत्र ४६वां - केंडूर के मिले हुए चालुक्यवंशी राजा कीर्तिवर्मन् (दूसरे) के दानपत्र से।

लिपिपत्र ४७वां - कडब से मिले हुए राष्ट्रकूटवंशी राजा प्रभूतवर्ष (गोविंदराज तीसरे) के दानपत्र से।

लिपिपत्र ४८वां - पूर्वी चालुक्यवंशी राजा भीम (दूसरे) और अम्म (दूसरे) के दानपत्रों से।

लिपिपत्र ४९वां - कोरुमेल्लि से मिले हुए पूर्वी चालुक्यवंशी राजराज के दानपत्र से।

लिपिपत्र ५०वां - काकतीयवंशी राजा रुद्रदेव और गणपति के समय के लेखों से।

लिपिपत्र ५१वां - नामय नायक, अन्नवेम और गणदेव के दानपत्रों से।

(ग्रंथ लिपि-लिपिपत्र ५२-५६)

लिपिपत्र ५२वां - पल्लववंशी राजाओं के समय के १० लेखों और कूरम के दानपत्र से।

(प्राचीन अंक-लिपिपत्र ७१-७६)

(वर्तमान लिपियां-लिपिपत्र ७७-८१)

(वर्तमान लिपियों की उत्पत्ति-८२-८४)

संक्षिप्त संकेत-सूची

आ० स०; आ० स० रि० आ० स० इं०;	...	'आर्कियोलॉजिकल सर्वे ऑफ इंडिया' की सालाना रिपोर्ट, ई० स० १९०२-३ से
आ० स० उवे० इं०; आ० स० वे० इं०	...	आर्कियोलॉजिकल सर्वे ऑफ वेस्टर्न इंडिया।
अ० स० स० इं०;	...	आर्कियोलॉजिकल सर्वे ऑफ सदर्न इंडिया।
इ० हि० इं०;	...	इलियट् अनुवादित 'हिस्ट्री ऑफ इंडिया' इण्डियन एंटिक्वेरी
इं० एँ इं० मॅ ;	...	इंडिका ऑफ मैगेस्थिनीज
ए० इं०; ऍ० इं०;	...	एपिग्राफिया इंडिका
ए० ब्रि०; ए० सा० ब्रि०	...	एन्साइक्लोपीडिया ब्रिटेनिका।
ए० रि०	...	एशियाटिक् रिसर्चेज
ऍ० ऑ०	...	ऍनेक्डोटा ऑक्सोनिएन शिया (आर्यन् सीरीज)
क० अ० स० इं० रि; क; आ० स० रि;	...	कनिंघम की 'आर्कियोलॉजिकल सर्वे' की रिपोर्ट।
क० इं० ई०	...	कनिंघम रचित इंडियन ईराज।
क० कॉ० ए० इं०	...	कनिंघम संगृहीत 'कॉइन्स ऑफ एंशियण्ट इंडिया।
क० कॉ० मि० इं०	...	कनिंघम संगृहीत 'कॉइन्स ऑफ मिडिएवल इंडिया।
क० म० बो०	...	कनिंघम का 'महोबोधी'

की० लि० इं० नॉ इं०	. . .	कीलहॉर्न संगृहीत 'लिस्ट ऑफ इनस्क्रिप्शन्स ऑफ नॉदर्न इंडिया।
की० लि० इं० सं० इं	. . .	कीलहॉर्न संगृहीत 'लिस्ट ऑफ इनस्क्रिप्शन्स ऑफ सदर्न इंडिया।
को० मि ए०	. . .	कोलब्रुक का 'मिसलोनियस् एसेज।
गा० कॅ० ग्री० सी	. . .	पर्सी गार्डनर संगृहीत 'दी कॉइन्स ऑफ ग्रीक एण्ड इंडोसीथिक् किंग्ज ऑफ वाकट्रिया एण्ड इंडिया।
गौ० सां० प्रा० इ०	. . .	गौरीशंकर हीराचंद ओझा का 'सोलंकियों का प्राचीन इतिहास'
ज० अ० ओ० सो०	. . .	जर्नल ऑफ दी अमेरिकन् ओरिएण्टल सोसाइटी।
ज० ए०	. . .	जर्नल एशियाटिक।
ज० ए० सो० बंगा० ज० बंगा० ए० सो० }	. . .	जर्नल ऑफ दी एशियाटिक सोसाइटी ऑफ बंगाल।
ज० ए० सो० बंब०; ज० बंब० ए० सो; ज० बा०ब्रं ए० सो० }	. . .	जर्नल ऑफ दी बांबे ऑफ दी रॉयल एशियाटिक सोसाइटी।
ज० री० ए० सो०	. . .	जर्नल ऑफ दी रॉयल एशियाटिक सोसाइटी।
डे० आ०	. . .	आइज़क टेलर का आल्फाबेट।
ट्रा०आ०सी०	. . .	ट्रावनकोर आर्कियोलॉजिकल सीरीज।
ड० क्रॉ० इं०	. . .	मिस् डफ् का 'क्रॉनोलॉजी ऑफ इंडिया।
डे० बु० इं०	. . .	राइज़ डेविड्ज का 'बुद्धिस्ट इंडिया'।
न्यु० क्रॉ०	. . .	न्युमिस्मॅटिक् क्रॉनिकल्।
प्रिं० एँ० ;	. . .	प्रिन्सप का 'एण्टिक्विटीज'
प्रो०रि०आ०सं०वे०इं०	. . .	प्रोग्रेस रिपोर्ट ऑफ दी आर्कियोलॉजिकल सर्वे आफ वेस्टर्न इंडिया।
फी(वो)०एं० चं० स्टे०	. . .	फोजल संपादित 'एण्टिक्विटीज ऑफ चंबा स्टेट'
फ्ली० गु० इ०	. . .	फ्लीट संपादित 'गुप्त इनस्क्रिप्शन्स'

बा० आ० स० वे०इं० . . . बर्जेस संपादित 'आर्कियोलॉजिकल सर्वे ऑफ वेस्टर्न इंडिया'

ब० सा० इं० पे० . . . बर्नेल का 'साउथ इंडियन् पोलियोग्राफी'

बा० एं० इं० . . . वार्नेट का 'ऐण्टिक्विटीज ऑफ इंडिया'

बी० बु०रे वे०व० . . . सेम्युअल बील का 'बुद्धिस्ट रेकार्ड ऑफ दी वेस्टर्न वर्ल्ड'

वु०नं०कं० बु० त्रि० . . . वुन्यु नन्जियो का 'कैटलॉग आफ दी चाइनीज ट्रेन्लेशन ऑफ बुद्धिस्ट त्रिपिटक'

वू० इं०पो० . . . वूलर का 'इंडियन पोलियोग्राफी'

वू०इं० स्ट० . . . बूलर का 'इंडियन स्टडीज' (संख्या ३)

बें० ज० ने० . . . सिसिल बेंडाल का 'जर्नी इन् नेपाल'

बंब० गॅ० . . . बाम्बे गेजेटियर

भा० इं० . . . भावनगर इनस्क्रिप्शसन्स

भं० कॉ० वॉ० . . . भंडारकर कॉमेमोरेशन् वाल्युम्

मू० रि ऐ० इं० सी० . . . मूलर की 'रिपोर्ट ऑन एन्श्यंट इनस्क्रिप्शन्स ऑफ सीलोन।

मं० हि० ए० सं० लि०; . . . मैक्समूलर का 'हिस्टरी ऑफ एशियण्ट संस्कृत लिटरेचर।

रा० ऍ० क०; . . . राइस संपादित 'ऐपिग्राफिया कर्नाटिका'

रा० कॅ० कॉ० आं० क्ष०
रॅ० कॅ० कॉ० ऑ० क्ष० } . . . रॅपसन् संपादित 'कैटलॉग ऑफ दी काइन्स ऑफ दी आन्ध्र डाइनेस्टी, दी त्रैकूटक ड स्टो एण्ड दी बोधि डाइनेस्टी।

रा० कं० कॉ० आं० क्ष० . . . रेपसन् ऑफ दा राजपूताना म्यूज़ियम, अजमेर।

रि० रा० म्यू० अ० . . . रिपोर्ट ऑफ दि राजपूताना म्यूजियम, अजमेर।

रॅ० ए० इं० . . . रेपसन् का 'एणशियेण्ट इंडिया'

वे; इं० स्ट; . . . वेबंर का 'इडिसचे स्टडियन'

सा (सॅ) ; अ० इं. . . . ऐडवडसंचो अनुवादित 'अल्वेरुनीज़ इंडिया'

सु०ग०त० . . . सुधाकर द्विवेदी की 'गणकतरंगिणी'

से०वु० ई० . . . सेक्रेड बुक्स ऑफ दी ईस्ट।

स्मि० अ० हि० इं० . . . विन्सेंट ए स्मिथ का 'अर्ली हिस्ट्री ऑफ इंडिया'

स्मि० कं कॉ० इ० म्यु० . . . विन्सेंट ए० स्मिथ संपादित 'केटलॉग ऑफ दी कांइन्स इन दी इंडियन म्युज़ियम्'

ह० कॅ० पा०	. . .	हरप्रसाद शास्त्री संपादित 'कैटलॉग ऑफ पामलीफ एण्ड सिलेक्टेड पेपर मनुस्क्रिपृसबिलांगिग टु दी दरबार लाइब्रेरी, नेपाल'
हु० सा० इं० इं०	. . .	हुल्श संपादित साउथ इंडियन इन्स्क्रिप्शन्स।
ह्वा० कॅ०कॉ० पं० म्यू०	. . .	ह्वाइटहेड संपादित 'कैटलॉग ऑफ दी कॉइन्स इन दी पंजाब म्यूज़ियम, लाहौर।

अध्याय-१

भारतवर्ष में लिखने के प्रचार की प्राचीनता

भारतीय आर्य लोगों का मत यह है कि उनके यहां बहुत प्राचीन काल से लिखने का प्रचार चला आता है और उनकी लिपि (ब्राह्मी), जिसमें प्रत्येक अक्षर या चिह्न एक ही ध्वनि या उच्चारण का सूचक है और जो संसारभर की लिपियों में सब से सरल और निर्दोष है, स्वयं ब्रह्मा[1] ने बनाई है; परंतु कितने एक यूरोपियन विद्वानों का यह कथन है कि भारतीय आर्य लोग पहले लिखना नहीं जानते थे, उनके वेदादि ग्रंथों का पठन पाठन केवल कथन श्रवण द्वारा ही होता था और पीछे से उन्होंने विदेशियों से लिखना सीखा।

मैक्समूलर ने लिखा है कि 'मैं निश्चय के साथ कहता हूं कि पाणिनि की परिभाषा में एक भी शब्द ऐसा नहीं है जो यह सूचित करे कि लिखने की प्रणाली पहले से थी'[2], और वह पाणिनि का समय ईसवी सन् पूर्व की चौथी शताब्दी मानता है।

बर्नेल का कथन है कि 'फिनिशियन लोगों से भारतवासियों ने लिखना सीखा और फिनिशियन[3] अक्षरों का, जिनसे दक्षिणी अशोकलिपि (ब्राह्मी) बनी, भारतवर्ष में ई० स० पूर्व ५०० से पहले प्रवेश नहीं हुआ और संभवत: ई०स० पूर्व ४०० से पहले नहीं।[4]

प्रसिद्ध पुरातत्ववेत्ता बूलर, जो 'सेमिटिक'[5] लिपि से ही भारतवर्ष की प्राचीन लिपि (ब्राह्मी) की उत्पत्ति मानता है, मैक्समूलर तथा बर्नेल के निर्णय किये समय को स्वीकार न कर लिखता है कि 'ई० स० पूर्व ५०० के आसपास, अथवा उससे भी पूर्व, ब्राह्मी लिपि का बड़े श्रम से निर्माण करने का कार्य समाप्त हो चुका था और भारतवर्ष में 'सेमिटिक' अक्षरों के प्रवेश का समय ई०स० पूर्व ८०० के करीब माना जा सकता है, तो भी यह अनुमान अभी स्थिर नहीं कहा जा सकता। भारतवर्ष या सेमिटिक देशों के और प्राचीन लेखों के मिलने से इसमें परिवर्तन की आवश्यकता हुई तो अभी-अभी मिले हुए प्रमाणों से मुझे स्वीकार करना पड़ता है कि [भारतवर्ष] में लिपि के प्रवेश का समय अधिक प्राचीन सिद्ध होगा और उसके वास्ते शायद ई० स० पूर्व की १०वीं शताब्दी या उससे भी पूर्व का समय स्थिर करना होगा।[6]

अब हमें यह निश्चय करना आवश्यक है कि भारतवर्ष में लिखने के प्रचार की प्राचीनता का पता कहां तक चल सकता है।

शिलालेख

भोजपत्र[७], ताड़पत्र[८] या कागज़[९] पर लिखे हुए पुस्तक हजारों वर्ष रह नहीं सकते, विशेषत: भारतवर्ष के जलवायु में, परंतु पत्थर या धातु पर खुदे हुए अक्षर यत्नपूर्वक रहें और हवा तथा बारिश से बचने पायें तो बहुत समय तक बच सकते हैं। इस देश में जो प्राचीन शिलालेख विशेष संख्या में मिले हैं वे मौर्यवंश राजा अशोक के समय के, अर्थात् ई०स० पूर्व की तीसरी शताब्दी के हैं, और पाषाण के विशाल स्तंभों अथवा चट्टानों पर खुदे हुए हैं, ये पेशावर से माइसोर तक और काठियावाड़ से उड़ीसा तक अर्थात् करीब-करीब सारे भारतवर्ष[१०] में मिल चुके हैं। इनसे पाया जाता है कि उस समय सारे भारतवर्ष में लिखने का प्रचार भली-भांति था, जैसा कि इस समय है। उन लेखों में देशभेद से कितने एक अक्षरों की आकृति में कुछ भिन्नता[११] पाई जाती है और किसी-किसी अक्षर के कई रूप मिलते हैं, जिससे अनुमान होता है कि उस समय भी लिखने की कला इस देश में नवीन नहीं, किंतु सुदीर्घ काल से चली आती थी।

अशोक से पूर्व के अभी तक केवल दो छोटे-छोटे शिलालेख मिले हैं। जिनमें से एक अजमेर ज़िले के बड़ली[१२] गांव से मिला है और दूसरा नेपाल की तराई के पिप्रावा नामक स्थान के एक स्तूप के भीतर से मिले हुए पात्र पर, जिसमें बुद्धदेव की अस्थि रखी गई थी, खुदा है। इनमें से पहला एक स्तंभ पर खुदे हुए लेख का टुकड़ा है, जिसकी पहली पंक्ति में 'वीर[ा]य भगव[त] और दूसरी में 'चतुरासिति व[स]' खुदा है। इस लेख का ८४वां वर्ष जैनों के अंतिम तीर्थंकर वीर (महावीर) के निर्वाण संवत् का ८४वां वर्ष होना चाहिये। यदि यह अनुमान ठीक हो तो यह लेख ई०स० पूर्व (५२७-८४=) ४४३ का[१३] होगा। इसकी लिपि अशोक के लेखों की लिपि से पहले की प्रतीत होती है। इसमें 'वीराय' का 'वी' अक्षर 𑀯𑀻 है। उक्त 'वी' में जो 'ई' की मात्रा का चिह्न है वह न तो अशोक के लेखों में और न उनसे पिछले किसी लेख में मिलता है, अत एव वह चिह्न अशोक से पूर्व की लिपि का होना चाहिये, जिसका व्यवहार अशोक के समय में मिट कर उसके स्थान में नया चिह्न — बर्ताव में आने लग गया होगा[१४]।

दूसरे अर्थात् पिप्रावा के लेख[१५] से प्रकट होता है कि बुद्ध की अस्थि शाक्य जाति के लोगों ने मिलकर उस(स्तूप)में स्थापित की थी। इस लेख को बूलर ने अशोक के समय से[१६] पहले का माना है। वास्तव में यह बुद्ध के निर्वाणकाल अर्थात् ई० स० ८४७ के[१७] कुछ ही पीछे का होना चाहिये।

इन शिलालेखों से प्रकट है कि ई० स० की पांचवीं शताब्दी में लिखने का प्रचार इस देश में कोई नई बात न थी।

भारतवर्ष में रहे हुए यूनानी लेखक

निआर्कम्[१८] कहता है कि यहां के लोग रुई (या रुई के चिथड़ों) को कूट कूट कर लिखने

के वास्ते[१९] कागज बनाते हैं[२०] हैं। मैगेस्थिनीज[२१] लिखता है कि 'यहां पर दस-दसे स्टेडिआ[२२] के अंतर पर पाषाण लगे हैं[२३], जिनसे धर्मशालाओं का तथा दूरी का पता लगता है, नये वर्ष के दिन भावी फल (पंचांग) सुनाया जाता है[२४], जन्मपत्र बनाने के लिये जन्म समय लिखा जाता है[२५] और न्याय 'स्मृति'[२६] के अनुसार होता है।

इन दोनों लेखकों के कथन से स्पष्ट है कि ई० स० पूर्व की चौथी शताब्दी में यहां के लोग रूई (या चिथड़ों) से कागज़[२७] बनाना जानते थे, पंचांग तथा जन्मपत्र बनते थे जैसे कि अब तक चले आते हैं और मीलों के पत्थर तक लगाये जाते थे। ये लेखनकला की प्राचीनता के सूचक हैं।

बौद्ध पुस्तक

बौद्धों के 'शील'[२८] ग्रंथ में बौद्ध साधुओं (श्रमणों) के लिये जिन-जिन बातों का निषेध किया गया है उनमें 'अक्खरिका' (अक्षरिका) नामक खेल भी शामिल है, जिसे बालक भी खेला करते थे। इस खेल में खेलने वालों को अपनी पीठ पर या आकाश में [अंगुलि] लिखा हुआ अक्षर बूझना पड़ता था।[२९]

'विनय'[३०] संबंधी पुस्तकों में 'लेख' (लिखने की कला) की प्रशंसा की है[३१] और बौद्ध आर्याओं के लिये सांसारिक कलाओं के सीखने का निषेध होने पर भी 'लिखना' सीखने की उनके वास्ते आज्ञा है।[३२] यदि कोई बौद्ध साधु (श्रमण) किसी मनुष्य को आत्मघात की प्रशंसा में कुछ लिखे (लेखं छिन्दति) तो उसे प्रत्येक अक्षर के लिये दुक्कत (दुष्कृत=पाप) होगा[३३], और गृहस्थियों के लड़कों के वास्ते लिखने का पेशा सुख से जीवन निर्वाह करने का साधन माना गया है।[३४]

'जातक'[३५] के पुस्तकों में खानगी[३५] तथा राजकीय[३७] पत्रों करज़ा लेने वालों की तहरीरों[३८] तथा पोत्थक (पुस्तक)[३९], और कुटुंब संबंधी आवश्यकीय विषयों[४०], राजकीय आदेशों[४१] तथा धर्म के नियमों[४२] के सुवर्णपत्रों पर खुदवाये जाने का वर्णन मिलता है।

'महावग्ग' (विनय पिटक का एक ग्रंथ) में 'लेखा' (लिखना), 'गणना' (पहाड़े) और रूप (हिसाब) की पढ़ाई का[४३], जातकों में पाठशालाओं तथा विद्यार्थियों के लिखने के 'फलक' (लकड़ी की पाटी) का[४४] और 'ललितविस्तर' में बुद्ध का लिपिशाला में जाकर अध्यापक, विश्वामित्र से चंदन की पाटी पर सोने के वर्णक[४५] (कलम) से लिखना सीखने का वृत्तान्त मिलता है।[४६]

ऊपर उद्धृत किये हुए वचन ई०स० पूर्व की छठी शताब्दी के आसपास की दशा के बोधक हैं और उनसे पाया जाता है कि उस समय लिखने का प्रचार एक साधारण बात थी; स्त्रियां तथा बालक भी लिखना जानते थे और प्रारंभिक पाठशालाओं की पढ़ाई ठीक वैसी ही थी जैसी कि अब तक हमारे यहां की देहाती खानगी पाठशालाओं की है, जिनमें लिखना, पट्टी पहाड़े और हिसाब पढ़ाते जाते हैं, जब हमारे यहां की प्रारंभिक पढ़ाई का ढंग ई०स० पूर्व की छठी शताब्दी के आसपास से अब तक, अर्थात् करीब २५०० वर्ष से, बिना कुछ भी परिवर्तन के ज्यों का त्यों चला आया है तब आश्चर्य ही क्या है कि बुद्ध के समय भी बहुत पूर्ववर्ती काल से वैसा ही चला आता रहा हो।

ब्राह्मणों के ग्रंथ

महाभारत[४७], स्मृति (धर्मशास्त्र)[४८], कौटिल्य के अर्थशास्त्र[४९], वात्स्यायन के कामसूत्र[५०] आदि ग्रंथों में, जिनमें व्यावहारिक विषयों का विशेष रूप से वर्णन मिलता है, 'लिखना' और 'लिखित पुस्तकों' का उल्लेख बहुत कुछ मिलता है।

व्याकरण

पाणिनि[५१] ने 'अष्टाध्यायी' नामक व्याकरण का ग्रंथ लिखा, जिसमें 'लिपि' और 'लिबि'[५२] शब्द (जिनका अर्थ 'लिखना' है) और 'लिपिकर'[५३] (लिखने वाला) तथा 'यवनानी' (जिसका अर्थ कात्यायन[५४] और पतंजलि ने[५५] 'यवनों की लिपि' किया है) शब्द बनाने के नियम दिये हैं और 'स्वरित' के चिह्न[५६] तथा 'ग्रंथ'[५७] (पुस्तक) का भी उल्लेख किया है। उसी पुस्तक से यह भी पाया जाता है कि समय चौपायों के कानों पर स्रुव, स्वस्तिक आदि के और पांच तथा आठ के अंकों के चिह्न भी बनाये जाते थे और उनके कान काटे तथा छेदे भी जाते थे।[५८]

पृष्ठ ७वें के टिप्पण ६ में दिये हुए ग्रंथों के अतिरिक्त 'महाभारत' ग्रंथ[५९] और आपिशलि[६०], स्फोटायन[६१], गार्ग्य[६२], शाकल्य[६३], शाकटायन[६४], गालव[६५], भारद्वाज[६६], काश्यप[६७], चाक्रवर्मण[६८] और सेनक[६९] नामक वैयाकरणों के नाम भी पाणिनि ने दिये हैं और उनका मत प्रकट किया है।

पाणिनि से पूर्व यास्क[७०] ने निरुक्त लिखा जिसमें औदुंबरायण, क्रौष्टुकी, शतबलाक्ष, मौद्गल्य, शाकपूणि, शाकटायन, स्थौलाष्ठीवी, आग्रायण, औपमन्यव, और्णवाभ, कात्थक्य, कौत्स, गार्ग्य, गालव, चर्मशिरस, तैटीकि, वार्ष्यायणि और शाकल्य नामक वैयाकरणों और निरुक्तकारों के नाम और मत का उल्लेख मिलता है[७१], जिनमें से केवल गार्ग्य, शाकटायन, गालव और शाकल्य के नाम पाणिनि में मिलते हैं, जिससे अनुमान होता है कि पाणिनि और यास्क के पूर्व व्याकरण और निरुक्त के बहुत से ग्रंथ उपलब्ध[७२] थे, जिनमें से अब एक भी उपलब्ध नहीं है।

छांदोग्य उपनिषद[७३] में 'अक्षर'[७४] शब्द मिलता है तथा 'ई', 'ऊ' और 'ए' स्वर, ईकार, ऊकार और एकार शब्दों से सूचित किये हैं[७५] और स्वरों का संबंध इंद्र से, ऊष्मन् का प्रजापति से और स्पर्शवर्णों का मृत्यु से बतलाया है[७६], ऐसे ही तैत्तिरीय उपनिषद में वर्ण और मात्रा का उल्लेख मिलता है।[७७]

ऐतरेय आरण्यक में ऊष्मन्, स्पर्श, स्वर और अंत:स्थ[७८] का; व्यंजन और घोष[७९] का; णकार और षकार (मूर्धन्य) के नकार और सकार (दंत्य) से भेद[८०] का 'संधि'[८१] का विवेचन मिलता है। ये सब बहुधा शांखायन आरण्यक में भी है।

ऐतरेय ब्राह्मण में 'ॐ' अक्षर, को अकार, उकार और मकार वर्णों के संयोग से बना हुआ बतलाया है।[८२]

शतपथ ब्राह्मण में 'एकवचन', 'बहुवचन'[८३] तथा तीनों 'लिंगों'[८४] के भेद का विवेचन मिलता है।

तैत्तिरीय संहिता में ऐंद्रवायव नामक ग्रह (सोमपात्र) दोनों देवताओं (इंद्र और वायु) को एक ही दिये जाने के कारण का वर्णन करते समय लिखा है कि '[पहले] वाणी अस्पष्ट और अनियमित (बिना व्याकरण के) थी। देवताओं ने इंद्र से कहा है कि तुम इसका हमारे लिये व्याकरण (नियमबंधन) कर दो। इंद्र ने कहा कि मैं [इस काम के लिये] यह वर मांगता हूं कि यह (सोमपात्र) मेरे तथा वायु के लिये एक ही लिया जाए। इससे ऐंद्रवायव ग्रह शामिल ही लिया जाता है। इंद्र ने वाणी को बीच में से पकड़ कर व्याकृत किया। इसलिये वाणी व्याकृत (व्याकरणवाली, नियमबद्ध) कही जाती है'[८५] यही कथा शतपथ ब्राह्मण में भी मिलती है परंतु उसमें 'वि+आ+कृ' धातु के स्थान पर 'निर+वच्' धातु से बने हुए 'निर्वचन' और 'निरुक्त' शब्द काम में लिये हैं, और यह कहा है कि इंद्र ने पशु, वयस् (पक्षी) और सरीसृपों (रेंगने वालों) की वाणी को छोड़कर उसके चौथे अंश अर्थात् मनुष्यों की ही वाणी का निर्वचन (व्याकरण) किया क्योंकि उसको ग्रह में से चतुर्थांश ही मिला था।[८६]

उपर्युक्त प्रमाणों से पाया जाता है कि उपनिषद्, आरण्यक, ब्राह्मण और तैत्तिरीय संहिता के समय तक व्याकरण के होने का पता चलता है। यदि उस समय लिखने का प्रचार न होता तो व्याकरण और उसके पारिभाषिक शब्दों की चर्चा भी न होती, क्योंकि जो जातियां लिखना नहीं जानतीं वे छंदोबद्ध गीत और भजन अवश्य गाती हैं, कथाएं कहती हैं, परंतु उनको स्वर, व्यंजन, घोष, संधि, एकवचन, बहुवचन, लिंग आदि व्याकरण के पारिभाषिक शब्दों का ज्ञान सर्वथा नहीं होता। इसका प्रत्यक्ष उदाहरण हिंदुस्तान में ही भली-भांति मिल सकता है, जहां ३१३४१५३८९ मनुष्यों की आबादी में से केवल १८५३९५७८ मनुष्य लिखना-पढ़ना जानते हैं बाकी के २९४८७५८११ अभी तक लिखना पढ़ना नहीं जानते[८७], उनमें किसी को भी व्याकरण के पारिभाषिक शब्दों का कुछ भी ज्ञान नहीं है। व्याकरण की रचना लेखन कला की उन्नत दशा में ही होती है और उसके लिये भाषा का सारा साहित्य टटोलना पड़ता है और उसके प्रथम रचयिता को उसके पारिभाषिक शब्द गढ़ने पड़ते हैं। भारतवर्ष की जिन असभ्य और प्राथमिक जातियों के यहां लिखित साहित्य नहीं है उनकी भाषाओं के व्याकरण लिखना जानने वाले यूरोपियन विद्वानों ने अभी-अभी बनाये हैं।

छन्द

ऋग्वेद में गायत्री, उष्णिह, अनुष्टुभ, वृहती, विराज्, त्रिष्टुभ् और जगती छंदों के नाम मिलते है[८८], वाजसनेयि संहिता में इनके अतिरिक्त 'पंक्ति' छंद का भी नाम मिलता है और द्विपदा, त्रिपदा, चतुष्पदा, षट्पदा, ककुभ आदि छंदों के भेद भी लिखे हैं[८९]। अथर्ववेद में भिन्न-भिन्न स्थानों में पृथक् नामों के अतिरिक्त एक स्थान पर छंदों की संख्या ११ लिखी है[९०]। शतपथ ब्राह्मण में मुख्य छंदों की संख्या ८ दी है[९१] और तैत्तिरीय संहिता[९२], मैत्रायणी संहिता[९३], काठक संहिता[९४], तथा शतपथ ब्राह्मण[९५] में कई छंदों और पदों के अक्षरों की संख्या तक गिनाई है।

लिखना न जानने वाली जातियां छंदोबद्ध गीत और भजन गाती हैं, और हमारे यहां की स्त्रियां,

जिनमें केवल ९५ पीछे एक लिखना जानती है।[९६] और जिनकी स्मरणशक्ति बहुधा पुरुषों की अपेक्षा प्रबल होती है। विवाह आदि सांसारिक उत्सवों के प्रसंग प्रसंग के, एवं चौमासा, होली आदि त्यौहारों के गीत और बहुतेरे भजन जिनमें विशेषकर ईश्वरोपासना, देवी देवताओं की स्तुति या वेदांत के उपदेश हैं, गाती हैं। यदि उनका संग्रह किया जाये तो संभव है कि वेदों की संहिताओं से भी उनका प्रमाण बढ़ जाये, परंतु उनको उनके छंदों के नामों का लेश मात्र भी ज्ञान नहीं होता। छंद: शास्त्र का प्रथम रचयिता ही छंदोबद्ध साहित्य समुद्र को मथ कर प्रत्येक छंद के अक्षर या मात्राओं की संख्या के अनुसार उनके वर्ग नियत कर उनके नाम अपनी तरफ से स्थिर करता है, तभी लोगों में उनकी प्रवृत्ति होती है। लिखना न जानने वाली जातियों में छंदों का नामज्ञान नहीं होता। वैदिक तथा लौकिक संस्कृत का छन्द:शास्त्र बड़ा ही जटिल है, एक-एक छंद के अनेक भेद हैं और उन भेदों के अनुसार उनके नाम भिन्न-भिन्न हैं। ब्राह्मण और वेदों में मिलने वाले छंदों के नाम आदि उस समय में लेखन कला की उन्नत दशा के सूचक हैं।

अंक

ऋग्वेद में ऋषि नाभानेदिष्ठ हजार अष्टकर्णी गौएं दान करने के कारण राजा सावर्णि की स्तुति करता है।[९७] यहां पर 'अष्टकर्णी' शब्द का अर्थ यही है कि जिसके कान पर आठ के अंक का चिह्न हो।[९८]

वैदिक काल में जुआ खेलने का प्रचार बहुत था। इस प्रकार के खेल में चार पासे होते थे जिनके नाम कृत, त्रेता, द्वापर और कलि[९९] थे और जिन पर क्रमश: ४, ३, २, १ के अंक या चिह्न लिखे या खुदे होते थे।[१००] चार के चिह्न वाला पासा या कृत जिताने वाला पासा था।[१०१] ऋग्वेद में एक पूरा सूक्त[१०२] जुआरी (कितव) के विलाप का है जिसमें वह कहता है कि एक पर[१०३] पासे के कारण मैंने अपनी पतिव्रता स्त्री खो दी। यहां एक पर का अर्थ यही है कि जिस पर एक का चिह्न बना हो[१०४] (अर्थात् हराने वाला पासा) अथर्ववेद में जुएं में जीत की प्रार्थना करने का एक सूक्त[१०५] है जिसमे लिखा है[१०६] कि मैंने तुम से संलिखित (अर्थात् जुए के हिसाब में तेरी जीत का लिखा हुआ धन) और संरुध् (जुएं में धरा हुआ धन) जीत लिया। इससे पाया जाता है कि पशुओं के कानों की तरह पासों पर भी अंक रहते थे और जुएं में जीते धन का हिसाब लिखा जाता था।

यजुर्वेद संहिता (वाजसनेयि) के पुरुषमेध प्रकरण में जहां भिन्न-भिन्न पेशे वाले बहुत से पुरुष गिनाये हैं वहां 'गणक' भी लिखा है[१०७], जिसका अर्थ गणित करने वाला (गण् धातु से) अर्थात् ज्योतिषी होता है। उसी संहिता में एक, दश (१०), शत (१००), सहस्त्र (१०००), अयुत (१००००), नियुत (१०००००), प्रयुत (१००००००), अर्बुद (१०००००००), न्यर्वुद (१००००००००), समुद्र (१०००००००००), मध्य (१००००००००००), अन्त (१०००००००००००) और परार्ध (१००००००००००००) तक की संख्या दी है[१०८] और ठीक यही संख्या तैत्तिरीय संहिता में भी मिलती है।[१०९]

सामवेद के पंचविंश ब्राह्मण में यज्ञ की दक्षिणाओं का विधान है, जिसमें सब से छोटी दक्षिणा १२ [कृष्णल] भर सोना है और आगे की दक्षिणाएं द्विगुणित क्रम से बढ़ती हुई २४, ४८, ९६, १९२, ३८४, ७६८, १५३६, ३०७२, ६१४४, १२२८८, २४५७६, ४९१५२, ९८३०४, १९६६०८ और ३९३२१६ भर तक की बतलाई है।[१०६] इसमें श्रेढीगणित का बड़ा अच्छा उदाहरण है और इस प्रकार का लाखों का गणित लिखने और गणित के ज्ञान के बिना हो ही नहीं सकता।

शतपथ ब्राह्मण के अग्निचयन प्रकरण में हिसाब लगाया है कि ऋग्वेद के अक्षरों से १२००० वृहती (३६ अक्षर का) छंद प्रजापति ने बनाये अर्थात् ऋग्वेद के कुल (१२०००×३६=)४३२००० हुए। इसी तरह यजु के ८००० और साम के ४००० बृहती छंद बनने से उन दोनों के भी ४३२००० अक्षर हुए। इन्हीं अक्षरों से पंक्ति छंद (जिसमें आठ-आठ अक्षरों के पांच पद अर्थात् ४० अक्षर होते हैं) बनाने से ऋग्वेद के (४३२००÷४०=)१०८०० पंक्ति छंद हुए और उतने ही यजु और साम के मिलकर हुए। एक वर्ष के ३६० दिन और एक दिन के ३० मुहूर्त होने से वर्षभर के मुहूर्त भी १०८०० होते हैं अर्थात् तीनों वेदों से उतने पंक्ति छंद दुबारा बनते हैं जितने कि वर्ष के मुहूर्त होते हैं।[१११]

उसी ब्राह्मण में समय विभाग के विषय में लिखा है कि रात दिन के ३० मुहूर्त, एक मुहूर्त के १५ क्षिप्र, एक क्षिप्र के १५ एतर्हि, एक एतर्हि के १५ इदानीं और एक इदानीं के १५ प्राण होते हैं[११२] अर्थात् रात दिन के (३०×१५×१५×१५×१५=) १५१८७५० प्राण होते हैं। इस गणना के अनुसार एक प्राण एक सेकेंड के १/१७ के लगभग आता है।

लिखना न जानने वालों को न तो परार्ध तक की संख्या का ज्ञान होता है और न उनको 'प्रयुत', 'अयुत' आदि बड़ी संख्याओं के सूचक शब्दों के गढ़ने या जानने की आवश्यकता होती है। ऐसी संख्या का जानना लिखना जानने के पीछे भी केवल उस दशा में होता है जब गणित विद्या अच्छी अवस्था को पहुंच जाती है। ग्रीक के लोग जब लिखना नहीं जानते थे उस समय उनको अधिक से अधिक १०००० तक का ज्ञान था और रोमन लोग ऐसी दशा में केवल १००० तक ही जानते थे। इस समय भी हमारे यहां के जो मनुष्य लिखना नहीं जानते वे बहुधा १०० तक भी अच्छी तरह नहीं गिन सकते; यदि उनसे पचासी कहा जाये तो वे कुछ न समझेंगे और यही प्रश्न करेंगे कि पचासी कितने होते हैं? जब उनको यह कहा जायेगा कि 'चार बीसी और पांच' तभी उनको उक्त संख्या का ठीक ज्ञान होगा। वे २० तक की गिनती जानते हैं जिसको 'बीसी' कहते हैं: फिर एक बीसी और सात (२७), चार बीसी और पांच (८५), इस तरह गिनते हैं।

यदि हम यह चेष्टा करें कि लिखना न जानने वाले दो पुरुषों को बिठला कर एक से कहें कि 'तुम कोई एक लंबा गीत गाओ' और दूसरे से कहें कि 'यह जो गीत गाता है उसके तुम अक्षर गिन कर बतलाओ कि वे कितने हुए और फिर छत्तीस छत्तीस अक्षरों से एक छंद बनाया जाये तो उन अक्षरों से ऐसे कितने छंद होंगे? यदि वह गीत एक या दो पृष्ठों में लिखा जाये इतना छोटा

भी हो तो भी वह न तो अक्षरों की और न छंदों की संख्या ठीक-ठीक बतला सकेगा, तो ऋग्वेद, यजुर्वेद और सामवेद जैसे पुस्तकों के, जो १००० पृष्ठ में भी लिख कर पूरे नहीं होते और जिनके सुनने में कई दिन लग सकते हैं, अक्षरों की तथा उनसे बन सकने वाले छंदों की गिनती बिना लिखित पुस्तक की तथा गणित की सहायता के करना मनुष्य की शक्ति के बाहर है। अतएव यह मानना पड़ेगा कि जिसने तीनों वेदों के अक्षरों की संख्या और उनसे बनने वाले बृहती और पंक्ति छंदों की संख्या बतलाई है उसके पास उक्त तीनों वेदों के लिखित पुस्तक अवश्य होंगे, वह छंद:शास्त्र से परिचित होगा और कम से कम भाग तक का गणित भी जानता होगा। ऐसे ही ऊपर लिखे हुए यज्ञ की दक्षिणा तथा समय विभाग आदि के विषयों से अंक विद्या की उन्नत दशा का होना मानना ही पड़ता है।

गद्य के ग्रंथ

लिखना न जानने की दशा में भी छंदोबद्ध मंत्र, गीत, भजन आदि बन सकते हैं और बहुत समय तक वे कंठस्थ भी रह सकते हैं परंतु उस दशा में बड़े-बड़े गद्यग्रंथों का बनना और सैंकड़ों बरसों तक उनका अक्षरश: कंठ रहना किसी तरह संभव नहीं। वेदों की संहिताओं में कितना एक अंश और ब्राह्मणों का बहुत बड़ा भाग गद्य ही है और वे वेदों के टीकारूप हैं। लिखना न जानने और वेदों की लिखित पुस्तक पास न होने की दशा में ब्राह्मण ग्रंथों आदि की रचना की कल्पना भी असंभव है।

ऊपर हम बतला चुके हैं कि ई० स० पूर्व छठी शताब्दी के आसपास पाठशालाएं विद्यमान थीं। पाणिनी और यास्क के समय अनेक विषयों के ग्रंथ विद्यमान थे। उनसे पूर्व ब्राह्मण और वेदों के समय में भी व्याकरण की चर्चा थी, छंदशास्त्र बन चुके थे, अंक विद्या की अच्छी दशा थी, वेदों के अनुव्याख्यान भी थे, गणक (गणित करने वाले) होते थे, जानवरों के कानों और जुए के पासों पर अंक भी लिखे जाते थे, जुए में हारे या जीते हुए धन का हिसाब रहता था और समय के एक सेकेंड के १७वें हिस्से तक के सूक्ष्म विभाग बने हुए थे; ये सब लिखने के स्पष्ट उदाहरण हैं।

पठन शैली और लिखित पुस्तक

प्राचीन हिंदुओं के समाज में वेद और यज्ञ ये दो वस्तु मुख्य थीं, और सब सांसारिक विषय वहीं तक सम्हाले जाते थे जहां तक वे इनके सहायक होते थे। यज्ञ में वेद के मंत्रों के शुद्ध प्रयोग की बड़ी आवश्यकता थी। इसलिये उनका शुद्ध उच्चारण गुरु के मुख से ही पढ़ा जाता था कि पाठ में स्वर और वर्ण की अशुद्धि, जो यजमान के नाश के लिये वज्र की तरह समर्थ मानी जाती थी[११३], बिल्कुल न होने पाये। इसीलिये वैदिक लोग न केवल मंत्रों को, परंतु उनके पदपाठ को, और दो-दो पद मिलाकर क्रमपाठ को, और इसी तरह पदों के उलट फेर से घन, जटा आदि के पाठों को स्वर सहित कंठस्थ करते थे। गुरु मंत्र का एक-एक अंश शिष्यों को सुनाता और वे उसे ज्यों का त्यों रट कर कंठस्थ करते, फिर पूरा मंत्र सुनकर उसे याद कर लेते। ऋग्वेद के समय

में वेदों के पढ़ने की यही रीति[११४] थी, और अब तक भी कुछ-कुछ चली आती है, परंतु यह पठनशैली केवल वेदों के लिये ही थी, अन्य शास्त्रों के लिये नहीं। वेदों के पठन की यही रीति, जिससे स्वरों का शुद्ध ज्ञान होता था, बनी रहे और श्रोत्रिय ब्राह्मणों का आदर घट न जाए, इसीलिये लिखित पुस्तक पर से वेदों का पढ़ना निषिद्ध माना गया है[११५],परंतु लिखितपाठक को अधमपाठक[११६] कहना ही सिद्ध करता है कि पहले भी वेद के लिखित पुस्तक होते थे और उन पर से पढ़ना सरल समझ कर लोग उधर प्रवृत्त होते थे इसीलिये निषेध करना पड़ा कि प्राचीन रीति उच्छिन्न न हो और स्वर आदि की मर्यादा नष्ट न हो। इसलिये वेद के पुस्तक लिखने का पेशा करना और पुस्तकों को बेचना पाप माना गया है।[११७] वेद के पुस्तक विस्मृति में सहायता के लिये अवश्य रहते थे और व्याख्यान, टीका, व्याकरण, निरुक्त, प्रातिशाख्य आदि में सुभीते के लिये उनका उपयोग होता था।

वेद के पठन पाठन में लिखित पुस्तक का अनादर एक प्राचीन रीति हो गई और उसी की देखा देखी और शास्त्र भी जहां तक हो सके, कंठस्थ किये जाने लगे, और अब तक जो विद्या मुखस्थ हो वही विद्या मानी जाती है।[११८] कोई श्रोत्रिय पुस्तक हाथ में लेकर मंत्र नहीं पढ़ता था, होता स्तोत्र ज़बानी सुनाता और उद्गाता समय-समय पर साम भी मुख से सुनाता। अब तक भी अच्छे कर्मकांडी सारी विधि सारे मंत्र मुख से पढ़ते हैं, ज्योतिषी या वैद्य या धर्मशास्त्री फल कहने, निदान करने और व्यवस्था देने में श्लोक सुनाना ही पांडित्य का लक्षण समझते हैं, यहां तक कि वैयाकरण भी वही सराहा जाता है जो बिना पुस्तक देखे महाभाष्य पढ़ा दे। वेदमंत्रों के शुद्ध उच्चारण की और यज्ञादि कर्मों में जहां जो प्रसंग पढ़े वहां तत्क्षण उस विषय के मंत्रों को पढ़ने की आवश्यकता तथा वेदसंबंधी प्राचीन रीति का अनुकरण करने की रुचि, इन तीन कारणों से हिंदुओं की परिपाटी शताब्दियों से यही हो गई कि मस्तिष्क और स्मृति ही पुस्तकालय का काम दे। इसीलिये सूत्रग्रंथों[११९] की संक्षेपशैली से रचना हुई और इसलिये ज्योतिष, वैद्यक आदि के ग्रंथ भी बहुधा श्लोकबद्ध लिखे जाने लगे। और तो और, कोश के सदृश ग्रंथ भी श्लोकबद्ध लिखे गये कि कंठस्थ किये जा सकें और अंकगणित तथा बीजगणित के नियम और उदाहरण भी श्लोकों में लिखे गये।

श्लोकबद्ध कोशों को देखकर यदि कोई यह अटकल लगाये कि इनकी रचना के समय लेखप्रणाली न थी अथवा लेखनसामग्री की कमी थी, या लीलावती के श्लोकबद्ध नियमों और उदाहरणों से यह कहा जाय कि हिसाब जबानी ही होते थे तो यह कहना वैसा ही है जैसा कि यह कहना कि व्याकरण के सूत्र, कल्पसूत्र, ब्राह्मण तथा वेदों तक की रचना ज़बानी ही हुई। रचनाकाल में सब ग्रंथ विचारपूर्वक लिखकर ही बनाये गये। केवल अध्ययन प्रणाली में कंठस्थ करना ही मुख्य समझा जाता था।

हिंदू लोग प्राचीन रीतियों का धर्म की तरह आग्रहपूर्वक पालन करते हैं और उनमें भरसक परिवर्तन नहीं करते। कपड़े से बने हुए कागज़ का बहुत प्रचार होने पर भी मंत्र, यंत्र आदि को भोजपत्र पर लिखना ही अब तक पवित्र माना जाता है। सस्ती और सुंदर छापे की पुस्तकें प्रचलित हुए एक शताब्दी बीतने आई तो भी पूजापाठ में हस्तलिखित पुस्तकों का ही बहुधा प्रचार है और जो कर्मकांडी छपी हुई पद्धति लेकर विवाह आदि कराने जाता है उसका बहुधा अनादर होता है।

जैसे आजकल कर्मकांडी या पौराणिक छपी पुस्तकों पर से पढ़ते हैं परंतु कर्म या पारायण के समय बहुधा हस्तलिखित पुस्तक ही काम में लाते हैं वैसे ही प्राचीन काल में विचार, स्वाध्याय और व्याख्यान के लिये लिखित पुस्तक काम में आते थे। परंतु पढ़ाना, मंत्रपाठ और शास्त्रार्थ मुखस्थ विद्या की पुरानी रीति से होता था।

बूलर लिखता है[१२०] कि 'इस अनुमान को रोकने के लिये कोई कारण नहीं है कि वैदिक समय में भी लिखित पुस्तकें मौखिक शिक्षा और दूसरे अवसरों पर सहायता के लिये काम में ली जाती थीं।'

बोथलिंग कहता है[१२१] कि मेरे मत में साहित्य के प्रचार में लिखने का उपयोग नहीं होता था परंतु नये ग्रंथों के बनाने में इसको काम में लेते थे। ग्रंथकार अपना ग्रंथ लिखकर बनाता परंतु फिर उसे या तो स्वयं कंठस्थ कर लेता या औरों को कंठस्थ करा देता। कदाचित् प्राचीन समय में एक बार लिखे ग्रंथ की प्रति नहीं उतारी जाती थी परंतु मूल लिखित प्रति ग्रंथकार के वंश में उसकी पवित्र यादगार की तरह रखी जाती और गुप्त रहती थी। यह भी संभव है कि ग्रंथकार अपने ग्रंथ को कंठस्थ करके उसकी प्रति को स्वयं नष्ट कर देता जिससे दूसरे उसका अनुकरण न करें और अपने आप को ब्राह्मण जाति के विरुद्ध काम करने का दोषी न बनना पड़े।

रॉथ लिखता है कि 'लिखने का प्रचार भारतवर्ष में प्राचीन समय से ही होना चाहिये क्योंकि यदि वेदों की लिखित पुस्तक विद्यमान न होती तो कोई पुरुष प्रातिशाख्य बना न सकता।'

प्राचीन काल में हिंदुस्तान के समान लेखनसामग्री की प्रचुरता कहीं भी न थी। ताड़पत्र और भोजपत्र प्रकृति ने यहां बहुत प्रचुरता से उत्पन्न किये हैं। मिस्र के पॅपायरस[१२२] की तरह उन्हें खेती करके प्राप्त करने की यहां आवश्यकता न थी। भारतवासी रुई से कागज़ बनाना भी ई०स० पूर्व की चौथी शताब्दी से पहले जान गये थे।[१२३] पुराणों में पुस्तक लिखवा कर दान करने का बड़ा पुण्य माना गया है। चीनी यात्री ह्वेनसांग यहां से चीन को लौटते समय बीस घोड़ों पर पुस्तकें लाद कर अपने साथ ले गया जिनमें ३५७ भिन्न-भिन्न पुस्तकें[१२४] थीं। मध्य भारत का श्रमण पुण्योपाय ई०स० ६५५ में १५०० से अधिक पुस्तक[१२५] लेकर चीन को गया था। ये बौद्ध भिक्षु कोई यूरोप या अमेरिका के धनाढ्य तो थे नहीं कि यहां तोड़े खोल कर पुस्तक मोल लें। उन्हें जितने पुस्तक मिले वे गृहस्थों, भिक्षुओं, मठों या राजाओं से दान में मिले होंगे। जब दान ही दान में इतने ग्रंथ उनको मिल गये तो सहज ही में अनुमान हो सकता है कि लिखित पुस्तकों की यहां कितनी प्रचुरता थी।

सन्दर्भ :

१. पाषणमाभिके तु समये भ्रान्ति संजायते यत:। धात्राक्षराणि सृष्टानि पत्रारुढाण्यत: पुरा।। (आह्निकतत्व और 'ज्योतिस्तत्व' में बृहस्पति का वचन) नाकरिष्यद्यदि ब्रह्मा लिखितं चक्षुरुत्तमम्। तत्रेयमस्य लोकस्य

नाभविष्यत् शुभा गतिः।। (नारदस्मृति)। बृहस्पतिरचित मनु के वार्तिक में भी ऐसा ही लिखा है। (से०बु०ई; जिल्द २३, पृ० ३०४); और चीनी यात्री ह्वेनसांग, जिसने ई० स० ६२९ से ६४८ तक इस देश की यात्रा की, लिखता है कि 'भारतवासियों की वर्णमाला के अक्षर ब्रह्मा ने बनाये थे और उनके रूप (रूपांतर) पहले से अब तक चले आ रहे हैं' (वी; बु० रे० वे० व; जिल्द १, पृ० ७७)।

२. मै० हि०ए०स०लि०पृ० २६२ (इलाहाबाद का छपा)।

३. फिनिशियन=फिनिशिया के रहने वाले एशिया के उत्तर-पश्चिमी विभाग के 'सीरिया' नामक देश (तुर्कराज्य में) को ग्रीक (यूनानी) तथा रोमन् लोग 'फिनिशिया' कहते थे। वहां के निवासी प्राचीन काल में बड़े व्यवसायी तथा शिक्षित थे। उन्होंने ही यूरोप वालों को लिखना सिखलाया और यूरोप की प्राचीन तथा प्रचलित लिपियां उन्हीं की लिपि से निकली हैं।

४. ब; सा०ई०पे : पृ० ९।

५. अरबी, इथोपिया, अरमइक, सीरियक, फिनिशियन, हिब्रु आदि पश्चिमी एशिया और अफ्रीका खण्ड की भाषाओं तथा उनकी लिपियों को 'सेमिटिक्' अर्थात् बाइबल प्रसिद्ध नूह के पुत्र शेम की संतति की भाषाएं और लिपियां कहते हैं।

६. बू; इं० पे; पृ० १७ (अंग्रेजी अनुवाद)।

७. भोजपत्र पर लिखा हुआ सबसे पुराना संस्कृत पुस्तक, जो अब तक मिला है, 'संयुक्तागम' नामक बौद्ध सूत्र है। वह डॉ० स्टाइन् को खोतान प्रदेश के खइलिक् स्थान में मिला था। उसकी लिपि ई० स० की चौथी शताब्दी की मानी जाती है।

८. ताड़पत्र पर लिखे हुए पुस्तकों में सब से पुराना, जो मिला है, एक नाटक का कुछ त्रुटित अंश है। वह ई० स० की दूसरी शताब्दी के आसपास का लिखा हुआ माना जाता है। और जिसको डॉ० लूडर्स ने छपवाया है (Kleinere Sanskrit Texte Part-I)

९. कागज़ पर लिखे हुए सब से पुराने भारतीय प्राचीन लिपि के चार संस्कृत पुस्तक मध्य एशिया में यारकंद नगर से ६० मील दक्षिण 'कुगियर' स्थान से बेयर को मिले। जिनका समय डॉ० हॉर्नली ने ई० स० की पांचवीं शताब्दी अनुमान किया है। (ज०ए०, सो० बंगा; जि० ६२ पृ० ८)।

१०. अशोक के लेख नीचे लिखे हुए स्थानों में मिले हैं–
शाहबाज़गढ़ी (पंजाब के ज़िले यूसफ़ज़ई में); मान्सेरा (पंजाब के जिले हज़ारा में); दिल्ली; खालसी (संयुक्त प्रदेश के जिले देहरादून); सारनाथ (बनारस के पास); लारिया अरराज अथवा रधिया, लौरिया नवंदगढ़ अथवा मथिया और रामपुरवा (तीनों उत्तरी बिहार के जिले चंपारन में); सहस्राम (बंगाल के जिले शाहाबाद में); निग्लिवा और रुम्मिंदेई (दोनों नेपाल की तराई में) : धौली (उड़ीसा के जिले कटक में): जौगढ़ (मद्रास के ज़िले गंजाम में); वैराट (राजपूताना के जयपुर राज्य में); गिरनार (काठियावाड़ में); सोपारा (बंबई से ३७ मील उत्तर थाना जिले में); सांची (भोपाल राज्य में); कपनाथ (मध्य प्रदेश में); मस्की (हैदराबाद राज्य में); और सिद्धापुर (मैसूर राज्य में)।

११. लिपिपत्र पहले में केवल गिरनार के लेख से अक्षर छांटे गये हैं और दूसरे में अशोक के अन्य लेखों से मुख्य-मुख्य अक्षर। इन दोनों पत्रों को मिलाने से भिन्न-भिन्न लेखों में अक्षरों की जो भिन्नता और एक अक्षर के कई रूप पाये जाते हैं वे स्पष्ट होंगे।

१२. बड़ली गांव से मिला हुआ लेख। जो राजपूताना म्यूज़ियम (अजमेर) में है ई०स० १९१२ में मुझे मिला था।

१३. महामहोपाध्याय डॉ० सतीशचंद्र विद्याभूषण ने भी इस लेख को वीर संवत् ८४ का माना है।

१४. अशोक के समय अथवा उससे पूर्व व्यंजन के साथ जुड़ने वाली स्वरों की मात्राओं में से केवल 'ई' की प्राचीन मात्रा लुप्त होकर उसके स्थान में नया चिह्न काम में आने लगा ऐसा ही नहीं, किंतु 'औ' की मात्रा में भी परिवर्तन हुआ होगा, क्योंकि महाक्षत्रप, रुद्रदामन के गिरनार के लेख में 'औ' की मात्रा तीन प्रकार से लगी है:–'पौ' के साथ एक प्रकार की, 'नौ' और 'मौ' के साथ दूसरे प्रकार की और 'यौ' के साथ तीसरी तरह की है। (देखो लिपिपत्र ८वां)। इनमें से पहले प्रकार की मात्रा तो अशोक के लेखों की शैली की ही है ('ओ' की मात्रा की बाईं तरफ एक और आड़ी लकीर जोड़ी गई है), परंतु दूसरे प्रकार की मात्रा की उत्पत्ति का पता अशोक के लेखों में नहीं लगता और न पिछले किसी लेख में उसका प्रचार पाया जाता है, जिससे यही अनुमान होता है कि उसका रूपांतर अशोक के पूर्व ही हो गया हो और किसी लेखक को उसका ज्ञान होने से उसने उसका भी प्रयोग किया हो, जैसे कि कुटिल लिपि की 'आ' की मात्रा ((जो व्यंजन के ऊपर लगाई जाती थी) का लिखना इस समय से कई शताब्दी पूर्व से ही उठ गया है और उसके स्थान में व्यंजन की दाहिनी ओर एक खड़ी लकीर 'ा' लगाई जाती है, परंतु कितने एक पुस्तक लेखकों को अब भी उसका ज्ञान है और जब वे भूल से कहीं 'आ' की मात्रा छोड़ जाते हैं और व्यंजन की दाहिनी ओर उसके लिखने का स्थान नहीं होता तब वे उसके ऊपर कुटिल लिपि का चिह्न लगा देते हैं।

१५. जिस पत्थर के पात्र पर यह लेख खुदा है वह इस समय कलकत्ते के 'इंडियन म्यूज़ियम' में है।

१६. ज०रॉ०ए०सो; सन् १८९८, पृ० ३८६।

१७. बुद्ध का देहांत (निर्वाण) ई० स० पूर्व ४८७ के करीब कुसिनार नगर में हुआ। उनके शरीर को चंदन की लकड़ियों से जलाकर उनकी जली हुई अस्थियों के ८ हिस्से किये गये और राजगृह, वैशाली, कपिलवस्तु, अल्लकप्प, रामग्राम, पावा, वेठदीप और कुसिनार वालों ने उन्हें लेकर अपने-अपने यहां उन पर स्तूप बनवायें। कपिलवस्तु वाक्यराज्य की राजधानी थी और बुद्ध वहीं के शाक्यजाति के राजा शुद्धोदन का पुत्र था अतएव पिप्रावा के स्तूप से निकली हुई अस्थि कपिलवस्तु के हिस्से की, और वहां का स्तूप बुद्ध के निर्वाण के समय के कुछ ही पीछे का बना हुआ होना चाहिये। ऐसा मानने में लिपिसंबंधी कोई भी बाधा नहीं आती।

१८. ई० स० पूर्व ३२६ में भारतवर्ष पर चढ़ाई करने वाले यूनान के बादशाह एलेक्जेण्डर (सिकंदर) के सेनापतियों में से एक निआर्कस् भी था। उसके साथ पंजाब में रहा और वहां से नावों द्वारा जो सेना लड़ती भिड़ती सिंधु के मुख तक पहुंची उसका सेनापति भी वही था। उसने इस चढ़ाई का विस्तृत वृत्तांत लिखा था, जिसका खुलासा एशियन ने अपनी 'इंडिका' नामक पुस्तक में किया।

१९. मैक्समूलर का लिखना है कि 'निआर्कस् भारतवासियों का रुई से कागज बनाने की कला का जानना प्रकट करता है, मै; हि०ए०स०लि०पृ० ३६७।

२०. वू;इं० पे; पृ० ६।

२१. ई० स० पूर्व ३०६ के आसपास सीरिया के बादशाह सेल्युकस (Seleukos Nikator) ने मैगस्थनीज़ नामक विद्वान् को अपना राजदूत बना कर मौर्यवंशी राजा चंद्रगुप्त के दरबार (पाटलिपुत्र) में भेजा था। वह ५ वर्ष के लगभग यहां रहा और इस देश के विषय में 'इंडिका' नामक पुस्तक ई० स० पूर्व की चौथी शताब्दी के अंत के आसपास लिखी जो नष्ट हो गई परंतु दूसरे लेखकों ने उससे जो-जो अंश उद्धृत किया है वह उपलब्ध है।

२२. एक स्टेडियम (Stadium) ६०६ फुट ९ इंच का होता है ('स्टेडिआ', 'स्टेडियम्' शब्द का बहुवचन है)।

२३. इं० मॅ; पृ० १२५-२६।

२४. वही, पृ० ६९।

२५. वही, पृ० १२६।

२६. मैगस्थनीज ने मूल में 'स्मृति' (धर्मशास्त्र) शब्द के अर्थ 'याद्दाश्त' का प्रयोग किया है। जिस पर से कितने एक यूरोपियन विद्वानों ने यहां पर उस समय लिखे हुए कानून का न होना मान लिया है। परंतु बूलर ने लिखा है कि मैगस्थनीज का आशय 'स्मृति' के पुस्तकों से है (बू; इं० पे; पृ० ६)।

२७. विलायती कागज़ों के प्रचार के पूर्व यहां पर चिथड़ों को कूट-कूट कर उनके गूदे से कागज़ बनाने के पुराने ढंग के कारखाने कई जगह थे; परंतु विलायती कागज़ अधिक सुंदर और सस्ते होने से वे बंद हो गये तो भी घोसुंडा (मेवाड़ में) आदि में अब तक पुराने ढंग से कागज़ बनते हैं।

२८. बौद्ध धर्मग्रंथ 'सुत्तंत' (सूत्रांत) के प्रथम खण्ड के प्रथम अध्याय में जो बुद्ध के कथोपकथन हैं वे 'शील' अर्थात् 'आचार के उपदेश' कहलाते हैं। उसके संग्रह का समय डॉ० राइस डेविडज़ ने ई० स० पूर्व ४५० के आसपास बतलाया है (डे; बु०इं; पृ० १०७) किंतु बौद्ध लोग 'शील' को स्वयं बुद्ध का वचन मानते हैं।

२९. ब्रह्मजालसुत्त १४; सामञ्ञफलसुत्त ४९; डे; बु; इं; पृ० १०८।

३०. जिस वर्ष बुद्ध का निर्वाण हुआ उसी वर्ष (ई० स० पूर्व ४८७ के आसपास) उनके मुख्य शिष्य काश्यप की इच्छानुसार मगध के राजा अजातशत्रु की सहायता से राजगृह के पास की सप्तपर्ण गुफा के बड़े ढालान में बौद्धों का पहला संघ एकत्र हुआ जिसमें ५०० अर्हत् (बड़े दर्जे के साधु) उपस्थित थे। वहां पर उपालि ने, जिसको स्वयं बुद्ध ने 'विनय' का अद्वितीय ज्ञाता माना था, 'विनय' सुनाया जो बुद्ध का कहा हुआ 'विनय' माना गया है। बौद्धों के धर्मग्रंथों के तीन विभाग 'विनय' 'सुत्त' (सूत्र) और अभिधम्म (अभिधर्म) हैं। जिनमें से प्रत्येक को 'पिटक' कहते हैं। प्रत्येक पिटक में कई ग्रंथ हैं और तीनों मिलकर 'त्रिपिटक' कहलाते हैं। 'विनय' में बौद्ध साधुओं के आचार का विषय है। ओल्डनवर्ग के मत में 'विनय' के कितने एक अंश ई० स० पूर्व ४०० से पहले के हैं।

३१. डे; बु०इं०, पृ० १०८ भिक्खुपाचित्तिय २.२।

३२. वही, पृ० १०८।

३३. वही, पृ० १०८-९।

३४. वही, पृ० १०८

३५. बुद्ध के पूर्वजन्मों की कथाओं को जातक कहते हैं। बौद्ध साहित्य में ऐसी प्राय ५५० कथाओं का २२ निपातों (अध्यायों) में बड़ा संग्रह है। प्रत्येक कथा के आरंभ में लिखा है कि जैतवन में अनाथपिंडिक के बाग में या अन्यत्र जब बुद्ध विहार करते थे तब अमुक प्रसंग उठने पर उन्होंने यह कथा कही। कथा के पूर्ण होने पर बुद्ध ने बताया कि इस समय के (वर्तमान) मनुष्यों में से इस कथा के समय पूर्व जन्म में कौन-कौन किस-किस शरीर में थे और अंत में अपना भी पता दिया है कि इस कथा का अमुक पात्र मैं था।

भरहुत के स्तूप के कटहरों पर इक्कीस जातकों के चित्र खुदे हुए हैं और उन पर नाम भी दिए हैं। एक तो जातक में से गाथा का एक पाद ज्यों का त्यों खुदा हुआ है। यह स्तूप ई० स० पूर्व की तीसरी शताब्दी

का है अतएव जातकों का इससे प्राचीन होना तो सिद्ध ही है, परंतु जिन राजाओं और नगरों का उनमें उल्लेख है वे नंद और मौर्यवंश राजाओं के पहले के हैं और पात्रों के आचार व्यवहार भी बुद्ध के बहुत पहले के जान पड़ते हैं। इससे यह मानना साहस नहीं कि ई० स० पूर्व की छठी शताब्दी या उससे भी पहले के समाज के चित्र जातकों की कथाओं में अंकित हैं। प्रोफेसर कॉवेल की संपादकता में ४५७ जातकों का अंग्रेज़ी भाषांतर ६ जिल्दों में छपकर प्रकाशित हुआ है। मूल डॉक्टर फॉसबॉल ने रोमन लिपि में प्रकाशित किया है।

३६. काशी के एक सेठ के गुलाम कटाहक ने जाली चिट्ठी (पण्ण=पर्ण=पन्ना=पत्र) से अपने आपको सेठ का पुत्र सिद्ध करके एक दूसरे सेठ की पुत्री से विवाह कर लिया। उस पत्र पर उसने सेठ ही की मोहर (मुद्दिका=मुद्रिका) भी कर ली थी (कटाहक जातक)।

तक्खशिला (तक्षशिला) के विश्वविद्यालय के एक अध्यापक ने अपने पुराने छात्रों को पण (=पत्र) लिखा (महासुतसोमजातक)।

३७. एक राजा, जो राज्य छोड़कर वनवासी हो गया था, एक ग्राम में जाकर रहा। वहां वालों ने उसका आतिथ्य अच्छा किया जिस पर उसने अपने भाई को, जो राजा था, एक पण्ण भेजा कि इनका राजकर क्षमा कर दिया जाये (कामजातक)।

काशी के एक राजा ने अपने निकाले हुए पुरोहित को फिर बुलाने के लिए एक गाथा लिख कर पण भेजा और उस पर राजमुद्दिका (राजमुद्रिका) से मोहर की (पुण्णनदी जातक)।

पोतलि के राजा अस्सक (अश्मक) के मंत्री नंदिसेन ने एक सासन (शासन) लिखकर दंतपुर के राजा कालिंग का आक्रमण रोका और कालिंग राजा लेख को सुन कर (लेख सुत्वा) रुक गया (चुल्लकालिंग जातक)।

सात राजाओं ने काशी को घेरा देकर राजा ब्रह्मदत्त को पण्ण भेजा कि राज्य छोड़ो या लड़ो। उसके उत्तर में राजा के भाई असदिस (असदृश) ने बाण पर अक्षर (अक्खरानि) खोदे (अछिन्दि) और वह बाण ऐसे निशाने से मारा कि उनके भोजनपात्रों पर लगा। उसमें लिखा था कि भाग जाओ नहीं तो मारे जाओगे (असदिस जातक)।

नामी चोर (जैसे आजकल पुलिस के रजिस्टर में 'नंबरी' बदमाश होते हैं) 'लिखित को चोरो', अर्थात् जिसके बारे में राज की ओर से लिखी हुई आज्ञा निकल चुकी हो, कहलाता था। ऐसे चोर बौद्धसंघ में आ आकर भरती होने लगे, तब बुद्ध ने इस बखेड़े को रोका (महावग्ग १.४३)।

३८. एक देवालिये ने अपने लेवालियों को कर्ज़े की तहरीरें (इणपण्णनि=ऋणपर्ण) लेकर गंगातीर पर आकर अपना पावना ले जाने के लिये बुलाया था (रुरुजातक)।

३९. बू;इ०पे० पृ० ५।

४०. एक धनवान् ब्राह्मण का पुत्र अपनी विरासत सम्हालने गया और सोने के पत्र पर अपने पुरखाओं के लिखे धन के बीजक क अक्षर (अक्खरानि) बांच कर उसने अपनी संपत्ति का परिमाण जाना (कन्ह जातक)।

४१. काशी के राजा की रानी खेमा ने स्वप्न में स्वर्णमृग देखा और कहा कि यदि मुझे यह न मिला तो मैं मर जाऊंगी। इस पर राजा ने सोने के पत्र पर एक कविता खुदवा कर मंत्री को दी और कहा कि इसे सारे नगरवासियों को सुना दो। उस कविता का भाव यह था कि जो कोई इस मृग का पता देगा उसे गांव और गहनों से भूषित स्त्रियां दी जायेंगी (रुरुजातक)।

४२. राजा की आज्ञा से कुरु जाति के पांच प्रधान धर्म (अहिंसा, अस्तेय, परस्त्रीगमननिषेध, मिथ्याभाषणनिषेध

और मद्यपाननिषेध) सोने के पत्र पर खुदवाये गये (कुरुधम्म जातक)।
बोधिसत्व की आज्ञा से विनिच्छयधम्म (विनिश्चयधर्म) भी ऐसे ही खुदवाये गये थे (तेसकुन जातक)।

४३. उपालि के माता-पिता ने राजगृह में विचार किया कि बच्चे को क्या काम सिखाये। उन्होंने निश्चय किया कि यद्यपि लेख, गणना और रूप सिखाने से भविष्य में उसको लाभ होगा परंतु उन तीनों से क्रमशः अंगुली, छाती और आंखों को क्लेशा होगा, इससे उन्होंने उसे बौद्ध भिक्खु (श्रमण) बनाना निश्चय किया क्योंकि श्रमण सदाचारी होते हैं। खाने पीने को उन्हें अच्छा मिलता है और सोने को अच्छे बिछौने (महावग्ग १.४९: भिक्खुपाचित्तिय ६५.१)।
कलिंग के राजा खारवेल के हाथी गुंफा के लेख में उक्त राजा का लेख, रूप और गणना सीखना लिखा है (ततो लेखरु पगणनाववहारिविधिविमारटेन भवतिजावटातेन......। हाथी गुंफा एण्ड थ्री अदर इन्स्क्रिप्शन्स, भगवानलाल इंद्र जी संपादित पृ० २२।

४४. गुलाम कटाहक सेठ के पुत्र का फलक उठाकर उसके साथ पाठशाला जाया करता था वहीं उसने लिखना पढ़ना सीखा (कटाहक जातक)।

४५. राजपूताना में अब भी लकड़ी की गोल तीखे मुंह की कलम को, जिससे बच्चे पट्टे पर सुरखी बिछा कर अक्षर बनाना सीखते हैं, परथा या बरतना कहते हैं।

४६. ललितविस्तर, अध्याय १० (अंग्रेज़ी अनुवाद पृ० १८१-५)।

४७. महाभारत के कर्ता व्यास ने स्वयं गणेश को ही उक्त पुस्तक का लेखक बनाया है (आदिपर्व, १.११२)।

४८. वसिष्ठधर्मसूत्र (१६.१०.१४-१५) में न्यायकर्ता के पास लिखित प्रमाण पेश करना और मनुस्मृति (८. १७८) में जबरन लिखवाये हुए लेख को अप्रमाणित करना लिखा है। सारी स्मृतियों में जहां-जहां लेख का विषय है उसकी परिसंख्या नहीं हो सकती, केवल दो उदाहरण दिये गये हैं।

४९. अर्थशास्त्र में बहुत जगह लिखने का वर्णन है, जिनमें से थोड़े उदाहरण यहां दिये जाते हैं। वृत्त चौलकर्मा लिपि संख्या न चोपयुञ्जीत (१.५.२) संज्ञालिपिभिश्चारसंचार कुर्युः (१.१२.८) पक्ष में मंत्रिपरिषदा पत्र संप्रेषणे न मंत्रयेत (१.१९.६) अमात्यसम्पदोपेतः सर्वममयद्यविदाशुग्रंथश्चार्वक्षरो लेखवाचनसमर्थो लेखकः स्यात् (२.९.२८) यह पिछला अवतरण शासनाधिकार में से है जिसमें राजशासनों के लिखने का ही विषय है। अर्थशास्त्र का कर्ता कौटिल्य मौर्य चंद्रगुप्त का मंत्री विष्णुगुप्त चाणक्य ही था।

५०. चौसठ कलाओं में पुस्तकवाचनम् (पृ० ३३) घर में रखने की सामग्री में 'यः कश्चित्पुस्तक' (पृ० ४५); भार्या के प्रतिदिन के कामों में आमद और खर्च का हिसाब रखना 'देवसिकायत्पपिण्डीकरणम्' (पृ० २३८)।

५१. मैक्समूलर वूलर आदि कितने एक यूरोपियन विद्वान् पाणिनि का ई० स० पूर्व की चौथी शताब्दी में होना मानते हैं और पाणिनीय व्याकरण के अद्वितीय ज्ञाता गोल्ड स्टकर ने पाणिनि का बुद्ध से पूर्व होना माना है। इनमें से गोल्डस्टकर का लिखना ठीक जंचता है, क्योंकि पाणिनि से बहुत समय पीछे कात्यायन ने उसके सूत्रों पर 'वार्तिक' लिखे इसका प्रमाण यह है कि वार्तिकों में न केवल पाणिनि के छोड़े हुए प्रयोगों और अर्थों का स्पष्टीकरण है वरन बहुत से नये प्रयोगों और नये अर्थों का भी विचार है, जो पाणिनि के पीछे व्यवहार में आयें होंगे। पाणिनि से [कम से कम तीन पीढ़ी] पीछे दाक्षायण व्याडि ने पाणिनि के सूत्रों पर 'संग्रह' नामक व्याख्यान रूप ग्रंथ रचा। भर्तृहरि ने अपने 'वाक्यपदीय' नामक ग्रंथ में लिखा है कि 'संग्रह' के जो 'वाक्यपदीय' के टीकाकार पुण्यराज के लेखानुसार एक लाख श्लोक का था, अस्त हो जाने पर पतंजलि ने 'महाभाष्य' लिखकर 'संग्रह' के आशय का संक्षेप किया।

पतंजलि का समय ई० स० पूर्व की दूसरी शताब्दी निश्चित है। ऐसी दशा में पाणिनि और पतंजलि के बीच कई शताब्दियों का अंतर होना चाहिये।

५२. दिवाविभानिशा.......लिपिलविवलि........(३.२.२१)।

५३. इन्द्रवरुणभव ....यवयवन......(४.१.४९)।

५४. यवनाल्लिप्याम् (४.१.४९ पर वार्तिक ३)।

५५. यवनाक्किप्यामिति वक्तव्यम् यवनानो लिपि (४.१.४९ पर भाष्य)।

५६. स्वरितेमाधिकारः (१.३.११)।
एक ही बात बार-बार दोहराना न पड़े इसलिये पाणिनि ने कुछ बातें शीर्षक की तरह स्थान-स्थान पर लिख कर नियम कर दिया है कि इसके आगे यह सिलसिला चलेगा। इसको अधिकार कहते हैं और अधिकार स्वरित चिह्न से जतलाया गया है। यह स्वरित वेद के उच्चारण के उदात्त, स्वरित की तरह उच्चारण का ऊंचा या नीचा स्वर नहीं किंतु वर्ण पर का लिखित चिह्न है (स्वरितो नाम स्वरविशेषो वर्ण धर्मो न स्वरधर्मः पा० १.३.११ पर काशिका) क्योंकि अष्टाध्यायी का सूत्रपाठ एकश्रुति या एकस्वर का पाठ माना जाता है, उसमें उदात्त, अनुदात्त, स्वरित का भेद नहीं हो सकता (एकन्नुत्या सूत्राणां पाठात्, पतंजलि के महाभाष्य के पहले आह्निक पर कैयट की टीका) पतंजलि ने इस सूत्र (१.३.११) के व्याख्यान में यह शंका उठाई है कि स्वरित से हम यह नहीं जान सकते कि यह अधिकार कहां तक जायेगा और इस शंका पर कात्यायन का समाधान लिखा है कि जितने सूत्रों तक अधिकार चलाना हो उतनी ही संख्या का वर्ण उस पर लिख दिया जाय (वावतियोऽलनबन्धस्तावतो योगनिति वचनात्सिद्धम्) कैयट ने इस पर दृष्टांत दिया है कि पा० सू० ५.१.३० पर 'इ' अनुबंध लगा देने से यह जाना जायेगा कि अधिकार दो सूत्रों तक चलेगा। यों शिवसूत्रों में जो वर्णों का क्रम है उसके स्थानीय मान से अ=१, इ=२, उ=३ इत्यादि गिनती के संकेत पाणिनि के स्वरित चिह्न में होना कात्यायन ने माना है। आगे चल कर यह भी कहा है कि जहां अधिकार अधिक संख्या के सूत्रों में जाने वाला है और अल् (=वर्ण) कम हैं वहां अधिकार जतलाने वाले सूत्र में पाणिनि ने 'प्राक्' (अमुक शब्द या सूत्र से पहले पहले) लगाया है (पतंजलि–अथेदांनीयत्रातपीवांसोऽलः भूयसञ्च योगानधिकारोऽनुवर्तते कथं तत्र कर्तव्यम्। कात्यायन–भूयसि प्राग्वचनम्। पतंजलि–भूयसि प्राग्वचनं कर्तव्यम् भूयसि प्रागमुत इति वक्तव्यम्)। जहां पर 'प्राक्' शब्द काम में नहीं लिया है और जहां पर सूत्रों की संख्या अल् (वर्ण) से अधिक है (जैसे ३.१.९१ का अधिकार ५४१ सूत्रों पर है) वहां कोई और स्वरित चिह्न काम में आता होगा। इसी के अनुसार पाणिनि ने जहां यह अधिकार किया है कि 'रीश्वर' के पहले-पहले सब निपात कहलायेंगे (प्राग्रीश्वरान्निपाताः पा० १.४.५६) वहां शुद्ध 'ईश्वर' शब्द काम में न लाकर कृत्रिम 'रीश्वर' काम में लिया है क्योंकि रीश्वर शब्द जहां आता है वहीं यह अधिकार समाप्त होता है (अधिरीश्वरे १.४.९७) आगे जहां 'ईश्वर' शब्द आया है (ईश्वरे तोसुनकसुनी ३.४.१३) वहां तक यह अधिकार नहीं चलता। यों 'रीश्वर' शब्द काम में लाने से दो ही बातें प्रकट होती हैं, या तो पाणिनि ने अपने आगे के सूत्र तोते की तरह रट लिये थे इससे 'रीश्वर' पद का प्रयोग किया, या उसने अपना व्याकरण लिख कर तैयार किया जिसकी लिखित प्रति के सहारे अधिकार सूत्र के शब्द स्थिर किये। पाठकों से यह कहना व्यर्थ है कि इन दोनों अनुमानों में से कौन सा मानना उचित है।

ऐसे ही पाणिनि ने अपने सूत्रों में अपने ही बनाये धातुपाठ में से 'फण आदि सात धातुओं को' (फणां च सप्तानां ६.४.१२५) 'जक्षित आदि ६ धातु' (जक्षित्यादयः षट् ६.१.६) आदि उल्लेख किया है। वहां

यह मानना उचित है कि पाणिनि ने सूत्र बनाने के पहले धातुपाठ रट रखा था, या यह कि धातुपाठ की लिखित पुस्तक उसके सामने थी?

५७. 'ग्रंथ' शब्द पाणिनि ने रचित पुस्तक के अर्थ में लिया है (समुदाङ्भ्यो यमोऽग्रन्थे १.३.७५; अधिकृत्य कृते ग्रंथे ४.३.८७; कृते ग्रंथे ४.३.११६ आदि)। वेद की शाखाओं के लिये, जो ऋषियों से कही गई हैं (जिन्हें आस्तिक हिन्दू ऋषियों की बनाई हुई नहीं मानते) 'प्रोक्त' शब्द काम में लाया गया है। 'कृत' नहीं (तेन प्रोक्तम् ४.३.१०१); और 'प्रोक्त' ग्रंथों में 'पुराणप्रोक्त' शब्द के प्रयोग से दिखाया है कि कुछ वेद के ब्राह्मण पाणिनि के पहले के थे और कुछ उन्हीं के काल के (पुराणप्रोक्तेषु ब्राह्मणकल्पेषु ४.३.१०५; वार्तिक 'तुल्यकालत्वात्') किंतु पाराशर्य (पराशर के पुत्र) और कर्मंद के 'भिक्षुसूत्र', तथा शिलालि और कुशाश्व के 'नटसूत्रों' को न मालूम क्यों 'प्रोक्त' में गिनाया है। जो हो, 'भिक्षुशास्त्र' और 'नाट्यशास्त्र' के दो-दो सूत्रग्रंथ उस समय विद्यमान थे (पाराशर्यशिलालिभ्यां भिक्षुनटसूत्रयेः। कर्मन्दक्वशाश्वादिनिः ४.३.११०-११)। नवीन विषय पर पहले-पहल बनाये हुए ग्रंथ को 'उपाज्ञात' कहा है (उपज्ञाते ४.३.११५; उपज्ञोपक्रमं तदाद्याचिख्यासायां १.४.२१)। किसी विषय को लेकर (अधिकृत्य) बने हुए ग्रंथों में 'शिशुक्रन्दीय' (बच्चों के रोने के संबंध का ग्रंथ), 'यमसभीय' (यम की सभा के विषय का ग्रंथ), 'दो नाम मिला कर बना ग्रंथ' (जैसे 'अग्निकाश्यपीय'-यह नाम पाणिनि ने नहीं दिया) और 'इंद्रजननीय' (इन्द्र के जन्म पर ग्रंथ) के नाम दिये हैं और अंत में 'आदि' लगाकर बतलाया है कि ऐसे ग्रंथ बहुत से होंगे (शिशुक्रन्दमसभद्वंद्वेन्द्रजननाभिभ्यशच्छः ४.३.८८)। इस प्रकार पाणिनि ने केवल 'ग्रंथ' शब्द ही नहीं दिया वरन कई ग्रंथों के नाम और उनके विषयों का पता भी दिया है। पाणिनि के सूत्र 'कृते ग्रंथे' (४.३.८७) के वार्तिक पर कात्यायन ने आख्यायिका का भी उल्लेख किया है और भाष्यकार पतंजलि ने 'वासवदत्ता', 'सुमनोत्तरा' और 'भैमरथी' आख्यायिकाओं के नाम दिये हैं।

५८. कर्णे लक्षणस्याविष्टाष्टपक्षमणि भिन्नछिन्नछिद्रस्तुबस्वस्तिकस्य ६.३.११५; कर्णो वर्णलक्षणात् ६.२.११२। इन सूत्रों पर काशिकाकारों ने लिखा है कि पशुओं के स्वामी का संबंधी बतलाने या उनका विभाग जतलाने के वास्ते दांतली आदि के जो चिह्न उनके कानों पर किये जाते हैं उनको लक्षण कहते हैं। पाणिनि के इन सूत्रों के अनुसार 'अष्टकर्णः गौः' या 'अष्टकर्णी गौः' का अर्थ यही है कि जिस बैल या गौ के कान पर पहचान के लिये 'आठ' का चिह्न बना हो। ऐसे ही पञ्चकर्णी, स्वस्ति कर्णी आदि। ऐसे शब्दों का अर्थ 'आठ कान वाली' आदि नहीं हो सकता।

जानवरों के कानों पर इस प्रकार के तरह-तरह के चिह्न करने की प्रथा वेदों के समय में भी प्रचलित थी। अथर्ववेद संहिता में तांबे के छुरे से दोनों कानों पर 'मिथुन' (स्त्रीपुरुष) का चिह्न बनाने का विधान है (अथर्ववेद स० ६.१४१) और दूसरी जगह कानों को छेदने और उन पर चिह्न करने की प्रथा को बुरा बतलाया है (१२.४.६)। मैत्रायणी संहिता में इस विषय का एक प्रकरण का प्रकरण है जिससे पाया जाता है कि रेवती नक्षत्र में यह कर्म करना चाहिये तब इससे समृद्धि होती है। केवल दाहिने कान पर भी चिह्न होता था और दोनों कानों पर भी और उन चिह्नों के नाम से गौओं के नाम पड़ते थे। 'स्थूणाकर्णी' (थंभे के चिह्नवाली), 'दात्राकर्णी' (दांतली के चिह्नवाली) 'कर्करिकर्णी' (वीणा के चिह्नवाली) आदि। अलग-अलग पुरुषों के अलग-अलग चिह्न होते थे- वसिष्ठ की 'स्थूणाकर्णी', जमदग्नि की 'कर्करिकर्णी' आदि, बाण के फल से या लोहे से चिह्न करने का निषेध किया गया है; या तो चिह्न तांबे से बनाया जाय या सांठे को पानी में भिगोकर उसके डंठल से (मैत्रायणी संहिता ४.२.९)।

५९. महान ब्रह्मपराहण......भारत.....(६.२.३८)

६०. वा सुप्यापिशले....(६.१.९२)।

६१. अवङ स्फोटायनस्य (६.१.१२३)।

६२. श्रोतो गार्ग्यस्य (८.३.२०)।

६३. लोप: शाकस्यस्य (८.३.१९)।

६४. लङ शाकटायनस्यैव (३.४.१११) डॉ० ऑपर्ट ने जो शाकटायन का व्याकरण अभयचंद्रसूरि की टीका सहित छपवाया है यह पाणिनि के उल्लेख किये हुए प्राचीन शाकटायन का नहीं किंतु जैन शाकटायन का नवीन व्याकरण है जो ई० स० की नवीं शताब्दी में राष्ट्रकूट (राठौड़) राजा अमोघवर्ष (प्रथम) के समय में बना था।

६५. इकोहस्वोऽङ्योगालवस्य (६.३.६१)।

६६. ऋतो भारद्वाजस्य (७.२.६३)

६७. ऋषिमपिकृषे: काश्यपस्य (१.२२५)।

६८. ई चाक्रवर्मणस्य (६.१.१३०)।

६९. गिरेश्च सेनकस्य (५.४.११२)।

७०. पाणिनि ने 'यस्कादिभ्योगोत्रे' (२.४.६३) सूत्र से 'यास्क' नाम सिद्ध किया है।

७१. देखो, क्रमश: यास्क का निरुक्त (१, २, १७; ८२, १; ११.६.३; ७.१४.६; १.३;१०.१.३; १०.८.९; १०.८.१०; ७.१५.१; ८.५.३; १.१५.२; १.३.५; ४.३.२. ३.१५.१; ४.३.२.; १.२.८; और ६.२८.३।

७२. यह संभव नहीं कि यास्क अथवा पाणिनि ने इतने आचार्यों के एक विषय के ग्रंथ कंठस्थ करके उनका तारतम्य विचार कर नया निरुक्त अथवा व्याकरण बनाया हो। यदि उस समय लिखना या लिखित ग्रंथ न थे तो क्या पाणिनि और यास्क इन सब आचार्यों के ग्रंथों को वेद के सूक्तों की तरह कंठस्थ करने वालों को सामने बिठाकर उनके मत सुनते गये होंगे और अपना निबंध बनाकर स्वयं रटते और शिष्यों को रटाते गये होंगे?

७३. पाणिनि के सूत्रपाठ में एक जगह (१.४.७९) और गणपाठ में दो जगह (ऋगयनादि ४.३.७३ और वेतनादि ४.४.१२ में) उपनिषद शब्द आता है।

७४. हिकार इति त्र्यक्षरं प्रस्ताव इति त्र्यक्षरं तत्समं। आदिरिति ह्यक्षरं (छांदोग्य उप० २.१०)। 'अक्षर' शब्द तो संस्कृत के प्राचीन साहित्य में दोनों अर्थों में मिलता है अर्थात् ध्वन्यात्मक (उच्चारित) और संकेतात्मक (लिखित), परंतु 'वर्ण' शब्द केवल संकेतात्मक चिह्न के लिये ('वर्ण' धातु से=रंगना या बनाना) आता है और ईकार, ऊकार आदि में 'कार' ('कृ' धातु से=करना) केवल वर्ण के लिये; अतएव 'वर्ण' और 'कार' प्रत्यय वाले शब्द लिखित संकेतों के ही सूचक हैं।

७५. अग्निरीकार: आदित्य ऊकारो निहवण्कार: (छांदोग्य उप० १. १३)।

७६. सर्वे स्वर: इन्द्रस्यात्मान: सर्व ऊष्माण प्रजापतेरात्मान: सर्वे स्पर्शा मत्योरात्मान: यदि स्वरेषूपालभेतेन्द्रँ शरणं. .... (छांदोग्य उ० २.२२.३)।

७७. 'वर्ण' स्वर:। मात्रा वलम् (तैत्तिरीय उप० १.१)।

७८. तस्यैतस्यात्मन: प्राण क्रममरुपमस्थीनि स्पर्शरूपं मज्जान: स्वररूपं मांसं लोहितमित्येदन्यच्चर्तुमन्त:स्था रूपमिति (ऐ० आ० ३.२.१)।

७९. तस्य यानि व्यंजनानि तच्छरीरं यो घोष: स आत्मा य माण: स प्राण: (ऐ० आ० २.२.४)।

८०. स यदि विचिकित्सेत्मणकारं ब्रवाणाो ँ अणकरा ३ँ इति ....मषकारं ब्रवाणो ३ँ अषकारा ३ँ। इति (ऐ० आ० ३.२.६)

८१. पूर्वमेवाक्षरं पूर्वरूपमुत्तरमुत्तररूपंयोऽवकाशः पूर्वरूपोत्तररूपे अन्तरेण येन सन्धिं विवर्तवति येन स्वरास्वरं विजानाति येन मात्रामात्रां विभजते....संधिविज्ञपनो माम...(ऐ० आ० ३.१.५)।

८२. तेभ्योऽभितप्रभ्यस्त्रयो वर्णा अजायन्ताकार उकारो मकार इति तानेकधा समभरत्तदेतदो ३ँ मिति (ऐ० आ० ५.३२)। ऐसा ही कौशीतकी ब्राह्मण (२६.५) और आश्वलायन श्रौतसूत्र (१०.४) में भी लिखा मिलता है।

८३. अथो नेदेकवचनेन वहुवचनं व्यवायामेति (शतपथ १३.५.१.१८)।

८४. त्रेधाविहिता इष्टका उपधीयन्ते पुंनामन्यः स्त्रीनामन्यो नपुंसकना मन्यस्त्रेधाविहितानि उ एवेमानि पुरुषस्याङ्गनि पुंनामानि स्त्रीनामानि नपुंसकनामानि (शतपथ ब्रा० १०.५.२)। वाक् ह एवैतत्सर्वं यत्स्वी पुमान् नपुंसकं (शतपथ ब्रा० १०.५.१.३)।

८५. वाग्वै पराव्यव्याकृतावदत् ते। देवा इन्द्रमब्रुवन् 'इमां नो व्याकुरु' इति सोऽब्रवोद्विरं' हर्ष मह्यं चैवैव वायवे च सह गृह्याता इति तस्मादैन्द्रवायवः सह गृह्यते तामिन्द्रो सध्यतेऽवक्रम्य त्याकरीत्तस्मादियं व्याकृता वागुद्यते। तस्मात्सकृदिन्द्राव मध्यतो गृह्यते...(तैत्ति०स० ६.४.७)।

८६. शतपथ ब्रा० ४.१.३.१२, १५-१६।

८७. ई० स० १९११ की हिन्दुस्तान की जनगणना की रिपोर्ट, जिल्द १, भाग २, पृ० ७०-७१।

८८. ऋग्वेद स० (१०.१४.१६; १०.१३२.३.४)।

८९. यजु० वाज० स० (११.८; १४ १९; २३.३३; २८. १४ आदि)।

९०. अथ० स० (८.९.१९)।

९१. विरोऽष्टमानि छदांसि (श० ब्रा० ८.३.३.६)।

९२. सप्तक्षरं प्रथमं पदं अष्टाक्षराणि त्रीणि....यदष्टाक्षरा तेन गायत्री यदेकादशाक्षरा तेन त्रिष्टुव्यद्द्वादशाक्षरा तेन जगतीं....सप्तपदा शक्करी (तै०स० ६.१.१.६-७)।

९३. अनुष्टु...चतुर्धा ह्येतस्या अष्टा अष्टा अक्षराणि वृहतीं....चतुर्धा ह्येतस्या नव नवाक्षराणि। इत्यादि (मै०स० १. ११.१०)।

९४. गायत्रीं.....चतुर्धा हि तस्याषषट् षडक्षराणि उष्णिहं.....चतुर्धा हि तस्यास्मसप्त सप्ताक्षराणि। इत्यादि (का० स० १४४)।

९५. द्वादशाक्षरा वै जगती।४।। .....षट्त्रिंशदक्षरा वृहती.....।८। ....दशाक्षरा विराट्। ११।। (श०ब्रा० ८.३.३) इत्यादि। कई जगह।

९६. हिन्दुस्तान की ई० स० १९११ की जनगणना की रिपोर्ट, जिल्द १, भाग २, पृष्ठ ७०-७१।

९७. 'सहस्त्र' मे ददती अष्टकर्ण्य। (ऋग्वेद स० १०.६२.७)।

९८. देखा ऊपर पृ०, ८, टिप्पणी।

९९. कलिः शयानो भवति संजिहानस्तु द्वापरः। उत्तिष्ठ स्त्रेता भवति कृतं संपद्यते चरम्।।चरैव। (ऐतरेय ब्रा० ७. १५)। (कलि [नामक पासा] सो गया है, द्वापर स्थान छोड़ चुका है, त्रेता, अभी खड़ा है, कृत चल रहा है [तेरी सफलता की संभावना है] परिश्रम करता जा)। नाक्षान्क्षिपति गाण्डीवं न कृतं द्वापरं न च। ज्वलंतो निशितान्यबाणांस्तांस्तान् क्षिपति माण्डिवम्।। (महाभारत, विराटपर्व, कुंभकोणं संस्करण, ५०, ३७)। (इस पर टीका-चकारात् त्रेतापि समुच्चीयते। कृतादयो द्यूतशास्त्रप्रसिद्धाः याश्काः) 'कृतमयानां..

...त्रेतायानां.....द्वापरोऽयानां....आरकन्दोऽयानां ...... अभिभूरयानां (तैत्ति० ४.३.३)। 'अक्षराजाय कितवं कृतायादि नवदर्शं त्रेतायै कल्पिनं द्वापराधिकल्पिनमारकन्दाय सभास्थाणुं (यजु० वाज० स० ३०.१८)। शतपथ ब्राह्मण (५.५.४.६) से जाना जाता है कि कलि का ही नाम अभिभू था (एष अयाथानभिभूर्वत्कलिरेष हि सर्वानयानभिभवति) और तैत्तिरीय ब्राह्मण ३.४.१.१६ को यजु० वाज० स० ३०.१८ से मिलाने से स्पष्ट है कि कलि=अभिभू=अक्षराज। ये यजुर्वेद के ग्रंथों में दिए हुए नाम एक दूसरे पांच पासे वाले खेल के सूचक हैं जिसमें कलि पर ५ का अंक होता था और वह सब को जीतता (अभिभू) था। 'अथ ये पञ्च कलि: स:' (तैत्तिरीय ब्रा० १.५.११.१)।

१००. रॉथ और बोथलिङ् का संस्कृत कोश (वार्टेबुख्)।

१०१. कृतं यजमानो विजिनाति (आपस्तम्ब श्रौतसूत्र, ५.२०.१) कृतं मे दक्षिणे हस्ते अथो मे सव्य आहित: (अथर्व० स० ७.५० (५२) ८); समेतु विश्वतो भगो अन्तर्हस्तं कृतं मम (अथ स० ७.५०(५२); चतुरच्चिद्ददमानाद्बिभीवादा निधातो: (ऋग्वेद० स० १. ४१.९) यथा क्लेताय विजितायाधरेया: संयन्त्येवमेनं सर्वं संदभिसमेति यत्किं च प्रजा: साधु कुर्वन्ति (छान्दोग्य उपनि० ४.१.४.६) इस का शंकराचार्य का भाष्य–'कृतो नाम अथो द्यूतसमये प्रसिद्धश्चतुरङ्क स यदा जयति द्यूते प्रवृत्तानां तस्मै विजिताय तदर्थमितरे त्रिद्विकाङ्का अधरेया: त्रेताद्वापर कलिनामान: संयन्ति संगच्छन्ते अन्तर्भवन्ति:। इस पर आनंदगिरि की टीका से जान पड़ता है कि एक ही पासे के चारों ओर ४, ३, २, १ अंक बने होते थे। वैदिक काल में एक ही पासे के चारों ओर अंक होते थे, या एक-एक अंक वाला पासा अलग होता था यह गौण विषय है। वैदिक समय के पासे विभीदक (बहेड़ा) के फल के होते थे (ऋग्वे० स० ७.८६.६; १०; ३४. १) उनके चौरस न होने तथा पासों के लिये बहुवचन आदि का प्रयोग (अधरे क्षया:, ऊपर देखो) यही दिखाता है कि पासे का एक पार्श्व ही अंक से चिह्नित होता होगा।

राजसूय यज्ञ में यजमान के हाथ में पांच पासे 'अभिभूरसि०' (तू जीतने वाला है) इस मन्त्र (यजु० वाज० स० १०.२८) से दिए जाते थे। फिर वहीं यज्ञभूमि में जुआं खिलाया जाता था। या तो वे ही पांच पासे डलाये जाते थे (शतपथ ब्राह्मण, ५.४.४.२३) या 'कृतादि (चार पासे का) द्यूत' कराया जाता था जिसमें राजा के हाथ से कृत और सजात (उसी गोत्र के ज़मींदार) से कलि का पासा डलवाते, जिससे सजात की हार हो जाती (क्योंकि सजातों पर ही राजा की प्रधानता दिखाना उद्देश्य था) और उसकी गौ, जो जुए में लगाई थी, जीत ली जाती (द्यूतभूमौहिरण्यं निधायाभिजुहोति....अक्षान्विचति....मां दीव्यध्वमित्याह कृतादि वा निद्ध्याद्राजप्रभृतिभ्य: सजाताय कलिम् ग्रामस्य घ्नन्ति कात्यायन श्रौतसूत्र, १५. १५-२०)।

'कृत' शब्द चार के अर्थ में भी इसी से आने लगा, जैसे शतपथ ब्राह्मण में 'चतुष्टोमेन कृतेनावानां' (१३. ३.२.१); तैत्तिरीय ब्राह्मण में 'ये वै चत्वार: स्तोमा: कृतं तत्' (१.५.११.१)।

१०२. ऋग्वेद स० १०.३४।

१०३. अक्षस्याहमेकपरस्य हेतोरनुव्रतामप जायामरोधम् (ऋग्वेद स० १०.३४.२)।

१०४. एक-पर, द्वा-पर, त्रे-ता के अर्थ स्पष्ट है। पाणिनि के एक सूत्र अक्षशलाकासंख्या: परिदा २.१.१०) से जाना जाता है कि अक्ष-परि, शलाका-परि और संख्यावाचक शब्दों के साथ 'परि' के समास से बने हुए (एकपरि, द्विपरि, आदि) शब्द काम में आते थे। इस सूत्र के व्याख्यान में कात्यायन और पतंजलि ने लिखा है कि जुआरियों के (सांकेतिक) व्यवहार में ये प्रयोग काम में आते थे और उनका भाव यह है कि पहले का सा जुआ नहीं हुआ। अर्थात् खेल में हार गये। अक्ष और शलाका शब्दों से 'परि' का

समास एकवचन में ही होता है। इससे सिद्ध है कि द्वि-परि का अर्थ 'दो पासों से पहले का सा खेल नहीं हुआ। यह नहीं है किंतु 'दो के अङ्क से पहले का सा खेल न हुआ' (अर्थात् हार हुई) यही है ऐसे एकपरि (या एक-पर), द्विपरि (या द्वापरि, या द्वापर) या त्रिपरि शब्द ही हारने के सूचक हैं क्योंकि चार (कृत) में तो जीत ही होती थी। काशिका ने 'पंचिका' नामक पांच पासों के खेल का उल्लेख करके लिखा है कि उसमें अधिक से अधिक (परमेण) चतुष्परि शब्द [इस अर्थ में] बन सकता है, क्योंकि पांच में तो जय ही होता है।

१०५. अथर्व० ७.५० (५२)।

१०६. त्रणेन खा सलिखितमजेषसुत संरुधम् (अथर्व० स० ७.५० (५२).५।

१०७. ग्रामङ यं गद्यकमभिक्रीमकं ताग्महसे (यजु० वाज० स० ३०.२०)।

१०८. यजु० वाज० स० १७.२।

१०९. तै० स० ४.४० ११.४; ७ २.२०.१ यही संख्या कुछ फेर फार के साथ मैत्रायणी (२ ८ १ ४) और काठक (३९.६) संहिता में मिलती है।

११०. पंचविंश ब्रा० १८.३।

१११. शतपथ ब्र० १०.४.२.२-२५।

११२. शतपथ ब्रा० १२.३.२.१।

११३. दुष्ट: शब्द: स्वरतो वर्णतो वा मिथ्या प्रयुक्तो न समर्थमाह। स व वाग्वज्रो यजमानं हिनस्ति यथेन्द्रशत्रु: स्वरतोऽपराधात्।। पतंजलि का महाभाष्य, प्रथम आह्निक।

११४. ऋग्वेद, ७. १०३ ५. 'एक मैंढक दूसरे की बोली के पीछे यों बोलता है जैसे गुरु के पीछे सीखने वाला' (यद्धेषामन्यो अन्यस्य वाचं शाक्तस्यैव वदति भिक्षमाण:)।

११५. यथेवान्यभविज्ञाताद्वेदाल्लेख्यादिपूर्वकात्। शूदरेणाधिश्रगतद्वापि धर्मज्ञान न संमतम्। (कुमारिल का तंत्रवार्तिक, १.३)।.

११६. गीतो शीघ्रो शिर: कम्पो तथा लिखितपाठक: अनर्थजोऽल्पकण्ठश्च षडेते पाठकाधमा:।। (याज्ञवल्क्य शिक्षा।

११७. वेदविक्रयिणश्चैव वेदानां चैव दूषका:। वेदानां लेखकाश्चैव ते वै निरयगामिन (महाभारत, अनुशासनपर्व, ६३. २८)। महाभारत में जिस प्रसंग में यह श्लोक है वह दानपात्र ब्राह्मणों के विषय में है। यहां पर 'वेदानां दूषका:' का अर्थ 'वेदों में क्षेपक आदि मिलाने वाले' ही है, क्योंकि इस श्लोक से कुछ ही ऊपर इससे मिलता हुआ 'समयानां च दूषका:' है जिस का अर्थ 'प्रतिज्ञापत्र या इकरारनामों में घटा बढ़ा कर जाल करने वाले' है।

११८. पुस्तकस्था तु या विद्या परहस्तगतं धनम्। कार्यकाले तु संप्राप्ते न सा विद्या न तद्धनम्।। (चाणक्यनीति)।

११९. जो लोग श्रौतसूत्र, समयाचार (धर्म) सूत्र, गृह्यसूत्र, शुल्बसूत्र और व्याकरण आदि शास्त्रों के सूत्रों की संक्षिप्त प्रणाली को देखकर यह अटकल लगाते हैं कि लेखन सामग्री की कमी से ये इतने संक्षिप्त और क्लिष्ट बनाये गये और पिछले वैयाकरणों ने आधी मात्रा की किफायत को पुत्रोत्सव के समान हर्षदायक माना वे भूल करते हैं। यदि लेखनसामग्री की कमी से ऐसा करते तो ब्राह्मण ग्रंथ इतने विस्तार से क्यों लिखे जाते? यह शैली केवल इसीलिये काम में लाई गई कि समय पर पुस्तक देखना न पड़े और प्रसंग का विषय याद से सुनाया जा सके। इस तरह शास्त्र का आशय कंठस्थ रखने के लिये ही कितने एक विस्तृत गद्य ग्रंथों में भी मुख्य-मुख्य बातें एक या दो कारिकाओं (संग्रहश्लोकों) में उपसंहार की तरह लिखी जाती थी, जैसे पतंजलि के महाभाष्य और कौटिल्य के अर्थशास्त्र में कई जगह।

१२०. बू; इं० पे; पृ० ४।

१२१. गोल्डस्टकर की 'मानवकल्पसूत्र' के संस्करण की अंग्रेज़ी भूमिका (इलाहाबाद की छपी), पृ० ६६. इस विस्तृत भूमिका का मुख्य उद्देश्य मैक्समूलर के इस कथन का खण्डन ही है कि 'वैदिक काल में लेखन प्रणाली न थी।'

१२२. 'पैयापरस' बरू (सरकंडा) की जाति के एक पौधे का नाम है, जिसकी खेती मिस्र में नील नदी के मुहानों के बीच के दलदल वाले प्रदेश में बहुत प्राचीन काल से होती थी। यह पौधा चार हाथ ऊंचा और इसका डंठल तिधारा या त्रिकोण आकृति का होता था। जिसमें साढ़े ४ इंच से साढ़े ९ इंच तक की लंबाई के टुकड़े काटे जाते थे। उनकी छाल (न कि गूदे से, देखो एं० सां० ब्रि० जिल्द ३३ पृ० ८९१) से बहुत कम चौड़ाई की चिंधियां निकलती थीं। उनको लेई आदि से एक दूसरे से चिपका कर पत्रा बनाया जाता था। ये पत्रे पहले दबाये जाते थे फिर उनको सुखाते थे। जब वे बिल्कुल सूख जाते तब हाथीदांत या शंख से घोट कर उनको चिकना और समान बनाते थे। तभी वे लिखने योग्य होते थे। इस प्रकार तैयार किये हुए पत्रों को यूरोप वाले 'पॅयायरस' कहते हैं। उन्हीं पर पुस्तकें चिट्ठियां तथा आवश्यकीय तहरीरें आदि लिखी जाती थीं, क्योंकि उस समय कागज़ का काम ये ही देते थे। इस प्रकार तैयार किये हुए कई पत्रों को एक दूसरे के साथ चिपका कर उनके लंबे-लंबे खरड़े भी बनाये जाते थे। जो मिस्र की प्राचीन कबरों में से मिल आते हैं। वे या तो लकड़ी की संदूकों में यत्नपूर्वक रखी हुई लाशों के हाथों में रखे हुए या उनके शरीर पर लपेटे हुए मिलते हैं। मिस्र में ई० स० पूर्व २००० के आसपास तक के ऐसे खरड़े (पॅपायरस) मिले हैं। क्योंकि वहां वर्षा का प्राय: अभाव होने से ऐसी वस्तु अधिक काल तक नष्ट नहीं होती। लिखने की कुदरती सामग्री सुलभ न होने से ही बड़े परिश्रम से उक्त पौधे को छाल की चिंधियों को चिपका-चिपका कर पत्रे बनाते थे जिस पर भी उसकी खेती राज्य के हाथ में रहती थीं। यूरोप में भी प्राचीन काल में लेखन सामग्री का अभाव होने से चमड़े को साफ कर उस पर भी लिखते थे। ई० स० पूर्व की पांचवीं शताब्दी में ग्रीक लोगों ने मिस्र से बने बनाये 'पॅपायरस' अपने यहां मंगवाना शुरू किया। फिर यूरोप में उनका व्यवहार होने लगा और अरबों के राजत्वकाल में इटली आदि में वह पौधा भी बोया जाने लगा। जिससे यूरोप में भी 'पॅपायरस' तैयार होने लगे। ई० स० ७०४ में अरबों ने समरकंद नगर विजय किया जहां पर उन्होंने पहले-पहल रूई और चीथड़ों से कागज़ बनाना सीखा, फिर दमास्कस (दमिश्क) में भी कागज़ बनने लगे। ई० स० की नवीं शताब्दी में अरबी पुस्तकें प्रथम ही प्रथम कागज़ों पर लिखी गईं और १२वीं शताब्दी के आसपास अरबों द्वारा कागज़ों का प्रवेश यूरोप में हुआ फिर 'पॅपायरस' का बनना बंद होकर यूरोप में १३वीं शताब्दी से कागज़ ही लिखने की मुख्य सामग्री हुई।

१२३. देखो ऊपर पृ० ३, और टिप्पण ७।

१२४. स्मिप्र: अ०हि०इं; ३५२ (तृतीय संस्करण)।

१२५. बु०नं०कॅ०बु०त्रि; पृ० ४३७।

अध्याय-२

ब्राह्मीलिपि की उत्पत्ति

मार्यवंशी राजा अशोक के लेखों तथा ई० स० पूर्व की चौथी शताब्दी से लगाकर ई०स० की तीसरी शताब्दी के आसपास तक के कितने एक सिक्कों आदि से पाया जाता है कि उस समय इस देश में दो लिपियां प्रचलित थीं; एक तो नागरी की नाईं बाईं तरफ से दाहिनी ओर लिखी जाने वाली सार्वदेशिक और दूसरी फारसी की तरह दाहिनी ओर से बाईं ओर लिखी जाने वाली एकदैशिक। इन लिपियों के प्राचीन नाम क्या थे इस विषय में ब्राह्मणों की पुस्तकों में तो कुछ भी लिखा नहीं मिलता। जैनों के 'पन्नवणासूत्र' और 'समवायांगसूत्र' में १८ लिपियों[१] के नाम मिलते हैं, जिनमें सब से पहना नाम 'बंभी' (ब्राह्मी) है और भगवतीसूत्र में 'बंभी' (ब्राह्मी) लिपि को नमस्कार करके (नमो बंभीए लिविए) सूत्र का प्रारंभ किया गया है। बौद्धों के संस्कृत पुस्तक 'ललितविस्तर'[२] में ६४ लिपियों[३] के नाम मिलते हैं जिनमें सब से पहला 'ब्राह्मी' और दूसरा 'खरोष्ठी' है। चीन में बौद्ध धर्म का प्रचार होने के पश्चात् ई०स० की पहली से आठवीं शताब्दी तक हिन्दुस्तान से कितने ही बौद्ध श्रमण अपने धर्म के प्रचार के निमित्त समय-समय पर चीन में गये और उन्होंने बौद्धों के अनेक संस्कृत और प्राकृत ग्रंथों के चीन भाषा में अनुवाद किये[४] या उस काम में सहायता दी। चीन में भी बौद्ध धर्म के तत्वों को जानने के लिये संस्कृत और प्राकृत का पठन-पाठन होने लगा और वहां के बहुतेरे विद्वानों ने समय-समय पर अपनी भाषा में बौद्ध धर्म के संबंध में अनेक ग्रंथ रचे जिनमें हमारे यहां की कई प्राचीन बातों का पता लगता है। ई० स० ६६८ में बौद्ध विश्वकोष 'फा युअन् चु लिन्' बना, जिसमें 'ललितविस्तर' के अनुसार ६४ लिपियों के नाम दिये हैं, जिनमें पहला ब्राह्मी और दूसरा खरोष्ठी (किअ-लु-से-टो-क-लु-से-टो=ख-रो-स-ट=खरोष्ठ) है और 'खरोष्ठ' के विवरण में लिखा है कि चीनी भाषा में इस शब्द का अर्थ 'गधे का होठ' होता है[५], उसी पुस्तक में भिन्न-भिन्न लिपियों के वर्णन में लिखा है कि 'लिखने की कला का शोध तीन दैवी शक्ति वाले आचार्यों ने किया, उनमें से सब से प्रसिद्ध ब्रह्मा है, जिसकी लिपि (ब्राह्मी) बाईं ओर से दाहिनी ओर पढ़ी जाती है। उसके बाद किअ-लु (किअ-लु-से-टो=खरोष्ठ का संक्षिप्त रूप) है, जिसकी लिपि दाहिनी ओर से बाईं ओर पढ़ी जाती है और सब से कम महत्व की त्सं-की है, जिसकी लिपि (चीनी) ऊपर से नीचे की तरफ पढ़ी जाती है। ब्रह्मा और खरोष्ठ भारतवर्ष में हुए और त्सं-की चीन में ब्रह्मा और खरोष्ठ ने अपनी लिपियां देवलोक से पाईं और त्वं-की ने अपनी लिपि पक्षी आदि के पैरों के चिह्नों पर से बनाई।[६]

उक्त चीनी पुस्तक के लेख से स्पष्ट हो गया कि जो लिपि बाईं से दाहिनी ओर लिखी जाती है उसका प्राचीन नाम 'ब्राह्मी' और दाहिनी से बाईं ओर लिखी जाने वाली का 'खरोष्ठी' था। 'ब्राह्मी'[७] लिपि इस देश की स्वतंत्र और सार्वदैशिक लिपि होने से ही जैन और बौद्धों के ग्रंथ भी उसी में लिखे जाने लगे और इसी से उन्होंने लिपियों की नामावलि में इसको प्रथम स्थान दिया।

जब कितने एक यूरोपियन विद्वानों ने यह मान लिया कि हिंदू लोग पहले लिखना नहीं जानते थे तब उनको यह भी निश्चय करने की आवश्यकता हुई कि उनकी प्राचीन लिपि (ब्राह्मी) उन्होंने स्वयं बनाई या दूसरों से ली। इस विषय में भिन्न-भिन्न विद्वानों ने कई भिन्न-भिन्न अटकलें लगाईं जिनका सारांश नीचे लिखा जाता है।

डॉ० ओफ्रेड मूलर का अनुमान है कि सिकंदर के समय यूनानी लोग हिन्दुस्तान में आये उन से यहां वालों ने अक्षर सीखे। प्रिन्सेप और सेनार्ट[८] ने भी यूनानी लिपि से ब्राह्मी लिपि का बनना अनुमान किया और विलसन्[९] ने भी यूनानी अथवा फिनिशियन लिपि से उसका उद्भव माना हेलवे ने लिखा है कि 'ब्राह्मी एक मिश्रित लिपि है जिसके आठ व्यंजन तो ज्यों के त्यों ई० स० पूर्व की चौथी शताब्दी के 'अरमइक' अक्षरों से ६ व्यंजन, दो प्राथमिक स्वर, सब मध्यवर्ती स्वर और अनुस्वार आरिअनो-पाली(=खरोष्ठी) से : और पांच व्यंजन तथा तीन प्राथमिक स्वर प्रत्यक्ष या गौणरूप से यूनानी लिपि के लिये गये हैं, और यह मिश्रण ई० स० पूर्व ३२५ के आसपास (अर्थात् सिकंदर के इस देश में आने के बाद) हुआ माना जाता है।

कस्ट[१०] का मानना है कि एशिया के पश्चिम में रहने वाले फिनिशियन् लोग ई० स० पूर्व की आठवीं शताब्दी में लिखना जानते थे और उनका वाणिज्य संबंध इस देश (हिन्दुस्तान) के साथ रहने तथा उन्हीं के अक्षरों से ग्रीक, रोमन तथा सेमेटिक भाषाओं के अक्षर बनने से अनुमान होता है कि ब्राह्मी लिपि भी फिनिशियन लिपि से बनी होगी।

सर् विलियम जोन्स[११] ने सेमिटिक् से ब्राह्मी की उत्पत्ति होना अनुमान किया, जिसका कॉप्प[११] तथा लेप्सियस्[११] ने अनुमोदन किया। फिर वेबर[११] ने सेमिटिक् और ब्राह्मी अक्षरों के बीच कुछ समानता दिखला कर उसी मत को पुष्ट किया जिसका बेन्फी[१४], पॉट्[१४], वेस्टरगार्ड[१४], मैक्समूलर[१४], फ्रेड्रिखमूलर[१४], साइस[१४], व्हिट्नी[१४] आदि विद्वानों ने थोड़े बहुत संदेह के साथ स्वीकार किया।

स्टिवन्सन्[१५] का अनुमान है कि ब्राह्मी लिपि या तो फिनिशियन् लिपि से बनी हो या मिस्र के अक्षरों से।

पॉल गोल्डस्मिथ[१६] का मानना है कि फिनिशियन् अक्षरों से सिलोन (सिंहलद्वीप, लंका) के अक्षर बने और उनसे भारतवर्ष के; परंतु ई० मूलर[१७] का कथन है कि सीलोन में लिखने का प्रचार होने के पहले भारतवर्ष में लिखने का प्रचार था।

बर्नेल[१८] का मत यह है कि फिनिशियन् से निकले हुए अरमइक अक्षरों से ब्राह्मी अक्षर बने, परंतु आइज़क् टेलर[१९] लिखता है कि अरमइक और ब्राह्मी परस्पर नहीं मिलते।

लेनोर्मंट[२०] कहता है कि फिनिशियन् अक्षरों से अरब के हिमिअरेटिक् अक्षर बने और उनसे ब्राह्मी।

डीके[२१] का मत है कि ब्राह्मी लिपि असीरिया[२२] की 'क्युनिफॉर्म'[२३] लिपि से किसी प्राचीन दक्षिण[२४] सेमिटिक् लिपि के द्वारा, जिससे हिमिअरेटिक् लिपि निकली बनी है।

आइज़क् टेलर लिखता है कि 'ब्राह्मी लिपि किसी अज्ञात दक्षिणी सेमिटिक् लिपि से निकली होगी। वास्तव में वह किस लिपि से निकली यह अब तक मालूम नहीं हुआ परंतु ओमन्[२५] या हंड्रमाँट[२६] या ओर्मज[२७] आदि के खंडहरों में उस (मूललिपि) का पता एक न एक दिन लगना संभव है।

ऐडवर्ड क्लाड[२८] लिखता है कि फिनिशियन से सेवियन (हिमिअरेटिक्) लिपि निकली और उससे ब्राह्मी।

ई० स० १८९५ में बूलर ने 'भारतवर्ष की ब्राह्मी लिपि की उत्पत्ति' विषयक एक छोटी पुस्तक अंग्रेज़ी में लिखी जिसमें वेबर का अनुकरण कर यह सिद्ध करने का यत्न किया गया कि ब्राह्मी लिपि के २२ अक्षर उत्तरी सेमिटिक लिपियों से लिये गये और बाकी के उन्हीं पर बनाये गये हैं, अर्थात् कितने एक अक्षर प्राचीन फिनिशियन् अक्षरों से, कुछ मोअब के राजा मेशा के लेख के फिनिशियन अक्षरों से और पांच अक्षर असीरिया के तोलों पर खुदे हुए अक्षरों से मिलते हुए बतलाये हैं। इसमें बहुत कुछ खींचतान की गई है जिसके विषय में आगे लिखा जायेगा।

बूलर के उक्त पुस्तक के प्रकट होने के बाद चार और विद्वानों ने भी प्रसंगवशात् इस विषय में अपनी-अपनी संमति प्रकट की है। उनमें से प्रो० मैक्डॉनल्ड[२९] बूलर के मत को स्वीकार करता है।

डॉ० राइस डेविडज[३०] ने इस विषय के भिन्न-भिन्न मतों का उल्लेख करने के पश्चात् अपनी संमति इस तरह प्रकट की है कि 'मैं यह मानने का साहस करता हूं कि इन [भिन्न-भिन्न] शोधों के एकीकरण के लिये केवल यही कल्पना हो सकती है कि ब्राह्मी लिपि के अक्षर न तो उत्तरी और न दक्षिणी सेमिटिक अक्षरों से बने हैं, किंतु उन अक्षरों से जिनसे उत्तरी और दक्षिणी सेमिटिक अक्षर स्वयं बने हैं अर्थात् युफ्रेटिस नदी की वादी की सेमिटिक से पूर्व की किसी लिपि से।

डॉ० बार्नेट[३१] बूलर का ही अनुसरण करता है कि प्रो० रेपसन्[३२] ने उपर्युक्त मोअब के लेख की फिनिशियन लिपि से ब्राह्मी लिपि की उत्पत्ति मानी है।

इस प्रकार कई एक यूरोपियन विद्वान् ब्राह्मी लिपि की उत्पत्ति का पता लगाने के लिये हिअरेटिक् (मिस्त्र की), क्युनिफॉर्म (असीरिया की), फिनिशियन, हिमिअरेटिक् (सेवियन्), अरमइक, और खरोष्ठी लिपियों में से अपनी-अपने रुचि के अनुसार किसी न किसी एक ही शरण लेते हैं। आइज़क् टेलर इनमें से किसी में भी ब्राह्मी से समानता न देख ओमन्, हेड्रेमाँट या ओर्मज

के खण्डहरों में से किसी नई लिपि के मिलने की राह देखता है और डॉ० राइस डेविड्ज़ युफ्रेटिस नदी की वादी में से सेमिटिक् लिपियों से पूर्व की किसी अज्ञात लिपि का पता लगा कर उपर्युक्त भिन्न-भिन्न मतों का एकीकरण करने की आशा करता है।

यदि ऊपर लिखी हुई लिपियों में से किसी एक की ब्राह्मी के साथ कुछ भी वास्तविक समानता होती तो सर्वथा इतने भिन्न मत न होते। जिस लिपि में समानता पाई जाती उसी को सब स्वीकार कर लेते, परंतु ऐसा न होना ही उपर्युक्त भिन्न-भिन्न कल्पनाओं का मूल हुआ जो साथ ही साथ उन कल्पनाओं में हठधर्मी का होना प्रकट करता है।

यह तो निश्चित है कि चाहे जिन दो लिपियों की वर्णमालाओं का परस्पर मिलान करने का उद्योग किया जाये तो कुछ अक्षरों की आकृतियां परस्पर मिल ही जाती हैं चाहे उनके उच्चारणों में कितनी ही अंतर क्यों न हो। यदि ब्राह्मी लिपि का वर्तमान उर्दू लिपि के टाइप (छापे के अक्षरों) से मिलान किया जाये तो ब्राह्मी का 'र'। l (अलिफ्) से, 'ज' ع (ऐन्) से, और 'ल' ل (लाम्) से मिलता हुआ है। इसी तरह यदि ब्राह्मी का वर्तमान अंग्रेजी (रोमन्) टाइप से मिलान किया जाये तो 'ग' A (ए) से, 'ध' D (डी) से, 'ज' E (ई) से 'र'। (आइ) से, 'ल' J (जे) से, 'उ' L (एल) से, 'ठ' O (ओ) से, 'प' U (यू) से, 'क' X (एक्स) से और 'ओ' Z (जेड) से बहुत कुछ मिलता हुआ है। इस प्रकार उर्दू के तीन और अंग्रेजी के दस अक्षर ब्राह्मी से आकृति में मिलने पर भी यह नहीं कहा जा सकता कि ब्राह्मी लिपि उर्दू या अंग्रेज़ी से निकली है क्योंकि समान उच्चारण वाले एक भी अक्षर में (सिवाय उर्दू के 'लाम्' और ब्राह्मी के 'ल' के) समानता, जो लिपियों के परस्पर संबंध को निश्चय करने की एक मात्र कसौटी है, पाई नहीं जाती।

ई० स० पूर्व की सातवीं शताब्दी के आसपास फिनिशियन लिपि से ग्रीक (यूनानी) अक्षर बने, जो प्रारम्भ में दाहिनी ओर से बाईं ओर को लिखे जाते थे, परंतु पीछे से बाईं ओर से दाहिनी ओर लिखे जाने लगे जिससे कुछ अक्षरों[३३] का रुख बदला गया। इस फेरफार के पीछे उनसे पुराने लैटिन और लैटिन से अंग्रेज़ी (रोमन्) अक्षर बने। यों फिनिशियन और वर्तमान अंग्रेज़ी (रोमन) अक्षरों का लगभग २६०० वर्ष पूर्व का संबंध होने पर भी उनका परस्पर मिलान किया जाये तो A (ए), B (बी), E (ई), H (एच), K (के), L (एल), M (एम), N (एन), P (पी), Q (क्यू), R (आर) और T (टी) ये १३ अक्षर अपने मूल फिनिशियन अक्षरों से बहुत कुछ मिलते हुए हैं।

इसी तरह अशोक के समय की ब्राह्मी लिपि का उपर्युक्त हियरेटिक, फिनिशियन आदि लिपियों के साथ मिलान करने पर यदि ब्राह्मी उनमें से किसी से निकली हो तो उस लिपि के साथ ब्राह्मी की समानता, अंग्रेजी और फिनिशियन के बीच की समानता से बहुत अधिक होनी चाहिये थी क्योंकि वर्तमान अंग्रेज़ी की अपेक्षा ब्राह्मी का फिनिशियन के साथ करीब २२०० वर्ष पहले का संबंध होता है; परंतु ब्राह्मी का उक्त लिपियों के साथ मिलान करने से पाया जाता है कि:-

इजिप्ट (मिस्र) की हियरेटिक[३४] लिपि का एक भी अक्षर समान उच्चारण वाले ब्राह्मी अक्षर से नहीं मिलता।

असीरिया[३५] की 'क्युनिफॉर्म' लिपि से न तो फिनिशियन आदि सेमिटिक् लिपियों का और न ब्राह्मी का निकलना संभव है। वह लिपि भी प्रारंभ में चित्रात्मक थी परंतु पीछे से ईरानियों ने उसे वर्णात्मक बनाया तो भी उसके अक्षर चलती हुई कलम से लिखे नहीं जा सकते। उसका प्रत्येक अक्षर तीर के फल की सी आकृति के कई चिह्नों को मिलाने से बनता है। वह भी एक प्रकार से चीनी लिपि की नाई चित्र लिपि सी ही है और उसका लिखना सरल नहीं किंतु विकट है।

फिनिशियन लिपि की वर्णमाला में २२ अक्षर हैं जिनमें से केवल एक 'गिमेल' (ग) अक्षर (मोअब के लेख का) ब्राह्मी के 'ग'[३६] से मिलता है।

प्राचीन ग्रीक (यूनानी) लिपि के दो अक्षर 'गामा' (ग) और 'थीटा'[३७] (थ) ब्राह्मी के 'ग' और 'थ' से मिलते हैं।

हिमियरिटिक्[३८] लिपि के २२ अक्षरों में से केवल एक 'गिमेल' (ग) अक्षर टेढ़ा करने पर ब्राह्मी के 'ग' से मिलता है।

अरमइक्[३९] लिपि में से भी केवल एक गिमेल अक्षर 'ग' से मिलता है।

खरोष्ठी लिपि की वर्णमाला ३७ अक्षरों में से एक भी अक्षर ब्राह्मी लिपि से नहीं मिलता।

लिपियों के इस मिलान को पढ़कर पाठक लोग यह प्रश्न किये बिना न रहेंगे कि जब बूलर फिनिशियन लिपि के २२ अक्षरों से ब्राह्मी के २२ अक्षरों की उत्पत्ति बतलाता है तब तुम इन लिपियों के समान उच्चारण वाले अक्षरों में से केवल एक 'गिमेल' (ग) अक्षर की ब्राह्मी के 'ग' से समानता होना प्रकट करते हो यह क्या बात है? इसके उत्तर में मेरा कथन यह है कि पृष्ठ २३ में प्राचीन अक्षरों का एक नक्शा[४०] दिया है जिसमें मिस्र के हियरेटिक, फिनिशियन, हिमियरटिक (सेवियन्) और अरमइक लिपियों के प्राचीन अक्षर दिये हैं और उनके साथ ही साथ समान उच्चारण वाले खरोष्ठी तथा ब्राह्मी अक्षर भी दिये हैं। उनका परस्पर मिलान करने से पाठकों को मालूम हो ही जायेगा कि सेमिटिक् और ब्राह्मी लिपि में वास्तविक समानता कितनी सी है। तो भी उनको यह जिज्ञासा रह जायगी कि समान उच्चारण वाले अक्षर तो परस्पर मिलते नहीं, ऐसी दशा में बूलर ने फिनिशियन के २२ अक्षरों से, जो ब्राह्मी के १८ उच्चारणों[४१] का ही काम दे सकते हैं, ब्राह्मी के २२ अक्षरों का निकलना कैसे बता दिया। इसलिये हम बूलर के मिलान का कुछ परिचय यहां करा देते हैं।

सेमिटिक और ब्राह्मी लिपि की बनावट में बड़ा अंतर यह है कि फिनिशियन आदि अक्षरों का ऊपर का भाग बहुधा स्थूल[४२] होता है और नीचे का भाग खड़ी या तिरछी लकीर से बनता है परंतु ब्राह्मी अक्षरों में से अधिक अक्षरों का ऊपर का भाग पतली लकीर से प्रारंभ होता है और

नीचे आकर स्थूल[४३] बनता है। इस वैषम्य के एकीकरण के लिये बूलर ने यह मान लिया कि हिंदुओं ने [कितने एक] सेमिटिक अक्षरों को उलट दिया है अर्थात् उनका ऊपर का हिस्सा नीचे और नीचे का ऊपर कर दिया है अथवा [खड़े] अक्षरों को आड़ा कर दिया है और [कितने एक] के कोणों को खोल दिया है।[४४]

फिनिशियन और ब्राह्मी की लेखन प्रणाली एक दूसरे से विपरीत होने के कारण बहुत से अक्षरों की परस्पर समानता बतलाने में बाधा पड़ती थी जिसके लिये बूलर ने यह मान लिया कि 'ब्राह्मी लिपि का रुख पलटने से (अर्थात् जो लिपि पहले दाहिनी ओर से बाईं ओर लिखी[४५] जाती थी। उसे पीछे से बाईं ओर से दाहिनी ओर (लिखने से) कितने एक [सेमिटिक्] अक्षरों का रुख ग्रीक अक्षरों की तरह दाहिनी ओर से बाईं ओर को बदल गया।[४६]

जब इन फेरफारों से भी काम न चला तब बूलर ने २२ अक्षरों में से प्रत्येक की उत्पत्ति बतलाने के समय बहुत से और फेरफार भी मान लिये जिनमें से मुख्य ये हैं–

कहीं लकीर को कुछ [इधर उधर] हटा दिया[४७], जहां लकीर न थी वहां नई खींच दी[४८], कहीं मिटा दी[४९], कहीं बढ़ा दी[५०], कहीं नीचे लटकती हुई लकीर ऊपर की तरफ फिरा दी[५१], तिरछी लकीर सीधी कर दी[५२], आड़ी लकीर खड़ी कर दी[५३], दो लकीरों के बीच के अंतर को नई लकीर से जोड़ दिया[५४], एक दूसरी को काटने वाली दो लकीरों के स्थान में बिंदु बना दिया[५५] बाईं तरफ मुड़ी हुई लकीर के अंत को ऊपर बढ़ा कर गांठ बना दी[५६], त्रिकोण को धनुषाकार बना दिया[५७], कोण या कोणों को मिटा कर उनके स्थान में अर्धवृत्त सा बना दिया[५८] आदि। इतना करने पर भी सात[५९] अक्षरों की उत्पत्ति तो ऐसे अक्षरों से माननी पड़ी कि जिनका उच्चारण बिल्कुल बेमेल है।

ऊपर बतलाये हुए फेरफार करने पर फिनिशियन अक्षरों से ब्राह्मी अक्षरों की उत्पत्ति बूलर ने किस तरह सिद्ध की जिसके केवल चार उदाहरण नीचे दिये जाते हैं–

१. अलेफ से 'अ' –
२. हेथ[६०] से 'घ' –
३. योध् से 'य' –
४. मेम् से 'म' –

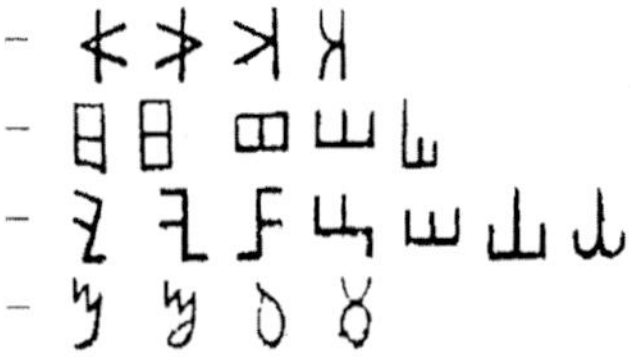

इन चारों अक्षरों की उत्पत्ति में पहला अक्षर प्राचीन फिनिशियन लिपि का है और अंतिम अक्षर अशोक के लेखों से है। बाकी के सब अक्षर परिवर्तन की बीच की दशा के सूचक अनुमान किये गये हैं कहीं लिखे हुए नहीं मिले। इन रूपान्तरों का विवरण यह है कि–

सेमिटिक वर्णमालाओं के अक्षरों का नक्शा

समान उच्चारण वाले खरोष्ठी तथा ब्राह्मी अक्षरों सहित

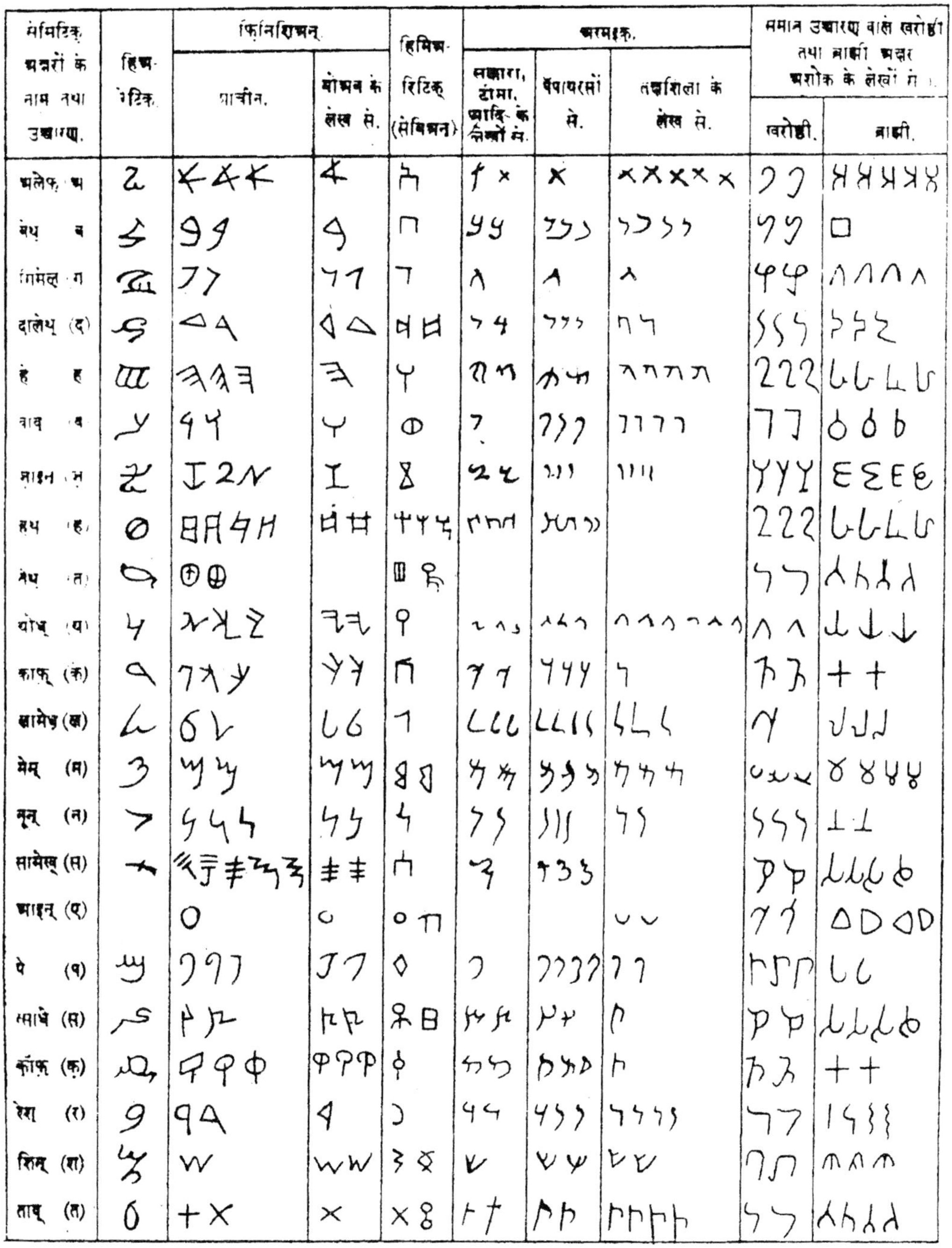

१. अलेफ के पहले रूप का रुख बदलने से दूसरा रूप बना। दूसरे की खड़ी लकीर को दाहिनी तरफ हटाने से तीसरा बना। उस पर से चौथा रूप बन गया।

२. हेध् के पहले रूप की खड़ी लकीरों को समान लंबाई की बनाने और तीनों आड़ी लकीरों को सीधी करने से दूसरा रूप बना। इस प्रकार सीधे बने हुए खड़े अक्षर को आड़ा करने से तीसरा रूप बना। जिसके ऊपर के भाग की आड़ी लकीरों को मिटा देने से चौथा रूप बना। फिर बाईं ओर की पहला खड़ी लकीर को लंबी कर देने से पांचवां रूप बन गया।

३. योध की सब तिरछी लकीरों को सीधी करने से दूसरा रूप बनी जिसका रुख बदलने से तीसरा रूप बना। इस खड़े अक्षर को आड़ा करने से चौथा रूप बना। उसकी नीचे लटकती हुई लकीर को ऊपर की तरफ फिरा देने से पांचवां रूप बना। जिसकी मध्य की खड़ी लकीर को लंबी करने से छटा रूप बना और उस पर से सातवां।

४. मेम् के नीचे वाली बाईं ओर मुड़ी हुई लकीर को ऊपर की तरफ बढ़ा कर ग्रंथि बना देने से दूसरा रूप बना। फिर ऊपर के बाईं तरफ के कोण वाले हिस्सों को मिटा कर उनकी जगह अर्धवृत्त सी रेखा बना देने से तीसरा रूप बना। उसके ग्रंथि वाले भाग को बढ़ा कर ऊपर निकालने से चौथा रूप बन गया।

बूलर के माने हुए अक्षरों के ये फेरफार ऐसे हैं कि उनके अनुसार अक्षरों का तोड़ मरोड़ करने से केवल फिनिशियन से ब्राह्मी की उत्पत्ति बतलाई जा सकती है ऐसा ही नहीं, किंतु दुनियाभर की चाहे जिस लिपि से किसी भी लिपि की उत्पत्ति आसानी से सिद्ध हो सकती है। उदाहरण के लिये तक्षशिला के अरमइक लिपि के लेख के अक्षरों से तथा वर्तमान अंग्रेजी (छापे के अक्षरों) से ब्राह्मी लिपि के अक्षर कितनी आसानी से बनाये जा सकते हैं यह नीचे बतलाया जाता है–

तक्षशिला के लेख से–

१. अलेफ से 'अ' –
२. बेथ से 'ब' –
३. गिमेल से 'ग' –
४. दालेथ् से 'द' –
५. हे से 'ह' –
६. वाव् से 'व' –

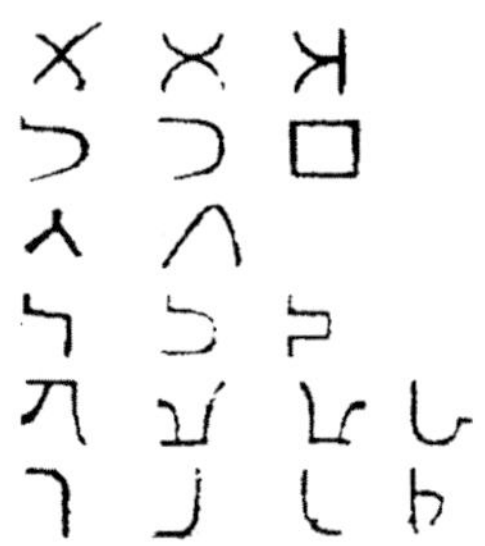

इन ६ अक्षरों के रूपांतरों में प्रत्येक का पहला रूष तक्षशिला के लेख से लिया गया है और अंतिम रूप अशोक के लेखों के अनुसार है। बीच के परिवर्तन बूलर के माने हुए नियमों के अनुसार अनुमान किये गये हैं, जिनका ब्यौरा इस तरह है–

१. अलेफ के पहले रूप के ऊपर के तथा नीचे के कोनों को कुछ चौड़े करने से दूसरा रूप बना। उसकी दाहिनी तरफ की दोनों तिरछी लकीरों को सीधी करने से तीसरा रूप बन गया।

२. बेध के पहले रूप के ऊपर की छोटी सी खड़ी लकीर को मिटाने से दूसरा रूप बना। उसकी बाईं तरफ एक खड़ी लकीर खींचने से तीसरा रूप बन गया।

३. गिमेल् 'ग' से मिलता ही है।

४. दालेथ् के पहले रूप के नीचे की खड़ी लकीर के साथ बाईं तरफ एक आड़ी लकीर जोड़ने से दूसरा रूप बना और उस तरह जुड़ी हुई लकीर के बाएं किनारे पर जरा सी छोटी खड़ी लकीर जोड़ने से तीसरा रूप बन गया।

५. हे के पहले रूप को उलट देने से दूसरा रूप बना; उसका रुख पलटने से तीसरा रूप बन गया जो अशोक के सारनाथ के लेख के 'ह' से मिलता है और चौथा रूप गिरना के रूप गिरनार के लेख से है।

६. वाव् के पहले रूप को उलटने से दूसरा रूप बना, जिसका रुख पलटने से तीसरा बना, फिर उसकी दाहिनी तरफ की झुकी हुई लकीर के स्थान में ग्रंथि बना देने से चौथा रूप बना।

वर्तमान अंग्रेजी छापे के अक्षरों से–

१. 'ए' से 'अ' –
२. 'बी' से 'व' –
३. 'सी' से 'च' –
४. 'डी' से 'द' –
५. 'ई' से 'ए' –
६. 'एफ' से 'फ' –

इनमें से प्रत्येक अक्षर के रूपांतरों में पहला रूप वर्तमान अंग्रेजी छापे का अक्षर और अंतिम रूप अशोक के लेखों से है। बीच के कुल रूप बूलर के सूत्रों के अनुसार अनुमान किये हैं जिनका विवरण इस तरह है–

१. 'ए' के पहले रूप के ऊपर के कोण को खोल देने से दूसरा रूप बना, जिसकी दोनों तिरछी खड़ी लकीरों को सीधी करने से तीसरा रूप हुआ और उससे चौथा।

२. 'बी' की बीच की लकीर को मिटाने से दूसरा रूप और उसकी दाहिनी तरफ की वक्र रेखा को सीधी करने से तीसरा बना।

३. 'सी' की दाहिनी तरफ एक खड़ी लकीर जोड़ने से दूसरा रूप बन गया और उससे तीसरा।

४. 'डी' की बाईं ओर की खड़ी लकीर को मिटाने से दूसरा रूप बना। जिसके बाईं तरफ के किनारों के साथ एक-एक छोटी खड़ी लकीर जोड़ने से तीसरा रूप बन गया।

५. 'ई' की बीच की लकीर मिटा देने से दूसरा रूप; उसकी दाहिनी तरफ की दोनों लकीरों को तिरछी करने से तीसरा रूप और उससे चौथा बन गया।

६. ऐफ को उलटने से दूसरा रूप बना, जिसके नीचे की दाहिनी तरफ की दो आड़ी लकीरों को एक खड़ी लकीर से जोड़ देने से तीसरा रूप और उससे चौथा बन गया।

तक्षशिला के अरमइक लेख से तथा अंग्रेजी के छापे के अक्षरों से ब्राह्मी लिपि की उत्पत्ति बताने में फिनिशियन की अपेक्षा अधिक सरलता होने पर भी यह नहीं कहा जा सकता कि उनसे ब्राह्मी अक्षर बने हैं। ऐसी दशा में बूलर का मत किसी तरह स्वीकार नहीं हो सकता क्योंकि फिनिशियन के गिमेल (ग) और ब्राह्मी के 'ग' को छोड़कर अन्य किसी समान उच्चारण वाले अक्षर में समानता नहीं है। बूलर का सारा यत्न खींचतान ही है। इसी से बूलर की 'भारतवर्ष की ब्राह्मी लिपि की उत्पत्ति' के छपने के बाद 'बुद्धिस्ट इंडिया' नामक पुस्तक के कर्ता डॉ० राइस डेविडज़ को यह मानना पड़ा कि 'ब्राह्मी लिपि के अक्षर न तो उत्तरी और न दक्षिणी सेमिटिक् अक्षरों से बने हैं'[६१], ऐसे ही 'एन्साइक्लोपीडिया ब्रिटेनिका' नामक महान् अंग्रेजी विश्वकोश में इस विषय में यह लिखा गया कि 'बूलर का कथन यद्यपि पाण्डित्य और चतुराई से भरा हुआ है तो भी यह मानना पड़ता है कि वह अधिक निश्चय नहीं दिलाता। इस लिपि का उद्भव कहां से हुआ इसका निर्णय निश्चित रूप से करने के पहले इसके प्राचीन इतिहास के और भी प्रमाणों का ढूंढना आवश्यक है और ऐसे प्रमाण मिल सकेंगे इसमें कोई संदेह नहीं।'[६२]

यदि ब्राह्मी और खरोष्ठी दोनों लिपियां फिनिशियन से, जिसकी उत्पत्ति ई० स० पूर्व की १०वीं शताब्दी के पूर्व के आस पास मानी जाती है, निकली होती तो ई० स० पूर्व की तीसरी शताब्दी में, अर्थात् अशोक के समय, उनमें परस्पर बहुत कुछ समानता होनी चाहिये थी जैसी कि अशोक के समय की ब्राह्मी से निकली हुई ई० स० की पांचवीं और छठी शताब्दी की गुप्त और तेलुगु-कन्नड़ी लिपियों के बीच पाई जाती है, परंतु उन दोनों (ब्राह्मी और खरोष्ठी) में एक भी अक्षर की समानता का न होना भी यही सिद्ध करता है कि ये दोनों लिपियां एक ही मूल लिपि से सर्वथा नहीं निकली[६३], अर्थात् खरोष्ठी सेमिटिक् से निकली हुई है और ब्राह्मी सेमिटिक् से नहीं।

फिनिशियन लिपि से ब्राह्मी लिपि की उत्पत्ति मानने का सिद्धांत कहां तक प्रामाणिक और स्वीकार करने योग्य है इसका विचार यहां तक किया गया। अब बूलर के इस दूसरे कथन की समीक्षा आवश्यक हे कि 'ब्राह्मी लिपि पहले दाहिनी ओर से बाईं ओर लिखी जाती थी।'

बूलर को फिनिशियन लिपि से ब्राह्मी की उत्पत्ति सिद्ध करने के यत्न में कितने एक अक्षरों का रुख बदलने की आवश्यकता थी। ई० स० १८९१ में जनरल कनिंघम ने 'कॉइन्स ऑफ एनशियण्ट् इंडिया' नामक भारतवर्ष के प्राचीन सिक्कों के विषय का एक पुस्तक प्रकट किया जिसमें एरण[६४] से मिले हुए कई एक तांबे के सिक्के भी छापे। उनमें से एक पर की ब्राह्मी लिपि का लेख 'धमपालस'[६५] दाहिनी ओर से बाईं ओर को पढ़ा जाता है। इस उलटे लेख के तिनके के सहारे को बूलर ने बड़े महत्व का माना और इसी के आधार पर अपनी 'ब्राह्मी लिपि की उत्पत्ति' विषयक पुस्तक में लिखा कि 'सेमिटिक से ब्राह्मी लिपि की उत्पत्ति सिद्ध करने के प्रमाणों की शृखला को पूर्ण करने के लिये जिस कड़ी की त्रुटि थी वह वास्तव में यही है[६६]; तथा उस सिक्के को ई० स० पूर्व ३५० के आस पास का मानकर यह सिद्धांत कर लिया कि 'उस समय ब्राह्मी लिपि दाहिनी ओर से बाईं ओर तथा बाईं ओर से दाहिनी ओर (दोनों तरह) लिखी जाती थी।[६७]

इस कल्पना का मुख्य आधार एरण का सिक्का ही है, क्योंकि अब तक कोई शिलालेख इस देश में ऐसा नहीं मिला कि जिसमें ब्राह्मी लिपि फारसी की तरह उलटी लिखी हुई मिली हो।[६८] किसी सिक्के पर लेख का उलटा आ जाना कोई आश्चर्य की बात नहीं है क्योंकि सिक्के पर उभरे हुए अक्षर सीधे आने के लिये सिक्के के ठप्पे में अक्षर उलटे खोदने पड़ते हैं अर्थात् जो लिपियां बाईं ओर से दाहिनी ओर (जैसे कि ब्राह्मी और उससे निकली हुई सब लिपियां और अंग्रेजी भी) लिखी जाती हैं उनके ठप्पों में सिक्के की इबारत की पंक्ति का आरंभ दाहिनी ओर से करके प्रत्येक अक्षर उलटा खोदना पड़ता है, परंतु यदि खोदने वाला इसमें चूक जाय और ठप्पे पर बाईं ओर से खोदने लग जाय तो सिक्के पर सारा लेख उलटा आ जाता है, जैसाकि एरण के सिक्के पर पाया जाता है। यदि वह एक दो अक्षरों को ही उलटा खोदना भूल कर सीधा खोद दे तो केवल वे ही अक्षर सिक्के पर उलटे आ जायेंगे।

ऐसी गलतियां कभी-कभी हो जाने के उदाहरण मिल जाते हैं। सात वाहन (आंध्र) वंश के राजा शातकर्णी के भिन्न प्रकार के दो सिक्कों पर 'शतकंणिस' (शातकर्णे:) सारा लेख एरण के सिक्के की तरह उलटा आ गया है।[६९] पार्थियन अब्दगसिस् के एक सिक्के पर के खरोष्ठी लेख का एक अंश उलटा आ गया है अर्थात् नागरी की तरह बाईं ओर से दाहिनी ओर है (रे; इं कॉ; पृ० १५) विक्रम संवत् १९४३ के बने हुए इंदौर राज्य के पैसे पर 'एक पाव आना इंदौर' यह लेख उलटा आ गया है।[७०] महाक्षत्रप रंजुबुल (राजुल) के एक सिक्के पर खरोष्ठी लेख की तरफ के ग्रीक अक्षर Y और E से बने हुए मोनोग्राम[७१] में E अक्षर उलटा आ गया है।[७४] परंतु दूसरे सिक्कों पर सीधा है[७५] एक प्राचीन मुद्रा पर 'श्रीस्सपकुल' लेख है, जिसमें 'श्री' और 'प' ये दो अक्षर उलटे आ गये हैं[७६]। ऐसे ही पटना से मिली हुई एक मुद्रा पर के 'अगपलश' (अंगपालस्य) लेख में 'अ' उलटा आ गया है।[७७]

ऐसी दशा में एरण के सिक्के पर के उलटे लेख के आधार पर यह मान लेना कि 'ब्राह्मी लिपि पहले दाहिनी ओर से' से बाईं ओर लिखी जाती थी' किसी तरह आदरणीय नहीं हो सकता।[७७क]

प्रसिद्ध पुरातत्ववेत्ता डॉ० हुल्श (Hultzsch) ने लिखा है[७७ख] कि 'बूलर एरण के सिक्के को, जिस पर के अक्षर दाहिनी ओर से बाईं ओर हैं, ब्राह्मी के सेमिटिक् लिपि से निकलने का प्रमाण मानता है, इसमें मैं उससे सहमत नहीं हो सकता। यह जानी हुई बात है कि सिक्के पर अक्षर ठीक आने के लिये ठप्पे पर उनको उलटा खोदना चाहिये; इस बात को हिन्दुस्तानी ठप्पा खोदने वाले अक्सर भूल जाते हैं। डॉ० फ्लीट[७८] ने भी ऐसा ही मत प्रकट किया है।

ब्राह्मी लिपि के न तो अक्षर फिनिशियन या किसी अन्य लिपि से निकले हैं और न उसकी बाईं ओर से दाहिनी ओर लिखने की प्रणाली किसी और लिपि से बदलकर बनाई गई है। यह भारतवर्ष के आर्यों का अपनी खोज से उत्पन्न किया हुआ मौलिक आविष्कार है। इसकी प्राचीनता और सर्वांग सुंदरता से चाहे इसका कर्ता ब्रह्मा देवता माना जा कर इसका नाम ब्राह्मी पड़ा, चाहे साक्षर समाज ब्राह्मणों की लिपि होने से यह ब्राह्मी कहलाई हो[७९], पर इसमें संदेह नहीं कि इसका फिनिशियन से कुछ भी संबंध नहीं।

आदर्श लिपि में यह गुण होना चाहिये कि प्रत्येक उच्चारण के लिये असंदिग्ध संकेत हो जिससे जो बोला जाय वह ठीक वैसा ही लिखा जाय और जो लिखा जाय वह ठीक वैसा ही पढ़ा जाय। उच्चारित अक्षर और लिखित वर्ण के इस संबंध को निभाने के उद्देश्य का विचार करें तो ब्राह्मी लिपि सर्वोत्तम है और इसमें और सेमिटिक् लिपियों में रात दिन का सा अंतर है। इसमें स्वर और व्यंजन पूरे हैं और स्वरों में ह्रस्व, दीर्घ के लिये तथा अनुस्वार और विसर्ग के लिये उपयुक्त संकेत न्यारे न्यारे हैं; व्यंजन भी उच्चारण के स्थानों के अनुसार वैज्ञानिक क्रम से जमाये गए हैं। इसमें किसी प्रकार की त्रुटि नहीं है और आर्य भाषाओं की ध्वनियों को व्यक्त करने के लिये इसमें किसी प्रकार के संशोधन या परिवर्तन की अपेक्षा नहीं है। व्यंजनों के साथ स्वरों के संयोग को मात्रा के चिह्नों से प्रकट करने की इसमें ऐसी विशेषता है जो किसी और लिपि में नहीं है। साहित्य और सभ्यता की अति उच्च अवस्था में ही ऐसी लिपि का विकास हो सकता है। वैदिक और प्राचीन संस्कृत वाङ्मय के ६३ या ६४ मूल उच्चारणों के लिये केवल १८ उच्चारणों के प्रकट करने वाले २२ संकेतों की दरिद्र सेमिटिक् लिपि कैसे पर्याप्त होती? सेमिटिक् लिपि में और उससे निकली सभी लिपियों में स्वर और व्यंजन पृथक्-पृथक् नहीं हैं। स्वरों में ह्रस्व दीर्घ का भेद नहीं। न उनके अक्षर विन्यास का कोई भी क्रम है। एक उच्चारण के लिये एक से अधिक चिह्न हैं और एक ही चिह्न एक नहीं, किंतु अनेक उच्चारणों के लिये भी है। व्यंजन में स्वर का योग दिखलाने के लिये मात्रा का संकेत नहीं, परंतु स्वर ही व्यंजन के आगे लिखा जाता है और संयुक्त ध्वनि के लिये वर्णों का संयोग नहीं। स्वर भी अपूर्ण हैं। ऐसी अपूर्ण और क्रमरहित लिपि को लेकर, उसकी लिखावट का रुख पलट कर वर्णों को तोड़ मरोड़ कर, केवल अट्ठारह उच्चारणों के चिह्न उसमें पाकर बाकी उच्चारणों के संकेत स्वयं गढ़ कर, स्वरों के लिये मात्रा चिह्न बना कर, अनुस्वार और विसर्ग की कल्पना कर, स्वर व्यञ्जनों को पृथक् कर, उन्हें उच्चारण के स्थान और प्रयत्न के अनुसार नए क्रम से सजा कर सर्वांगपूर्ण लिपि बनाने की योग्यता जिस जाति में मानी जाती

है, क्या वह इतनी सभ्य नहीं रही होगी कि केवल अट्ठारह अक्षरों के संकेतों के लिये दूसरों का मुंह न ताक कर उन्हें स्वयं ही अपने लिये बना ले?

एडवर्ड थॉमस का कथन[८०] है कि 'ब्राह्मी अक्षर भारतवासियों के ही बनाये हुए हैं और उनकी सरलता से उनके बनाने वालों की बड़ी बुद्धिमानी प्रकट होती है।

प्रोफेसर डॉसन का लिखना है[८१] कि 'ब्राह्मी लिपि की विशेषताएं सब तरह विदेशी उत्पत्ति से उसकी स्वतंत्रता प्रकट करती हैं और विश्वास के साथ आग्रहपूर्वक यह कहा जा सकता है कि सब तर्क और अनुमान उसके स्वतंत्र आविष्कार ही होने के पक्ष में हैं।

जनरल कनिंघम का मत यह है[८२] कि 'ब्राह्मी लिपि भारतवासियों की निर्माण की हुई स्वतंत्र लिपि है।' प्रोफेसर लॅसन[८३] ब्राह्मी लिपि की विदेशी उत्पत्ति के कथन को सर्वथा अस्वीकार करता है।

हिन्दुस्तान का प्राचीन इतिहास अभी तक घने अंधकार में छिपा हुआ है। पुराने शहरों और बस्तियों के चिह्न वर्तमान धरातल से पचासों फुट नीचे हैं, क्योंकि बार-बार विदेशियों के आक्रमणों से पुराने स्थान नष्ट होते गये और उन पर नए बसते गए। सारा देश एक राजा के अधीन न होने से क्रमबद्ध इतिहास भी न रहा। प्राचीन इतिहास का शोध अभी हमारे यहां आरंभिक अवस्था में है तो भी उससे जितना कुछ मालूम हुआ है वह बड़े महत्व का है, परंतु अधिक प्राचीन काल के अवशेषों तक अभी वह नहीं पहुंच सकता है। अभी तक प्राचीन शिलालेख जो मिले हैं वे ई० स० पूर्व की पांचवीं शताब्दी से पहले के नहीं है, परंतु साहित्य में प्रत्यक्ष या गौण रीति से लेखनकला के जो हवाले मिलते हैं वे बहुत प्राचीन समय तक जाते हैं। उन सब से सिद्ध होता है कि लेखनकला सर्वसाधारण में प्रचलित, एक पुरानी बात थी जिसमें कोई अनोखापन न था। जितने प्रमाण मिले हैं, चाहे प्राचीन शिलालेखों के अक्षरों की शैली, और चाहे साहित्य के उल्लेख, सभी यह दिखाते हैं कि लेखनकला अपनी प्रौढ़ावस्था में थी। उसके आरम्भिक विकास के समय का पता नहीं चलता। ऐसी दशा में यह निश्चयपूर्वक नहीं कहा जा सकता कि ब्राह्मी लिपि का आविष्कार कैसे हुआ और इस परिपक्व रूप में, कि जिसमें ही हम उसे पाते हैं, वह किन-किन परिवर्तनों के बाद पहुंची। मिस्र आदि में जैसे भावों के संकेतरूप चित्र हुए और वे शब्दों के संकेत हो कर उनसे अक्षरों के संकेत बने, इस तरह यहां भी किसी चित्रलिपि से ब्राह्मी लिपि बनी, या प्रारम्भ से ध्वनि के ही सूचक चिह्न बना लिये गये, यह कुछ निश्चय के साथ नहीं कहा जा सकता। निश्चय के साथ इतना ही कहा जा सकता है कि इस विषय के प्रमाण जहां तक मिलते हैं वहां तक ब्राह्मी लिपि अपनी प्रौढ अवस्था में और पूर्ण व्यवहार में आती हुई मिलती है और उसका किसी बाहरी स्रोत और प्रभाव से निकलना सिद्ध नहीं होता।

आर० शाम शास्त्री ने 'देवनागरी लिपि की उत्पत्ति के विषय का सिद्धांत' नामक एक विस्तृत लेख[८५] में यह सिद्ध करने का यत्न किया है कि देवताओं की मूर्तियां बनने के पूर्व उनकी उपासना सांकेतिक चिह्नों द्वारा होती थी जो कई त्रिकोण तथा चक्रों आदि से बने हुए यंत्र के, जो 'देवनगर'

कहलाता था, मध्य में लिखे जाते थे। देवनगर के मध्य लिखे जाने अनेक प्रकार के सांकेतिक चिह्न कालांतर में उन-उन नामों के पहले अक्षर माने जाने लगे और देवनगर के मध्य उनका स्थान होने से उनका नाम 'देवनागरी' हुआ। वह लेख बड़ी गवेषणा के साथ लिखा गया है और युक्तियुक्त अवश्य है, परंतु जब तक यह सिद्ध न हो कि जिन-जिन तांत्रिक पुस्तकों से अवतरण उद्धृत किये गये हैं वे वैदिक साहित्य के समय के पहले के या कम से कम मौर्यकाल से पहले के हैं, तब तक हम उनका मत स्वीकार नहीं कर सकते।

बाबू जगन्मोहन वर्मा ने एक लंबा चौड़ा लेख[८६] लिखकर यह बतलाने का यत्न किया है कि 'वैदिक चित्रलिपि या उससे निकली हुई सांकेतिक लिपि से ब्राह्मी लिपि का विकास हुआ, परंतु उस लेख में कल्पित वैदिक चित्रलिपि के अनेक मनमाने चित्र अनुमान कर उनसे भिन्न अक्षरों के विकास की जो कल्पना की गई है उसमें एक भी अक्षर की उत्पत्ति के लिये कोई भी प्राचीन लिखित प्रमाण नहीं दिया जा सका। ऐसा दशा में उनकी यह कल्पना रोचक होने पर भी प्रमाणरहित होने से स्वीकार नहीं की जा सकती। बाबू जगन्मोहनवर्मा ने दूसरी बात यह[८६] भी निकाली है कि 'ट', 'ठ', 'ड', और 'ण' ये पांच मूर्धन्य वर्ण आर्यों के नहीं थे। वैदिक काल के आरंभ में अनार्यों की भाषा में मूर्धन्य वर्णों का प्रयोग जब आर्यों ने देखा तब वे उनके कानों को बड़े मनोहर लगे, अतएव उन्होंने उन्हें अपनी भाषा में ले लिया।

इसके प्रमाण में लिखा है कि 'पारसी आर्यों की वर्णमाला में मूर्धन्य वर्णों का सर्वथा अभाव है और धातुपाठ में थोड़े से धातुओं को छोड़ कर शेष कोई धातु ऐसा नहीं जिसके आदि में मूर्धन्य वर्ण हो, परंतु पारसी आर्यों के यहां केवल मूर्धन्य वर्णों का ही अभाव है यही नहीं किंतु उनकी वर्णमाला में 'छ', 'भ' और 'ल' वर्ण भी नहीं है और वैदिक या संस्कृत साहित्य में 'ञ्' से प्रारम्भ होने वाला कोई धातु या शब्द भी नहीं है, तो क्या 'छ', 'भ', 'ल' और 'ञ' वर्ण भी अनार्यों से ही लिये गये? 'ट'[८७], 'ड'[८८], 'ढ'[८९] और 'ण'[९०] से प्रारंभ होने वाले बहुत से धातु हैं और जिनमें मूर्धन्य वर्णों का प्रयोग हुआ हो ऐसे हजारों शब्द वैदिक साहित्य में पाये जाते हैं। ग्रीक आर्यों की भाषा में 'ट' और 'ड' ही हैं, 'त' और 'द' का सर्वथा अभाव है और सेमिटिक् अनार्यों की लिपियों में मूर्धन्य वर्णों का सर्वथा अभाव पाया जाता है (देखो पृ० २३ में छपा हुआ नक्शा); इसी से ग्रीकों ने फिनिशियन अक्षर 'ताव्' ('त' का सूचक) से टाओं ('ट'), और दालेथ ('द') से डेल्टा ('ड') बनाया। ऐसा दशा में बाबू जगन्मोहन वर्मा का यह दूसरा कथन भी आदरणीय नहीं हो सकता।

सन्दर्भ :

१. वंभी, जवणालि या (जवणालिया), दोसापुरिया (या दोसापुरिसा), खरोट्टी (या खरोठी), पुक्खरसारिया, भोगवइया, पहाराइया, (या पहराइया)। उयअंतरिक्खिया (या उयंतरकरिया), अक्खरपिट्ठिया (या अक्खरपुंठिया), तेवणइया (या वेणइया), गि[णि?]गहइया (या णिगहत्तिया), अंकलिवि (या अंकलिक्खा),

गणितलिवि (या गणियलिवि), गंधव्वलिवि, आदंसलिवि (या आयसलिवि), माहेसरी (या माहेस्सरी), दामिली और पोलिंदी। ये नाम पन्नवणासूत्र की दो प्राचीन हस्तलिखित पुस्तकों से उद्धृत किये गये हैं।

२. 'ललितविस्तर' में बुद्ध का चरित है। यह ग्रंथ कब बना यह निश्चित नहीं। परंतु इसका चीनी अनुवाद ई० स० ३०८ में हुआ था।

३. ब्राह्मी, खरोष्ठी, पुष्करसारी, अंगलिपि, वंगलिपि, मगधलिपि, मांगल्यलिपि, मनुष्यलिपि, अंगुलीयलिपि, शकारिलिपि, ब्रह्मवल्लीलिपि, द्राविडलिपि, कनारिलिपि, दक्षिणलिपि, उग्रलिपि, संख्यालिपि, अनुलोमलिपि, ऊर्ध्वधनुर्लिपि,दरदलिपि, खास्यलिपि, चीनलिपि, हूणलिपि, मध्यक्षविस्तरलिपि, पुष्पलिपि, देवलिपि, नागलिपि, यक्षलिपि, गन्धर्वलिपि, किन्नरलिपि, महोगलिपि, असुरलिपि, गरुडलिपि, मृगचक्रलिपि, चक्रलिपि, वायुमरुलिपि, भौमदेवलिपि, अंतरिक्षदेवलिपि, उत्तरकुरुद्वीपलिपि, अपरगौडादिलिपि, पूर्वविदेहलिपि, उत्क्षेपलिपि, निक्षेपलिपि, विक्षेपलिपि, प्रक्षेपलिपि, सागरालिपि, वज्रलिपि, लेखप्रतिलेखलिपि, अनुद्रतलिपि, शास्त्रावर्तलिपि, गणावर्तलिपि, उत्क्षेपावर्तलिपि, विक्षेपावर्तलिपि, पादलिखित लिपि, द्विरुत्तरपदसन्धिलिखितलपि, दशोत्तरपदसन्धिलिखितलिपि, अध्याहारिणीलिपि, सर्वरुत्संग्रहणीलिपि, विद्यानुलोमलिपि, विमिश्रितलिपि, ऋषितपस्तप्तलिपि, धरणीप्रेक्षणालिपि, सर्वौषधनिष्यन्दलिपि, सर्वसारसंग्रहणीलिपि और सर्वभूतरुद्ग्रहणीलिपि (ललितविस्तर, अध्याय १०) इनमें से अधिकतर नाम कल्पित हैं।

४. ई० स० ६७ में काश्यप मातंग चीन के बादशाह मिंग्-टी के निमंत्रण से वहां गया, और उसके पीछे मध्यभारत का श्रमण गोभरण भी वहां पहुंचा। इन दोनों ने मिलकर एक सूत्रग्रंथ का अनुवाद किया और काश्यप के मरने के बाद गोभरण ने ई० स० ६८ और ७० के बीच ५ सूत्रों के अनुवाद किये। मध्यभारत के श्रमण धर्मकाल ने चीन में रह कर ई० स० २५० में 'पातिमोक्ख' का धर्मप्रिय ने ई० स० ३८२ में 'दशसाहस्त्रिका प्रज्ञापारमित्ता' का कुमारजीव ने ई० स० ४०२ और ४१२ के बीच 'सुखावतीव्यूह' (छोटा), 'वज्रच्छेदिका' आदि कई ग्रंथों में श्रमण पुण्यतर और कुमारजीव ने मिलकर ई० स० ४०४ में 'सर्वास्तिवादविनय' का मध्यभारत के श्रमण धर्मजातयशस् ने ई० स० ४८१ में 'अमृतार्थसूत्र' का: बुद्धशांत ने ई० स० ५२४ और ५३९ के बीच १० ग्रंथों का और प्रभारकमित्र ने ई० स० ६२७ और ६३३ के बीच ३ ग्रंथों का चीनी भाषा में अनुवाद किया। मध्यभारत का श्रमण पुण्योपाय (नाथी या नदी?) ई० स० ६५५ में बौद्धों के दोनों सम्प्रदायों (महायान और हीनयान) के त्रिपिटक से संबंध रखने वाले १५०० से अधिक पुस्तक, जो उसने हिन्दुस्तान और सीलोन (सिंहलद्वीप, लंका) में संग्रह किये थे, लेकर चीन में गया। दक्षिण का श्रमण वज्रबोधि और उसका शिष्य अमोघवज्र ई० स० ७१९ में चीन में गये। वज्रबोधी ने ई० स० ७२३ और ७३० के बीच ४ ग्रंथों का अनुवाद किया। वह ई० स० ७३२ में ७० वर्ष की अवस्था में मरा, जिसके बाद अमोघवज्र ने ई० स० ७४१ में हिंदुस्तान और सीलोन की यात्रा की। ई० स० ७४६ में वह फिर चीन में पहुंचा और उक्त सन् से लगाकर उसकी मृत्यु तक, जो ई० स० ७७४ में हुई, उसने ७७ ग्रंथों में चीनी अनुवाद किये। प्रज्ञ नामक श्रमण ई० स० ७८२ में चीन गया और ई० स० ७८५ और ८१० के बीच उसने और एक दूसरे श्रमण ने मिलकर 'महायानबुद्धिपट्पारमितासूत्र' तथा तीन दूसरे पुस्तकों का चीनी अनुवाद किया। ये थोड़े से नाम केवल उदाहरणार्थ दिये गये हैं।

५. इं० एं० जिल्द ३४. पृ० २१।

६. वही।

७. ब्राह्मी लिपि वास्तव में 'नागरी' (देवनागरी) का प्राचीन रूप ही है। 'नागरी' नाम कब से प्रसिद्धि में

आया यह निश्चित नहीं परंतु तांत्रिक समय में 'नागर' (नागरी) नाम प्रचलित था, क्योंकि 'नित्याषोडशिकार्णव' की सेतुबंध नामक टीका का कर्ता भास्करानंद एकार (ए) का त्रिकोण रूप 'नागर' (नागरी) लिपि में होना बतलाता है। (कोणत्रथवटु दभवो लेखो यस्य तत्। नागरलिप्या: माम्प्रदायिरेक: त्रिकोण कारतथैव लेखनात्। (इं० एं०; जिल्द ३५ पृ० २८३)। 'वातुलागम' की टीका में लिखा है कि शिव मंत्र (ह्रीं) के अक्षरों में से शिव की मूर्ति 'नागर' लिपि से बन सकती है। दूसरी लिपियों से बन नहीं सकती। शिवमन्त्रान्मूर्त्यद्वारकृति: नागरलिपिभिरुद्धारयित यज्यत व्यतिरिक्तलिपिभिर्नोद्धारयितं यज्यते। इं० एं०; जिल्द ३५३, पृ० २७३)।

यूरोपियन विद्वानों ने 'ब्राह्मी' लिपि का 'पाली', 'इंडियन पाली', 'साउथ' (दक्षिणी) अशोक या 'लाट' लिपि आदि नामों से भी परिचय दिया है परंतु इस लेख में सर्वत्र 'ब्राह्मी' नाम का ही प्रयोग करेंगे।

८. इं० एं०; जिल्द ३५, पृ० २५३।

९. ज० ए; ई० स० १८८५, पृ० २६८।

१०. ज०रॉ० ए० सो; जिल्द १६, पृ० ३२९, ३५९।११.

११. इं० एं; जि० ३५ पृ० २५३।

१२. Indische Skizzen, p. २२५-२५०।

१३. इं० एं; जि० ३५, पृ० २५३।

१४. ज० बॉ० ब्र० रॉ० ए० सो; जि० ३, पृ० ७५।

१५. ऐकेडमी; ई० स० १८७७ ता० ९ जनवरी।

१६. मू; रि० ए० इं० सी० पृ० २४।

१७. ब; सा० इं० पे; पृ० ९।

१८. टे; आ; जि० २, पृ० ३१३।

१९. एँसे ऑन् फिनिशियन ऐल्फाबेट ; जि० १, पृ० १५०।

२०. Zetscherift der Deutschen Morgenlandischen Gessellschaft Band, XXXI, 398 ff.

२१. असीरिया के लिये देखो, पृ० १ टि० ३।

२२. यूरोपियन विद्वानों ने 'क्युनिफॉर्म' उस लिपि का नाम रखा है जिसके अक्षर तीर के फल की आकृति के कई चिह्नों को मिलाने से बनते हैं। इस बहुत प्राचीन और विचित्र लिपि के लेख असीरिया, बेबीलॉन तथा ईरान आदि में मिलते हैं। ईरान के प्रसिद्ध बादशाह दारा ने अपना वृत्तान्त इसी लिपि में (तीन भाषाओं में) बेहिस्तान नामक स्थान की चट्टान पर खुदवाया था।

२३. फिनिशियन लिपि से निकली हुई लिपियों में से हिमियरेटिक् (सेबियन्), इथोपिया, कूफी और अरबी आदि दक्षिणी और अरमइक, सीरियक और चाल्डियन् उत्तरी सेमिटिक् लिपियां कहलाती हैं।

२४. अरब के एक प्रदेश का नाम जिसका प्रधान नगर मस्कत है।

२५. अरब के दक्षिण तट पर का एक इलाका जो ओमन से पश्चिम की तरफ है।

२६. ईरान के समुद्र तट पर एक प्राचीन शहर।

२७. स्टोरी ऑफ दि एल्फाबेट्; पृ० २०७।

२८. मॅक्; हि० स० लि; पृ० १६।

२९. डे; बु० इं० पृ० ११४।

३०. बा० एं० इं० पृ० २२५।

३१. रॅ; ए० इं; पृ० १७-१८।

३२. फिनिशियन के अक्षर 'हे' 'बाव्', 'काफ्' और 'रेश' से क्रमश: निकले हुए चार ग्रीक (यूनानी) अक्षरों 'एप्सिलन्', 'वाओ', 'कप्पा' और 'हो' का रुख बदल गया। पीछे से ग्रीक लिपि में 'वाओ' का प्रचार न रहा।

३३. मिस्र में बहुत प्राचीन काल में जो लिपि प्रचलित थी वह अक्षरात्मक नहीं किंतु चित्रलिपि थी। उसमें अक्षर न थे किंतु केवल आशय सूचक चित्र बनाये जाते थे जैसे कि 'मनुष्य ने प्रार्थना की' कहना हो तो हाथ जोड़े हुए मनुष्य का चित्र बना दिया जाता था। इसी तरह कई भिन्न-भिन्न चित्रों द्वारा कोई एक विषय बतलाया जाता था। उसके पीछे उसी चित्रलिपि से वर्णात्मक लिपि बनी जिसको यूरोपियन् विद्वान् 'हियरेटिक्' कहते हैं। उसी से फिनिशियन् लिपि का निकलना माना जाता है।

३४. एशिया के पश्चिमी भाग में युफेटिज़ नदी के पास का एक प्रदेश जो तुर्क राज्य में है। प्राचीन काल में यह बड़ा प्रतापी राज्य था जिसकी राजधानी निवेवा थी। इस राज्य का विस्तार बढ़ता घटता रहा और एक समय मेड़िया, पर्शिया (ईरान), अर्मीनिया, सीरिया आदि देश इसके अंतर्गत थे। ऐसा पाया जाता है कि यह राज्य प्राचीन बेबीलॉन के राज्य में से निकला और पीछा उसी में मिल गया। मुसलमानों के राजत्वकाल में बड़ी आबादी वाला यह राज्य ऊजड़ सा हो गया। 'क्युनिफार्म' लिपि यहीं के लोगों ने प्रचलित की थी।

३५. यदि केवल आकृति की समानता देखी जाये तो फिनिशियन् का 'दालेथ्' (द) ब्राह्मी के 'ए' से 'तथ्' (त) 'थ' से (कुछ-कुछ), 'ऍन्' (ए) 'ठ' से 'त्साधे' (स) 'झ' से (कुछ कुछ) और 'ताव्' (त) 'क' से (ठीक) मिलता जुलता है। यह समानता ठीक वैसी ही है जैसी कि ऊपर (पृ० २० में) बतलाई हुई वर्तमान अंग्रेज़ी टाइप (छापे के अक्षरों) के १० अक्षरों की ब्राह्मी के १० अक्षरों से।

३६. ग्रीक थीटा (थ) फिनिशियन 'तेथ्' से निकला है जिसका मूल उच्चारण 'त' था और उसी से अरबी का 'तोथ्' (b) निकला। ग्रीक में 'त' का उच्चारण न होने से फिनिशियन 'ताओ' का ग्रीक में टाओ (ट) बनाया गया और तेथ् को थीटा (थ) फिनिशियन में 'ट' या 'थ' का उच्चारण ही न था।

३७. मुसलमानी धर्म के प्रादुर्भाव से बहुत पहले दक्षिणी अरब में फिनिशियन से कुछ ही मिलती हुई एक प्रकार की लिपि प्रचलित थी जिसको 'हिमियरिटिक' कहते हैं। उक्त लिपि के प्राचीन लेख वहां के 'सबा' नामक राज्य में विशेष मिलने के कारण उसी लिपि को 'सेबियन्' भी कहते हैं।

३८. ग्रीक (यूनानी) लोग जिस प्रदेश को सीरिया कहते थे करीब-करीब उसी को प्राचीन सेमिटिक भाषा में 'अरम्' कहते थे। उसके अंतर्गत एशिया के पश्चिम का 'मेसोपोटामिया' प्रदेश था, सिवाय पेलेस्टाइन के वहां की भाषा और लिपि को अरमइक या अरमियन कहते हैं।

३९. इस नक्शे में दस खड़ी पंक्तियां बनाई गई हैं, जिनमें से पहली पंक्ति में सेमिटिक वर्णमाला के अक्षरों के नाम तथा उनकी ध्वनि के सूचक अक्षर नागरी में दिये हैं। दूसरी पंक्ति में मिस्र की हियरेटिक लिपि के अक्षर दिये हैं, (ए० ब्रि; जिल्द १, पृ० ६०० से नवां संस्करण)। तीसरी में प्राचीन फिनिशियन अक्षर (ए० ब्र; जि. १, पृ० ६०० से); चौथी में मोअब के राजा मेशा के ई० स० पूर्व की नवीं शताब्दी के शिलालेख से फिनिशियन अक्षर (ए० ब्रि; जि० ३३, पृ० ९०२ से दसवां संस्करण) पांचवीं में हिमियरेटिक लिपि के अक्षर (ए० ब्रि; जि० ३३, पृ० ९०२); से छठी में सक्कारा (मिस्र में), टीमा (अरब में) आदि के ई० स० की पांचवीं शताब्दी के शिलालेखों से अरमइक अक्षर (इं० एं० जि० २४, पृ० २८९ के सामने के प्लेट से); सातवीं में मिस्र के पॅपायरसों से अरमइक अक्षर (इं; एं; जि०

२४, पृ० २८९ से); आठवीं में डॉ० सर जॉन मार्शल के उद्योग से तक्षशिला से मिले हुए ई० स० पूर्व की चौथी शताब्दी के अरमइक लेख के फोटो (ज० रॉ० ए० सो; ई० स० १९१५, पृ० ३४० के सामने के प्लेट) से अक्षर छांटे गये हैं, नवीं में समान उच्चारण वाले खरोष्ठी अक्षर अशोक के लेखों से लिये हैं, और दसवीं में समान उच्चारण वाले ब्राह्मी लिपि के अक्षर अशोक के लेखों से उद्धृत किये गये हैं।

४०. जैसे अंग्रेजी में C (सी), K (के) और Q (क्यू) के तीन अक्षर 'क' की ध्वनि के सूचक हैं और उर्दू में 'से' 'सीन्' और 'स्वाद्' 'स' की ध्वनि के सूचक हैं ऐसे ही फिनिशियन अक्षरों में भी आठ अक्षर ऐसे हैं जो चार ही उच्चारण का काम देते हैं अर्थात् 'हे' और 'हेथ्' जिससे अरबी का 'हे' ح और अंग्रेज़ी का H 'ऍच' निकला। इन दोनों से 'ह:' 'तेथ' (जिससे अरबी का 'तॉय' ?) और 'ताव्' (जिससे 'ते' निकला) दोनों से 'त'; 'काफ्' और 'क्रॉफ्' से 'क' ऐसे ही 'सामेण्' (जिससे अरबी का सीनس) और 'त्साधे' (जिससे 'स्वाद्'ص निकला) से 'स' का उच्चारण होता है: जिससे फिनिशियन २२ अक्षर ब्राह्मी के १८ उच्चारणों का ही काम दे सकते हैं।

४१. देखो आगे पृष्ठ .... में दिया हुआ नक्शा।

४२. देखा लिपिपत्र पहला।

४३. बू; इं० पे; पृ० ११।

४४. ब्राह्मी लिपि पहले दाहिनी ओर से बाईं ओर लिखी जाती थी या नहीं यह विचार आगे किया जायेगा।

४५. बू; इं० पे; पृ० ११।

४६. अलेफ् से 'अ' की उत्पत्ति में; बू० इं० पे; पृ० १२।

४७. ज़ाइन् से 'ज' की उत्पत्ति में 'ज' के बीच की आड़ी लकीर।

४८. ज़ाइन् से 'ज' की उत्पत्ति में; हेथ से 'घ' की उत्पत्ति में।

४९. हेथ् से 'घ' की उत्पत्ति में।

५०. ज़ाइन् से 'ज' की उत्पत्ति में ज़ाइन् के ऊपर और नीचे की दोनों आड़ी लकीरों के बाईं तरफ बाहर निकले हुए अंशों का कम करना।

५१. योध् से 'य' की उत्पत्ति में।

५२. नून् से 'न' की उत्पत्ति में; योध् से 'य' की उत्पत्ति में।

५३. दालेथ् से 'ध' की उत्पत्ति में।

५४. वाव से 'व' की उत्पत्ति में।

५५. तेथ् से 'थ' की उत्पत्ति में।

५६. मेम् से 'म' की उत्पत्ति में।

५७. दालेथ से 'ध' की उत्पत्ति में।

५८. मेम् से 'म्' की उत्पत्ति में।

५९. दालेथ (द) 'ध' की; हेथ् (ह) से 'घ' की; तेथ् (त) से 'थ' की; सामेख् (स) से 'ष' की; फ़े (फ) से 'प' की त्साधे (स) से 'च' की; और कॉफ् (क़) से 'ख' की।

६०. ए० सा० ब्रि; जि० १, पृ० ६०० में तथा डॉ० ई० रॉजिडर संपादित और परिवर्धित जेसेनियस् की हिब्रु ग्रामर (व्याकरण) में इस अक्षर का नाम चेथ् (च) लिखा है (पृ० १३) परंतु बंबई की छपी हुई 'हिब्रु प्राइमरी रीडर' नामक छोटी पुस्तक में, जिसमें हिब्रु अक्षरों के नाम तथा उच्चारण अंग्रेज़ी और मराठी (नागरी लिपि) दोनों में दिये हैं, इसका नाम 'हेथ्' (पृ० १) और इसका ध्वनि सूचक चिह्न 'ह' (पृ०

३) दिया है। इसी से ग्रीक (यूनानी) अक्षर 'एटा' बना जिससे अंग्रेज़ी का H (एॅच) अक्षर, जो 'ह' की ध्वनि का सूचक है, तथा इसी से अरबी का ८ (हे), जो 'ह' का सूचक है, निकला हैं अतएव हमने इस अक्षर का नाम 'हिब्रु प्राइमरी रीडर' के अनुसार 'हेथ्' लिखा है।

६१. देखो ऊपर पृ० २०।

६२. ए० ब्रि० जि० ३३, पृ० ९०३।

६३. ई० स० १८९४ में मैंने 'प्राचीनलिपिमाला' का प्रथम संस्करण छापा, जिसकी एक प्रति डॉ० बूलर को भेंट की। उसकी पहुंच स्वीकार करने के साथ डॉ० बूलर ने लिखा 'कि तुम ब्राह्मी लिपि को भारतवासियों की निर्माण की हुई स्वतंत्र लिपि मानते हो यह ठीक नहीं। ब्राह्मी लिपि सेमिटिक् लिपि से निकली हुई है।' इसके उत्तर में मैंने लिखा कि 'यदि ब्राह्मी और खरोष्ठी दोनों लिपियां एक ही मूल लिपि की शाखें हैं तो ७०० वर्ष के भीतर ही उनमें परस्पर एक भी अक्षर की समानता न रही इसका क्या कारण है सो आप कृपा कर सूचित कीजिये,' परंतु इसका कुछ भी उत्तर वे न दे सके और न अब भी कोई दे सकता है।

६४. मध्य प्रदेश के सागर जिले का एक प्राचीन नगर।

६५. क; कॉ० एं० इं; पृ० १०१, पलेट ११, संख्या १८।

६६. बू; इं० स्ट. संख्या ३, पृ० ३ (ई० स०. १८९५)।

६७. वही, पृ० ४३।

६८. बूलर ने लिखा है कि 'अशोक के लेखों में दाहिनी ओर से बाईं ओर लिखने के चिह्न बहुत कम मिलते हैं। जौगड़ और धौली के लेखों में 'ओ' उलटा है; और जौगड़ तथा दिल्ली के शिवालिक स्तंभ के लेख में 'ध' क्वचित् उलटा मिलता है' (बू; इं० पे; पृ० ६), परंतु ये तो मामूली लेखकों के हस्तदोष या देशभेद के तुच्छ अंतर हैं। क्योंकि 'ओ' की आकृति, एक खड़ी लकीर के ऊपर के छोर से बाईं ओर की और नीचे के छोर से दाहिनी ओर को एक आड़ी लकीर खींचने से बनती है। यह संभव है कि असावधान लेखक पहले खड़ी लकीर खींच कर आड़ी लकीरें खींचने में ग़लती कर जाये। 'ध' की आकृति धनुष के सदृश होने के कारण उसकी प्रत्यंचा चाहे दाहिनी तरफ रहे या बाईं तरफ इसमें मामूली अनपढ़ लेखक शायद ही फर्क माने। देशभेद से भी कभी-कभी किसी अक्षर की आकृति उलटी लिखी मिलती है जैसे कि ई० स० की छठी शताब्दी के यशोधर्मन् के लेख में 'उ' नागरी के 'उ' का सा है (देखो लिपिपत्र १८वां) परंतु उसी शताब्दी के गारुलक सिंहादित्य के दानपत्र में उससे उलटा है (लिपिपत्र ३८वां)। वर्तमान बंगलालिपि का 'च' उलटा लिखा जाता है (लिपिपत्र ७८) परंतु पहले ऐसा न था (लिपिपत्र ३२-३५)।

६९. रा; कॅ० कॉ० आं० क्ष० पृ० ४, प्लेट १, संख्या ९ और ११।

७०. इं० एं० जि० २९, पृ० ३३७।

७१. पूरे नाम के प्रत्येक अंश के प्रारंभ के सांकेतिक दो या तीन वर्णों को मिला कर जो एक विलक्षण चिह्न बनाया जाता है उसे अंग्रेज़ी में 'मोनोग्राम' (एकाक्षर) कहते हैं।

७२. गा; कॉ० ग्रा० सी; पृ० ६७ संख्या ५।

७३. वही, संख्या ६।

७४. ज० रॉ० ए० सो० इं० स० १९०१ पृ० १०४, संख्या ९।

७५. क: आ० स० रि: जि० १५, प्लेट, ३, संख्या २।

७६. ई० स० १८९५ में डॉन् मार्टिनो डी० जिल्वा विक्रमसिंघे ने रॉयल एशियाटिक सोसाइटी के जर्नल (त्रैमासिक पत्रिका) में एक पत्र प्रकाशित कर यह बतलाना चाहा था कि 'सीलोन में कई शिलालेख प्राचीन ब्राह्मी लिपि के मिले हैं, जिनमें से दो में अक्षर उलटे हैं, परंतु उनकी छापों के अभाव में उनका विवेचन नहीं किया जा सकता (ज० रॉ० ए० सो; ई० स० १८९५, पृ० ८९५-९८) और ई० स० में एक लेख उसी जर्नल में फिर छपवाया जिसमें उलटा खुदा हुआ कोई शिलालेख तो प्रकाशित न किया किंतु उनकी छापें शीघ्र प्राप्त करने का यत्न करने की इच्छा प्रकट की और अशोक के गिरनार के लेख में 'प्र' के स्थान में 'र्प' 'त्र' के स्थान में 'र्त' आदि जो अशुद्धियां मिलती हैं उन पर से यह सिद्धांत निकाला कि 'ब्राह्मी लिपि का रुख बदलने से ये अक्षर इस तरह लिखे गये'। (ज० रॉ० ए० सो; १९०१, पृ० ३०१-५); परंतु गिरनार के सारे लेख को ध्यानपूर्वक पढ़नेवाले को यह अवश्य मालूम हो जायेगा कि उसके लिखने वाले को संयुक्ताक्षरों का ठीक-ठीक ज्ञान न था और संयुक्ताक्षर में प्रथम आने वाले 'र्' (रेफ्) तथा द्वितीय आने वाले 'र' का अंतर तो वह समझता ही न था जिससे उसने संयुक्ताक्षरों में ऐसी-ऐसी अनेक अशुद्धियां की हैं। यदि उन अशुद्धियों पर से ही यह सिद्धांत स्थिर किया जा सकता हो कि ये ब्राह्मी लिपि के उलटे लिखे जाने के प्रत्यक्ष उदाहरण हैं तो बात दूसरी है।

ई० स० १९०३ में डॉ० राइस डेविड्ज़ ने विक्रमसिंघे के ऊपर लिखे हुए पत्र और लेख के हवाले से मान लिया कि ब्राह्मी लिपि उलटी भी लिखी जाती थी (डे; बु० इं० पृ० ११५), परंतु साथ में यह भी लिख दिया कि 'अब तक उलटी लिपि का कोई शिलालेख प्रसिद्ध नहीं हुआ।'

७७. इं० एं० जि० २६, पृ० ३३६।

७८. बू; इं० पे० के अंग्रेज़ी की भूमिका; पृ० ३-४।

७९. इं० एं० जि०, ३५, पृ० १३।

८०. न्यु० क्रॉ; ई० स० १८८३, नंबर ३।

८१. ज० रॉ ए० सो; ई० सं १८८१, पृ० १०२; और इं० एं० जि० ३५, पृ० २५३।

८२. क: कॉ पं० इं० जि० १, पृ० ५२।

८३. Indische Alterthunskunde, 2nd Edition, i.p. 1006 (1867).

८४. इं० एं; जि० ३५, पृ० २५३-६७; २७०-९०; ३११-२४।

८५. सरस्वती; ई० स० १९१३ से १९१५ तक कई जगह।

८६. सरस्वती; ई० स० १९१५ पृ० ३७०-७१।

८७. 'ट' से प्रारंभ होने वाले धातु टंक, टल्, टिक्, टिप्, टीक और ट्वल् हैं।

८८. 'ड' से प्रारंभ होने वाले धातु डप्र, डम्, डंब्, डंभ, डिप्, डिम् और डी है।

८९. 'ढ' से प्रारंभ होने वाला धातु ढौक् है।

९०. पाणिनि ने धातुपाठ में बहुत से धातु 'ण' से आरंभ होने वाले माने हैं (णो न: पा० ६।१।६५; उपसर्गादसमासेऽपि णोपदेशस्य; पा० ८।४।१४।

अध्याय-३

खरोष्ठी[१] लिपि की उत्पत्ति

मौर्यवंशी राजा अशोक के अनेक लेखों[२] में से केवल शहबाज़गढ़ी और मान्सेरा के चट्टानों पर खुदे हुए लेख खरोष्ठी लिपि में हैं, जिनसे पाया जाता है कि यह लिपि ई० स० पूर्व की तीसरी शताब्दी में केवल भारतवर्ष के उत्तरी-पश्चिमी सीमांत प्रदेश के आसपास, अर्थात् पंजाब के गांधार[३] प्रदेश में, प्रचलित थी। अशोक से पूर्व का इस लिपि का कोई शिलालेख अब तक नहीं मिला, परंतु ईरानियों के कितने एक चांदी के मोटे सिक्कों[४] पर ब्राह्मी या खरोष्ठी लिपि के एक-एक अक्षर का ठप्पा[५] लगा हुआ मिलता है, जिससे अनुमान होता है कि पंजाब की तरफ चलने वाले ये ईरानी सिक्के संभवत: सिकंदर के पूर्व अर्थात् ई० स० की चौथी शताब्दी के हों; क्योंकि सिकंदर के विजय से ईरानियों का अधिकार पंजाब पर से उठ गया था।

अशोक के पीछे इस लिपि का प्रचार बहुधा विदेशी राजाओं के सिक्कों तथा शिलालेख आदि में मिलता है। सिक्कों में वाक्ट्रियन ग्रीक[६] (यूनानी), शक[७], क्षत्रप[८], पार्थियन[९], कितने एक कुशनवंशी राजा[१०], तथा औदुंबर[११] आदि एतद्देशीय वंशों के राजाओं के सिक्कों पर के दूसरी तरफ के प्राकृत लेख इस लिपि में मिलते हैं। इस लिपि के शिलालेख तथा ताम्रलेखादि ब्राह्मी की अपेक्षा बहुत ही थोड़े और बहुधा बहुत छोटे-छोटे मिले हैं जो शक[१२], क्षत्रप[१३], पार्थियन[१४], और कुशनवंशी[१५], राजाओं के समय के हैं इनमें से कितने एक राजाओं के नाम मिलते हैं, और दूसरों में साधारण पुरुषों[१६] के ही नाम हैं, राजाओं के नहीं। ये बौद्ध स्तूपों में रखे हुए पत्थर आदि के पात्रों और सोने, चांदी या तांबे के पत्रों पर अथवा चट्टानों और शिलाओं या मूर्त्तियों के आसनों खुदे हुए मिले हैं। इनमें से अधिकतर गांधारदेश से ही मिले हैं। और वहां भी विशेषकर तक्षशिला (शाहढेरी, पंजाब के जिले रावलपिंडी में) और चारसड्डा (पुष्कलावती) से। पंजाब के बाहर अफगानिस्तान में वर्डक (जिले वर्डक में) तथा हिड्डा (जलालाबाद से ५ मील दक्षिण) आदि में, और मथुरा में, मिले हैं, अन्यत्र[१७] नहीं।

खरोष्ठी लिपि की लेखन शैली फारसी की तरह दाहिनी ओर से बाईं ओर होने से निश्चित है कि यह लिपि सेमिटिक् वर्ग की है, और इसके ११ अक्षर-'क'[१८], 'ज'[१९], 'द'[२०], 'न'[२१], 'ब'[२२], 'य'[२३], 'र'[२४], 'व'[२५], 'ष'[२६], 'स'[२७], 'ह'[२८] समान उच्चारण वाले अरमइक अक्षरों से बहुत कुछ मिलते हुए हैं।

सेमिटिक् लिपि संबंधी आधुनिक शोध से अनुमान होता है कि असीरिया और बेबीलॉन में क्यूनिफार्म लिपि का प्रचार होने पर भी राजकीय और व्यापार के कामों में अरमइक लिपि[२९] काम में आती थी। हखामनी[३०] (अकॅमीनियन्) वंश के बादशाहों के समय ईरान के राज्य का प्रताप बहुत बढ़ा और दूर-दूर के देश[३१], उक्त राज्य के अधीन हो गये। उस समय के अरमइक लिपि के अनेक शिलालेख मिस्र[३२], अरब[३३] और एशिया माइनर[३४] में मिले हैं और एक ईरान[३५] में तथा एक हिंदुस्तान में तक्षशिला नगर[३६] से भी मिल चुका है। मिस्र से हखामनियों के राजत्वकाल के उसी लिपि के बहुतेरे पॅपायरस्[३७] मिले हैं और एशिया माइनर से मिले हुए ईरानी क्षत्रपों (सत्रपों) के कई सिक्कों[३८] पर उसी लिपि के लेख मिलते हैं, जिनसे पाया जाता है कि हखामनी वंश के ईरानी बादशाहों की राजकीय लिपि और भाषा अरमइक ही होनी चाहिए। व्यापार के लिये भी इसका उपयोग दूर-दूर तक होना पाया जाता है।[४०]

हिंदुस्तान का ईरान के साथ प्राचीन काल से संबंध रहा और हखामनी वंश के बादशाह साइरस (ई० स० पू० ५५८-५३०) ने पूर्व में बढ़कर गांधारदेश विजय किया और ई० स० पू० ३१६ के कुछ ही बाद दारा (प्रथम) ने सिंधु तक का हिंदुस्तान का प्रदेश अपने अधीन किया जो ई० स० पूर्व ३११ तक जब कि यूनान के बादशाह सिकंदर ने गॉगमेला[४०] की लड़ाई में ईरान के बादशाह दारा (तीसरे) को परास्त कर ईरानी राज्य पर नाम मात्र के लिये अपना अधिकार जमाया, किसी न किसी प्रकार बना रहा। अतएव संभव है कि ईरानियों के राजत्वकाल में उनके अधीन के हिंदुस्तान के इलाकों में उनकी राजकीय लिपि अरमइक का प्रवेश हुआ हो और उसी से खरोष्ठी लिपि का उद्भव हुआ हो, जैसे कि मुसलमानों के राज्य समय फारसी लिपि का, जो उनकी राजकीय लिपि थी, इस देश में प्रवेश हुआ और उसमें कुछ वर्ण बढ़ाने से उर्दू लिपि बनी।

अरमइक लिपि में केवल २२ अक्षर होने तथा स्वरों की अपूर्णता और उसमें ह्रस्व दीर्घ का भेद न होने एवं स्वरों की मात्राओं का सर्वथा अभाव होने से वह यहां की भाषा के लिये सर्वथा उपयुक्त न थी तो भी राजकीय लिपि होने के कारण यहां वालों में से किसी ने ई० स० पूर्व की पांचवीं शताब्दी के आसपास उसके अक्षरों की संख्या बढ़ा कर, कितने एक को आवश्यकता के अनुसार बदल तथा स्वरों की मात्राओं की योजना कर उस पर से मामूली पढ़े लिखे लोगों, व्यापारियों तथा अहल्कारों के लिये काम चलाऊ खरोष्ठी लिपि बना दी हो। संभव है कि इसका निर्माता चीन वालों के लेखानुसार खरोष्ठ नामक आचार्य[४१] (ब्राह्मण) हो, जिसके नाम पर से इस लिपि का नाम खरोष्ठी हुआ और यह भी संभव है कि तक्षशिला जैसे गांधार के किसी प्राचीन विद्यापीठ में इसका प्रादुर्भाव हुआ हो।

जितने लेख अब तक इस लिपि के मिले[४२] हैं उनसे पाया जाता है कि इसमें स्वरों तथा उनकी मात्राओं में ह्रस्व दीर्घ का भेद न था। संयुक्ताक्षर केवल थोड़े ही मिलते हैं इतना ही नहीं, किंतु उनमें से कितने एक में संयुक्त व्यंजनों के अलग-अलग रूप स्पष्ट नहीं पाये जाते परंतु एक विलक्षण ही रूप मिलता है जिससे कितने एक संयुक्ताक्षरों का पढ़ना अभी तक संशययुक्त ही है। बौद्धों की प्राकृत पुस्तक[४३], जिनमें स्वरों के ह्रस्व दीर्घ का विशेष भेद नहीं रहता था और जिनमें

संयुक्ताक्षरों का प्रयोग विरल ही होता था, इसमें लिखे हुए मिले हैं, परंतु यह लिपि संस्कृत ग्रंथों[४४] के लिखने के योग्य नहीं थी। शुद्धता और संपूर्णता के विचार से देखा जाये तो इसमें और ब्राह्मी में उतना ही अंतर पाया जाता है जितना कि उस समय छपी हुई नागरी की पुस्तकों तथा राजपूताने के अधिकतर रजवाड़ों के मामूली पढ़े हुए अहल्कारों की लिखावटों में।

ई० स० की तीसरी शताब्दी के आसपास तक इस लिपि का कुछ प्रचार पंजाब में बना रहा, जिसके बाद यह इस देश में से सदा के लिये अस्त हो गई और इसका स्थान ब्राह्मी ने ले लिया, तो भी हिंदुकुश पर्वत से उत्तर के देशों तथा चीनी तुर्किस्तान आदि में, जहां बौद्ध धर्म और भारतीय सभ्यता दृढ़ हो रही थी, कई शताब्दी पीछे तक भी इस लिपि का प्रचार बना रहा। प्रसिद्ध पुरातत्ववेत्ता डॉ० सर ऑरल स्टाइन ने चीनी तुर्किस्तान आदि प्रदेशों से असाधारण श्रम कर जो प्राचीन वस्तुएं एकत्रित की हैं। उनमें इस लिपि में लिखे हुए पुस्तक और लकड़ी की लिखित तख़्तियां आदि बहुमूल्य सामग्री भी है।

सन्दर्भ :

१. यूरोपियन विद्वानों ने 'खरोष्ठी' लिपि का वाक्ट्रियन् वाक्टियन पाली, आरिअनोपाली, नॉर्थ (उत्तरी) अशोक; काबुलियन् और गांधार आदि नामों से भी परिचय दिया है। परंतु हम इस लेख में 'खरोष्ठी' नाम का ही प्रयोग करेंगे खरोष्ठी नाम के लिये देखो ऊपर पृ० १८।
२. राजा अशोक के लेख जिन-जिन स्थानों में मिले हैं उनके लिये देखो ऊपर पृ० २, टिप्पण ५, उक्त टिप्पण में दिये हुए स्थानों के नामों में इलाहाबाद (प्रयाग) का नाम भी जोड़ना चाहिये जो वहां छपने से रह गया है।
३. प्राचीन काल में 'गांधार देश' में पंजाब का पश्चिमी हिस्सा तथा अफगानिस्तान का पूर्वी हिस्सा अर्थात् उत्तर-पश्चिमी सीमान्त प्रदेश के ज़िले पेशावर और रावलपिंडी तथा अफग़ानिस्तान का ज़िला काबुल गिना जाता था।
४. ईरान के प्राचीन चांदी के सिक्के गोली की आकृति के होते थे जिन पर ठप्पा लगाने से वे कुछ चपटे पड़ जाते थे परंतु बहुत मोटे और भद्दे होते थे। उन पर कोई लेख नहीं होता था किंतु मनुष्य आदि की भद्दी शक्लों के ठप्पे लगते थे। ईरान में ही नहीं किंतु लीड़िया, ग्रीस आदि के प्राचीन चांदी के सिक्के भी ईरानी सिक्कों की तरह गोल, भद्दे, गोली की शक्ल के चांदी के टुकड़े ही होते थे। केवल हिंदुस्तान में ही प्राचीन चांदी काल में चौखूटे या गोल चांदी के सुंदर चपटे सिक्के, जिन्हें कार्षापण कहते थे बनते थे, कॉरिंथिया वालों ने भी पीछे से चपटे सिक्के बनाये जिसकी देखा-देखी दूसरे देख वालों ने भी चपटे सिक्के बनाये (क; कॉ० ए० इं; पृ० ३)।
५. प्रोफेसर रेपसन् के कितने एक ईरानी चांदी के सिक्कों के चित्र विवरण सहित छापे हैं (ज० रॉ० ए० सो० ई० स० १८६५, पृ० ८६५-७७ तथा पृ० ८६५ के सामने का प्लेट संख्या १-२५) जिन पर ब्राह्मी लिपि के 'यो', 'घ', 'प', 'ज' और 'गो' अक्षर और खरोष्ठी के 'स' से 'मे०' 'ति' ६ अ; 'द' अक्षरों के ठप्पे लगे हुए हैं।

६. यूनान के बादशाह सिकंदर ने ई० स० पूर्व ३२६ में हिंदुस्तान पर चढ़ाई कर पंजाब के कितने एक हिस्से और सिंध पर अपना अधिकार जमाया। ये इलाके तो यूनानियों के अधिकार में १० वर्ष भी रहने न पाये परंतु हिंदुकुश पर्वत के उत्तर के वाक्‌टिया (बलख्) देश में यूनानियों का राज्य दृढ़ हो गया, जहां के राजा युथिडिमस् के समय संभवत: उसके पुत्र डेमेटियस् की अधीनता में ई० स० पूर्व की दूसरी शताब्दी के प्रारंभ के आसपास फिर यूनानियों की चढ़ाई इस देश पर हुई और काबुल तथा पंजाब पर फिर उनका अधिकार हो गया और ई० स० पूर्व की पहली शताब्दी के अंत से कुछ पहले तक कई यूनानी राजाओं का राज्य, घटता बढ़ता, बना रहा। उनके सिक्के अफग़ानिस्तान तथा पंजाब में बहुत से मिल आते हैं जिन पर एक ओर प्राचीन ग्रीक (यूनानी) लिपि के तथा दूसरी ओर बहुधा खरोष्ठी लिपि के प्राकृत लेख हैं। (गा० कॅ० ग्री०सी० किं० बा० इं० प्लेट ३-१५, ह्वा: कॅ० की पं० म्यू० जिल्द १, प्लेट १-९; और स्मि: कॅ का० इं० म्यु; प्लेट १-६)।

७. शक लोगों ने यूनानियों से वाक्‌टिया का राज्य छीना जिसके पीछे वे हिंदुकुश पर्वत को पार कर दक्षिण की ओर बढ़े और उन्होंने पश्चिम में हिरात से लगाकर पूर्व में सिंधु तक का देश अपने अधीन किया। फिर वे क्रमश: आगे बढ़ते गये। उनके सिक्कों पर भी एक ओर यूनानी और दूसरी ओर खरोष्ठी लिपि के लेख हैं। (गा० कॅ० गी० सी० किं० वा० इं; प्लेट १६-२१, ह्वा: कॅ० कॉ० इं; प्लेट १६-२१, ह्वा: कॅ० कॉ० पुं० म्यू जिल्द १ प्लेट १०-१४ और स्मि: कॅ० कॉ० इं० म्यु; प्लेट ८-९)

८. 'क्षत्रप' शब्द संस्कृत शैली का सा दीखने पर भी संस्कृत का नहीं किंतु प्राचीन ईरानी भाषा का है, जिसमें क्षत्रं या क्षत्र शब्द का अर्थ 'ज़िला' और 'क्षत्रप' का अर्थ ज़िले का हाकिम होता है। ये क्षत्रप भी बहुधा शक ही थे और प्रारंभ में शक राजाओं की तरफ से ज़िलों के हाकिम या सामंत रहे परंतु पीछे से स्वतंत्र भी हो गये। देश भेद के अनुसार क्षत्रपों के दो विभाग किये जा सकते हैं। 'उत्तरी' अर्थात् तक्षशिला मथुरादि के और 'पश्चिमी' अर्थात् मालवा, राजपूताना, गुजरात, काठियावाड़, कच्छ और दक्षिण के उत्तरी क्षत्रपों में से मनिगुल के पुत्र जिहोनिस आर्तस के पुत्र खरमोस्त तथा रंजुवुल (राजुल) आदि के सिक्कों पर और पश्चिमी क्षत्रपों में से केवल भूमक। नहपान और चप्टन के सिक्कों पर खरोष्ठी लेख मिलते हैं (बाकी सब के सिक्कों पर दूसरी ओर ब्राह्मी के लेख हैं)।

९. पार्थियन् राजा भी शक जाति के ही होने चाहिये, परंतु पार्थिया की तरफ से आने के कारण उनको पार्थियन् कहते हैं। उनका राज्य कंधार, सीस्तान, पश्चिमी पंजाब और सिंध तक घटता बढ़ता रहा। उनके सिक्कों पर भी दूसरी तरफ खरोष्ठी लिपि के लेख हैं (गा; कॅ० कॉ० ग्री० सी० किं० बा० इं; प्लेट २२-२३, ह्वा कॅ० पं० म्यू; जि० १, प्लेट १५-१६। स्मि; कॅ० कॉ० इं० म्यू; प्लेट ९))।

१०. कुशनवंशी मध्य एशिया से इस देश में आये। कल्हण अपनी राजतरंगिणी में इस वंश के राजाओं को तुरुष्क (तुर्क) है और उनके सिक्कों पर की उनकी तस्वीरों की तुर्की पौशाक कल्हण के लेख की पुष्टि करती है। इनका राज्य बहुत विस्तृत हुआ और इनमें राजा कनिष्क बड़ा ही प्रतापी हुआ। इस वंश के राजाओं में से कुजुल कडफसिस, कुजुलकर कटफलिस् और बेम कडफसिस् इन तीन के सिक्कों पर खरोष्ठी लेख मिलते हैं और कनिष्क, हुविष्क और वासुदेव के सिक्कों की दोनों और ग्रीक लेख ही हैं; गा; कॅ० कॉ० गी० सी० कि० वा० इं० प्लेट २५-२९; ह्वा: कॅ० कॉ० पं० म्यू; जि० १, प्लेट १७-२० स्मि; कॅ० कॉ० इं० म्यू० प्लेट ११-१४।

११. औदुंबर और कुनिंदवंशी राजाओं के पंजाब से मिलने वाले सिक्कों पर दूसरी तरफ खरोष्ठी लिपि के लेख मिलते हैं।

१२. शक वंशी राजा मोग (मोअ) के राजत्वकाल का उसके क्षत्रप पतिक का जो क्षत्रप लियक कुसुलक का पुत्र था, एक ताम्रलेख (स० ७८ का) तक्षशिला से मिला है। (एं० इं; जि० ४, पृ० ५५-५६)।

१३. मथुरा के महाक्षत्रप राजुल के राज्य समय उसकी अग्रमहिषी। मुख्य राणी। नदसीअकस ने मथुरा में बौद्ध स्तूप तथा सर्वास्तिवादी बौद्धों के लिये संघाराम (मठ) बनवाया जिसको लेख एक थंभे के सिंहाकृति वाले सिरे पर सिंहों के शरीर पर खुदा हुआ मथुरा से मिला है। राजुल के पुत्र आदि के तथा उस स्तूप के उत्सव में शामिल होने वाले कई अन्य पुरुषों के भी छोटे-छोटे लेख उसके साथ खुदे हुए हैं जिनमें से एक ऊपर कहे हुए पतिक का भी है (ए०इं; जि० ९ पृ० १४१-४७) क्षत्रप गणक्प्वक (?) के पुत्र कविशिय क्षत्रप का एक लेख माणिकियाल् (रावलपिंडी से करीब २० मील दक्षिण-पूर्व) के स्तूप में से मिले हुए पीतल के डिब्बे के ढक्कन पर खुदा हुआ। (म० एं० जि० १२, पृ० २९९)।

१४. पार्थियन् राजा गांडोफरस के राज्य वर्ष २६ (स० १०३) का एक शिलालेख तख्ती बंदी (पंजाब के जिले युसफज़ई में) है। एं० इं० स० १८९०, भाग, १, पृ० ११९)।

१५. कुशनवंशी राजाओं के समय के खरोष्ठी लिपि के लेख अधिक संख्या में मिले हैं। राजा कनिष्क के समय का एक शिलालेख (स० ११ का) जेड़ा। (ज़िले यूसफज़ई में) से (ज० एं० ई० स० १८९०, भाग १, पृ० १३६); एक ताम्रलेख (स० ११ का) सुएविहार (पंजाब के बहावलपुर राज्य में) से (इं० एं० जि० १०, पृ० ३२६; और जि० ११, पृ० १२८); एक लेख माणिकियाल से (क: आ० स० रि० जि ५, पृ० १६० के सामने का प्लेट); और पेशावर के कनिष्क विहार के स्तूप से मिले हुए डिब्बे पर खुदे हुए तीन छोटे-छोटे लेख (आ० स; ई० स० १९०९-१०, पृ० १३६-३८) मिले हैं। आरा नामक नाले (वागनीलाब से २ मील पर पंजाब में) के अंदर के एक पुराने कुएं में से बाझेप्प के पुत्र कनिष्क के समय का एक शिलालेख (स० ४१ का) मिला है (इं० एं; जि० ३७, पृ० १८)। हुविष्क के समय का एक लेख (स० ५१ का) वर्डक (अफगानिस्तान में) के स्तूप में से मिले हुए एक पीतल के पात्र पर खुदा है (एं० इं० जि० ११, पृ० २१०-११)। पंतजार (जिले युसफज़ई में) से एक शिलालेख (स० १२२ का) किसी गुशन (कुशन) वंशी राजा के समय का (क; आ० स० रि; जि० ५, पृ० १६१, और प्लेट १६, संख्या ४), तथा महाराज राजातिराज देवपुत्र खुशन (कुशन उक्त नाम के राजा या कुशन वंशी किसी राजा) का एक लेख (स० १३६ का) रौप्यपत्र पर खुदा हुआ तक्षशिला से मिला है (ज० रॉ० ए० सो; ई० स० १९१४, पृ० ९७५-७६) और ई० स० १९१५, पृ० १९२ के सामने का प्लेट)।

१६. हिड्डा के स्तूप से मिले हुए मिट्टी के पात्र पर (स० १८ का) लेख (ज० रॉ० ए० सो० ई० स० १९१५, पृ० ९२, और उसके सामने का प्लेट); शकदरी (पंजाब के जिले अटक में) से मिला हुआ (स० ४० का) शिलालेख (इं० एं० जि० ३७ पृ० ६६), ओहिंद (यूसफज़ई ज़िले में) का (स० ६१ का) लेख (क; आ० स० रि० जि० ५ पृ० ५८; प्लेट १६, संख्या २)। फतहजंग (ज़िले अटक में) का (स० ६८ का) शिलालेख। (ज०एं० ई० स० १८९०, भाग १, पृ० १३०) मुचइ (ज़िले यूसफज़ई में) से मिला हुआ (स० ८१) का शिलालेख (इं० एं० जि० ३७, पृ० ६४) बॉज पहाड का (स० १०२ का) लेख (ज० एं० ई० स० १८९४, भाग २, पृ० ५१४); पाजा (जिले यूसफज़ई में) का (स० १११ का) शिलालेख (इं० एं० जि० ३७, पृ० ६५); कलदर्रा नदी (पश्चिमोत्तर सीमांत प्रदेश में दर्गाई के पास) में से मिला हुआ (स० ११३) का शिलालेख (इं० एं० जि० ३७, पृ० ६६); स्कारहढेरी (चारसड्ढा अर्थात् हश्तनगर से ८ मील उत्तर में) से मिली हुई हारिती की मूर्ति के आसन पर खुदा हुआ (स० १७९ का) लेख (आ० स० ई० स० १९०३-४, पृ० २५५; प्लेट ७०, संख्या ९; देवाई

(ज़िले यूसफ़ज़ई में) का (स० २०० का) शिलालेख (ज०ए०ई०स० १८९४ का) लेख (आ० स० ई० १९०३-४ पृ० २५१; प्लेट ७० संख्या ४) हश्तनगर (पेशावरी ज़िले की चारसड्ढा तहसील में) से मिली हुई बुद्ध की (अपने शिष्यों सहित) मूर्ति के आसन पर खुदा हुआ (स० ३८४ का) लेख (एं० इं; जि० १२, पृ० २०२)। ये सब साधारण पुरुषों के संवत् वाले लेख हैं। इन लेखों में जो संवत् लिखा है वह कौन सा है यह अभी तक पूर्णतया निश्चित नहीं हुआ, परंतु हमारी संमति में उनमें से अधिकतर लेखों का संवत् का संवत् ही होना चाहिये। बिना संवत् वाले लेख ये हैं।

तक्षशिला के गंगू नामक स्तूप से मिला हुआ सुवर्णपत्र पर खुदा हुआ लेख (क; आ० स० रि; जि० २, पृ० १३०, और प्लेट ५९); माणिकिआल के स्तूप से मिले हुए छोटे से रौप्यपत्र पर खुदा हुआ छोटा सा लेख (ऍ० इं; जि० १२ पृ० ३०१), तक्षशिला के स्तूप से मिला हुआ ताम्रपत्र पर का लेख (क; आ० स० रि; जि० २, प्लेट ५९, संख्या ३; ज०ए०सो० बंगाल ई० स० १९०८, पृ० ३६४); तक्षशिला के स्तूप से मिले हुए पात्र पर का लेख (ऍ० इं० जि० ८, पृ० २९६); मोरा (कालाहिसार से १० मील पश्चिम में) के एक चौखुंटे प्राचीन कुएं में तीन तरफ एक-एक छोटा लेख (क; आ०स०रि; जि० २ प्लेट ५९); चारसड्डा (पुश्कलावती) के स्तूपों से मिले हुंए ५ छोटे-छोटे लेख, जिनमें से ३ मिट्टी की हंडियाओं पर (आ०स० १९०२-३, पृ १६३) और दो मूर्तियों के आसनों पर (आ० स० १९०२-३, पृ० १६७, १७६) खुदे हुए हैं, कन्हिआरा और पठ्यार (दोनों जिले कांगड़ा में) से एक-एक्र छोटा लेख (चट्टान पर खुदा) (ऍ० इं; जि० ७ पृ० ११८ के सामने का प्लेट); युसफज़ई जिले में सहरी बहलोल से दो और सड्डो से एक अभिलेख (क; आ० स० रि; जि० ५, प्लेट १६, संख्या, ५ और ६) और गांधार शैली की ६ मूर्तियों के आसनों पर के ६ छोटे-छोटे लेख (आ० स; ई० स० १९०३-४ प्लेट ७० संख्या २, ३, ५, ६, ७ और ८)।

१७. केवल अशोक के सिद्धापुर (माइसोर राज्य में) के लेख (संख्या १) के अंत की अर्थात् १३वीं पंक्ति में 'पडेन लिखितं' के बाद खरोष्ठी लिपि में 'लिपिकरेण' खुदा है (एं० इं; जि० ३, पृ० १३८ के सामने का प्लेट), जिससे अनुमान होता है कि उक्त लेख का लेखक 'पड' (पंड) पंजाब की तरफ का होना चाहिये जिसको खरोष्ठी लिपि का भी ज्ञान होगा जिसे जतलाने के लिये ही उसने ये अंतिम पांच अक्षर उस लिपि में लिखे हों। इसी तरह भरहुत के प्रसिद्ध स्तूप के द्वार पर कहीं एक-एक अक्षर खरोष्ठी का खुदा हुआ मिला है (क: भ० स्तू: प्लेट ८); ये पंजाब की तरफ से आये हुए शिल्पियों के खोदे हुए होने चाहिये।

१८. खरोष्ठी का 'क' तक्षशिला के लेख तथा पॅपायरसों के 'कॉफ्' से मिलता हुआ है (देखो, पृ० २३ पर छपा हुआ नक्शा)।

१९. 'ज' सक्कारा , टीमा आदि के लेखों के 'ज़ाइन्' से मिलता हुआ है।

२०. 'द' तक्षशिला के लेख, पॅपायरसों तथा सक्कारा आदि क्रे लेखों के 'दालेथ्' में मिलता है।

२१. 'न' तक्षशिला के लेख, पॅपायरसों तथा सक्कारा आदि के लेखों के 'नून्' से मिलता है।

२२. 'व' तक्षशिला के लेख, पॅपायरसों तथा सक्कारा आदि के लेखों के 'वेथ्' से मिलता है।

२३. 'य' तक्षशिला के लेख, पॅपायरसों तथा सक्कारा आदि के लेखों के 'योध्' से मिलता है।

२४. 'र' तक्षशिला के लेख, पॅपायरसों के 'रेश्' से मिलता है।

२५. 'व' तक्षशिला तथा सक्कारा आदि के लेखों के 'वाव्' से मिलता है।

२६. 'प' को उलटा करने पर वह पॅपायरसों तथा सक्कारा आदि के लेखों के 'शिन्' से मिलता है।

२७. 'स' तक्षशिला और सक्कारा के लेखों के 'त्साधे' से मिलता है।

२८. 'ह' तक्षशिला के लेख 'हे' से मिलता हुआ है।

२९. ज० रॉ० सो० ई० स० १९१५, पृ० ३४६-४७।

३०. आर्य जाति के हखामन (ऍकॅमीनि) नामक ईरानी राजवंशी (जो ई० स० पूर्व की ८वीं शताब्दी में हुआ हो) के नाम पर से उसके वंशज, ईरान के बादशाह, हखामनी वंशी कहलाते हैं। पहले ईरान का राज्य मीडिया के अधीन था और हखामन के वंशज साइरस (कुरु कुरु-कैखुसरो) ने जो प्रारंभ में अनशान (ईरान में) का स्वामी या शासक था, मीडिया के राजा अस्त्यगिल (इष्टुविगु) के छलबल से परास्त कर समस्त ईरान और मीडिया पर अपना साम्राज्य ई० स० पूर्व ५५८ के आसपास जमाया, जिसकी समाप्ति ई० स० पूर्व ३३१ में यूनान के बादशाह सिकंदर के बादशाह दारा (तीसरे) को परास्त कर की।

३१. हखामनी वंश के साम्राज्य के संस्थापक साइरस ने ईरान, मीडिया, लीडिया (एशिया माइनर का पूर्वी आधा हिस्सा) एशिया माइनर का पश्चिमी हिस्सा जिसमें यूनानियों के कई उपनिवेश थे, आयोनिया (मीडिया से पश्चिम का एशिया माइनर का समुद्रतट का प्रदेश) खीवा, समरकंद, बुखारा, अफग़ानिस्तान तथा गांधार आदि देश अपने अधीन किये। उसके पुत्र कंवॅसिस् (कंवुजीय) ने मिस्त्र देश विजय किया। कंबॅसिस् के पुत्र दारा (प्रथम) ने ग्रीस के थ्रेस तथ मसीडन् आदि हिस्सों पर अपना अधिकार जमाया और पूर्व में हिंदुस्तान में आगे बढ़कर सिंधुतट का प्रदेश अपने अधीन किया।

३२. मिस्त्र में सक्कारा, सेरापियम् तथा ऍबिडॉस आदि स्थानों में अरमइक लिपि के लेख मिले हैं जिनमें से सक्कारा का लेख ई० स० पूर्व ४८२ का है (पेलिऑग्राफिक् सोसाइटीज़ ओरिएण्टल सीरीज, प्लेट ६३)।

३३. अरब में हजाज से उत्तर के टीमा नामक स्थान में कुछ अरमइक लिपि के लेख मिले हैं, जिनमें से एक ई० स० पूर्व ५०० के आसपास का माना जाता है। टीमा में अरमइक भाषा का व्यवहार करने वाले व्यापारियों की आबादी थी (ए० ब्रि; जि० २१, पृ० ६४७)।

३४. एशिया माइनर-टर्की के एशियाई राज्य का पश्चिमी हिस्सा जो टर्की के यूरोपी राज्य से मिला हुआ है।

३५. ईरान के सेंक् कलेह (तेहरान और तेब्रीज़ के बीच) नामक स्थान में एक लेख मिला है (इं. एं०; जि० २४, पृ० २८७)।

३६. ज० रॉ० ए० सो० ई०स० १९१५, पृ० ३४० के सामने का प्लेट।

३७. मिस्त्र से ई० स० पूर्व ५०० से लगाकर ई० स० पूर्व २०० तक के अरमइक लिपि के पॅपायरस् मिले हैं।

३८. इं० एं; जि० २४, पृ० २८७।

३९. ज० रॉ० ए० सो; ई० स० १९१५; पृ० ३४६-४७।

४०. गॉगमेला (अरबैला) टर्की के एशियाई राज्य का एक नगर, जो मोसल और बग़दाद के बीच में है।

४१. खरोष्ठ के लिये देखो ऊपर, पृ० १८।

४२. खरोष्ठी लिपि के शिलालेखादि के लिये देखो ऊपर पृ० ३२, टि० ७-९; और पृ० ३३, टि० १, २।

४३. हिड्डा के स्तूप (संख्या १३) से मिले हुए खरोष्ठी लेखवाले मिट्टी के पात्र के भीतर खरोष्ठी लिपि में लिखे हुए कितने एक भोजपत्र के पत्थर पर लिपटे हुए मिले थे परंतु बहुत प्राचीन होने के कारण वे बच न सके (ऍरियाना एंटिका, पृ० ५९-६०, ८४, १११, ११६)। ये सब से पुराने हस्तलिखित भोजपत्र थे। ई० स० की तीसरी शताब्दी के आसपास की 'धम्मपद' की एक प्रति खोतान से मिली है जिसमें स्वरों की मात्राओं में कुछ सुधार किया हुआ पाया जाता है (बू; इं० पे; पृ० १८-१९)।

४४. कलकत्ता हाई कोर्ट के भूतपूर्व जज ऍफ० ई० पार्जिटर नामक विद्वान् ने 'दी पुराण टेक्स्ट ऑफ दी डाइनेस्टीज़ ऑफ दी कलि एज' (कलियुग के राजवंशों के संबंध के पुराणों के मूल पाठ) नामक पुस्तक में यह बतलाने का यत्न किया है कि पुराणों के ये पाठानुकूल में खरोष्ठी लिपि में और पीछे से उस पर से ब्राह्मी में लिखे गये होंगे। इसके प्रमाण में लिखा है कि 'विष्णुपुराण में बहुधा अशोकवर्धन नाम मिलता है परंतु उसकी एक हस्तलिखित प्रति (kVs) में अयोशोकवर्धन पाठ है। यहां पर लेखक ने 'शो' को गलती से 'यो' पढ़ कर वैसा ही लिखा। बाद में उसने (या किसी दूसरे ने) यह गलती देखी और उस प्रति में 'शो' लिखा या बढ़ा दिया। परंतु 'यो' को काटा नहीं और अशुद्ध नाम अयोशोक बना रहा और जब वह प्रति (kVs) लिखी गई तब तक वैसी ही नकल होती रही। हिंदुस्तान की केवल खरोष्ठी लिपि में ही 'यो' और 'शो' अक्सर एक से लिखे जाते हैं अतएव यह प्राय: निश्चित ही है कि विष्णुपुराण में यह अंश अवश्य मूल खरोष्ठी हस्तलिखित प्रति से लिया गया होगा। (पृ० ८४) इसी तरह विष्णुपुराण की एक प्रति (ey Vs) में 'कोशल' के स्थान पर 'कोयल' और वायुपुराण की एक प्रति (e Va) में 'शालिशूक' के स्थान पर 'शालियूक' पाठ मिला। इन तीनों स्थानों में 'श' के स्थान पर 'य' लिखा है। इसी तरह मत्स्यपुराण की एक हस्तलिखित प्रति (dj Mt) में 'काशेया:' के स्थान पर 'कालेया:' और वायुपुराण में कहीं-कहीं 'शृंगभृत्य' के स्थान पर 'शुंगकृत्य' पाठ मिला (पृ० ८५)। इन थोड़े से लेखक दोषों पर से मि० पार्जिटर ने यह अनुमान कर लिया कि लेखक ने 'श' को 'य' वा 'ल' और 'भ' को 'क' पढ़ लिया और यह अशुद्धता खरोष्ठी से ब्राह्मी में नकल करने से ही हुई होगी। परंतु खरोष्ठी लिपि के जितने लेख अब तक मिले हैं उन सब में सिवाय वर्डक के पात्र पर के लेख के, 'श' और 'य' में स्पष्ट भेद पाया जाता है (देखो लिपिपत्र ६५-७०)। 'श' और 'ल' में और 'भ' तथा 'क' में भ्रम होने की संभावना बहुत ही कम है क्योंकि इनमें स्पष्ट अंतर है। खरोष्ठी लिपि में वास्तव में भ्रम उत्पन्न कराने वाले अक्षरों में से 'ण' और 'न' में विशेष भेद बहुधा नहीं मिलता तथा 'त', 'न' और 'र' इन तीन अक्षरों में परस्पर भेद मालूम करना मामूली लेखक के लिये कठिन है। इसी तरह स्वरों तथा उनकी मात्राओं में ह्रस्व दीर्घ का भेद न होने तथा विसर्ग और हलंत व्यंजनों का अभाव होने से दीर्घ स्वरों तथा उनकी मात्राओं एवं विसर्ग, हलंत व्यंजन तथा संयुक्त व्यंजनों की शुद्ध नकल होना सर्वथा असंभव है। इसलिये यदि पुराणों के ये अंश खरोष्ठी से ब्राह्मी में नकल किये गये होते तो

---

* राजपूताने में विद्यार्थियों को पहले कातंत्र व्याकरण पढ़ाया जाता था और उस प्राचीन परिपाटी के अनुसार अब तक भी पुराने ढंग की पाठशालाओं में उसके प्रारंभ के संधि विषयक पांच पाद रटाये जाते हैं। कातंत्र व्याकरण के प्रथम सूत्र का पहला शब्द 'सिद्धो' (सिद्धो वर्णसमाम्नाय:) होने से उनको 'सीधो' कहते हैं और उक्त पांच पादों को 'सीधो की पांच पाटी' कहते हैं। संस्कृत न जानने वालों के द्वारा उनकी नक़्लें तथा पढ़ाई होते-होते इस समय उनकी कैसी दुर्दशा हो गई है और मूल में तथा उनमें कितना अंतर पड़ गया है, यह बतलाने के लिये उनके प्रारंभ के थोड़े से सूत्र नीचे उद्धृत किये जाते हैं।

कातंत्र सिद्धो वर्णसमाम्नाय:। तत्र चतुर्दशादौ स्वरा:। दश समाना:। तेषां द्वौ द्वावन्योन्यस्य सवर्णौ।
सीधा सीधो वरना समामुनाया। चत्रुचत्रुदासा दउसैंवारा। दसे समाना। तसेदुभ्यावरणो नसीसबरणो।
कातंत्र पूर्वो ह्रस्व। परो दीर्घ:। स्वरोऽवर्णवर्जो नामी। एकरादीनिसन्ध्यक्षराणि। कादीनि व्यञ्जनानि।
सीधो पूरबो हंसवा। पारो दीरघा। सारो वरणा विणज्यो नामी। ईकरादेणी संधकराणी। कादीनाबू विणज्योनामी।
कातंत्र ते वर्गा: पञ्च पञ्च।
सीधो ते विरधा पंचा पंचा।।

उनमें 'आ', 'ई', 'ऊ', 'ऐ' और 'औ' अक्षर तथा उनकी मात्राओं का तथा विसर्ग और हलंत व्यंजनों का सर्वथा अभाव होता और 'न' तथा 'ण' एवं 'त', 'न' और 'र' अक्षरों वाले शब्दों में हज़ारों गलतियां मिलतीं क्योंकि पुस्तकों की नक्ल करने वाले संस्कृत के विद्वान् नहीं किंतु मामूली पढ़े हुए लोग होते हैं और जैसा वे मूल प्रति में देखते हैं वैसा ही लिख डालते हैं (मक्षिकास्थाने मक्षिका) अत एव पुराणों के हस्तलिखित राजवंशवर्णन के अंश जिस स्थिति में हमें इस समय मिलते हैं उस स्थिति में सर्वथा न मिलते किंतु कातंत्र व्याकरण के प्रारंभ के संधियों तक के पांच पादों के सूत्रों की जो दशा हम राजपूताने की 'सीधो'* की पांच पाटियों में देखते हैं उससे भी बुरी दशा में मिलते। परंतु ऐसा न होना यही बतलाता है कि वे प्रारंभ से ही ब्राह्मी लिपि में लिखे गये थे और उनकी नकलें ब्राह्मी तथा उससे निकली हुई भिन्न-भिन्न लिपियों में समयानुसार होती रहीं। मि० पार्जिटर ने खरोष्ठी से ब्राह्मी में नकल करने में जहां हज़ारों अशुद्धियां होना संभव था उन अक्षरों का तो तनिक भी विचार न किया। ऐसी दशा में हम उक्त कथन को किसी तरह आदरणीय नहीं मान सकते। प्रसिद्ध पुरातत्ववेत्ता डॉ० स्टेन् कॉनो ने भी उक्त पुस्तक की समालोचना करते समय उक्त कथन का विरोध किया है (इ० एं; जि० ४३ पृ० १६६)। यह निश्चित है कि ब्राह्मणों ने खरोष्ठी लिपि को अपने धर्मग्रंथों में कभी स्थान नहीं दिया क्योंकि वह उनके लिखे जाने के योग्य ही न था और जितने लेख अब उस लिपि के मिले हैं उनमें एक भी ऐसा नहीं है जो ब्राह्मणों के धर्म से संबंध रखता हो।

अध्याय-४

प्राचीन लिपियों का पढ़ा जाना

भारतवर्ष के विद्वान् ई० स० की १४वीं शताब्दी के पहले ही अपने देश की प्राचीन लिपि ब्राह्मी तथा उससे निकली हुई ई० स० की छठी शताब्दी तक की लिपियों का पढ़ना भूल गये थे, परंतु पिछली अर्थात् ७वीं शताब्दी से इधर की लिपियां, संस्कृत और प्राकृत के विद्वान्, जिनको प्राचीन हस्तलिखित पुस्तकों के पढ़ने का अभ्यास था, यत्न करने से पढ़ सकते थे। ई० स० १३५६ में दिल्ली के सुल्तान फीरोज़शाह तुगलक ने बड़े उत्साह के साथ टोपरा[१] तथा मेरठ से अशोक के लेखों वाले दो विशाल स्तंभ उठवा कर असाधारण श्रम[२] से दिल्ली में लाकर एक (सवालक स्तंभ) को फीरोज़शाह के कटरे में और दूसरे को 'कुश्क शिकार' (शिकार का महल) के पास[३] खड़ा करवाया। उस ने उन स्तंभों पर के लेखों का आशय जानने के लिये बहुत से विद्वानों को एकत्र किया परंतु किसी से वे पढ़े न गये।[४] यह भी प्रसिद्धि है कि बादशाह अकबर को भी उक्त लेखों का आशय जानने की बहुत कुछ जिज्ञासा रही परंतु उस समय एक भी विद्वान् ऐसा न था कि उनको पढ़ कर बादशाह की जिज्ञासा पूर्ण कर सकता।

हिंदुस्तान में अंग्रेजों का राज्य होने पर फिर विद्या के सूर्य का उदय हुआ और प्राचीन वस्तुओं का मान होने लगा। तारीख १५ जनवरी सन् १७८४ ई० को सर विलियम जोन्स की प्रेरणा से एशिया खण्ड के प्राचीन शिलालेख, ताम्रपत्र, सिक्के, इतिहास, भूगोल, भिन्न-भिन्न शास्त्र, रीति-रिवाज, शिल्प आदि विद्या से संबंध रखने वाले सभी विषयों का शोध करने के निमित्त 'एशियाटिक सोसाइटी' नामक एक समाज भारतवर्ष की उस समय की राजधानी कलकत्ता नगर में स्थापन हुआ, और बहुत से यूरोपियन तथा देशी विद्वान् अपनी-अपनी रुचि के अनुसार भिन्न-भिन्न विषयों में उक्त समाज का उद्देश्य सफल करने को प्रवृत्त हुए। कितने एक विद्वानों ने ऐतिहासिक विषयों के शोध में लग कर प्राचीन शिलालेख, दानपत्र, सिक्के तथा ऐतिहासिक पुस्तकों को टटोलना प्रारंभ किया। इस प्रकार भारतवर्ष की प्राचीन लिपियों पर प्रथम ही प्रथम विद्वानों की दृष्टि पड़ी।

ई० स० १७८५ में चार्ल्स विल्किन्स ने दीनाजपुर जिले के बदाल नामक स्थान के पास मिला हुआ एक स्तंभ पर का लेख[५] पढ़ा, जो बंगाल के राजा नारायणपाल का समय में था[६], उसी वर्ष में पंडित राधाकांत शर्मा ने टोपरा वाले दिल्ली के अशोक के लेख वाले स्तंभ पर खुदे हुए अजमेर के चौहान राजा आन्नल्लदेव (आना) के पुत्र वीसलदेव (विग्रहराज-चौथे) के तीन[७] लेख पढ़े

जिनमें से एक [विक्रम] 'स० १२२० वैशाख शुति १५' का है। इन सब की लिपि बहुत पुरानी न होने से ये आसानी के साथ पढ़े गये, परंतु उसी वर्ष में जे० ऍच० हॅरिंग्टन् ने बुद्धगया के पास वाली 'नागार्जुनी' और 'बराबर' की गुफाओं में उपर्युक्त लेखों से अधिक पुराने, मौखरी वंश के राजा अनंतवर्मन के तीन लेख पाये, जिनकी लिपि गुप्तों के समय के लेखों की लिपि से मिलती हुई होने के कारण उनका पढ़ना कठिन प्रतीत हुआ, परंतु चार्ल्स विल्किन्स ने ई० स० १७८५ से ८९ तक श्रम करके उन तीनों लेखों[८] को पढ़ लिया जिससे गुप्तलिपि[९] की अनुमान आधी वर्णमाला का ज्ञान हो गया।

ई० स० १८१८ से १८२३ तक कर्नल जेम्स टॉड ने राजपूताना के इतिहास की खोज में लगकर राजपूताना तथा काठियावाड़ में कई प्राचीन लेखों का पता लगाया जिनमें से ई० स० की ७वीं शताब्दी से लगाकर १५वीं शताब्दी तक के कई लेख उक्त विद्वान् इतिहास लेखक के गुरु यति ज्ञानचंद्र ने पढ़े और जिनका अनुवाद या सारांश कर्नल टॉड के 'राजस्थान' नामक पुस्तक में कई जगह छपा है।

बी० जी० बॅबिग्टन् ने मामल्लपुर के कितने एक संस्कृत और तामिल भाषा के प्राचीन लेखों को पढ़ कर ई० स० १८२८ में उनकी वर्णमालायें तैयार कीं।[१०] इसी तरह वॉल्टर इलियट ने प्राचीन कन्नड़ी अक्षरों को पहचाना और ई० स० १८३३ में उनकी वर्णमालाओं को विस्तृत रूप से प्रकट किया।[११]

ई० स० १८३४ में कप्तान ट्रॉयर ने इसी उद्योग में लगकर इलाहाबाद (प्रयाग) के अशोक के लेख वाले स्तंभ पर खुदे हुए गुप्तवंशी राजा समुद्रगुप्त के लेख का कुछ अंश[१२] पढ़ा और उसी वर्ष में डॉ० मिल् ने उसे पूरा पढ़[१३] कर ई० स० १८३७ में भिटारी के स्तंभ पर का स्कंदगुप्त का लेख[१४] भी पढ़ लिया।

ई० स० १८३५ में डब्ल्यू ऍच० बॉथन ने वल्लभी के कितने एक दानपत्र पढ़े।[१५]

ई० स० १८३७-३८ में जेम्स प्रिन्सेप ने दिल्ली, कहाऊं और एरण के स्तंभों तथा सांची और अमरावती के स्तूपों और गिरनार के चट्टान पर के गुप्तलिपि के लेख पढ़े।[१६] कप्तान ट्रॉयर, डॉ० मिल तथा जेम्स प्रिन्सेप के श्रम से चार्ल्स विल्किन्सन की गुप्त लिपि की अधूरी वर्णमाला पूर्ण हो गई और गुप्तवंशी राजाओं के समय के शिलालेख, ताम्रपत्र और सिक्कों के पढ़ने में सुगमता हो गई।

ब्राह्मी लिपि

ब्राह्मी लिपि गुप्तलिपि से पुरानी होने के कारण उसका पढ़ना बड़ा दुस्तर था। ई० स० १७९५ में सर चार्ल्स मेलेट ने इलोरा की गुफाओं के कितने एक छोटे-छोटे लेखों की छापें तैयार कर सर विलियम जोन्स के पास भेजीं। फिर ये छापें विल्फर्ड के पास पढ़ने को भेजी गईं परंतु जब वे

पढ़ी न गईं तो एक पंडित ने कितनी एक प्राचीन लिपियों की वर्णमालाओं का पुस्तक विल्फर्ड को बतला कर उन लेखों को अपनी इच्छा के अनुसार कुछ का कुछ पढ़ा दिया। विल्फर्ड ने इस तरह पढ़े हुए वे लेख अंग्रेजों अनुवाद सहित सर विलियम जोन्स के पास भेज दिये। बहुत बरसों तक उन लेखों के शुद्ध पढ़े जाने में किसी को शंका न हुई परंतु पीछे से उनका पढ़ना और अनुवाद कपोलकल्पित सिद्ध हुए।

बंगाल एशियाटिक सोसाइटी के संग्रह में दिल्ली और इलाहाबाद के स्तंभों तथा खंडगिरि के चट्टान पर खुदे हुए लेखों की छापें आ गई थीं परंतु विल्फर्ड का यत्न निष्फल होने से कितने एक वर्षों तक उन लेखों के पढ़ने का उद्योग न हुआ। उन लेखों का आशय जानने की जिज्ञासा रहने के कारण जेम्स प्रिन्सेप ने ई० स० १८३४-३५ में इलाहाबाद, रधिया और मथिया के स्तंभों पर के लेखों की छापें मंगवाईं और उनको दिल्ली के लेख से मिला कर यह जानना चाहा कि उनमें कोई शब्द एक सा है या नहीं। इस प्रकार उन चारों लेखों को पास-पास रख कर मिलाने से तुरंत ही यह पाया गया कि वे चारों लेख एक ही हैं। इस बात से प्रिंसेप का उत्साह बढ़ा और उसे अपनी जिज्ञासा पूर्ण होने की दृढ़ आशा बंधी। फिर इलाहाबाद के स्तंभ के लेख से भिन्न-भिन्न आकृति के अक्षरों को अलग-अलग छांटने पर यह विदित हो गया कि गुप्ताक्षरों के समान उनमें भी कितने एक अक्षरों के साथ स्वरों की मात्राओं के पृथक्-पृथक् पांच चिह्न लगे हुए हैं, जो एकत्रित कर प्रकट किये गये।[१७] इससे कितने एक विद्वानों को उक्त अक्षरों के यूनानी होने का जो भ्रम[१८] था वह दूर हो गया। स्वरों के चिह्नों को पहचानने के बाद मि० प्रिन्सेप ने अक्षरों के पहचानने का उद्योग करना शुरू किया और उक्त लेख के प्रत्येक अक्षर को गुप्तलिपि से मिलाना और जो मिलता गया उसको वर्णमाला में क्रमवार रखना प्रारंभ किया। इस प्रकार बहुत से अक्षर पहचान में आ गये।

पादरी जेम्स स्टिवन्सन् ने भी प्रिन्सेप की तरह इसी शोध में लग कर 'क', 'ज', 'प' और 'अ' अक्षरों को पहचाना और इन अक्षरों की सहायता से लेखों को पढ़ कर उनका अनुवाद करने का उद्योग किया गया परंतु कुछ तो अक्षरों के पहचानने में भूल हो जाने, कुछ वर्णमाला पूरी ज्ञात न होने[२०] और कुछ उन लेखों की भाषा को संस्कृत मान कर उसी भाषा के नियमानुसार पढ़ने से यह उद्योग निष्फल हुआ। इससे भी प्रिन्सेप को निराशा न हुई। ई० स० १८३६ में प्रसिद्ध विद्वान् लॅसन् ने एक वाक्ट्रियन् ग्रीक सिक्के पर इन्हीं अक्षरों में ॲगॅथॉक्लिस का नाम पढ़ा। ई० स० १८३७ में मि० प्रिन्सेप ने सांची के स्तूपों से संबंध रखने वाले स्तंभों आदि पर खुदे हुए कई एक छोटे-छोटे लेखों की छापें एकत्र कर उन्हें देखा तो उनके अंत के दो अक्षर एक से दिखाई दिये। और उनके पहले प्रायः 'स' अक्षर पाया गया जिसको प्राकृत भाषा के संबंध कारक के एक वचन का प्रत्यय (संस्कृत 'स्य' से) मान कर यह अनुमान किया कि ये सब लेख अलग-अलग पुरुषों के दान प्रकट करते होंगे और अंत के दोनों अक्षर, जो पढ़े नहीं जाते और जिनमें से पहले के साथ 'आ' की मात्रा और दूसरे के साथ अनुस्वार लगा है उनमें से पहला अक्षर 'दा' और दूसरा

'नं' (दानं) ही होगा। इस अनुमान के अनुसार 'द' और 'न' के पहचाने जाने पर वर्णमाला संपूर्ण हो गई और दिल्ली; इलाहाबाद, सांची, मथिआ, रधिआ, गिरनार, धौली आदि के लेख सुगमता पूर्वक पढ़ लिये गये। इससे यह भी निश्चय हो गया कि उनकी भाषा जो पहले संस्कृत मान ली गई थी वह अनुमान ठीक न था, वरन् उनकी भाषा उक्त स्थानों की प्रचलित देशी (प्राकृत) भाषा थी। इस प्रकार प्रिंसेप आदि विद्वानों के उद्योग से ब्राह्मी अक्षरों के पढ़े जाने से पिछले समय के सब लेखों का पढ़ना सुगम हो गया क्योंकि भारतवर्ष की समस्त प्राचीन लिपियों का मूल यही ब्राह्मी लिपि है।

खरोष्ठी लिपि

कर्नल जेम्स टॉड ने एक बड़ा संग्रह वाक्ट्रियन ग्रीक, शक, पार्थियन् और कुशनवंशी राजाओं के प्राचीन सिक्कों का किया था जिनकी एक ओर प्राचीन ग्रीक और दूसरी ओर खरोष्ठी अक्षरों के लेख थे। जनरल वेंटुरा ने ई० स० १८३० में मानिकियाल के स्तूप को खुदवाया तो उसमें से कई एक सिक्के और दो लेख खरोष्टी लिपि के[२१] मिले। इनके अतिरिक्त सर अलेकजंडर वर्न्स आदि प्राचीन शोधकों ने भी बहुत से प्राचीन सिक्के एकत्र किये जिनके एक ओर से प्राचीन ग्रीक अक्षर तो पढ़े जाते थे परंतु दूसरी ओर के खरोष्ठी अक्षरों के पढ़ने के लिये कोई साधन न था। इन अक्षरों के लिये भिन्न-भिन्न कल्पनाएं होने लगीं। ई० स० १८२४ में कर्नल जेम्स टॉड ने कड्फिसेस् के सिक्के पर के इन अक्षरों को 'ससेनिअन्' प्रकट किया।[२२] ई० स० १८३३ में एपॉलॉडॉट्स के सिक्के पर के इन्हीं अक्षरों को प्रिन्सेप ने पहलवी[२३] माना और एक दूसरे सिक्के पर की इसी लिपि[२४] को तथा मानिकिआल के लेख की लिपि को भी पाली[२५] (ब्राह्मी) बतलाया और उनकी आकृति टेढ़ी होने से ये अनुमान किया कि छापे और महाजनी लिपि के नागरी अक्षरों में जैसा अंतर[२६] है वैसा ही दिल्ली आदि के अशोक के लेखों की पाली (ब्राह्मी) लिपि और इनकी लिपि में है, परंतु पीछे से स्वयं प्रिन्सेप को अपना अनुमान अयुक्त जंचने लगा।

ई० स० १८३४ में कप्तान कोर्ट को एक स्तूप में से इसी लिपि का एक लेख मिला जिसको देखकर प्रिन्सेप ने फिर इन अक्षरों को पहलवी माना।[२७] अफगानिस्तान में प्राचीन शोध के कार्य में लगे हुए मि० मेसन को जब यह मालूम हो गया कि एक ओर ग्रीक लिपि में जो नाम है ठीक वही नाम दूसरी ओर की लिपि में है, तब उसने मिनॅन्डर, एॅपॉलॉडॉटस, हर्मिअस, बॅसिलेअस (राजा) और सॉटेरस (त्रातर) शब्दों के खरोष्ठी चिह्न पहचान लिये और वे प्रिन्सेप को लिख भेजे। मि० प्रिन्सेप ने उन चिह्नों के अनुसार सिक्कों को पढ़ कर देखा तो उन चिह्नों को ठीक पाया और ग्रीक लेखों की सहायता से उन (खरोष्ठी) अक्षरों को पढ़ने का उद्योग करने पर १२ राजाओं के नाम तथा ६ खिताब पढ़ लिये गये। इस तरह खरोष्ठी लिपि के बहुत से अक्षरों का बोध होकर यह भी ज्ञात हो गया कि यह लिपि दाहिनी ओर से बाईं ओर को पढ़ी जाती है। इससे यह भी पूर्ण विश्वास हो गया कि यह लिपि सेमिटिक् वर्ग की है परंतु इसके साथ ही उसकी भाषा को, जो वास्तव में प्राकृत थी, पहलवी मान लिया। इस प्रकार ग्रीक लेखों के सहारे से खरोष्ठी लिपि

के कितने एक अक्षर मालूम हो गये किंतु पहलवी भाषा के नियमों पर दृष्टि रखकर पढ़ने का उद्योग करने से अक्षरों के पहचानने में अशुद्धता हो गई जिससे यह शोध आगे न बढ़ सका। ई० स० १८३८ में दो वाकट्रियन ग्रीक राजाओं के सिक्कों पर पाली (प्राकृत) लेख देखते ही सिक्कों पर के खरोष्ठी लिपि के लेखों की भाषा को पाली (प्राकृत) मान उसके नियमानुसार पढ़ने से प्रिंसेप का शोध आगे बढ़ सका और १७ अक्षर पहचान में आ गये। प्रिन्सेप की तरह मि० नॉरिस ने इस शोध में लग कर इस लिपि के ६ अक्षर पहचान लिये और जनरल कनिंघम ने बाकी के अक्षरों को पहचान कर खरोष्ठी की वर्णमाला पूर्ण कर दी और संयुक्ताक्षर भी पहचान लिये।

सन्दर्भ :

१. पंजाब के ज़िले अंबाला में (सवालक में)।
२. टोपरा का (सवालक) स्तंभ किस प्रकार महान् परिश्रम तथा उत्साह के साथ दिल्ली में लाया गया इसका वृत्तान्त समकालीन लेखक शम्स-इ-शीराज ने तारीख-इ-फीरोज़शाही में किया है (इ; हि० इं० जि० ३, पृ० ३५०-५३)।
३. यह स्तंभ दिल्ली में 'रिज' नामक पहाड़ी पर गदर की यादगार के स्थान के पास है।
४. क; आ० स० रि; जि० १, पृ० १६३।
५. ए० रि; जि० १ पृ० १३१। यह लेख फिर भी छप चुका है (ऍ० इं; जि० २, पृ० १६१-६४)।
६. ई० स० १७८१ में चार्ल्स विल्किन्स ने मुंगेर से मिला हुआ बंगाल के राजा देवपाल का एक दानपत्र पढ़ा था, परंतु वह भी ई० स० १७८८ में छपा (ए० रि० जि० १, पृ० १२३)। यह ताम्रपत्र दूसरी बार शुद्धता के साथ छप चुका है। (इं. एं; जि० २१, पृ. २५४-५७)।
७. ए०रि० जि० १, पृ० ३७९-८२, को; मि० ए; जि० २, पृ० २३२-३७ इं० एं; जि० १९, पृ० २१८।
८. बराबर का लेख—ए० रि; जि० २, पृ० १६७, ज० ए० सो० वंगा; जि० ६, पृ० ६७४; प्लेट ३६, स० १५, १६, १७ इं० एं० जि० १३, पृ० ४२८ प्ली; गु० इं० २२२-२३। नागार्जुनी गुफा के २ लेख ए० रि०; जि० २, पृ० १६८, ज० ए० सो० बंगा० जि० १६ पृ० ४०१; प्लेट १० फ्लीट गु०इं० पृ० २२४-२७।
९. गुप्तवंशी राजाओं के समय की प्राचीन लिपि को गुप्तलिपि कहते हैं।
१०. ट्रॅनजॅक्शन्स ऑफ रॉयल एशियाटिक सोसाइटी (जि० २, पृ० २६४-६९, प्लेट १३, १५, १७ और १८)।
११. व; आ० स० वे० इं; जि० ३, पृ० ७३।
१२. ज० ए० सो० बंगा०, जि० ३, पृ० ११८।
१३. वही, जि० ३, पृ० ३३९। फ्लीट गु०इं; पृ० ६-१०।
१४. वही, जि० ६, पृ० १। फ्लील; गु० इं० पृ० ५३-५४।
१५. वही, जि० ४, पृ० ४७७।
१६. वही, जि० ६, पृ० २१८, ४५५; जि० ७, पृ० ३६, ३३७, ६२९, ६३३।
१७. वही, जि० ३, पृ० ७, प्लेट, ५।
१८. अशोक के लेखों की लिपि मामूली देखने वाले को अंग्रेज़ी या ग्रीक लिपि का भ्रम उत्पन्न करा दे ऐसी है। टॉम कोरिअट् नामक मुसाफिर ने अशोक के दिल्ली के स्तंभ के लेख को देखकर ऍल० हिटकर

को एक पत्र में लिखा है कि 'मैं इस देश (हिंदुस्तान) के देली (दिल्ली) नामक शहर में आया जहां परं 'अलेक्जेंडर दी ग्रेट' (सिंकदर) ने हिंदुस्तान के राजा पोरस को हराया और अपनी विजय की यादगार में उसने एक बृहत् स्तंभ खड़ा करवाया जो अब तक वहां विद्यमान है' (केरस् वौयूजिज़ एण्ड ट्रॅवल्स, जि० ९, पृ० ४२३; क; आ० जि० १, पृ० १६३)। इस तरह जब टॉम कोरियद् ने अशोक के लेख वाले स्तंभ को बादशाह सिकंदर का खड़ा करवाया हुआ मान लिया तो उस पर के लेख के पढ़े न जाने तक दूसरे यूरोपियन् यात्री आदि का उसकी लिपि को ग्रीक मान लेना कोई आश्चर्य की बात नहीं है। पादरी एडवर्ड टेरी ने लिखा है 'टॉम कोरिअट ने मुझ से कहा कि मैंने देली (दिल्ली) में ग्रीक लेख वाला एक बहुत बड़ा पाषाण का स्तंभ देखा जो 'एलेक्जेण्डर दी ग्रेट' ने उस प्रसिद्ध विजय की यादगार के निमित्त उस समय वहां पर खड़ा करवाया था' (क; आ० स० रि; जि० १, पृ० १६३-६४)। इसी तरह दूसरे लेखकों ने उस लेख को ग्रीक लेख मान लिया था।

१९. ज० ए० सो० बंगा; जि० ३, पृ० ४८५।

२०. 'न' को 'र' पढ़ लिया था और 'द' को पहचाना न था।

२१. प्रिं० एं; जि० १, पृ० ९३-९९।

२२. ए० रि; जि० १८, पृ० ५७८।

२३. ज० ए० सो० बंगा; जि० २, पृ० ३१३।

२४. वही, जि० २, पृ० ३१३, ३१६।

२५. वही, जि० ३, पृ० ३१८।

२६. वही, जि० ३, पृ० ३१९।

२७. वही, जि० ३, वृ० ५५७, ५६३।

अध्याय-५

ब्राह्मी लिपि

ई० स० पूर्व ५०० के आसपास से लगा कर ई० स० ३५० के आसपास तक (लिपिपत्र १-१५)

ब्राह्मी लिपि भारतवर्ष की प्राचीन लिपि है। पहले इस लिपि के लेख अशोक के समय अर्थात् ई० स० पूर्व की तीसरी शताब्दी तक के ही मिले थे[१], परंतु कुछ बरस हुए इस लिपि के दो छोटे-छोटे लेख[२], जिनमें से एक पिप्रावा के स्तूप से और दूसरा बर्ली गांव से, मिले हैं जो ई० स० पूर्व की पांचवीं शताब्दी के हैं। इन लेखों की और अशोक के लेखों की लिपि में कोई स्पष्ट अंतर[३] नहीं है, जैसा कि ई० स० की १४वीं शताब्दी से लगाकर अब तक की नागरी लिपि में नहीं पाया जाता; परंतु दक्षिण से मिलने वाले भट्टिप्रोलु के स्तूप के लेखों की लिपि में, जो अशोक के समय से बहुत पीछे की नहीं, पिप्रावा, बर्ली और अशोक के लेखों की लिपि से बहुत कुछ भिन्नता पाई जाती है जिससे अनुमान होता है कि भट्टिप्रोलु के लेखों की लिपि अशोक के लेखों की लिपि से नहीं निकली किंतु उस प्राचीन ब्राह्मी से निकली होगी जिससे पिप्रावा, बर्ली और अशोक के लेखों की लिपि निकली है। यह भी संभव है कि भट्टिप्रोलु के स्तूप की लिपि ललितविस्तर की 'द्राविड लिपि' हो क्योंकि वे लेख द्रविड देश के कृष्णा जिले में ही मिले हैं।

अशोक से पूर्व के जैन 'समवायांग सूत्र' में तथा पिछले बने हुए 'ललितविस्तर' में ब्राह्मी के अतिरिक्त और बहुत सी लिपियों के नाम मिलते हैं, परंतु उनका कोई लेख अब तक नहीं मिला जिसका कारण शायद यह हो कि प्राचीन काल में ही वे सब अस्त हो गई हों और उन का स्थान अशोक के समय की ब्राह्मी ने ले लिया हो जैसा कि इस समय संस्कृत ग्रंथों के लिखने तथा छपने में भारतवर्ष के भिन्न-भिन्न विभागों की भिन्न-भिन्न लिपियों का स्थान बहुधा नागरी ने ले लिया है। ई० स० की पांचवीं शताब्दी से पहले की ब्राह्मी का कोई लेख अब तक नहीं मिला; अतएव इस पुस्तक की ब्राह्मी लिपि का प्रारंभ ई० स० पूर्व ५०० के आसपास से ही होता है।

हस्तलिखित लिपियों में सर्वत्र ही समय के साथ और लेखकों की लेखन रुचि के अनुसार परिवर्तन हुआ ही करता है। ब्राह्मी लिपि भी नियम से बाहर नहीं जा सकती। उसमें भी समय के साथ बहुत कुछ परिवर्तन हुआ और उससे कई एक लिपियां निकलीं जिनके अक्षर मूल अक्षरों

से इतने बदल गये कि जिनको प्राचीन लिपियों का परिचय नहीं है वे सहसा यह स्वीकार न करेंगे कि हमारे देश की नागरी, शारदा (कश्मीरी), गुरमुखी (पंजाबी), बंगला, उड़िया, तेलुगु, कन्नड़ी, ग्रंथ, तामिल आदि समस्त वर्तमान लिपियां एक ही मूल लिपि ब्राह्मी से निकली हैं। ब्राह्मी लिपि के परिवर्तनों के अनुसार हमने अपने सुभीते के लिये उसके विभाग इस तरह लिये हैं–

ई० स० पूर्व ५०० के आसपास से लगाकर ई० स० ३५० के आसपास तक ही समस्त भारतवर्ष की लिपियों की संज्ञा ब्राह्मी मानी है। इसके पीछे उसका लेखन प्रवाह दो स्रोतों में विभक्त होता है जिनको उत्तरी और दक्षिणी शैली कहेंगे। उत्तरी शैली का प्रचार विंध्य पर्वत से उत्तर तथा दक्षिणी का दक्षिण के देशों में बहुधा रहा तो भी विंध्य से उत्तर में दक्षिणी, और विंध्य से दक्षिण में उत्तरी शैली के लेख कहीं-कहीं मिल ही आते हैं।

उत्तरी शैली की लिपियां ये हैं–

१. **गुप्तलिपि**–गुप्तवंशी राजाओं के समय के लेखों में सारे उत्तरी हिंदुस्तान में इस लिपि का प्रचार होने से इसका नाम 'गुप्तलिपि' कल्पित किया गया है। इसका प्रचार ई० स० की चौथी और पांचवीं शताब्दी में रहा।

२. **कुटिललिपि**–इसके अक्षरों तथा विशेष कर स्वरों की मात्राओं की कुटिल आकृतियों के कारण इसका नाम कुटिल रखा गया। यह गुप्तलिपि से निकली और इसका प्रचार ई० स० की छठी शताब्दी से नवीं तक रहा, और इसी से नागरी और शारदा लिपियां निकलीं।

३. **नागरी**–उत्तर में इसका प्रचार ई० स० की ९वीं शताब्दी के अंत के आसपास से मिलता है परंतु दक्षिण में इसका प्रचार ई० स० आठवीं शताब्दी से होना पाया जाता है क्योंकि दक्षिण के राष्ट्रकूट (राठौड़) वंशी राजा दंतिदुर्ग के सामनगढ़ (कोल्हापुर राज्य में) से मिले हुए शक संवत् ६७५ (ई० स० ७५४) के दानपत्र[३] की लिपि नागरी ही है और दक्षिण के पिछले कई राजवंशों के लेखों में इसका प्रचार ई० स० की १६वीं शताब्दी के पीछे तक किसी प्रकार मिल आता है। दक्षिण में इसको 'नंदिनागरी' कहते हैं। प्राचीन नागरी की पूर्वी शाखा से बंगला लिपि निकली, और नागरी से ही कैथी, महाजनी, राजस्थानी (राजपूताने की) और गुजराती लिपियां निकली हैं।

४. **शारदा**–इसका प्रचार भारतवर्ष के उत्तर-पश्चिमी हिस्सों अर्थात् कश्मीर और पंजाब में रहा। ई० स० की ८वीं शताब्दी के राजा मेरुवर्मा के लेखों से (देखो लिपिपत्र २२वां) पाया जाता है किस उस समय तक तो पंजाब में भी कुटिल लिपि का प्रचार था, जिसके पीछे उसी लिपि से शारदा लिपि बनी। उसके जितने लेख अब तक मिले हैं उनमें सब से पुराना लेख सराहां (चंबा राज्य में) की प्रशस्ति है, जो ई० स० की दसवीं शताब्दी की अनुमान की जा सकती है। इसी लिपि से वर्तमान कश्मीरी और टाकरी लिपियां निकली हैं और पंजाबी अर्थात् गुरमुखी के अधिकतर अक्षर भी इसी से निकले हैं।

५. **बंगला**—यह लिपि नागरी की पूर्वी शाखा से ई० स० की १०वीं शताब्दी के आसपास निकली है। बदाल के स्तंभ पर खुदे हुए नारायणपाल के समय के लेख में, जो ई० स० की १०वीं शताब्दी का है, बंगला का झुकाव दिखाई देता है। इसी से नेपाल की ११वीं शताब्दी के बाद की लिपि, तथा वर्तमान बंगला, मैथिल और उड़िया लिपियां निकली हैं।

दक्षिणी शैली की लिपियां प्राचीन ब्राह्मी लिपि के उस परिवर्तित रूप से निकली हैं जो क्षत्रप आदि आंध्रवंशी राजाओं के समय के लेखों में तथा उनसे कुछ पीछे के दक्षिण की नासिक, कार्ली आदि गुफाओं के लेखों में पाया जाता है।

दक्षिणी शैली की लिपियां नीचे लिखी हुई हैं—

१. **पश्चिमी**—यह लिपि काठियावाड़, गुजरात, नासिक, खानदेश और सतारा जिलों में, हैदराबाद राज्य के कुछ अंशों में, कोंकण में तथा कुछ-कुछ मैसूर राज्य में, ई० स० की पांचवीं शताब्दी के आसपास से नवीं शताब्दी के आसपास तक मिलती है। ई० स० की पांचवीं शताब्दी के आस-पास इसका कुछ-कुछ प्रचार राजपूताना तथा मध्य भारत में भी पाया जाता है। इस पर उत्तरी लिपि का बहुत कुछ प्रभाव पड़ा है। भारतवर्ष के पश्चिमी विभाग में इसका अधिकतर प्रचार होने के कारण इसका 'पश्चिमी' यह नाम कल्पित किया गया है।

२. **मध्य प्रदेशी**—यह लिपि मध्य प्रदेश, हैदराबाद राज्य के उत्तरी-विभाग तथा बुंदेलखण्ड के कुछ हिस्सों में ई० स० की पांचवीं शताब्दी से लगाकर आठवीं शताब्दी के पीछे तक मिलती है। इसी लिपि के अक्षरों के सिर चौखुंटे या संदूक की सी आकृति के होते हैं जो भीतर से बहुधा खाली, परंतु कभी-कभी भरे हुए भी होते हैं। अक्षरों की आकृति बहुधा समकोण वाली होती है, अर्थात् उनके बनाने में आड़ी और खड़ी रेखाएं काम में लाई गई हैं, न कि गोलाईदार। इस लिपि के ताम्रपत्र ही विशेष मिले हैं, शिलालेख बहुत कम।

३. **तेलुगु-कन्नड़ी**—यह लिपि बंबई इहाते के दक्षिणी विभाग अर्थात् मराठा प्रदेश, शोलापुर, बीजापुर, बेलगांव, धारवाड़ और कारवाड़ जिलों में, हैदराबाद राज्य के दक्षिणी हिस्सों में, मैसूर राज्य में एवं मद्रास इहाते के उत्तर-पूर्वी विभाग अर्थात् विजगापट्टम, गोदावरी, कृष्णा, कर्नूल, बिलारी, अनंतपूर, कड्डप्पा और नेल्लोर जिलों में मिलती है। ई० स० की पांचवीं शताब्दी से १४वीं शताब्दी तक इसके कई रूपांतर होते-होते इसी से वर्तमान तेलुगु और कन्नड़ी लिपियां बनीं। इसी से इसका नाम तेलुगु-कन्नड़ी रखा गया है।

४. **ग्रंथ लिपि**—यह लिपि मद्रास इहाते के उत्तरी व दक्षिणी आर्कट, सलेम्, ट्रिचिनापली, मदुरा और तिन्नेवेल्लि जिलों में मिलती है। ई० स० की सातवीं शताब्दी से १५वीं शताब्दी तक इसके कई रूपांतर होते-होते इससे वर्तमान ग्रंथलिपि बनी और उससे वर्तमान मलयालम और तुलु

लिपियां निकलीं। मद्रास इहाते के जिन हिस्सों में तामिल लिपि का, जिसमें वर्णों की अपूर्णता के कारण संस्कृत ग्रंथ लिखे नहीं जा सकते, प्रचार है वहां पर संस्कृत ग्रंथ इसी लिपि में लिखे जाते हैं इसी से इसका नाम 'ग्रंथलिपि' (संस्कृत ग्रंथों की लिपि) पड़ा हो ऐसा अनुमान होता है।

५. **कलिंग लिपि**—यह लिपि मद्रास इहाते में चिकाकोल और गंजाम के बीच के प्रदेश में वहां के गंगावंशी राजाओं के दानपत्रों में ई० स० ७वीं से ११वीं शताब्दी के पीछे तक मिलती है, इसका सब से पहला दानपत्र [गांगेय] संवत् ८७ का मिला है जो गंगावंशी राजा देवेंद्रवर्मन का है। उसकी लिपि मध्य प्रदेशी लिपि से मिलती हुई। अक्षरों के सिर संदूक की आकृति के, भीतर से भरे हुए हैं और अक्षर बहुधा समकोण वाले हैं (लिपिपत्र ५७ में दी हुई राजा देवेन्द्रवर्मन के दानपत्र की लिपि का लिपिपत्र ४१ से मिला कर देखो); परंतु पिछले ताम्रपत्रों में अक्षर समकोण वाले नहीं, किंतु गोलाई लिये हुए हैं और उनमें नागरी, तेलुगु-कन्नड़ी तथा ग्रंथलिपि का मिश्रण होता गया है।

६. **तामिल लिपि**—यह लिपि मद्रास इहाते के जिन हिस्सों में प्राचीन ग्रंथलिपि प्रचलित थी वहां के तथा उक्त इहाते के पश्चिमी तट अर्थात् मलबार प्रदेश के तामिल भाषा के लेखों में ई० स० की सातवीं शताब्दी से बराबर मिलती चली आती है। इस लिपि के अधिकतर अक्षर ग्रंथलिपि से मिलते हुए हैं (लिपिपत्र ६० में दी हुई लिपि को लिपिपत्र ५२ और ५३ में दी हुई लिपियों से मिला कर देखो); परंतु 'क', 'र' आदि कुछ अक्षर उत्तर की ब्राह्मी लिपि से लिये हुए हैं। इसका रूपांतर होते-होते वर्तमान तामिल लिपि बनी इस वास्ते इसका नाम तामिल रखा गया है।

वट्टेलुत्तु—यह तामिल लिपि का ही भेद है और इसे त्वरा से (घसीट) लिखी जाने वाली तामिल लिपि कह सकते हैं। इसका प्रचार मद्रास इहाते के पश्चिमी तट तथा सब से दक्षिणी विभाग के ई० स० की ७वीं से १४वीं शताब्दी तक के लेखों तथा दानपत्रों में मिलता है परंतु कुछ समय से इसका प्रचार नहीं रहा।

ब्राह्मी लिपि के अक्षर

वैदिक काल में ब्राह्मी लिपि के ध्वनि सूचक संकेत या अक्षर नीचे लिखे अनुसार माने जाते थे—

स्वर	ह्रस्व	अ	इ	उ	ऋ[४]	ल[५]
	दीर्घ	आ	ई	ऊ	ॠ	[ॡ?]
	प्लुत[६]	आ३	ई३	ऊ३	ॠ३	[ॡ३?]
	संध्यक्षर	ए	ऐ	ओ	औ	
	इनके प्लुत	ए३	ऐ३	ओ३	औ३	
	अयोगवाह	अनुस्वार[७]	ꣳ	(ग्वम् या गुं)		
	विसर्ग	:				

	जिह्वामूलीय[८]	×क	×ख			
	उपध्मानीय[८]	≍प	≍फ			
व्यंजन	स्पर्श	क	ख	ग	घ	ङ
		च	छ	ज	झ	ञ
		ट	ठ	ड	ढ	ण
				ळ[९]	ळ्ह[९]	
		त	थ	द	ध	न
		प	फ	ब	भ	म
	अन्तस्थ	य	र	ल	व	
	ऊष्मन्	श	ष[१०]	स	ह	
	यम[११]	कुं	खुं	गुं	घुं	

इस तरह वैदिक साहित्य में अधिक से अधिक ६४ (ऋग्वेद में ६४[१२] और यजुर्वेद[१३]) ध्वनि सूचक संकेत अर्थात् वर्ण थे, परंतु पीछे से साधारण मनुष्यों एवं जैन और बौद्धों में, जिनका प्रारंभिक साहित्य प्राकृत में था, ४६ या ४७[१४] अक्षर व्यवहार में आते थे। ई० स० की चौथी शताब्दी के पीछे, लेखन शैली में अक्षरों के रूपों में परिवर्तन होते-होते संयुक्ताक्षर 'क्ष' में 'क्' और 'ष' के मूल रूप अस्पष्ट होकर उसका एक विलक्षण ही रूप 'क्ष' बन गया तब बौद्धों ने 'क्ष' को भी वर्णों अर्थात् मातृकाओं (सिद्धमातृकाओं) में स्थान दिया। इसी तरह पीछे से संयुक्ताक्षर 'ज्ञ' के 'ज्' और 'ञ' के रूप अस्पष्ट होकर उसका एक विलक्षण रूप 'ज्ञ' बन गया तब उसको भी लोगों ने वर्णों में स्थान दिया। तंत्रग्रंथों में 'क्ष' और 'ज्ञ' की वर्णों अर्थात् मातृकाओं में संज्ञा की गई है परंतु ये दोनों सर्वथा वर्ण नहीं किंतु संयुक्त वर्ण हैं और उनके घटक दो-दो अक्षरों के मूलरूप न रहने पर एक ही विलक्षण नया संकेत बन जान से ही उनकी वर्णों में गणना हुई है जैसे कि वर्तमान काल में नागरी की वर्णमाला में 'त्र' की भी।[१५]

लिपिपत्र पहला

यह लिपिपत्र गिरनार पर्वत के पास के चट्टान पर खुदे हुए मौर्यवंश राजा अशोक के लेख की अपने हाथ से तैयार की हुई छापों से बनाया गया है। यह लेख मौर्यराज्य के पश्चिमी विभाग का होने से वहां की ब्राह्मी लिपि को प्रकट करता है। इसमें स्वरों की मात्राओं के चिह्न इस प्रकार मिलते हैं–

'आ' की मात्रा एक छोटी-सी आड़ी लकीर (-) है जो व्यंजन की दाहिनी तरफ बहुधा अक्षर के ऊपर की ओर (देखो, खा, रा) परंतु कभी-कभी मध्य में भी, (देखो, जा, माए बा) लगाई जाती है। 'ज' के साथ 'आ' की मात्रा का योग केवल 'ज' के मध्य की लकीर को कुछ अधिक लंबी करके बतलाया है जिससे कभी-कभी 'ज' और 'जा' में भ्रम हो जाता है।

'इ' की मात्रा का नियम चिह्न ⅃ है जो व्यंजन की दाहिनी ओर ऊपर की तरफ लगता है (देखा, नि), परंतु कहीं-कहीं समकोण के स्थान पर गोलाईदार या तिरछी लकीर भी मिलती है (देखो, टि, लि)।

'ई' की मात्रा का नियत चिह्न ⅃⅃ है, जो व्यंजन की दाहिनी ओर ऊपर की तरफ जोड़ जाता है (देशो, टी, ढी), परंतु कहीं-कहीं आड़ी सीधी लकीर को तिरछा कर दिया है, और समकोण के स्थान में गोलाई मिलती है (देखो, पी, मी); 'थी' बनाने में 'थ' के साथ केवल दो तिरछी लकीरें ही लगा दी गई हैं।

अशोक के पूर्व के बर्ली गांव के लेख में 'वीराय' के 'वी' अक्षर के साथ 'ई' की मात्रा का चिह्न (है, जो अशोक के समय में लुप्त हो चुका था और उसके स्थान में ऊपर लिखा हुआ नया चिह्न बर्ताव में आने लग गया था (देखो, ऊपर पृष्ठ ३ और वहीं का टिप्पणी २)

'उ', और 'ऊ' के चिह्न क्रमशः एक और दो आड़ी (-=) या खड़ी (। ॥) लकीरें हैं जो व्यंजन के नीचे को लगाई जाती हैं। जिन व्यंजनों का नीचे का हिस्सा गोल या आड़ी लकीरवाला होता है उनके साथ खड़ी और जिनका लकीरवाला होता है उनके साथ आड़ी (दाहिनी ओर) लगाई जाती हैं (देखो, तु, धु, नु, सु, कू, जू,)।

'ए' और 'ऐ' के चिह्न क्रमशः एक और दो आड़ी लकीरें (- =) हैं जो बहुधा व्यंजन की बाईं ओर ऊपर की तरफ परंतु कभी-कभी मध्य में भी लगाई जाती हैं, (देखो, के टे, णे, थै)।

'ओ' का चिह्न दो आड़ी लकीरें हैं (- -) जिनमें से एक व्यंजन की दाहिनी ओर को 'आ' की मात्रा की तरह, और दूसरी बाईं ओर को 'ए' की मात्रा के समान लगाई जाती है (देखो, ञो, नो)

'औ' का चिह्न इस लेख में नहीं है किंतु उसमें 'ओ' के चिह्न से इतनी ही विशेषता है कि बाईं ओर को एक के स्थान में दो आड़ी लकीरें (=) होती हैं जैसे लिपिपत्र आठवें में 'पौ' में।

अनुस्वार का चिह्न एक बिंदु (˙) है जो बहुधा अक्षर की दाहिनी ओर ऊपर की तरफ रखा जाता है (देखो, अं)।

विसर्ग का चिह्न इस लेख में तथा अशोक के दूसरे लेखों में भी कहीं नहीं मिलता, परंतु ई० स० की दूसरी शताब्दी के लेखों में वह मिलता है जो वर्तमान विसर्ग के चिह्न के सदृश ही है और वैसे ही अक्षर के पास आगे लगता है (देखो, लिपिपत्र ७, मूल की पहली पंक्ति में 'राज्ञः')

अशोक के समय ऋ, ॠ, ऌ और ॡ की मात्राओं के चिह्न कैसे थे इसका पता नहीं लगता इतना नहीं, किंतु पिछले लेखों में भी 'ॠ' और 'ॡ' की मात्राओं के चिह्नों का कहीं पता नहीं है। 'ऋ' की मात्रा का चिह्न पहले ई० स० की दूसरी शताब्दी के लेखों में मिलता है (देखो, लिपिपत्र ६ में मथुरा के लेखों के अक्षरों में, 'गृ', 'गृ' और 'वृ'; लिपिपत्र ७ में 'कृ' और 'वृ';

और लिपिपत्र आठवें में 'कृ', 'गृ' और 'वृ')। संयुक्त व्यंजनों में कितने एक स्थानों में पहले उच्चारण होने वाले को ऊपर और पीछे उच्चारण होने वाले को उसके नीचे जोड़ा है (देखो, म्य, म्हि, र्व, स्ति, स्व) जो शुद्ध है, परंतु कहीं-कहीं दूसरे को ऊपर और पहले को नीचे लिखा है (देखो, त्र, त्या, व्यो, स्टा, स्रा) जो अशुद्ध है। और यह प्रकट करता है कि लेखक शुद्ध लिखना नहीं जानता था। हमने उन अक्षरों के ऊपर वर्तमान नागरी के शुद्ध अक्षर जान कर दिये हैं, जैसे खुदे हैं वैसा अक्षरांतर नहीं किया। 'क्र' में 'र' को अलग नहीं जोड़ा किंतु 'क' की खड़ी लकीर को 'र' का रूप देकर उसके साथ आड़ी लकीर जोड़ दी है। ऐसे ही 'व्र' में 'व' की बाईं तरफ की खड़ी लकीर को भीतर दबा कर उसमें कोण बना दिया है। ऐसे रूप अशोक के किसी दूसरे लेख में अथवा पिछले लेखों में कहीं नहीं मिलते।

संयुक्त व्यंजनों में पहले आने वाले 'र' (रेफ) तथा पीछे आने वाले 'र' का भेद तो इस लेख का लेखक जानता ही न था। जिससे उसने संयुक्त व्यंजनों में जहां-जहां 'र' आया उसको सर्वत्र पहले ही लिखा है और उसको (चिह्न से बतलाया है जो उसके लिखे हुए 'र' का अग्रभाग है (देखो, त्र और र्वे)।

इस लेख में 'ई', 'ऊ', 'ऐ', 'औ', 'ङ', 'ठ', 'श', और 'प' अक्षर नहीं है। 'ई' का रूप ⁘ होना चाहिये, जिससे मिलता हुआ रूप क्षत्रपों के सिक्कों में (देखो, लिपिपत्र १०); अमरावती के लेख में (देखो, लिपिपत्र १२) और कई पिछले लेखों में मिलता है। 'ऊ', ह्रस्व 'उ' के नीचे दाहिनी ओर एक और आड़ी लकीर जोड़ने से बनता था जैसा कि भरहुत स्तूप के लेखों से उद्धृत किये हुए अक्षरों में (लिपिपत्र ३) दिया गया है। 'ऐ', 'ए' के अग्रभाग के साथ बाईं ओर एक आड़ी लकीर जोड़ने से बनता था जैसा कि हाथी गुंफा के लेख में मिलता है (देखो, लिपिपत्र ३)। 'औ' का प्राचीन रूप अशोक के लेखों में अथवा गुप्तों के समय के पूर्व के किसी लेख में नहीं मिलता। उसका अशोक के समय का रूप होना ⅂ चाहिये। 'ङ' बुद्धगया के उपर्युक्त मंदिर के स्तंभ पर मिलता है जिसकी आकृति [' है। 'ठ' का रूप बिल्कुल वृत्त O है। और वह दिल्ली के सवालक स्तंभ पर के अशोक के लेख में मिलता है। (देखो, लिपिपत्र २)। 'श' और 'ष' अशोक के खालसी के लेख में मिलते हैं (देखो, लिपिपत्र २)।

इस लेख में बहुतेरे अक्षरों के एक से अधिक रूप मिलते हैं। संभव है कि कुछ तो उस समय भिन्न-भिन्न रूप से लिखे जाते हों परंतु यह भी हो सकता है कि उक्त लेख का लेखक जैसे शुद्ध लिखना नहीं जानता था वैसे ही बहुत सुंदर अक्षर लिखने वाला भी न था; क्योंकि इस लेख की लिपि वैसी सुंदर नहीं है जैसी कि अशोक के दिल्ली के सवालक स्तंभ और पडेरिया (रुंमिदेई) के स्तंभ के लेखों की है, और जैसे उनमें अक्षर तथा स्वरों की मात्राओं के चिह्न एक सा मिलते हैं वैसे इस लेख में नहीं हैं। यह भी संभव है कि लेखक सिद्धहस्त न हो और त्वरा से लिखता हो जिससे अक्षर एकसा नहीं लिख सका, इसी से कहीं सीधी खड़ी लकीर का तिरछा (देखो, उ, झ, न और प के दूसरे रूप) या गोलाईदार (देखो, ग और फ के दूसरे रूप) कर दिया

है और कहीं गोलाईदार को तिरछा (देखो, 'अ' का चौथा रूप और 'य' का तीसरा रूप) बना दिया है।

लिपिपत्र पहले की मूल पंक्तियों का नागरी अक्षरांतर–

इयं धंमलिपी देवानं प्रियेन प्रियदसिना राञा लेखा-
पिता इध न किंचि जीवं आरभित्या प्रजूहितव्यं न
च समाजो कतव्यो बहुकं हि दोसं समाजम्हि पसति
देवानं प्रियो प्रियदसि राजा अस्ति पि तु एकचा समाजा
साधुमता देवानं प्रियस प्रियदसिनो राञो पुरा महानसिम्ह
देवानं प्रियस प्रियदसिनो राञो अनुदिवसं ब-

लिपिपत्र दूसरा

यह लिपिपत्र दिल्ली के सवालक स्तंभ[१६], खालसी[१७], जोगड[१८] और सिद्धापुर[१९] की चट्टानों तथा रधिया[२०], सारनाथ[२१] और सांची[२२] के स्तंभों पर खुदे हुए अशोक के लेखों के फोटों से बनाया गया है और इसमें बहुधा वे ही अक्षर लिये गये हैं जिनमें लिपिपत्र पहले के अक्षरों से या तो कुछ भिन्नता पाई जाती है या जो लिपिपत्र पहले में नहीं मिले। यह भिन्नता कुछ तो देशभेद से है और कुछ लेखक की रुचि और त्वरा से हुई है।

दिल्ली के सवालक स्तंभ के लेख की लिपि बड़ी सुंदर और जमी हुई है और वह सारा लेख सावधानी के साथ लिखा गया है। उसमें 'आ' में 'आ' की मात्रा का चिह्न ऊपर नहीं किंतु मध्य में लगा है। 'द' का मध्य भाग कहीं-कहीं गोलाईदार नहीं किंतु समकोण वाला है। 'ध' को कहीं-कहीं उलटा भी लिखा है[२३]। 'ज' के मध्य की दाहिनी तरफ की आड़ी लकीर को कुछ अधिक लंबा कर 'जा' बनाने से 'ज' और 'जा' में भ्रम होने की संभावना रहती थी जिसको स्पष्ट करने के लिये ही लेखक ने 'ज' के मध्य की लकीर के अंत में बिंदी बनाकर फिर 'आ' की मात्रा का चिह्न लगाया है। जिन अक्षरों का ऊपर का भाग खड़ी लकीरवाला है उनके साथ 'ई' की मात्रा गिरनार के लेख की 'इ' की मात्रा के समान लगाई है परंतु कुछ नीचे की तरफ से, जिससे 'ई' की मात्रा का रूप बन जाता है (देखो, 'पि' और 'ली' में 'इ' और 'ई' की मात्राओं का भेद)। अनुस्वार का चिह्न कहीं अक्षर के ऊपर परंतु विशेषकर आगे ही धरा है (देखो, 'पिं' और 'भ्युं')।

खालसी के चट्टान के लेख की लिपि भद्दी है और त्वरा से लिखी हुई प्रतीत होती है जिससे अक्षर सर्वत्र सम नहीं मिलते और स्वरों की मात्राओं में कहीं-कहीं अंतर पड़ गया है (देखो, 'ता', 'शा', 'तु', 'खे', 'गे' और 'ले') एक स्थान में 'ए' का रूप 'ठ' से मिल गया है। 'ध' और 'ल' का नीचे का भाग कहीं-कहीं गोल नहीं किंतु समकोण वाला बना दिया है (देखो, 'ध' और 'ल' का दूसरा रूप) 'छ' के ऊपरी भाग में **V** आकृति का सिर बना दिया है जिससे अनुमान होता

है कि उस समय किसी-किसी लिपि में अक्षरों के सिर भी बनते हों, जिसका कुछ आभास भट्टिप्रोलु के लेखों में स्वरों की मात्रारहित व्यंजनों में होता है। 'छ' का नीचे का भाग कलम को उठाये बिना ही (चलती कलम से) लिखा है। ऐसे ही 'ज' को भी कहीं-कहीं लिखा है जिसके बीच की आड़ी लकीर के स्थान में ग्रंथि हो गई है। अशोक के लेखों में केवल एक यही लेख ऐसा है कि जिसमें 'श' और 'ष' के रूप मिलते हैं।

जोगड़ के लेख में 'ओ' उलटा लिखा है और एक स्थान में 'स' को चलती कलम से लिख दिया है जिससे मध्य में गांठ बन गई है (जोगड के लेख के इस 'स' को गिरनार, सवालक स्तंभ और खालसी के लेखों के 'स' से मिलाकर देखो)।

सिद्धापुर के लेख में कहीं-कहीं 'अ', 'फ', 'म' और 'र' की आकृतियां कुछ विलक्षण बनी हैं।

रधिया के लेख में 'ड' के नीचे बिंदी बनाई है।

गिरनार के लेख और अशोक के अन्य लेखों के अक्षरों में कहां-कहां अंतर है यह लिपिपत्र दूसरे में दिये हुए अक्षरों को लिपिपत्र पहले के अक्षरों से मिलाने से स्पष्ट हो जायगा। प्रत्येक अक्षर की भिन्नता का विवेचन करने की आवश्यकता नहीं।

लिपिपत्र दूसरे की मूल पंक्तियों[२४] का नागरी अक्षरांतर–

देवानं पिये पियदसि लाज हेवं आहा सडुवीसति वस
अभिसितेन मे इयं धमलिपि लिखापिता हिदतपालते
दुसंपटिपादये अंनत अगाया धंमकामताया अगाय
पलीखाया अगाय सुसूसाया अगेन भयेना अगेन उसाहेना
एस चुखो मम अनुमथिया धंमापेखा धंमकामता
चा सुवे सुवे वढिता वढीसति चेवा पुलिसा पि
च मे उकसा चा गेवया चा मझिमा चा अनुविधीयंती

लिपिपत्र तीसरा

यह लिपिपत्र रामगढ़[२५], घोसुंडी[२६], बेसनगर[२७] (विदिशा), नागार्जुनी गुफा[२८], नानाघाट[२९], भरहुत[३०] और सांची[३१] के स्तूपों और हाथीगुंफा[३२] के लेखों से तैयार किया गया है और मुख्य मुख्य अक्षर ही दिये गये हैं। उक्त लेखों में से पहले ७ में कोई संवत् नहीं है, केवल हाथीगुंफा के लेख में मुरियकाल[३३] (मौर्य संवत्) १६४ (गत) दिया है, अतएव इस लिपिपत्र का समय अनुमान के आधार पर ही दिया गया है।

घोसुंडी के लेख में 'त्रे' में 'त्' के साथ 'र' को जोड़ने में 'त' के नीचे की दाहिनी ओर

की तिरछी लकीर को कुछ लंबा कर दिया है (इसी तरह बेसनगर के लेख के 'त्रे' में भी) 'प्रा' में 'र' नीचे की तरफ जोड़ा गया है और 'षे' में 'ष' के प्रारंभ की सीधी खड़ी लकीर को अधिक लंबा कर 'र' का रूप उसी में बता दिया है।

बेसनगर (विदिशा) के लेख में 'त्रा' और 'द्र' में 'र' को अधिक लंबी वक्र रेखा का रूप देकर नीचे की तरफ जोड़ा है।

नानाघाट के लेख में 'ई'  [३४], बनाया है जिसमें तीन बिंदी तो 'इ' की हैं और चौथी अनुस्वार की हैं 'थो' में 'ओ' की मात्रा की दोनों तरफ की आड़ी लकीरों को जोड़कर एक ही लकीर बना दी है जो 'थ' से ऊपर अलग ही लगाई है परंतु 'लो' में 'ओ' की मात्रा की दोनों लकीरों को जोड़ कर एक कर दिया है उसे 'ल' के अग्रभाग के साथ ही ठीक-ठीक जोड़ा है। 'प्र', 'ब्र' और 'व्र' में 'र' को नीचे की तरफ जोड़ा है। जो 'उ' की मात्रा का भ्रम उत्पन्न कराता है।

भरहुत के लेख में 'वि' के साथ की 'इ' की मात्रा के अग्र भाग को दाहिनी तरफ बढ़ा कर उसमें सुंदरता लाने का यत्न किया है और 'गी' के साथ की 'ई' की मात्रा की दोनों खड़ी लकीरों को कुछ बाईं ओर झुकाया है।

सांची के लेख के 'ळी' में 'ई' की मात्रा की दोनों खड़ी लकीरों को दाहिनी ओर झुकाया है।

हाथीगुंफा के लेख में अक्षरों के सिर बनाने का यत्न पाया जाता है परंतु वे वर्तमान नागरा अक्षरों के सिरों जैसे लंबे नहीं किंतु बहुत छोटे हैं। ये सिरे पहले पहल इसी लेख में मिलते हैं। 'भिं'[३५] और 'लिं'[३६] में 'इ' की मात्रा भरहुत स्तूप के उपर्युक्त 'वि' के साथ लगी हुई 'इ' की मात्रा के सदृश है और 'बी' में 'ई' की मात्रा की दाहिनी ओर की खड़ी लकीर को भी वैसा ही रूप दिया है 'ले' में 'ल' के अग्रभाग को दाहिनी ओर नीचे को झुकाया है और 'गो' में 'ओ' की मात्रा नानाघाट के लेख के 'धो' के साथ की 'ओ' की मात्रा की तरह व्यंजन के ऊपर उसे स्पर्श किये बिना एक ही आड़ी लकीर के रूप में धरी है।

लिपिपत्र तीसरे की मूल पंक्तियों का नागरी अक्षरांतर–

[३५]सुगनं रजे रञो गागीपुतस विसदेवस पौतेण
गोति पुतस आगरजुस पुतेण वाछिपुतेन धनभूतिन
कारितं तोरनां(णं) सिलाकंमंता च उपंण
धंमस नमो इंदस नमो संकंसनवासुदेवानं
[३६]चंद्रस्त्र....मा....तानं चतुंनं चं लोकपालानं यमवरुन
कुबेरवासवानं नमो कुमारुवरस वेदिसिरिस र....

लिपिपत्र चौथा

यह लिपिपत्र भट्टिप्रोलु के स्तूप से निकले हुए पत्थर के ३ पात्रों के ढक्कनों पर खुदे हुए

९ लेखों से तथा स्फटिक के एक छोटे से टुकड़े पर, जो वहीं से मिला था, खुदे हुए लेख से तैयार किया गया है[३७] 'अ' से 'सं' तक के अक्षर उक्त नौ लेखों से और अंतिम ६ अक्षर ('ग' से 'हि' तक) स्फटिक पर के लेख से लिये हैं, जिसकी लिपि पहले तीन लिपिपत्रों की शैली की (ब्राह्मी) है। पाषाण के पात्रों पर खुदे हुए ९ लेखों की लिपि में 'घ', 'द', 'म', 'भ', 'ल', 'ष' और 'ळ' इन ७ अक्षरों में पहले तीन लिपिपत्रों के अक्षरों से भिन्नता है (इन अक्षरों को लिपिपत्र १ से ३ तक के अक्षरों से मिलाकर देखो)। दूसरा भेद यह है कि प्रत्येक व्यंजन जब स्वरों की मात्रा से रहित होता है तब उसके साथ दाहिनी ओर एक आड़ी लकीर लगाई गई है जैसे अशोक के लेखों में 'आ' की मात्रा लगाई जाती थी। यह लकीर बहुधा व्यंजन के अग्रभाग से सटी रहती है परंतु कभी-कभी कुछ नीचे की तरफ और कभी मध्य में लगाई जाती है। 'ज' के साथ जब स्वर की कोई मात्रा नहीं होती तब वह अशोक के लेखों के 'ज' के समान होता है (बीच की आड़ी लकीर स्वर चिह्न रहित दशा की है); परंतु जब उसके साथ कोई स्वर की मात्रा लगी रहती है उस समय उसका रूप बहुधा [मिलता है (देखो, जु, जू, जे, जं)। इन भेदों से पाया जाता है कि उक्त लेखों की लिपि पिप्रावा, बर्ली और अशोक के लेखों की लिपि से नहीं निकली किंतु उस मूल लिपि से निकली होगी जिससे स्वयं पिप्रावा, बर्ली और अशोक के लेखों की लिपि निकली है[३८] संभवत: यह द्रविड़ (द्राविडी) लिपि[३९] हो।

इस लिपि में 'आ' की मात्रा का चिह्न बहुधा है ¬ परंतु कहीं-कहीं कोण के स्थान में गोलाई भी मिलती है (देखो, का, खा, ता), 'ऊ' की मात्रा में भी अशोक के लेखों से भिन्नता है (देखो, जू, बू, धू) परंतु बाकी की मात्राओं में विशेष अंतर नहीं है। केवल कहीं-कहीं सीधी लकीर को तिरछा या गोलाईदार बना दिया है।

लिपिपत्र चौथे की मूल पंक्तियों का नागरी अक्षरांतर–

[४०]'कुरपितुनो च कुरमातु च कुरष च सिवका च
मजुसं प्रणति फालिग षमुगष्व बुधसरिरानं निखेतु
[४१]वनवपुतय कुरष षपितुकष मजुस [४२]उतारो पि-
गहपुतो काणीठो [४३]अरहदिनानं गोठिया मजूस
च पभुगो च तेन कम येन कुबिरको राजा
अंबि [४४]नेगमा बछो चघो जेतो जंसो तिसो रेतो
अचिनो षभिको अखघो केलो केसो महो मेटो छदि-

लिपिपत्र पांचवां

यह लिपिपत्र पभोसा के २ लेखो[४५], मथुरा के छोटे-छोटे ४ जैन लेखों[४६] तथा महाक्षत्रप शोडास के मथुरा के लेख[४७] से तैयार किया गया है। पभोसा के लेखों में 'अ' की दाहिनी तरफ की खड़ी

लकीर को नीचे के छोर से बाईं तरफ मोड़कर ऊपर की ओर कुछ बढ़ा लिया है, जैसे कि ई० स० की दूसरी शताब्दी से दक्षिण के लेखों में मिलता है। 'री' में 'ई' की मात्रा और 'पू' में 'ऊ' की मात्रा में पहले के लिपिपत्रों से भिन्नता है (देखो, 'री' और 'पू')। मथुरा के लेखों में 'ख' और 'म' के नीचे के भाग में त्रिकोण बनाया है। तीसरे 'व' का सिर त्रिकोण आकृति का (भीतर से खाली) बनाया है जिससे उसकी आकृति विलक्षण हो गई है। 'ळ' की आकृति सांची के 'ळ' से कुछ विलक्षण है जिसका कारण कलम को उठाये बिना पूरा अक्षर लिखना ही होना चाहिये। महाक्षत्रप शोडास से लेख में 'ड' का रूप नागरी के 'ड' से किसी प्रकार मिलता हुआ है।

लिपिपत्र पांचवें की मूल पंक्तियों का नागरी अक्षरांतर–

नमो अरहतो वर्धमानस्य गोतिपुत्रस पोठयश ककालवा-
ळस........कोशिकिये शिमित्राये आयागपटो प........
[४८]**समनस माहरखितास आंतेवासिस बछीपुत्रस सावकास**
उतरदासकस पसादो तोरनं, [४९]**अधिछत्राया राञो शोन-**
कायनपुत्रस्य वंगपालस्य पुत्रस्य रञे(ञो) तेवणौ पुत्रस्य
भागवतस्य पुत्रेण वैहिदरीपुत्रेण अ(आ)षाढमे नेन कारितं।

लिपिपत्र छठा

यह लिपिपत्र कुशनवंशी राजाओं के समय के मथुरा[५०], सारनाथ[५१] और चारगांव[५२] से मिले हुए लेखों से तैयार किया गया है। मथुरा के कई एक लेखों से अक्षर छांटे गये हैं, जिनमें कई अक्षरों के एक से अधिक रूप मिलते हैं जो भिन्न-भिन्न लेखकों की लेखन रुचि की भिन्नता प्रकट करते हैं। पहली 'इ' में तीन बिंदियों के स्थान पर तीन आड़ी रेखाएं बना दी हैं और दूसरी 'इ' में दो आड़ी लकीरों के आगे दाहिनी ओर एक खड़ी लकीर बनाई है। 'उ' (पहले) की दाहिनी ओर की आड़ी लकीर को नीचे की तरफ मोड़ा है। यही मोड़ बढ़ने पर नागरी का 'उ' बनता है (देखो, लिपिपत्र ८२ में नागरी 'उ' की उत्पत्ति)। दूसरा व तीसरा 'ए' नागरी 'ए' से कुछ-कुछ मिलने लगा है। 'ण' के पांचों रूप एक दूसरे से भिन्न हैं। 'न' के दूसरे रूप के मध्य में गांठ बनाई है जो कलम को उठाये बिना पूरा अक्षर लिखने से ही बनी है। वैसा ही 'न' लिपिपत्र १२, १६, ३६, ३७, ३८, ३९ आदि में मिलता है।[५२] पहले 'प', 'ल' और तीसरे 'ष' के रूप नागरी के 'प' 'ल' और 'ष' से किसी प्रकार मिलते हुए हैं। 'वा', 'रा' और 'षा' में 'आ' की मात्रा की आड़ी लकीर खड़ी या तिरछी हो गई है। 'इ' और 'ई' की मात्राओं के मूल चिह्न मिटकर उनके नये रूप बन गये हैं (देखो, णि, थि, वि, सी)। 'ए' और 'ऐ' की मात्राएं नागरी के समान बन गई हैं। संयुक्ताक्षरों में दूसरे आने वाले 'य' का मूल रूप नष्ट हो कर नागरी के 'य' से मिलता-जुलता रूप बन गया है, परंतु सारनाथ के लेख में उसका मूल रूप और चारगांव के लेख में दोनों रूप काम में लाये गये हैं।

लिपिपत्र छठे की मूल पंक्तियों[५३] का नागरी अक्षरांतर–

महाराजस्य राजातिरा[ज]स्य देवपुत्रस्य षाहिकणिष्कस्य स०[५४]
७ हे[५५] १ दि[५६] १० ५[५७] एतस्य पूर्व्व (र्व्वा)यां अर्य्यदेहिकियातो
गणातो अर्य्यनागभुतिकियातो कुलातो गणिअ अर्य्य-
बुद्धशिरित्य शिष्यो वाचको आर्य्यसनिकस्य भगिनि अर्य्यज-

लिपिपत्र सातवां

यह लिपिपत्र महाक्षत्रप नहपान के जामाता शक उषवदात (ऋषभदत्त) और उसकी स्त्री दक्षमित्रा के नासिक के पास की गुफाओं (पांडव गुफाओं) के ४ लेखों[५८] से तैयार किया गया है।

इसी लिपिपत्र के आधारभूत एक लेख में हलंत व्यंजन पहले मिलता है, जिसको सिरों की पंक्ति से नीचे लिखा है। इसके अतिरिक्त हलंत और सस्वर व्यंजन में कोई अंतर नहीं है। 'मू' के साथ की 'ऊ' की मात्रा नागरी की 'ऊ' की मात्रा से मिलती हुई है, 'र्णा' में 'आ' की मात्रा रेफ के साथ लगाई है। और स्वरों की संधियां बहुधा नहीं की हैं।

लिपिपत्र सातवें की मूल पंक्तियों[५९] का नागरी अक्षरांतर–

सिद्धम् राज्ञः क्षहरातस्य क्षत्रपस्य नहपानस्य
जामात्रा दीनीव पुत्रेण उषवदातेन त्रिगोशतसहस्त्रदेन न-
द्या(द्यां) बार्णासायां सुवर्णदानतीर्थकरेण देवताभ्यः ब्राह्मणे-
भ्यश्च षोडशग्रामदेन अनुवर्षं ब्राह्मणशतसहस्त्रो-
भोजापयित्रा प्रभासे पुण्यतीर्थे ब्राह्मणेभ्यः अष्टभार्याप्रदेन
भरुकछे दशपुरे गोवर्धने शोर्पारगे च चतुशालावसध-
प्रतिश्रयप्रदेन आरामतडागउदपानकरेण इबापारदादमण-
तापीकरवेणदाहनुकानावापुण्यतरकरेण एतासां च नदी

लिपिपत्र आठवां

यह लिपिपत्र उपर्युक्त अशोक के लेख वाले गिरनार के पास के चट्टान की पिछली तरफ खुदे हुए महाक्षत्रप रुद्रदामन् के लेख की अपने हाथ से तैयार की हुई छाप से बनाया गया है। यह लेख शक संवत् ७२ (ई० स० १५०) से कुछ पीछे का है। इस लेख में 'पौ' के साथ जो 'औ' की मात्रा जुड़ी है वह तो अशोक के लेखों की शैली से ही है और 'यौ' के साथ की मात्रा उसी का परिवर्तित रूप है जो पिछले लेखों में भी कुछ परिवर्तन के साथ मिल आता है, परंतु 'नौ' और 'मा' के साथ जो 'औ' की मात्रा जुड़ी है वह न तो अशोक के लेखों में और न उनसे पिछले किसी लेख में मिलती है अतएव संभव है कि वह चिह्न अशोक से पूर्व का हो[६०] हलंत व्यंजन इसमें भी पंक्ति से नीचे लिखा है।

लिपिपत्र आठवें की मूल पंक्तियों का नागरी अक्षरांतर–

परमलक्षणव्यंजनैरुपेतकान्तमूर्त्तिनां स्वयमधिगतमहाक्षत्रप-
नाम्ना नरेंद्रकन्यास्वयंवरानेकमाल्यप्राप्तदाम्ना महक्षत्रपेण
रुद्रदाम्ना वर्षसहस्राय गोब्रा......र्त्थं धम्मकीर्त्तिवृद्ध्यर्थ
च अपीडयित्वा करविष्टिप्रणयक्रियाभिः पौरजानपदं जनं
स्वस्मात्कोश[त] महता धनौघेन अनतिमहता च कालेन
त्रिगुणदृढतरविस्तारायामं सेतुं विधा ....सुदर्शनतरं
कारितमिति....स्मिन्नर्थे महाक्षत्रपस्य मतिसचिवकर्मसचिवै-
रमात्यगुणमसभुद्युक्तेरप्यतिमहत्वाद्भेदस्यानुत्साहविमुखमतिभि-

लिपिपत्र नवां

यह लिपिपत्र वासिष्ठीपुत्र पुळुमापि आदि आंध्रवंशी राजाओं के नासिक के पास की गुफाओं के ७ लेखों[६१] से तैयार किया गया है। वासिष्ठीपुत्र पुलुप्रायि के लेख में 'तु' के साथ की 'उ' की मात्रा के अंत में एक आड़ी लकीर और लगी हुई है और 'ह्य' में 'य्' को ऊपर और 'ह' को नीचे लिखा है जो लेखकदोष है। गौतमीपुत्र यज्ञशातकर्णि के लेख में पहले 'त' को बिना कलम उठाये ही पूरा लिखा है जिससे उसकी आकृति मथुरा के लेखों के दूसरे 'न' (लिपिपत्र ६) से ठीक मिलती हुई है। यह दोष अन्यत्र भी पाया जाता है।

लिपिपत्र नवें की मृतपंक्तियों[६२] का नागरी अक्षरांतर–

सिद्ध(द्धं) रञो वासिठिपुतस सिरिपुळमायिस संवछरे एकु-
नवीसे १० ९ गिम्हाण पखे बितीये २ दिवसे तेरसे
१०३ राजरञो गोतमीपुतस हिमवतमेरुमदरपवतस-
मसारस असिकअसकामुलक्रसुरठकुकुरापरांतअनुपविद-
भआकरावतिराजस विझछवतपारिचातसह्यकह्नगिरिमच-

लिपिपत्र दसवां

यह लिपिपत्र पश्चिमी क्षत्रप[६४], त्रैकूटक[६४] तथा आंध्रवंशी[६५] राजाओं के सिक्कों पर के लेखों से तैयार किया गया है। क्षत्रपों के छोटे सिक्कों पर लंबा लेख होने से कितने एक सिक्कों पर के कोई-कोई अक्षर अधिक सिकुड़ गये हैं जिससे उनकी आकृति स्पष्ट नहीं रही (देखो 'य' का तीसरा रूप 'स' का दूसरा रूप; 'ह' का तीसरा, चौथा और पांचवां रूपः 'क्ष' का पांचवां रूपः 'ज्ञ' का दूसरा रूप), और कहीं-कहीं स्वरों की मात्राएं भी अस्पष्ट हो गई हैं। त्रैकूटकों के सिक्कों में 'न', 'व', 'ह', 'त्त', 'त्र', 'व्य' और 'ष्ण' के रूप विलक्षण मिलते हैं। आंध्रों के सिक्कों के अक्षरों

में से अंतिम तीन अक्षर (ष, हा, हि) उपर्युक्त गौतमी पुत्र श्रीयज्ञशातकर्णि के द्राविड़ी लिपि वाले लेख से लिये हैं और दूसरों से भिन्न होने के कारण अंत में अलग दिये हैं।

लिपिपत्र १०वें की मूल पंक्तियों[६६] का नागरी अक्षरांतर–

राज्ञो क्षहरातस नहपानस राज्ञो महाक्षत्रपस घ्समोतिकपुत्र-
स चष्टनस राज्ञो महाक्षत्रपस ईश्वरदत्तस वर्षे प्रथमे
राज्ञो महाक्षत्रपस दामसेनस पुत्रस राज्ञः क्षत्रपस यशोदाम्नः राज्ञो
महाक्षत्रपस दामसेनपुत्रस राज्ञो महाक्षत्रपस दामजदश्रियः राज्ञो महाक्ष-
त्रपस रुद्रसेनपुत्रस राज्ञो महाक्षत्रपस भर्तृदाम्नः राज्ञ क्षत्रपस रुद्रसेनपुत्रस
राज्ञ क्षत्रपस यशदाम्नः राज्ञ महाक्षत्रपसस्वम(स्वामि) रुद्रद(दा)मपुत्रस

लिपिपत्र ११वां

इस लिपिपत्र में भाजा, पित्तलखोरा, महाड आदि दक्षिण की भिन्न-भिन्न गुफाओं के कई लेखों से मुख्य-मुंख्य अक्षर ही उद्धृत किये गये हैं।

भाजा के लेख में 'ठ' को त्वरा से लिखने के कारण उसकी आकृति वृत्त सी न बन कर उससे भिन्न बन गई है। महाड के लेख में 'म' की आकृति दो अलग-अलग अंशों में विभक्त हो गई है। वास्तव में ये दोनों अंश जुड़ने चाहिये थे। कन्हेरी के लेख के 'लो' के साथ लगी हुई 'ओ' की मात्रा (कलम को उठाये बिना मात्रा सहित अक्षर लिखने के कारण) गांठ वाली बन गई है और दक्षिणी शैली के पिछले कई लेखों में ऐसा ही 'लो' मिलता है (देखो लिपिपत्र ३६, ४३, ४४, ४६, ४७ आदि) यदि कलम को उठा कर मात्रा का चिह्न लगाया जाता तो 'लो' की आकृति लिपिपत्र छठे में मथुरा के लेखों से दी हुई 'लो' की आकृति से मिलती हुई होनी चाहिये थी। कार्लि के लेख में 'न' अक्षर की जो आकृति मिलती है वह भी कलम को उठाये बिना पूरा अक्षर लिखने से ही बनी है परंतु कलम को ऊपर की तरफ न बढ़ा नीचे की तरफ बढ़ाकर आड़ी लकीर खींची है जिससे ग्रंथि वाला रूप (जैसा कि लिपिपत्र ६, ३७, ३८, ३९ आदि में हैं) न बन कर वह नया विलक्षण रूप बन गया है, जिसके परिवर्तित रूप लिपिपत्र १३ और १४ में मिलते हैं। जुन्नर के लेख में 'मि' में जो 'म' का रूप मिलता है उसी के परिवर्तित रूप से लिपिपत्र १३ और १४ में दिये हुए 'म' के विलक्षण रूप बने हैं, जो अन्य लेखों में नहीं मिलते। 'व' और 'स' के सिर त्रिकोण आकृति के (भीतर से खाली) बने हैं और कहीं 'इ' और 'ई' की मात्राओं में सुंदरता लाने का यत्न करने से उनकी आकृतियां पहले से अधिक विलक्षण हो गई हैं (देखो रि, रि, लि, वी)।[६७] 'य्य' में प्रथम 'य' तो प्राचीन रूप का और दूसरा 'य' नागरी से मिलता हुआ है जो कलम को उठाये बिना ही पूरा अक्षर लिखने से बना है। नासिक के लेखों के अक्षरों में 'म्' के साथ लगी हुई 'ऊ' की मात्रा के दोनों छोर एक दूसरे के साथ मिल गये हैं और 'न्ये' में 'य' को 'न्' की

खड़ी लकीर के मध्य में जोड़ा है। कूड़ा के लेखों के अक्षरों में 'अ', 'क', 'र' आदि खड़ी लकीर वाले अक्षरों की तथा 'पु' में 'उ' की मात्रा की खड़ी लकीर को लंबा कर नीचे के भाग में बाईं ओर ग्रंथि सी बना कर अक्षर में अधिक सुंदरता लाने का यत्न स्पष्ट पाया जाता है।

लिपिपत्र ११वें की मूल पंक्तियों[६८] का नागरी अक्षरांतर–

सिधं ओतराहस दांतामितियकस वोणकस धंमदेवपुतस
इंद्राग्निदातस धंमात्मना इमं लेणं पवते तिरंण्हुम्हि खा-
नित अभंतरं च लेणस चेतियघरो पोढियो च माता-
पितरो उदिस इम लेण कारितं सवबुधपुजाय चातुदिशस
भिखूसंश्वस नियातितं सह पुतेन धंमरखितेन।

लिपिपत्र १२वां

यह लिपिपत्र अमरावती के कई एक लेखों[६९] तथा जग्गयपेट के ३ लेखों[७०] से तैयार किया गया है। अमरावती के लेखों के अक्षरों में 'इ' की तीन बिंदियों के स्थान में तीन आड़ी लकीरें बनाई हैं। इतना नहीं किंतु उनको वक्र भी बनाया है और 'जा' में 'आ' की मात्रा को नीचे की ओर झुकाया है। जग्गयपेट के लेखों में 'अ', 'क', 'ञ' आदि अक्षरों की खड़ी लकीरों को नीचे की ओर बहुत बढ़ा कर उनमें बाईं ओर घुमाव डाला है। और 'ल' की खड़ी लकीर को ऊपर की ओर बढ़ाकर घुमाया है, ऐसे ही 'इ', 'ई' को और कहीं 'उ' की मात्राओं को भी; 'इ' के चिह्न की तीन बिंदियों के स्थान में अधिक मुड़ी हुई लकीरें बनाई है। 'इ' के पहले रूप की इन तीनों लकीरों को चलती कलम से जोड़ कर लिखने से वर्तमान तामिल लिपि के 'इ' का पूर्वरूप बन जाता है (देखो, लिपिपत्र ८४ में तामिल लिपि की उत्पत्ति में 'इ' का तीसरा रूप)।

लिपिपत्र १२वें की मूल पंक्तियों[७१] का नागरी अक्षरांतर–

सिंध । रञे(ञो) माढरिपुतस इखाकुना (णं) मिरिविरपुरिसदतस
संवछर २० वासापखं ६ दिवसं १० कमाकरथे णडतुरे
आवेनिस नाकचंदस पूतो गामे महाकांडूरूरे आवेसनि
सिधयो आप मातरं नागिलनिं पुरतो कातुनं घरनिं

लिपिपत्र १३वां

यह लिपित्र मोयिडवोलु से मिले हुए पल्लववंशी शिवस्कंदनवर्मन् के दानपत्र[७२] से तैयार किया गया है। इसमें 'ए', 'त', 'न', 'म' और 'स' अक्षर विलक्षण है। 'ए' की त्रिकोण आकृति मिटकर नया रूप बना है जो त्वरा से लिखने के कारण ऐसा हुआ है। कलम उठाये बिना ही 'त' को पूरा लिखने से उसके बीच में ग्रंथि बन गई है।[७३] 'न' कार्लि के लेख में मिलने वाले उक्त

अक्षर का कुछ परिवर्तित रूप है[७४], 'म' जुन्नर के लेख के 'मि' में जो 'म' अक्षर है उसका विकार मात्र है[७५]। 'स' की बाईं तरफ लगने वाली वक्र रेखा को अक्षर के मुख्य अंश से अलग कर उसको दाहिनी तरफ अधिक ऊपर बढ़ाने से यह विलक्षण 'स' बना है।

लिपिपत्र १३वें की मूल पंक्तियों का नागरी अक्षरांतर–

[७६]चीपुरातो यवमहाराजो भादायसगोत्तो
पलवानं सिवखंदवम्मो धंञकडे वापतं आन-
पयति अम्हेहि दानि अंम्ह वेजयिके धंमा-
पुवलवधनिके य बम्हनानं अगिवेससगो-

लिपिपत्र १४वां

यह लिपिपत्र कोंडुमुडि से मिले हुए राजा जयवर्मन् के दानपत्र से तैयार किया गया है।[७७] इसमें 'ई' की खड़ी लकीर को तिरछा कर दिया है। 'ड' और 'न' में स्पष्ट अंतर नहीं है। 'ज', 'न' 'म' और 'स' अक्षर लिपिपत्र १३ के उक्त अक्षरों से मिलते-जुलते ही हैं इतना ही नहीं किंतु इस दानपत्र की लिपि बहुधा वैसी ही है जैसी कि लिपिपत्र १३वें की है।

लिपिपत्र १४वें की मूल पंक्तियों का नागरी अक्षरांतर–

विजयखंधावारा नगरा कूदूरातो महेश्वरपादप-
रिगहितोबृहत्फलायनसगोतो राजा सिरिजय-
वंमो आनपयति कूदूरे वापतं अंम्हे दानि
अंम्हवेजयिके आयवधनिके च बम्हनानं
गोतमसगोतजायापरस सवगतजस ८ तानवस

लिपिपत्र १५वां

यह लिपिपत्र हीरहडगल्ली से मिले हुए पल्लववंशी राजा शिवस्कंदवर्मन् के दानपंत्र[७८] से तैयार किया गया है। इसमें 'इ' और 'थ' की बिंदियों के स्थान में + चिह्न लगाये हैं। 'ए' की आकृति नागरी के 'व' (बिना सिर के) से कुछ-कुछ मिलती हुई बन गई है। 'व' की बाईं तरफ की खड़ी लकीर को भीतर की ओर अधिक दबा कर बीच में गोलाई दी है। 'ब' का यह रूप दक्षिण की शैली की पिछली लिपियों में बराबर मिलता है। 'म्' को पंक्ति से नीचे लिखा है और उसके ऊपर के दोनों शृंगों के साथ सिर की छोटी लकीरें नहीं जोड़ीं जो सस्वर 'म' के साथ जुड़ी हुई मिलती हैं। 'गा' के साथ 'आ' की मात्रा नीचे की तरफ से लगाई है।

लिपिपत्र १५वें की मूल पंक्तियों का नागरी अक्षरांतर–

सिद्धम्॥ कांचिपुरा अग्गिट्थो(त्थो)मवाजपेयस्समेधयाजी धम्ममहाराजाधिराजो भारद्दायो पल्लवाण सिव-खंदवमो अम्ह विसये सवत्थ राजकुमार से-नाणतिरट्ठिकमाडबिकदेसाधिकतादिके गामागाम-भोजके वल्लवे गोवल्लवे अमच्चे अरणधिकते

सन्दर्भ :

१. देखो ऊपर पृ० २।

२. पिप्रावा के लेख में दीर्घ स्वरों की मात्राओं का अभाव है और बर्ली के लेख में 'ई' की मात्रा का जो चिह्न है वह अशोक और उसके पिछले किसी लेख में नहीं मिलता (देखो ऊपर, पृ० २-३, और पृ० ३ का टिप्पणी २)।

३. ई०एं० जि० ११, पृ० ११० से ११४ के सामने के प्लेट।

४. आज कल 'ऋ' और 'लृ' का उच्चारण बहुधा बस लोग 'रि' और 'लि' के सदृश करते हैं। दक्षिण के कुछ लोग 'रु' और 'लृ' के विलक्षण उच्चारण करते हैं और उत्तर-भारत के कितने एक वैदिक 'रॅ' और 'लॅ' के से उच्चारण करते हैं; परंतु वास्तव में ये तीनों उच्चारण कल्पित ही हैं। 'ऋ' और 'लृ', 'र' और 'ल' के स्वरमय उच्चारण थे जो बिना किसी और स्वर की सहायता के होते थे, परंतु बहुत काल से वे लुप्त हो गये हैं। अब तो केवल उनके अक्षरसंकेत रह गये हैं।

५. 'लृ' स्वर वेद में केवल 'क्लृप्' धातु में मिलता है और संस्कृत साहित्य भर में उक्त धातु को छोड़ कर कहीं उसका प्रयोग नहीं मिलता। वैयाकरणों ने तोतले बोलने वाले बच्चों के 'ऋ' के अशुद्ध उच्चारण के अनुकरण में इसे माना है, तो भी इसके प्लुत का प्रयोग मानने को वे तैयार नहीं हैं, क्योंकि इसका व्यवहार ही नहीं है। शुक्ल यजुर्वेद के प्रातिशाख्य में अन्य स्वरों से समानता करने के लिये 'लृ' के दीर्घ और प्लुत रूप माने हैं परंतु उनका प्रयोग कहीं नहीं मिलता। ह्रस्व लकार वाले शब्द के कल्पित संबोधन में प्लुत 'लृ ३' का होना वैयाकरण और कुछ शिक्षाकार मानते हैं। तो भी वास्तव में 'लृ' केवल ह्रस्व ही है।

६. आज कल त्रिमात्रिक स्वर अर्थात् प्लुत के लिये दीर्घ स्वर के आगे ३ का अंक लगाते हैं परंतु यह रीति प्राचीन नहीं जान पड़ती। दीर्घ स्वरों के लिये जैसे ह्रस्व के आगे २ का अंक नहीं लगाया जाता परंतु ब्राह्मी और वर्तमान नागरी में उनके लिये स्वतंत्र संकेत और मात्राएं मिलती हैं वैसे ही प्राचीन काल में प्लुत स्वरों के लिये भी कोई विशेष चिह्न रहे होंगे जिनका अब पता नहीं चलता। जैसे वर्तमान नागरी में 'ओ' और 'औ' के, और गुजराती तथा मोड़ी (मराठी) में 'ए', 'ऐ', 'ओ' और 'औ' के मूल संकेत न रहने से 'अ' पर ही मात्रा लगा कर काम चलाया जाता है (अे, ओ, अै, औ-गुजराती) वैसे ही प्लुत के प्राचीन चिह्नों के लुप्त होने पर दीर्घ के आगे ३ का अंक लगाया जाने लगा हो। वस्तुत: संस्कृत साहित्य में भी प्लुत का प्रयोग क्रमश: बिल्कुल उठ गया। संबोधन, वाक्यारंभ, यज्ञकर्म, मंत्रों के अंत, यज्ञ की आज्ञायं, प्रत्युत्तर किसी के कहे हुए वाक्य को दोहराने, विचारणीय विषय, प्रशंसा, आशीर्वाद,

कोप, फटकारने, सदाचार के उल्लंघन आदि अवसरों पर वैदिक साहित्य और प्राचीन संस्कृत में प्लुत का प्रयोग होता था (पाणिनि, ८.२.८२.१०८), परंतु पीछे से केवल संबोधन और प्रणाम के प्रत्युत्तर में ही इसका व्यवहार रह गया। पतंजलि ने व्याकरण न पढ़ने वालों को एक पुरानी गाथा उद्धृत करके डराया है कि यदि तुम अभिवादन के उत्तर में प्लुत करना न जानोगे तो तुम्हें स्त्रियों की तरह सादा प्रणाम किया जायेगा। इस से यह तो स्पष्ट है कि स्त्रियों की बोलबाल से तो उस समय प्लुत उठ गया था परंतु पीछे से पुरुषों के व्यवहार से भी वह जाता रहा। केवल कहीं-कहीं वेदों के पारायण में और प्रातिशाख्यों तथा व्याकरणों के नियमों में उसकी कथा मात्र बची है। 'ए', 'ऐ' 'ओ' और 'औ' के प्लुत, कहीं पूरे संध्यक्षर का प्लुत करने से और कहीं 'इ' और 'उ' को छोड़कर केवल 'अ' के प्लुत करने से बनते थे, जैसे अग्ने३ या अग्ना३इ।

७. अनुस्वार नकार (अनुनासिक) का स्वरमय उच्चारण दिखाता है। वेदों में जब अनुस्वार 'र', 'श', 'ष' और 'ह' के पहले आता है तब उसका उच्चारण 'ग' से मिश्रित 'गुं' या 'ग्वं' सा होता है जिसके लिये वेदों में ꣳ चिह्न है। यह यजुर्वेद में ही मिलता है। शुक्लयजुर्वेद के प्रातिशख्य में इसके ह्रस्व, दीर्घ और गुरु तीन भेद माने गये हैं जिनके न्यारे-न्यारे चिह्नों की कल्पना की गई है। प्राचीन शिलालेखादि में कभी-कभी 'वंश' की जगह 'वङ्श' और 'सिंह' के स्थान में 'सिङ्ह' खुदा मिलता है। अनुस्वार का 'श' के पहले ऐसा उच्चारण आर्यकंठों में अब भी कुछ-कुछ पाया जाता है और कई बंगाली अपने नामों के हिमांशु, सुधांशु आदि को अंग्रेज़ी में Himangshu, Sudhangashu (हिमांग्शु, सुधांग्शु) आदि लिख का ꣳ के उच्चारण की स्मृति को जीवित रखते हैं।

८. 'क' और 'ख' के पूर्व विसर्ग का उच्चारण विलक्षण होता था और जिह्वामूलीय कहलाता था। इसी तरह 'प' और 'फ' के पहले विसर्ग के उच्चारण भी भिन्न था और उपध्मानीय कहलाता था। जिह्वामूलीय और उपध्मानीय के न्यारे-न्यारे चिह्न थे, जो कभी-कभी प्राचीन पुस्तकों, शिलालेखों और ताम्रपत्रों में मिल आते हैं, जो अक्षरों के ऊपर, बहुधा उनसे जुड़े हुए होते हैं, और उनमें भी अक्षरों की तरह समय के साथ परिवर्तन होना पाया जाता है (देखो लिपिपत्र १७, २१, २२, २३, २८, २९ आदि)। बोपदेव ने अपने व्याकरण में अनुस्वार को 'बिंदु', 'विसर्ग' को 'द्विविंदु', जिह्वामूलीय को 'वज्राकृति' और उपध्मानीय को 'गजकुंभाकृति' कहकर उनका स्वरूप बतलाया है।

९. ऋग्वेद में दो स्वरों के बीच के 'ड' का उच्चारण 'ळ' और वैसे ही आये हुए 'ड' का उच्चारण ळह होता है। इन दोनों के लिये भी पृथक् चिह्न हैं। 'ळ' का प्रचार राजपूताना, गुजरात, काठियावाड़ और सारे दक्षिण में अब भी है और उसका संकेत भी अलग ही है जो प्राचीन 'ळ' से ही निकला है। 'ळह' को आज कल 'ळ्' और 'ह' को मिला कर (ळह) लिखते हैं, परंतु प्राचीन काल में उसके लिये भी कोई पृथक् चिह्न नियत होगा, क्योंकि प्राचीन तेलुगु-कन्नड़ी, ग्रंथ और तामिळ लिपियों के लेखों में 'ळ' के अतिरिक्त एक और 'ऴ' मिलता है। वैसा ही कोई चिह्न 'ड' के स्थानापन्न 'ळह' के लिये प्राचीन वैदिक पुस्तकों में होना चाहिये।

१०. याज्ञवल्क्य के अनुसार उत्तर-भारत के यजुर्वेदी लोग संहिता पाठ में टवर्ग के साथ संयोग को छोड़ कर और सर्वत्र 'ष' को 'ख' बोलते हैं। जैसे षष्ठी-खष्ठी; इसी से मिथिला, बंगाल, पंजाब आदि के संस्कृतज्ञ तथा अन्य लोग भी संस्कृत एवं 'भाखा' में बहुधा 'ष' को 'ख' बोलने लग गये। इसी वैदिक उच्चारण से प्राकृत में 'क्ष' के दो रूप छ (च्छ) और ख (क्ख) हो गये।

११. वर्गों के पहले चार वर्णों का जब किसी वर्ग के पांचवें वर्ण से संयोग होता है तब उस अनुनासिक वर्ण

के पहले वैदिक काल में एक विलक्षण ध्वनि होती थी जिसे यम कहते थे। जैसे 'पत्नी' में 'त्' और 'न्' के बीच में। इस तरह बीस यम होने चाहियें, परंतु प्रातिशाख्यों में तथा शिक्षाओं में चार ही यम माने हैं और उनके नाम या संकेत 'कुं', 'सुं', 'गुं' और 'घु' दिये हैं। इसका तात्पर्य यह है कि वर्गों के पहले अक्षरों अर्थात् क, च, ट, त, प के संयोग से जो यम उत्पन्न होता था वह 'क्' कहलाता था और उसके लिये एक चिह्न नियत था। इसी तरह ख, छ, ठ, थ, फ के संयोग से उत्पन्न होने वाले यम के लिये 'ख्' प्रकृति का चिह्न ग, ज, ड, द, ब के संयोग से बने हुए यम के लिये 'ग्' प्रकृति का कोई तीसरा चिह्न और य, झ, ढ, ध, भ के संयोग से उद्भूव यम के लिये 'घ्' प्रकृति का कोई और चिह्न नियत था। ये चिह्न कैसे थे इसका पता न तो शिलालेखादि में और न पुस्तकों में मिलता है। किंतु व्याकरण वाले इन यमों को क, ख, ग, घ से बतलाते हैं जैसे–

पत्नी=	पत्	(मूल व्यंजन)	क्	(यम)	नी=	पत्क्नी
सक्थ्ना=	सक्थ्	(मूल व्यंजन)	ख्	(यम)	ना=	सक्थ्ख्ना
अग्नि=	अग्	(मूल व्यंजन)	ग्	(यम)	नि=	अग्ग्नि
यज्ञ=	यज्	(मूल व्यंजन)	ग्	(यम)	ञ्=	यजगञ
गृभ्णामि=	गृभ्	(मूल व्यंजन)	घ्	(यम)	णामि=	गृभघ्णामि

१२. ऋग्वेद में २१ स्वर ('लृ') के दीर्घ और प्लुत को छोड़ने से ४ अयोगवाह (अनुस्वार) विसर्ग, जिह्वामूलीय और उपध्मानीय २७ स्पर्श वर्ण (पांचों वर्गों के २५ और 'ळ' तथा 'ळह' ४ अंत:स्थ ४ ऊष्मन और ४ यम मिलकर ६४ वर्ण होते हैं।

१३. यजुर्वेद में वर्णसंख्या बहुधा ऋग्वेद के समान ही है। केवल 'ळ' और 'ळह' का प्रयोग उसमें नहीं होता परंतु उसमें अनुस्वार का ॳ रूप अलग होता है। इसी से उसमें ६३ वर्ण काम में आते हैं।

१४. जैनों के दृष्टिवाद में जो लुप्त हो गया है। ब्राह्मी अक्षरों की संख्या ४६ मानी है। (बे; इं. स्ट० १६. २४१)। जो अ, आ, इ, ई, उ, ऊ, ए, ऐ, ओ, औ, अं, अ: क, ख, ग, घ, ङ, च, छ, ज, झ, ञ, ट, ठ, ड, ढ, ण, त, थ, द, ध, न, प, फ, ब, भ, म, य, र, ल, व, श, ष, स, ह और ळ (या क्ष) होने चाहिये। ह्वेनसांग अक्षरों की संख्या ४७ बतलाता है (बी; बु० रे० वे० व; जिल्द १. पृ० ७८) जो 'अ' से 'ह' तक के ४५ अक्षर तो ऊपर लिखे अनुसार और बाकी दो अक्षर 'क्ष' और 'ज्ञ' होने चाहिये। बौद्ध और जैनों के प्राकृत ग्रंथों में ऋ, ॠ, ल, लृ इन चार स्वरों का प्रयोग नहीं है। प्राकृत साहित्य में इनकी आवश्यकता ही नहीं रहती। जहां संस्कृत शब्द के प्रारंभ में 'ऋ' होता है वहां प्राकृत में 'रि' हो जाता है (ऋषभ=रिखभ ऋक्ष=रिच्छ या रिक्ख) और जहां व्यंजन के साथ 'ऋ' की मात्रा लगी होती है वहां 'ऋ' के स्थान में 'अ', 'इ' या 'उ' हो जाता है। (मृग=मग, तृषा=तिसा, मृदंग=मुदंग: निभृत=निहुअ)। ये चारों वर्ण (ऋ, ॠ, लृ, ॡ) अब भी साधारण लोगों के व्यवहार में नहीं आते और प्रारंभिक पढ़ने वालों की 'बारहखड़ी' (द्वादशाक्षरी) में भी इनको स्थान नहीं मिलता। यह प्रारंभिक पठनशैली आधुनिक नहीं है। किंतु अशोक के समय अर्थात् ई० स० पूर्व की तीसरी शताब्दी में भी ऐसी ही थी। क्योंकि बुद्धगया के अशोक के समय के बने हुए महाबोधी मंदिर के पास बुद्ध के चंक्रम अर्थात् भ्रमणस्थान में दोनों ओर ११-११ स्तंभों की दो पंक्तियां हैं उन स्तंभों की कुंभियों (आधार) पर शिल्पियों ने एक-एक करके 'अं' को छोड़कर 'अ' से 'ट' तक के अक्षर खोदे हैं। उनमें भी ये चारों स्वर नहीं है। यद्यपि सामान्य लोगों के व्यवहार में ये चार वर्ण नहीं आते थे तो भी वर्णमाला में उनको स्थान अवश्य मिलता था। क्योंकि जापान के होर्युज़ी नामक स्थान के बौद्ध मठ में रखी हुई

ई० स० की छठी शताब्दी की 'उष्णीषविजयधारणी' नामक ताड़पत्र पर लिखी हुई बौद्ध पुस्तक के अंत में जिस लेखक ने वह पुस्तक लिखी है उसी के हाथ की लिखी हुई उस समय की पूरी वर्णमाला है जिसमें इन चार वर्णों को स्थान दिया गया है (देखो, लिपिपत्र १९)। ऐसे ही हस्राकोल से मिले हुए ई० स० की १२वीं शताब्दी के बौद्ध तांत्रिक शिलालेख में प्रत्येक वर्ण पर अनुस्वार लगा कर पूरी वर्णमाला के बीज बनाए हैं जिनमें भी ये चारों वर्ण हैं (लिपिपत्र ३५) और उदयादित्य के समय के उज्जैन के शिलालेख के अंत में खुदी हुई पूरी वर्णमाला में भी ये चारों वर्ण दिये हुए हैं (देखो लिपिपत्र २५)।

१५. वर्तमान 'त्र' में मूल घटक दोनों अक्षरों में से एक अर्थात् 'र' का चिह्न तो पहचाना जाता है, परंतु 'त्' का नहीं, किंतु 'क्ष' और 'ज्ञ' में दोनों ही के मूल अक्षरों का पता नहीं रहा। इतना ही नहीं, 'ज्ञ' में जो वास्तविक उच्चारण भी नष्ट हो गया। दक्षिणी लोग कोई-कोई इसे 'द्न' बोलते हैं (देखो बंबई के अंग्रेज़ी पत्र ज्ञानप्रकाश का अंग्रेज़ी अक्षरांतर Dnan Prakash) और उत्तर में 'ज्ञ' का स्पष्ट 'ग्य' उच्चारण है, केवल कुछ संस्कृतज्ञ 'ग्न्य' के सदृश उच्चारण करते हैं। ऐसी दशा में जब इन संकेतों से मूल अक्षरों का भान नहीं होता तब उच्चारण और वर्णज्ञान की शुद्धि के लिये इन्हें 'क्‌ष' और 'ज्ञ' लिखना और छापना ही उचित है।

१६. इं०एं०जि० १३. पृ० ३०६-१० के बीच के प्लेट।

१७. एँ० इं० जि०, २, पृ० ४५०-६० के बीच के प्लेट।

१८. आ० स० स० इं० जि० १, प्लेट ६७-६९।

१९. एँ० इं० जि०, ३, पृ० १३८-४० के बीच के प्लेट।

२०. वही, पृ० २४८-४९ के बीच के प्लेट।

२१. वही, पृ० १६८ के पास का प्लेट।

२२. वही, पृ० २६९ के पास का प्लेट।

२३. देखो ऊपर पृ० २७ का टिप्पणी ६।

२४. ये मूल पंक्तियां दिल्ली के सवालक स्तंभ के लेख से हैं।

२५. आ० स० इं; ई० स० १९०३-४; प्लेट ४३ वां (B)।

२६. उदयपुर के विक्टोरिया हॉल में रखे हुए उक्त लेख की अपने हाथ से तैयार की हुई छाप से।

२७. आ० स० इ ; ई० स० १९०८-९, प्लेट ४६ वां।

२८. इं. ए.; जि० २०, पृ० ३६४-५ के पास के प्लेट।

२९. आ० स० वे० इ.; जि० ५; प्लेट ५१ लेख स० १-२।

३०. इं० एँ; जि० १४, पृ० १३६।

३१. वू; इं० पे; प्लेट २, पंक्ति १८, अक्षर संख्या ४१।

३२. वू; इं० पे; प्लेट २; पंक्ति २१-२२; और ये पं० भगवानलाल इंद्रजी संपादित 'हाथीगुंफा एण्ड थ्री अदर इन्सिक्रप्शन्स, के साथ का प्लेट लेख संख्या १।

३३. यदि मौर्य संवत् का प्रारंभ मौर्यवंश के संस्थापक चंद्रगुप्त के राज्याभिषेक अर्थात् ई० स० पूर्व ३२१ से माना जाये तो उक्त लेख का समय (३२१-१६४=) ई० स० पूर्व १५७ होगा।

३४. डॉ० वूलर ने इस चिह्न : : को 'ई' माना है (वू; इं० पे; पृ० ३४) और कोई-कोई यूरोपियन विद्वान् इसे वूलर के कथनानुसार ही पढ़ते हैं (एं० इं; जि० ८, पृ० ९०) परंतु वास्तव में यह 'इं' ही है। 'इ' की तीन बिंदियों के साथ अनुस्वार की चौथी बिंदी लगने ही ऐसा रूप बनता है और चार बिंदी होने

से ही उनको समान रेखा में लिखा है। अब तक केवल निम्नलिखित ५ लेखों में ही यह चिह्न मिला है जहां सर्वत्र 'इं' पढ़ना ही युक्त हैं–

नानाघाट के लेख में–'नमो इंदस' (आ० स० वे० इं०; जि० ५, प्लेट ५१, प्लेट ५१, पंक्ति पहली)। बुद्धगया के २ लेखों में–'इंदामिगमित्रास' (क; म० वो; प्लेट १०, संख्या ९-१०)। मथुरा के लेख में–गोतिपुत्रस इंद्रपा [ल....'] (ऍ० इं; जि० २, पृ० २०१ के पास का प्लेट, लेख संख्या ९)। नासिक के लेख में–'धंमदेवपुतस इंद्राग्निदतस' (ऍ० इं; जि० ८, पृ० ९०)।

इन पांचों लेखों में यह चिह्न 'इंद्र' शब्द के प्राकृत रूप 'इंद' में प्रयुक्त हुआ है जहां 'ईद' पढ़ना ठीक नहीं हो सकता। नानाघाट के लेख का कर्ता जहां प्राकृत में अनुस्वार की आवश्यकता नहीं थी वहां भी अनुस्वार लगाता है (नमो संकंसनवासुदेवानं.....चतुंनं चं लोकपालानं) तो वह इंद्र के प्राकृत रूप को 'इंद' न लिखकर 'ईद' लिखे यह संभव ही नहीं।

३५. ये पहली तीन पंक्तियां भरहुत के स्तूप के लेख से हैं (इं० एं; जि० १४, पृ० १३९)।

३६. यहां से तीन पंक्तियां नानाघाट के लेख से हैं (आ० स० वे इं; जि० ५, प्लेट ५१, लेख संख्या १)।

३७. ऍ० इं० जि० २, पृ० ३२८-२९ के बीच के प्लेट।

३८. देखो ऊपर पृ० ४२।

३९. भट्टिप्रोलु के उक्त ९ लेखों के अतिरिक्त इस शैली की लिपि (द्राविड़ी) का और कोई शिलालेख अब तक नहीं मिला परंतु आंध्रवंशी राजा गौतमीपुत्र श्रीयज्ञशातकर्णि के एक प्रकार के सिक्के पर एक तरफ 'रञो गोतमिपुतस सिरियञसातकणिस' और दूसरी ओर'.....गोतम (मि) पुतष हिरुयञद्दातकणिष' लेख है (रा; कॅ० कॉ० आं; ४५)। इन दोनों लेखों की लिपियों में स्पष्ट अंतर है। पहले लेख की लिपि आंध्रों के लेख और सिक्कों की ही लिपि है और दूसरी तरफ के लेख की लिपि संभव है कि भट्टिप्रोलु के लेखों की द्राविड़ी लिपि का परिवर्तित रूप हो (देखो, क; कॉ० ए० इं० इं; प्लेट १२, सिक्का संख्या ८; रा; इं. कॉ; प्लेट ३, सिक्का संख्या ५)।

४०. ऍ० इं० जि०, २, पृ० ३२८ के पास का प्लेट, लेख संख्या १ (A)

४१. वही, लेख संख्या १ (B)

४२. वही, लेख संख्या २

४३. वही, तीसरा लेख संख्या ९

४४. वही, तीसरा लेख संख्या ८

४५. वही, पृ० २४३ के पास के २ प्लेट।

४६. ऍ० इं० जि०, १, पृ० ३९७ के पास का प्लेट लेख ३३ जि० २, पृ० २०० के पास का प्लेट, १, ५ और ९।

४७. ऍ० इं० जि०, २, पृ० २०० के पास का प्लेट लेख संख्या २। ऍ० इं० जि०, १, पृ० ३६७ के पास का प्लेट लेख, ३३।

४८. वही, पृ० २०० के पास का प्लेट लेख १।

४९. वही, पृ० २४३ के पास का प्लेट।

५०. वही, १, पृ० ३८८ से ३९७ के बीच के प्लेट और जि० पृ० २, पृ० २२० से २०९ के बीच के प्लेटों के कई लेखों से।

५१. ऍ० इं० जि०, ८, पृ० १७ के पास का प्लेट लेख ३ (A)

५२. आ० स० इं; ई० स० १९०८-९, प्लेट ५६।

५३. ये मूल पंक्तियां एँ० इं; जि० १, मथुरा के लेख, १९ से हैं।

५४. सं=संवत्सर=संवत्।

५५. हे=हेमंत।

५६. दि=दिवसे।

५७. १० ५=१५। ये अंक प्राचीन शैली के हैं, जिसमें शून्य ० का व्यवहार न था। उसमें १० से ९० तक के लिये ९ चिह्न दहाइयों के नियत थे (देखो, आगे अंकों का विवेचन)।

५८. एँ० इं० जि० ८, प्लेट ४ लेख संख्या १०; प्लेट ७, संख्या ११; प्लेट ५, स० १२; प्लेट ८, स० १३, आ० स० वे इं० जि० ४, प्लेट ५२ लेख संख्या ५, ७, ८ और १० (A) (नासिक)

५९. ये मूल पंक्तियां एँ० इं; जि० ८, प्लेट ४, लेख संख्या १० से हैं।

६०. देखो, ऊपर पृ० ३, टिप्पण २।

६१. वासिष्ठीपुत्री पुळुमायि के ४ लेखों से-एँ० इं; जि० ८, नासिक के लेख, प्लेट १, संख्या २; प्लेट २, संख्या ३, प्लेट ६, संख्या २५; प्लेट ३, संख्या १। आ० स० वे० इं; जि० ४, प्लेट ५२, नासिक की लेख संख्या १४, १५; प्लेट ५४, संख्या १२, १३ गौतमीपुत्र स्वामिश्रीयज्ञशातकर्णि नाम वाले एक लेख से–एँ० इं० ; जि० ८ नासिक के लेख, प्लेट १, संख्या २४। आ० स० वे० इं; जि० ४ प्लेट ५५, (नासिक के लेख) संख्या १६। गौतमीपुत्र शातकर्णि के २ लेखों से–एँ० इं; जि० ८, नासिक के लेख, प्लेट २, संख्या ४, ५। आ० स० वे० इं; जि० ४, प्लेट ५३, नासिक की लेख संख्या १३, १४। यदि गौतमीपुत्र स्वामिश्रीयज्ञशातकर्णि, गौतमीपुत्र शातकर्णि से भिन्न और पुराणों में दी हुई आंध्रवंशी राजाओं की नामावली का २७ वां राजा यज्ञश्रीशातकर्णि हो तो उसके लेख का समय ई० स० की दूसरी नहीं किंतु तीसरी शताब्दी होना चाहिये।

६२. ये मूल पंक्तियां वासिष्ठीपुत्र पुलुमायि के नासिक के लेख से उद्धृत की गई हैं (एँ० इं; जि० ८, नासिक के लेखों की प्लेट १, संख्या २। आ० स० वे० इं० इ; जि० ४, प्लेट ५२, नासिक की लेख स० १४)।

६३. बांसवाड़ा राज्य के सिरवाणिआ गांव से मिले हुए पश्चिमी क्षत्रपों के २४०० सिक्कों, राजपूताना म्यूज़ियम (अजमेर) में रखे हुए १०० से अधिक सिक्कों तथा प्रो० रापसन् संपादिब ब्रिटिश म्यूज़ियम में रखे हुए आंध्र, क्षत्रप और त्रैकूट वंशों के सिक्कों की सूची की पुस्तक के प्लेट ९-१७ से।

६४. राजपूताना म्यूज़ियम में रखे हुए त्रकूटक वंशी राजाओं के सिक्कों तथा प्रो० रापसन् की उपर्युक्त पुस्तक के प्लेट १८ से।

६५. प्रो० रापसन की उपर्युक्त पुस्तक के प्लेट १-८ से।

६६. ये मूल पंक्तियां क्षत्रपों के सिक्कों पर के लेखों से हैं।

६७. भाजा-आ० स० वे० इं; जि० जि० ४, प्लेट ४४, लेख संख्या ७. पित्तलखोरा–आ० स० वे० इं; जि० ४, प्लेट ४४, लेखसंख्या ६. महाड–आ० स० वे० इं; जि० ४, प्लेट ५६, लेखस० २, ३, ४. सेलारवाडी–आ० स० वे० इं० जि० ४, प्लेट ४८, लेखसंख्या १९. वेडसा–आ० स० वे०इं० जि० ४, प्लेट ४७, लेखसंख्या ३. कन्हेरी–आ० स० वे० इं; जि० ५, प्लेट ५१, लेखसंख्या २, ३, ४/५, १४, १५। कार्लि–आ० स० वे० इं; जि० ४, प्लेट ४७, ४८, ५१, ५४ लेखसंख्या ३, ५, ६, ११, १३, १७, १९, २०, २१, २२. जुन्नर–आ० स० वें० इं; जि० ४, प्लेट ४८-५१ लेखसंख्या २-६, १०, १४, १५, २०, २४, २५, २८. नासिक–एँ० इं; जि० ८ नासिक के लेखों का प्लेट ५, लेखसंख्या १८; प्लेट ३,

स० ९; प्लेट ८, स० ८; स० २३. आ० स० वे०स० इं; जि० ४, प्लेट ४५, लेखसंख्या १९, २२, २४, २५ (नासिक)। कूडा–आ० स० वे० इं; जि० ४, प्लेट ३५-३६ लेखसंख्या १, ५, ६, ११, १३, २०, २४।

६८. ये मूल पंक्तियां इंद्राग्निदत्त के लेख से हैं (ऍ० इं० जि० ८, नासिक के लेखों का प्लेट ५, लेख संख्या १८)।

६९. आ० स० इं; जि० १, प्लेट ५६, लेख संख्या १, १३, १६, १७, १८, ३०, ३१, ३८, ४०, ४१, ४५, ५३।

७०. आ० स० स० ई० ; जि० १, प्लेट ६२, ६३, लेख संख्या १-३।

७१. ये मूल पंक्तियां आ० स० स० इं; प्लेट ६३, लेखसंख्या ३ से हैं।

७२. ऍ० इं; जि० ६, पृ० ८४ से ८८ के बीच के ५ प्लेटों से।

७३. 'त' का ऐसा ही रूप कन्हेरी के एक लेख में भी मिलता है (देखो, लिपिपत्र ११ में)।

७४. देखो, लिपिपत्र ११ में कार्लि के लेखों के अक्षरों में 'न'।

७५. देखो, लिपिपत्र ११ में जुन्नर के लेखो का 'मि'।

७६. पहला अक्षर 'कां' है परंतु मूल में स्पष्ट नहीं है।

७७. ऍ० इं० जि० ६, पृ० ३१६ से ३१९ के बीच के ४ प्लेटों से।

७८. ऍ० इं० जि० १, पृ० ६-७ के बीच के ३ प्लेटों से।

अध्याय-६

गुप्त लिपि

ई० स० की चौथी और पांचवीं शताब्दी (लिपिपत्र १६-१७)

गुप्तों के राज्य के समय सारे उत्तरी भारत में ब्राह्मी लिपि का जो परिवर्तित रूप प्रचलित था उसका कल्पित[1] नाम 'गुप्तलिपि' रखा गया है। यह लिपि गुप्तवंशी राजाओं के, जो उत्तरी भारत के बड़े हिस्से के स्वामी थे, लेखों में, एवं उनके समकालीन परिव्राजक और राजर्षितुल्य वंशियों तथा उच्छकल्प के महाराजाओं के दानपत्रादि में, जो अधिकतर मध्य भारत से और कुछ मध्य प्रदेशो से मिले हैं, पाई जाती है। ऐसे ही उक्त समय के अन्य राजवंशियों तथा साधारण पुरुषों के लेखादि में भी मिलती है। राजपूताना[2], मध्यभारत[3] तथा मध्य प्रदेश[4] में गुप्तकाल में भी कहीं-कहीं दक्षिणी शैली की (पश्चिमी) लिपि भी मिल आती है, जिसका एक कारण यह भी है कि लेख को लिखने के लिये वहुधा सुंदर अक्षर लिखने वाला पसंद किया जाता है और वह जिस शैली की लिपि का ज्ञाता होता है उसी में लिखता है। देशभेद और समय के साथ भी अक्षरों की आकृति में कुछ अंतर पड़ ही जाता है और उसी के अनुसार लिपियों के उपविभाग भी किये जा सकते हैं परंतु हम उनकी आवश्यकता नहीं समझते।

गुप्तों के समय में कई अक्षरों की आकृतियां नागरी से कुछ-कुछ मिलती हुई होने लगीं, सिरों के चिह्न जो पहले कुछ बहुत छोटे थे बढ़ कर कुछ लंबे बनने लगे और स्वरों की मात्राओं के प्राचीन चिह्न लुप्त हो कर नये रूपों में परिणत हो गये हैं।

लिपिपत्र १६वां

यह लिपिपत्र गुप्तवंशी राजा समुद्रगुप्त के इलाहाबाद के स्तंभ के लेख[5] से तैयार किया गया है। इसमें 'इ' का चिह्न दो बिंदियों के आगे एक खड़ी लकीर है। 'उ' की खड़ी लकीर में वक्रता है और नीचे की आड़ी लकीर गोलाई के साथ दाहिनी तरफ ऊपर की ओर मुड़ी है, जैसा कि दक्षिणी शैली की लिपियों में पाया जाता है। ड, ढ, त, द, प, भ, म और 'ष' (पहले) के रूप नागरी से कुछ मिलने लगे हैं। 'ष' (दूसरे) और 'स' के रूपों की आकृतियां कुछ विलक्षण हैं।

लिपिपत्र १६वें मूल पंक्तियों का नागरी अक्षरांतर-

महाराजश्रीगुप्तप्रपौत्रस्य महाराजश्रीघटोत्कचपौत्रस्य महाराजा-
धिराजश्रीचन्द्रगुप्तपुत्रस्य लिच्छविदौहित्रस्य महादेव्यां कुमारदे-
व्यामुत्फ(त्प)न्नस्य महाराजाधिराजश्रीसमुद्रगुप्तस्य सर्व्वपृथिवीविजय-
जनितोदयव्याप्तनिखिलावनितलां कीर्त्तिमितस्त्रिदशपतिभवनगमनावाप्तलळि-
(डि=लि)तसुखविचरणमाचक्षाण इव भुवो बाहुरमुच्छ्रितः स्तम्भः यस्य।
प्रदानभुजविक्क्रमप्रशमशास्त्रवाक्योदयैरुपर्य्यूपरिसञ्च-
योच्छितमनेकमार्ग्गं यशः पुनाति भुवनत्रयं पशुपतेर्ज्जटान्तर्गहा-

लिपिपत्र १७वां

यह लिपिपत्र गुप्तों के राजत्वकाल के उदयगिरि[६], मिहरोली[७], बिलसद[८], करंडांडा[९] और कुडा[१०] के शिलोखों तथा महाराज लक्ष्मण और जयनाथ के दानपत्रों[११] से तैयार किया गया है और इसमें केवल मुख्य मुख्य अक्षर ही उद्धृत किये गये हैं। उदयगिरि के लेख में पहले-पहल जिह्वामूलीय और उपध्मानीय के चिह्न मिलते हैं, जो क्रमशः 'क' और 'पा' के ऊपर उक्त अक्षरों से जुड़े हुए लगे हैं। मिहरोली के लेख में कितने एक अक्षर समकोण वाले हैं। 'स्थि' और 'स्ये' में 'स' की आकृति कुछ विलक्षण हो गई है। ऐसे ही 'स्थि' में 'थ' अक्षर का रूप 'छ' से मिलता हुआ है न कि 'थ' से विलसद के लेख में स्वरों की उन मात्राओं में, जो अक्षरों के ऊपर लगती हैं, अधिक विकास पाया जाता है और उन्हीं के परिवर्तन से कुटिल लिपि में उनके विलक्षण लंबे रूप बने हैं, 'करंडांडा के लेख में 'म' की आकृति विलक्षण बनाई है। महाराज लक्ष्मण के पाली गांव के दानपत्र में कहीं-कहीं सिरों तथा खड़ी, आड़ी या तिरछी लकीरों के अंतिम भाग को चीर दो हिस्से बनाकर अक्षरों में सुंदरता लाने का यत्न किया है। 'म' के नीचे के ग्रंथि वाले हिस्से को बाईं तरफ बढ़ा कर लंबी लकीर का रूप दिया है और 'ब्र' में 'र' को नागरी को 'उ' की मात्रा के समान ग्रंथिल बनाया है। जयनाथ के दानपत्र में 'इ' की तीन बिंदिओं में से ऊपर की बिंदी के स्थान में आड़ी लकीर बनाई है। 'इ' के इसी रूप के परिवर्तन से पीछे से नागरी की 'इ' बनी है (देखो लिपिपत्र ८२ में 'इ' की उत्पत्ति)। तोरमाण के कुड़ा के लेख के अक्षरों में 'ग' की बाईं तरफ की खड़ी लकीर को बाईं ओर ऊपर की तरफ मोड़ा है जिससे उक्त अक्षर का रूप वर्तमान नागरी के 'ग' से मिलता हुआ बन गया है, केवल सिर की आड़ी लकीर का ही अभाव है।

लिपिपत्र १७वें की मूल पंक्तियों[१२] का नागरी अक्षरांतर-

ओं स्वस्ति जयपुरात्परममाहेश्वरः श्रीमहाराजलक्ष्मणः
कुशलौ फेलापर्व्वतिकाग्रामे ब्राह्मणादीन्प्रतिवासिकु-
टुम्बिनः समाज्ञापयति विदितं वोस्तु यथैष ग्रामो
मया मतापित्रोरात्मनश्च पुण्याभिवृद्धये कौत्सस-

सन्दर्भ :

१. गुप्तलिपि का ही नहीं परंतु पृ० ४२-४४ में ब्राह्मी लिपि के विभागों के जो नाम रखे गये हैं वे बहुधा सब ही कल्पित हैं और अक्षरों की आकृति देश या उन लिपियों से निकली हुई वर्तमान लिपियों के नामों से ही उनके नामों की कल्पना की गई है। इसी तरह उनके लिये जो समय माना गया है वह भी आनुमानिक ही है क्योंकि कई अक्षरों के वे ही रूप अनुमान किये हुए समय से पहले और पीछे भी मिलते हैं।

२. राजपूताने में बहुधा लेख उत्तरी शैली के ही मिलते हैं परंतु गंगधार (झालावाड़ राज्य में) से मिला हुआ वि० स० ४८० (ई० स० ४२३) का लेख (फ्ली; गु० इं; लेखसंख्या १७), जो विश्ववर्मन का है, दक्षिणी शैली की लिपि का और बयाने (भरतपुरराज्य में) के किले (विजयगढ़) में विष्णुवर्द्धन के पुंडरीक यज्ञ के यूप (=स्तंभ) पर खुदे हुए लेख (फ्ली; गु० इं; लेख संख्या ५६) में जो वि० स० ४२८ (ई० स० ३७२) का है। दक्षिणी शैली का कुछ मिश्रण पाया जाता है।

३. मध्यभारत में भी गुप्तकाल के लेख बहुधा उत्तरी शैली के ही मिलते हैं परंतु कहीं-कहीं दक्षिणी शैली के भी मिल आते हैं। जैसे कि चंद्रगुप्त (दूसरे) का सांची का लेख (फ्ली; गु० इं; लेखसंख्या ५); नरवर्मन का मंदसौर से मिला हुआ मालव (विक्रम) स० ४६१ का (एँ० इं; जि० १२, पृ० ३२०-२१) और कुमारगुप्त के समय का मालव (विक्रम)स० ५२९ का (फ्ली; गु० इं; लेखसंख्या १८) लेख। उदयगिरि से मिला हुआ चंद्रगुप्त (दूसरे) के समय का एक लेख (फ्ली; गु० इं; लेखसंख्या ६) उत्तरी शैली की लिपि का है, परंतु वहीं से मिला हुआ उसी राजा के समय का दूसरा लेख (फ्ली; गु० इं० लेख संख्या ३) दक्षिणी शैली का है और वहीं से मिले हुए तीसरे लेख की (फ्ली; गु० इं; लेखसंख्या ६१), जो गुप्त संवत् १०६ (ई० स० ४२५-६) का है, लिपि उत्तरी शैली की होने पर भी उसमें दक्षिणी शैली का कुछ-कुछ मिश्रण पाया जाता है। इस प्रकार एक ही स्थान के लेखों में भिन्न शैली की लिपियों का मिलना यही बतलाता है कि उनके लेखक भिन्न लिपियों के ज्ञाता थे न कि देशभेद ही इस अंतर का कारण था।

४. मध्य प्रदेश में भी गुप्तों के समय उत्तरी शैली की लिपि का प्रचार था परंतु कोई-कोई लेख दक्षिणी शैली के भी मिल आते हैं; जैसा कि एरण से मिला हुआ समुद्रगुप्त के समय का लेख (फ्ली; गु० इं; लेखसंख्या २), परंतु वहीं से मिले हुए बुधगुप्त और गोपराज के लेख उत्तरी शैली के हैं (फ्ली; गु० इं; लेखसंख्या १९ और २०)।

५. फ्ली; गु० इं ; प्लेट १

६. वही, प्लेट ४ (A)।

७. वही, प्लेट २१ (A)।

८. वही, प्लेट ५।

९. एँ० इं; जि० १०, पृ० ७१ के पास का प्लेट।

१०. वही, जि० १, पृ० २४० के पास का प्लेट।

११. लक्ष्मण का दानपत्र-एँ० इं; जि० २, पृ० २६४ के पास का प्लेट, और जयनाथ का दानपत्र-फ्ली; गु० इं प्लेट १६।

१२. ये मूल पंक्तियां पाली गांव से मिले हुए महाराज लक्ष्मण के दानपत्र (एँ० इं; जि० २, पृ० ३६४ के पास के प्लेट) से उद्धृत की गई हैं।

अध्याय-७

कुटिल लिपि

ई० स० की छठी से नवीं शताब्दी (लिपिपत्र १८ से २३)

ई० स० की छठी से नवीं शताब्दी तक की बहुधा सारे उत्तरी भारतवर्ष की लिपि का, जो गुप्तलिपि का परिवर्तित रूप है, नाम 'कुटिललिपि' कल्पना किया गया है। 'कुटिलाक्षर' नाम का प्राचीन प्रयोग[१] भी मिलता है परंतु वह भी उसके वर्णों और विशेषकर मात्राओं की कुटिल आकृतियों के कारण रखा गया हो ऐसा अनुमान होता है।[२] इस लिपि के अक्षरों के सिर बहुधा V ऐसे होते हैं परंतु कभी छोटी सी आड़ी लकीर से भी वे बनाये जाते हैं। अ, आ, घ, प, म, य, ष और 'स' का ऊपर का अंश दो विभाग वाला होता है और बहुधा प्रत्येक विभाग पर सिर का चिह्न जोड़ा जाता है।

यह लिपि मंदसौर से मिले हुए राजा यशोधर्मन् के लेखों[३], महानामन् के बुद्धगया के लेखों[४], मोखरियों के लेख और मुद्रा[५], वर्मलात के समय के वसंतगढ़ के लेख[६], राजा हर्ष के दानपत्रादि[७], नेपाल के अशुवर्मन् के लेखों[८], मेवाड़ के गुहिलवंशी राजा शीलादित्य और अपराजित के लेखों[९], मगध के गुप्तवंशी आदित्यसेन और जीवितगुप्त (दूसरे) के लेखों[१०], कुदारकोट के लेख[११], झालरापटण से मिले हुए राजा दुर्गगण के लेखों[१२], कोटा के निकट कणस्वा (कण्वाश्रम) के मंदिर में लगी हुई राजा शिवगण की प्रशस्ति[१३], बनारस से मिले हुए पंथ के लेख[१४], कामां (कामवन) से मिले हुए यादवों के लेख[१५], लाखामंडल की प्रशस्ति[१६], चंबा राज्य से मिले हुए राजा मेरुवर्मन के लेखों[१७] राजपूताना और मालवे से मिले हुए प्रतिहार (पड़िहार) वंशियों के लेखादि[१८] तथा कई अन्य लेखों में; एवं जापान के होर्युजी नामक स्थान के बौद्ध मठ के रखी हुई 'प्रज्ञापारमिताहृदयसूत्र' और 'उष्णीषविजयधारणी'[१९] तथा मि० बाबर की प्राप्त की हुई हस्तलिखित पुस्तकों[२०] में भी मिलती है।

लिपिपत्र १८वां

यह लिपिपत्र मंदसौर से मिले हुए राजा यशोधर्मन् (विष्णुवर्द्धन) के मालव (विक्रम) स० ५८९ (ई० स० ५३२) के शिलालेख[२१] से तैयार किया गया है। इसमें 'अ' वर्तमान दक्षिणी शैली के नागरी 'अ' से मिलता हुआ है। 'औ' पहले-पहल इसी लेख में मिलता है 'उ च, ड, ट, त,

द, न, प, म, र, ल, ष, स और 'ह' अक्षरों के रूप वर्तमान नागरी के उक्त अक्षरों से मिलते-जुलते ही हैं। हलंत व्यंजनों को सिरों की पंक्ति से नीचे नहीं किंतु सस्वर व्यंजनों के साथ समान पंक्ति में ही लिखा है परंतु उनके सिर उनसे जुड़े हुए नहीं किंतु विलग ऊंचे धरे हैं और 'त्' के नीचे नागरी की 'उ' की मात्रा का सा चिह्न और बढ़ा दिया है। 'आ' की मात्रा तीन प्रकार की मिलती है जिनमें से एक रूप वर्तमान नागरी की 'आ' की मात्रा से मिलता हुआ है (देखो, ना, मा)। 'इ' की मात्रा चार प्रकार से लगी है जिनमें से एक वर्तमान की 'इ' की मात्रा के समान है (देखो, 'कि') 'ई' की मात्रा का जो रूप इस लेख में मिलता है उसका अंत नीचे की तरफ और बढ़ाने से वर्तमान नागरी की 'ई' की मात्रा बन जाती है (देखो, 'की'); 'उ' और 'ऋ' की मात्राएं नागरी के समान हो गई हैं (देखो, दु, रु, वृ, वृ,)। 'ए' की मात्रा नागरी से मिलती हुई है परंतु अधिक लंबी और कुटिल आकृति की है। (देखो 'ने'), 'ऐ' की मात्रा की कहीं नागरी की तरह दो तिरछी, परंतु अधिक लंबी और कुटिल, रेखाएं मिलती हैं और कहीं एक वैसी रेखा और दूसरी व्यंजन के सिरे की बाईं तरफ नीचे को झुकी हुई छोटी सी रेखा है (देखो, 'मैं'), 'ओ' की मात्रा कहीं-कहीं नागरी से किसी प्रकार मिलती हुई है (देखो, तो, शो)। 'क्ष' में 'क्' और 'ष', और 'ज्ञ' में 'ज्' और 'ञ' स्पष्ट पहचान में आते हैं।

लिपिपत्र १८वें की मूल पंक्तियों का नागरी अक्षरांतर–

अथ जयति जनेन्द्रः श्रोयशोधर्म्मनामा प्रमदवनमिवान्तः
शत्तू (त्रु) सैन्यं विगाह्य व्रणकिसलयभङ्गैर्य्योङ्गभूषां विधते तरुणत-
रुलतावद्वीरकीर्तीर्व्विनाम्य।। आजौ जिती विजयते जगतीम्पुनश्च-
श्रीविष्णुवर्द्धननराधिपतिः स एव प्रख्यात औलिकरलाञ्छन आत्म-
वङ्शो(वंशो) येनोदितोदितपदं गमितो गरीयः।। प्राचो नृपान्सुबृहतश्च-
बहूनदौचः साम्ना युधा च वशगान्प्रविधाय येन नामापरं
जगति कान्तमदो दुरापं राजाधिराजपरमेश्वर इत्युदूढम्।।
स्निग्ध श्यामाम्बुदाभैः स्थगितदिनकृतो यज्वनामाज्यधूमैरम्भो मेध्यं

लिपिपत्र १९वां

यह लिपिपत्र 'उष्णीषविजयधारणी' नामक ताड़पत्र पर लिखी हुई पुस्तक के अंत में दी हुई पूरी वर्णमाला[२३], मि० बाबर के प्राप्त किये हुए प्राचीन हस्तलिखित पुस्तकों[२४], मौखरी शर्ववर्मन् की आसीरगढ़ से मिली हुई मुद्रा[२५], मौखरी अनंतवर्मन् के २ लेखों[२६] तथा महानामन् के बुद्धगया के लेख[२७] से तैयार किया गया है। 'उष्णीषविजयधारणी' के अंत की वर्णमाला के अक्षरों में अ, उ, ऋ, क, ख, ग, घ, ङ, च, ज, ट, ड, ढ, ण, त, थ, द, न, प, म, य, र, ल, व, श, ष, स और 'ह' नागरी के उन अक्षरों से बहुत कुछ मिलते हुए हैं और 'व' तथा 'ब' में भेद नहीं है। 'इ'

की तीन बिंदियों में से नीचे की बिंदी को वर्तमान नागरी के 'उ' की मात्रा का सा रूप दिया है। 'इ' का रूप है ई० स० की १३वीं शताब्दी तक कहीं-कहीं मिल आता है। 'ऋ' और 'ॠ"लृ' और ॡ' पहले-पहले इसी में मिलते हैं। वर्तमान नागरी के 'ऋ' और 'ॠ' इन्हीं से बने हैं परंतु वर्तमान 'लृ' और 'ॡ' के मूल संकेत नष्ट हो चुके हैं जिससे अब 'ल्' के साथ 'ऋ' और 'ॠ' की मात्राएं लगा कर काम चलाया जाता है। 'ओ' की आकृति नागरी के वर्तमान 'उ' से मिलती हुई है परंतु उसका सिर बाईं तरफ अधिक लंबा होकर उसका बायां अंत नीचे को मुड़ा है। 'ओ' का यह रूप पिछले लेखों तथा प्राचीन हस्तलिखित पुस्तकों में भी मिलता है और कोई-कोई लेखक अब तक 'ओं' लिखने में 'ऊ' के ऊपर रेफ तथा अनुस्वार लगाकर इस प्राचीन 'ओ' की स्मृति को जीवित रखते हैं। 'ङ', 'ज' और 'ट' के सिरों के दाहिनी तरफ के अंत में चिह्न लगाया है। वह अथवा उसका परिवर्तित रूप पिछले लेखों में मिलता है (देखो, लिपिपत्र २१, २३, २४, २८, २९, ३०, ३१, ३२, ३३, ३४)। वर्तमान नागरी के 'ङ' में, 'ड' की आकृति बना कर उसके आगे बिंदी लगाई जाती है जो इसी चिह्न का स्थानांतर है और 'ङ' तथा 'ड' की आकृति एक सा बन जाने पर उन अक्षरों का भेद बतलाने के लिये ही लगाई जाने लगी है। 'ओं' का सांकेतिक चिह्न नागरी के ७ के अंक सा है जो वास्तविक 'ओं' नहीं किंतु कल्पित चिह्न है। यह कई रूपांतरों के साथ पिछले लेखों तथा प्राचीन जैन, बौद्ध और ब्राह्मणों के हस्तलिखित पुस्तकों के प्रारम्भ में मिलता है।

महानामन् के लेख में 'ऊ' को 'उ' के साथ ⌋ चिह्न जोड़ कर बनाया है परंतु अन्यत्र बहुधा समकोण वाला नहीं किंतु गोलाईदार चिह्न मिलता है जिसका अग्रभाग नीचे की ओर झुका हुआ होता है (देखो, इसी लिपिपत्र में उष्णीषविजयधारणी के अंत की वर्णमाला का 'ऊ' और लिपिपत्र २४, २५, २८, ३१, ३४, ३५ में भी) 'त्' का रूप उपर्युक्त यशोधर्मन् के लेख (लिपिपत्र १८ में) के 'त्' का सा ही है परंतु इसमें सिर की आड़ी लकीर को दाहिनी ओर झुका कर बहुत नीचे बढ़ा लिया है। संभव है कि नागरी का वर्तमान हलंत का चिह्न इसी से निकला हो और व्यंजन के ऊपर लिखे जाने की अपेक्षा नीचे लिखा जाने लगा हो। 'र्य', 'य' से मिलता हुआ है और रेफ को पंक्ति से ऊपर नहीं किंतु सीध में लिखा है और 'र्य' तथा 'य' में भेद बतलाने के लिये ही 'य' के नीचे के दाहिनी ओर के अंश को गोलाई के साथ ऊपर बढ़ाया है। ऐसा ही 'र्य' अन्य लेखों में भी मिलता है (देखो, लिपिपत्र १७, २० २१, २२, २८, २९)।

लिपिपत्र १९वें की मूल पंक्तियों[२८] का नागरी अक्षरांतर-

ओं आसीत्सर्व्वमहीक्षितामनुरिव क्षत्त्रस्थितेर्द्देशिकः श्रीमान्मत्तगजेन्द्र-
खेलगमनः श्रीयज्ञवर्म्मा नृपः यस्याहूतमहस्त्रनेत्त्रविरहक्षामा
सदैवाध्वरैः पौलोमी चिरमश्रुपातमलिनं(नां) धत्ते कपोलश्रियं॥
श्रीशार्दूलनृपात्मजः परहितः श्रीपौरुयः श्रूयते लोके चन्द्रम-

लिपिपत्र २०वां

यह लिपिपत्र उदयपुर के विक्टोरिया हॉल में रखे हुए मेवाड़ के गुहिलवंशी राजा अपराजित

के समय के वि० स० ७१८ (ई० स० ६६१) के लेख की अपने हाथ से तैयार की हुई छाप से बनाया गया है। इसके 'थ' 'श' नागरी के 'थ' और 'श' से मिलते-जुलते ही हैं केवल ऊपर की गांठे उलटी हैं। 'य' के प्राचीन और नवीन (नागरी के सदृश) दोनों रूप मिलते हैं। 'आ' की मात्रा चार प्रकार से बनाई है। 'जा' और 'हा' के ऊपर 'आ' की मात्रा ऐसी लगी है, जिसकी स्मृति अब तक कितने एक पुस्तक लेखकों को है क्योंकि जब वे भूल से कहीं 'आ' की मात्रा छोड़ जाते हैं और व्यंजन की दाहिनी ओर उसको लिखने का स्थान नहीं होता तब वे उस के ऊपर चिह्न लगा देते हैं। इस लेख में अक्षरों तथा स्वरों की मात्राओं में सुंदरता लाने का यत्न कर लेखक ने अपनी चित्रनिपुणता का परिचय दिया है (देखो, जा, टा, रा, धि, हि, ही, ते, ले, नै, वै, यो, कौ, शौ, सौ, त्य, प्र, व्य, श्री)।

लिपिपत्र २०वें की मूल पंक्तियों का नागरी अक्षरांतर–

राजा श्रीगुहिलान्वयामलपयोराशौ स्फुद्दीधितिध्वस्तध्वान्तसमूहदुष्ट-
सकलव्यालावलेपान्तकृत्। श्रीमानित्यपराजितः क्षितिभृतामभ्यर्चितो-
मूर्धभिः (भि)र्वृत्तस्वच्छ ये व कौस्तुभमणिर्ज्जातो जगद्भूषणं॥ शिवात्म-
जोखण्डितशक्तिसंपद्धुयेः समाक्रान्तभुजङ्गशत्रु[ः]। तेनेन्द्रवस्कन्द इव
प्रणेता वृतो महाराजवराहसिंहः जनगृहीतमपि क्षयवर्जितं
धवलमप्यनुरञ्जितभूतलं स्थिरमपि प्रविकासि दिशो दश भ्रमति

लिपिपत्र २१वां

यह लिपिपत्र बंसखेडा से मिले हुए राजा हर्ष (हर्षवर्द्धन) के दानपत्र[२९], नेपाल के राजा अंशुवर्मन् के लेख[३०], राजा दुर्गगण के झालरापाटण के लेख[३१], कुदारकोट के लेख[३२] तथा राजा शिवगण के कोटा के लेख[३३] से तैयार किया गया है। हर्ष के दानपत्र से प्राचीन अक्षरों की पहली पंक्ति के 'ह' से 'प्र' तक के अक्षर उद्धृत किये हैं और अंतिम पांच अक्षर ('ध' से 'श्री' तक) उक्त दानपत्र के अंत के हर्ष के हस्ताक्षरों से लिये गये हैं जो चित्रलिपि का नमूना होने के साथ ही साथ उक्त राजा की चित्र विद्या की निपुणता प्रकट करते हैं। झालरापाटण के लेख में विसर्ग की दोनों बिंदिओं को लिखा है। कूदारकोट के लेख में हलंत का चिह्न ऊपर से तथा वर्तमान चिह्न के समान नीचे से भी बनाया है। कोटा के लेख में 'अ' (पहला) वर्तमान नागरी 'अ' से बहुत कुछ मिलता हुआ है और 'त्' को चलती कलम से लिख कर हलंत के चिह्न को मूल अक्षर से मिला दिया है जिससे उसका रूप कुदारकोट के लेख के 'त्' से भिन्न प्रतीत होता है।

लिपिपत्र २१वें की मूल पंक्तियों का नागरी अक्षरांतर–

ओं नमः शिवाय ओं नमः स्म(स) कलसंसारसागरो-
त्तारहेतवे। तमोगर्त्ताभिसंपातहस्तालंबाय शम्भवे॥
श्वेतद्वीपानुकारा ×क्वचिदपरिमितैरिन्दुपादैः पतद्भिर्न्नित्यस्थै-

लिपिपत्र २२वां

यह लिपिपत्र चंबा के राजा मेरुवर्मा के ५ लेखों से तैयार किया है। उक्त लेखों में से गूंगाव का लेख[३५] शिला पर खुदा है और बाकी के पित्तल की मूर्त्तियों पर[३६]। मूर्त्तियों पर के लेखों से उद्धृत किये हुए अक्षरों में कितने एक अक्षरों के एक से अधिक रूप मिलते हैं जिसका कारण यह है कि ये सब लेख एक ही लेखक के हाथ से लिखे नहीं गये और कुछ अक्षर कलम को उठाये बिना लिखे हों ऐसा प्रतीत होता है 'न' का पहला रूप नागरी के 'म' से मिलता हुआ है। उक्त अक्षर का ऐसा रूप अन्यत्र भी मिलता है (देखो लिपिपत्र २२ में बुचकला के लेख के अक्षरों में)। 'न' के तीसरे रूप में बीच की ग्रंथि उलटी लगाई है, 'र' का दूसरा रूप उलटा लिखा गया है, 'ब' को 'व' के समान लिखा है और रेफ को पंक्ति के ऊपर नहीं किंतु पंक्ति की सीध में लिखा है।

लिपिपत्र २२वें की मूल पंक्तियों[३७] का नागरी अक्षरांतर–

ओं प्रासाद[३८] मेरुसदृशं हिमवन्तमूर्ध्नि:[३९] कृत्वा स्वयं
प्रवरकर्म्मशुभैरनेकै: तच्चन्द्रशाल[३९] रचितं[४०] नवनाभनाम[४१]
प्राग्ग्रीवकैर्व्विविधमण्डपनै: कचित्रै:[४२]॥ तस्याग्रतो वृषभ पी[४३]
नकपोलकाय: संश्लिष्टवक्षककुदोन्नतदेवयान:[४४] श्रीमेरु-
वर्म्मचतुरोदधिकीर्त्तिरेषा:[४५] मातापितृ:[४६] सततमात्मफ-

लिपिपत्र २३वां

यह लिपिपत्र प्रतिहार राजा नागभट्ट[४७] के समय के बुचकला के लेख[४८], प्रतिहार बाउक के जोधपुर के लेख[४९] तथा प्रतिहार कक्कुक के घटियाले के लेख[५०] से तैयार किया गया है। बुचकला के लेख में 'न' नागरी के 'म' से मिलता हुआ है 'ह' की आकृति नागरी के 'ड' के समान है और 'स' में 'त' उलटा जोड़ा है। जोधपुर के लेख के अधिकतर अक्षर नागरी के समान हो गये हैं।

लिपिपत्र २३वें की मूल पंक्तियों[५१] का नागरी अक्षरांतर–

ओं नमो विष्णवे॥ यस्मिन्विशन्ति भूतानि यत-
स्सर्ग्गस्थिती मते। स व ⪤ पायाद्धृषीकेशो निर्ग्गुण-
स्सगुणश्च य:॥ गुणा ⪤ पूर्व्वपुरुषाणां कीर्त्यन्ते तेन
पण्डितै:। गुणकीर्त्तिरनश्यन्ती स्वर्गवासकरी यत:॥
अत: श्रीबाउको धीमां (मान्) स्वप्रतीहारवङ्शजां(वंशजान्)। प्रश-

सन्दर्भ :

१. देवल (युक्तप्रदेश में पीभीत से २० मील पर) गांव से मिली हुई वि० स० १०४९ (ई० स० ९९२) की प्रशस्ति में 'कुटिलाक्षराणि' ('विष्णुहरेणनयेन च लिखिता गौडेन करषिकेणैषा। कुटिलाक्षराणि विदुषा तक्षादित्याभिधानेन।। एँ० इं; जि० १, पृ० ८१) और विक्रमांकदेवचरित में 'कुटिललिपिभि:' (नो कायस्थै: कुटिललिपिभिर्नो विटैश्चाटुदक्षै: १८.४२) लिखा मिलता है। उनमें 'कुटिल' शब्द क्रमश: तथा लिपि का विशेषण है, परंतु उनमें उस समय की नागरी की, जो कुटिल से मिलती हुई थी, 'कुटिल' संज्ञा मानी है। मेवाड़ के गुहिलवंशी राजा अपराजित के समय की वि० स० ७१८ (ई० स० ६६१) की प्रशस्ति के अक्षरों को 'विकटाक्षर' कहा है (यशोभटेन पूवयमुत्कीर्ण्णा विकटाक्षरा।। एँ० इं; जि० ४, पृ० ३२) और अस्पद के लेख में (फ्ली; गु० इं; लेखसंख्या ४२) 'विकटाक्षराणि' लिखा मिलता है। 'विकट' और 'कुटिल' दोनों पर्याय हैं और अक्षरों की आकृति के सूचक हैं।

२. कुटिललिपि में अक्षरों की खड़ी रेखाएं नीचे की तरफ बाईं ओर मुड़ी हुई होती हैं और स्वरों की मात्राएं अधिक टेढ़ी तथा लंबी होती हैं इसी से उसका नाम कुटिल पड़ा।

३. राजा यशोधर्मन् के तीन लेख मंदसौर से मिले हैं जिनमें से एक मालव (विक्रम) स० ५८९ (ई० स० ५३२) का है (फ्ली; गु० इं; प्लेट २१ और B, C और २२)।

४. महानामन् नाम वाले दो लेख बुद्धगया से मिले हैं (फ्ली; गु० इं; प्लेट ४१ A और B) जिनमें से एक में संवत् २६९ है। यदि यह गुप्त संवत् माना जाये तो इसका समय ई० स० ५८८-९ होगा।

५. मौखरी (मुखर) वंशी राजा ईशानवर्मन् का हड़ाहा का शिलालेख वि० स० ६११ (ई० स० ५५४) का है (सरस्वती, ई० स० १९१६, पृ० ८१-८३)। आसीरगढ़ से मिली हुई ईशानवर्मन् के पुत्र शर्ववर्मन् की मुद्रा में कोई संवत् नहीं है (फ्ली; गु० इं; प्लेट ३०A)। अनंतवर्मन् के बराबर और नागार्जुनी पहाड़ियों की गुफाओं के लेखों (फ्ली; गु० इं; प्लेट ३० B, ३१ A और B) में भी संवत् नहीं मिलता परंतु उसका ई० स० की छठी शताब्दी के अंत के आसपास होना अनुमान किया जा सकता है। जौनपुर का लेख भी जिसका प्रारंभ का हिस्सा बचने नहीं पाया। संभवत: उपर्युक्त ईशानवर्मन् के समय का हो (फ्ली; गु० इं० प्लेट, ३२ A)।

६. यह लेख वि० स० ६८२ (ई० स० ६२५-६) का है (एँ० इं; जि०, ९ पृ० १९० के पास का प्लेट)।

८. बैसवंशी राजा हर्ष का बंसखेड़ा का दानपत्र हर्ष संवत् २२ (वि० स० ६२८-९) का है (एँ० इं; जि० ४, पृ० २१० के पास का प्लेट) और मधुवन से मिला हुआ दानपत्र हर्ष संवत् २२ (वि० स० ६३१) का है (एँ० इं; जि० १, पृ० ७२-७३)। सोनपत से मिली हुई उक्त राजा की मुद्रा (फ्ली; गु० इं० प्लेट ३२ B) में संवत् नहीं है।

९. अंशुवर्मन् के समय के लेखों में से एक संवत् ३१६ (या ३१८?) है (एँ० इं; जि० १४, पृ० ९८, वें; ज० ने० पृ० ७४) जिसको गुप्त संवत् माना जाये तो उसका समय ई० स० ६३५-६ (या ६३७-८?) होगा। उसके दूसरे लेखों में संवत् ३४, ३९, ४५ (?) और ४८ मिलते हैं (बं; ज० ने० पृ० ४. एँ० इं; जि० ९, पृ० १७०-७१)। यदि इन संवतों को हर्ष संवत् मानें तो इनका समय ई० स० ६४० से ६५४ तक स्थिर होगा।

१०. मेवाड़ के गुहिलवंशी राजा शीलादित्य (शील) के समय का एक शिलालेख वि० स० ७०३ (ई० स० ६४६) का मेवाड़ के भोमट इलाके के सामोली गांव से मिला है जो मैंने राजपूतानी म्यूज़ियम (अजमेर)

को भेंट किया। यह लेख अभी तक छपा नहीं है। राजा अपराजित का लेख वि० स० ७१८ (ई० स० ६६१) का है (ऍ० इं; जि० ४, पृ० ३० के पास प्लेट)।

११. आदित्यसेन के समय के तीन लेखों में से दो में संवत् नहीं है (फ्ली; गु० इं० प्लेट २८, और पृ० २१२) परंतु तीसरा जो शाहपुर से मिली हुई सूर्य की मूर्ति के आसन पर खुदा है [हर्ष] संवत् ६६ (ई० स० ६७२) का है (फ्ली; गु० इं. प्लेट २९ A) आदित्यसेन के प्रपौत्र जीवितगुप्त (दूसरे) के समय का एक लेख देवबर्नार्क से मिला है वह भी बिना संवत् का है (फ्ली; गु० इं; प्लेट २९ B)

१२. कुदारकोट के लेख में संवत् नहीं परंतु उसकी लिपि आदि से उसका समय ई० स० की सातवीं शताब्दी अनुमान किया जा सकता है (ऍ० इं; जि० १, पृ० १८० के पास प्लेट)।

१३. झालरापाटण से मिले हुए राजा दुर्गगण के दो लेख एक ही शिला पर दोनों ओर खुदे हैं जिनमें से एक वि० स० ७४६ (ई० स० ७८९) का है (ऍ० इं; जि० ५, पृ० १८१-८२ के बीच के प्लेट)।

१४. शिवगण की कणस्वा की प्रशस्ति वि० स० ७९५ (ई० स० ७३८) की है (इं; ऍ० जि० १९, पृ० ५८ के पास का प्लेट)।

१५. इस लेख में संवत् नहीं है परंतु इसकी लिपि ई० स० की ७वीं शताब्दी के आसपास की अनुमान की जा सकती है (ऍ० इं; जि० ९, पृ० ६० के पास का प्लेट)।

१६. मढ़ा के लक्खामण्डल नामक मंदिर की प्रशस्ति में संवत् नहीं है परंतु उसकी लिपि ई० स० की आठवीं शताब्दी के आसपास की प्रतीत होती है (ऍ० इं; जि० १, पृ० १२ के पास का प्लेट)।

१७. मेरुवर्मन् के पांच लेखों में से एक शिला पर (वो; ऍ० चं० स्टे; प्लेट ११) और चार पित्तल की मूर्तियों के आसनों पर खुदे हुए मिले हैं (वॉ; ऍ, चं० स्टे; प्लेट १०)। उन सब में संवत् नहीं है परंतु लिपि के आधार पर उनका समय ई० स० की आठवीं शताब्दी माना जा सकता है।

१८. प्रतिहार राजा नागभट्ट का बुचकला का लेख वि० स० ८७२ (ई० स० ८१५) का (ऍ० इं; जि० ९, पृ० २०० के पास प्लेट); बाउक का जोधपुर का वि० स० ८९४ (ई० स० ८३७) का (ज० रॉ० ए० सो; ई० स० १८९४ पृ० ४); कक्कुक का घटियाले का वि० स० ९१८ (ई० स० ८७१) का (ज० रॉ० ए० सो; ई० स० १५९५ पृ० ५१६); भोजदेव (प्रथम) का वि० स० ९०० का दानापत्र (ऍ० इं; जि० ५, पृ० २११-२); और ५ शिलालेख; जिन में से देवगढ़ का वि० स० ९१९ (ई० स० ८६२) का (ऍ० इं; जि० ४, पृ० ३१०), ग्वालियर से मिले हुए तीन लेखों में से एक वि० स० ९३२ (ई० स० ८७५) का (ऍ० इं; जि० १, पृ० १५६-७), दूसरा वि० स० ९३३ (ई० स० ८७७) का (ऍ० इं; जि० १, पृ० १६० के पास का प्लेट) और तीसरा बिना संवत् का (आ० स० इं० ई० स० १९०३-४ प्लेट ७२) और पहोआ से मिला हुआ हर्ष संवत् २७६ (ई० स० ८८२) का लेख (ऍ० इं; जि० १, पृ० १८६-८)।

१९. प्रतिहार वंशी राजा भोज के लेखों तथा उसके पीछे के महेंद्रपाल (प्रथम), महीपाल आदि के लेखों की लिपियों में कोई स्पष्ट अंतर नहीं है तो भी लिपियों के विभागों के कल्पित समय के अनुसार भोजदेव (प्रथम) तक के लेखों की लिपि की गणना कुटिल लिपि में करनी पड़ी है।

२०. ऍ० आ; (आर्यन् सीरीज़) जि० १, भाग ३।

२१. आ० स० इं; (इंपीरियल सीरीज़) जि० २२वीं।

२२. फ्ली; गु० इं; प्लेट २२।

२३. ऍ० ऑ; (आर्यन् सीरीज़) जि० १, भाग ३, प्लेट १-४।

२४. आ० स० इं; (इंपीरियल सीरीज़) जि० २२वीं के कई प्लेट।
२५. फ्ली; गु० इं; प्लेट ३० A।
२६. वही, प्लेट ३१ A और B।
२७. वही, प्लेट ४१ A।
२८. ये मूल पंक्तियां मैखरी (मुखर) वंशी राजा अनंतवर्मन् के नागार्जुनी गुफा के लेख से उद्धृत की गई हैं (फ्ली; गु० इं; प्लेट ३० A)।
२९. एँ० इं; जि० ४ पृ० २१० के पास का प्लेट।
३०. एँ० इं; जि०१० पृ० १७० के पास का प्लेट।
३१. झालरापाटण (छावनी) में रखे हुए मूल लेख की अपने हाथ से तैयार की हुई दोनों ओर की छापों से।
३२. एँ० इं; जि० २, पृ० १८० के पास का प्लेट।
३३. एँ० इं; जि० १९, पृ० ५८ के पास का प्लेट।
३४. ये मूल पंक्तियां कोटा के लेख से हैं (एँ० इं; जि० १९, पृ० ५८ के पास का प्लेट)।
३५. फो: एँ० चं० स्टे० प्लेट ११।
३६. वही; प्लेट १०।
३७. ये मूल पंक्तियां नदी की मूर्ति के लेख से उद्धृत की गई हैं (फो; एँ, चं० प्लेट १०)। इनमें अशुद्धियां बहुत हैं इसलिये उन्हें मूल के साथ ( ) चिह्न के भीतर नहीं किंतु टिप्पणों में शुद्ध किया है।
३८. सादं०।
३९. वन्मूर्ध्नि।
४०. शाला०।
४१. चिता०।
४२. नयनाभिरामा।
४३. विधमण्डपैर्नैक।
४४. 'षभ: पी'।
४५. 'वक्ष:ककुदुन्नतदेवयानं।'
४६. चतुरुदधिकीर्तिरेषा।
४७. मातापित्रो:
४८. एँ० इं; जि० ९, पृ० १०० के पास का प्लेट।
४९. राजपूताना म्यूज़ियम (अजमेर) में रखे हुए मूल लेख को अपने हाथ से तैयार की हुई छाप से।
५०. प्रसिद्ध इतिहासवेत्ता जोधपुर के मुन्शी देवीप्रसाद की भेजी हुई छाप से।
५१. ये मूल पंक्तियां प्रतिहार बाउक के उपर्युक्त जोधपुर के लेख से उद्धृत की गई हैं।

अध्याय-८

नागरी लिपि

ई० स० की १०वीं शताब्दी से (लिपिपत्र २४-२७)

जैसे वर्तमान काल में भारतवर्ष की आर्य लिपियों में नागरी का प्रचार सब से अधिक है और सारे देश में इसका आदर है वैसे ही ई० स० की १०वीं शताब्दी के प्रारंभ में लगाकर अब तक भारत के अधिकतर हिस्सों अर्थात् राजपूताना, गुजरात, काठियावाड़, कच्छ, मध्य भारत, युक्त प्रदेश और मध्य प्रदेश में तो इसका अटल राज्य बना रहा है। बिहार और बंगाल में भी १०वीं शताब्दी तक तो यही लिपि रही जिसके पीछे इसी के कुछ परिवर्तित रूप अर्थात् बंगला लिपि का प्रचार रहा, जो इसकी पुत्री ही है। पंजाब और कश्मीर में इसकी बहन शारदा का प्रचार १०वीं शताब्दी के आसपास होने लगा। दक्षिण के भिन्न-भिन्न विभागों में जहां तेलुगु-कन्नड़ी ग्रंथ और तामिल लिपियों का प्रचार रहा वहां भी उनके साथ-साथ इसका आदर बना रहा। इसी से उत्तरी और दक्षिणी कोंकण तथा कोल्हापुर के शिलारवंशी राजाओं के शिलालेखों और दानपत्रों[१], दक्षिण (मान्यखेट) के राष्ट्रकूटों (राठौड़ों) के कई दानपत्रों[२], गुजरात के राष्ट्रकूटों के कुछ दानपत्रों[३], पश्चिमी चालुक्यों[४] तथा सेउणदेश[५] और देवगिरि[६] के यादवों के शिलालेख और दानपत्रों एवं विजयनगर के तीनों राजवंशों के कई दानपत्रों[७] में नागरी लिपि मिल आती है। विजयनगर के राजाओं के दानपत्रों की नागरी लिपि 'नंदि नागरी' कहलाती है और अब तक दक्षिण में संस्कृत पुस्तकों के लिखने में उसका प्रचार है।

उत्तरी भारत में नागरी का प्रयोग ई० स० की १०वीं शताब्दी के प्रारंभ के आसपास से मिलता है और यह पहले-पहल कन्नौज के प्रतिहारवंशी महेंद्रपाल (प्रथम) के दिध्वादबौली से मिले हुए वि० स० ९५५ के दानपत्र[८] में मिलती है। तदनंतर उसी वंश के अन्य राजाओं[९]; मेवाड़, बागड़ आदि के गुहिलवंशियों[१०]; सांभर, अजमेर, नाडौल, जालौर, चंद्रावती (आबू) आदि के चाहमान[११] (चौहान) वंशियों; कन्नौज के गाहडवालों[१२]; हठुंदी, धनोप, बदायूं आदि के राष्ट्रकूटों[१३], काठियावाड़, लाट और गुजरात (अणहिलवाड़ा) के चालुक्यों[१४] (सोलंकियों); आबू और मालवा आदि के परमारों[१५]; ग्वालियर, दूबकुंड, नरवर आदि के कच्छपघात[१६] (कछवाहा) वंशियों; जेजाकभुक्ति (जझौटी= बुंदेलखण्ड) के चंद्रात्रेय (चंदेल) वंशियों[१७]; त्रिपुरी (तेवर), रत्नपुर आदि के हैहय (कलचुरि)

वंशियों[१८] आदि अनेक राजवंशियों के शिलालेखों और दानपत्रों में एवं साधारण पुरुषों के लेखों में अब तक बराबर मिलती है।

ई० स० की १०वीं शताब्दी की उत्तरी भारतवर्ष की नागरी लिपि में, कुटिल लिपि की तरह, अ, आ, घ, प, म, य, ष और स के सिर दो अंशों में विभक्त मिलते हैं, परंतु ११वीं शताब्दी से ये दोनों अंश मिलकर सिर की एक लकीर बन जाती है और प्रत्येक अक्षर का सिर उतना लंबा रहता है जितनी कि अक्षर की चौड़ाई होती है। ११वीं शताब्दी की नागरीलिपि वर्तमान नागरी से मिलती-जुलती ही है और १२वीं शताब्दी से वर्तमान नागरी बन गई, केवल 'इ' और 'ध' में ही कहीं पुरानापन नजर आता है (देखो, लिपिपत्र २६ में जाजल्लदेव के लेख के अक्षर) और व्यंजनों के साथ जुड़ने वाली ए, ऐ, ओ और औ की मात्राओं में कभी-कभी यह अंतर पाया जाता है कि 'ए' की मात्रा व्यंजन के पूर्व खड़ी लकीर के रूप में सिर की लकीर से सटी रहती है, 'ऐ' की मात्रा में एक तो वैसी ही खड़ी लकीर और दूसरी तिरछी रेखा व्यंजन के ऊपर लगाई जाती है (देखो, लिपिपत्र २७ में धारावर्ष के लेख से दिये हुए अक्षरों में 'ने' और 'लै'); 'ओ' की मात्रा दो खड़ी लकीरों से बनाई जाती है जिनमें से एक व्यंजन के पहले और दूसरी उसके पीछे ('आ' की मात्रा की तरह) रहती है, और 'औ' में वैसी ही दो लकीरें तथा एक वक्र रेखा व्यंजन के ऊपर रहती हैं (देखो, लिपिपत्र २७ की मूल पंक्तियों की दूसरी पंक्ति में 'वंशोद्धरण' में 'शो' और पहली पंक्ति में 'भौमे' में 'भौ' तथा 'चौलुक्य' में 'चौ')। उक्त ४ स्वरों की इस प्रकार की मात्राएं शिलालेखादि में कहीं-कहीं ई० स० की १५वीं शताब्दी तक और हस्तलिखित पुस्तकों में १६वीं शताब्दी के पीछे तक मिल आती हैं, जिनको राजपूताना के पुस्तक लेखक 'पड़ी मात्राएं' (पृष्ठमाला) कहते हैं। ई०स० की १२वीं शताब्दी से लगा कर अब तक नागरी लिपि बहुधा एक ही रूप में चली आती है तो भी लेखन शैली और देशभेद से कुछ अंतर रह ही जाता है, जैस कि जैन लेखकों के इ, उ, छ, झ, ठ, ड, ल और क्ष अक्षर (**ɪ, उ, ब, ऊ, ग, म, ल, क्षं**), और दक्षिण वालों के अ, झ, ण, भ और क्ष अक्षर (अ, झ, ण,श और क्ष) नागरी के उन अक्षरों से अब भी भिन्न हैं।

दक्षिण में वर्तमान नागरी से अधिक मिलती हुई लिपि उत्तरी भारतवर्ष की अपेक्षा पहले अर्थात् ई० स० की आठवीं शताब्दी से मिलती है। पहले-पहल वह राष्ट्रकूट (राठौड़) वंश के राजा दंतिदुर्ग के सामनगढ़[१९] से मिले हुए शक संवत् ६७५ (ई० स० ७५४) के दानपत्र में; उसके बाद राष्ट्रकूट राजा गोविंदराज (दूसरे) के समय के धुलिया से मिले हुए शक स० ७०१ (ई० स० ७८०) के दानपत्र[२०] में; तदनंतर पैठण[२१] और वणीगांव[२२] से मिले हुए राष्ट्रकूट गोविंद (तीसरे) के दानपत्रों में, जो क्रमशः शक संवत् ७१६ और ७३० (ई०स० ७९४ और ८०८) के हैं; बड़ौदे[२३] से मिले हुए गुजरात के राष्ट्रकूट ध्रुवराज (धारावर्ष, निरुपम) के शं० स० ७५७ (ई० स० ८३५) के दानपत्र में और राष्ट्रकूट अमोघवर्ष और उसके शिलावंशी सामंत पुल्लशक्ति (प्रथम और द्वितीय) के समय के कन्हेरी के लेखों[२४] में जो क्रमशः श० स० (?) और ७७३ (ई० स० ८४३ और ८५१) के हैं,

पाई जाती हैं और उक्त समय के पीछे भी दक्षिण की लिपियों के साथ-साथ बराबर मिलती चली आती है। उपर्युक्त सब ताम्रपत्र और शिलालेख भिन्न-भिन्न पुरुषों के हाथ के लिखे हुए होने से उनकी लेखन शैली कुछ-कुछ निराली है परंतु उनकी लिपि को नागरी कहने में कोई संकोच नहीं है। इस प्रकार नागरी लिपि ई० स० की ८वीं शताब्दी के उत्तरार्ध से विस्तृत रूप में लिखी हुई मिलती है परंतु उससे पहले भी उसका व्यवहार होना चाहिये क्योंकि गुजरात के गूर्जरवंशी राजा जयभट (तीसरे) के कलचुरि संवत् ४५६ (ई० स० ७०६) के दक्षिणी शैली की पश्चिमी लिपि के दानपत्र[२५] में उक्त राजा के हस्ताक्षर 'स्वहस्तो मम श्रीजयभटस्य' नागरी लिपि में ही है।

लिपिपत्र २४वां

यह लिपिपत्र मोरबी से मिले हुए राजा जाइंकदेव के गुप्त संवत् ५८५ (ई० स० ९०४) के दानपत्र[२६], अलवर से मिले हुए प्रतिहार राजा विजयपाल के समय के वि० स० १०१६ (ई० स० ९५९) के शिलालेख[२७] और नेपाल से मिली हुई हस्तलिखित पुस्तकों[२८] से तैयार किया गया है। जाइंकदेव के दानपत्र के अक्षरों की आकृति कुटिल[२९] है परंतु लिपि नागरी से मिलती हुई ही है, केवल ख, घ, छ, ड, थ, ध, न, फ और म अक्षर वर्तमान नागरी से कुछ भिन्न हैं।

लिपिपत्र २४वें की मूलपंक्तियों[३०] का नागरी अक्षरांतर–

यष्टिवरिष(वर्ष)सहस्राणि स्वर्ग्गे तिष्ठति भूमिदः।
आछेत्ता[चा]नुमंता च तान्येव नरकं वसेत्। स्वदत्तां
परदत्तां वा यो हरेतु(त) वसुंधरां। गवां शतस-
हस्रस्य ह(हं)तुः प्राप्नोति किल्वि(ल्बि)षं। विंध्याटवीष्व-

लिपिपत्र २५वां

यह लिपिपत्र छिंदवंशी लल्ल के वि० स० १०४९ (ई० स० ९९२) के देवल के लेख[३१] से, परमार राजा भोजरचित 'कूर्मशतक' नामक दो काव्यों से, जो धार से शिलाओं[३२] पर खुदे हुए मिले हैं और परमार राजा उदयादित्य के समय के उदयपुर[३३] तथा उज्जैन[३४] के लेखों से, तैयार किया गया है। देवल के लेख में 'अ' नागरी का सा बन गया है क्योंकि उसकी खड़ी लकीर के नीचे के अंत में बाईं ओर से तिरछी रेखा जोड़ी है। यही तिरछी रेखा कुछ काल के अनंतर 'अ' की बाईं तरफ की तीन तिरछी लकीरों में से तीसरी बन गई जो वास्तव में अक्षर में सुंदरता लाने के विचार से ज़ोड़ी जाती थी। कूर्मशतक के अक्षरों में 'इ' और 'ई' में ऊपर की दो बिंदियों के बीच की वक्र रेखा, उन्हीं के नीचे की तीसरी बिंदी के स्थानापन्न ﹁ चिह्न के अंत का बाईं तरफ से दाहिनी तरफ बढ़ा हुआ घुमाव, एवं 'ऊ' और 'ओ' के नीचे के भाग का वैसा ही घुमाव, केवल सुंदरता के विचार से ही हैं। उदयादित्य के उदयपुर के लेख में 'इ' की जो आकृति मिलती है वह तीन बिंदी वाले 'इ' का रूपांतर है और उसे सुंदर बनाने के विचार से ही इस विलक्षण रूप

की उत्पत्ति हुई है। उदयादित्य के उज्जैन के लेख के अंत में उस समय की नागरी की पूरी वर्णमाला, अनुस्वार, विसर्ग, जिह्वामूलीय और उपध्मानीय के चिह्नों सहित खुदी है, जिससे ई० स० की ११वीं शताब्दी में ऋ, ॠ, लृ और ॡ के रूप कैसे थे यह पाया जाता है।

लिपिपत्र २५वें की मूल पंक्तियों[३५] का नागरी अक्षरांतर–

आरामोद्यानवापीषु देवतायतनेषु च। कृतानि क्रियमाणानि
यस्याः कर्म्माणि सर्व्वदा।। दीनानाथविपन्नेषु करुणान्वि-
तचेतसः। सत्वेषु भुञ्जते यस्या विप्रसंघा दिने दिने।।
इत्थं विविक्तमनयोः परिवर्द्धमानधर्म्मप्रव(ब)न्धविगलत्कलिकालवृ-

लिपिपत्र २६वां

यह लिपिपत्र कन्नौज के गाहडवालवंशी राजा चंद्रदेव और मदनपाल के वि० स० ११५४ (ई० स० १०९८) के दानपत्र[३६], हस्तलिखित पुस्तकों[३७] तथा हैहय (कलचुरि) वंशी राजा जाजल्लदेव के समय के शिलालेख[३८] से तैयार किया गया है। चंद्रदेव के दानपत्र की 'इ' के परिवर्तित रूप से वर्तमान नागरी का 'इ' बना है (देखो, लिपिपत्र ८२ में 'इ' की उत्पत्ति)। 'धा' में 'आ' की मात्रा की खड़ी लकीर को 'ध' के मध्य से एक नई आड़ी लकीर खींच कर जोड़ा है, जिसका कारण यह है कि 'ध' और 'व' के रूप बहुधा एक सा बन गये थे जिससे उनका अंतर बतलाने के लिये 'ध' बहुधा बिना सिर के लिखा जाता था, यदि कोई-कोई सिर की लकीर लगाते थे तो बहुत ही छोटी। ऐसी दशा में 'ध' के साथ 'आ' की मात्रा सिर की आड़ी लकीर के साथ जोड़ी नहीं जाती थी, क्योंकि ऐसा करने से 'धा' और 'वा' में अंतर नहीं रहता। इसीलिये 'धा' के साथ की 'आ' की मात्रा मध्य से जोड़ी जाती थी। चंद्रदेव के दानपत्र के अक्षरों की पंक्ति के अंत का 'म' उक्त दानपत्र से नहीं किंतु चंद्रदेव के वंशज गोविंदचंद्र के सोने के सिक्के पर के लेख से लिया गया है और इसी से उसको अंत में अलग धरा है। जाजल्लदेव के लेख में हलंत और अवग्रह के चिह्न उनके वर्तमान चिह्नों के समान ही हैं। उक्त लेख के अक्षरों के अंत में 'इ' और 'ई' अलग दिये गये हैं जिनमें से 'इ' बीजोल्यां (मेवाड़ में) के पास चट्टान पर खुदे हुए चाहमान (चौहान) वंशी राजा सोमेश्वर के समय के वि० स० १२२६ (ई०स० ११७०) के लेख से लिया गया है और 'ई' चौहान वंश राजा पृथ्वीराज (तीसरे) के समय के वि० स० १२४४ (ई० स० ११८७) के वीसलपुर (जयपुर राज्य में) के लेख से लिया गया है। उक्त दोनों अक्षरों के ऐसे रूप अन्यत्र कहीं नहीं मिलते।

लिपिपत्र २६वें की मूल पंक्तियों[३९] का नागरी अक्षरांतर–

तद्वंश्यो हैहय आसीद्यतोजायन्त हैहयाः। . . . . . त्यसेन-
प्रिया सती।।३।। तेषां हैहयभूभुजां समभवद्वंसे (शे) स चेदीश्वरः

श्रीकोकल्ल इति स्मरप्रतिकृतिर्विस्व(श्व) प्रमोदो यतः। येनायं त्रितसी (शी)य। . . . . मेन मातुं यशः स्वीयं प्रेषितमुच्चकैः कियदिति व्र(ब्र)ह्मांडमन्तः क्षिति॥४॥ अष्टादशास्य रिपुकुंभिवि-

लिपिपत्र २७वां

यह लिपिपत्र आबू के परमार राजा धारावर्ष के समय के वि० स० १२६५ (ई० स० १२०८) के ओरियागांव के लेख[४०], जालोर के चाहमान (चौहान) राजा चाचिगदेव के समय के वि० स० १३२१ (ई० स० १२६४) के सूंधा नामक पहाड़ के लेख[४१] और मेवाड़ के गुहिलवंशी रावल समरसिंह के समय के चरिवा गांव के मिले हुए वि० स० १३३० (ई०स० १२७३) के लेख[४२] से तैयार किया गया है। ओरिया गांव के लेख में 'ध' के सिर नहीं हैं परंतु 'ध' को 'व' से स्पष्ट रूप से भिन्न बतलाने के लिये d के ऊपर बाईं ओर ऐसी लकीर जोड़ दी है। यह रूप पिछले नागरी के लेखों तथा पुस्तकों में मिल आता है। सूंधा के लेख की लिपि जैन है। उसके 'छ', 'ठ' आदि अक्षरों को अब तक जैन लेखक वैसा ही लिखते हैं। 'णा' को 'ण' लिख के बीच में आड़ी लकीर लगा कर बनाया है। यह रूप कई लेखों में मिलता है और अब तक कई पुस्तक लेखक उसको ऐसा ही लिखते हैं। चीरवा के लेख में 'ग्ग' को 'ग्र' का सा लिखा है और अन्य लेखों में भी उसका ऐसा रूप मिलता है, जिसको कोई-कोई विद्वान् 'ग्र' पढ़ते भी हैं परंतु उक्त लेख का लेखक बहुत शुद्ध लिखने वाला था अत एव उसने भूल से सर्वत्र 'ग्ग' को 'ग्र' लिख दिया हो यह संभव नहीं। उसने उस समय का 'ग्ग' का प्रचलित रूप ही लिखा है जिसका नीचे का अंश प्राचीन 'ग' का ही कुछ विकृत रूप है, जैसे कोई-कोई लेखक वर्तमान नागरी के 'क्' और 'क्र' को 'क्त' लिखते हैं जिनमें वर्तमान 'क' नहीं किंतु उसका प्राचीन रूप ही लिखा जाता है।

लिपिपत्र २७वें की मूल पंक्तियों[४३] का नागरी अक्षरांतर–

संवत १२६५ वर्षे॥ वैशाखशु १५ भोमै। चोलुक्य-
वंशोद्धरणपरमभट्टारकमहाराजाधिराजश्रीमद्भीमदेवप्र-
वर्द्धमानविजयराज्ये श्रीकरणे मद्धामुद्रामात्यमह०-
भाभूप्तप्रभृतिसमस्तपंचकुले परिपंथयति चंद्रवर्ती थमां-
डलिकसुरशंभूश्रीधारावर्षदेवे एकातपत्रवाहकत्वेन

सन्दर्भ :

१. ऍ० इं; जि० ३, पृ० २७१-६ २९७-३०२। जि० १२, पृ० २६१-५। ऍ० इं; जि० ५, पृ० २७७-९। जि० ९, पृ० ३३-५। गज. १३, पृ० १३४-६, ज० बब. ए. सो. जि. १२, पृ० २१९; ३३३. जि. १३ पृ. २-५ आदि

२. एँ० इं; जि० ३, पृ० १०५-१०। जि० ४, पृ० ६०-२; २८१-६। जि० ५, पृ० १९२-६। जि० ६, पृ० २४२-६। जि० ७. पृ० ३६-४१। जि० ८, पृ० १८४-८. जि० ९, पृ० २९: ३७, जि० १०, पृ० ८१-९. एँ० इं; जि० ११, पृ० १११-३, १५७-६० जि० १२। पृ० १४९-५२; २६४-७, जि० १३, पृ० १३४-६, बू; इं० पे० प्लेट ५, अक्षरों की पंक्ति ५वीं।

३. एँ० इं; जि० ६, पृ० २८७-९४, एँ० इं; जि० १३, पृ० ६६.८, जि० १४. पृ० १९९-२००।

४. एँ० इं; जि० ६, पृ० ४-६; ३०५-६ एँ० इं; जि० १४, पृ० १४१-४२। जि० १६, पृ० २१-४; आदि।

५. एँ० इं; जि० २, पृ० २१७-२१; २२५-८. एँ० इं; जि० १२, पृ० १२६-७ पृ० १२०-१२२ आदि।

६. एँ० इं; जि १, पृ० ३४१-४. जि. ३, पृ० २१९-२० इं.एँ.जि. १४, पृ० ३१५-९, ज. बंब. ए. सो; जि. १२, पृ. ७-८, २५-३०; जि. १५, पृ० ३८६-९० आदि

७. एँ० इं; जि० ३, पृ० ३७९; १२०-१२४; १५७-८; २४०-४१, जि० ४, पृ० १२-२२; २७२-७८ जि. ७, पृ० ८०-८३ जि. ९ पृ० ३३१;९ जि० ११ पृ० ३२९-३६, जि० १२ पृ १७१;८५ जि. १३, पृ० १२६-३१ इं.एँ.जि. १३ पृ० १२८-३२रू १५६-६०; आदि

८. एँ० इं; जि० १५, पृ० ११२ के पास का प्लेट।

९. एँ० इं; जि० १, पृ० १७३-६ जि० ३, पृ. २६६-७ जि. ९, पृ० ४-१०, एँ० इं; जि० १२, पृ० १९३-४ जि. १५, पृ. १४०-१ जि १६, पृ. १७४-५, जि. १८, पृ० ३४-५. रि.रा.म्यु.अ; ई०स० १९१५-६, पृ० २-३, लेख संख्या २; आदि।

१०. वही २, पृ० ४१०-२१, इं; एँ ; जि १६, पृ० ३४७-५१, जि० ३९, पृ० १६९, भा. ई; पृ० ६७-१५६, क; आ. स. इं. रि; जि; जि. २३ प्लेट २०-२१, बें; ज. ने; पृ० ८२ ज. बंगा. ए. सो; जि. ५५ भाग प्रथम, पृ० १९, ४६, ४८; जि. ५६, भाग प्रथ्म, पृ० ७९ आदि।

११. वही, २ पृ० ११९-२५. जि. ४, पृ. ३१३-४ ९, पृ. ६४-८३; १५५-९, जि. ११, पृ० २७-६७ जि. १२, पृ०५९-६१. इं एँ जि. १९, पृ० २१८, जि. २०, पृ. २०५-१२; जि. ४१, पृ० १९; ८७-८८. ज. बंगा.ए.सो; जि. ५५, भोग १, पृ० ४०;४६. क;आस.इं.जि. ६, प्लेट २१; जि.१० प्लेट ३२ ; आदि।

१२. वही २, पृ. ३५९-६३। जि.४, १००-१३३. जि. ५, पृ. ११४-८. जि. ७, पृ.९९-१००. जि. ८, पृ. १५३-९, जि. ९, जि. ५५ भाग १, पृ ४०-४६. क; आ.स.ईरि; जि. ६, प्लेट २१ ; जि. प्लेट ३२ ; आदि।

१३. वही, १, जि. १, पृ. ६४-६ जि.१०, पृ. २०-२४. ई.एँजि. ४०, पृ. १७५ आदि।

१४. वही, १, पृ. २५-३२; २८०-८७; २९६-३०१; ३१७-८. जि. २, पृ. ४२२-४; ४३६-३६. जि. ५, १०३, जि. ८, पृ. २०८-१२; २१९-२२. जि. ९, पृ. ४-१० जि. १०, पृ. ७८-९. जि. ११, पृ.४४-६. इं. एँ जि. पृ. १६९-२१२. जि. १०, पृ. १५९. जि. ११, पृ. ७१-७२; २४२-४३. जि. १२, पृ. २०१-३. जि. १८, पृ. ८२-८४; १०९-१०; ११२-४; ३४३; ३४७-८. जि. २१, पृ. २७७. आ. सं.उवे. इं; जि. २, पृ. १७०-७१. भा.इ ; पृ. १७२-२२९. Wiener Zeitsctrift, Vol. V. p. 300: VII. p. 88 आदि।

१५. वही १, पृ. २३३-६. जि. २, पृ. १८२-८. जि. ३, पृ. ४८-५०. जि. ८, पृ. १०१-२२; २०८-१३; २४३-६०. जि. ९, पृ. १२-१५; १०८-१३; १२०-३. इं.एँजि. ६, पृ. ५१-२; ५३-४. जि. १४, पृ. १६०. जि. १६, पृ. २५४-६. जि. १९, पृ. ३४९-५४. जि. २०, पृ. ८३-८४; ३११-२. जि. २२, पृ. ८०. जि. ४५, पृ. ७७-९. ज.बंगा.ए.सो; जि. ५, पृ. ३७५. जि. ७ पृ. ७३६. ज.अ.ओ.सो; जि. ७, पृ. २५-३२. बबं. गे; जि १, भाग १, पृ. ४७२-३. ज.बंब.ए.सो ; जि. २३, पृ. ७५-८०.

१६. वही २, पृ. २३७-४०. इं.एँ.जि. १५, पृ. ३६-४१; २०२-३. ज.बंगा. ए.सो ; जि. ३१, पृ. ३९३ ; आदि।

१७. वही १, पृ. १२२; १२४-९; १४०-४७; १५३; १६७-२०२; २०८-२११; २१५-७; २२१-२ ; ३२७-८; ३३३-५. जि. ४, पृ. १५७-७०. इं.एँ.जि. १६, पृ. २०२-८. जि. १८, पृ. २३७-३८. जि. २५, पृ. २०६-८. क.आ.स.रि; जि. १०, प्लेट ३२, संख्या ९-१०. जि. २१, पृ. ३४, ३५, ४९, ५०, ५१,

५२, ७३, ७४, १७३-४ और प्लेट १०, A, B, C ; १२ A.D. ; १४ F.G. २३, D.G. ज.बंगा.ए. सो ; जि. ६, जि. ६, पृ. ८८२. जि. १७, भाग १, पृ. ३१३, ३१७ आदि।

१८. वही १, पृ. ३४-६ ; ४०-२; ४७-९ ; २५४-६२. जि. २, पृ. ३-५ ; १०-१३; १८ ; १७५-९ ; ३०५-१० इं.एं.जि. १७. पृ. १३९-४०. जि. १८, पृ. २१०-१८. जि. २०, पृ. ८४. जि. २२, पृ. ८२. क; आ.स.रि.जि. २१, पृ. ११३, प्लेट २८. ज.बंगाए.सो ; जि. ८, पृ. ४८१ ; जि. ३१, पृ. ११६ आदि।

१९. वही ११, पृ० ११० से ११३ से बीच के प्लेट।

२०. वही ८, पृ० १८६-७ के बीच के प्लेट।

२१. वही ३, पृ० १०६ और १०७ के बीच के प्लेट।

२२. वही, ११, पृ० १५८ और १६१ के बीच के प्लेट।

२३. वही, १४, पृ० २०० और २०१ के बीच के प्लेट।

२४. इं० एँ जि० १३, पृ० १३६ और १३५ जि० २०, पृ० ४२१-२। बू० इं० पे; प्लेट ५ अक्षरों की पंक्ति ५ और पृ० ५१। टिप्पणी।

२५. इं० एँ; जि० २, पृ० २५८ के पास का प्लेट।

२६. वही।

२७. उदयपुर निवासी कुंवर फतेहलाल मेहता की भेजी हुई उक्त लेख की छाप से।

२८. वू; इं. पे; प्लेट ६, प्राचीन अक्षरों की पंक्ति ७ से।

२९. भिन्न-भिन्न लेखकों की लेखन शैली भिन्न मिलती है। कोई सरल अक्षर लिखता है तो कोई टेढ़ी-मेढ़ी आकृति के अर्थात् कुटिल ऐसी दशा में लिपिविभाग निश्चय रूप से नहीं हो सकते।

३०. ये मूल पंक्तियां जाइंकदेव के उपर्युक्त दानपत्र से हैं।

३१. एँ. इं० जि० १, पृ० ७६ के पास का प्लेट।

३२. एँ. इं० जि० ८, पृ० २४८ ओर २६० के बीच के ३ प्लेट।

३३. एँ. इं० जि० १, पृ० २३४ के पास का प्लेट।

३४. उज्जैन में महाकाल के मंदिर के पीछे की एक छत्री में खड़ी हुई शिला पर खुदी हुई प्रशस्ति की अपने हाथ से तैयार की हुई छाप से।
यह शिला उदयादित्य के समय की किसी प्रशस्ति की अंतिम शिला है जिसमें ८० के पीछे के थोड़े से श्लोक हैं। इसमें संवत् नहीं है, परंतु पत्थर का जो अंश खाली रह गया उस पर प्रशस्तिलेखक के हाथ से ही लिखी हुई पूरी वर्णमाला तथा नाग के ग्रंथिल चित्र के भीतर धातुओं के प्रत्यय आदि खुदे हैं। (जैसे कि धार से मिले हैं) और अंत के श्लोक में ''उदयादित्यदेवस्य वर्णनागकृपाणिका'' खुदा हे जिससे उक्त प्रशस्ति का उदयादित्य के समय का होना पाया जाता है।

३५. ये मूल पंक्तियां राजा लल्ल के समय के उपर्युक्त देवल के लेख से हैं।

३६. इं० एँ; जि० १८, पृ० ११ के पास का प्लेट।

३७. बू० इं; पे; प्लेट ६, अक्षरों की पंक्ति १५-१६।

३८. एँ. इं० जि० १, पृ० १४ के पास का प्लेट।

३९. ये मूल पंक्तियां हैहयवंशी राजा जाजल्लदेव के रत्नपुर के लेख से हैं (एँ. इं० जि० १, पृ० ३४ के पास का प्लेट)।

४०. राजपूताना म्यूज़ियम (अजमेर) में रखे हुए उक्त लेख की अपने हाथ से तैयार की हुई छाप से।

४१. जोधपुर निवासी मेरे विद्वान् मित्र मुंशी देवीप्रसाद की भेजी हुई छाप से।

४२. चीरवा गांव के मंदिर की दीवार में लगे हुए उक्त लेख की अपने हाथ से तैयार की हुई छाप से।

४३. ये मूल पंक्तियां उपर्युक्त ओरिआ गांव के लेख से हैं।

अध्याय-९

शारदा (कश्मीरी) लिपि

ई० स० की १०वीं शताब्दी के आसपास से (लिपिपत्र २८ से ३१)

शारदालिपि पंजाब के अधिकतर हिस्से और कश्मीर में प्राचीन शिलालेखों, दानपत्रों, सिक्कों[१] तथा हस्तलिखित पुस्तकों में मिलती है। यह लिपि नागरी की तरह कुटिल लिपि से निकली है। ई० स० की ८वीं शताब्दी के मेरुवर्मा के लेखों[२] से पाया जाता है कि उस समय तक तो उधर कुटिल लिपि का ही प्रचार था, जिसके पीछे के स्वाइम् (सइ) गांव से मिली हुई भगवती की मूर्ति के आसन् पर खुदे हुए सोमट के पुत्र राजनक भोगट के लेख[३] की लिपि भी शारदा की अपेक्षा कुटिल से अधिक मिलती हुई है। शारदालिपि का सब से पहला लेख सराहां की प्रशस्ति[४] है जिसकी लिपि ई० स० की १०वीं शताब्दी के आसपास की है। यही समय शारदा लिपि की उत्पत्ति का माना जा सकता है।

पहले शारदा लिपि के लेख बहुत ही कम प्रसिद्धि में आये थे और ई० स० १९०४ तक तो एक भी लेख की प्रतिकृति प्रसिद्ध नहीं हुई थी, परंतु सुप्रसिद्ध पुरातत्वेत्ता डॉ० फोजल ने ई० स० १९११ में बड़े श्रम के साथ चंबा राज्य के शिलालेख और दानपत्रों का बड़ा संग्रह कर 'एंटिक्विटीज ऑफ चंबा स्टेट' नामक अपूर्व ग्रंथ प्रकाशित किया जिसमें प्राचीन लिपियों के अभ्यासियों के लिये शारदा लिपि की अमूल्य सामग्री है।

लिपिपत्र २८वां

यह लिपिपत्र सराहां की प्रशस्ति[५] से तैयार किया गया है। इसमें 'ए' के त्रिकोण की सिर के स्थान की आड़ी लकीर की बाईं ओर V चिह्न और जोड़ा है जो वास्तव में 'ए' की मात्रा का एक प्रकार का चिह्न है और कुटिल तथा नागरी लिपि के लेखों में ए, ऐ, ओ और औ की मात्राओं में कभी-कभी मिलता[६] है। पीछे से यही चिह्न लंबा होकर खड़ी लकीर[७] के रूप में परिणत हो गया (देखो, लिपिपत्र ३१ में बहादुरसिंह के दानपत्र का 'ए')। वर्तमान शारदा 'ए' में इस खड़ी लकीर के अतिरिक्त 'ए' के ऊपर की 'ए' की मात्रा सी मात्रा और लगाई जाती है (देखो, लिपिपत्र ७७)। 'द' के मध्य में ग्रंथि लगाई है। 'श' और 'स' में इतना ही भेद है कि पहले का सिर पूरे अक्षर पर है और दूसरे का दो अंशों में विभक्त है। 'त्' तथा 'म्' में भूल अक्षरों के चिह्न स्पष्ट नहीं

रहे। 'ओ' की मात्रा का चिह्न कहीं भी है (देखो, 'यो'), 'औ' की मात्रा कहीं उक्त चिह्न के अतिरिक्त व्यंजन के सिर के अंत में चिह्न और जोड़ कर बनाई है (देखो 'मौ') और रेफ पंक्ति से ऊपर नहीं किंतु सीध में लगाया है।

लिपिपत्र २८वें की मूल पंक्तियों का नागरी अक्षरांतर–

किष्किन्धिकाधीशकुले प्रसूता सोमप्रभा नाम बभूव तस्य।
देवी जगद्भूषणभूतमूर्ति स्त्रिलोचनस्येव गिरीशपुत्रो।। अपूर्व-
मिन्दुम्प्रविधाय वेधास्मदा स्फुरत्कान्तिकलङ्कमुक्त.....संपूर्णविम्बं(बिम्बं)
वदनं यदीयमभूत्तराङ्कण्टकिताङ्गयष्टिः।। नानाविधालङ्कृतिसन्नि-
वेशविशेषरम्या गुणशालिनी या। मनोहरत्वं सुतरामवाप स-
चेतसां सत्कविभारतीव।। शृङ्गारसिन्धोकिमियन्नु वेला किं वा
मनोभूतरुमञ्जरी स्यात् वसन्तराजस्य नु राज्यलक्ष्मीस्त्रैलोक्यसौन्दर्य-

लिपिपत्र २९वां

यह लिपिपत्र राजा विदग्ध के सुंगल गांव के दानपत्र[८] से तैयार किया गया है। इसमें 'ड' विलक्षण है, कहीं-कहीं 'प' और 'म' में स्पष्ट अंतर नहीं है, 'व' तथा 'ब' में भेद नहीं है, 'ए' की मात्रा तीन प्रकार से लगी है जिनमें से एक आड़ी लकीर है (देखो, 'णो') और 'र्थ', 'र्थे' 'स्था' और 'स्थि' में 'थ' का रूप विकृत मिलता है।

लिपिपत्र २९वें की मूल पंक्तियों का नागरी अक्षरांतर–

ओं स्वस्ति।।[९] श्रीचव्य(म्य)कावासकात्परमभट्टारकमहाराजाधिराज-
परमेश्वरश्रीमद्युगाकर वर्मदेवपादानुध्यात[:] परमव्र(ब्र)ह्मण्यो निखि-
लसच्छासनाभिप्रवृत्तगुरुवृत्तदेवतानूवृत्तसमधिगतशास्त्रकुशल-
तया समाराधितविद्वज्जनहृदयो नयानुगतपौरुषप्रयोगा-
वाप्तत्रिवर्गसिद्धिः सम्यगर्जिताभिकामिकगुणसहिततया फलित
इव मार्गतरु[:] सर्वसत्वा (त्त्वा)श्रयनी (णी)यो मोषनाम्नाय[१०]
आदित्यवङ्शो(वंशो)द्भव[:] परममाहेश्वरो (रः) श्रीभोगमतीदेव्या (व्यां) समुत्पन्न[:]

लिपिपत्र ३०वां

यह लिपिपत्र सोमवर्मा के कुलैत के दानपत्र[११], चंबा से मिले हुए सोमवर्मा और आसट के दानपत्र[१२], राजानक नागपाल के देवीरीकोटी (देब्रिकोटि) के शिलालेख[१३], आरिगांव के शिलालेख[१४] तथा जालंधर के राजा जयचंद्र के समय की शंक संवत् ११२६[१५]=लौकिक संवत् ८० (ई०स०

१२०४) की कांगड़ा जिले के कीरग्राम के बैजनाथ (वैद्यनाथ) के मंदिर की दो प्रशस्तियों[१६] से तैयार किया गया है और इसमें मुख्य-मुख्य अक्षर ही दिये गये हैं। कुलैत के दानपत्र में 'च' के बाईं तरफ के अंश के नीचे के भाग में गांठ सी लगाई है और 'ढ' की खड़ी लकीर के मध्य में ग्रंथि बनाकर उसके और 'फ' के बीच के अंतर को स्पष्ट किया है। बैजनाथ की प्रशस्तियों के 'ई' को उक्त अक्षर के प्राचीन रूप में खड़ी लकीर के दोनों पार्श्व में लगने वाली बिंदियों को उक्त लकीर के परिवर्तित रूप के ऊपर लगा कर बनाया है और उसी से वर्तमान शारदा का 'ई' बना है। 'ते' और 'थै' में, 'ए' और 'ऐ' की मात्राएं क्रमशः एक और दो आड़ी लकीरें व्यंजन के ऊपर लगा कर बनाई हैं। टाकरी लिपि में 'ए' और 'ऐ' की मात्राएं अब तक ऐसी ही बनाई जाती हैं (देखो लिपिपत्र ७७)

लिपिपत्र ३०वें की मूल पंक्तियों[१७] का नागरी अक्षरांतर–

ओं नमश्शिवाय।। जयति भुवनकारणं स्वयंभूर्जयति पुरन्दा-
नन्द सुरारिः [।]जयति गिरिसुतानिरुद्धदेहे.....रितभयाप-
हरो हरश्च देवः।। श्री वण्प(म्प)कावासकात्परमब्रह्मण्यो लला-
टतटघटितविकटभ्रुकुटिप्रकटकुटि (डि)तकटकमौमटिककृतसाना-

लिपिपत्र ३१वां

यह लिपिपत्र कुलू के राजा बहादुरसिंह के दानपत्र[१८], अथर्ववेद[१९] (पिप्पलादशाखा) और शाकुन्तल नाटक[२०] की हस्तलिखित पुस्तकों से तैयार किया गया है। अथर्ववेद की पुस्तक के अक्षरों का 'इ' प्राचीन 'इ' के •७• इस रूप को नीचे के अंश सं प्रारम्भ कर चलती कलम से पूरा लिखने से ही ऐसा बना है। उसी से वर्तमान शारदा का 'इ' बना है। शांकुतल नाटक से उद्धृत किये हुए अक्षरों में से अधिकतर अर्थात् अ, आ, ई, ऊ, ऋ, ओ, औ, क, ख, घ, च, छ, झ, ञ, ड, ढ, ण, त, ध, द, ध, न, प, फ, ब, म, य, र, श, ष, स और ह अक्षर वर्तमान कश्मीरी से मिलते-जुलते ही हैं (उक्त अक्षरों को लिपिपत्र ७० में दी हुई वर्तमान शारदालिपि से मिला कर देखो)

लिपिपत्र ३१वें की मूल पंक्तियों[२१] का नागरी अक्षरांतर–

ओं स्वस्ति।। रामरामरामपराक्रमपराक्रमणदक्षदक्षजा-
कांतनितांतचरणशरणकृतांतः करणरणविशारदशारदहि-
मकरानुकारियशः पूरपूरितदिगंतरपरमभट्टारकमहाराजाधिराज-
श्रीबहादुरसिंहदेवपादाः।। महाश्रीयुवराजप्रतापसिंहः-
महामंत्रिवरनारायण सिंहः।। श्रीचंपकपुरस्थमहापं-

सन्दर्भ :

१. कश्मीर के उत्पलवंशी राजाओं के सिक्कों में।

२. देखो, लिपिपत्र २२वां।

३. फो; एँ; चं० स्टे; पृ० १५२, प्लेट १३।

४. देखो, लिपिपत्र २८वां। कांगड़ा ज़िले के कीरग्राम के वैजनाथ (वैद्यनाथ) नामक शिवमंदिर में जालंधर (कांगड़े) के राजा जयच्चंद्र (जयचंद्र) के समय की दो प्रशस्तियां लगी हैं। जनरल कनिंघम ने बाबू (राजा) शिवप्रसाद के पठनानुसार उनका समय क्रमशः लौकिक (सप्तर्षि) संवत् ८० और गत शककाल ७२६ (ई० स० ८०४) माना था। (क; आ. स० रि; जि० ५, पृ० १८०-८१; प्लेट ४२)। फिर डॉ० बूलर ने ये प्रशस्तियां छापीं (एँ. इं० जि० १, पृ० १०४-७; ११२-५) और पहली का संवत् [लौकिक] संवत्सर ८० ज्येष्ठ शुक्ल १ रविवार और दूसरी का गत शककाल ७ [२६] होना स्थिर किया। फिर उसी आधार पर इन प्रशस्तियों को शारदा लिपि के सब से पुराने लेख एवं उक्त लिपि का प्रचार ई० स० ८०० के आसपास से होना मान लिया (बू; इं० पे; पृ० ५७) परंतु ई० स० १८८८ में डॉ० कीलहॉर्न ने गणित कर देखा तो शक संवत् ६२६ से १४२६ तक की आठ शताब्दियों के गत २६वें वर्षों में से केवल शक संवत् ११२६ ही एक ऐसा वर्ष पाया जिसमें ज्येष्ठ शुक्ल १ को रविवार था। इस आधार पर उक्त विद्वान् ने इन प्रशस्तियों का ठीक समय तक संवत् ११२६=लौकिक संवत् ८० होना स्थिर किया (एँ. इं० जि० २०, पृ० १५४) और डॉ० फोजल ने मूल प्रशस्तियों को देखकर डॉ० कीलहॉर्न का कथन ही ठीक बतलाया (फो; एँ० चं० स्टे; पृ० ४३-४)। ऐसी दशा में ये प्रशस्तियां न तो ई० स० ८०४ की मानी जा सकती हैं और न शारदा लिपि प्रचार ई० स० ८०० के आसपास होना स्वीकार किया जा सकता है। दूसरी बात यह भी है कि जनरल कनिंघम ने जयचंद्र से पांचवें राजा जयचंद्रसिंह की गद्दीनशीनी ई० स० १३१५ और ८वें राजा रूपचंद्र की गद्दीनशीनी ई० स० १३६० में होना और उस (रूपचंद्र) का फीरोज़ तुग़लक (ई० स० १३६०-७०) के अधीन होना लिखा है (क; कॉ० मि० इं० पृ० १०४)। ऐसी दशा में भी जयचंद्र का ई० स० ८०४ में नहीं किंतु १२०४ में विद्यमान होना ही स्थिर होता है।

५. फो; एँ० चं० स्टे; प्लेट १५।

६. देखो, लिपिपत्र १८वें की मूल पंक्तियों में से दूसरी पंक्ति में 'विधत्ते' का 'ते' उसी पंक्ति में 'शत्रुसैन्यं' का 'सै', और उसी लिपिपत्र में 'घो' और 'औ'।

७. यही खड़ी लकीर नागरी में 'पड़ी मात्रा' (पृष्ठमात्रा) होकर ए, ऐ, ओ और औ की मात्रा वाले व्यंजनों के पूर्व कभी-कभी लगने लगी और बंगला, मैथिल तथा उड़िया लिपियों में दाहिनी तरफ नीचे गांठ वाली वक्र रेखा के रूप में उसका अब तक प्रयोग होता है (देखो, लिपिपत्र ७८ और ७९ में उक्त लिपियों की वर्णमालाओं में के, कै, को और कौ)।

८. फो; ए० चं० प्लेट १७ से।

९. इन तीन लकीरों से पहली की आकृति ऐसी है और दूसरी व तीसरी खड़ी लकीरें हैं जिनमें से एक अनावश्यक है।

१०. शुद्ध पाठ 'मोषणान्वयः' होना चाहिये।

११. फो; एँ० चं० स्टे; प्लेट २४ से।

१२. फो; एँ, चं० स्टे; प्लेट २५ से।

१३. वही, प्लेट ३० से।

१४. एॅ० इं; जि० ९ पृ० ३०१ के पास के प्लेट से।

१५. इन प्रशस्तियों के समय के लिये देखो ऊपर पृ० ७३ टिप्पणी ७।

१६. वू; इं० पे; प्लेट ५, प्राचीन अक्षरों की पंक्ति प्रथम से।

१७. ये मूल पंक्तियां राजा सोमवर्मा के कुलैत के दानपत्र से हैं।

१८. आ० स० रि; ई० स० १९०३-४ प्लेट ७१ से।

१९. हॉवर्ड ओरिण्टल सीरीज़ में छपे हुए अथर्ववेद के अंग्रेज़ी अनुवाद के साथ दी हुई उक्त पुस्तक के एक पत्रे की प्रतिकृति से।

२०. वू; इं० पे; प्लेट ६, प्राचीन अक्षरों की पंक्ति ९ से।

२१. ये मूल पंक्तियां कूलू के राजा बहादुरसिंह के दान पत्र से हैं।

अध्याय-१०

बंगला लिपि

ई० स० की ११वीं शताब्दी के आसपास से (लिपिपत्र ३२ से ३५)

बंगला लिपि भारतवर्ष के पूर्वी विभाग अर्थात् मगध की तरफ की नागरी लिपि से निकली है और बिहार, बंगाल, मिथिला, नेपाल, आसाम तथा उड़ीसा से मिलने वाले कितने एक शिलालेख, दानपत्र, सिक्कों या हस्तलिखित पुस्तकों में पाई जाती है। बंगाल के राजा नारायण पाल के समय अर्थात् ई० स० की दसवीं शताब्दी तक तो उधर भी नागरी लिपि का ही प्रचार रहा। उक्त राजा के लेखों में केवल 'ए'[१], 'ख'[२] आदि कुछ अक्षरों में बंगला की ओर झुकाव नजर आता है। ई० स० की ग्यारहवीं शताब्दी के पालवंशी राजा विजयपाल के देवपारा के लेख[३] में ए, ख, ञ, त, म, र, ल और स में नागरी से थोड़ी सी भिन्नता है और कामरूप के वैद्यदेव के दानपत्र[४], आसाम से मिले हुए वल्लभेंद्र के दानपत्र[५] और हस्राकोल के लेख[६] की लिपियों में से प्रत्येक को नागरी (लिपिपत्र २४-२७) से मिलाया जाये जो अ, इ, ई, ऋ, ए, ऐ, ख, घ, झ, ञ, ट, प, फ, र, श और ष में अंतर पाया जाता है। इस प्रकार लेखन शैली में क्रमशः परिवर्तन होते-होते वर्तमान बंगला लिपि बनी।

लिपिपत्र ३२वां

यह लिपिपत्र बंगाल के राजा नारायणपाल के समय के बदाल के स्तंभ के लेख[७] और विजयसेन के देवपारा के लेख[८] से तैयार किया गया है। बादल के लेख से तो मुख्य मुख्य अक्षर ही लिये गये हैं। उनमें 'अ' और 'आ' की प्रारंभ की छोटी सी खड़ी लकीर न लगने से उनके रूप नागरी के 'ञ' से बन गये हैं। संभव है कि यह भिन्नता दानपत्र खोदने वाले की गलती से हुई हो। देवपारा के लेख में अवग्रह की आकृति वर्तमान नागरी के 'इ' सी है, विसर्ग के ऊपर भी सिर की आड़ी लकीर लगाई है, 'प' तथा 'य' में विशेष अंतर नहीं है और 'व' और 'ब' में कोई भेद नहीं है।

लिपिपत्र ३२वें की मूल पंक्तियों[९] का नागरी अक्षरांतर-

तस्मिन् सेनान्ववाये प्रतिसुभटशतोत्सादनाव्र(ब्र)ह्मवादी

स व (ब्र)ह्मक्षत्रियाणामजनि कुलशिरोदाम सामन्तसेनः।
उद्गीयन्ते यदीयाः स्खलदुदधिजलोल्लोलशी-
तेषु सेतोः कच्छान्तेष्वप्सरोभिर्द्दशरथतनयस्पर्द्धया
युद्धगाथाः॥ यस्मिन् सङ्गरचत्वरे पटुरटत्तूर्योप-

लिपिपत्र ३३वां

यह लिपिपत्र बंगाल के राजा लक्ष्मणसेन के तर्पंडिघी के दानपत्र[१०] से और कामरूप के वैद्यदेव के दानपत्र[११] से तैयार किया गया है। उन दोनों में 'इ' और 'ई' में विशेष अंतर नहीं है। वैद्यदेव के दानपत्र का 'ऐ', 'ए' से नहीं, किंतु 'इ' में कुछ परिवर्तन करके बनाया है, अनुस्वार को अक्षर के ऊपर नहीं किंतु आगे धरा है और उसके नीचे हलंत की सी तिरछी लकीर और लगाई है, 'ऊ' और 'ऋ' की मात्राओं में स्पष्ट अंतर नहीं है, 'व' ओर 'ब' में भेद नहीं है और सिर सीधी लकीर से नहीं किंतु ८ ऐसी लकीर से बनाये हैं, जिसका अधिक विकास उड़िया लिपि के सिरों में पाया जाता है।

लिपिपत्र ३३वें की मूल पंक्तियों[१२] का नागरी अक्षरांतर–

ओं ओं नमो भगवते वासुदेवाय॥ स्वस्ति॥ अम्व(म्ब)र-
मानस्तम्भः कुम्भः संसारवी (बी)जरक्षायाः। हरिदन्तरमि-
तमूर्त्तिः क्रीडापोत्री हरिज्ज(र्ज्ज)यति॥ एतस्य दक्षिणदृशी
वंशे मिहिरस्य जातवान(न्) पूव्वं(र्व्व)॥ विग्रहपालोणानृप-
तिः सव्वा(र्व्वा) कारड्वि(र्ड्वि)संसिद्धः॥ यस्य वंशक्रमेणभूत्सचि-

लिपिपत्र ३४वां

यह लिपिपत्र आसाम से मिले हुए वल्लभेंद्र के दानपत्र[१३] और हस्तलिखित पुस्तकों[१४] से तैयार किया गया है। वल्लभेंद्र के दानपत्र में कहीं-कहीं 'न' और 'ल' में, एवं 'प' और 'य' में, स्पष्ट अंतर नहीं है और 'व' तथा 'य' में भेद नहीं है। विसर्ग की दोनों बिंदियों को चलती कलम से लिखकर एक दूसरे से मिला दिया है।

लिपिपत्र ३४वें की मूल पंक्तियों[१५] का नागरी अक्षरांतर–

ओं ओं नमो भगवते वासुदेवाय॥ यद्गण्डमण्डलत-
टीप्रकटालिमाला वर्ण्णावलीव खदले खलु मङ्ग-
लस्य। लम्वो(म्बो)दरः स जगतां यशसां प्रसारमानन्दतां
द्युमणिना सह यावदिन्दुः॥ पातालपल्वल-
तलाद्दिवमुत्पतिष्णोर्व्विष्णोः पुनातु कृतघृष्टितनोस्तनु-

लिपिपत्र ३५वां

यह लिपिपत्र हस्राकोल से मिले हुए बौद्ध तांत्रिक शिलालेख[१६] तथा उड़ीसा के राजा पुरुषोत्तम देव के दानपत्र[१७] से तैयार किया गया है। हस्राकोल के लेख में प्रत्येक वर्ण पर अनुस्वार लगा कर पूरी वर्णमाला के बीज बनाये हैं, जिनके अनुस्वार निकाल कर यहां अक्षर ही दिये हैं। पुरुषोत्तमदेव के दानपत्र के अक्षरों में से अधिकतर के सिर ऐसे हैं जिनकी उत्पत्ति वैद्यदेव के उपर्युक्त दानपत्र के अक्षरों के सिरों से हुई हो। वर्तमान उड़िया लिपि के अक्षरों के सिर पुरुषोत्तमदेव के दानपत्र के सिरों से अधिक घुमाव वाले हैं और उनका अंतिम भाग अधिक नीचा होता है परंतु वे सिरे उक्त दानपत्र के अक्षरों के सिरों ही के विकसित रूप हैं।

लिपिपत्र ३५वें की मूल पंक्तियों[१८] का अक्षरांतर–

श्री जय दुर्गायै नमः। वीर श्रीगजपति
गउडेश्वर नवकोटिकर्नाटकलवर्गेश्वर
श्रीपुरुषोत्तमदेव महाराजाङ्कर। पोते-
श्वरभटङ्ку दान शासन पटा। ए ५
अङ्क मेष दि १० अं सोमवार ग्रहण-

सन्दर्भ :

१. देखो लिपिपत्र ३२।
२. मेमॉयर्स ऑफ एशियाटिक सोसाइटी ऑफ बंगाल, जिल्द ५, प्लेट २४ की अंतिम पंक्ति में 'वैशाख्यां' का 'ख'।
३. एँ. इं० जि० १, ३०८ के पास का प्लेट।
४. एँ. इं० जि० २, पृ० ३५२ और ३५३ के बीच के ४ प्लेट।
५. एँ. इं० जि० २, पृ० १८४ और १८५ के बीच के २ प्लेट।
६. ज० बंगा० ए० सो; ई० स० १९०८, पृ० ४६२।
७. एँ. इं० जि० २, पृ० १६१ के सामने का प्लेट।
८. एँ. इं० जि० १, पृ० ३०८ के पास का प्लेट।
९. ये मूल पंक्तियां देवपारा के लेख से हैं।
१०. एँ. इं० जि० १२, पृ० ८ और ९ के के बीच के प्लेटों से।
११. एँ. इं० जि० २, पृ० ३५० और ३५३ के बीच के ५ प्लेटों से।
१२. ये मूल पंक्तियां वैद्यदेव के उपर्युक्त दानपत्र से हैं।
१३. एँ. इं० जि० ५, पृ० १८२ और १८५ के बीच के ४ प्लेटों से।
१४. बू० इं० पे० प्लेट ६, प्राचीन अक्षरों की पंक्ति १०-११ से।

१५. ये मूल पंक्तियां बल्लभेंद्र के दानपत्र से हैं।

१६. ज० बंगाल ए० सो; ई० स० १९०८, पृ० ४६२ से।

१७. इं० एँ० जि० १, पृ० ३५४ के पास के प्लेट से।

१८. ये मूल पंक्तियां पुरुषोत्तमदेव के दानपत्र से हैं।

अध्याय-११

पश्चिमी लिपि

ई० स० की पांचवीं से नवीं शताब्दी तक (लिपिपत्र ३६ से ४०)

पश्चिमी लिपि का प्रचार गुजरात, काठियावाड़, नासिक, खानदेश तथा सतारा जिलों में, हैदराबाद राज्य के कुछ अंशों और कोंकण आदि में ई० स० की पांचवीं से नवीं शताब्दी तक रहा (देखो, ऊपर पृष्ठ ४३)। ई० स० की पांचवीं शताब्दी के आसपास इसका कुछ-कुछ प्रचार राजपूताना, मध्यभारत और मध्य प्रदेश में भी पाया जाता है (देखो, ऊपर पृ० ६०, टिप्पण २, ३, ४)। यह लिपि गुप्तों[१], वलभी के राजाओं[२], भड़ौच के गूर्जरवंशियों[३], बादामी और गुजरात के चालुक्यों[४], त्रैकूटकों[५], राष्ट्रकूटों[६], गुजरात के कलचुरियों[७] आदि[८] राजवंशों के कितने एक शिलालेखों या दानपत्रों में तथा साधारण पुरुषों के लेखों में मिलती है। उत्तरी शैली की लिपियों के पड़ोस की लिपि होने से इस पर उनका प्रभाव पड़ा है।

दक्षिणी शैली की लिपियों में घ, प, फ, ष और स उनके पुराने रूपों के अनुसार ऊपर से खुले हुए होते हैं (देखो, लिपिपत्र २६-५८)) 'ल' की खड़ी लकीर बहुधा ऊपर की तरफ से बाईं ओर मुड़कर नीचे को झुकी हुई रहती है (देखो, लिपिपत्र ३३-३४, ५२-५७) और अ, आ; ई, क, ञ और र अक्षरों की खड़ी लकीरों तथा बहुधा उ, ऊ और ऋ की मात्राओं के नीचे के अंश बाईं तरफ मुड़ कर घुमाव के साथ ऊपर की ओर बढ़े हुए रहते हैं (देखो, लिपिपत्र ३७-४८, ५२-५८)। यही ऊपर की ओर बढ़ा हुआ अंश समय के साथ और ऊपर बढ़ कर सिर तक भी पहुंचने लगा जिससे तेलुगु-कन्नड़ी तथा ग्रंथ लिपियों में अ, आ, ई, क, झ और र की आकृतियां मूल अक्षरों से बिल्कुल विलक्षण हो गईं। इसके अतिरिक्त दक्षिण के लेखक अपने अक्षरों में सुंदरता लाने के विचार से खड़ी और आड़ी लकीरों को वक्र या खमदार बनाने लगे जिससे ऊपर की सीधी आड़ी लकीर की आकृति बहुधा, नीचे की सीधी आड़ी लकीर की और सीधी खड़ी लकीर की आकृति ऐसी बनने लगी तथा इन लकीरों के प्रारंभ, मध्य या अंत में कहीं-कहीं ग्रंथियां भी बनाई जाने लगीं। इन्हीं कारणों तथा कितने एक अक्षरों को चलती कलम से पूरा लिखने से दक्षिण की लिपियों के वर्तमान अक्षर उनके मूल ब्राह्मी अक्षरों से बहुत ही विलक्षण बन गये।

लिपिपत्र ३६वां

यह लिपिपत्र मंदसौर से मिले हुए राजा नरवर्मन्[९] के समय के मालव (विक्रम) संवत् ४६१ (ई० स० ४०४) और वहीं से मिले हुए कुमारगुप्त[१०] के समय के मालव (विक्रम) संवत् ५२९ (ई० स० ४७२) के लेखों से तैयार किया गया है। नरवर्मन् के समय के लेख में 'य' प्राचीन और नवीन (नागरी का सा) दोनों तरह का मिलता है। दक्षिणी शैली के अन्य लेखों में 'य' का दूसरा (नागरी का सा) रूप केवल संयुक्ताक्षर में, जहां 'य' दूसरा अक्षर होता है, प्रयुक्त होता है परंतु यह लेख उत्तरी भारत का है, इसलिए इसमें वैसे रूप का भी केवल 'य' के स्थान में प्रयोग हुआ है। 'रु' का दूसरा रूप 'उ' की मात्रा सहित 'र' को चलती कलम से लिखने से बना है, शुद्ध रीति से लिखा हुआ रूप तो पहला ही है। 'इ' में दो बिंदियों के ऊपर की सीधी आड़ी लकीर को वक्र रेखा बना दिया है।

लिपिपत्र ३६वें की मूल पंक्तियों[११] का नागरी अक्षरांतर–

सिद्धम् सहस्त्रशिरसे तस्मै पुरुषायामितात्मनं च-
तुस्समुद्रपर्य्यङ्कंतीयनिद्रालवे नमः श्रीम्मालिवगणाम्नाते
प्रशस्ते कृतसंज्ञिते एकषष्टयधिके प्राप्ते समाशतचतुष्ट-
य(ये) प्रावृक्क(ट्का)ले शुभे प्राप्ते मनस्तुष्टिकरे नृणम् मघेवी(हि)
प्रवृत्ते शक्क्स्य कृष्णस्यानुमते तदा निष्पन्नवीहियवसा

लिपिपत्र ३७वां

यह दानपत्र वलभी के राजा ध्रुवसेन[१२] के गुप्त स० २१० (ई०स० ५३९) के और धरसेन[१३] (दूसरे) के गुप्त स० २५२ (ई० स० ६७१) के दानपत्रों से तैयार किया गया है। धरसेन (दूसरे) के दानपत्र में अनुस्वार और विसर्ग की बिंदियों के स्थान में आड़ी लकीरें बनाई हैं (देखो 'णां' और 'दृः') और हलंत अक्षर को उसके पहले अक्षर के नीचे लिखा है (देखो 'पत्' 'शत्' और 'सेत्')।

लिपिपत्र ३७वें की मूल पंक्तियों[१४] का नागरी अक्षरांतर–

स्वस्ति वलभि(भौ)तः प्रसभप्रणतामित्राणां मैत्रकाणामतु-
लबलसपत्नमण्डलाभोगसंसक्तसंप्रहारशतलब्धप्रतापः
प्रतापः[१५] प्रतापोपनतदानमानार्ज्जवोपार्ज्जिनुरागोनुरक्तमौ-
लभृतमित्रश्रेणीबलावाप्तराज्यश्रिः(श्रीः) परमम(मा)हेश्वरः श्रि(श्री)सेना-
पतिभटार्क्कस्तस्य सुतस्त्पादरजोरुणवनतपवित्रि(त्री)कृतशिराः।

लिपिपत्र ३८वां

यह लिपिपत्र पालीताना से मिले हुए गारुलक सिंहादित्य के गुप्त स० २५५ (ई०स० ५७४) के दानपत्र[१६] और वलभी के राजा शीलादित्य (पांचवें) के गुप्त स० ४०३ (ई० स० ७२२) के दानपत्र[१७] से तैयार किया गया है। शीलादित्य के दानपत्र में 'इ' के चार टुकड़े किये हैं, जिनमें से नीचे की दो रेखाएं तो दो बिंदियों के स्थानापन्न हैं और ऊपर की दो तिरछी रेखाएं, सीधी आड़ी लकीर के खमदार रूप के ही हिस्से हैं जो जुड़े हुए होने चाहिये थे। 'ए' का रूप विलक्षण बना है परंतु वह लिपिपत्र ३७वें में दिये हुए 'ए' का त्वरा से लिखा हुआ विकृत रूप ही है। 'ऐ' में ऊपर की खमदार आड़ी रेखा का खम के पूर्व का हिस्सा 'ऐ' के अग्रभाग की बाईं ओर जुड़ने वाली रेखा का गोलाईदार रूप ही है और बाकी का भाग 'ए' का है। 'ल्ल' में ऊपर का आधा भाग 'ल' (दूसरे) का रूप है और नीचे का आधा भाग 'ल' (तीसरे) का कुछ विकृत रूप है। इस तरह दो प्रकार के 'ल' मिलकर यह रूप बना है।

लिपिपत्र ३८वें की मूल पंक्तियों[१८] का नागरी अक्षरांतर–

ओं स्वस्ति फङ्कप्रस्त्रवणात्प्रकृष्टकर्म्मारम्भोद्भूताभ्युदया-
भिभूताशेषद्विषामनेकसमरशतसंपातात्यन्तविजयिना(नां)
प्रभूतयश ꣳ कीर्त्यलङ्कारालङ्कृतान्वयभुवां गारुलकानां
वंङ्शा(वंश)नुक्क्रमेणा विर्भूतो दीनानाथाश्रितार्त्तार्त्थिबान्धवजनो-
पजीव्यमानविभवविस्तरः तरुरिवाक्षीणफलच्छायतयैका-

लिपिपत्र ३९वां

यह लिपिपत्र त्रैकुटवंशी राज दर्हसेन[१९] के कलचुरि संवत् २०७ (ई० स० ४५६) के, गूर्जरवंशी रणग्रह[२०] के कलचुरि स० ३९१ (ई० स० ६४०) के और दद्द[२१] (दूसरे) के कलचुरि स० ३९२ (ई० स० ६४१) के दानपत्रों से तैयार किया गया है। रणग्रह के दानपत्र का 'ए' लिपिपत्र ३८ में दिये गये वलभी राजा के राजा शीलादित्य के दानपत्र के 'ए' से मिलता हुआ है।

लिपिपत्र ३९वें की मूलं पंक्तियों[२२] का नागरी अक्षरांतर–

इत्युक्तञ्च भगवता वेदव्यासेन व्यासेन षष्टिवरिष(वर्ष)-
सहस्त्राणि स्वर्ग्गे मोदति भूमिदा(दः) आच्छेत्ता चानुमन्ता
च तान्येव नरके वसे[त्] विन्ध्याटवौष्वतोयासु शुष्ककोटरवा-
सिन[:]क्रि (कृ)ष्णाहयो हि जायन्ते भूमिदानापहारका [:]

लिपिपत्र ४०वां

यह लिपिपत्र नवसारी से मिले हुए चालुक्य युवराज श्याश्रय (शीलादित्य) के कलचुरि स०

४२१ (ई० स० ६७०) के दानपत्र[२३] और गुजरात के राष्ट्रकूट (राठौड़) राजा कर्कराज (सुवर्णवर्ष) के शक स० ७३४ (ई० स० ८१२) के दानपत्र[२४] से तैयार किया गया है। कर्कराज के दानपत्र के 'ड' की आकृति नागरी के 'द' की सी है जिसमें, संभव है कि, ग्रंथि से नीचे निकला हुआ अंश 'ढ' से उक्त अक्षर को भिन्न बतलाने के लिये ही हो। 'ड' का ऐसा ही या इससे मिलता हुआ रूप लिपिपत्र ३७ और ३८ में भी मिलता है।

लिपिपत्र ४०वें की मूल पंक्तियों[२५] का नागरी अक्षरांतर–

ओं स वोव्याद्वेधसा येन(धाम) यन्नाभिकमलङ्कृतं। हरश्च
यस्य कान्तेन्दुकलया स(क)मलङ्कृतं।। स्वस्ति स्वकीयान्व-
यवङ्श(वंश)कर्त्ता श्रीराष्ट्रकूटामलवङ्श(वंश)जन्मा। प्रदानशूरः
समरैकवीरो गोविन्दराजः क्षितिपो बभूव।। यस्या . . . . .
मात्रजयिनः प्रियसाहसस्य क्ष्मापालवेशफलमेव

सन्दर्भ :

१. फ्ली; गु० इं; लेख संख्या ५, १४, १८।
२. एँ० इं; जि० ३, पृ० ३२०-२। जि० ८, पृ० १९०-९९। जि० ११, पृ० ८१-४; १०६-१७; १८७-८० आ० स० इं० ई० स० १९०२ ३, पृ० २३५.८ फ्ली० गु० इं०; लेख संख्या ३८.३९. एँ० इं; जि० ७, पृ० ६६-८६. जि० ८, पृ० ३०१-३, पृ० २३८-९, आदि।
३. एँ० इं; जि० २, पृ० २०-२१। जि० ५, पृ० ३९-४१. एँ० इं; जि० ५. पृ० ११३-४ जि० १३, पृ० ७७-९; आदि।
४. एँ० इं; जि० ३, पृ. ५१-२. एँ० इं; जि० ७, पृ० १६३-४. जि० ८, पृ० ४५-६. जि० पृ० १२४. जि० १९, जि० १९, पृ० ३०९-१०. ज० बंब, ए० सो; जि० १६, पृ० १-३ आदि।
५. एँ० इं; जि० १० पृ० ५३. जि० ११, पृ० २२०-१. ज० बंब० ए० सो० १६, पृ० ३४७। केव टेंपल्स ऑफ वेस्टर्न इंडिया, पृ० ५८; आदि।
६. एँ० इं; जि० ३, पृ० ५४-७. जि० ८, पृ० १६५-६. एँ० इं; जि० १२, पृ० १५८-६२. ज० बंब० ए० सो; जि० १६, पृ० १०६-११० आदि।
७. एँ० इं; जि० ६, पृ० २९७-९ जि० १०, पृ० ७४-७५ ;आदि।
८. एँ० इं; जि० ११. पृ० १७-८।
९. मेरे विद्वान् मित्र देवदत्त रामकृष्ण भण्डारकर की भेजी हुई उक्त लेख की छाप से।
१०. फ्ली; गु० इं० प्लेट ११ से।
११. ये मूल पंक्तियां नरवर्मन् के मंदसौर के लेख से हैं।
१२. एँ० इं; जि० ११, पृ० ११० के पास के प्लेट से।
१३. एँ० इं; जि० ८, पृ० ३०२ और ३०३ के बीच के प्लेटों से।

१४. ये मूल पंक्तियां धरसेन (दूसरे) के दानपत्र से हैं।
१५. 'प्रताप:' शब्द यहां पर अनावश्यक है।
१६. एँ० इं; जि० ११, पृ० १८ और १९ के बीच के प्लेटों से।
१७. ज० बंब ए० सो० जि० ११, पृ० ३६३ के पास के प्लेट १ A. B से।
१८. ये मूल पंक्तियां गारुलक सिंहादित्य के दानपात्र से हैं।
१९. एँ० इं; जि० १०, पृ० ५३ के पास के प्लेट से।
२०. एँ० इं; जि० २, पृ० २१ के पास के प्लेट से।
२१. एँ० इं; जि० ५, पृ० ४० और ४१ के बीच के प्लेटों से।
२२. ये मूल पंक्तियां रणग्रह के दानपत्र से हैं।
२३. ज० बं० ए० सो० जि० १६, पृ० और ३ के बीच के प्लेटों से।
२४. इं; एँ० जि० १२, पृ० १५८ और १६१ के बीच के प्लेटों से।
२५. ये मूल पंक्तियां गुजरात के राष्ट्रकूट राजा कर्कराज के दानपत्र से हैं।

अध्याय-१२
मध्यप्रदेशी लिपि

ई० स० की पांचवीं से नवीं शताब्दी के आसपास तक (लिपिपत्र ४१-४२)

मध्य प्रदेशी लिपि का प्रचार मध्य प्रदेश, बुंदेलखण्ड, हैदराबाद राज्य के उत्तरी विभाग तथा मैसूर राज्य के कुछ हिस्सों में ई० स० की पांचवीं से नवीं शताब्दी के आसपास तक रहा। यह लिपि गुप्तों[१], वाकाटकवंशियों[२], शरभपुर के राजाओं[३], महाकोशल के कितने एक सोम(गुप्त)वंशी राजाओं[४] तथा कुछ कदंबों[५] के दानपत्रों या शिलालेखों में मिलती है। इस लिपि के दानपत्र अधिक और विस्तृत रूप में मिलते हैं, शिलालेख कम और बहुधा छोटे-छोटे। इसके अक्षर लंबाई में अधिक और चौड़ाई में कम होते हैं, उनके सिर चौकूंटे या संदूक की आकृति के बहुधा भीतर से खाली, परंतु कभी-कभी भरे हुए भी मिलते हैं और अक्षरों की आकृति बहुधा समकोण वाली होती है (देखो, ऊपर पृ०)। इससे इस लिपि के अक्षर साधारण पाठक को विलक्षण प्रतीत होते हैं परंतु इन दो बातों को छोड़ कर देखा जाये तो इस लिपि में और पश्चिमी लिपि में बहुत कुछ समता है। इस लिपि पर भी पश्चिमी लिपि की तरह उत्तरी शैली का प्रभाव पड़ा है।

लिपिपत्र ४१वां

यह लिपिपत्र वाकाटकवंशी राजा प्रवरसेन(दूसरे) के दूदिआ[६] सिवनी[७] और चम्मक[८] के दानपत्रों से तैयार किया गया है। दूदिआ तथा सिवनी के दानपत्रों के अक्षरों के सिर चौकूंटे और भीतर से खाली हैं तथा अधिकतर अक्षर समकोण वाले हैं, परंतु चम्मक के दानपत्र के अक्षरों के चौकूंटे सिर भीतर से भरे हुए हैं और समकोण वाले अक्षरों की संख्या कम है। दूदिआ के दानपत्र से उद्धृत किये हुए अक्षरों के अंत में जो 'इ', 'ऊ' और 'औ' अक्षर दिये हैं वे उक्त दानपत्र से नहीं हैं। 'ऊ' अजंता की गुफा के लेख संख्या ३ की पंक्ति १७ से[९] और 'औ' महासुदेवराज के रायपुर के दानपत्र की १०वीं पंक्ति[१०] से लिया है। उक्त तीनों दानपत्रों में कोई प्रचलित संवत् नहीं दिया परंतु यह निश्चित है कि प्रवरसेन (दूसरा) गुप्तवंशी राजा चंद्रगुप्त दूसरे (देवगुप्त) की पुत्री प्रभावतीगुप्ता का पुत्र था और चन्द्रगुप्त दूसरे के समय के लेख गुप्त संवत् ८२ से ९३ (ई०स० ४०१-१२) तक के मिले हैं। ऐसी दशा में प्रवरसेन (दूसरे) का ई०स० की पांचवीं शताब्दी के प्रारंभ के आसपास विद्यमान होना निश्चित है।

लिपिपत्र ४१वें की मूल पंक्तियों[११] का नागरी अक्षरांतर–

दृष्टम् प्रवरपुरात् अग्निष्टोम(मा)प्तोर्य्यामोक्थ्यषोडश्यतिरो(रा)त्रवाज-
पेयबृहस्पतिसवसाद्यस्क्रचतुरश्वमेधयाजिनः विष्णुवृद्धसगो-
त्रस्य सम्राटः(जो) वाकाटका नाम्महाराजश्रीप्रवरसेनस्य सूनोः
सूनोः अत्यन्तस्वामिमहाभैरवभक्तस्य अंसभारसन्निवेशितशि . . .लि-

लिपिपत्र ४२वां

यह लिपिपत्र बालाघाट से मिले हुए वाकाटकवंशी राजा पृथिवीसेन (दूसरे) के[१२], खरियर से मिले हुए राजा महासुदेव[१३] के और राजीम से मिले हुए राजा तीवरदेव[१४] दानपत्रों से तैयार किया गया है। तीवरदेव के दानपत्र में 'इ' की दो बिंदियों के ऊपर की आड़ी लकीर में विलक्षण मोड़ डाला है।

खरियर और राजीम के दानपत्रों का समय अनुमान से लगाया है क्योंकि उनका निश्चित समय स्थिर करने के लिये अब तक ठीक साधन उपलब्ध नहीं हुए।

लिपिपत्र ४२वें की मूल पंक्तियों[१५] का नागरी अक्षरांतर–

स्वस्ति शरभपुराद्दिक्कुमोपनतसामन्तमकुटचूडामणिप्रभाप्रसे-
काम्बुधौतपादयुगलो रिपुविलासिनीसीमन्तोद्धरणहेतुर्व्वसुवसु-
धागोप्रद परमभागवतो मातापित्रि(तृ)पादानुध्यातश्रीमहासुदेवराजः
क्षितिमण्डाहारीयनवन्नकएतत्प्रावेश्यशाम्बिलकयो ~ प्रतिवासिकुट-
म्बिनस्समाज्ञापयति।। विदितमस्तु वो यथास्माभिरेतद्गामद्व-
यं तृ(त्रि)दशपतिसदनसुखप्रतिष्ठाकरो(र) यावद्रविशशिताराकिरणप्र-

सन्दर्भ :

१. फ्ली; गु० इं; लेख २-३। इन्हीं लेखों की लिपि पर से वाकाटकों आदि के दानपत्रों की लिपि निकली हो।
२. ऍ० इं; जि० ३, पृ० २६०-६२। जि० ९ , पृ० २७०-७१। इं; एँ जि० १२, पृ० २४२-५। फ्ली; गु० इं; लेखसंख्या ५३-६ आ० स० वे इं; जि० ४ प्लेट ५६, लेखसंख्या ४, प्लेट ५७ लेखसंख्या ३।
३. ऍ० इं; जि० ९, पृ० २८३-४. फ्ली; गु० इं० लेख संख्या ४०-४१।
४. ऍ० इं; जि० ७, पृ० १०४-६। जि० ९, पृ० १७२-३। फ्ली० गु० इं; लेखसंख्या ८१।
५. इं० एँ० जि० २१ पृ० ९३। रा; ऍ० क; जि० ७, पृ० २०० के पास का प्लेट।
६. ऍ० इं; जि० ३, पृ० २६० और २६१ के बीच के प्लेट।

७. फ्ली; गु० इं० प्लेट ३५।

८. फ्ली; गु० इं० प्लेट ३४।

९. आ० स० वे० इं० जि० ४, प्लेट ५७।

१०. फ्ली; गु० इं० प्लेट २७।

११. ये मूल पंक्तियां प्रवरसेन (दूसरे) के दूदिआ के दानपत्र से हैं।

१२. एँ० इं; जि० ९, पृ० २७० और २७१ के बीच के प्लेटों से।

१३. एँ० इं; जि० पृ० १७२ और १७३ के बीच के प्लेटों से।

१४. फ्ली; गु० इं; प्लेट ४५ से।

१५. ये मूल पंक्तियां महासुदेव के खरिअर के दानपत्र से हैं।

अध्याय-१३

तेलुगु-कन्नड़ी लिपि

ई० स० की पांचवीं शताब्दी से (लिपि पत्र ४३ से ५१)

तेलुगु-कन्नड़ी लिपि का प्रचार बंबई इहाते के दक्षिणी विभाग में, हैदराबाद राज्य के दक्षिणी हिस्सों में, मैसूर राज्य में तथा मद्रास इहाते के उत्तर-पूर्वी विभाग में ई०स० की पांचवीं शताब्दी के आसपास से पाया जाता है (देखो, ऊपर पृ० ४३)। इसमें समय के साथ परिवर्तन होते-होते अक्षरों की गोलाई बढ़ने लगी ओर त्वरा से लिखने के कारण ई० स० की ११वीं शताब्दी के आसपास इसके कितने एक अक्षर और १४वीं शताब्दी के आस-पास अधिकतर अक्षर वर्तमान तेलुगु और कन्नड़ी लिपियों से मिलते-जुलते बन गये। फिर उनमें थोड़ा-सा और परिवर्तन होकर वर्तमान तेलुगु और कन्नड़ी लिपियां, जो परस्पर बहुत ही मिलती हुई हैं, बनीं; इसलिये इस लिपि का नाम तेलुगु-कन्नड़ी कल्पना किया गया है। यह लिपि पल्लवों, कदंबों, पश्चिमी तथा पूर्वी चालुक्यों, राष्ट्रकूटों, गंगावंशियों, काकतीयों आदि कई राजवंशों तथा कई सामंतवेशों के शिलालेख तथा दानपत्रों में एवं कितने ही साधारण पुरुषों के लेखों में मिलती है। उक्त लेखादि की संख्या सैंकड़ों नहीं किंतु हजारों को पहुंच चुकी है और वे ऍपिग्राफिया इंडिका, ऍपिग्रफिया कर्नाटिका, इंडियन ऐटिक्वेरी आदि प्राचीन शोधसंबंधी अनेक पुस्तकों में छप चुके हैं।

लिपिपत्र ४३वां

यह लिपिपत्र पल्लववंशी राजा विष्णुगोपवर्मन् के उरुवुपल्लि[१] के तथा उसी वंश के राजा सिंहवर्मन् के पिकिर[२] और मंगलूर[३] गांवों से मिले हुए दानपत्रों से तैयार किया गया है। विष्णुगोपवर्मन् के दानपत्रों के अक्षरों के सिर मध्य प्रदेशी लिपि की तरह बहुधा चौकूंटे और भीतर से खाली हैं और समकोण वाले अक्षरों की संख्या कम और गोलाईदार या खमदार लकीर वालों की अधिक है, तो भी इसकी लिपि मध्य प्रदेशी और पश्चिमी लिपि से बहुत कुछ मिलती हुई है। सिंहवर्मन् के दानपत्रों के अक्षरों के सिर चौकूंटे नहीं किंतु छोटी-सी आड़ी लकीर से बने हुए हैं। इस लिपिपत्र का समय केवल अनुमान से ही लिखा है।

लिपिपत्र ४३वें की मूल पंक्तियों का[४] नागरी अक्षरांतर–

जितं भगवता श्रीविजयपलक्कडस्थानात् परमब्रह्म-
ण्यस्य स्वबाहुबलार्ज्जितोर्जितक्षात्रतपोनिधेः विहि-
तसर्व्वमर्य्यादस्य स्थितिस्थितस्यामितात्मनो महाराजस्य
श्रीस्कन्दवर्म्मणः प्रपौत्रस्यार्च्चितशक्तिसिद्धिसम्पन्नस्य
प्रतापोपनतराजमण्डलस्य महाराजस्य वसु-
धातलैकवीरस्य श्रीवीरवर्म्मणः पौत्रस्य देवद्विज-

लिपिपत्र ४४वां

यह लिपिपत्र देवगिरि से मिले हुए कदंबवंशी राजा मृगेशवर्मन्[५] और काकुस्थवर्मन्[६] के दानपत्रों से तैयार किया गया है। इनके अक्षरों के सिर चौकूंटे परंतु भीतर से भरे हुए हैं और कितने ही अक्षरों की आड़ी लकीरें विशेष कर खमदार बनती गई हैं (देखो, मृगेशवर्मन् के दानपत्रों में इ, ख, ज, ट, ड, ब, ध, भ, म, व और ह और काकुस्थवर्मन् के दानपत्र में इ, ख, च, ढ, द, ल आदि)।

लिपिपत्र ४४वें की मूल पंक्तियों[७] का नागरी अक्षरांतर–

सिद्धम्।। जयत्यइंस्त्रिलोकेशः सर्व्वभूतहिते रतः रागा-
द्यरिहरोनन्तोनन्तज्ञानदृगीश्वरः।। स्वस्ति विजयवैज[य]न्त्या[:] स्वामिम-
हासेनमातृगणानुद्ध्या(ध्या)ताभिषिक्तानां[८] मानव्यसगोत्राणां[९] हारितिपु-
त्राणं(णां)अ (आं)गिरसां प्रतिकृतस्वाद्ध्य(ध्या)य चर्च्चकाना(नां) सद्धर्म्मसदंवाना(नां)
कदंबानां अनेकजन्मान्तरोपार्ज्जितविपुलमपुण्यस्कन्धः आहवार्ज्जित-

लिपिपत्र ४५वां

यह लिपिपत्र चालुक्यवंशी राजा मंगलेश्वर के समय के शक स० ५०० (ई० स० ५७८) के शिलालेख[१०], उसी वंश के राजा पुलुकेशिन् (दूसरे) के हैदराबाद (निज़ाम राज्य में) से मिले हुए शक स० ५३४ (ई० स० ६१२) के दानपत्र[११] और पूर्वी चालुक्य राजा सर्वलोकाश्रय (विजयसिद्धि, मंगियुवराज) के राज्यवर्ष दूसरे (ई० स० ६७३) के दानपत्र[१२] से तैयार किया गया है। मंगलेश्वर के लेख की लिपि स्थिर लिपि से लिखी गई है। पुलुकेशिन् के दानपत्र की लिपि में 'अ' और 'आ' की खड़ी लकीर को बाईं ओर मोड़कर उक्त अक्षरों के सिरों तक ऊपर बढ़ा दिया है जिससे ये अक्षर मंगलेश्वर के लेख के उक्त अक्षरों से कुछ-कुछ भिन्न प्रतीत होने लगे हैं और इन्हीं के रूपांतर से वर्तमान कनड़ी और तेलुगु के 'अ' और 'आ' बने हैं (देखो, लिपिपत्र ८३ में कनड़ी लिपि की उत्पत्ति) 'ऱ' अक्षर, जिसका प्रचार दक्षिण की भाषाओं में मिलता है, पहले-पहल इसी दान-पात्र में मिलता है। सर्वलोकाश्रय के दानपत्र की लिपि में 'इ' की दो बिंदियों के ऊपर की

लकीर के प्रारंभ में ग्रंथि बनाई है और उसका घुमाव बढ़ा दिया है। इसी को चलती कलम से पूरा लिखने से वर्तमान कनड़ी और तेलुगु लिपियों का 'इ' बनता है (देखो, लिपिपत्र ८३)। 'क' की खड़ी लकीर को मोड़कर मध्य तक और 'र' की को सिरे तक ऊपर बढ़ा दिया है। इन्हीं रूपों में थोड़ा-सा और परिवर्तन होने पर वर्तमान कनड़ी और तेलुगु के 'क' और 'र' बने हैं।

लिपिपत्र ४५वें की मूलं पंक्तियों[१३] का नागरी अक्षरांतर-

स्वस्ति॥ श्रीस्वामिपादनुदध्य(ध्या) तानाम्मा नव्यसगोत्रणङ्हा(णां हा) रितीपुत्राणाम्
अग्निष्टोमाग्निचयनवाजपेयपीण्डरीकबहुसुवर्ण्णाश्वमेधावभूथ-
स्नानपवित्रोकृतशिरसां चल्क्यानां वंशे संभूतः शक्तित्रयसं-
पन्नः चल्क्यवंशाम्बर पूर्ण्णचन्द्रः अनेकगुणगणलंकृतशरीर-

लिपिपत्र ४६वां

यह लिपिपत्र पश्चिमी चालुक्यवंशी राजा कीर्तिवर्मन् (दूसरे) के केंडूरगांव से मिले हुए शक स० ६७२ (ई० स० ७५०) के दानपत्र[१४] से तैयार किया गया है। इसकी लिपि त्वरा से लिखी हुई (घसीट) है और कई अक्षरों में आड़ी या खड़ी लकीरें खमदार हैं (देखो, इ, ए, घ, च, ज, ड, ढ, थ, द, ध, प, फ, ब, भ, मु, व, ह, का और दा) 'क्क' को 'क' के मध्य में दोनों तरफ बाहर निकली हुई वक्र रेखा जोड़ कर बनाया है।

लिपिपत्र ४६वें की मूल पंक्तियों का नागरी अक्षरांतर-

तदागामिभिरस्मद्वंश्यैरन्यैश्च राजभिरायुरैश्वर्य्यादीनां
विलसितमचिरांशुचञ्चलमवगच्छद्भिराचन्द्रार्कधरार्णवस्थिति-
समकालं यशश्चिकीर्षुभिस्स्वदत्तिर्व्विशेषं परिपालनीय-
मुक्तञ्च भगवता वेदव्यासेन व्यासेन बहुभिर्व्व-
सुधा भुक्ता राजभिस्सगरादिभिः यस्य यस्य यदा
भूमिस्तस्य तस्य तदा फलं स्वन्दातुं सु-
महच्छक्यं दुःखमन्यस्य पालनं दानं वा पा-

लिपिपत्र ४७वां

यह लिपिपत्र राष्ट्रकूट (राठौड़) वंशी राजा प्रभूतवर्ष (गोविंदराज तीसरे) के कडब गांव से मिले हुए शक स० ७३५ (ई० स० ८१३) के दानपत्र[१५] से तैयार किया गया है। इसकी लिपि भी घसीट है। 'ई' की दो बिंदियों के बीच की खड़ी लकीर को नीचे से बाईं ओर घुमा कर सिर तक ऊपर बढ़ाने से ही उक्त अक्षर का यह रूप बना है। 'ळ' (ऋग्वेद के 'ळह' का स्थानापन्न)

पहले-पहल इसी दानपत्र में मिलता है जिसके मध्य भाग में एक आड़ी लकीर जोड़ने से दक्षिण की लिपियों का 'र' बना हो ऐसा प्रतीत होता है। इस दानपत्र से दिये हुए अक्षरों के अंत में 'ळ', 'ळ ह' और 'ऴ' अक्षर दिये हैं। वे इस दानपात्र से नहीं है। 'ळ' और 'ळह' पूर्वी चालुक्य राजा विजयादित्य दूसरे के एडुरु के दानपत्र[१६] से और 'ळ' उसी वंश के राजा अम्म (प्रथम) के मछलीपट्टम (मसुलिपट्टम् मद्रास इहाते के कृष्णा जिले में) के दानपत्र[१७] से है।

लिपिपत्र ४७वें की मूल पंक्तियों का नागरी अक्षरांतर–

राष्ट्रकूटकुलामलगगनमृगलांछनः बुधजनमुखक-
मलांशुमाली मनोहरगुणगणालंकारभारः कक्कराज-
नामधेयः तस्य पुत्रः स्ववंशानेकनृपसंघातपरंप-
राभ्युदयकारणः परमरिषि(र्षि) ब्राह्मणभक्तितात्पर्य्यकुशलः
समस्तगुणगणधिव्वोनो(?ष्ठानं) विख्यातसर्व्वलोकनिरूप-
मस्थिभावनि(वि)जितारिमण्डलः यस्यैम (?व)मासीत्।। जित्वा भू
पारिवर्ग्गन्न(र्गं न)यकुशलतया येन राज्यं कृतं यः

लिपिपत्र ४८वां

यह लिपिपत्र पूर्वी चालुक्यवंशी राजा भीम दूसरे (ई० स० ९३४ से ९३५ तक) के पागनवरम् के दानपत्र[१८] से और उसी वंश के अम्म दूसरे (ई० स० ९४५ से ९७०) के एक दानपत्र[१९] से तैयार किया गया है। इन दोनों दानपत्रों की लिपि स्थिरहस्त और सुंदर है।

लिपिपत्र ४८वें की मूल पंक्तियों[२०] का नागरी अक्षरांतर–

स्वस्ति श्रीमतां सकलभुवनसंस्तूया(य)मान-
मानव्यसगौ(गो)त्राणा(णां) हारीतिपुत्राणां कौशिकीवरप्र-
सादलब्धराज्यानां मात्रु(तृ)गण परिपालितानां स्वामि
[म]हासेनपादानुध्यातानां भगवन्नारायणप्रसा-
दसमासादितवरवराहलां च (छ) नेक्षणक्षणवशीकृ-

लिपिपत्र ४९वां

यह लिपिपत्र पूर्वी चालुक्यवंशी राजा राजराज के कोरुमेल्लि से मिले हुए शक स० ९४४ (ई०स० १०२२) के दानपत्र[२१] से तैयार किया गया है। इसकी लिपि घसीट है और इसके अ, आ, इ, ई, उ, ख, ग, च, ज, ठ, ड, ढ, त, थ, ध, न, ब, य, र, ल और स वर्तमान कन्नड़ी या तेलुगु लिपि के उक्त अक्षरों से मिलते-जुलते ही हैं। अक्षरों के सिर बहुधा **V** ऐसे बनाये हैं और अनुस्वार

को कहीं अक्षर की दाहिनी ओर ऊपर की तरफ और कहीं अक्षर के सामने मध्य में धरा है। इस दानपत्र से दिये हुए अक्षरों के अंत में जो, अ, आ, स्व, र ऊ, खा और उ अक्षर दिये हैं वे इस ताम्रपत्र से नहीं है। उनमें से अ, आ ख और र ये चार अक्षर जाह्नवी(गंगा)वंशी राजा अरिवर्मन् के जाली दानपत्र[२२] से लिये गये हैं। इस पुस्तक में जाली दानपत्रों से कोई लिपिपत्र नहीं बनाया गया परंतु उक्त अक्षरों के ऐसे रूप अन्यत्र नहीं मिलते और उनका जानना भी आवश्यक होने से ये यहां दिये गये हैं। बाकी के तीन अक्षरों में से 'ऊ' और 'खा' पूर्वी चालुक्य राजा विष्णुवर्द्धन पांचवें (कलिविष्णुवर्द्धन) के दानपत्र से[२३] और अंतिम 'उ'[२४] एहोले के नारायण के मंदिर के शिलालेख[२५] से लिया गया है।

लिपिपत्र ४९वें की मूल पंक्तियों[२६] का नागरी अक्षरांतर—

श्रीधाम्नः पुरुषोत्तमस्य महतो नारा-
यणस्य प्रभोर्न्नाभोपंकरुहाहभूव जगतस्स्त्रष्टा
स्वयंमूलतः जज्ञे मानससूनूरत्रिरिति य[:]
तस्मान्मुनेरचितस्सोमो वंशकास्समुधां शुरुदित[:]श्रीकण्ट
(ण्ठ)चूडामणिः। तस्मादासीत्सुधासूतेव्वर्बुधो बुध-
नुतस्ततः ज(जा)तः पुरूरवा नाम चक्रवत्ती[र्तो] स-

लिपिपत्र ५०वां

यह लिपिपत्र काकतीयवंशी राजा रुद्रदेव के शक स० १०८४ (ई०स० ११६२) के अनंकोंड के शिलालेख[२८] और उसी वंश के राजा गणपति के समय के शक स० ११३५ (ई०स० १२१३) के चेब्रोलु के शिलालेख[२९] से तैयार किया गया है। अनंकोंड के लेख से मुख्य अक्षर ही दिये गये हैं। इस लिपिपत्र में दिये हुए अक्षरों में से अ, आ, इ, ई, उ, ओ, औ, ख, ग, च, छ, ज, झ, ट, ठ, ड, ड, ण, त, थ, ध, न, ब, भ, म, य, र, ल, श और स वर्तमान कनड़ी या तेलुगु के उक्त अक्षरों से बहुत कुछ मिलते-जुलते हैं। चेब्रोलू के लेख के 'श्री' में 'शी' बना कर उसके चौतरफ चतुरस्त्र सा बना कर उस के अंत में ग्रंथि लगाई है। यह सारा चतुरस्त्रवाला अंश 'र' का ही विलक्षण रूप है। 'ष्ठा' और 'स्थ' में 'ठ' और 'ध' का केवल नीचे का आधा हिस्सा ही बनाया है। चेब्रोलू के लेख के अक्षरों के अंत में ऋ के तीन रूप और ऐ अक्षर अलग दिये हैं। उनमें से पहला 'ऋ' चालुक्य वंशी राजा कीर्तिवर्मन् (दूसरे) के वक्कलेरी से मिले हुए शक स० ६९७ (ई०स० ७५७) के दानपत्र[२९] से, दूसरा वनपल्ली से मिले हुए अन्नवेम के शक स० १३०० (?१३०१) के दानपत्र[३०] से और तीसरा 'ऋ' तथा 'ऐ' दोनों चालुक्यवंशी राजा पुलुकेशिन् [प्रथम] के जाली दानपत्र[३१] से लिये गये हैं।

लिपिपत्र ५०वें की मूल पंक्तियों[३२] का नागरी अक्षरांतर—

एषां वंशे रघूणां क्षितिपतिरभवद्दुर्ज्जयश्शौ-

र्य्यकेलि(लि)स्फूर्ज्जद्भूमा ततोभूत्प्रतिकरटिघटाशात-
नो बेतराजः। चक्रे विक्रांतबाहुस्तदनु व-
सुमतीपालनं प्रोलभूपस्तत्पुत्रो रुद्रदेवस्त-
दुपरि च नृपोत्तंसरत्नं बभूव।। ततस्तत्सोद-

लिपिपत्र ५१वां

यह लिपिपत्र दोनेपूंडि से मिले हुए पीठापुरी के नामयनायक के शक स० १२५९ (ई० स० १३३७) के दानपत्र[३३], वनपल्ली से मिले हुए अन्नवेम के दानपत्र[३४], तथा कोंडवीड्ड से मिले हुए गाणदेव के शक स० १३७७ के दानपत्र[३५] से तैयार किया जाता है। वनपल्ली और कोंडवीड्ड के दानपत्रों से मुख्य-मुख्य अक्षर दिये गये हैं। दोनेपूंडि के दानपत्र के क, ञ ('ज्ञ' में), द, प, फ, व और ह में थोड़ा सा परिवर्तन होने से वर्तमान कनड़ी तेलुगु लिपियों के वे ही अक्षर बने हैं। 'फ' के नीचे जो उलटे अर्धवृत्त का सा चिह्न लगा है वह 'फ' और 'प' का अन्तर बतलाने के लिये ही है। पहले उसका स्थानापन्न चिह्न 'फ' के भीतर दाहिनी ओर की खड़ी लकीर के साथ सटा रहता था (देखो, लिपिपत्र ४८, ४९, ५०) और वर्तमान कनड़ी तथा तेलुगु लिपियों में उसका रूप शंकु जैसी आकृति की खड़ी लकीर में बदल कर अक्षर के नीचे लगाया जाता है। अनुस्वार अक्षर के ऊपर नहीं किंतु आगे लगाया है। ई० स० की १४वीं शताब्दी के पीछे भी इस लिपि में और थोड़ा सा अंतर पड़कर वर्तमान कनड़ी और तेलुगु लिपियां बनी हैं। यह अंतर लिपिपत्र ८० में दी हुई लिपियों का लिपिपत्र ५१ से मिलान करने पर स्पष्ट होगा।

लिपिपत्र ५१वें की मूल पंक्तियों[३६] का नागरी अक्षरांतर–

श्रीउ(श्र्यु)मामहेश्वराभ्यां न्न(न)मः। पायाद्वः
करिवदनः क्रु(कृ)तनिजदानस्तुताविवालिगणे।
निनदति मुहुरपिधत्ते कन्नै(र्णौ) यः कर्न्न(र्ण)-
तालाभ्यां।। श्रीविष्णुरस्तु भवदिष्टफलप्रदा-

सन्दर्भ :

१. इं० एँ; जि० ५, पृ० ५० और ५१ के बीच के प्लेटों से।
२. वही, जि० ८, पृ० १६० और १६१ के बीच के प्लेटों से।
३. इं० एँ; जि० ५, पृ० १५४ और १५६ के बीच के प्लेटों से।
४. ये मूल पंक्तियां उरुवुपल्लि के दानपत्र से हैं।
५. इं० एँ; जि० ७, पृ० ३५ के सामने के प्लेट से।
६. वही, जि० ६, पृ० २४ और २५ के बीच के प्लेटों से।

७. ये मूल पंक्तियां मृगेशवर्मन् के दानपत्र से हैं।

८. 'भिषिक्तानां' के 'ना' के पीछे ठीक वैसा ही चिह्न है जैसा कि मृगेशवर्मन् के दानपत्र से दिये हुए अक्षरों में 'हि:' के विसर्ग के नीचे की बिंदी के स्थान में पाया जाता है। संभव है कि यह अनुस्वार का चिह्न हो (न कि 'म्' का) जो अक्षर के ऊपर नहीं किंतु आगे धरा हो। इस प्रकार का चिह्न उक्त दानपत्र में तीन जगह मिलता है, अन्यत्र अनुस्वार का नियत चिह्न सर्वत्र अक्षर के ऊपर ही धरा है।

९. यहां भी ठीक वही चिह्न है जिसका विवेचन टिप्पण ८ में किया गया है।

१०. इं० एँ; जि० १०, पृ० ५८ के पास के प्लेट से।

११. वही, जि० ६, पृ० ७९ और ७३ के बीच के प्लेटों से।

१२. इं० एँ; जि० ८, पृ० २३८ और २३९ के बीच के प्लेटों से।

१३. ये मूल पंक्तियां मंगलेश्वर के समय के लेख से हैं।

१४. एँ; इं; जि० ९ पृ० २०४ और २०५ के बीच के प्लेटों से।

१५. इं० एँ; जि० १२, पृ० १४ और १५ के बीच के प्लेटों से।

१६. एॅ० इं० जि० ५, पृ० १२१ के बीच के प्लेट की क्रमश: पंक्ति १२ और २० से।

१७. वही, पृ० १३२ के पास के प्लेट की पंक्ति ३२।

१८. वही, पृ० १३, पृ० २१४ और २१५ के बीच के प्लेटों से।

१९. इं; एँ; जि० १३, पृ० २४८ और २४९ के बीच के प्लेटों से।

२०. ये मूल पंक्तियां भीम (दूसरे) के दानपत्र से हैं।

२१. इं० एँ; जि० १४, पृ० ५० और ५३ के बीच के प्लेटों से।

२२. वही, जि० ८, पृ० २१२ के बीच के प्लेटों से।

२३. वही, जि० १३, पृ० १८६ और १८७ के बीच के प्लेटों से।

२४. लिपिपत्र ४९ में दिए हुए अक्षरों के अंतिम अक्षर के ऊपर गलती से नागरी का 'ऊ' छप गया है जो अशुद्ध है। उसके स्थान में पाठक 'ड' पढ़ें।

२५. इं० एँ; जि० ९, पृ० ७५ के पास के प्लेट से।

२६. ये मूल पंक्तियां राजराज (दूसरे) के दानपत्र से हैं।

२७. इं० एँ; जि० ११ पृ० १२ और १७ के प्लेटों से।

२८. एॅ० इं; जि० ५, पृ० १४६ और १४७ के बीच के प्लेटों से हैं।

२९. वही, पृ० २०५ के पास के प्लेट ४ B, पंक्ति ६५ से।

३०. वही, पृ० ६३ के पास के प्लेट ३ A , पंक्ति ५०।

३१. इं. एँ जि० ८ पृ. ३४० के पास की प्लेटें, क्रमश: पंक्ति ४५ और ३६।

३२. ये मूल पंक्तियां चेब्रोलु के लेख से हैं।

३३. एॅ० इं; जि० ५, पृ० २६४ और २६७ के बीच के प्लेटों से।

३४. वही, जि० ३, पृ० ६२ और ६३ के बीच के प्लेटों से।

३५. इं; एँ० जि० २०, पृ० ३६२ और ३९३ के बीच के प्लेटों से।

३६. ये मूल पंक्तियां नामयनायक के दोने पूंडि के दानपत्र से हैं।

अध्याय-१४

ग्रन्थ लिपि

ई० स० की ७वीं शताब्दी से (लिपिपत्र ५२ से ५६)

इस लिपि का प्रचार मद्रास इहाते के उत्तरी व दक्षिणी आर्कट, सलेम, त्रिचनापल्ली, मदुरा और तिन्नेवेल्लि जिलों में तथा त्रावनकोर राज्य में ई० स० की सातवीं शताब्दी के आसपास से मिलता है और इसी में क्रमशः परिवर्तन होते होते वर्तमान ग्रंथ लिपि बनी (देखो, ऊपर. . . .)। मद्रास इहाते के जिन हिस्सों में तामिल लिपि का, जिसमें वर्णों की अपूर्णता के कारण संस्कृत ग्रंथ लिखे नहीं जा सकते, प्रचार है वहां पर संस्कृत ग्रंथ इसी लिपि में लिखे जाते हैं इसी से इसका नाम 'ग्रंथ लिपि' (संस्कृत ग्रंथों की लिपि) पड़ा हो। यह पल्लव, पांड्य और चोल राजाओं तथा चोलवंशियों का राज्य छीनने वाले वेंगी के पूर्वी चालुक्य राजा राजेंद्रचोल के वंशजों, गंगावंशियों, बाणवंशियों, विजयनगर के यादवों आदि के शिलालेखों या ताम्रपत्रों में मिलती है। यह लिपि प्रारंभ में तेलुगु कनड़ी से बहुत कुछ मिलती हुई थी (लिपिपत्र ५२ में दी हुई राजा राजसिंह के कांचीपुरम् के लेख की लिपि को लिपिपत्र ४३ में दी हुई पल्लववंशी विष्णुगोपवर्मन् के उरुपवुल्लि के दानपत्र की लिपि से मिला कर देखो), परंतु पीछे से चलती कलम से लिखने तथा खड़ी और आड़ी लकीरों को वक्र या खमदार रूप देने (देखो, ऊपर पृ० ८०) और कहीं-कहीं उनके प्रारंभ, बीच या अंत में ग्रंथि लगाने के कारण इसके रूपों में विलक्षणता आती गई जिससे वर्तमान ग्रंथ लिपि वर्तमान तेलुगु और कनड़ी लिपियों से बिल्कुल भिन्न हो गई।

लिपिपत्र ५२वां

यह लिपिपत्र पल्लववंशी राजा नरसिंहवर्मन् के समय के मामल्लपुरम् के छोटे-छोटे ९ लेखों[१], उसी वंश के राजा राजसिंह के समय के कांचीपुरम् के कैलाशनाथ नामक मंदिर के शिलालेख[२] तथा कूरम से मिले हुए उसी वंश के राजा परमेश्वरवर्मन् के दानपत्र[३] से तैयार किया गया है। नरसिंहवर्मन् के लेखों में 'अ' के तीन रूप मिलते हैं। राजा राजसिंह के समय के कांचीपुरम् के लेख के 'अ' की बाईं तरफ के गोलाईदार अंश को मूल अक्षर से मिला देने से 'अ' में ग्रंथि बन गई है। 'अ' के उक्त तीन रूपों में से दूसरा मुख्य है और उसी को त्वरा से लिखने से पहला

और तीसरा रूप बना है जिनमें ग्रंथि मध्य में लगाई है। विसर्ग के स्थानापन्न दोनों आड़ी लकीरों को एक खड़ी लकीर से जोड़ दिया है। राजा राजसिंह के समय के कांचीपुरम् के लेख के लिखने वाले ने अपनी लेखन कला की निपुणता का खूब परिचय दिया है। 'अ' की खड़ी लकीर को दाहिनी ओर घुमा कर सिर तक ऊपर बढ़ा दिया है। 'आ' की मात्रा की खड़ी रेखा को सुंदर बनाने के लिये के लिये उसमें विलक्षण घुमाव डाला है (देखो, टा, णा, मा, ळा) परमेश्वर वर्मन् के कूरम के दानपत्र की लिपि त्वरा से लिखी हुई है उसमें 'ए' और 'ज' के नीचे भाग में ग्रंथि भी लगी है और अनुस्वार को अक्षर के ऊपर नहीं किंतु आगे धरा है।

लिपिपत्र ५२वें की मूल पंक्तियों[४] का नागरी अक्षरांतर–

नरसिंहवर्म्मणः स्वयमिव भगवतो नृपतिरूपावती-
र्णस्य नरसिंहस्य मुहुरवजितचोळ(ल)केरळ(ल)कळ(ल)भूपाण्ड्य-
स्य सहस्त्रबाहोरिव समरशतनिर्व्विष्टसहस्त्रबाहु-
कर्म्मणः परियळमणिमंगलशूरमारप्रभृतिरणविदश्शि(श्शि)-

लिपिपत्र ५३वां

यह लिपिपत्र महावलीपुरम् के अतिरणचंडेश्वर नामक गुफामंदिर के लेख[५], कशाकूड़ि से मिले हुए पल्लव राजा नंदिवर्मन् के दानपत्र[६] और पांड्यवंशी राजा परांतक के समय के नारसिंगम् के लेख[७] से जो गत कलियुग संवत् ३८७१ (ई० स० ७७०) का है, तैयार किया गया है। नंदिवर्मन् के दानपत्र के अक्षरों में से इ, ख, ग, ज, त और ब वर्तमान ग्रंथ लिपि के उक्त अक्षरों से कुछ-कुछ मिलते हुए हैं।

लिपिपत्र ५३वें की मूल पंक्तियों[८] का नागरी अक्षरांतर–

लंकाजयाधरितरामपराक्रमश्रीरुद्वृत्तश्र(श)त्रकुलसंक्षयधूम-
केतुः वातापिनिर्ज्जयविळ (ड) म्बितकुम्भजन्मा वीरस्ततोजनि
जयि(यी) नरसिंहवर्म्मा।। तस्मादजायत निजायतबाहुदण्ड-
श्चञ्चाशनी रिपिकुलस्य महेन्द्रवर्म्मा यस्मात्प्रभू(भृ)त्यलम-

लिपिपत्र ५४वां

यह लिपिपत्र पल्लववंशी राजा नंदिवर्मन् (पल्लवमल्ल) के उदयेंदिरम् के दानपत्र[९] और गंगावंशी राजा पृथ्वीपति (दूसरे) के वहीं के दानपत्र[१०] से तैयार किया गया है। नंदिवर्मन् के दानपत्र के अक्षरों में अ, इ, उ, ए, ख, ग, घ, च, ज, ठ, ड, ढ, ण, त, थ, ध, प, ब, भ, म, य, व, ष और स वर्तमान ग्रंथलिपि से कुछ-कुछ मिलते हुए हैं।

लिपिपत्र ५४वें की मूल पंक्तियों[११] का नागरी अक्षरांतर–

श्रि(श्री) स्वस्ति सुमेरुगि[रि]मूर्द्धनि प्रवरयोगब-
द्धासनं जगत्र(त्त्र)यविभूतये रविशशांकनेत्रद्व-
यमुमासहितमादरादुदयचन्द्रलत्ष्मी(क्ष्मी)प्रदम्(दं)
सदाशिवमहन्नमामि शिरसा जटाधारिणम्। [।] श्रीमान-
नेकरणभुवि (भूमि)षु पल्लवाय राज्यप्रदः परिहि-

लिपिपत्र ५५वां

यह लिपिपत्र राजा कुलोत्तुंगचोडदेव के चिंदबरम् के लेख[१२], विक्रमचोल के समय के शेविलिमेड्ड के लेख[१३] और बाणवंशी राजा विक्रमादित्य दूसरे (विजयबाहु) के उदयेंदिरम् के दानपत्र[१४] से तैयार किया गया है। इस लिपिपत्र में दिये हुए अक्षरों में से कई एक वर्तमान ग्रंथाक्षरों से मिलते जुलते हैं (इस लिपिपत्र को लिपिपत्र ८० में दी हुई वर्तमान ग्रंथ लिपि से मिला कर देखो)

लिपिपत्र ५५वें की पंक्तियों[१५] का नागरी अक्षरांतर–

क्षि(क्षी)रोदम् भथितम् मनोभिरतुलम् (लं)देवासुरेर्म्मंदरं
हित्वाक्षिप्त इवाञ्जनाद्रिरिव यस्तत्राधिकम्(कं) राज-
ते यो भोगि(गी)न्द्रनिविष्टमूर्त्ति(र्त्ति)रनिशम् भूयोमृतस्याप्यते
रक्षे[द्]वः सुरवृ(वृ)न्दवन्दितपत (द)द्वदुव्वः स्म(न्द्वस्स)

लिपिपत्र ५६वां

यह लिपिपत्र पांड्यवंशी राजा सुंदरपांड्य के श्रीरंगम् के लेख[१६], आलंपूंडि से मिले हुए विजयनगर के यादव राजा विरुपाक्ष के शक स० १३०५ (ई० स० १३८३) के दानपत्र[१७] और वहीं के श्रीगिरिभूपाल के शक स० १३४६ (ई० स० १४२४) के दानपत्र[१८] से तैयार किया गया है। इस लिपिपत्र में दिये हुए अक्षरों में से अ, आ, इ, उ, ऊ, ऋ, ए, ओ, क, ख, क, ग, घ, ङ, च, ज, ठ, ड, ण, त, थ, द, ध, न, प, फ, ब, भ, म, य, र, ल, व, श, ष, स, ह और ळ वर्तमान ग्रंथ लिपि के उक्त अक्षरों से मिलते-जुलते ही हैं। ई० स० की १४वीं शताब्दी के पीछे थोड़ा सा और अंतर पड़ने पर वर्तमान ग्रंथ लिपि बनी।

लिपिपत्र ५६वें की मूल पंक्तियों[१९] का नागरी अक्षरांतर–

हरिः ओम् स्वस्ति श्रीः येनासौ
करुणामनीयत दशां श्रीरंगपत्मा(द्मा)करः
कृत्वा तम् भुवनान्तरप्रणयिनं कर्ण्णा-

सन्दर्भ :

१. एँ० इं; जि० १०, पृ० ६ के पास के प्लेट, लेख संख्या २-१०।
२. दु: सा इं० इं; जि० २, भाग ३, प्लेट ९।
३. वही, भाग ३, प्लेट ११-२।
४. ये मूल पंक्तियां कूरम के दानपत्र से हैं।
५. एँ० इं; जि० १०, पृ० १२ के पास के प्लेट से।
६. दु; सा० इ. इं; जि० २, भाग ३, प्लेट १३-१४, पंक्ति १-१४ से।
७. एँ० इं; जि० ८, पृ० ३२० के पास का प्लेट, लेखन-संख्या १ से।
८. ये मूल पंक्तियां कशाकूडि के दानपत्र से हैं।
९. एँ० इं; जि० ८, पृ० २७४ और २७६ के बीच के प्लेट, पंक्ति १-१०५ से।
१०. दु: सा० इं० इं; जि० १, भाग ३, प्लेट १६, पंक्ति १-७१ से।
११. ये मूल पंक्तियां नंदिवर्मन् के उदयेंदिरम् के दानपत्र से हैं।
१२. एँ० इं; जि० ५, पृ० १०४ के पास का प्लेट, लेख A से।
१३. वही ६, पृ० २२८ के पास के प्लेट से।
१४. वही ३, पृ० ७६ और ७७ के बीच के प्लेटों से।
१५. ये मूल पंक्तियां उदयेंदिरम् के दानपत्र में से हैं।
१६ एँ० इं; जि० ३, पृ० १४ के पास के प्लुट से।
१७. वही ३, पृ० २२८ के पास के प्लेट से।
१८. वही ८, पृ० ३१२ और ३१३ के बीच के प्लेटों से।
१९. ये मूल पंक्तियां श्रीरंगम् के लेख से हैं।

अध्याय-१५

कलिङ्ग लिपि

ई० स० की ७वीं से ११वीं शताब्दी तक (लिपिपत्र ५७ से ५९)

कलिंग लिपि मद्रास इहाते के चिकाकोल और गंजाम के बीच के प्रदेश में कलिंगनगर के गंगावंशी राजाओं के दानपत्रों में ई० स० की ७वीं शताब्दी के आसपास से ११वीं शताब्दी के आसपास तक मिलती है। इसका सबसे पहला दानपत्र, जो अब तक मिला है, पूर्वी गंगावंशी राजा देवेंद्रवर्मन् का गांगेय संवत् ८७ का है। उसकी लिपि में मध्य प्रदेशी लिपि का अनुकरण पाया जाता है क्योंकि अक्षरों के सिर संदूक की आकृति के भीतर से भरे हुए हैं और कई अक्षर समकोण वाले हैं (देखो, ऊपर पृ० ४४)। पिछले दानपत्रों में अक्षर समकोण वाले नहीं किंतु पश्चिमी एवं तेलुगु-कनड़ी लिपि की तरह गोलाईदार मिलते हैं और उनमें तेलुगु-कनड़ी के साथ-साथ कुंछ ग्रंथ तथा नागरी लिपि का मिश्रण भी पाया जाता है।

लिपिपत्र ५७वां

यह लिपिपत्र पूर्वी गंगावंशी राजा इंद्रवर्मन् के अच्युतपुरम् के दानपत्र[१], राजा इंद्रवर्मन् (दूसरे) के चिकाकोल के दानपत्र[२] और राजा देवेंद्रवर्मन् के दानपत्र[३] से तैयार किया गया है। अच्युतपुरम् के दानपत्र के अक्षरों के सिर मध्य प्रदेशी लिपि की तरह संदूक की आकृति के भीतर से भरे हुए हैं और अ, आ, क, र आदि अक्षर समकोण वाले हैं। 'न' नागरी का सा है और बाकी के अक्षर तेलुगु-कन्नड़ी से मिलते हुए हैं। चिकाकोल के दानपत्र के अक्षरों के भी सिर चौकूंटे, भीतर से भरे हुए हैं और 'म्' ग्रंथ लिपि की शैली का है।

लिपिपत्र ५७वें की मूल पंक्तियों[४] का नागरी अक्षरांतर-

ओं स्वस्ति सर्व्वर्तुरमणीयाद्विजयकलिङ्गनगरात्सकलभुवन-
निर्म्माणैकसूत्रधारस्य भगवती गोकर्ण्णस्वामिनश्चरणकम-
लयुगलप्रणामादपगतकलिकलङ्को विनयनयसम्पदा-
माधारः स्वासिधारापरिस्पन्दाधिगतसकलकलिङ्गाधिराज्यश्चतु-
रुदधितरङ्गमेखलावनितलप्रवतितामलयशाः अनेकसम-

लिपिपत्र ५८वां

यह लिपिपत्र पूर्वी गंगावंशी राजा देवेंद्रवर्मन् दूसरे (अनंतवर्मन् के पुत्र) के गांगेय संवत् [२]५१[५] और २५४[६] के दानपत्रों से तैयार किया गया है। पहले दानपत्र के अक्षरों में 'अ' तीन प्रकार का है जिनमें से पहले दो रूप नागरी रूप तेलुगु-कन्नड़ी की शैली का है और लिपिपत्र ४९ में दिये हुए 'अ' के दूसरे रूप से मिलता हुआ। उ, ए, ग (पहला), ज (दूसरा), त (दूसरा), द और न (पहला और दूसरा) नागरी से मिलते हुए ही हैं। दूसरे ताम्रपत्र के अक्षरों में से अ, आ, इ, ट, ध और ष नागरी के ही हैं।

लिपिपत्र ५८वें की मूल पंक्तियों[७] का नागरी अक्षरांतर–

ओं स्वस्ति अमरपुरानुकारिण[:] सर्वतु(र्तु)सुखरम-
णौयाद्विजयवत [:] कलिङ्गा(ङ्ग)नगराधिवासका[त्] महेन्द्राच-
लामलशिखरप्रतिष्ठितस्य सचराचरगुरो[:] सक-
लभुवननिर्माणेकसूत्रधारस्य शशाङ्कचूडामणि(णे)-

लिपिपत्र ५९वां

यह लिपिपत्र गंगावंशी राजा वज्रहस्त के पर्लाकिमेडी के दानपत्र[८] से तैयार किया गया है। इस दानपत्र का लेखक उत्तरी और दक्षिणी शैली की भिन्न-भिन्न लिपियों का ज्ञाता रहा हो और उसने इसमें अपने लिपिसंबंधी विशेष ज्ञान का परिचय देने के विचार से ही भिन्न-भिन्न लिपियों का मिश्रण जानबूझ कर किया हो ऐसा अनुमान होता है। प्रसिद्ध पुरातत्ववेत्ता डॉ० कीलहॉर्न ने इस दानपत्र का संपादन करते समय इसके अक्षरों की गणना कर लिखा है कि प्राय: ७३० अक्षरों में से ३२० नागरी में लिखे हैं और ४१० दक्षिणी लिपियों में[९]। प्राचीन लिपियों के सामान्य बोध वाले को भी इस लिपिपत्र के मूल अक्षरों को देखते ही स्पष्ट हो जायेगा कि उनमें अ (पहला), आ (पहला), ई, उ, ऋ, क (पहले तीन रूप), ग (पहला), च (पहला), ज (पहला), ड (दूसरा), ण (पहला), त (पहला), त (पहला), द (पहला व दूसरा), न (पला), प (पहला), भ (पहला) म (पहला), र (पहला व दूसरा), द (पहला व दूसरा), व (पहला), श (पहला व दूसरा), ष (पहला), स (पहला) और ह (पहला व दूसरा) नागरी के ही हैं। दक्षिणी शैली के अक्षरों में से अधिकतर तेलुगु-कन्नड़ी हैं और ग्रंथ लिपि के अक्षर कम हैं जैसे कि 'ग' (पांचवां), ण (चौथा और पांचवां) और म (दूसरा)।

लिपिपत्र ५९वें की मूल पंक्तियों का नागरी अक्षरांतर–

ओं स्वस्त्यमरपुरानुकारिणः सर्वर्तुसुखरमणी-
याद्विजयवतः कलिङ्गा(ङ्ग)नगरवासकान्महेन्द्रा चलामल-
शिखरप्रतिष्ठितस्य सचराचरगुरोस्सकल भुवननिर्माणैक-
सूत्रधारस्य शशाङ्कचूडामणेर्भगवतो गोकर्णस्वामि-

सन्दर्भ :

१. ऍ० इं; जि० ३, पृ० १२८ और १२९ के बीच के प्लेटों से।
२. वही, जि. १३, पृ० १२२ और १२३ के बीच के प्लेटों से। इस लिपिपत्र में चिकाकोल के दानपत्र का संवत् गांगेय सं० १४६ छपा है जिसको शुद्ध कर पाठक १४८ पढ़ें।
३. ऍ० इं; जि० ३, पृ० १३२ और १३३ के बीच के प्लेटों से।
४. ये मूल पंक्तियां राजा इंद्रवर्मन् के अच्युतपुरम् के दानपत्र से हैं।
५. इं, ऍ० जि० १३, पृ० २७४ और २७५ के बीच के प्लेटों से।
६. वही, जि० १८, पृ० १४४ और १४५ के बीच के प्लेटों से।
७. ये मूल पंक्तियां देवेंद्रवर्मन् के गांगेय संवत् [२] ५१ के दानपत्र से हैं।
८. ऍ० इं; जि० ३, पृ० २२२ और २२३ के बीच के प्लेटों से।
९. वही, जि० ३, पृ० २२०।

अध्याय-१६

तामिल लिपि

ई० स० की सातवीं शताब्दी से (लिपिपत्र ६०-६२)

यह लिपि मद्रास के जिन हिस्सों में प्राचीन ग्रंथ लिपि प्रचलित थी वहां के तथा उक्त इहाते के पश्चिमी तट अर्थात् मलबार प्रदेश के तामिल भाषा के लेखों में पल्लव, चोल, राजेन्द्रचोल आदि पूर्वी चालुक्य एवं राष्ट्रकूट आदि वंशों के शिलालेखों तथा दानपत्रों में एवं साधारण पुरुषों के लेखों में ई० स० की सातवीं शताब्दी से मिलती है। इस लिपि में 'अ' से 'औ'[१] तक के स्वर और व्यंजनों में केवल क, ङ, च, ञ, ट, ण, त, न, प, म, य, र, ल, व, ळ, ऴ, ऱ और ऩ के चिह्न हैं। ग, ज, ड, द, ब और श के उच्चारण भी तामिल भाषा में मिलते हैं परंतु उन अक्षरों के लिये स्वतंत्र चिह्न नहीं हैं। 'ग' की ध्वनि 'क' से, 'ज' और 'श' की 'च' से 'द' की 'त' से और 'ब' की 'प' से व्यक्त की जाती है जिसके लिये विशेष नियम मिलते हैं। संयुक्त व्यंजन एक दूसरे से मिला कर नहीं किंतु एक-दूसरे के पास लिखे जाते हैं और कई लेखों में हलंत और सस्वर व्यंजन का भेद नहीं मिलता, तो भी कितने एक लेखों में संयुक्त व्यंजनों में से पहले के ऊपर बिंदी, वक्र या तिरछी रेखा लगाकर हलंत को स्पष्ट कर जतलाया है। अनुस्वार का काम अनुनासिक वर्णों से ही लिया जाता है। इस लिपि में व्यंजन वर्ण केवल १८ ही हैं जिनमें से चार (ळ, ऴ, ऱ और ऩ) को छोड़ दें तो संस्कृत भाषा में प्रयुक्त होने वाले व्यंजनों में से तो केवल १४ ही रह जाते हैं। ऐसी दशा में संस्कृत शब्द इसमें लिखे नहीं जा सकते, इसलिये जब उनके लिखने की आवश्यकता होती है तब वे ग्रंथलिपि में ही लिखे जाते हैं। इस लिपि के अधिकतर अक्षर ग्रंथलिपि से मिलते हुए ही हैं और ई, क, और र आदि अक्षर उत्तरी ब्राह्मी से लिये हों ऐसा प्रतीत होता है; क्योंकि उनकी खड़ी लकीरें सीधी ही हैं, नीचे के अंत से बाईं ओर मुड़ कर ऊपर को बढ़ी हुई नहीं हैं। अन्य लिपियों की तरह इसमें भी समय के साथ परिवर्तन होते-होते १०वीं शताब्दी के आसपास कितने एक और १४वीं शताब्दी के आसपास अधिकतर अक्षर वर्तमान तामिल से मिलते-जुलते हो गये। फिर थोड़ा सा और परिवर्तन होकर वर्तमान तामिल लिपि बनी। लिपिपत्र १ से ५९ तक के प्रत्येक पत्र में पाठकों के अभ्यास के लिये मूल शिलालेखों या दानपत्रों से पंक्तियां दी हैं परंतु लिपिपत्र ६० से ६४ तक के पांच लिपिपत्रों में वे नहीं दी गईं, जिसका कारण यही है कि संस्कृतज्ञ लोग उनका एक भी शब्द समझ नहीं सकते। उनको केवल वे ही लोग समझते

हैं जिनकी मातृभाषा तामिल है या जिन्होंने उक्त भाषा का अध्ययन किया है। तो भी बहुधा प्रत्येक शताब्दी के लेखादि से उनकी विस्तृत वर्णमालाएं बना दी हैं जिनसे तामिल जानने वालों को उस लिपि के प्राचीन लेखादि पढ़ने में सहायता मिल सकेगी।

लिपिपत्र ६०वां

यह लिपिपत्र पल्लववंशी राजा परमेश्वरवर्मन् के कूरम के दानपत्र[२] तथा उसी वंश के राजा नंदिवर्मन् के कशाकूडि[३] और उदयेंदिरम्[४] के दानपत्रों के अंत के तामिल अंशों से तैयार किया गया है। कूरम के दानपत्र के अक्षरों में से अ, आ, इ, उ, ओ, च, ञ, ण, त, न, प, य और व (पहला) ग्रंथ लिपि के उक्त अक्षरों की शैली के ही हैं। 'अ' और 'आ' में इतना ही अंतर है कि उनकी खड़ी लकीरों को ऊपर की तरफ दोहराया नहीं है। इस अंतर को छोड़कर इस ताम्रपत्र के 'अ' और लिपिपत्र ५२ में दिये हुए मामल्लपुरम् के लेखों के 'अ' (दूसरे) में बहुत कुछ समानता है। क, ट, र और व (दूसरा) उत्तरी शैली की ब्राह्मी लिपि से मिलते हुए हैं। कशाकूडि के दानपत्र का 'अ' कूरम के दानपत्र के 'अ' की ग्रंथि को लंबा करने से बना है। उदयेंदिरम् के दानपत्र में हलंत और सस्वर व्यंजन में कोई भेद नहीं है।

लिपिपत्र ६१वां

यह लिपिपत्र पल्लवतिलकवंशी राजा दंतिवर्मन् के समय के तिरुवेळ्ळरै के लेख[५], राष्ट्रकूट राजा कण्णरदेव (कृष्णराज तीसरे) के समय के तिरुक्कोवलूर[६] और वेल्लोर[७] के लेखों से तैयार किया गया है। इसमें क, ङ, ट, ण, प, य और व में लिपिपत्र ६० से कुछ परिवर्तन पाया जाता है।

लिपिपत्र ६२वां

यह लिपिपत्र राजेन्द्रचोल (प्रथम) के तिरुमलै के चट्टान पर खुदे हुए लेख[८], पगन (बर्मा में) से मिले हुए वैष्णव लेख[९], विजयनगर के राजा विरूपाक्ष के शोरेक्कावुर के शक सं० १३०८ (ई० स० १३८७) के दानपत्र[१०] और महामंडलेश्वर बालककायम[११] के शक सं० १४०३ (ई० स० १४८२) के जंबुकेश्वर के शिलालेख[१२] से तैयार किया गया है। तिरुमलै के चट्टान के लेख का 'ई' उत्तरी शैली की ब्राह्मी का है क्योंकि उसकी दो बिंदियों के बीच की खड़ी लकीर का नीचे का अंश बाईं ओर मुड़कर ऊपर की तरफ बढ़ा हुआ नहीं है। यह 'ई' प्राय: वैसा ही है जैसा कि मथुरा से मिले हुए संवत् ७९ के लेख[१३] में मिलता है और महाक्षत्रप ईश्वरदत्त के सिक्कों (लिपिपत्र १०) और अमरावती के लेखों (लिपिपत्र १२) के 'ई' से भिन्न है क्योंकि उनमें खड़ी लकीर का नीचे का अंश बाईं ओर ऊपर को मुड़ा हुआ मिलता है। विरूपाक्ष के दानपत्र और बालककामय के लेख के अक्षरों में से अधिकतर वर्तमान तामिल अक्षरों से मिलते-जुलते हो गये हैं।

सन्दर्भ :

१. अब तक जितने लेख प्राचीन तामिल लिपि के मिले हैं उनमें 'औ' अक्षर नहीं मिला परंतु संभव है कि जैसे 'ड' के सिर की दाहिनी ओर नीचे को झुकी हुई खड़ी लकीर लगा कर 'ऊ' बनाया जाता था (देखो, लिपिपत्र ६० में पल्लववंशी राजा नंदिवर्मन् के कशाकूडि के दानपत्र के अक्षरों में) वैसा ही चिह्न 'ओ' के साथ जोड़ने से 'औ' बनता होगा; क्योंकि वर्तमान तामिळ में जो चिह्न 'ऊ' बनाने में 'उ' के आगे लिखा जाता है वही 'औ' बनाने में 'ओ' के आगे रखा जाता है जो उक्त प्राचीन चिह्न का रूपांतर ही है।

२. हु; सा० इं० इं; जि० ३, भाग ३, प्लेट १२, पंक्ति ५७-८९ से।

३. वही, प्लेट १४-५, पंक्ति १०५-१३३ से।

४. इं; एँ; जि० ८ पृ० २७७ के पास के प्लेट की पंक्ति १०५-१०९ से।

५. एँ० इं० जि० ११. पृ० १५७ के पास के प्लेट से।

६. वही, जि० ७, पृ० १४४ के पास के प्लेट, लेख G से।

७. वही, जि० ७, पृ० ८२ के पास के प्लेट से।

८. वही जि० ९, पृ० २३२ के पास के प्लेट से।

९. वही जि० ७, पृ० १९४ के पास के प्लेट (लेख संख्या २७) से।

१०. वही, जि० ८, पृ० ३०२ और ३०३ के बीच के प्लेटों से।

११. लिपिपत्र ६२ में वाकलकामय छप गया है जिसको शुद्ध कर बालककायम पढ़ें।

१२. एँ० इं० जि० ३, पृ० ७२ के पास के प्लेट के नीचे के भाग से।

१३. वही, जि० २, पृ० ३२१ के पास के प्लेट के चौथे में। इसी लेख की छाप उसी जिल्द के पृ० २०५ के पास के प्लेट (लेख संख्या २०) में छपी है परंतु उसमें 'ई' स्पष्ट नहीं आया।

अध्याय-१७

वट्टेलुत्तु लिपि

ई० स० की सातवीं शताब्दी के अन्त के आसपास से (लिपिपत्र ६३ से ६४)

यह लिपि तामिल लिपि का घसीट रूप ही है और इसके अक्षर बहुधा गोलाई लिये हुए या ग्रंथिदार होते हैं। इसका प्रचार मद्रास इहाते के पश्चिमी तट तथा सब से दक्षिणी विभाग में ई० स० की ७वीं शताब्दी के अंत के आसपास से चोल, पांड्य आदि वहां के राजवंशों के शिलालेखों और दानपत्रों में मिलता है। कुछ समय से इसका व्यवहार बिलकुल उठ गया है।

लिपिपत्र ६३वां

यह लिपिपत्र जटिलवर्मन् के समय के आणैमलै के शिलालेख[१], उसी राजा के दानपत्र[२] और वरगुणपांडय के अंबासमुद्रम् के लेख[३] से तैयार किया या है। आणैमलै के लेख का 'अ' और 'आ' कूरम के दानपत्र (लिपिपत्र ६०) के उक्त अक्षरों में कुछ विकृत और घसीट रूप हैं। मुख्य अंतर यही है कि बाहर की ग्रंथि भीतर की ओर बनी है। 'इ' कूरम के दानपत्र के 'इ' के नीचे के अंश को बाईं ओर न मोड़ कर दाहिनी ओर मोड़ने और घसीट लिखने से बना हो ऐसा प्रतीत होता है। उ, क, ङ, च, ञ, ट, ण, त, न, प, म, य, र, ल, व, ळ और र लिपिपत्र ६० में दिये हुए उक्त अक्षरों के घसीट रूप ही हैं। जटिलवर्मन् के दानपत्र का 'ई' प्राचीन तामिल 'ई' (देखो, लिपिपत्र ६२) का घसीट रूप मात्र हैं 'ए' और 'ओ' लिपिपत्र ६० में दिये हुए उक्त अक्षरों के ही ग्रंथि वाले या घसीट रूप हैं।

लिपिपत्र ६४वां

यह लिपिपत्र मांबल्लि से मिले हुए है श्रीवल्लवंगौडे के कोल्लम् (कोलंब) संवत् १४९ (ई० स० ९७३) के दानपत्र[४] के कोचीन से मिले हुए भास्कररविवर्मन् के दानपत्र[५] और कोट्टयम् से मिले हुए वीरराघव के दानपत्र[६] से तैयार किया गया है। इसकी लिपि में लिपिपत्र ६३ की लिपि से जो कुछ अंतर पाया जाता है वह त्वरा से लिखे जाने के कारण ही समयानुसार हुआ है। कोट्टयम के दानपत्र में जो ई० स० की १४वीं शताब्दी के आसपास का माना जा सकता है, 'ए' और 'ओ' के दीर्घ और ह्रस्व रूप मिलते हैं। वर्तमान कन्नड़ी, तेलुगु, मलयालम और तामिल

लिपियों में भी 'ए' और 'ओ' के दो-दो रूप अर्थात् ह्रस्व और दीर्घ मिलते हैं, परंतु १४वीं शताब्दी के आसपास तक के तेलुगु-कन्नड़ी, ग्रंथ और तामिल लिपियों के लेखों में यह भेद नहीं मिलता; पहले-पहल यह वीरराघव के दानपत्र में ही पाया जाता है। अतएव संभव है कि इस भेद का ई० स० की १४वीं शताब्दी के आसपास तामिल लिपि में प्रारंभ हो कर दूसरी लिपियों में उसका अनुकरण पीछे से हुआ हो। नागरी लिपि में 'ए' और 'ओ' में ह्रस्व और दीर्घ का भेद नहीं है इसलिये हमने 'ए' और 'ओ' के ऊपर आड़ी लकीर लगाकर उनको दीर्घ 'ए' और दीर्घ 'ओ' के सूचक बनाया है।

सन्दर्भ :

१. ऍ० इं० जि० ८, पृ० ३२० के पास के प्लेट, लेख दूसरे से।
२. वही, जि० २२, पृ० ७० और ७१ के बीच के प्लेटों से।
३. वही, जि० ९, पृ० ९० के पास के प्लेट से।
४. वही, ९, पृ० २३६ के पास के प्लेट से।
५. वही, ३, पृ० ७२ के पास के प्लेट के ऊपरी अंश से।
६. वही, ४, पृ० २६९ के पास के प्लेट से।

अध्याय-१८

खरोष्ठी लिपि

ई० स० पूर्व की चौथी शताब्दी से ई० स० की तीसरी शताब्दी तक (लिपिपत्र ६५ से ७०)

खरोष्ठी लिपि आर्य लिपि नहीं, किंतु अनार्य (सेमिटिक्) अरमइक लिपि से निकली हुई प्रतीत होती है (देखो, ऊपर पृ०. . . .)। जैसे मुसलमानों के राज्य समय में ईरान की फारसी लिपि का हिंदुस्तान में प्रवेश हुआ और उसमें कुछ अक्षर और मिलाने से हिंदी भाषा के मामूली पढ़े लिखे लोगों के लिये काम चलाऊ उर्दू लिपि बनी वैसे ही जब ईरानियों का अधिकार पंजाब के कुछ अंश पर हुआ तब उनकी राजकीय लिपि अरमइक का वहां प्रवेश हुआ, परंतु उसमें केवल २२ अक्षर, जो आर्य भाषाओं के केवल १८ उच्चारणों को व्यक्त कर सकते थे, होने तथा स्वरों में ह्रस्व दीर्घ का भेद और स्वरों की मात्राओं के न होने के कारण यहां के विद्वानों में से खरोष्ठ या किसी और ने नये अक्षरों तथा ह्रस्व स्वरों मात्राओं की योजना कर मामूली पढ़े हुए लोगों के लिये, जिनको शुद्धाशुद्ध की विशेष आवश्यकता नहीं रहती थी, काम चलाऊ लिपि बना दी (देखो, ऊपर, पृ०. . . . .)। यह लिपि फारसी की तरह दाहिनी ओर से बाईं ओर लिखी जाती है और आ, ई, ऊ, ऋ, ऐ और औ स्वर तथा मात्राओं का इसमें सर्वथा अभाव है। संयुक्त व्यंजन भी बहुत कम मिलते हैं, जिनमें भी कितने एक में तो उनके घटक व्यंजनों के अलग-अलग रूप स्पष्ट नहीं होते किंतु उनका एक विलक्षण ही रूप मिलता है, जिससे कितने एक संयुक्त व्यंजनों का पढ़ना अभी तक संशययुक्त ही है। इसके लेख भारतवर्ष में विशेष कर पंजाब से ही मिले हैं अन्यत्र बहुत कम। यह लिपि ईरानियों के राजत्वकाल के कितने एक चांदी के मोटे और भद्दे सिक्कों, मौर्यवंशी राजा अशोक के शहबाज़ गढ़ी और मान्सेरा के चट्टानों पर खुदे हुए लेखों, एवं शक, क्षत्रप, पार्थियन् और कुशनवंशी राजाओं के समय के बौद्ध लेखों और वाकट्रियन ग्रीक, शक, क्षत्रप, पार्थियन, कुशन, औदुंबर आदि राजवंशों के कितने एक सिक्कों पर या भोजपत्रों पर लिखे हुए प्राकृत पुस्तकों में मिलती है। इस लिपि के शिलाओं आदि पर खुदे हुए लेखों की, जो अब तक मिले हैं, संख्या बहुत कम[१] है। ई० स० की तीसरी शताब्दी के आसपास तक इस लिपि का कुछ न कुछ प्रचार पंजाब की तरफ बना रहा जिसके बाद यह इस देश से सदा के लिये उठ गई और इसका स्थान ब्राह्मी ने ले लिया (विशेष वृत्तान्त के लिये देखो, ऊपर पृ० ३१-३७)।

लिपिपत्र ६५वां

यह लिपिपत्र मौर्यवंशी राजा अशोक के शहबाज़गढ़ी और मान्सेरा के लेखों[२] से तैयार किया गया है। उक्त लेखों से दिये हुए अक्षरों में सब स्वर 'अ' के साथ स्वरों की मात्रा लगा कर ही बनाये हैं और कितने एक अक्षरों की बाईं ओर झुकी हुई खड़ी लकीर के नीचे के अंत को मोड़ कर कुछ ऊपर की ओर बढ़ाया है [देखो, 'अ' (तीसरा(, 'ख' (दूसरा), 'ग' (दूसरा), 'च' (तीसरा), 'ढ', (दूसरा), 'न' (चौथा), 'प' (दूसरा), 'फ' (दूसरा), 'ब' (तीसरा), 'र' (तीसरा), 'व' (दूसरा), और 'श' (दूसरा)]। 'ज' (दूसरे की खड़ी लकीर के नीचे एक आड़ी लकीर और जोड़ी है। 'म' (चौथे) की बाईं ओर अपूर्ण वृत्त और 'म' (पांचवें) के नीचे के भाग में तिरछी लकीर अधिक लगाई है। 'र' (दूसरे) की तिरछी खड़ी लकीर के नीचे के अंत से दाहिनी ओर एक आड़ी लकीर[३] और लगाई है। यह लकीर संयुक्ताक्षर में दूसरे आने वाले 'र' का चिह्न है परंतु उक्त लेखों में कहीं-कहीं यह लकीर बिना आवश्यकता के भी लगी हुई मिलती है और वर्डक से मिले हुए पीतल के पात्र पर के लेख में तो इसकी भरमार पाई जाती है जो उक्त लेखों के लेखकों का शुद्ध लिखना न जानना प्रकट करती है।[४] इन लेखों में 'इ' की मात्रा एक खड़ी या तिरछी लकीर है.जो अक्षर के ऊपर के भाग या मध्य को काटती हुई लगती है (देखो, इ, कि, खि., चि, जि, ठि, णि, ति, मि, शि, और सि)। 'उ' की मात्रा सीधी आड़ी या घुमावदार लकीर है जो अक्षर के नीचे के अंत (या कभी कुछ ऊंचे) से बाईं ओर जुड़ती है (देखो, उ, गु, चु, तु, धु, नु, यु, वु और हु)। 'ए' की मात्रा एक तिरछी या खड़ी लकीर है जो बहुधा अक्षर के ऊपर के भाग के साथ और कभी-कभी मध्य में ऊपर की तरफ जुड़ती है (देखो, ए, जे, ते, ने, दे, ये और षे)। 'ओ' की मात्रा एक तिरछी रेखा है जो बहुधा अक्षर के मध्य से बाईं ओर को झुकती हुई लगती है (देखो, ओ, चो, नो, मो और सो, परंतु 'यो' में उसका झुकाव दाहिनी ओर है)। अनुस्वार का चिह्न एक आड़ी सीधी या वक्र रेखा है जो बहुधा अक्षर के अंत भाग से सटी रहती है (देखो, अं, थं, रं, वं और षं) परंतु कभी-कभी अक्षर की लकीर के अंत से कुछ ऊपर उक्त खड़ी लकीर को काटती हुई भी लगती है (देखो, 'ञं, नं और हं)। 'मं' (प्रथम) के साथ का अनुस्वार का चिह्न 'म' से विलग नीचे को लगा है। 'म' (दूसरे) में दाहिनी ओर भिन्न रूप में जुड़ा है और 'यं' के साथ उसके साथ उसके दो विभाग करके 'य' की नीचे को झुकी हुई दोनों तिरछी रेखाओं के अंतों में एक-एक जोड़ा है। इन लेखों में रेफ कहीं नहीं है। रेफ को या तो संयुक्ताक्षर का दूसरा अक्षर बनाया है (जैसे कि 'सर्व' को 'सव्र') या उसको पूर्व के अक्षर के नीचे 'र' के रूप से जोड़ा है ('प्रियदर्शी' को 'प्रियद्रशि', 'धर्म' को 'ध्रम' आदि)। संयुक्ताक्षर में दूसरे 'र' के लिये एक आड़ी, तिरछी या कुछ गोलाईदार लकीर है जो व्यंजन के नीचे के अंत के साथ दाहिनी ओर जुड़ती है, परंतु कहीं-कहीं 'र' का योग न होने पर भी ऐसी लकीर अधिक जुड़ी हुई मिलती[५] है जिससे यह संदेह रह जाता है कि कहां यह अनावश्यक है और कहां ठीक है ('प्रियद्रशि पढें या 'पियदशि'; 'सव्रप्रषंडनि' या 'सवपषंडनि' आदि)। संयुक्ताक्षरों में कहीं-कहीं भिन्न वर्णों के रूप स्पष्ट नहीं हैं (देखो, स्त्रि)।

लिपिपत्र ६५वें की मूल पंक्तियों[६] का नागरी अक्षरांतर–

**देवनं प्रियो प्रियद्रशि रय सव्रप्र(प)षंडनि ग्रहठनि
च पुजेति दनेन विविधये च पुजये नो चु तथ
दनव पुज व देवनं प्रियो मञति यथ किति
सलवढि सिय सव्रप्र (प)षंडनं सलवढि तु**

लिपिपत्र ६६वां

यह लिपिपत्र ग्रीक (यूनानी), शक, पार्थियन और कुशनवंशी राजाओं के सिक्कों[७] से तैयार किया गया है। ग्रीकों के सिक्कों से लिये हुए अक्षरों में कहीं-कहीं 'त', 'द' और 'न' में स्पष्ट अंतर नहीं है (देखो, 'त' का चौथा रूप, 'द' का दूसरा रूप और 'न' का तीसरा रूप) कहीं-कहीं 'म' के नीचे आड़ी लकीर या बिंदी और 'ह' के नीचे भी बिंदी लगी मिलती है। 'र्खे' के साथ के रेफ को अक्षर के नीचे लगाया है परंतु उसको ग्रंथि का सा रूप देकर संयुक्ताक्षर में आने वाले दूसरे 'र' से भिन्न बतलाने का यत्न पाया जाता है और शक पार्थियन् आदि के सिक्कों में यह भेद अधिक स्पष्ट किया हुआ मिलता है (देखो 'र्व') शक, पार्थियन् आदि के सिक्कों से जो मुख्य-मुख्य अक्षर ही लिये गये हैं उनमें कई अक्षरों की लकीरों के प्रारंभ या अंत में ग्रंथियां लगाई हैं, वे संभव है, कि अक्षरों में सुंदरता लाने के लिये ही हों, 'फ' की ऊपर की दाहिनी ओर की लकीर नीचे की ओर नहीं किंतु ऊपर की तरफ बढ़ाई है।

लिपिपत्र ६६वें की मूल पंक्तियों[८] का नागरी अक्षरांतर–

**महरजस ध्रमिकस हेलियक्रेयस। महरजस ध्रमिकस जयधरस
अर्खेबियस। महरजस त्रतरस मेनद्रस महरजस अपडिहतस
फिलसिनस महरजस चतरस जयंतस हिपुस्त्रतस। महरजस
चतरस हेरमयस। रजतिरजस महतस मोअसा महरजस रजरजस
महतस अयस। महरजस रजरजस महतस अयिलिषस**

लिपिपत्र ६७वां

यह लिपिपत्र क्षत्रप राजुल के समय के मथुरा से मिले हुए सिंहाकृति वाले स्तंभ सिरे के लेखों[९], तक्षशिला से मिले हुए क्षत्रप पतिक के ताम्रलेख[१०] और वहीं से मिले हुए एक पत्थर के पात्र पर के लेख[११] से तैयार किया गया है। इस लिपिपत्र के अक्षरों में 'उ' की मात्रा का रूप ग्रंथि बनाया है और 'न' तथा 'ण' में बहुधा स्पष्ट अंतर नहीं पाया जाता। मथुरा के लेखों में कहीं-कहीं 'त', 'न' तथा 'र' में भी स्पष्ट अंतर नहीं है।

लिपिपत्र ६७वें की मूल पंक्तियों का नागरी अक्षरांतर–

सिहिलेन[१२] सिहरछितेन च भ्रतरेहि तखशिलए अयं थुवो

प्रतिथवितो सवबुधन पुयए[१३] [१४]तखशिलये नगरे उतरेण
प्रचुदेशो छेम नम अत्र.....शे पतिको अप्रतिठवित

लिपिपत्र ६८वां

यह लिपिपत्र पार्थियन् वंशी राजा गंडोफरस के समय के तख्त-इ-बाही के शिलालेख[१५], कुशनवंशी राजा कनिष्क के समय के सुएविहार (बहावलपुर राज्य में) के ताम्रलेख[१६], शाहजी की ढेरी (कनिष्क विहार) के स्तूप से मिले हुए कांसे के पात्र पर राजा कनिष्क के समय के तीन लेखों[१७] और झेढा के शिलालेख[१८] से तैयार किया गया है। सुएविहार के ताम्रलेख में 'ष्य' और 'स्य'[१९] के नीचे का ग्रंथिदार अंश 'य' का सूचक है।

लिपिपत्र ६८वें की मूल पंक्तियों[२०] का नागरी अक्षरांतर–

महरजस्य रजतिरजस्य देवपुत्रस्य कनिष्कस्य संवत्सरे एकदशे
सं १०१० दइसिकस्य मसस्य दिवसे अठविशे दि २० ४ ४ उत्र
दिवसे भिछुस्य नगदतस्य संखके(?)टिस्य अचर्यदमत्रतांशष्यस्य
अचर्यभवप्रशिष्यस्य यठिं अरोपयतो इह दमने विहरस्वमिनि

लिपिपत्र ६९वां

यह लिपिपत्र वर्डक[२१] से मिले हुए पीतल के पात्र पर खुदे हुए कुशनवंशी राजा हुविष्क के समय के लेख[२२], कुशनवंशी वाझेष्प के पुत्र कनिष्क के समय के आरा के लेख[२३] और पाजा[२४] तथा कलदरा[२५] के शिलालेखों से तैयार किया गया है। वर्डक के पात्र पर का लेख बिंदियों से खुदा है और उसमें कई जगह अक्षरों के नीचे के भाग से दाहिनी ओर 'र' सूचक आड़ी लकीर निरर्थक लगी है, जैसे कि भग्रवद[२६] (भगवद=भगवत्), अग्रभग्र (अग्रभाग=अग्रभग), नतिग्र (नतिश=ज्ञातिक), भवग्र (भवग=भावक), संभतिग्रन (संभतिगन) आदि में। इस लेख में कितने एक अक्षर ऐसे हैं जिनका एक से अधिक तरह पढ़ा जाना संभव है। उन पर एक से अधिक अक्षर लगाये हैं। 'मु' में 'म' का रूप खड़ी लकीर सा बन गया है। कहीं-कहीं 'त' और 'र' तथा 'य' और 'श' में स्पष्ट अंतर नहीं है और 'न' तथा 'श' में भेद नहीं है चाहे सो पढ़ लो।

लिपिपत्र ६९वें की मूल पंक्तियों[२७] का नागरी अक्षरांतर–

इमेन कुशलमुलेन महरजरजतिरजहोवेष्कस्य अग्रभग़ए[२८] भवतु
मदपिदर मे पुयए भवतु भ्रूदर में इष्टुनमरेग़स्य पुयए
भवतु शोच मे भुय नतिगमित्रसंभतिग़न पुयए भवतु महिश
च वग्रमरेग़स्य अग्रभगपडियंश भवतु सर्वसत्वन

लिपिपत्र ७०वां

यह लिपिपत्र तक्षशिला से मिले हुए रौप्यपत्र के लेख[२९], फतहजंग[३०], कनिहारा[३१] और पथियार[३२] के शिलालेखों तथा चारसड्डा से मिले हुए तीन लेखों से, जिनमें से दो मिट्टी के पात्रों पर स्याही से लिखे हुए[३३] हैं और तीसरा एक मूर्ति के नीचे[३४] खुदा है, तैयार किया गया है। तक्षशिला के रौप्यपत्र पर का लेख बिंदियों से खुदा है।

लिपिपत्र ७०वें की मूल पंक्तियों[३५] का नागरी अक्षरांतर–

स १०० २० १० ४ २[३६] अयस अषडस मसस दिवसे १० ४ १[३७] इश दिवसे प्रदिस्तवित भगवती धतुओ उर....केन लोतफिअपुत्रन बहलिएन नोअचए नगरे वस्तवेन तेन इमे प्रदिस्तवित भगवती धतुओ धमर-इए तछशि[ल]ए तनुवए बोधिसत्वगहमि महरजस रजतिरजस

सन्दर्भ :

१. खरोष्ठी लिपि के लेखों के लिये देखो ऊपर पृष्ठ . . ., टिप्पण ७-९ और पृष्ठ . . ., टिप्पण १-२।

२. ऍ० इं० जि० १, पृ० १६ के पास का प्लेट। ज० ए० ई० स० १८९० में छपे हुए प्रसिद्ध फ्रेंच विद्वान् सेनाटे के 'नोट्स डी' ऐपिग्राफिया इंडिअन' (संख्या १) नामक लेख के अंत के मान्सेरा के लेखों के २ प्लेट और 'डाइरेक्टर जनरल ऑफ आर्कियालॉजी इन् इंडिया' के भेजे हुए अशोक के शाहबाज़गढ़ी के लेखों के फोटो से।

३. ऍ० इं० जि० २, पृ० १६ के पास के प्लेट की पंक्ति १ में 'देवनं प्रियो प्रियद्रशि रय' में 'रय' के 'र' के नीचे 'र' की सूचक जो आड़ी लकीर है वह बिल्कुल स्पष्ट है। यहां 'र' के साथ दूसरा 'र' जुड़ ही नहीं सकता। ऐसी दशा में इसी लकीर को या तो 'र' का अंश ही या निरर्थक मानना पड़ता है। अशोक के उक्त लेखों में ऐसी ही 'र' सूचक निरर्थक लकीरें अन्यत्र जहां 'र' की संभावना नहीं है वहां भी लगी हुई मिलती है (जैसे कि उक्त पहली पंक्ति में 'सव्रपपंषंडीन' में 'प' के साथ, जहां 'पषंड' (पाषंड) शब्द में 'र' का सर्वथा अभाव है, आदि)।

४. अब तक राजपूताना के कई महाजन लोग जिनको अक्षरों का ही ज्ञान होता है और जो संयुक्ताक्षर तथा स्वरों की मात्राओं का शुद्ध लिखना नहीं जानते, अपनी लिखावट में ऐसी अशुद्धियां करने के अतिरिक्त स्वरों की मात्राएं या तो बिल्कुल नहीं लगाते अथवा बिना किसी विचार के उनका प्रयोग करते हैं अर्थात् जहां मात्रा की आवश्यकता नहीं होती वहां कोई भी मात्रा लगा देते हैं और जहां मात्रा की अपेक्षा रहती है वहां उसे या तो छोड़ जाते हैं या अशुद्ध मात्रा लगा देते हैं। ऐसी लिखावटों के अक्षरों को राजपूताना वाले 'केवळां अक्षर' (केवल अक्षर संकेत) कहते हैं और पुरानी महाजनी लिखावटें विशेष कर ऐसी ही मिलती हैं। ऐसी लिखावटों से ही 'काकाजी अजमेर गया' (ककज अजमर राय) के स्थान में 'काकाजी आज मर गया' पढ़े जाने की कथा प्रसिद्ध है।

५. देखो, ऊपर पृष्ठ ९८ टिप्पण ३।

६. ये मूल पंक्तियां अशोक के शहबाज़गढ़ी के लेख से हैं (ऍ० इं० जि० १, पृ० १६ के पास के प्लेट से)।

७. ग्रीकों (यूनानियों) के सिक्के--गा; कॅ; कॉ० ग्री० सी० कि० वा० इं; ४-१५। स्मि; कॅ० कॉ० इं; म्यु०; प्लेट १-६। व्हा; कॅ० कॉ० पं० म्यू; प्लेट १-९। शक, पार्थियन् और कुशनवंशियों के सिक्के गा: कॅ० कॉ० ग्री० सी० किं० वा० इं; प्लेट १६-१५ स्मि; कॅ० कॉ० म्यू० प्लेट ८-७। व्हा; कॅ० कॉ० म्यू० प्लेट १०-१७।

८. ये मूल पंक्तियां ग्रीक आदि राजाओं के सिक्कों पर के लेखों से हैं।

९. ऍ० इं; जि० ९, पृ० १३६ और १४६ के बीच के प्लेटों से।

१०. वही, जि० ४, पृ० ५६ के पास के प्लेट से। इस ताम्रलेख में अक्षर रेखारूप में नहीं खुदे हैं किंतु बिंदियों से बनाये हैं। राजपूताने में ई० स० की १४वीं शताब्दी के बाद के कुछ ताम्रपत्र ऐसे ही बिंदियों से खुदे हुए भी देखने में आये जिनमें से सबसे पिछला २० वर्ष पहले का है। कई तांबे और पीतल के बर्तनों पर उनके मालिकों के नाम इसी तरह बिंदियों से खुदे हुए भी देखने में आते हैं। ताम्रपत्रादि बहुधा सुनार या लुहार खोदते हैं। उनमें जो अच्छे कारीगर होते हैं। वे तो जैसे अक्षर स्याही से लिखे होते हैं वैसे ही खोद लेते हैं परंतु जो अच्छे कारीगर नहीं होते या ग्रामीण होते हैं वे ही बहुधा स्याही से मिले हुए अक्षरों पर बिंदियां बना देते हैं। यह त्रुटि खोदने वाले की कारीगरी की ही है।

११. ऍ० इं; जि० ८, पृ० २९६ के पास के प्लेट से।

१२. 'सिहिलेन' से लगाकर 'पुयण' तक के लेख में तीन बार 'ण' या 'न' आया है जिसको दोनों ही तरह पढ़ सकते हैं, क्योंकि उस समय के आसपास के खरोष्ठी लिपि के कितने एक लेखों में 'न' और 'ण' में स्पष्ट भेद नहीं पाया जाता।

१३. यहां तक का लेख तक्षशिला के पत्थर के पात्र से हैं।

१४. वहां से लगाकर अंत तक का लेख तक्षशिला से मिले हुए ताम्रलेख से लिया है।

१५. ज० ए; ई० स० १८९० भाग १, पृ० ११९ और प्लेट (देखो, ऊपर पृ० ३२, टिप्पण ९)।

१६. इं० ऍं; जि० १० पृ० ३२५ के पास के प्लेट से।

१७. आ० स० रि; ई० स० १९०९-१०, प्लेट ५३। ये लेख भी बिंदियों से खुदे हैं।

१८. ज० ए; ई० स० १८९०, भाग, १, पृ० १३६ और प्लेट।

१९. पंडित भगवान लाल इद्रंजी ने इनको 'ष्ष' और 'स्स' पढ़ा है (इं; ऍं; जि० पृ० १२८) परंतु इनको 'ष्य' और 'स्य' पढ़ना ही ठीक होगा। यह वृत्तांत लिखते समय मेरे पास एक गुप्तलिपि के प्राकृत लेख की छाप आई जिसमें 'खन्दसेठिस्य' स्पष्ट है। संस्कृतमिश्रित प्राकृत लेखों में 'स्स' के स्थान में 'स्य' विभक्ति-प्रत्यय का होना कोई आश्चर्य की बात नहीं है।

२०. ये मूल पंक्तियां सुएविहार के ताम्रलेख से हैं।

२१. १० १=१०+१=११।

२२. २० ४ ४=२०+४+४=२८।

२३. ऍ० इं; जि० ११, पृ० २१० और २११ के बीच के प्लेटों से।

२४. वही, जि० ३७, पृ० ५८ के पास का प्लेट, लेख दूसरा।

२५. वही, पृ० ६४ के पास का प्लेट, लेख दूसरा।

२६. वही, पृ० ६६ के पास का प्लेट, लेख पहला।

२७. भारतवर्ष की किसी प्राचीन प्राकृत भाषा में 'भगवत्' का 'भग्रवद' और 'अग्रभाग' का 'अग्रभग्र' रूप नहीं होता। ऐसी दशा में जैसे अशोक के खरोष्ठी लेखों में 'रय' (देखो, ऊपर पृ० ९९) के 'र' के नीचे ऐसी ही लकीर लगी है वहां 'र्' किसी तरह पढ़ा नहीं जा सकता वैसे ही 'भग्रवद' और 'अग्रभग्र' आदि पढ़ना अशुद्ध ही है। अशोक के लेखों में (देखो, लिपिपत्र ६५) जैसे 'ज' (दूसरे), और 'म' (चौथे) तथा ग्रीकों के सिक्कों में (लिपिपत्र ६६), 'ज' (पांचवें, छठे और सातवें) त (दूसरे, तीसरे और चौथे)। 'न' (पहले व दूसरे), 'म' (पहले) और 'स' (पहले) के नीचे दोनों तरफ निकली हुई आड़ी लकीरें बिना किसी आशय के लगी मिलती हैं वैसे ही इस लेख में इस लकीर का होना संभव है, जो कलम को उठा कर दोनों तरफ निकली हुई न बना कर चलती कलम से दाहिनी ओर ही बना दी जान पड़ती है। इसलिये इस देखा को पूरे 'ग' का अंश मानना चाहिये। ऐसे ही 'मि' के साथ ऐसी लकीर कहीं-कहीं निरर्थक लगी है जहां उसको या तो 'मि' का अंश ही मानना चाहिये अथवा उसको 'म्मि' पढ़ना चाहिये। जहां 'र' की संभावना हो वहीं 'म्रि' पढ़ना चाहिये।

२८. ये मूल पंक्तियां वर्डक के पात्र के लेख से हैं।

२९. इन मूल पंक्तियों में जिन-जिन अक्षरों के नीचे 'र' की सूचक आड़ी लकीर निरर्थक लगी है उसके स्थान में हमने 'र' नहीं पढ़ा परंतु जिन अक्षरों के नीचे वह लगी है उनके नीचे.....ऐसा चिह्न लगा दिया है।

३०. ज० रॉ० ए० सो० ई० स० १९१५ पृ० १९२ के पास के प्लेट से।

३१. ज० ए; ई० स० १८९० भाग १, पृ० १३० और प्लेट।

३२. इं० एँ० जि० ७, पृ० ११८ के पास के प्लेट से।

३३. आ० स० रि० ई० स० १९०२-३, पृ० १८३ लेख A और C और प्लेट।

३४. वही, स० १९०३-४ प्लेट ६७, मूर्ति प्रथम के नीचे।

३५. ये मूल पंक्तियां तक्षशिला से मिले हुए रौप्यपत्र के लेख से हैं।

३६. अर्थात् १३६।

३७. अर्थात् १५।

अध्याय-१९

ब्राह्मी और उससे निकली हुई लिपियों के अंक

(लिपिपत्र ७१ से ७६ के उत्तरार्द्ध के प्रथम खण्ड तक)

प्राचीन शिलालेखों, दानपत्रों, सिक्कों तथा हस्तलिखित पुस्तकों के देखने से पाया जाता है कि लिपियों की तरह प्राचीन और अर्वाचीन अंकों में भी अंतर है। यह अंतर केवल उनकी आकृति में ही नहीं किंतु अंकों के लिखने की रीति में भी है। वर्तमान समय में जैसे १ से ९ तक अंक और शून्य इन १० चिह्नों से अंक विद्या का संपूर्ण व्यवहार चलता है वैसे प्राचीन काल में नहीं था। उस समय शून्य का व्यवहार ही न था और दहाइयों, सैंकड़े, हजार आदि के लिये भी अलग चिह्न थे। अंकों के संबंध में इस शैली को 'प्राचीन शैली' और जिसमें शून्य का व्यवहार है उसको 'नवीन शैली' कहेंगे।

प्राचीन शैली के अंक

प्राचीन शैली में १ से ९ तक के अंकों के ९ चिह्न; १०, २०, ३०, ४०, ५०, ६०, ७०, ८० और ९० इन ९ दहाइयों के लिये ९ अलग चिह्न; और १०० तथा १००० के लिये एक-एक अलग चिह्न नियत था (देखो, लिपिपत्र ७१ से ७५ पूर्वार्द्ध के प्रथम खण्ड तक में)। इन २० चिह्नों से ९९९९९ तक की संख्या लिखी जा सकती थी। लाख, करोड़, अरब आदि के लिये जो चिह्न थे उनका पता अब तक नहीं लगा क्योंकि शिलालेख अथवा दानपत्रों में लाख[1] या उसके आगे का कोई चिह्न नहीं मिला।

इन अंकों के लिखने का क्रम १ से ९ तक तो वैसा ही था जैसा कि अब है। १० के लिये नवीन शैली के अंकों की तरह १ से ० नहीं किंतु एक नियत चिह्न ही लिखा जाता था; ऐसे ही २०, ३०, ४०, ५०, ६०, ७०, ८०, ९०, १०० और १००० के लिये भी अपना-अपना चिह्न मात्र लिखा जाता था (देखो, लिपिपत्र ७१ से ७५ के पूवार्द्ध के प्रथम खण्ड तक में)।

११ से ९९ तक लिखने का क्रम ऐसा था कि पहले दहाई का अंक लिख कर उसके आगे इकाई का अंक रखा जाता था, जैसे कि १५ के लिये १० का चिह्न लिख उसके आगे ५; ३३ के लिये ३० और ३; ९३ के लिये ९० तथा ३ इत्यादि (देखो, लिपिपत्र ७५ में मिश्र अंक)।

२०० के लिये १०० का चिह्न लिख उसकी दाहिनी ओर कभी ऊपर कभी मध्य और कभी नीचे की तरफ, आड़ी (सीधी, तिरछी या वक्र) रेखा जोड़ी जाती थी।[२] ३०० के लिये १०० के चिह्न के साथ वैसे ही दो लकीरें जोड़ी जाती थीं। ४०० से ९०० तक के लिये १०० का चिह्न लिख उसके साथ क्रमशः ४ से ९ तक के अंक एक छोटी सी आड़ी लकीर[३] से जोड़ देते थे। १०१ से ९९९ तक लिखने में सैंकड़े के अंक के आगे दहाई और इकाई के अंक लिखे जाते थे, जैसे कि १२९ के लिये १००, २०, ९; ९५५ के लिये ९००, ५०, ५। यदि ऐसे अंकों में दहाई का अंक नहीं हो तो सैंकड़े के बाद इकाई का अंक रखा जाता था, जैसे कि ३०१ के लिये ३००, १. (देखो, लिपिपत्र ७५ में मिश्र अंक)।

२००० के लिये १००० के चिह्न की दाहिनी ओर ऊपर को एक छोटी-सी सीधी आड़ी (या नीचे को मुड़ी हुई) लकीर जोड़ी जाती थी और ३००० के लिये वैसी ही लकीरें। ४००० से ९००० तक और १०००० से ९०००० तक के लिये १००० के चिह्न के आगे ४ से ९ तक के और १० से ९० तक के चिह्न क्रमशः एक छोटी सी लकीर से जोड़े जाते थे (देखो, लिपिपत्र ७५)। ११००० के वास्ते १०००० लिख, पास ही १००० लिखते थे। इसी तरह २१००० के लिये २००००, १०००; ९९००० के लिये ९००००, ९००० लिखते थे। ऐसे ९९९९९ लिखने हो तो ९०००, ९०००, ९००, ९०, ९ लिखते थे। यदि सैंकड़ा और दहाई के अंक न हों तो हजार के अंक के आगे इकाई का अंक लिखा जाता था, जैसे कि ६००१ लिखना हो तो ६०००, १।

उपर्युक्त प्राचीन अंकों के चिह्नों में से १, २ और ३ के चिह्न तो क्रमशः -, = और ≡ आड़ी लकीरें हैं जो अब तक व्यापारियों की बहियों में रुपयों के साथ आने लिखने में एक, दो और तीन के लिये व्यवहार में आती हैं। पीछे से इन लकीरों में वक्रता आने लगी जिससे १ की लकीर से वर्तमान नागरी आदि का १ बना, और २ तथा ३ की वक्र रेखाओं के परस्पर मिल जाने से वर्तमान नागरी आदि के २ और ३ के अंक बने हैं। बाकी के चिह्नों में से कितने एक अक्षरों से प्रतीत होते हैं और जैसे समय के साथ अक्षरों में परिवर्तन हो गया वैसे ही उनमें भी परिवर्तन होता रहा। प्राचीन शिलालेख और दानपत्रों में ४ से १००० तक के चिह्नों के, अक्षरों से मिलते हुए, रूप नीचे लिखे अनुसार पाये जाते हैं–

४– अशोक के लेखों में इस अंक का चिह्न 'क' के समान हैं। नानाघाट के लेख में उस पर गोलाईदार या कोणदार सिर बनाया है जिससे उसकी आकृति 'प्क' से कुछ-कुछ मिलती होने लगी है। कुशनवंशियों के मथुरा आदि के लेखों में उसका रूप 'प्क' जैसा मिलता है। क्षत्रपों और आंध्रवंशियों के नासिक आदि के लेखों में 'प्क' ही विशेषकर मिलता है परंतु उन लेखों से उद्धृत किये हुए चिह्नों में से चौथे में 'क' की खड़ी लकीर को बाईं तरफ मोड़ कर कुछ ऊपर को बढ़ा दिया है जिससे उसकी आकृति 'प्कृ' सी प्रतीत होती है। पश्चिमी क्षत्रपों के सिक्कों में 'क' की दाहिनी और मुड़ी हुई खड़ी लकीर, चलती कलम से पूरा चिह्न लिखने के कारण, 'क' के मध्य की आंड़ी लकीर से मिल गई जिससे उक्त सिक्कों से उद्धृत किये चिह्नों में से दो अंतिम चिह्नों

की आकृति 'म' के समान बन गई है। जग्गयपेट के लेखादि से उद्धृत किये हुए चिह्नों में चार के चिह्न के 'प्क' और 'म' से रूप मिलते हैं; गुप्तों आदि के लेखों में भी 'प्क' और 'प्न' से ही मिलते हैं। पल्लव और शालंकायन वंशियों के दानपत्रों से उद्धृत किये ६ चिह्नों में से पहला 'प्क', दूसरा 'प्की', तीसरा और चौथा 'ल्क', पांचवां 'ट्क' और छठा 'प्न' के समान है। नेपाल के लेखों में 'प्क' और भिन्न-भिन्न लेख व दानपत्रों की पंक्त में 'प्क' मिलता है (देखो, लिपिपत्र ७१ और ७२ के पूर्वार्द्ध की तीन पंक्तियां)। ४ का मूल चिह्न 'क' सा था जिस पर सिर की गोलाईदार या कोणदार रेखा लगाने से उसकी आकृति कुछ-कुछ 'प्क' से मिलती हुई बनी। लेखकों की भिन्न-भिन्न लेखन शैली, सुंदरता लाने के यत्न और चलती कलम से पूरा अंक लिखने से उपर्युक्त भिन्न-भिन्न रूप बने हैं। आगे के अंकों का इस प्रकार का विवेचन करने में लेख बहुत बढ़ जाने की संभावना होने के कारण बहुधा भिन्न-भिन्न अक्षरों के नाम मात्र लिखे जायेंगे जिनको पाठक लिपिपत्र ७१ से ७५ के पूर्वार्द्ध के प्रथम खण्ड में दिये हुए अंकों से मिला कर देख लें।

५– इस अंक के चिह्न त, ता, पु, हु, रु, तृ, तृा, ना, न, ह्न, ह्र और ह अक्षरों से मिलते हुए पाये जाते हैं।

६– के लिये 'ज', सं (?) फ्र, फ्रा, फा, फ और हा से मिलते-जुलते चिह्न मिलते हैं, तो भी जग्गयपेट, गुप्तों और पल्लव आदि के लेखों से दिये हुए इस अंक के चिह्न ठीक तरह किसी अक्षर से नहीं मिलते, वे अंक संकेत ही हैं। उनको अक्षरों से मिलाने का यत्न करना खींचतान ही है।

७– के चिह्न ग्र, गु और ग से मिलते-जुलते हैं।

८– के चिह्न ह्र, ह्रा, ह, हा, उ, पु, ट, टा, रे, व्र और द्रा से मिलते हुए हैं, परंतु कुछ चिह्न ऐसे हैं जो अक्षर नहीं माने जा सकते।

९– नानाघाट के, कुशनवंशियों के और क्षत्रपों तथा आंध्रवंशियों के लेखों में जो ९ के चिह्न मिलते हैं उनकी किसी प्रकार अक्षरों में गणना नहीं हो सकती। पीछे से अंतर पड़ने पर उसके चिह्न ओ, उ और ओं (के कल्पित चिह्न) से बनते गये।

१०– नानाघाट के कुशनवंशियों के क्षत्रपों तथा आंध्रों के लेखों; क्षत्रपों के सिक्कों, जग्गयपेट के लेखों तथा गुप्तादिकों के लेखादि में तो १० का अंक संकेत ही है क्योंकि उसकी किसी अक्षर से समानता नहीं हो सकती परंतु पीछे से उसकी आकृति र्य, ह, ह्र, ख और लृ से मिलती हुई बन गई।

२०– का चिह्न 'थ' था जो पीछे के परिवर्तनों में भी उसी अक्षर के परिवर्तित रूपों के सदृश बना रहा।

३०– का चिह्न 'ल' के सदृश ही मिलता है।

४०– का चिह्न 'प्त' और 'स' से मिलता हुआ मिलता है।

५०– का चिह्न किसी अक्षर से नहीं मिलता। केवल भिन्न-भिन्न लेखादि से उद्धृत किये हुए इस अंक के चिह्नों में से दूसरा दक्षिणी शैली के 'ब' से मिलता है।

६०– का चिह्न 'प', 'पु' या 'प्र' से मिलता हुआ है।

७०– का चिह्न 'स', 'प्न', रो, 'प्ना', 'प्र' या 'ह्व' से मिलता है।

८०– का चिह्न उपध्मानीय के चिह्न से मिलता हुआ है (देखो, लिपिपत्र १७ में उदयगिरि के लेख के अक्षरों में उपध्मानीय का चिह्न)।

९०– का चिह्न किसी अक्षर से नहीं मिलता। यदि उपध्मानीय के चिह्न के मध्य में एक आड़ी लकीर और बढ़ा दी जाये तो उसकी आकृति क्षत्रपों के सिक्कों से उद्धृत किये हुए इस चिह्न के दूसरे रूप से मिल जायगी।

१००– नानाघाट के लेख में इस अंक का चिह्न 'सु' अथवा 'अ' से मिलता हुआ है क्योंकि उक्त दोनों अक्षरों की आकृति उस समय परस्पर बहुत मिलती हुई थी। पिछले लेखों में सु, अ, लु, से, स्रो ओर स्रों से मिलते हुए रूप मिलते हैं, परंतु नासिक के लेखों और क्षत्रपों के सिक्कों में इसके जो रूप मिलते हैं उनकी उस समय के किसी अक्षर से समानता नहीं है।[४]

२००– अशोक के लेखों में मिलने वाले इस अंक के तीन चिह्नों में से पहला 'सु' है, परंतु दूसरे दो रूप उस समय के किसी अक्षर से नहीं मिलते। नानाघाट के लेख का रूप 'आ' के समान है। गुप्तों आदि के लेखों का दूसरा रूप 'ला' से मिलता हुआ है और भिन्न-भिन्न लेखादि से उद्धृत किये हुए इस अंक के दो रूपों में से दूसरा 'सू' से मिलता है। नासिक के लेखों, क्षत्रपों के सिक्कों, वलभी के राजाओं तथा कलिंग के गंगावंशियों के दानपत्रों में मिलने वाले इस अंक के रूप किसी अक्षर से नहीं मिलते।

३००– का अंक १०० के अंक की दाहिनी ओर २ आड़ी या गोलाईदार लकीरें लगाने से बनता है। १०० के सूचक अक्षर के साथ ऐसी दो लकीरें कहीं नहीं लगती, इसलिये इसकी किसी मात्रा सहित अक्षर के साथ समानता नहीं हो सकती। ४०० से ९०० तक के चिह्न १०० के चिह्न के आगे ४ से ९ तक के अंकों के जोड़ने से बनते थे, उनकी अक्षरों से समानता नहीं है।

१०००–का चिह्न नानाघाट के लेख में 'रो' के समान है। नासिक के लेखों में 'धु' अथवा 'चु' से मिलता हुआ है और वाकाटकवंशियों के दानपत्रों में उनकी लिपि के 'वु' के समान है।

२००० और ३००० के चिह्न, १००० के चिह्न की दाहिनी ओर ऊपर को क्रमशः एक और दो आड़ी लकीरें जोड़ने से बनते थे। इसलिये उनकी किसी अक्षर से समानता नहीं हो सकती, ४००० से ९००० तक के अंक, १००० के चिह्न के आगे क्रमशः ४ से ९ तक के और १००००

से ९०००० तक के अंक १००० के आगे १० से ९० तक दहाईयों के चिह्न जोड़ने से बनते थे इसलिये उनकी अक्षरों से समानता नहीं है।

ऊपर प्राचीन शैली के अंकों की जिन-जिन अक्षरों से समानता बतलाई गई है उसमें सब के सब अक्षर उक्त अंकों से ठीक मिलते हुए ही हों ऐसा नहीं है। कोई-कोई अक्षर ठीक मिलते हैं बाकी की समानता ठीक वैसी है जैसी कि नागरी के वर्तमान अक्षरों के सिर हटाने के बाद उनका नागरी के वर्तमान अंकों से मिलान करके यह कहा जाय कि २ का अंक 'र' से, ३ 'रू' से, ५ 'पू' से ६ 'द' से, ७ 'उ' की मात्रा से और ८ 'ट' से मिलता-जुलता है। १, २, ३, ५०, ८० और ९० के प्राचीन उपलब्ध रूपों और अशोक के लेखों में मिलने वाले २०० के दूसरे व तीसरे रूपों (देखो, लिपिपत्र ७४) से यही पाया जाता है कि ये चिह्न तो सर्वथा अक्षर नहीं थे किंतु अंक ही थे। ऐसी दशा में यही मानना पड़ेगा कि प्रारंभ में १ से १००० तक के सब अंक वास्तव में अंक ही थे। यदि अक्षरों को ही भिन्न-भिन्न अंकों का सूचक माना होता तो उनका कोई क्रम अवश्य होता और सब के सब अंक अक्षरों से ही बतलाये जाते, परंतु ऐसा न होना यही बतलाता है कि प्रारंभ में ये सब अंक ही थे। अनायास से किसी अंक का रूप किसी अक्षर से मिल जाय यह बात दूसरी है; जैसे कि वर्तमान नागरी का २ का अंक उसी लिपि के 'र' से और गुजराती के २ (२) और ५ (५) के अंक उक्त लिपि के र (२) और प (५) से बिल्कुल मिलते हुए हैं। कभी-कभी अक्षरों की तरह अंकों के भी सिर बनाने से उनकी आकृतियां कहीं-कहीं अक्षरों सी बनती गईं[५]। पीछे से अंकचिह्नों को अक्षरों के से रूप देने की चाल बढ़ने लगी और कितने एक लेखकों ने और विशेषकर पुस्तक लेखकों ने उनको सिर सहित अक्षर ही बना डाला जैसा कि बुद्धगया से मिले हुए महानामन् के शिलालेख[६], नेपाल के कितने एक लेखों[७] तथा प्रतिहारवंशियों के दानपत्रों[८] से पाया जाता है। तो भी १, २, ३, ५०, ८० और ९० तो अपने परिवर्तित रूपों में भी प्राचीन रूपों से ही मिलते-जुलते रहे और किन्हीं अक्षरों में परिणत न हुए।

शिलालेखों और ताम्रपत्रों के लेखक जो लिखते थे वह अपनी जानकारी से लिखते थे, परंतु पुस्तकों की नकल करने वालों को तो पुरानी पुस्तकों से ज्यों का त्यों नकल करना पड़ता था। ऐसी दशा में जहां वे मूल प्रति के पुराने अक्षरों या अंकों को ठीक-ठीक नहीं समझ सके वहां वे अवश्य चूक कर गये। इसी से हस्तलिखित प्राचीन पुस्तकों में जो अंकसूचक अक्षर मिलते हैं उनकी संख्या अधिक है जिनमें और कई अशुद्ध रूप दर्ज हो गये हैं।

लिपिपत्र ७२ (पूर्वार्द्ध की अंतिम तीन पंक्तियों) और ७४ (उत्तरार्द्ध की अंतिम दो पंक्तियों) में हस्तलिखित प्राचीन पुस्तकों से अंकसूचक अक्षरादि दिये गये हैं वे बहुत कम पुस्तकों से हैं। भिन्न-भिन्न हस्तलिखित पुस्तकों में वे नीचे लिखे अनुसार मिलते हैं–

१– ए, स्व और ॐ

२– द्वि, स्ति और न

३– त्रि, श्री और मः

४– ङ्क[१], ङ्कं, ङ्का, ण्क, ण्र्क, ष्क, **ाप्क** (प्के), ⊞क[१०], ᳵक[११], फ्र्र और पु।

५– तृ, तृं, तृां, तृं, ह्व और नृ।

६– फ्र, फ्रं, फ्रुं, घ्र, भ्र, पुं, व्या और फ्ल।

७– ग्र, ग्रा, ग्रां, ग्र्भा ग्र्गा और भ्र।

८– ह्र, ह्रं, ह्रां और द्र

९– ओं, उँ, उं, उं, ॐ अ और नुं।

१०– लृ, लृं, ळ, ण्ट, डा, अ और प्र्ता।

२०– थ, था, र्थ, र्था, घ, र्घ, प्व और व

३०– ल, ला, र्ल और र्ला।

४०– प्त, र्प्त, प्ता, र्प्ता और प्न।

५०– . . . . . . और णू।

६०– चु, वु, घु, र्थु, थू, र्थू, र्घ, र्घु और घु।

७०– चु, चू, थू, र्थू, र्घू और र्म्त।

८०– 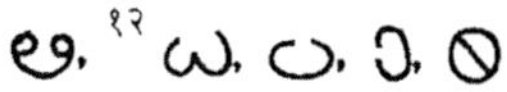 और पु।

९०– 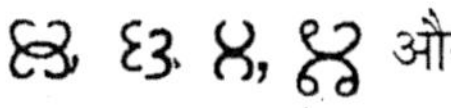 और ⊗[१३]।

१००–सु, सृ, लु और अ।

२००–सु, सू, सू, आ, लू और र्घू।

३००–स्ता, सूा, ञ्ा, सा, सु, सुं और सू।

४००–सूो, स्तो और स्ता।

ऊपर लिखे हुए अंकसूचक संकेतों में १, २ और ३ के लिये क्रमशः ए, द्वि और त्रि; स्व, स्ति और श्री; और ओं, न और मः मिलते हैं; वे प्राचीन क्रम के कोई रूप नहीं है किंतु पिछले लेखकों के कल्पित हैं। उनमें से ए, द्वि और त्रि तो उन्हीं अंकों के वाचक शब्दों के पहले अक्षर हैं और स्व, स्ति और श्री तथा ओं, न और मः मंगल वाचक होने से इनको प्रारम्भ के तीन अंकों का सूचक मान लिया है। एक ही अंक के लिये हस्तलिखित पुस्तकों में कई भिन्न अक्षरों के होने का कारण कुछ तो प्राचीन अक्षरों के पढ़ने में और कुछ पुस्तकों से नकल करने में लेखकों की गलती है, जैसे २० के अंक के रूप 'थ' के समान था जिसकी आकृति पीछे से 'घ' से मिलती हुई होने से लेखकों ने 'थ' को 'घ', फिर 'घ' को 'प्व' और 'प' पढ़ा होगा। इसी तरह दूसरे अंकों के लिये भी अशुद्धियां हुई होंगी।

प्राचीन शिलालेखों और दानपत्रों में सब अंक एक पंक्ति में लिखे जाते थे परंतु हस्तलिखित पुस्तकों के पत्रांकों में चीनी अक्षरों की तरह एक दूसरे के नीचे लिखे मिलते हैं। ई० स० की छठी

शताब्दी के आसपास के मि० पावर के पास किये हुए पुस्तकों में भी पत्रांक इसी तरह एक दूसरे के नीचे लिखे मिलते हैं। पिछली पुस्तकों में एक ही पत्रे पर प्राचीन और नवीन दोनों शैलियों से भी अंक लिखे मिलते हैं। पत्रे की दूसरी तरफ के दाहिनी ओर के ऊपर की तरफ के हाशिये पर तो अक्षर संकेत से, जिसको अक्षरपल्ली कहते थे; और दाहिनी तरफ के नीचे के हाशिये पर नवीन शैली के अंकों से, जिनको अंकपल्लि कहते थे। इस प्रकार के अंक नेपाल, पाटण (अणहिलवाड़ा), खंभात और उदयपुर (राजपूताना में) आदि के पुस्तक भण्डारों में रखे हुए पुस्तकों में पाये जाते हैं। पिछले हस्तलिखित पुस्तकों में अक्षरों के साथ कभी-कभी अंक तथा खाली स्थान के लिये शून्य भी लिखा हुआ मिलता है--

जैसे कि ३३=३, १००=०, १३१=ला, १५०=, २०९=०

आदि नेपाल के बौद्ध तथा गुजरात, राजपूताना आदि के जैन पुस्तकों में यही अक्षरक्रम ई० स० की १६वीं शताब्दी तक कहीं-कहीं मिल आता है और दक्षिण की मलयालम लिपि के पुस्तकों[१४] में अब तक अक्षरों से अंक बतलाने का प्रचार बना हुआ है; परंतु उनके देखने से पाया जाता है कि उनके लेखक सर्वथा प्राचीन क्रम को भूले हुए थे और 'मक्षिकास्थाने मक्षिका' की तरह केवल प्राचीन पुस्तकों के अनुसार पत्रांक लगा देते थे।

शिलालेख और दानपत्रों में ई० स० की छठी शताब्दी के अंत के आसपास तक तो केवल प्राचीन क्रम से ही अंक लिखे मिलते हैं। पहले-पहल गूर्जरवंशी किसी राजा के ताम्रपत्र के दूसरे पत्रे में, जो [कलचुरि] संवत् ३४६ (ई० स० ५९५) का है, नवीन शैली से अंक दिये हुए मिलते हैं अर्थात् उसमें क्रमशः ३, ४ और ६ के अंक हैं। उक्त संवत् के पीछे कहीं प्राचीन शैली से और कहीं नवीन शैली से अंक लिखे जाने लगे और १०वीं शताब्दी के मध्य तक प्राचीन शैली का प्रचार कुछ कुछ रहा[१५], फिर तो उठ ही गया[१६] और नवीन शैली से ही अंक लिखे जाने लगे। उसके पीछे का केवल एक ही लेख ऐसा मिला है, जो नेपाल के मानदेव के समय का [नेवार] सं० २५९ (ई० स० ११३९) का है और जिसमें एक प्राचीन शैली से दिये हैं।[१७]

भारतवर्ष में अंकों की यह प्राचीन शैली कब से प्रचलित हुई इसका पता नहीं चलता परंतु अशोक के सिद्धापुर, सहस्राम और रूपनाथ के लेखों में इस शैली के २००, ५० और ६ के अंक मिलते हैं जिनमें से २०० का अंक[१८] तीनों लेखों में बिल्कुल ही भिन्न प्रकार का है और ५० तथा ६ के दो-दो प्रकार के रूप मिलते हैं। २०० के भिन्न-भिन्न तीन रूपों से यही कहा जा सकता है कि ई० स० पूर्व की तीसरी शताब्दी में तो अंकों की यह शैली कोई नवीन बात नहीं किंतु सुदीर्घ काल से चली आती रही होगी। यदि ऐसा न होता तो अशोक के लेखों में २०० के अंक के एक-दूसरे से बिल्कुल ही भिन्न तीन रूप सर्वथा न मिलते। अशोक से पूर्व उक्त अंकों के चिह्न कैसे थे और किन-किन परिवर्तनों के बाद वे उन रूपों में परिणत हुए इस विषय में कहने के लिये अब तक कोई साधन उपलब्ध नहीं हुआ।

कई विद्वानों ने जैसे ब्राह्मी अक्षरों की उत्पत्ति के विषय में भिन्न-भिन्न कल्पनाएं की हैं वैसे

ही इन प्राचीन शैली के अंकों की उत्पत्ति के विषय में भी की है जिनका सारांश नीचे लिखा जाता है–प्रथम ई० स० १८३८ में जेम्स प्रिन्सेप ने यह अनुमान किया कि ये अंक उनके सूचक शब्दों के प्रथम अक्षर हैं, जिसको वोप्के आदि कितने एक यूरोपियन विद्वानों ने स्वीकार भी किया।

पंडित भगवानलाल इंद्र जी ने इन अंकों के उनके सूचक शब्दों के प्रथम अक्षर होने न होने के विषय में कुछ न कहकर भारतवर्ष के प्राचीन अंकों के विषय के अपने लेख में ई० स० १८७७ में लिखा है कि 'अंकों की उत्पत्ति के विषय में मेरा विश्वास है कि मैं निश्चय के साथ यह प्रतिपादन कर सकता हूं कि पहले तीन अंकों को छोड़कर बाकी सब के सब अक्षरों या संयुक्ताक्षरों के सूचक हैं और भिन्न-भिन्न वंशों के लेखों और [भिन्न-भिन्न] शताब्दियों में उन (अंकों) की आकृतियों में जो अंतर पाया जाता है उसका मुख्य कारण उक्त समय और वंशों के अक्षरों का अंतर ही है।[१९]

डॉ० बूलर के उक्त लेख के साथ ही अपनी संमति प्रकट करते समय लिखा है कि 'प्रिन्सेप का यह पुराना कथन, कि अंक उनके सूचक शब्दों के प्रथम अक्षर हैं, छोड़ देना चाहिये। परंतु अब तक इस प्रश्न का संतोषदायक समाधान नहीं हुआ। पंडित भगवानलाल ने आर्यभट्ट और मंत्रशास्त्र की अक्षरों द्वारा अंक सूचित करने की रीति को भी जांचा परंतु उसमें सफलता न हुई (अर्थात् अक्षरों के क्रम की कोई कुंजी न मिली); और न मैं इस रहस्य की कोई कुंजी प्राप्त करने का दावा करता हूं। मैं केवल यही बतलाऊंगा कि इन अंकों में अनुनासिक, जिह्वामूलीय और उपध्मानीय का होना प्रकट करता है कि उन (अंकों)को ब्राह्मणों ने निर्माण किया था, न कि वाणियाओं (महाजनों) ने और न बौद्धों ने जो प्राकृत को काम में लाते थे।[२०]

प्रो० कर्न ने ई० स० १८७७ में 'इंडियन ऐटिक्वरी' के संपादक को एक पत्र के द्वारा यह सूचित किया कि 'मैं सामान्यत: बूलर के इस कथन से सहमत हूं कि अंक ब्राह्मणों ने निर्माण किये थे।[२१]

ई० स० १८७८ में बर्नेल ने लिखा कि 'अंकसूचक शब्दों के आदि अक्षरों से इन [अंक] चिह्नों की उत्पत्ति मानना बिल्कुल असंभव है क्योंकि उनकी दक्षिणी अशोक (ब्राह्मी) अक्षरों से, जो अंकसूचक शब्दों के आदि अक्षर हैं, बिल्कुल समानता नहीं है।[२२] परंतु बर्नेल ने ब्राह्मी अक्षरों की उत्पत्ति फिनिशियन अक्षरों से होना तो मान ही रखा था; इससे इन अंकों की उत्पत्ति भी बाहरी स्रोत से होना अनुमान करके लिखा कि 'इस (अंक) क्रम की इजिप्ट (मिस्र) के डेमोटिक् अंकक्रम से सामान्य समानता, मेरे विचार में, इस कामचलाऊ अनुमान के लिये बस होगी कि अशोक के अंकक्रम की उत्पत्ति उसी (डिमोटिक्) क्रम से हुई है, परंतु इसका विकास भारतवर्ष में हुआ है।[२३]

फिर इ० सी० बेले ने 'वर्तमान अंकों का वंशक्रम' नामक विस्तृत लेख[२४] में यह बतलाने का यत्न किया कि 'भारतीय अंकशैली का सिद्धांत मिस्र के हिएरोग्लिफिक् अंकों से निकला है, तो भी भारतीय अंकचिह्नों में से अधिकतर फिनिशियन, वाक्ट्रियन और अक्केडियन् अंकों या अक्षरों से लिये हुए हैं; परंतु कुछ थोड़ेसों की विदेशी उत्पत्ति प्रमाणित नहीं हो सकती।

इस पर ई० स० १८९६ में बूलर ने लिखा कि 'बेले का कथन, यह मानने से बड़ी आपत्ति उपस्थित करता है कि हिंदुओं ने [अंक] भिन्न-भिन्न चार या पांच स्रोतों से लिये, जिनमें से कुछ तो बहुत प्राचीन और कुछ बहुत अर्वाचीन हैं। परंतु उसके लेख के साथ प्रकट किया हुआ मिस्र और भारत के अंकों के मिलान का नक्शा और उन दोनों में सैंकड़ों के अंकों के बनाने की रीति की समानता के बारे में उसका कथन, भगवान लाल की कल्पना को छोड़ देने और कुछ परिवर्तन के साथ बर्नेल के कथन को जिससे वार्थ भी सहमत है, स्वीकार करने को प्रस्तुत करता है। मुझे यह संभव प्रतीत होता है कि ब्राह्मी अंकों के चिह्न मिस्र के हिएरेटिक् अंकों से निकले हैं और हिंदुओं ने उनका अक्षरों में रूपांतर कर दिया, क्योंकि उनको शब्दों से अंक प्रकट करने का पहले ही से अभ्यास था तो भी ऐसी उत्पत्ति का विवेचन अभी तक बाधा उपस्थित करता है निश्चयात्मक नहीं कहा जा सकता। परंतु दूसरी दो महत्व की बातें निश्चय समझना चाहिये कि–

(१) अशोक के लेखों में मिलने वाले [अंकों के] भिन्न रूप यही बतलाते हैं कि इन अंकों का इतिहास ई० स० पूर्व की तीसरी शताब्दी से बहुत पूर्व का है;

(२) इन चिह्नों का विकास ब्राह्मण विद्वानों के द्वारा हुआ है क्योंकि उनमें उपध्मानीय के दो रूप मिलते हैं जो निःसंशय शिक्षा के आचार्यों के निर्माण किये हुए हैं।[२५]

ई० स० १८९८ में फिर बूलर ने डॉ० बर्नेल के मत को ठीक बतलाया परंतु उसमें इतना बदलने की संमति दी कि भारतीय अंक मिस्र के डेमोटिक क्रम से नहीं किंतु हिएरेटिक् से निकले हुए अनुमान होते हैं, और साथ में यह भी लिखा कि 'डॉ० बर्नेल के मत को निश्चयात्मक बनाने के लिये ई० स० पूर्व की तीसरी और उससे भी पहले की शताब्दियों के और भी [भारतीय] अंकों की खोज करने तथा भारतवर्ष और मिस्र के बीच के प्राचीन संपर्क के विषय में ऐतिहासिक अथवा परंपरागत वृत्तान्त की खोज, की अपेक्षा है। अभी तो इसका सर्वथा अभाव है और यदि कोई मिस्र के अंकों का भारत का प्रचार होना बतलाने का यत्न करे तो उसकी यही अटकल लगाना होगा कि प्राचीन भारतीय नाविक और व्यापारी मिस्र के अधीनस्थ देशों में पहुंचे होंगे अथवा अपनी समुद्र यात्रा में मिस्र के व्यापारियों से मिले होंगे। परंतु ऐसी अटकल अवश्य संदिग्ध है ज़ब तक कि उसका सहायक प्रमाण न मिले।[२६]

इस तरह डॉ० बर्नेल भारतवर्ष के प्राचीन शैली के अंकों की उत्पत्ति मिस्र के डिमोटिक् अंकों से; बेले उनका क्रम तो मिस्र के हिएरोग्लिफिक् अंकों से और अधिकतर अंकों की उत्पत्ति फिनिशियन, वाकट्रियन और अक्केडियन अंकों से, और बूलर मिस्र के हिएरेटिकं अंकों से बतलाता है। इन विद्वानों के कथनों का भारतीय अंकों के क्रम और आकृतियों से मिलान करने से पाया जाता है–

हिएरोग्लिफिक् अंकों का क्रम भारतीय क्रम से, जिसका विवेचन ऊपर पृ० १०३-४ में किया गया है, सर्वथा भिन्न है, क्योंकि उसमें मूल अंकों के चिह्न केवल तीन अर्थात् १, १० और १००

थे। इन्हीं तीन चिह्नों को बारंबार लिखने से ९९९ तक के अंक बनते थे। १ से ९ तक के अंक, एक के अंक के चिह्न (खड़ी लकीर) को क्रमशः १ से ९ बार लिखने से बनते थे। ११ से १९ तक के लिये १० के चिह्न की बाईं ओर क्रमशः १ से ९ तक खड़ी लकीरें खींचते थे। २० के लिये १० का चिह्न दो बार और ३० से ९० तक के लिये क्रमशः ३ से ९ बार लिखा जाता था। २०० बनाने के लिये १०० के चिह्न को दो बार लिखते थे, ३०० के लिये तीन बाद आदि (देखो, पृ० १५४ में दिया हुआ नक्शा)। इस क्रम में १००० और १०००० के लिये भी एक-एक चित्र था[२७] और १००००० के लिये मेंढक और १०००००० के लिये हाथ फैलाये हुए पुरुष का चित्र[२८] बनाया जाता था। मिस्र का सबसे पुराना अंकक्रम यही था जो बहुत ही जटिल ओर गणना की बिल्कुल प्रारंभिक दशा का सूचक है। इसी से फिनिशियन् अंक निकले हैं जिनक़ा क्रम भी ऐसा ही है, केवल १० के चिह्न को बारंबार लिखने की जटिल रीति को कुछ सरल बनाने के लिये उसमें २० के अंक के लिये नवीन चिह्न बनाया गया, जिससे ३० के लिये २० और १०;९० के लिये २०, २०, २०, २० और १० लिखने पड़ते थे। इस क्रम के ४ मूल अंकों में से १ का चिह्न तो एक खड़ी लकीर है और १०, २० और १०० के तीन चिह्नों में से एक भी उक्त अंकों के सूचक भारतीय अंक चिह्नों से नहीं मिलता (देखो, पृ० १५४ में दिया हुआ नक्शा) इसलिये बेले का कथन किसी प्रकार स्वीकार नहीं किया जा सकता और इसी से बूलर को भी यह लिखना पड़ा था कि बेले का कथन बड़ी आपत्ति उपस्थित करता है।

पीछे से मिस्र वालों ने किसी विदेशी सरल अंकक्रम को देखकर अथवा अपनी बुद्धि से अपने भद्दे हिएरोग्लिफिक् क्रम को सरल करने के लिये भारतीय अंकक्रम जैसा नवीन क्रम बनाया, जिसमें १ से ९ तक के लिये ९, १० से ९० तक की दहाइयों के लिये ९, और १०० तथा १००० के लिये एक-एक चिह्न स्थिर किया। इस अंकक्रम को 'हिएरेटिक्' कहते हैं और इसमें भी अंक दाहिनी ओर से बाईं ओर लिखे जाते हैं। हिएरेटिक् और भारतीय अंकों की आकृतियों का परस्पर मिलान किया जाये तो अंकों के २० चिह्नों में से केवल ९ का चिह्न दोनों में कुछ मिलता हुआ है; बाकी किसी में समानता नहीं है। दूसरा अंतर यह है कि हिएरेटिक अंकों में २०० से ४०० तक के अंक १०० के अंक की बाईं तरफ क्रमशः १ से ३ खड़ी लकीरें रखने से बनते हैं परंतु भारतीय अंकों में २०० और ३०० के लिये क्रमशः १ और २ आड़ी लकीरें १०० के अंक के साथ दाहिनी ओर जोड़ी जाती हैं और ४०० के लिये वैसी ही ३ लकीरें १०० के अंक के साथ जोड़ी नहीं जाती किन्तु ४ का अंक ही जोड़ा जाता है। तीसरा अंतर यह है कि हिएरेटिक में २००० से ४००० बनाने के लिये १००० के अंक के कुछ विकृत रूप को आड़ा रखकर, उसके ऊपर क्रमशः २ से ४ तक खड़ी लकीरें जोड़ी जाती हैं परंतु भारतीय अंकों में २००० और ३००० के अंक तो १००० के अंक की दाहिनी और क्रमशः १ और २ आड़ी लकीरें जोड़ने से बनते हैं परंतु ४००० के लिये वैसी ही तीन लकीरें नहीं किंतु ४ का अंक ही जोड़ा जाता है (देखो, पृ० १५४ पर दिया हुआ नक्शा)।

डेमोटिक् अंक हिएरेटिक से ही निकले हैं और उन दोनों में अंतर बहुत कम है (देखो, पृ० १५४ में दिया हुआ नक्शा) जो समय के साथ हुआ हो। इन अंकों को भारतीय अंकों से मिलाने से यही पाया जाता है कि इनमें से केवल ९ का अंक नानाघाट के ९ से ठीक मिलता है, बाकी किसी अंक में कुछ भी समानता नहीं पाई जाती।

ऊपर के मिलान से पाया जाता है कि मिस्र के हिएरेटिक और उससे निकले हुए डिमांटिक अंकों का क्रम तो भारतीय क्रम से अवश्य मिलता है क्योंकि १ से १००० तक के लिये २० चिह्न दोनों में हैं परंतु उक्त २० चिह्नों की आकृतियों में से केवल ९ की आकृति के सिवाय किसी में समानता नहीं है, और २०० तथा ३००, एवं २००० और ३००० बनाने की रीति में भी अंतर है और ४०० तथा ४००० बनाने की रीति तो दोनों में बिल्कुल ही भिन्न है।

मिस्र और भारत दोनों के प्राचीन अंकों में १००० तक के लिये २० चिह्न होने से केवल दो ही अनुमान हो सकते हैं कि या तो एक ने दूसरे का क्रम अपनाया हो अथवा दोनों ने अपने-अपने अंक स्वतंत्र निर्माण किये हों। यदि पहला अनुमान ठीक है तो यही मानना पड़ेगा कि भारतवासियों ने हिएरेटिक् या डिमोटिक् क्रम से अपना अंकक्रम नहीं लिया क्योंकि जैसे भारतीय अंकों में १ से ३ तक के लिये प्रारंभ में क्रमशः १ से ३ आड़ी (एक दूसरी से विलग) लकीरें थीं वैसे ही हिएरोग्लिफिक् अंकों में १ से ९ तक के लिये क्रमशः १ से ९ (एक दूसरी से विलग) खड़ी लकीरें थीं। पीछे से भारत की उन अंकसूचक लकीरों में वक्रता आकर २ और ३ की लकीरें एक दूसरी से मिल गईं जिससे उनका एक-एक सम्मिलित चिह्न बन कर नागरी के २ और ३ के अंक बन गये। अरबों ने ई० स० ९वीं शताब्दी में भारत के अंक ग्रहण किये तो ये अंक ठीक नागरी (संमिलित) रूप में ही लिये। इसी प्रकार हिएरोग्लिफिक् अंकों की २ से ४ तक की खड़ी लकीरें पीछे से परस्पर मिल कर २, ३ और ४ के लिये नये (मिलवां) रूप बन गये, जो हिएरेटिक् और उनसे निकले हुए डेमोटिक् अंकों में मिलते हैं। यदि भारतवासियों ने अपने अंक हिएरेटिक् या डिमोटिक् से लिये होते तो उनमें २ और ३ के लिये एक दूसरी से विलग २ और ३ आड़ी लकीरें न होतीं किंतु उनके लिये एक-एक संमिलित चिह्न ही होता। परंतु ऐसा न होना यही सिद्ध करता है कि भारतवासियों ने मिस्र वालों से अपना अंकक्रम सर्वथा नहीं लिया। अतएव संभव है कि मिस्रवालों ने भारत के अंकक्रम को अपनाया हो; और उनके २, ३, ४, ७, ८, ९, २०, ३०, ४०, ५०, ६०, ७०, ८०, और ९० के अंकों को बाईं तरफ से प्रारंभ कर दाहिनी ओर समाप्त करने की रीति भी, जो उनकी लेखन शैली के बिल्कुल विपरीत है, इसी अनुमान को पुष्ट करती है। दूसरी बात यह भी है कि डेमोटिक् लिपि और उसके अंकों की प्राचीनता का पता मिस्र के २५वें राजवंश के समय अर्थात् ई० स० पूर्व ७९५ से ६५६ से पहले नहीं चलता। मिस्र वालों ने अपने भद्दे हिएरोग्लिफिक अंकक्रम को कब, कैसे और किन साधनों से हिएरेटिक् क्रम में पलटा इसका भी कोई पता नहीं चलता, परंतु हिएरेटिक् और डिमोटिक् अंकों में विशेष अंतर न होना यही बतलाता है कि उनकी उत्पत्ति के बीच के समय का अंतर अधिक नहीं होगा। अशोक के समय अर्थात्

हिएरोग्लिफिक् आदि सोमिटिक् अङ्कों से भारतीय प्राचीन शैली के अङ्कों के मिलान का नक्शा

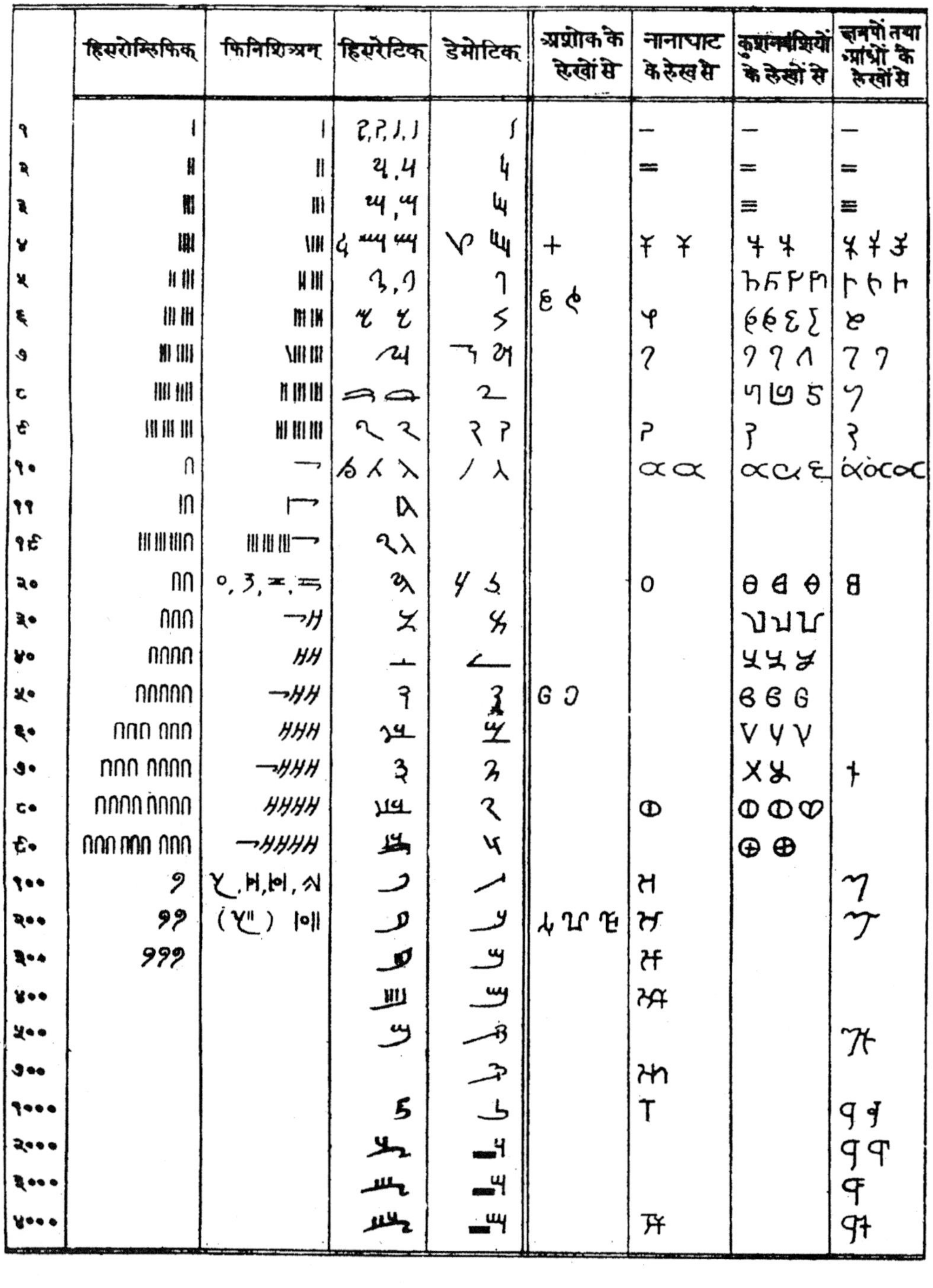

ई० स० पूर्व की तीसरी शताब्दी में २०० के अंक के एक-दूसरे से बिल्कुल भिन्न ३ रूपों का मिलना यही प्रकट करता है कि ये अंक सुदीर्घकाल से चले आते होंगे। ऐसी दशा में यही मानना पड़ता है कि प्राचीन शैली के भारतीय अंक भारतीय आर्यों के स्वतंत्र निर्माण किये हुए हैं।

पृष्ठ १५४ पर अंकों का एक नक्शा[२९] दिया गया है जिसमें हिएरोग्लिफिक् फिनिशियन्, हिएरेटिक् और डेमोटिक् अंकों के साथ अशोक के लेखों, नानाघाट के लेख, एवं कुशनवंशियों के तथा क्षत्रपों और आंध्रों के लेखों में मिलने वाले भारतीय प्राचीन शैली के अंक भी दिये हैं। उनका परस्पर मिलान करने से पाठकों को विदित हो जायगा कि हिएरोग्लिफिक् आदि विदेशी अंकों के साथ भारतीय अंकों की कहां तक समानता है।

नवीन शैली के अंक

नवीन शैली के अंकक्रम में १ से ९ तक के लिये ९ अंक और खाली स्थान का सूचक शून्य ० है। इन्हीं १० चिह्नों से अंकविद्या का समस्त व्यवहार चलता है। इस शैली में प्राचीन शैली की तरह प्रत्येक अंक नियत संख्या का ही सूचक नहीं है किंतु प्रत्येक अंक इकाई, दहाई, सैंकड़े आदि प्रत्येक स्थान पर आ सकता है और स्थान के अनुसार दाहिनी ओर से बाईं ओर हटने पर प्रत्येक अंक का स्थानीय मूल्य दस गुना बढ़ता जाता है, जैसे १११११११ में छहों अंक १ के ही हैं परंतु पहले से (दाहिनी ओर से लेने से) १, दूसरे से १०, तीसरे से १००, चौथे से १०००, पांचवें से १०००० और छठे से १००००० का बोध होता है। इसी से इस संख्यासूचक क्रम को दशगुणोत्तर संख्या कहते हैं और वर्तमान समय में बहुधा संसार भर का अंकक्रम यही है।

अंकक्रम भारतवर्ष में कब से प्रचलित हुआ इसका ठीक-ठीक पता नहीं चलता। प्राचीन शिलालेखों तथा दानपत्रों में ई० स० की छठी शताब्दी के अंत के आसपास तक तो प्राचीन शैली से ही अंक लिखे मिलते हैं। नवीन शैली से लिखे हुए अंक पहले-पहल कलचुरि सं० ३४६[३०] (ई० स० ६९५) के दानपत्र में मिलते हैं, जिसके पीछे ई० स० की १०वीं शताब्दी के मध्य के आसपास तक कहीं प्राचीन और कहीं नवीन शैली के अंकों का व्यवहार है। उसके बाद नवीन शैली ही मिलती है। परंतु ज्योतिष की पुस्तकों में ई० स० की छठी शताब्दी से बहुत पूर्व इस शैली का प्रचार होना पाया जाता है क्योंकि शक सं० ४२७[३१] (ई० स० ५०५) में वराहमिहिर ने 'पंचसिद्धांतिका' नामक ग्रंथ लिखा जिसमें सर्वत्र नवीन शैली से ही अंक[३२] दिये हैं। यदि उस समय नवीन शैली का व्यवहार सामान्य रूप से न होता तो वराहमिहिर अपने ग्रंथ में नवीन शैली से अंक न देता। इससे निश्चित है कि ई० स० की पांचवीं शताब्दी के अंत के आसपास तो नवीन शैली से अंक लिखने का प्रचार सर्व साधारण में था परंतु शिलालेख और दानपत्रों के लिखने वाले प्राचीन शैली के ढर्रे पर ही चलते रहे हों जैसा कि इस देश में हर बात में होता आया है। वराहमिहिर ने 'पंचसिद्धांतिका' में पुलिश, रोमक, वसिष्ठ, सौर (सूर्य) और पितामह इन पांच सिद्धांत ग्रंथों का तो करणरूप से वर्णन किया है; और लाटाचार्य[३३] (लाटदेव), सिंहाचार्य[३४], सहाचार्य के गुरु[३५]

(जिसका नाम नहीं दिया), आर्यभट्ट[३६], प्रद्युम्न[३७] और विजयनंदिन्[३७] के प्रसंगवशात् नाम तथा मत दिये हैं, जिससे पाया जाता है कि ये ज्योतिष के आचार्य 'पंचसिद्धांतिका' की रचना से पूर्व के हैं, परंतु खेद की बात यह है कि न तो वराहमिहिर के वर्णन किये हुए पांच सिद्धांतों में से एक भी अब उपलब्ध[३८] है और न आर्यभट्ट[३९] (प्रथम) के सिवाय लाटाचार्य आदि किसी आचार्य का कोई ग्रंथ मिलता है, जिससे उनकी अंकशैली का निर्णय हो सके। इस समय 'पुलिशसिद्धांत' नामक कोई ग्रंथ उपलब्ध नहीं है परन्तु भट्टोत्पल ने वराहमिहिर की बृहत्संहिता की टीका में कई जगह 'पुलिशसिद्धान्त' से वचन उद्धृत किये हैं और एक स्थल में 'मूलपुलिशसिद्धांत' के नाम से एक श्लोक भी उद्धृत किया है। उन दोनों में अंक वर्तमान[४०] शैली से ही मिलते हैं। इससे पाया जाता है कि वराहमिहिर से पूर्व भी इस शैली का प्रचार था। बख्शाली (यूसफज़ई जिले, पंजाब में) गांव से अंकगणित का एक भोजपत्र पर लिखी हुई प्राचीन पुस्तक जमीन में गड़ी हुई मिली है जिसमें अंक नवीन शैली से ही दिये हैं। प्रसिद्ध विद्वान् डॉ० होर्नले ने उसकी रचना का काल ई० स० की तीसरी अथवा चौथी शताब्दी[४१] होना अनुमान किया है। इस पर डॉ० बूलर ने लिखा है कि 'यदि हॉर्नले का अंकगणित की प्राचीनता का यह बहुत संभावित अनुमान ठीक हो तो उस [अंकक्रम] के निर्माण का समय ई० स० के प्रारंभ काल अथवा उससे भी पूर्व का होगा। अभी तक तो नवीन शैली के अंकों की प्राचीनता का यहीं तक पता चलता है।

शून्य की योजना कर नव अंकों से गणित शास्त्र को सरल करने वाले नवीन शैली के अंकों का प्रचार पहले-पहल किस विद्वान् ने किया इसका कुछ भी पता नहीं चलता, केवल यही पाया जाता है कि नवीन शैली के अंकों की सृष्टि भारतवर्ष में हुई। फिर यहां से अरबों ने यह क्रम सीखा और अरबों से उसका प्रवेश यूरोप में हुआ, जिसके पहले चाल्डियन्, हिब्रू, ग्रीक, अरब आदि एशिया और यूरोप की जातियां वर्णमाला के अक्षरों[४२] से अंकों का काम लेती थीं। अरबों के यहां खलिफ वलीद के समय (ई० स० ७०५-७१५) तक अंकों का प्रचार न था[४३] जिसके बाद उन्होंने भारतवासियों से अंक लिये।

इस विषय में 'इन्साईक्लोपिडिया ब्रिटेनिका' नामक महान् अंग्रेजी विश्वकोश में लिखा है कि 'यह सर्वथा निःसंशय है कि हमारे (अंग्रेजी) वर्तमान दशगुणोत्तर अंकक्रम की उत्पत्ति . . . भारतीय है। संभवतः खगोल संबंधी उन सारणियों के साथ जिनको एक भारतीय राजदूत ई० स० ७७३ में बगदाद में लाया था, भारतवासियों से उसका प्रवेश अरबों में हुआ। वस्तुतः ई० स० नवीं शताब्दी के प्रारंभिक काल में प्रसिद्ध अबुज़फर मुहम्मद अल् खारिज़्मी ने अरबी में उक्त क्रम का विवेचन किया और उसी समय से उसका प्रचार . . . .अरबों में बढ़ता रहा।[४४]

'यूरोप में शून्यरहित यह पूरा [अंक]क्रम ई० स० की १२वीं शताब्दी में अरबों से लिया गया और इस क्रम से बना हुआ अंकगणित 'अल्गोरिट्मस्' (अल्गोरिथम्) नाम से प्रसिद्ध हुआ। यह (अल्गोरिट्मस्) विदेशी शब्द 'अल्खारिज़्मी' का अक्षरांतर मात्र है जैसा कि रेनॉड ने अनुमान किया था, और उक्त अरब गणितशास्त्रवेत्ता के अनुपलब्ध अंकगणित की पुस्तक के कैम्ब्रिज से मिले

हुए अद्वितीय हस्तलिखित लैटिन अनुवाद के जो संभवत: बाथ निवासी ऐडेलहर्ड का किया हुआ है, प्रसिद्ध होने के बाद यह (अनुमान) प्रमाणित हो गया है। खारिज़्मी के अंकगणित के प्रकारों को पिछले पूर्वीय विद्वानों ने सरल किया और उन अधिक सरल किये हुए प्रकारों का पश्चिमी यूरोप में पीसा के लेओनार्डो ने और पूर्वी में मैक्सिमस् प्लेनुडेस ने प्रचार किया 'ज़िरो' शब्द की उत्पत्ति अरबी के 'सिफर' शब्द से, लिओनार्डो के प्रयुक्त किये हुए 'ज़िफिरो' शब्द द्वारा प्रतीत होती है।[४४]

भारतीय अंकों से अरबों के और उनसे यूरोप के अंकों का सर्वमान्य उत्पत्ति के विरुद्ध मि० के ने उपर्युक्त लेख के प्रारंभ में ही लिखा है कि 'यह कहा जाता है कि हमारे अंकगणित के अंकों की उत्पत्ति भारतीय है। पीकॉक, चॅसल्स, वोप्के, कॅटोर, बेले, बूलर, मॅकडोनेल और दूसरे लेखक प्राय: निश्चय के साथ यही कहते हैं और विश्वकोशों तथा कोशों का यही कथन है तो भी इस समय जो सामग्री उपलब्ध है उसकी सावधानी के साथ परीक्षा करने से यह पाया जाता है कि उन(अंकों)की भारतीय उत्पत्ति की कल्पना उचित प्रमाण से रहित है। वैसी परीक्षा यही बतलाती है कि उन कथनों में से बहुत से निस्सार हैं' (बंगा० ए० ओ० ज; ई० स० १९०७, पृ० ४७५)। अरबी में अंकों को 'हिंदसे' कहते हैं जिसका अब तक के विद्वान् हिंद (हिंदुस्तान) से लिये जाने के कारण ऐसा कहलाना मानते हैं, परंतु मि० के का कथन है कि 'शब्दव्युत्पत्तिशास्त्र का बड़ा ज्ञाता फीरोज अबदि (ई० स० १३२९-१४२४) 'हिंदसह्' शब्द की उत्पत्ति 'अंदाज़ह्' से होना बतलाता है, जिसका अर्थ परिमाण है। हरेक आदमी विचार कर सकता है कि यह काफी अच्छा प्रमाण है परंतु भारतवर्ष के विषय में लिखने वालों में से अधिकतर ने इसे स्वीकार नहीं किया' (पृ० ४८९)। इसी तरह इब्न सिना के वर्गसंख्याविषयक नियम में लिखे हुए 'फी अल्तरीक अल्हिंदसे' और उसी के घनसंख्याविषयक नियम में दिये हुए 'अल्हिसाब अल्हिंदसे' में 'हिंदसे' शब्दों का हिंद (हिंदुस्तान) से कोई संबंध न बतलाने का यत्न किया है (पृ० ४९०)। मि० के० का यह कथन भी स्वीकार करने योग्य नहीं है और वैसा ही है जैसा कि उपर्युक्त यह कथन कि 'हिंदुओं के गणितशास्त्र भर में ई० स० की दसवीं शताब्दी के पूर्व नवीन शैली के (वर्तमान) अंकों के व्यवहार की कल्पना का तनिक भी चिह्न नहीं मिलता' (देखो, ऊपर पृ० ११६, टिप्पण ९)। ऐसे कथनों का प्रतिवाद कर लेख को बढ़ाने की हम आवश्यकता नहीं समझते। प्रसिद्ध विद्वान् अल्बेरुनी ने, अपनी भारतवर्ष संबंधी तहकीकात की अरब पुस्तक में, जो ई० स० १०३० के आसपास लिखी गई थी, लिखा है कि 'हिन्दू लोग अपनी वर्णमाला के अक्षरों को अंकों में काम में नहीं लाते जैसे कि हम हिब्रु वर्णमाला के क्रम से अरबी अक्षरों को काम में लाते हैं। हिन्दुस्तान के अलग-अलग हिस्सों में जैसे अक्षरों की आकृतियां भिन्न हैं वैसे ही संख्यासूचक चिह्नों की भी, जिनको अंक कहते हैं, भिन्न हैं। जिन अंकों को हम काम में लाते हैं वे हिंदुओं के सब से सुंदर अंकों से लिये गये हैं. . . . जिन भिन्न-भिन्न जातियों से मेरा संपर्क रहा उन सबकी भाषाओं के संख्यासूचक क्रम के नामों (इकाई, दहाई, सैकड़ा आदि) का मैंने अध्ययन किया है जिससे मालूम हुआ कि कोई जाति हजार से आगे नहीं जानती। अरब लोग भी हजार तक [नाम] जानते हैं.....इस विषय

में मैंने एक अलग पुस्तक लिखी है। अपने अंकक्रम में जो हजार से अधिक जानते हैं वे हिंदू हैं. ...वे संख्यासूचक क्रम को १८वें स्थान तक ले जाते हैं जिसको 'परार्द्ध' कहते हैं......अंकगणित में हिंदू लोग अंकों को उसी तरह प्रयोग करते हैं जैसे कि हम करते हैं। मैंने एक पुस्तक लिख कर यह बतलाया है कि इस विषय में हिंदू हमसे कितने आगे बढ़े हुए हैं।[४५]

अलबेरुनी का जो अरबों तथा हिंदुओं के ज्योतिष और गणितशास्त्र का अपूर्व ज्ञाता था और जिसने कई बरस तक हिंदुस्तान में रहकर संस्कृत पढ़ा था इतना ही नहीं वह संस्कृत में अनुष्टुभ् छंद भी बना लेता था और जिसको इस देश का व्यक्तिगत अनुभव था, यह कथन कि 'जिन अंकों को हम काम में लाते हैं वे हिंदुओं के सब से सुंदर अंकों से लिये गये हैं,' मि० के के विचार में ठीक न जचा परंतु १५वीं शताब्दी के आसपास के शब्दव्युत्पत्तिशास्त्र के ज्ञाता फीरोज़ अबदी का, जो गणितशास्त्र का ज्ञाता न था, 'हिंदसह' शब्द की उत्पत्ति 'अंदाज़ह' शब्द से बतलाना ठीक जच गया जिसका कारण यही है कि पहले का लेख मि० के के विरुद्ध और दूसरे का अनुकूल था। 'इनसाईक्लोपीडिया ब्रिटेनिका' नामक महान् अंग्रेज़ी विश्वकोश की १७वीं जिल्द के ६२६वें पृष्ठ पर नानाघाट के लेख के भारतीय गुफाओं के लेखों के आर १०वीं शताब्दी के नागरी के अंक दिये हैं और उनके नीचे ही शीराज़ में लिखी हुई १०वीं शताब्दी की एक अरबी पुस्तक के भी अंक दिये हैं, जो वस्तुत: प्राचीन नागरी ही हैं; उनमें केवल ४ के अंक को टेढ़ा और ७ को उलटा लिखा है बाकी कोई अंतर नहीं है। अरबी, फारसी और उर्दू तक के अंक, उन लिपियों की लेखन शैली तथा सेमेटिक अंकों के अनुसार दाहिनी ओर से बाईं ओर न लिखे जा कर हिंदू रीति से ही बाईं ओर से दाहिनी ओर अब तक लिखे जाते हैं। ऐसी दशा में अल्बेरुनी और मि० के० में से किसका कथन यथार्थ है यह पाठक लोग स्वयं जान सकेंगे।

शब्दों से अंक बतलाने की भारतीय शैली

आर्य लोगों में वेदमंत्रों में स्वरों की अशुद्धि यजमान के लिये नाश का हेतु मानी जाती थी इसलिये वेदों का पठन गुरु के मुख से ही होता था और वे रट-रट कर स्वर सहित कंठस्थ किये जाते थे (देखो, ऊपर पृ० . . . .)। उसी की देखा-देखी और शास्त्र भी कंठस्थ किये जाने लगे और मुखस्थ विद्या ही विद्या मानी जाने लगी। इसलिये सूत्रग्रंथों की संक्षिप्त शैली से रचना हुई कि वे आसानी से कंठ किये जा सकें और इसलिये ज्योतिष, गणित, वैद्यक और कोश आदि के ग्रंथ भी श्लोकबद्ध लिखे जाने लगे, अन्य विषय के ग्रंथों में तो अंकों का विशेष काम नहीं रहता था परंतु ज्योतिष और गणित संबंधी ग्रंथों में लंबी-लंबी संख्याओं को श्लोकों में लाने में कठिनता रहती थी जिसको सरल करने के लिये संभवत: उक्त शास्त्रों के आचार्यों ने संख्यासूचक सांकेतिक शब्द स्थिर किये हों। ये सांकेतिक शब्द मनुष्य के अंग, छंदों अथवा उनके चरणों के अक्षर, देवता, साहित्य के अंग, ग्रह, नक्षत्र आदि एवं संसार के अनेक निश्चित पदार्थों की संख्या पर से कल्पित किये गये हैं। प्रत्येक नाम के लिये संस्कृत भाषा में अनेक शब्द होने से प्रत्येक संख्या के लिये कई शब्द मिलते हैं जिनमें से कुछ नीचे दिये जाते हैं–

०= शून्य, ख, गगन, आकाश, अंबर, अभ्र, वियत्, व्योम, अंतरिक्ष, नभ, पूर्ण, रंध्र आदि।

१= आदि, शशि, इंदु, चंद्र, विधु, शीतांशुं, शीतरश्मि, सोम, शशांक, सुधांशु, अब्ज, भू, भूमि, क्षिति, धरा, उर्वरा, गो, वसुंधरा, पृथ्वी, क्ष्मा, धरणी, वसुधा, इला, कु, मही, रूप, पितामह, नायक, तनु आदि।

२= यम, यमल, अश्विन, नासत्य, दस्र, लोचन, नेत्र, अक्षि, दृष्टि, चक्षु, नयन, ईक्षण, पक्ष, बाहु, कर, कर्ण, कुच, ओष्ठ, गुल्फ, जानु, जंघा, द्वय, द्वंद्व, युगल, युग्म, अयन, कुटुंब, रविचंद्रौ आदि।

३= राम, गुण, त्रिगुण, लोग, त्रिजगत्, भुवन, काल, त्रिकाल, त्रिगत, त्रिनेत्र, सहोदरा; अग्नि, बह्नि, पावक, वैश्वानर, दहन, तपन, हुताशन, ज्वलन, शिखिन्, कृशानु, होतृ आदि।

४= वेद, श्रुति, समुद्र, सागर, अब्धि, जलधि, उदधि, जलनिधि, अंबुधि, केंद्र, वर्ण, आश्रम, युग, तुर्य, कृत, अय, आय, दिश् (दिशा) बंधु, कोष्ठ, वर्ण आदि।

५= बाण, शर, सायक, इषु, भूत, पर्व, प्राण, पांडव, अर्थ, विषय, महाभूत, तत्व, इंद्रिय, रत्न आदि।

६= रस, अंग, काय, ऋतु, मासार्ध, दर्शन, राग, अरि, शास्त्र, तर्क, कारक आदि।

७= नग, अग, भूभृत्, पर्वत, शैल, अद्रि, गिरि, ऋषि, मुनि, अत्रि, वार, स्वर, धातु, अश्व, तुरग, वाजि, छंद, घी, कलत्र, आदि।

८= वसु, अहि, नाग, गज, दंति, दिग्गज, हस्तिन्, मातंग, कुंजर, द्विप, सर्प, तक्ष, सिद्धि, भूति, अनुष्टुभ, मंगल आदि।

९= अंग, नंद, निधि, ग्रह, रंध्र, छिद्र, द्वार, गो, पवन आदि।

१०= दिश, दिशा, आशा, अंगुलि, पंक्ति, ककुभ्, रावणशिरम्, अवतार कर्मन् आदि।

११= रुद्र, ईश्वर, हर, ईश, भव, भर्ग, शूलिन्, महादेव, अक्षौहिणी आदि।

१२= रवि, सूर्य, अर्क, मार्तंड, द्युमणि, भानु, आदित्य, दिवाकर, मास, राशि, व्यय आदि।

१३= विश्वेदेवाः, काम, अतिजगती, अघोष आदि।

१४= मनु, विद्या, इंद्र, शक्र, लोक आदि

१५= तिथि, घस्र, दिन, अह्न, पक्ष आदि।

१६= नृप, भूप, भूपति, अष्टि, कला आदि।

१७= अत्यष्टि।

१८= धृति।

१९= अतिधृति।

२०= नख, कृति।

२१= उत्कृति, प्रकृति, स्वर्ग

२२= कृती, जाति।

२३= विकृति।

२४= गायत्री, जिन, अर्हत्, सिद्ध आदि।

२५= तत्व।

२७= नक्षत्र, उड्ड, भ आदि।

३२= दंत, रद आदि।

३३= देव, अमर, त्रिदश, सुर आदि।

४०= नरक।

४८= जगती।

४९= तान।

इस प्रकार शब्दों से अंक बतलाने की शैली बहुत प्राचीन है। वैदिक साहित्य में भी कभी-कभी इस प्रकार से अंक बतलाने के उदारण मिल जाते हैं जैसे कि शतपथ[४७] और तैत्तिरीय[४८] ब्राह्मणों में ४ के लिये 'कृत' शब्द, कात्यायन[४९] और लाट्यायन[५०] श्रौतसूत्रों में २४ के लिये 'गायत्री' और ४८ के लिये 'जगती' और वेदांग ज्योतिष में १, ४, ८, १२ और २७ के लिये क्रमश: 'रूप', 'अयं', 'गुण', 'युग' और 'भसमूह' शब्दों का प्रयोग मिलता है[५१] पिंगल के छंद: सूत्र[५२] में तो कई जगह अंक इस तरह दिये हुए हैं। 'मूलपुलिशसिद्धांत'[५३] में भी इस प्रकार के अंक होना पाया जाता है। वराहमिहिर की 'पंचसिद्धातिका'[५४] (ई० स० ५०५), ब्रह्मगुप्त के 'ब्रह्मस्फुटसिद्धांत'[५५] (ई० स० ६२८), लल्ल के 'शिष्यधीवृद्धिद'[५६] (ई० स० ६३८ के आसपास) में तथा ई० स० की सातवीं शताब्दी के पीछे के ज्योतिष के आचार्यों के ग्रंथों में हजारों स्थानों पर शब्दों से अंक बतलाये हुए मिलते हैं और अब तक संस्कृत, हिंदी, गुजराती आदि भाषाओं के कवि कभी-कभी अपने ग्रंथों की रचना का संवत् इसी शैली से देते हैं। प्राचीन शिलालेखों[५७] तथा ताम्रपत्रों[५८] में भी कभी-कभी इस शैली से दिये हुए अंक मिल आते हैं।

मि० के० ने 'भारतीय गणितशास्त्र' नामक अपनी पुस्तक में लिखा है कि 'शब्दों से अंक प्रकट करने की शैली, जो असाधारण रूप से लोकप्रिय हो गई और अब तक प्रचलित है। ई० स० की नवीं शताब्दी के आसपास संभवत: पूर्व की ओर से [इस देश में] प्रवृत हुई' (पृ० ३१) मि० के० का यह कथन भी सर्वथा विश्वास योग्य नहीं है क्योंकि वैदिक काल से लगा कर ई० स० की सातवीं शताब्दी तक के संस्कृत पुस्तकों में भी इस शैली से दिये हुए अंकों के हज़ारों उदाहरण मिलते हैं। यदि मि० के० ने वराहमिहिर की 'पंचसिद्धांतिका' को ही पढ़ा होता तो भी इस शैली के असंख्य उदाहरण मिल आते।

अक्षरों से अंक बतलाने की भारतीय शैली

ज्योतिष आदि के श्लोकबद्ध ग्रंथों में प्रत्येक अंक के लिये एक-एक शब्द से विस्तार बढ़ जाता था जिसको संक्षेप करने के लिये अक्षरों से अंक प्रकट करने की रीतियां निकाली गईं। उपलब्ध ज्योतिष के ग्रंथों में पहले-पहल इस शैली से दिये हुए अंक आर्यभट्ट (प्रथम) के 'आर्यभट्टीय' (आर्यसिद्धांत) में मिलते हैं जिसकी रचना ई० स० ४९९[५९] में हुई थी। उक्त पुस्तक में अक्षरों से अंक नीचे लिखे अनुसार बतलाये हैं[६०] –

क्=१. ख्=२. ग्=३, घ्=४. ङ्=५. च्=६, ळ्=७. ज्=८. झ्=९. ञ=१०. द=११. ठ्=१२. ड्=१३. ढ्=१४. ण्=१५. त्=१६. थ्=१७. द्=१८. ध्=१९. व्=६०. श्=७०. ष=८०. स्=९०. ह्=१००. अ=१. य्=३०. र्=४०. ल्=५०. व्=६०. ष=९०. ह्=१००. अ=१. इ=१००. उ=१०००. ऋ=१०००००. लृ=१००००००. ए=१००००००००००. ऐ=१०००००००००. ओ=१००००००००००००००.

इस शैली में स्वरों में ह्रस्व दीर्घ का भेद नहीं है। व्यंजन के साथ जहां स्वर मिला हुआ होता है वहां व्यंजनसूचक अंक को स्वरसूचक अंक से गुणना[६१] होता है और संयुक्त व्यंजन के साथ जहां स्वर मिला होता है वहां उक्त संयुक्त व्यंजन के प्रत्येक घटक व्यंजन के साथ वही स्वर माना जाता है जिसमें प्रत्येक व्यंजन सूचक अंक को उक्त स्वर के सूचक अंक से गुण कर गुणनफल जोड़ना पड़ता है।[६२] इस शैली में कभी-कभी एक ही संख्या भिन्न अक्षरों से भी प्रकट होती है।[६३] ज्योतिष के आचार्यों के लिये आर्यभट्ट की यह शैली बहुत ही संक्षिप्त अर्थात् थोड़े शब्दों में अधिक अंक[६४] प्रकट करने वाली थी परंतु किसी पिछले लेखक ने इसको अपनाया नहीं और न यह शैली प्राचीन शिलालेखों तथा दानपत्रों में मिलती है, जिसका कारण इसके शब्दों का कर्णकटु होना हो अथवा आर्यभट्ट के भूभ्रमणवादी होने से आस्तिक हिंदुओं ने इसका बहिष्कार किया हो।

आर्यभट्ट (दूसरे) ने, जो लल्ल और ब्रह्मगुप्त के पीछे परंतु भास्कराचार्य से पूर्व अर्थात् ई०सं० की ११वीं शताब्दी के आसपास हुआ, अपने 'आर्यसिद्धांत' में १ से ९ तक के अंक और शून्य ० के लिये नीचे अक्षर माने हैं[६५] –

१	२	३	४	५	६	७	८	९	०
क्	ख्	ग्	घ्	ङ्	च्	ल्ल्	ज्	झ	ञ्
द	ठ्	ढ	द	ण्	त	थ्	द्	ध्	न्
प्	फ्	य्	भ्	म्					
य्	र	ल्	व्	श्	ष्	स्	ह्	[ल्][६६]	

इस क्रम में केवल व्यंजनों से ही अंक सूचित होते हैं, स्वर निरर्थक या शून्यसूचक समझे जाते हैं[६७] और संयुक्त व्यंजन के घटक व्यंजनों में से प्रत्येक से एक-एक अंक प्रकट होता है। संस्कृत लेखकों की शब्दों से अंक प्रकट करने की सामान्य परिपाटी यह है कि पहले शब्द से

इकाई, दूसरे से दहाई, तीसरे से सैंकड़ा आदि अंक सूचित किये जाते हैं (अंकानां वामतो गतिः), परंतु आर्यभट्ट[६८] ने अपने इस क्रम में उक्त परिपाटी के विरुद्ध अंक बतलाये हैं अर्थात् अंतिम अक्षर से इकाई, उपांत्य से इहाई इत्यादि। इस क्रम में १ का अंक क, ट, प, या य अक्षर से प्रकट होता है जिससे इसको 'कटपयादि' क्रम कहते हैं।

कभी-कभी शिलालेखों[६९], दानपत्रों[७०], तथा पुस्तकों[७१] के संवत् लिखने में अंक 'कटपयादि' क्रम से दिये हुए मिलते हैं परंतु उनकी और आर्यभट्ट (दूसरे) की उपर्युक्त शैली में इतना अंतर है कि उनमें 'अंकानां वामतो गतिः' के अनुसार पहले अक्षर से इकाई, दूसरे से दहाई आदि के अंक बतलाये जाते हैं और संयुक्त व्यंजनों में केवल अंतिम व्यंजन[७२] अंक सूचक होता है न कि प्रत्येक व्यंजन।

ऊपर वर्णन की हुई अक्षरों से अंक सूचित करने की शैलियों के अतिरिक्त दक्षिण में मलबार और तेलुगु प्रदेश में पुस्तकों के पत्रांक लिखने में एक और भी शैली प्रचलित थी जिसमें 'क' से 'ळ' तक के अक्षरों से क्रमशः १ से ३४ तक के अंक, फिर 'बारहखड़ी' (द्वादशाक्षरी) के क्रम से 'का' से 'ळा' तक 'आ' की मात्रा सहित व्यंजनों से क्रमशः ३५ से ६८ तक जिसके बाद 'कि' से 'ळि' तक से 'इ' की मात्रा सहित व्यंजनों से ६९ से १०२ तक के और उनके पीछे के अंक 'ई', 'उ' आदि स्वररहित व्यंजनों से प्रकट किये जाते थे।[७३] यह शैली शिलालेख और ताम्रपत्रादि में नहीं मिलती।

अक्षरों से अंक प्रकट करने की रीति आर्यभट्ट (प्रथम) ने ही प्रचलित की हो ऐसा नहीं है क्योंकि उससे बहुत पूर्व भी उसके प्रचार का कुछ-कुछ पता लगता है। पाणिनि के सूत्र १.३.११ पर के कात्यायन के वार्तिक और कैयट के दिये हुए उसके उदाहरण से पाया जाता है कि पाणिनि की अष्टाध्यायी में अधिकार 'स्वरित' नामक वर्णात्मक चिह्नों से बतलाये गये थे और वे वर्ण पाणिनि के शिवसूत्रों के वर्णक्रम के अनुसार क्रमशः सूत्रों की संख्या प्रकट करते थे अर्थात् अ=१; इ=२; उ=३ आदि।[७४]

लिपिपत्र ७१वां

इस लिपिपत्र में दो खण्ड हैं, जिनमें से पहले में अशोक के लेखों[७५], नानाघाट के लेख[७६], कुशनवंशियों के समय के मथुरा आदि के लेखों[७७], क्षत्रप और आंध्रवंशियों के समय के नासिक आदि के लेखों[७८], क्षत्रपों के सिक्कों[७९] तथा जग्गयपेट के लेखों एवं शिवस्कंदवर्मन् और जयवर्मन् के दानपत्रों से[८०] १ से ९ तक मिलने वाले प्राचीन शैली के अंक उद्धृत किये हैं। दूसरे खण्ड में गुप्तों तथा उनके समकालीन परिव्राजक और उच्छकल्प के महाराजाओं आदि के लेख व दानपत्रों[८१], वाकाटक[८२], पल्लव तथा शालंकायन वंशियों[८३] एवं वलभी के राजाओं[८४] के दानपत्रों तथा नेपाल के शिलालेखों[८५] से वे ही अंक उद्धृत किये गये हैं।

लिपिपत्र ७२वां

इस लिपिपत्र में दो खण्ड हैं जिनमें से पहले में कलिंग के गंगावंशियों के दानपत्रों[८६], प्रतिहारवंशियों के शिलालेख व दानपत्रों[८७], भिन्न-भिन्न लेख और दानपत्रों[८८], मि० बावर के प्राप्त किये हुए हस्तलिखित पुस्तकों[८९], नेपाल के बौद्ध ग्रंथों[९०] तथा जैन पुस्तकों[९१] से १ से ९ तक के प्राचीन शैली के अंक उद्धृत किये गये हैं। दूसरे खण्ड में अशोक के लेखों[९२], नानाघाट के लेख[९३], कुशनवंशियों के समय के मथुरा आदि के लेखों[९४], क्षत्रपों और आंध्रवंशियों के समय के नासिक आदि के लेखों[९५], क्षत्रपों के सिक्कों[९६] तथा जग्गयपेट के लेखों एवं पल्लव शिवस्कंदवर्मन् आदि के ताम्रपत्रों[९७] से प्राचीन शैली के १० से ९० तक के अंक दिये गये हैं।

लिपिपत्र ७३वां

इस लिपिपत्र में दो खण्ड हैं जिनमें से पहले में गुप्तों और उनके समकालीन राजाओं के लेखादि[९८], वाकाटक आदि वंशियों[९९] तथा वलभी के राजाओं[१००] और शालंकायनवंशियों[१०१] के दानपत्रों, नेपाल के लेखों[१०२] तथा कलिंग के गंगावंशियों के दानपत्रों[१०३] से ९० तक के प्राचीन शैली के अंक दिये गये हैं और दूसरे में प्रतिहारवंशियों के दानपत्रादि[१०४], भिन्न-भिन्न लेखों व दानपत्रों[१०५], मि० बाबर के पुस्तकों[१०६], नेपाल के बौद्ध पुस्तकों[१०७] तथा जैन पुस्तकों[१०८] से वे ही अंक दिये गये हैं।

लिपिपत्र ७४वां

इस लिपिपत्र के दो खण्ड हैं जिनमें से पहले में अशोक के लेखों[१०९], नानाघाट के लेख[११०], नासिक के लेखों[१११], क्षत्रपों के सिक्कों[११२], गुप्तों तथा उनके समकालीन राजाओं के लेखादि[११३] तथा वलभी के राजाओं के दानपत्रों[११४] से १०० से ७०० तक के प्राचीन शैली के अंक दिये गये हैं और दूसरे में नेपाल के लेखों[११५], कलिंग के गंगावंशियों[११६] और प्रतिहारों[११७] के दानपत्रों, भिन्न-भिन्न लेखादि[११८] एवं बौद्ध[११९] और जैन[१२०] पुस्तकों से १०० से ९०० तक के अंक दिये हैं।

लिपिपत्र ७५वां

इस लिपिपत्र के तीन खण्ड किये गये हैं जिनमें से दो पूर्वार्द्ध में हैं। उनमें से पहले में नानाघाट के लेख[१२१], नासिक के लेखों[१२२] तथा वाकाटकों के दानपत्रों[१२३] से १००० से ७०००० तक के प्राचीन शैली के अंक दिये गये हैं और दूसरे में भिन्न-भिन्न शिलालेखों तथा दानपत्रों से १५ से २४४०० तक के मिलवां अंक दिये हैं।

उत्तरार्द्ध में किसी गूर्जर राजा[१२४], राष्ट्रकूट (राठौड़), दंतिदुर्ग[१२५] और शंकरगण[१२६] के दानपत्रों, प्रतिहार नागभट्ट[१२७] और वाउक[१२८] के लेखों, राष्ट्रकूट दंतिवर्मन् के दानपत्र[१२९], प्रतिहार भोजदेव के दो लेखों[१३०], प्रतिहार महीपाल के लेख[१३१] तथा पुष्कर के लेख[१३२] से नवीन शैली के १ से ९ तक के अंक, शून्यसहित दिये हैं।

लिपिपत्र ७६वां

इस लिपिपत्र के पूर्वार्द्ध में चालुक्य (सोलंकी) मूलराज[१३३] और शिलारा अपराजित[१३४] के दानपत्रों, परमार भोज के शिलाओं पर खुदे हुए 'कूर्मशतक[१३५]', कलचूरि कर्ण[१३६] और चौलुक्य त्रिलोचनपाल[१३७] के दानपत्रों, कलचुरि जाजल्ल्देव[१३८] के लेख, अजमेर से मिली हुई चौहानों के ऐतिहासिक काव्य की शिलाओं में से पहली शिला[१३९], बख्शाली से मिले हुए हस्तलिखित अंकगणित के पुस्तक[१४०] एवं बौद्ध पुस्तकों[१४१] से नवीन शैली के शून्य सहित १ से ९ तक के अंक दिये गये हैं।

उत्तरार्द्ध के दो खण्ड किये गये हैं जिनमें से पहले में शारदा लिपि के लेखों[१४२], बंगला लिपि के लेख व दानपत्रों[१४३] और तेलुगु-कन्नड़ी लिपि के लेखादि[१४४] से नवीन शैली के शून्य सहित १ से ९ तक के अंक दिये गये हैं। दूसरे खण्ड में खरोष्ठी लिपि के अंक दिये हैं जिनका विवेचन आगे किया जायेगा।

सन्दर्भ :

१. प्रसिद्ध पुरातत्ववेत्ता डॉ० सर ऑरल स्टाइन ने अगाध परिश्रम के साथ तुर्कस्तान से जो अमूल्य प्राचीन सामग्री प्राप्त की है उसमें कुछ खरड़े ऐसे भी हैं जिन पर भारतवर्ष की गुप्तलिपि से निकली हुई तुर्कस्तान की ई० स० की छठी शताब्दी के आसपास की आर्य लिपि में स्वर, व्यंजन, स्वरों की १२ मात्राओं (ऋ, ॠ और लृ लॄ को छोड़ कर) की बारहखड़ी (द्वादशाक्षरी) तथा किसी में प्राचीन शैली के अंक भी दिये हुए हैं (ज० रॉ० ए० सो; १९११, पृ० ४५२, पृ० ४५२ और ४५८ के बीच के प्लेट १ से ४ तक) एक खरड़े में १ से १०० तक के वहां के प्रचलित प्राचीन शैली के चिह्नों के पीछे दो और चिह्न ......ऐसे हैं (ज० रॉ० ए० सो० ई० स० १९११ पृ० ४५५) जिनको प्रसिद्ध विद्वान् डॉ० हॉनर्ल ने क्रमश १०००० और १००००० के चिह्न माना है, परंतु हमको उन चिह्नों का १०००० और १००००० के सूचक मानने में शंका की है। संभव है कि इनमें से पहला चिह्न १००००० का सूचक हो और दूसरा केवल समाप्ति (विराम) का चिह्न हो। उसको अंकसूचक चिह्न मानना संदिग्ध ही है।

२. यह रीति ई० स० पूर्व की दूसरी शताब्दी और उसके पीछे के शिलालेखादि में मिलती है। अशोक के लेखों में इससे कुछ भिन्नता पाई जाती है (देखो लिपिपत्र ७४ के पूर्वार्द्ध में अशोक के लेखों से दिये हुए २०० के अंक के तीन रूप)।

३. पिछले लेखों में कहीं-कहीं यह लकीर नहीं भी लगाई जाती थी (देखो, लिपिपत्र ७४ के उत्तरार्द्ध में भिन्न-भिन्न लेखों से उद्धृत किये हुए अंकों में ४०० और ७०० तथा प्रतिहारों के दानपत्रों में ९००)।

४. एक, दो और तीन के प्राचीन चिह्न तो स्पष्ट ही संख्यावाचक हैं और अशोक की लिपि में चार का चिह्न जो 'क' अक्षर से मिलता हुआ है वह संभव है कि चौराहे या स्वस्तिक का सूचक हो। ऐसे ही और अंकों के लिए भी कोई कारण रहा होगा।

५. प्ली; गु० इं; प्लेट ३६ A।

६. वही, प्लेट ४१ A ।

७. इं० एँ; जि० ९, पृ० १६३-८०।

८. रॉ० इं; जि० ५, पृ० २०९. इं० रॉ, जि० १५, पृ० ११२ और १४० के पास के प्लेट और राजपूताना म्यूज़ियम में रखा हुआ प्रतिहार राजा महेंद्रपाल (दूसरे) के समय का वि० सं० १००३ का लेख। यह लेख मैंने 'ऐपिग्राफिया इंडिका' में छपने के लिये भेज दिया है।

९. 'सूर्यप्रज्ञप्ति' नामक जैन ग्रंथ का टीकाकार मलयगिरि, जो ई० स० की १२वीं शताब्दी के आसपास हुआ, मूल पुस्तक के 'ङ्क' शब्द को ४ का सूचक बतलाता है (अत्र ङ्कशब्दोपादानात् प्रासादीया इत्थयनेन पदेन सत्र पदचतुष्टयस्य सूचा कृता (इं० एँ; जि० ६, पृ० ४७)।

१०. यह चतुरस्र चिह्न उपध्मानीय का है (देखो, लिपिपत्र ४१)। 'क' के पूर्व इसका प्रयोग करना भी बतलाता है कि उस समय इस चिह्न का ठीक-ठीक ज्ञान नहीं हो रहा था।

११. 'क' के ऊपर का यह चिह्न जिह्वामूलीय का है (देखो, लिपिपत्र १६)।

१२. यह चिह्न उपध्मानीय का है (देखो, लिपिपत्र २१, २५, ४७)।

१३. यह चिह्न उपध्मानीय का है (देखो, लिपिपत्र ३८, ४२, ४४)।

१४. मलयालम् लिपि की पुस्तकों में बहुधा अब तक इस प्रकार अक्षरों में अंक लिखने की रीति चली आती है। ऍच० गंडर्ट ने अपने मलयालम् भाषा के व्याकरण (दूसरे संस्करण) में अक्षरों से बतलाये जाने वाले अंकों का ब्यौरा इस तरह दिया है–

१=न. २=न्न. ३=न्य. ४=ष्क्र. ५=झ्र. ६=हा (ह). ७=ग्र. ८=प्र. ९=द्रे (?). १०=म. २०=थ. ३०=ल. ४०=प्त०, ब ६०=त्र, ५०=न्न. ७०=रू (त्रु). ८०=च. ९०=ण. १००=ज्र. (ज० रॉ ए० सो; ई० स० १८९६ पृ० ७९०)। इनमें भी प्राचीन अक्षरों के पढ़ने में गलती होना पाया जाता है जैसे कि ६ का सूचक 'हा', 'फ' को 'ह' पढ़ने से ही हुआ है। उस लिपि 'फ' और 'ह' की आकृति बहुत मिलती हुई (देखो, लिपिपत्र ८१)। ऐसे ही और भी अशुद्धियां हुई हैं।

१५. यद्यपि शिलालेखों और दानपत्रों में प्राचीन शैली के अंकों का प्रचार १०वीं शताब्दी के मध्य तक कुछ न कुछ पाया जाता है तो भी ताम्रपत्रों के लेखक ई० स० की आठवीं शताब्दी से ही उस शैली के अंकों के लिखने में ग़लतियां करने लग गये थे। वलभी के राजा शीलादित्य (छठे) के गुप्त सं० ४४१ के दानपत्र में १०० के साथ जुड़ने वाले ४ अंक के स्थान में ४० का अंक जोड़ दिया है (इं. एँ० जि० ६ पृ० १९ के पास का प्लेट), और पूर्वी गंगावंशी राजा देवेंद्रवर्मन् के गांगेय सं० १८३ के दानपत्र में ८० के स्थान पर ८ का और ३ के स्थान पर ३० का चिह्न ('लो', 'ल' का घसीट रूप) लिखा है और २० के लिये २ के आगे बिंदी लगा कर एक ही दानपत्र में प्राचीन और नवीन शैली का मिश्रण भी कर दिखाया है (ऍ० इं; जि० ३, पृ० १३३ के पास का प्लेट)।

१६. तामिळ लिपि में अब तक अंक प्राचीन शैली से ही लिखे जाते हैं, नवीन शैली के अंकों का प्रचार अब होने लगा है। थोड़े समय पूर्व के छपे हुए पुस्तकों में पत्रांक प्राचीन शैली से ही दिये हुए मिलते हैं परंतु अब नवीन शैली से देने लगे हैं। तामिळ अंकों के लिये देखो, लिपिपत्र ८१ में तामिळ लिपि।

१७. वें; ज० ने; पृ० ८१।

१८. अशोक के लेखों में मिलने वाले २०० के अंक के भिन्न-भिन्न ३ चिह्नों के लिये देखो लिपिपत्र ७४ का पूर्वार्द्ध। उक्त चिह्नों में से दूसरा सहस्राम के लेख से हैं। करीब ८०० वर्ष उसी का किंचित् बदला हुआ रूप फिर मथुरा से मिली हुई गुप्त सं० २३० (ई० स० ५४९) की एक बौद्ध मूर्त्ति के नीचे के

लेख (प्ली;गु० इं. प्लेट ४० D) में मिलता है; बीच में कहीं नहीं मिलता। कभी-कभी लेखकों को अक्षरों या अंकों के प्राचीन चिह्नों की स्मृति रहने का यह अद्भुत उदाहरण है।

१९. इं; एँ० जि० ६, पृ० ४४।

२०. वही ६, पृ० ४८।

२१. वही ६, पृ० १४३।

२२. व; सा० इं०: पृ० ६०।

२३. वही, पृ० ६५।

२४. ज० रॉ० ए० सो० (न्यू सीरीज़) जि० १४, पृ० ३३५ से और जि० १५ पृ० १ से।

२५. वू; इं; पे; पृ० ८२।

२६. वू; इं० सृ; संख्या ३, पृ० ११९ (द्वितीय संस्करण)। इससे पूर्व उक्त पुस्तक से जहां-जहां हवाले दिये हैं वे प्रथम संस्करण से हैं।

२७. ए० ब्रि; जि० १७, पृ० ६२५।

२८. ए० सा० ब्रि; जि० १७, पृ० ६२५।

२९. इस नक्शे में ९ खड़ी पंक्तियां बनाई गई हैं। जिनमें से पहली पंक्ति में वर्तमान नागरी के अंक दिये हैं; दूसरी पंक्ति में मिस्र के हिएरोग्लिफिक् अंक (ए० ब्रि; जि० १७, पृ० ६२५); तीसरी में फिनिशियन् अंक (ए. ब्रि; जि० १७, पृ० ६२५); चौथी में हिएरेटिक् अंक (१ से ३०० तक ए० ब्रि० जि० १७ पृ० ६२५ से और ४०० से ४००० तक बू; इं; सृ० संख्या ३ प्लेट ३); पांचवीं में डेमोटिक् अंक (बू; इं० सृ; संख्या ३ प्लेट ३); छठी में अशोक के लेखों में मिलने वाले अंक (लिपिपत्र ७१, ७२, ७४); सातवीं में नानाघाट के लेख के अंक (लिपिपत्र ७१, ७२, ७४, ७५); आठवीं में कुशनवंशियों के लेखों में मिलने वाले अंग (लिपिपत्र ७१, ७२), और नवीं में क्षत्रपों तथा आंध्रों के नासिक आदि के लेखों से अंक उद्धृत किये गये हैं (लिपिपत्र ७१, ७२, ७४, ७५)।

३०. संखेड़ा से मिले हुए गूर्जरवंशी किसी राजा के उक्त दानपत्र में संवत् (संवत्सरशतत्रयं(ये) षट्चत्वारिंशो(शदु)त्तरके। ३४६' दिया है। जी० आर० के० ने अपनी 'इंडियन मैथेमैटिक्स' (भारतीय गणित शास्त्र) नामक पुस्तक में उक्त ताम्रपत्र के विषय में लिखा है कि 'वह संदेहरहित नहीं है' और टिप्पण में लिखा है कि 'ये अंक पीछे से जोड़े गये हैं' (पृ० ३१)। मि० के का यह कथन सर्वथा स्वीकार करने योग्य नहीं है, क्योंकि उक्त दानपत्र को संदिग्ध मानने के लिये कोई कारण नहीं है और न कोई कारण मि० के ने ही बतलाया है। इसी तरह अंकों के पीछे से जोड़ने का क़थन भी स्वीकार योग्य नहीं है क्योंकि जब संवत् शब्दों में दिया ही था तो पीछे से फिर उसको अंकों में बनाने की आवश्यकता ही न थी। हरिलाल हर्षदराय ध्रुव ने, जिसने उसका संपादन किया है, मूल ताम्रपत्र को देखा परंतु उक्त विद्वान् को उन अंकों का पीछे से बनाया जाना मालूम न हुआ और न उसके फोटो पर से ऐसा पाया जाता है। मि० के की भारतीय गणितशास्त्र को नवीन ठहराने की खींचतान ने ही इस और ऐसी ही और प्रमाणशून्य कल्पनाओं की सृष्टि कर दी है जिसका कुछ परिचय आगे दिया जायेगा। शब्दों और अंकों दोनों में संवत् देने की परिपाटी प्राचीन है और कई लेखादि में मिलती है, जैसे कि छार (चार) गांव से मिले हुए राजा हुविष्क के लेख में (हुविस्क(ष्क) स्य सं(सं)वत्सर चत(तु)रिश ४० (आ० स० रि; ई० स० १९०८, प्लेट ५६); गिरनार के पास के चट्टान पर खुदे हुए महाक्षत्रप रुद्रदामन् के लेख में 'वर्षे द्विसप्ततितमे ७० २' (एँ० इं० जि० ८, पृ० ४२) आदि।

३१. ड; कॉ० इं; पृ० ३८, सु; ग त; पृ० ३. 'खण्डखाद्य' की टीका से आमराज ने वराहमिहिर की मृत्यु शक सं० ५०९ (ई० स० ५८७) में होना लिखा है यह विश्वास योग्य नहीं है। (सु; ग० त; पृ० १३)

३२. मप्नाश्विवेद (४२७ सांख्यं शकलालमपास्य चैत्रशुक्लादौ (पंचसिद्धांतिका, अध्याय १, आर्या ८)। रोचक सूर्यो द्यमणात् खतिथि (१५०) बनाम पंचकर्तु(६५) परिहीनात। सप्तायकसप्रकृतद्रियो (५४७८७) द्रुतामध्यमार्क म० (पंच० ८।१) आदि।

३३. पंचभ्यो द्वावाद्यौ व्याख्यातौ लाटदेवेन (पंच० १।३)।

३४. लाडाचार्येणोक्तो यवनपुरे चास्तगे सूर्ये। ख्यदये लंकायां सिंहाचार्येण दिनगणोऽभिहित:। (१४।४४)।

३५. यवनानां निशि दमभिर्गतैर्मुङ्गर्तैश्च तद्गुरुणा। लंकार्धरात्रसमये दिनप्रवृत्ति जगाद चार्यभट: (१४।४५)।

३६. प्रद्यम्नी भूतनये जीवे सौरे च विजयनंदी (१४।५६)।

३७. जो 'सूर्यसिद्धांत' इस समय उपलब्ध है वह वराहमिहिर का वर्णन किया हुआ उक्त नाम का सिद्धांत नहीं किंतु उससे भिन्न और पिछला है।

३८. आर्यभट्ट (प्रथम) ने, जिसका जन्म ई० स० ४७६ में (ड; क्रॉ० इं; पृ० ३४. सु; ग० त० पृ० २) हुआ था, 'आर्यभट्टीय' (आर्यसिद्धांत) नामक ग्रंथ बनाया, जिसको डॉ० कर्न ने ई० स० १८७४ में हॉलैण्ड देश के लेडन नगर में छपवाया है। उसमें अंक न तो शब्दों में और न अंकों में दिये हैं किंतु सर्वत्र अक्षरों से दिये हैं जिनका क्रम नवीन शैली से ही है।

३९. तिथिलोपा: खवसुद्विकद्वस्राष्टकशून्यशरपक्षा: (२५०८२२८२); अंबरगगनवियन्मुनिमणविवरनगेंदुभि: (१०९३०००) शशिसुतला (शंकर बालकृष्ण दीक्षितरचित 'भारतीय ज्योति:शास्त्र, पृ० १६२) आदि; ये वचन 'पुलिशसिद्धांत' से भट्टोत्पल ने उद्धृत किये हैं। खञ्चाष्टसुभिरानमाश्विनेचाष्टशरराचिपा: (१५८२२३७८०)। भानां चतुर्यगेनेते परिचर्या: प्रकीर्तिता: (वही० पृ० १६३)। यह वचन भट्टोत्पल के अनुसार, 'मूलपुलिशसिद्धांत' से है।

४०. इं; एँ० जि० १७, पृ० ३६।

४१. वू; इं० पे) पृ० ८२ मि० के ने ई० स० १९०७ के एशियाटिक सोसाइटी बंगाल के जर्नल में (पृ० ४७५-५०८) 'नोट्स ऑन् इंडियन मैथेमैटिक्स' (भारतीय गणित शास्त्र पर टिप्पण) नामक विस्तृत लेख में यह बतलाने का यत्न किया है कि भारतीय गणित शास्त्र अब तक जितना प्राचीन माना गया है उतना प्राचीन नहीं है और उसी लेख में भारतवर्ष के नवीन शैली के (वर्तमान) अंकों के विषय में लिखा है कि 'हम पूर्ण सत्यता के साथ कह सकते हैं कि हिंदुओं के गणितशास्त्र भर में ई० स० की दसवीं शताब्दी के पूर्व नवीन शैली के (वर्तमान) अंकों के व्यवहार की कल्पना का तनिक भी चिह्न नहीं मिलता' (पृ० ४९३)। मि० के के इस कथन में कुछ भी वास्तविकता नहीं है केवल हठधर्मी ही है क्योंकि ई० स० की छठी शताब्दी के प्रारंभ के आचार्य वराहमिहिर[Φ] और सातवीं शताब्दी के लल्ल** तथा ब्रह्मगुप्त[Δ] के ग्रंथों में सैंकड़ों जगह नवीन शैली से दिये हुए अंक मिलते हैं जिनको देखे बिना ही यह मनमानी कल्पना की गई है। प्राचीन लेख और दानपत्रों में यद्यपि अंक विशेष कर शब्दों में दिये जाते हैं तो भी ई० स० की छठी शताब्दी के अंत के आस-पास से कहीं नवीन शैली से दिये हुए भी मिलते हैं। मि० के० ने ई० स० ५९४ से लगा कर ८८२ तक के १६ लेखों की सूची अपने उक्त लेख में दी है जिनमें अंक नवीन शैली से दिये हुए हैं परंतु उनमें से प्रत्येक के अंकों में कुछ न कुछ दूषण लगा कर एक का भी ठीक होना स्वीकार नहीं किया (पृ० ४८२-८६) जिसका कारण यही है कि

वे लेख उक्त कथन के विरुद्ध १०वीं शताब्दी से बहुत पूर्व के लेखों में भी नवीन शैली के अंकों का प्रचार होना सिद्ध करते हैं। कोई-कोई ताम्रपत्र जाली भी बने होते हैं क्योंकि उनसे भूमि पर अधिकार रहता है परंतु शिलालेखों का बहुधा भूमि से संबंध होता ही नहीं इसलिये उनको कृत्रिम बनाने की आवश्यकता ही नहीं रहती। शेरगढ़ (कोटराज्य में) के दरवाज़े के पास की तिवारी की सीढ़ियों के पास एक ताक में लगे हुए सामंत देवदत्त के वि० सं० ८४५ (ई० स० ७९१) के लेख को मैंने देखा है उसमें नवीन शैली के संवत् के अंक बहुत स्पष्ट हैं। डॉ० फ्लीट ने उसके संवत् के अंश की प्रतिकृति छापी है (इं; एँ० १४, पृ० ३५१) जिसमें भी संवत् के अंक स्पष्ट हैं (डॉ० फ्लीट ने ८७९ पढ़ा है वह अशुद्ध है)। प्रतिहार नागभट्ट के समय के बुचकला (जोधपुर राज्य में) के वि० सं० ८७२ (ई० स० ४१५) के शिलालेख के संवत् के अंक (एँ० इं; जि० ९ पृ० २०० के पास का प्लेट), ग्वालियर से मिले हुए प्रतिहार भोजदेव के समय के ई० स० ८७० के आसपास के शिलालेख के (जिसमें संवत् नहीं दिया) १ से २६ तक श्लोकांक (आ० सं० इं० ई० स० १९०३-४, प्लेट ७२) और वहीं से मिले हुए उसी राजा के समय के वि० सं० ९३३ (ई० स० ८७७) के शिलालेख में दिये हुए ९३३, १८७ और ५० के अंक सब के सब नवीन शैली से ही हैं (एँ० इं; जि० १, पृ० १६० के पास का प्लेट)। इन सब लेखों की उत्तम प्रतिकृतियां छपी हैं। उनमें दिये हुए अंकों को कोई विद्वान् संशययुक्त नहीं कह सकता। ऐसी दशा में मि० के की उपर्युक्त ''पूर्ण सत्यता'' में वास्तविक सत्यता का अंश कितना है इसका पाठक लोग स्वयं विचार कर सकेंगे।

४२. पहले ९ अक्षरों से १ से ९ तक के अंक, उनके बाद के ९ अक्षरों से १० से ९० तक की दहाइयों के अंक और बाकी के अक्षरों से १००, २०० आदि के अंक बतलाते जाते थे। जब वर्णमाला के अक्षर पूरे हो जाते तब फिर उन्हीं के ऊपर चिह्न लगा कर १००० तक सूचित करने के लिये उनको काम में लाते थे। ग्रीक लोगों में १०००० तक के लिये अक्षर संकेत थे परंतु रोमन लोगों में १००० तक के ही। रोमन अक्षरों से अंक लिखने का प्रचार अब तक यूरोप में कुछ-कुछ बना हुआ है और बहुधा घड़ियों में घंटा के अंकों और पुस्तकों में कभी-कभी सन् के अंक तथा प्लेटों की संख्या आदि में उसका व्यवहार होता है। अरबों में भारतीय अंक ग्रहण करने के पहले अक्षरों से ही अंक बतलाये जाते थे। जिसको 'अबजद' (हिब्रु वर्णमाला के पहले ४ अक्षरों के उदाहरणों अ, ब, ज और द से) कहते हैं। उन्होंने यह अक्षरसंकेत ग्रीकों से सीखा था। अरबी से फारसी में उसका प्रयोग होने लगा और हिंदुस्तान के मुसलमानों के समय के फारसी लेखों तथा पुस्तकों से कभी-कभी अंकसूचक अक्षरों से शब्द बना कर सन् का अंक बतलाया हुआ मिलता है, जैसे कि 'वफ़ात् फीरोज़ (फीरोज़ का देहांत)= हिजरी सन् ७९०; 'मसजिद जामिउल् शर्क=हिजरी सन् ८५२ आदि (क; इं; ई; पृ० २२६)।

४३. ए० ब्रि० जि० १७, पृ० ६२७, टिप्पण २।

* द्विध्नं शशिरस (६१)भक्तं द्वादशहीनं दिवसमानं (पंचसिद्धांतिका १२।५), सप्ताग्निवेद (४२७) संख्यं शककालसमाख्य च अद्यक्लादौ (पं० सि; १।८)। रोमकसूर्थो द्य गणात् खतिथि (१५०) घ्नात् पंचकर्तु (६५)परिद्वीनात्। षड्द्विकपचद्वियत (२५२६) शककाण्रूा राज्यस्य (वाराहीसंहिता, सप्तर्षिचार, श्लोक ३), क्या उपर्युक्त उदाहरण, जिनमें कई जगह शून्य (०) का भे प्रयोग हुआ है, वराहमिहिर के समय अर्थात् ई० स० की छठी शताब्दी के प्रारंभ में नवीन शैली के अंकों का प्रचार होना नहीं बतलाते हैं?

** शाके नखलिध (४२०) रचिते शशिनोक्षद्खे (२५) स्लुगत: कृतभिवै (११४) स्तमस: षडंकै: (९६) शैलाब्धिभि: (४७) सुरगुरोर्गणिते सितोवाअ् शोध्यं त्रिपचकु (१५३) क्षतेभ्रशराज्ञि (२५०)

भक्ते।।१८।। स्तंवेरमांबुधि (४८) हते क्षितिनंदनस्य सूर्यात्मजस्य गणितेपरलोचने (२०) च। व्योमाक्षिवेद (४२०) निहते विद्धीत् लब्धं शीतांशुसूनचलतुंगकलासृष्टकिं।।१९।। (शिष्यधीवृद्धिदतंत्र, उत्तराधिकार)। पंचांवराणि गणगुणपञ्चमुनिम्बरशरै (५७७५३३०००००) र्मिता: शशिन:। भौमस्य द्वियमशरावृपक्षवसुरसनवद्वियमा: (२२९८२८५२२)।।१६।। ब्रह्मस्फटसिद्धांत मध्यमाधिकार।।

४४. अरबों के द्वारा भारतीय अंकों का यूरोप में प्रवेश हुआ उससे बहुत पहले अर्थात् ई० स० की ४वीं शताब्दी के आसपास 'निओ-पियोगोरियन्' नामक अध्यात्म विद्या के उपदेशक, संभवत: एलेक्जेंड्रिया (मिस्त्र में) की तरफ भारतीय अंकों का ज्ञान प्राप्त कर, उनको यूरोप में ले गये परंतु उनका प्रचार अधिक न बढ़ा और वे सार्वदैशिक न हुए। यूरोप में भारतीय अंकों का वास्तविक प्रचार स्पेन पर अरबों का अधिकार होने के बाद अरबों के द्वारा ही हुआ। इसी से यूरोप के वर्तमान अंकों को 'अरेबिक्' (अरबों के) अंक' कहते हैं।

४५. ए० ब्रि०, जि० पृ० ६२६।

४६. सा; अ० इं; जि० १, पृ० १७४, १७७।

४७. चतुष्टोमेन कृतेन अयानां (श० ब्रा; १३ ३. २. १)।

४८. ये वै चत्वार: स्तोमा: कृतं तणस्य (तै० ब्रा० १. ५. ११. १)।

४९. दक्षिणा गायत्रीसपन्न: ब्राह्मणस्य।।२१।। इस पर टीका—गायत्रीसम्पदा गायात्र्यक्षरसमानसंख्याचतुर्विंशतिर्गावो दक्षिणा।। जगत्या राज्ञ:।।२२। इस पर टीका—जगत्या सम्पन्ना राज्ञ: सहपक्षे प्राकृतदक्षिण:। जगत्यक्षरसमानसंख्या अष्टाचत्वारिंशद्गो भवन्ति (का० श्रौ० सू; वेबर का संस्करण; पृ. १०१५)।

५०. गायत्रीसंपन्ना दक्षिण ब्राह्मणी दद्यात् जगतोसंपन्ना राजा (ला० श्रौ० सू० प्रपाठक ९, कंडिका ४, सूत्र ३१)। इस पर टीका—गायत्रीसंपच्चतुर्विंशति:।। जगतीसंपन्ना चष्टाचत्वारिंशत्।

५१. रूपोनं षड्गुणीकृतम् (याजुष २३; मार्च, ३१); द्विगुणं चायसंयुतम् (याजुष०, १३; आर्च० ४); अविष्ठाभ्यो गवाभ्यस्ताम् (आर्च० १९) युगलब्धं सपर्व स्यात् (याजुष, २५), विभव्य भयमूहेन (याजुष, २०)।

५२. समुद्रर्तुस्वरा (मंदाक्रांता की यति)। आदित्यऋषभ्य: (शार्दूलविक्रीडित की यति)। स्वर ऋषिरसा: (सुवदना की यति)। वसुरुद्रऋषय:। (भुजंगविर्जृभित की यति)। —पिंगलछंद:सूत्र।

५३. देखो, ऊपर पृ० ११६ टि० ७।

५४. देखो , ऊपर पृ० ११५ टि० ।

५५. वही, ११७ टि० ।

५६. वही, ११७ टि० ।

५७. वसुनव[अ]ष्टौ वर्मा गतस्य कालस्य विक्रमाख्यस्य (धौलपुर से मिले हुए चाहमान चंडमहासेन के वि० सं० ८९८ के शिलालेख से (इं० एँ० जि० १४, पृ० ४५)।

५८. गिरिरसवसुसंख्याब्दे शकसमये (पूर्वी चालुक्य अम्म दूसरे के समय के श० सं० ८६७ के दानपत्र से इं० एँ० जि० ७, पृ० १६)।

५९. सु; ग० त०, पृ० २।

६०. वर्गाक्षराणि वगऽवर्गेऽवर्गाक्षराणि कात् ङमौ य:। अद्विनवके स्वरा नव वर्गेऽवर्गे भवाक्त्यवर्ग· वा। (आर्यभट्टीय, आर्या १)।

६१. 'ङि'=ङ्×इ=५×१००=५०० 'बु'=बू×उ=२३× १००००=२३००००, 'ण्लृ'=ण्×लृ=१५×१0000000=१५0000000.

६२. 'रुष्' (खृ+षृ)=ख्×ऋ+ष्×ऋ=२×१000000+८०×१000000+८0000000=८२0000000. 'स्यु' (खु+यु)=ख्×उ+य्×उ=२×१0000+३०×१0000=२0000+३00000=३२0000।

६३. 'ङ्म'=×अ+म×अ=५×३+२५×१=५+२५=३०; वही अंक (३०) 'यं' से भी सूचित होता है (ङ्मौ यः; आ. १) कि=क्×इ=१×१००=१००। यही अंक 'ह' से भी प्रकट होता है।

६४. आर्यभट् प्रथम ने 'यगरविभगणः ख्युघ शशि चयगियिङुशकलृकृङिशिवुपलसणप्राक्' इस आधी आर्या से महायुग में होने वाले सूर्य (४३२००००) और चंद्र (५७७५३३३६) के भगण तथा भूभ्रम (१५८२२३७५००) की संख्या दशगुणोत्तर संख्या के क्रम से बताई है जिसका ब्यौरा नीचे अनुसार है–

'ख्युघृ' 'चयगियिङुशुछ्लृ' ङिशिबुरालृखषृ०

ख्यु=	३२०००	च =	६	ङि =	५००
धृ =	४०००००	य =	३०	शि =	७०००
	४३२००००	गि =	३००	बु =	२३००००
		यि =	३०००	ण्लृ[1] =	१५०००००००
		ङु =	५००००	एषृ =	८२००००००
		शु =	७०००००		१५८२२३७८५००
		छ्लृ[2] =	५७००००००		
			५७७५३३३६		

६५. रूपात्कडपत्रपूर्वा वर्षा वर्णक्रमाद्भवम्त्यङ्काः। ञ्नौ शून्यं प्रथमार्थे चा छेदे रे छतीयार्थे (आर्यसिद्धांत, अधिकार १।२)।

६६. आर्यसिद्धांत में 'ळ' नहीं है परंतु दक्षिण में इस शैली के अंकों में उसका प्रयोग होता (इं; एँ० जि० ४, पृ० २०७) है इसलिये यहां दिया गया है।

६७. सप्तर्षीणां कणधझझुझिला (१५९९९९३) सुदयसिनधा (५८१७०९) यनाख्यस्य (आ० सि० २।९)।

६८. क्नकणैः (१०१५) सरधै (७२९) र्विभजेद्गणं (आ० सि; १।४०)। स्फुटभुक्तोका (११) क्न (१०) घने खेनै (२०) रभिसै (२४४७) हंतेबिंवे (आ० सि; ५।५)।

६९. राघवाय (१४४२) गणिते शकवर्षे....।। राघनाथ १४४२ अक्षरसंज्ञ। शकाब्दे (ऍ० इं; जि० ६, पृ० १२१)। श्रीमक्तोलंवर्षे भवति (६४४) गुणमणित्रेणिरादित्यवर्मा वक्षीपालो (इं; एँ; जि० २, पृ० ३६०)। राकालोके (१३१२) शकाब्दे सुरपतिसचिते सिंहयाते (इं० एँ० जि० २, पृ० २६१)।

७०. शक्तयालोके (१३१५) शकाब्दे परिमणम[ति] शुभे त्रीभुखषा[ड]मासे (ऍ० इं; जि० ३, पृ० २२९)। तत्वलोके (१२४६) शकस्याब्दे क्रोधिसंवत्सरे शुभे (ऍ० इं; जि० ३, पृ० ३८)।

७१. खगोल्त्यान्मेषमापे (१५६५१३२)ति कल्यहवर्गणने सति। सर्वानुक्रमणीवृत्तिर्जाता वेदार्थदीपिका।। लक्षाणि पक्षदश वै पञ्चषष्टिसचखकं। सद्वात्रिंशच्छतं चेति दिनवाक्यार्थ ईरितः।। (इं; एँ० जि० २१, पृ० ५०)। इन दो श्लोकों में षड्गुरुशिष्य ने अपनी 'वेदार्थदीपिका' नामक 'सर्वानुक्रमणी' की टीका की रचना कलियुग

---

१. 'ण्लृ' में 'लृ' स्वर है (ण्×लृ)

२. 'छ्लृ' में 'लृ' स्वर नहीं है किन्तु 'ऋ' है (छ्×ऋ+ल्×ऋ)

के १५६५१३२ दिन व्यतीत होने पर करना बतलाया है। इस गणना के अनुसार उक्त टीका की रचना कलियुग संवत् ४२८५=शक सं० ११०६=वि० सं० १२४१ (तारीख २४ मार्च ई० स० ११८४) में होना पाया जाता है।

७२. इसी पत्र के टिप्पण ८ में 'शक्त्यालोके' के 'क्त्या' में 'य्' के लिये १ का अंक लिया गया है और 'क्' तथा 'त्' को छोड़ दिया है। ऐसे ही उसी टिप्पण में 'तत्वलोके' के 'त्व' के 'व्' के लिये ४ का अंक लिया है, 'त्' के लिये कुछ नहीं। ऐसे ही टिप्पण ६ में 'न्त्या' और 'न्मे' में 'य्' और 'म्' के लिये क्रमशः १ और ५ के अंक लिये हैं बाकी के अक्षरों को छोड़ दिया है।

७३. ब; सा० इं० पे; पृ० ८० वर्मा के कुछ हस्तलिखित पुस्तकों के पत्रांकों में 'क' से 'कः' तक से १ से १२ तक 'ख' से 'खः' तक से १३ से २४, 'ग' से 'गः' तक से २५ से ३६ इत्यादि बारहखड़ी के क्रम से अंक बतलाये हैं। सीलोन (लंका) के पुस्तकों के ऐसे ही पत्रांकों में ऋ, ॠ, ल और लृ स्वर सहित व्यंजनों से भी अंक बतलाये हुए मिलते हैं जिससे उनमें 'क' से 'कः' तक से क्रमशः १ से १६, 'ख' से 'खः' तक से १७ से ३२ आदि अंक बतलाये जाते हैं और जब सब व्यंजन समाप्त हो जाते हैं तब फिर '२ क', '२ का' आदि से आगे के अंक सूचित किये जाते हैं (वू; इं; पे; पृ० ८७)।

७४. देखो, ऊपर पृ० ७, टिप्पण ५; और वे; इं० लि; पृ० २२२।

७५. ऍ० इं; जि० २, पृ० ४६० के पास का प्लेट। इं० ऍ० जि० २२, पृ० २९८ के पास का प्लेट। लिपिपत्र ७१ से ७६ तक में जो अंक दिये गये हैं वे बहुधा भिन्न-भिन्न पुस्तकों में छपी हुई लेखादि की प्रतिकृतियों से लिये गये हैं इसलिये आगे उक्त लिपिपत्रों के टिप्पणों में हम बहुधा पत्रांक देंगे, जिससे पाठक उसके पास या उनके बीच के प्लेट समझ लें।

७६. आ० स० वे० इं; जि० ५, प्लेट ५१।

७७. ऍ. इं; जि० १, पृ० ३८८-९३; जि० २, पृ० २००-२०९; ३६८; जि० १०, पृ० १०७ इं० ऍ; जि० ३७, पृ० ६६।

७८. आ० स० वे० इं; जि० ४, प्लेट ५२-५५। ऍ० इं; जि० ८, पृ० ६०-९० (प्लेट १-८)।

७९. बांसवाड़ा राज्य (राजपूताना) के सिरवाणिया गांव से मिले हुए पश्चिमी क्षत्रपों के २४०० सिक्कों, राजपूताना म्यूज़ियम (अजमेर) में रखे हुए १०० से अधिक सिक्कों से; तथा रा; कॅ० कॉ० आ० क्ष० प्लेट ९-१७।

८०. आ० स० स० इं; जि० १, प्लेट ६२-३। ऍ० इं० जि० १, पृ० ६; जि० ६, पृ० ८४-८; ३१६-९।

८१. फ्ली; गु० इं; १-४, ६, १२, १५, १६, ३६, ३८, ३९, ४१। ऍ० इं; जि० ९, पृ० ३४४।

८२. वही, प्लेट २६, ३४।

८३. ऍ० इं; जि० ८, पृ० १६१; २३५ जि० ९, पृ० ५९, इं० ऍ० जि० ५, पृ० ५०-५२; १५४-५६, १७६-७७।

८४. वही, ; जि० ३, पृ० ८, ३२१; जि० पृ० १९३; जि० ११, पृ० ८३, १०६-१६, १७९. फ्ली; गु० इं; प्लेट २४-२५. इं० ऍ; जि० ५, पृ० २०७-८; जि० ६, पृ० १४-९; जि० ७, पृ० ६६-७८. आ० स० रि० ई० स० १९०२-३, पृ० बं० ए० सो; जि० ११ पृ० ३६३

८५. इं; ऍ० जि० ९, पृ० १६४-७८।

८६. ऍ० इं; जि० ३, पृ० १२९, १३३; जि० ४, पृ० १४५, १९७। इं० ऍ० जि० १३, पृ० १२१, १२३।

८७. एँ० इं; जि० ५, पृ० २०९, इं० एँ० जि० १५, पृ० ११२, १४०। आठ का अंक जोधपुर से मिले हुए प्रतिहार बाउक के वि० सं० ७९४ (ई० स० ८३७) के लेख से जो राजपूताना म्यूज़ियम (अजमेर) में रखा हुआ है, लिया गया है।

८८. २ का अंक एँ० इं; जि० १०, पृ० ५१ से। ४ का एँ० इं; जि० ५, पृ० ८ से। ५ और ६ के एँ० इं; जि० ७, पृ० १५८ से। ८ का एँ० इं; जि० ५, पृ० ८ से। ९ का पहला रूप एँ० इं; जि० ११। पृ० ३०४ से और दूसरा ज० वं० ए० सो० १६, पृ० १०८ से।

८९. बावर मैनुस्क्रिप्ट भूमिका, पृ० २९, टेबल ४ था।

९०. बू; इं० पे; प्लेट ९, प्लेट २०-२३। इं० एँ० जि० ६, पृ० ४४, पंक्ति ७, ९।

९१. वही, प्लेट ९, पंक्ति २४-२५ इं; एँ० जि० ६, पृ० ४४, पंक्ति ८।

९२. इं० एँ० जि० २२, पृ० २९८ (सहस्राम)। एँ० इं; जि० ३, पृ० १३८।

९३. आ० स० वे० इं; जि० ५, प्लेट ५१।

९४. एँ० इं; जि० १, पृ० ३८८-९३; जि० २, पृ० २००-२०९; जि० १०, पृ० १०७। आ० स० रि; ई० स० १९०८-९, प्लेट ५६।

९५. देखो, ऊपर पृ० १२४, टिप्पण ६।

९६. वही, १२४, टिप्पण ७।

९७. आ० स० सं० इं; जि० १ प्लेट ६२-६३। एँ० इं; जि० ६, पृ० ८८, ३१९।

९८. फ्ली; गु० इं; प्लेट २-४, ६, १२, १५, १६, ३८, ३९, ४१। एँ० इं; जि० ८, पृ० २८७ जि० ९, पृ० ३४४; जि० १०, पृ० ५१।

९९. फ्ली; गु० इं; प्लेट २७, ३४।

१००. एँ० इं; जि० ८, पृ० १९३; जि० ११, पृ० ८३, १११, ११३, १७९. एँ० इं; जि० ५, पृ० २०७, २०९; जि० ६, पृ० १५, १९, जि० ७ पृ० ६९, ७३, ७५, ७८; जि० ९, पृ० २३९; जि० १४, पृ० ३२८। फ्ली; गु० इं; प्लेट २४-२५। आ० स० रि० ई० स० १९०२-३, पृ० २३५। ज० बंव० ए० सो; जि० ११, पृ० ३६३। भा० इं० पृ० ५६।

१०१. एँ० इं; जि० ९, पृ० ५९।

१०२. इं. एँ० जि० ९, पृ० १६४-७८।

१०३. एँ० इं; जि० ३, पृ० १२९, जि० ४, पृ० १९७। इं० एँ० जि० १३, पृ० १२१, १२३।

१०४. एँ० इं; जि० ५, पृ० २०९। इं; एँ० १५, पृ० ११२, १४० और राजपूताना म्यूज़ियम में रखे हुए कन्नौज के प्रतिहार राजा महेंद्रपाल (दूसरे) के समय के परताबगढ़ (राजपूताना) से मिले हुए वि० सं० १००३ (ई० स० ९४६) के लेख से।

१०५. १० का पहला रूप एँ० इं; जि० ६, पृ० २९९ से दूसरा एँ० इं; जि० ११, पृ० ३०४ से तीसरा इं; एँ० जि० ७, पृ० २४९ से। २० का पहला रूप एँ० इं; जि० ४, पृ० २१० से दूसरा एँ० इं; जि० ११, पृ० ३०४ से; तीसरा इं० एँ० जि० १०, पृ० ५१ से। ४० का पहला रूप एँ० इं; जि० ९, पृ० २२१ से ५० का पहला रूप एँ० इं; जि० ११, पृ० १९ से। दूसरा एँ० इं; जि० ५, पृ० ८ से ६० एँ० इं; जि० ६, पृ० २९९ से। ७० ज बंव० ए० सो; जि० १६, पृ० १०८ से। ८० का पहला रूप एँ० इं; जि० ११, पृ० ३०४ से; दूसरा एँ० इं; जि० ६, पृ०१३९ से। ९० का पहला रूप एँ० इं; जि० २, पृ०

२१ से; दूसरा ऍ० इं; जि० ५, पृ० ४१ से तीसरा ऍ० इं; जि० १०, पृ० ७४ से; चौथा इं; ऍं० जि० ७ पृ० २४९ से।

१०६. देखो, ऊपर पृ० १२५, टिप्पण ४।

१०७. वही, १२५, टिप्पण ५।

१०८. वही, १२५, टिप्पण ६।

१०९. ऍ० इं; जि० ३, १३८ इं ऍं० जि० ६, पृ० १५६; जि० २२, पृ० २९८।

११०. आ० स० वे० इं० जि० ५, प्लेट ५१।

१११. वही, जि० ४, प्लेट ५३।

११२. देखो, ऊपर पृ० १२४ टिप्पण ७।

११३. फ्ली; गु० इं० प्लेट ६, १२, १४, १६, ३६, ३८, ६०, ६१। ऍ० इं; जि० ८, पृ० २८७; जि० ९, पृ० ३४४।

११४. ऍ० इं; जि० ३, पृ० ३२१; जि० ११, पृ० ८३, १०७, १११, ११३। इं० ऍं० जि० ५, पृ० २०९; जि० ६, पृ० १९ जि० ७, पृ० ६७, ७८ आ० स० रि० ई० स० १९०२-३, पृ० २३५ ज० बंब, ए० सो; जि० ११, पृ० ३६३; जि० २०, पृ० १०९।

११५. इं; ऍं०; जि० ९, पृ० १६४-७८।

११६. ऍ० इं; जि० ३, पृ० १३३। इं० ऍं, जि० १३, पृ० १२३।

११७. वही ; जि० ५, पृ० २०९. इं० ऍं० जि० १५, पृ० ११२, १४०।

११८. २०० का पहला रूप ऍ० इं; जि० ११, पृ० १२१ से; दूसरा ऍ० इं; जि० ११, पृ० ३०४ से ४०० ऍ० इं; जि० ८, पृ० २३२ ६०० ज० बंब० ए. सो; जि० १६, पृ० १०८। ७०० राजपूताना म्यूज़ियम (अजमेर) में रखे हुए मेवाड़ के गुहिल राजा शीलादित्य के समय के सामोली गांव (मेवाड़ में) से मिले हुए वि० सं० ७०३ (ई० स० ६४६) के लेख से ८०० ऍं० इं; जि० १२, पृ० २०३ से।

११९. देखो, ऊपर पृ० १२५, टिप्पण ५।

१२०. वही, टिप्पण ६।

१२१. आ० स० वे० इं० जि० ५, प्लेट ५१।

१२२. वही, जि० ४, प्लुट ५२-५३।

१२३. फ्ली; गु० इं० प्लेट ३४।

१२४. वही, २, पृ० २०।

१२५. वही, ११, पृ० ११२।

१२६. वही, ९, पृ० १९७।

१२७. वही, ९, पृ० २००।

१२८. राजपूताना म्यूज़ियम (अजमेर) में रखे हुए प्रतिहार बाउक के वि० सं० ८९४ के लेख से।

१२९. ऍ० इं; जि० ६, पृ० २९१।

१३०. पहले के अंक मेरे विद्वान् मित्र हरविलास सारडा से मिली हुई उक्त लेख की उत्तम छाप से और दूसरे के ऍ० इं; जि०, पृ० १६० से।

१३१. एँ० इं; जि० १९४।

१३२. राजपूताना म्यूज़ियम (अजमेर) में रखे हुए वि० सं० ९८२ के पुष्कर से मिले हुए लेख से।

१३३. एँ० इं; जि० ६, १९३।

१३४. वही, ३, पृ० २७३।

१३५. वही, ८, पृ० २४८-६०।

१३६. वही, २, पृ० ३०७।

१३७. वही, १२, पृ० २०२।

१३८. वही, १, पृ० ३४।

१३९. राजपूताना म्यूज़ियम (अजमेर) में रखी हुई शिला से।

१४०. वू; इं० पे; प्लेट ९ (B) पंक्ति ९-१० (IX-X)।

१४१. वू; इं० पे, प्लेट ९ (B), पंक्ति ११-१२ (XI, XII)।

१४२. फो; एँ० चं० स्टे प्लेट, १६, १७, २०, २३, २४, २५, २६, २८, २९, ३०, ३२, ३३, ४०।

१४३. एँ० इं; जि० २, पृ० ३५२; जि० ५, पृ० १८२-४; जि० १२ पृ० ९, २८, २९, ४१। इं० एँ; जि० १० पृ० ३४२ ज० बंगा० ए० सो० ई० स० १८९६, भाग १, प्लेट १-२; १९१० प्लेट ७।

१४४. पंहली पंक्ति एँ० इं; जि० ३, पृ० २७, ८८; जि० ४, पृ० ६२ (०) ९२४; जि० ५ पृ० १५१; जि० ६, पृ० २३६. इं. एँ; जि० ६, पृ. १३८ जि० ११ पृ० १२; दूसरी पंक्ति व; सा० इं० पे; प्लेट ३३ से।

Φ द्विधननं शशिरस (६१)भक्तं द्वादशहीनं दिवसमाजं (पंचसिद्धांतिका १२।५) सप्ताश्विवेद (४२७) संख्यं शककालमपाख्य क्षत्रप कलाहौ (पं. सि; १।८) रोमकसूर्यो द्यगणात् खनिथि (१५०) घनात् (पंचकर्तु (६५) परिद्वीनात्। सप्ताष्टकसप्तकृतेन्दियो (५४७८७) छलान्नध्यमार्कः सः (पं. सि; ८।१)। रोमकयुगमर्के दोर्वर्षाष्याकाशयंपचवसुपञ्चः (२८५०)। खेंदियदिशो (१०५०)धिमासाः खरकृतविषयाष्टयः (१६४४७) प्रस्तयाः (पं०सिं; १।१५) आसनाधातु मुनयः शासनि पृथवी युधिष्ठिरे नृपनौ। षड्द्विकपञ्चद्वियत (२५२६) पकालस्तस्य राज्यस्य (वाराहीसंहिता, सप्तर्षिचार, सप्तर्षिचार, श्लोक ३)। क्या उपर्युक्त उदाहरण, जिनमें कई जगह शून्य (०) का भी प्रयोग हुआ है, वराहमिहिर के समय अर्थात् ई०स० के प्रारंभ में नवीन शैली के अंकों का प्रचार होना नहीं बतलाते?

** शाके नखालिध (४२०) रहिते शशिनोक्षद्खे (२५) स्तम्तुंगतः कृतशिवै (११४) स्तमसः षडंकैः (९६) शैलाब्धि भिः (४७) मुरगुरोर्गणिते सितीवाम् शोध्ये त्रिपंचुके (१५३) हतेभ्रशराक्षि (२५०) भक्ते।।१८।। स्तंबेरमांधुधि (४८) इते क्षितिनंदस्य सूर्यात्मजस्य गणितेपरलोचनं (२०) ञ्च। व्योमाक्षिवेद (४२०) निहते विद्धीत लब्धं शीतांशूसुनचलतुंगकलासुष्टकिं।।१९।। (शिष्यधीवृद्धिदतंत्र, उत्तराधिकार)।

Δ पंचांवराहि गुप्तगुणपञ्चमुनिम्बरशरै (५७७५३३००००००) मिर्नाः शशिनः। भौमस्य द्वियमशूरावृपक्षवसुरसनवद्वियमाः (२२९६८२८४२२)।।१६।। ववह्मस्फसिद्धांत मध्यमाधिकार)

अध्याय-२०

खरोष्ठी लिपि के अंक

(लिपिपत्र ७६ के उत्तरार्द्ध का द्वितीय खण्ड)

खरोष्ठी लिपि के अंक उक्त लिपि की तरह विदेशी हैं। अरबी और फारसी की तरह खरोष्ठी लिपि दाहिनी ओर से बाईं ओर लिखी जाती है परंतु उसके अंक अरबी और फारसी के अंकों की तरह बाईं से दाहिनी ओर नहीं लिखे जाते किंतु दाहिनी ओर से बाईं ओर लिखे जाते हैं जिसका कारण यही है कि अंक अरबी और फारसी के अंकों की तरह भारतीय अंकों से नहीं निकले किंतु सेमिटिक् फिनिशियन् (या उनसे निकले हुए अरमइक) अंकों से निकले हुए प्रतीत होते हैं। ई० स० पूर्व की तीसरी शताब्दी से भारतवर्ष में इन अंकों का कुछ पता लगता है। अशोक के शहबाज़गढ़ी के लेख की पहली धर्माज्ञा में १ और २ के लिये क्रमशः एक (।) और (।।) खड़ी लकीरें, तीसरी में ५ के लिये पांच (।।।।।) और १३वीं में ४ के लिये चार (।।।।) खड़ी लकीरें मिलती हैं। ऐसे ही अशोक के मान्सेरा के लेख की पहली धर्माज्ञा में १ और २ के लिये क्रमशः एक (।) और दो (।।) और तीसरी में पांच के लिये पांच (।।।।।) खड़ी लकीरें खुदी हैं। इससे पाया जाता है कि उस समय तक तो ९ तक के लिये इन अंकों का वही क्रम रहा हो जो फिनिशियन में मिलता है। अशोक के पीछे शक, पार्थियन् और कुशनवंशियों के समय के खरोष्ठी लेखों[१] में ये अंक विशेष रूप में मिलते हैं उनमें १, २, ३, ४, १०, २० और १०० के लिये पृथक्-पृथक् चिह्न हैं (देखो, लिपिपत्र ७६ में खरोष्ठी अंक)। इन्हीं ७ चिह्नों से ३९९ तक के अंक लिखे जाते थे।

इन अंकों में १ से ९ तक के लिये यह क्रम था कि ५ के लिये ४ के अंक की बाईं ओर १;६ के लिये ४ और २; ७ के लिये ४ और ३; ८ के लिये दो बार ४; और ९ के लिये ४, ४ और १ लिखे जाते थे।

११ से १९ तक के लिये १० की बाईं ओर उपर्युक्त क्रम से १ से ९ तक के अंक लिखे जाते थे। २० से २९ के लिये २० की बाईं ओर १ से ९ तक के और ३० के लिये २० और १० लिखे जाते थे।

३१ से ९९ तक के अंक २०, १० और १ से ९ तक के अंकों को मिलाने से बनते थे, जैसे कि ७४ के लिये २०, २०, २०, १० और ४; और ९९ के लिये २०, २०, २०, २०, १०, ४, ४ और १।

१०० के लिये उक्त चिह्न के पूर्व १ का अंक रखा जाता था। २०० के लिये १०० के पूर्व २ का और ३०० के लिये ३ का अंक लिखा जाता था। ४०० के लिये १०० के पूर्व ४ का चिह्न लिखा जाता था या चार खड़ी लकीरें बनाई जाती थीं इसका कुछ पता नहीं चलता क्योंकि ३७४ के आगे का कोई अंक अब तक नहीं मिला।

अशोक के पीछे के उपर्युक्त ७ चिह्नों में से १, २ और ३ के लिये क्रमशः १, २ और ३ खड़ी लकीरें हैं जो फिनिशियन क्रम से ही हैं। ४ के अंक का चिह्न x है जो ई० स० से पूर्व के सेमिटिक लिपि के किसी लेख में नहीं मिलता। संभव है कि ब्राह्मी के ४ के अंक (+) को ही टेढ़ा लिखने से यह चिह्न बना हो। १० का चिह्न फिनिशियन के १० के आड़े चिह्न को खड़ा लिखने से बना हो ऐसा प्रतीत होता है (देखो, ऊपर पृ० ११३ में दिया हुआ नक्शा) उसी (फिनिशियन) चिह्न से पल्माइरा वालों का एवं टीमा के लेख का उक्त अंक का चिह्न बना है। २० का चिह्न फिनिशियन अंकों में मिलने वाले २० के अंक के ४ चिह्नों में से तीसरा है। १०० का चिह्न फिनिशियन् अंकों के १०० के चिह्न के ४ रूपों में से चौथे से मिलता हुआ है, केवल उसके पूर्व एक की खड़ी लकीर अधिक लगी है। ऐसी दशा में इन चिह्नों में से ४ के चिह्न के सिवाय सबका फिनिशियन से निकला हुआ होना अनुमान होता है।

लिपिपत्र ७६ के उत्तरार्द्ध का द्वितीय खण्ड

इस खण्ड में ५ खड़ी पंक्तियां हैं जिनमें से पहली और चौथी में वर्तमान नागरी अंक हैं और दूसरी, तीसरी तथा पांचवीं में उन्हीं के सूचक खरोष्ठी अंक हैं। दूसरी पंक्ति में अशोक के शहबाज़गढ़ी और मान्सेरा के लेखों[२] से और तीसरी तथा पांचवीं में शक, पार्थियन् और कुशनवंशियों के समय के संवत् वाले खरोष्ठी लेखों[३] से अंक दिये गये हैं।

सन्दर्भ :

१. इन संवत् वाले लेखों के लिये देखो, ऊपर पृं० ३२, टिप्पण ७, ९; और पृ० ३३, टिप्पण १।

२. देखो, ऊपर पृ० १२८।

३. इन लेखों के लिये देखो, ऊपर पृ० ३२, टिप्पण ७, ९ और पृ० ३३, टिप्पण १, २।

अध्याय-२१

भारतवर्ष की मुख्य-मुख्य वर्तमान लिपियां

(लिपिपत्र ७७ से ८१)

भारतवर्ष की समस्त वर्तमान आर्य लिपियों का मूल ब्राह्मी लिपि ही है। ये भिन्न-भिन्न लिपियां किन-किन परिवर्तनों के बाद बनीं यह लिपिपत्र १ से ६४ तक में दी हुईं भिन्न-भिन्न लिपियों से मालूम हो सकता है। उन सब में नागरी सार्वदैशिक है और बहुधा सारे भारतवर्ष में उसका प्रचार बना हुआ है इतना ही नहीं किंतु यूरोप, अमेरिका, चीन, जापान आदि में जहां जहां संस्कृत का पठन-पाठन होता है वहां के संस्कृतज्ञ लोगों में भी उसका आदर है। हिंदी, मराठी तथा संस्कृत की पुस्तक उसी में छपती हैं। बाकी की लिपियां एकदैशिक हैं और भारतवर्ष के भिन्न-भिन्न विभागों में से किसी न किसी में उनका प्रचार है।

लिपिपत्र ७७वां

इस लिपिपत्र में शारदा (कश्मीरी), टाकरी और गुरमुखी (पंजाबी) लिपियां तथा उनके अंक दिये गये हैं।

शारदा लिपि-

कश्मीर देश की अधिष्ठात्री देवी शारदा मानी जाती है जिससे वह देश 'शारदादेश' या 'शारदामंडल' कहलाता है और उसी पर से वहां की लिपि को 'शारदा लिपि' कहते हैं। पीछे से उसको 'देवादेश'[1] भी कहते थे। मूल शारदा लिपि ई० स० की दसवीं शताब्दी के आसपास 'कुटिल लिपि' से निकली और उसका प्रचार कश्मीर तथा पंजाब में रहा। उसी में परिवर्तन होकर वर्तमान शारदा लिपि बनी जिसका प्रचार अब कश्मीर में बहुत कम रह गया है उसका स्थान बहुधा नागरी, गुरमुखी या टाकरी ने ले लिया है।

टाकरी लिपि-

यह शारदा का घसीट रूप है, क्योंकि इसके इ, ई, उ, ए, ग, घ, च, ज, ड, ढ, त, थ, द, ध, प, भ, म, य, र, ल और ह अक्षर वर्तमान शारदा के उक्त अक्षरों से मिलते-जुलते हैं। बाकी के अक्षरों में जो अंतर है वह विशेष कर त्वरा से तथा चलती कलम से पूरा अक्षर लिखने से ही

हुआ हैं 'स्व' के स्थान में 'ष' लिखा जाता है। जम्मू तथा पंजाब के सारे उत्तरी पहाड़ी प्रदेश में (शायद शिमला जिले को छोड़कर[२]) इसका प्रचार है और यह भिन्न-भिन्न विभागों में कुछ-कुछ भिन्नता से लिखी जाती है। जो जम्मू के इलाके में प्रचलित है उसको 'डोगरी' और जो चंबा राज्य में लिखी जाती है उसको 'चमियाली' कहते हैं। जब महाजन आदि मामूली पढ़े हुए लोग, जिनको स्वरों की मात्रा तथा उनके ह्रस्व दीर्घ का ज्ञान नहीं होता, इसको लिखते हैं तब कभी-कभी स्वरों की मात्राएं या तो नहीं लगाई जातीं या उनके स्थान पर मूल स्वर भी लिख दिये जाते हैं। इसी से टाकरी का पढ़ना बाहर वालों के लिये बहुत कठिन होता है और जो शिलालेख इस समय उसमें खोदे जाते हैं उनका पढ़ना भी बहुधा कठिन होता है।[२] 'टाकरी' नाम की उत्पत्ति का ठीक पता नहीं चलता परंतु संभव है कि 'ठाकुरी' (ठक्कुरी) शब्द से उसकी उत्पत्ति हो अर्थात् राजपूत ठाकुरों (ठक्कुरों) की लिपि; अथवा टांक (लबाण) जाति के व्यापारियों की लिपि होने के कारण इसका नाम टाकरी हुआ हो।

गुरमुखी लिपि–

पंजाब के महाजनों तथा अन्य मामूली पढ़े हुए लोगों में पहले एक प्रकार की 'लंडा' नाम की महाजनी लिपि प्रचलित थी, जिसमें सिंधी की तरह स्वरों की मात्राएं लगाई नहीं जाती थीं और अब तक वहां पर कुछ-कुछ प्रचलित हैं। ऐसा कहते हैं कि सिक्खों के धर्मग्रंथ पहले उसी लिपि में लिखे जाते थे जिससे वे शुद्ध पढ़े नहीं जाते थे, इसलिये गुरु अंगद (ई० स० १५३८-५२) ने अपने धर्मग्रंथों की शुद्धता के लिये स्वरों की मात्रा वाली नई लिपि, जिसमें नागरी के समान शुद्ध लिखा और पढ़ा जाये, बनाई, जिससे उसको 'गुरमुखी' अर्थात् 'गुरु' के मुख से निकली हुई लिपि कहते हैं। इसके अधिकतर अक्षर उस समय की शारदा लिपि से ही लिये गये हैं क्योंकि उ, ऋ, ओ, घ, च, छ, ट, ढ, त, थ, द, ध, प, फ, भ, म, य, श, ष और स अक्षर अब तक वर्तमान शारदा से मिलते-जुलते हैं। इसके अंक नागरी के लिये गये हैं। सिक्कों से धर्मग्रंथ इसी में लिखे और छापे जाते हैं इतना ही नहीं नागरी के साथ-साथ इसका प्रचार पंजाब में बढ़ रहा है।

लिपिपत्र ७८वां

इस लिपिपत्र में वर्तमान कैथी, बंगला और मैथिल लिपियां तथा उनके अंक दिये गये हैं।

कैथी लिपि–

यह लिपि वास्तव में नागरी का किंचित् परिवर्तित रूप ही है। कायस्थ (कायथ) अर्थात् अहल्कार लोगों की त्वरा से लिखी जाने वाली लिपि होने से इसको 'कैथी' (कायथी) कहते हैं। जैसे मामूली पढ़े हुए लोगों की लिपियों में संस्कृत की पूरी वर्णमाला का उपयोग नहीं होता वैसे ही इसमें भी ऋ, ङ और ञ अक्षर नहीं है, और व तथा 'ब' में अंतर नहीं है। 'व' को 'ब' से भिन्न बतलाने के लिये टाइप के अक्षरों में 'व' के नीचे एक बिंदी लगाई जाती है। अ, ख और झ नागरी से भिन्न हैं जिनमें से 'अ' तो नागरी के 'अ' को चलती कलम से लिखने में ऊपर

ग्रंथि बन जाने के कारण 'श्र' सा बन गया है और 'ख' नागरी के 'ष' का विकार मात्र है। पहले यह लिपि गुजराती की तरह लकीर खींच कर लिखी जाती थी परंतु टाइप में सरलता के विचार से सिर सूचक लकीर मिटा दी गई है। बिहार की पाठशालाओं में नीचे की श्रेणियों में इस लिपि की छपी हुई पुस्तकें पढ़ाई जाती हैं। देशभेद के अनुसार इसके मुख्य तीन भेद हैं अर्थात् मिथिला, मगध और भोजपुर की कैथी।

बंगला लिपि–

बंग (बंगाल) देश की लिपि होने के कारण इसको बंगला कहते हैं। प्राचीन बंगला लिपि प्राचीन पूर्वी नागरी से निकली है (देखो, ऊपर पृ० ४३) और उसी में परिवर्तन होते-होते वर्तमान बंगला लिपि बनी। इस लिपि में नागरी के समान अक्षर पूर्ण हैं और इसका साहित्य भारतवर्ष की सब भाषाओं के साहित्य से बढ़ा हुआ है जिसका कारण यही है कि भारतवर्ष में अंग्रेज़ी सरकार का राज्य सबसे पहले बंगाल में हुआ जिससे विद्या का सूर्य वहां सबसे पहले फिर उदय हुआ, यह लिपि सारे बंगाल और आसाम में प्रचलित है। पहले संस्कृत पुस्तक भी इसमें छपने लग गयी। थीं परंतु अब वे बहुधा नागरी में ही छपती हैं। बंगभाषा की पुस्तक आदि ही इसमें छपती हैं।

मैथिल लिपि–

मिथिला (तिरहुत) देश के ब्राह्मणों की लिपि, जिसमें संस्कृत ग्रंथ लिखे जाते हैं; 'मैथिल' कहलाती है। यह लिपि वस्तुत: बंगला का किंचित् परिवर्तित रूप ही है और इसका बंगला के साथ वैसा ही संबंध है जैसा कि कैथी का नागरी से है। मिथिला प्रदेश के अन्य लोग नागरी या कैथी लिखते हैं।

लिपिपत्र ७९वां

इस लिपिपत्र में उड़िया, गुजराती और मोडी (मराठी) लिपियां दी गई हैं।

उड़िया लिपि–

उड्र (उड़िया वा उड़ीसा) देश की प्रचलित लिपि को एक उक्त देश के नाम पर से उड़िया कहते हैं। यह लिपि पुरानी बंगला से निकली हो ऐसा प्रतीत होता है क्योंकि इसके अधिकतर अक्षर हस्राकोल के लेख के अक्षरों से मिलते हुए हैं और ए, ऐ, ओ और औ तो वर्तमान बंगला ही हैं। इस लिपि के अक्षर सरसरी तौर से देखने वालों को विलक्षण मालूम देंगे परंतु इस विलक्षणता का मुख्य कारण कुछ तो अक्षरों को चलती कलम से लिखना और कुछ उनके गोलाईदार लंबे सिर ही हैं जिनका दाहिनी ओर का अंश नीचे को झुका हुआ रहता है। ये सिर भी बंगाल के राजा लक्ष्मणसेन के तर्पंडिघी और कामरूप के वैद्यदेव के दानपत्रों में मिलने वाले ८ ऐसे सिरों (देखो, लिपिपत्र ३३) के परिवर्द्धित रूप या विकास मात्र हैं। इन सिरों को हटाकर देखा जाये तो मूल अक्षर बहुत ही सरल हैं। इस लिपि में स्वरों की मात्राओं के चिह्न भी बंगला शैली के ही हैं।

गुजराती लिपि–

गुजरात देश में प्रचलित होने के कारण इसको गुजराती कहते हैं। सारे गुजरात, काठियावाड़ और कच्छ में इसका प्रचार है। काठियावाड़ के हालार विभाग के बहुत से लोगों की भाषा कच्छी से मिलती हुई हालारी है और कच्छ वालों की कच्छी है परंतु उन लोगों की लिपि गुजराती ही है। यह लिपि भी कैथी की तरह नागरी का किंचित् विकृत रूप ही है। अ, इ, ख, च, ज, झ, फ और ब ये आठ अक्षर त्वरा से लिखे जाने के कारण नागरी से अब भिन्न बन गये हैं। उनमें से 'ख' तो 'ष' से बना है और 'इ' तथा 'भ्क' जैन शैली की नागरी से लिये हैं। इन आठों अक्षरों का विकासक्रम नीचे बतलाये अनुसार है–

=अ अ . . . . =इ . . . . . =ष =च . . . . .

=ज . . . . =ऊ ऊ . . . =फ फृ . . =ब . . .

गुजराती लिपि के अक्षर पहले सिर की लकीर खींच कर लिखे जाते थे और व्यापारी लोग अब तक अपनी बहियों तथा पत्रों में वैसे ही लिखते हैं, परंतु टाइप बनाने वालों ने सरलता के लिये सिरों के चिह्न मिटा दिये तब से वे बिना लकीर भी लिखे जाते हैं।

मोड़ी लिपि–

इसकी उत्पत्ति के विषय में पूना की तरफ के कोई-कोई ब्राह्मण ऐसा प्रसिद्ध करते हैं कि हेमाडपंत अर्थात् प्रसिद्ध हेमाद्रि पंडित ने इसको लंका से लाकर महाराष्ट्र देश में प्रचलित किया। परंतु इस कथन में कुछ भी सत्यता नहीं पाई जाती क्योंकि प्रसिद्ध शिवाजी के पहले इसके प्रचार का कोई पता नहीं चलता। शिवाजी ने जब अपना नया राज्य स्थापित किया तब नागरी को अपनी राजकीय लिपि बनाया परंतु उसके प्रत्येक अक्षर के ऊपर सिर की लकीर बनाने के कारण कुछ कम त्वरा से वह लिखी जाती थी इस लिये उसको त्वरा से लिखी जाने के योग्य बनाने के विचार से शिवाजी के चिटनीस[3] (मंत्री, सरिश्तेदार) बालाजी अवाजी ने इसके अक्षरों को मोड़ (तोड़ मरोड़) कर नई लिपि तैयार की जिससे इसको 'मोड़ी' कहते हैं। पेशवाओं के समय में बिवल्कर नामक पुरुष ने उसमें कुछ और फेर-फार कर अक्षरों को अधिक गोलाई दी।[2] यह लिपि सिर के स्थान में लंबी लकीर खींचकर लिखी जाती है और बहुधा एक अथवा अधिक शब्द या सारी पंक्ति चलती कलम से लिखी जाती है। इसमें 'इ' तथा 'इ' और 'उ' की मात्राओं में ह्रस्व दीर्घ का भेद नहीं है और न हलंत व्यंजन है। इसके अक्षरों में से 'इ' और 'ज' गुजराती के उक्त अक्षरों के समान हैं। 'ख', 'प', 'ब' और 'र' प्राचीन तेलुगु-कन्नड़ी के उक्त अक्षरों से लिये हों ऐसा पाया जाता है। 'ट' और 'ठ' के रूप एक सा हैं; उनके बीच का भेद बतलाने के लिये 'ठ' के बीच में एक बिंदी लगाई जाती है। अ, उ, क, ञ, य, ल, व, स और ह के रूपों में नागरी से अधिक अंतर पड़ा है। बाकी के अक्षर नागरी से मिलते-जुलते ही हैं। बंबई इहाते की मराठी की प्रारंभिक पाठशालाओं में इसकी छपी हुई लिथो की पुस्तकें पढ़ाई जाती हैं। इसका प्रचार महाराष्ट्र देश की

कचहरियों में है और मराठी बोलने वाले बहुधा पत्र व्यवहार या हिसाब में इसे काम में लाते हैं। बंबई इहाते के बाहर के मरहटों के राज्यों में भी इसका कुछ-कुछ प्रचार है। राजपूताने में इस लिपि में खुदे हुए दो शिलालेख भी देखने में आये जो मरहटों के समय के ही है।

लिपिपत्र ८०वां

इस लिपिपत्र में तेलुगु-कन्नड़ी और ग्रंथ लिपियां दी गई हैं।

तेलुगु और कन्नड़ी लिपियां–

ये दोनों लिपिपत्र ४३ से ५१ में दी हुई प्राचीन तेलुगु-कन्नड़ी लिपि से निकली है। इनके अधिकतर अक्षर परस्पर मिलते-जुलते ही हैं। केवल उ, ऊ, ऋ, क, त, स और इ में अंतर है। इन दोनों लिपियों में 'ए' और 'ओ' के ह्रस्व तथा दीर्घ, दो-दो भेद हैं। नागरी लिपि में यह भेद न होने से हमने दीर्घ 'ए' और दीर्घ 'ओ' के लिये नागरी के 'ए' और 'ओ' के ऊपर आड़ी लकीर लगा कर उनका भेद बतलाया है। तेलुगु लिपि का प्रचार मद्रास इहाते के पूर्वी समुद्रतट के हिस्से, हैदराबाद राज्य के पूर्वी तथा दक्षिणी हिस्सों एवं मध्य प्रदेश के सब से दक्षिणी हिस्से में है। कन्नड़ी लिपि का प्रचार बहुधा सारे मैसूर राज्य, कुर्ग, नीलगिरि प्रदेश, मैसूर के निकट के पश्चिमी घाट प्रदेश और बंबई इहाते के दक्षिणी कोने (बीजापुर, बेलगांव तथा धारवाड़, जिलों और उत्तरी कनड़ा प्रदेश) में है। 'तेलुगु' नाम की उत्पत्ति संभवत: 'त्रिलिंग' (तिलिंग, तिलिंगाना) देश के नाम पर से हो; और कन्नड़ी की कन्नड़ (प्राचीन 'कर्णट') देश के नाम से है।

ग्रंथ लिपि–

दक्षिण के जिन हिस्सों में तामिल लिपि, जिसमें अक्षरों की न्यूनता के कारण संस्कृत भाषा लिखी नहीं जा सकती, प्रचलित है वहां पर संस्कृत ग्रंथ इस लिपि में लिखे जाते हैं। इसी से इसको ग्रंथ लिपि (संस्कृत ग्रंथों की लिपि) कहते हैं। यह लिपि लिपिपत्र ५२ से ५६ तक में दी हुई प्राचीन ग्रंथ लिपि से निकली है। पहले संस्कृत पुस्तक भी इसी लिपि में छपने लग गये थे परंतु अब बहुधा नागरी में छपने लगे हैं।

लिपिपत्र ८१वां

इस लिपिपत्र में मलयालम तुलु और तामिल लिपियां दी गई हैं।

मलयालम् लिपि–

मलयालम अर्थात् केरल देश की लिपि होने से इसको मलयालम् या केरल लिपि कहते हैं। यह लिपि ग्रंथ लिपि का घसीट रूप ही है और इसके अक्षर घसीट रूप में भी ग्रंथ लिपि से मिलते हुए हैं। इसका प्रचार दक्षिणी कनड़ा प्रदेश के दक्षिणी विभाग, सारे मलाबार और कोचीन एवं त्रावनकोर राज्य के अधिकतर हिस्से (त्रिवेन्द्रम से उत्तर के) में है। तामिल भाषा बोलने वाले बहुधा संस्कृत पुस्तक लिखने में ग्रंथ लिपि की तरह इसका प्रयोग करते हैं।

तुलु लिपि–

ग्रंथ लिपि से निकली हुई मलयालम लिपि का ही यह किंचित् परिवर्तित रूप है। इस लिपि का प्रचार दक्षिणी कनड़ा प्रदेश के तुलु भाषा-भाषी लोगों में संस्कृत ग्रंथ लिखने में ही है।

तामिल लिपि–

यह लिपि लिपिपत्र ६०-६२ में दी हुई प्राचीन तामिल लिपि से बनी है। 'तामिल' शब्द की उत्पत्ति देश और जातिसूचक 'द्रमिल' (द्रविड़) शब्द से हुई है। तामिल भाषा आर्य लोगों की संस्कृत भाषा से बिल्कुल भिन्न है तो भी उसके अक्षर आर्य लिपियों से ही लिये गये हैं (देखो, ऊपर पृ० ४४, ६५)। इस लिपि में व्यंजन वर्ण केवन १८ होने से संस्कृत भाषा इस में लिखी नहीं जा सकती इसलिये संस्कृत शब्दों का जहां प्रयोग होता है वहां वे ग्रंथ लिपि में लिखे जाते हैं। इसमें 'ए' और 'ओ' के दो-दो रूप अर्थात् ह्रस्व और दीर्घ मिलते हैं (देखो, ऊपर, पृ० ९७)। इस प्रचार मद्रास इहाते के, मद्रास से कुछ ऊपर तक के, दक्षिणपूर्वी हिस्से अर्थात् उत्तरी आर्कट, चिंग्लेपट्, दक्षिणी आर्कट,सलेम्, कोयंबटूर, त्रिचनापल्ली, तंजौर, मदुरा ओर तिन्नेवल्लि जिलों एवं त्रावनकोर राज्य के दक्षिणी अंश (त्रिवेंद्रम से नीचे नीचे) और पद्दुकोटा राज्य में है।

सन्दर्भ :

१. फो० एँ० चं० स्टे० पृ० ४३-४७।
२. वही, पृ० ४७।
३. चिटनीस (चिटनवीस)= चिट्ठी नवीस, जैसे कि फडनीस (फडनवीस)=फर्द नवीस।
४. इं० एँ० ३४ पृ० २७-८।

अध्याय-२२

भारतवर्ष की मुख्य-मुख्य वर्तमान लिपियों की उत्पत्ति

(लिपिपत्र ८२ से ८४ के उत्तरार्ध के प्रथम खण्ड तक)

भारतवर्ष की नागरी, शारदा, बंगला, तेलुगु, कन्नड़ी, तामिल आदि समस्त वर्तमान (उर्दू को छोड़कर) लिपियों का मूल 'ब्राह्मी' लिपि है, परंतु ये लिपियां अपनी मूल लिपि से इतनी भिन्न हो गई हैं कि जिनको प्राचीन लिपियों से परिचय नहीं हैं वे सहसा यह स्वीकार भी न· करेंगे कि ये सब लिपियां एक ही मूल लिपि से निकली हैं। लेखन प्रवाह सदा एक ही स्रोत में नहीं बहता किंतु लेखकों की लेखनरुचि के अनुसार समय के साथ भिन्न-भिन्न मार्ग ग्रहण करता रहता है; इसी से सब देशों की प्राचीन लिपियां पलटती रही हैं। हमारे यहां की भिन्न-भिन्न लिपियां एक मूल स्रोत की शाखा प्रशाखाएं हैं जिनके विकास के मुख्य कारण ये हैं–

(अ) अक्षरों को भिन्न-भिन्न प्रकार से सुंदर बनाने का यत्न करना।

(आ) अक्षरों पर सिर की आड़ी लकीर लगाना।

(इ) कलम को उठाये बिना अक्षर को पूरा लिखना।

(ई) त्वरा· से लिखना।

लिपिपत्र ८२ से ८४ के उत्तरार्ध के प्रथम खण्ड तक में भारतवर्ष की ६ मुख्य लिपियों का विकासक्रम बतलाया गया है जिसमें प्रत्येक अक्षर के जो रूपांतर दिये हैं उनमें से अधिकतर लिपिपत्र १ से ६४ तक से ही लिये गये हैं।

लिपिपत्र ८२वां

इस लिपिपत्र में वर्तमान नागरी और शारदा (कश्मीरी) लिपियों की उत्पत्ति बतलाई गई है।

नागरी लिपि की उत्पत्ति

नागरी आदि जितनी लिपियों की उत्पत्ति लिपिपत्र ८२ से ८४ में दी है उनमें पहले वर्तमान लिपि का प्रत्येक अक्षर देकर उसके बाद = चिह्न दिया है। उसके पीछे अशोक के समय से लगा कर वर्तमान रूप बनने तक के सब रूपांतर दिये हैं। प्रत्येक रूप अनेक लेखादि में मिलता है और

प्रत्येक लेखादि का पता देने से विस्तार बहुत बढ़ जाता है अतएव केवल एक स्थल का पता दिया जायगा।

अ– इसके पहला रूप अशोक के गिरनार के पास के चट्टान के लेख (लिपिपत्र १) से लिया गया है (बहुधा प्रत्येक लिपि के प्रत्येक अक्षर का पहला रूप उसी लेख से लिया गया है इसलिये आगे पहले रूप का विवेचन केवल वहीं किया जायगा जहां वह रूप किसी दूसरे स्थल से लिया गया है)। दूसरा रूप मथुरा के लेखों (लिपिपत्र ६) से लिया है जिसमें 'अ' की बाईं ओर के नीचे के अंश में दो बार कोण बनाये हैं। तीसरा रूप कोटा के लेख (लिपिपत्र २१) से है जिसमें 'अ' की बाईं ओर के नीचे के अंश को अर्द्धवृत्त का सा रूप देकर मूल अक्षर से उसे विलग कर दिया है। चौथा रूप देवल के लेख (लिपिपत्र २५) से और पांचवां चीरवा के लेख (लिपिपत्र २७) से लिया गया है। छठा रूप वर्तमान नागरी है। (लिपिपत्र ८२ से ८४ तक में प्रत्येक अक्षर की उत्पत्ति में अंतिम रूप वर्तमान अक्षर ही है इसलिये उसका भी आगे विवेचन न किया जायेगा)।

इस प्रकार प्रत्येक अक्षर की उत्पत्ति का विवेचन करने से विस्तार बढ़ .जाता है इसलिये आगे 'पहला रूप', 'दूसरा रूप' आदि के लिये केवल उनकी संख्या के पहले अक्षर 'प', 'दू' आदि लिखे जायेंगे और उनके आगे जिस लिपिपत्र या लेख से वह रूप लिया है उसका अंक या नाममात्र दिया जायगा और वहां बहुत ही आवश्यकता होगी वहीं विवेचन किया जायेगा। प्रत्येक रूप में क्या अंतर पड़ा यह उक्त रूपों को परस्पर मिला कर देखने से पाठकों को मालूम हो जायेगा।

अ– 'अ' का यह रूप दक्षिण में लिखा जाता है। इसके पहले तीन रूप पूर्व के 'अ' के समान हैं; चौ० १८ (इसमें बाईं ओर का नीचे का अर्धवृत्त सा अंश मूल अक्षर से मिल गया है); पां० चौथे का रूपांतर ही है।

इ– दू० १७ (जयनाथ का दानपत्र–इसमें ऊपर की बिंदी के स्थान में सिर की आड़ी लकीर और नीचे की दोनों बिंदियों को भीतर से खाली बनाया है); ती० २६; चौ० २७; पां० चौथे के समान।

उ– दू० ६; ती० में नीचे के अंत को अधिक मोड़ा है; चौ० १८।

ए– दू० १९ (उष्णीषविजयधारणी)) ती० १९ (महानामन् का लेख); चौ० १७ (करंडांडा का लेख); पां० २५ (कूर्मशतक)।

क– दू० कुशनवंशियों के लेखों से; ती० ८; चौ० १९; पां. २३।

ख– प० २ (खालसी)) दू० : ती : २१ (दुर्गगण का लेख)) चौ० २६ (जाजल्लदेव का लेख)।

ग– दू० और ती० ६; चौ० १९।

घ– दू० ८; ती०२३ (जोधपुर का लेख); चौ० २५ (उदयपुर का लेख); पां० २५ (उज्जैन का लेख)।

ङ– प० बुद्धगया के स्तंभ से; दू० १८ ('ङ्शो' में); ती० २५ (उज्जैन का लेख)।

च– दू० ६; ती० २५ (उज्जैन का लेख)।

छ– दू० ६; ती० २५ (उज्जैन का लेख); चौ० तीसरे से बना।

ज– दू० ७; ती० २१ (झालपाटन का लेख); चौ० २५ (उज्जैन का लेख)।

ऊ– 'झ' का यह रूप जैन शैली की नागरी लिपि में प्रचलित है। दू० ९ (वासिष्ठीपुत्र का लेख); ती० २१ (कोटा का लेख)।

झ– 'झ' का यह रूप दक्षिणी शैली की नागरी में प्रचलित है। इसके पहले तीन रूप पूर्व के 'झ' के समान हैं। चौ० २६ (हस्तलिखित पुस्तकों से); पां० चौथे से बना।

ञ– दू० ८; ती० १६ (ञ्ज' में)

ट– दू० १६; ती २१ (झालरापाटन का लेख)।

ठ– प० २ (अशोक का दिल्ली का लेख); दू० ती० २५ (उज्जैन का लेख)।

ड– 'ड' का यह रूप जैन शैली की नागरी में प्रचलित है। दू० ८; ती० १६ ; चौ० १८; पां० चौथे से बना; छ० २७ (सूधा के लेख की पंक्ति के अंत में)।

ड– पहले तीन रूप पूर्व के 'ड' के समान; चौ० २७।

ढ– नागरी लिपि की वर्णमाला में केवल यही अक्षर ऐसा है जो अपने मूल रूप में बना रहा है। केवल सिर की आड़ी लकीर बढ़ी है।

णा– दू० ६; ती दूसरे से बना (देखो, लिपिपत्र ६ में 'ण' का चौथा रूप); चौ० १८; पां० १९ (उष्णीषविजयधारणी)।

णा– 'ण' का यह रूप दक्षिणी शैली की नागरी में प्रचलित है और नागरी के 'ण' के 'ए' जैसे अंश को चलती कलम से मिलवां लिखने से बना है।

त– दू० पहले का रूपांतर (देखो, लिपिपत्र ४); ती० २७।

थ– दू० ती० १८; चौ० २५ (उज्जैन का लेख)।

द– दू० ५ (पभोसा का लेख); ती० ५ (शोडास का मथुरा का लेख); चौ० ६; पां० १८; छ० १९ (उष्णीषविजयधारणी)।

ध– दू० २०; ती० २५ (उज्जैन का लेख); चौ० २७ (ओरिया का लेख)।

न– दू० ६; ती० २०।

प– दू० ५ (शोडास का लेख); ती० १६।

फ– दू० १८; ती० १७ (पाली का दानपत्र); चो. सीयडोनी के लेख से।

ब– दू० २०; ती० २३ (जोधपुर का लेख); चौ० १९; पां० चौलुक्य भीमदेव के दानपत्र से। 'व' और 'ब' में भेद न रहने से 'ब' को स्पष्ट बतलाने के लिये 'व' के भीतर बिंदी लगाई जाने लगी जो पीछे से कुछ तिरछी लकीर के रूप में परिणत हो गई।

भ– दू० ३ (नानाघाट का लेख); ती० ५ (शोडास का लेख); चौ० १६; पां० २६ (जाजल्लदेव का लेख)।

श्च– 'भ' का यह रूप दक्षिणी शैली की नागरी लिपि में प्रचलित हैं। पूर्व के 'भ' के पांचवें रूप में बाईं ओर के अंश में ऊपर की तरफ ग्रंथि लगाने से यह बना है।

म– दू० ५ (शोडास का लेख); ती० १६; चो० १८ ('म्' में)।

य– दू० १; ती० दूसरे रूप को चलती कलम से पूरा लिखने से बना (देखो, लिपिपत्र ६ में मथुरा के लेखों के 'र्य्य' और 'स्य' में); चौ० १९ (बुद्धगया का लेख)।

र– दू० १८; ती० २०; चौ० २३ (जोधपुर का लेख)।

ल– दू० ६; ती० २१ (दुर्गगण का लेख); चो० २७ (ओरिया का लेख)।

व– दू० ती० ५ (मथुरा के चार जैन लेख); चो० २३; पां० २४।

श– प० २ (अशोक का खालसी का लेख); दू० ६; ती० १८; चौ० १९ (उष्णीषविजयधारणी); पां० २०।

ष– प० ३ (घोसुंडी के लेख के 'र्ष' में); दू० ६; ती० १८; चौ० तोरमाण के लेख से।

स– दू० ५ (मथुरा के जैन लेख); ती० १७ (करंडांडा का लेख); चौ० बिलसद के लेख से; पां० १९ (उष्णीषविजयधारणी)।

ह– दू० ५ (शोडास का लेख); ती० ८; चौ० अप्सद के लेख से; पां० २५ (उज्जैन का लेख)।

ल– प० दू० ७; ती० दूसरे का रूपांतर (देखो लिपिपत्र ५० में चेब्रोलु के लेख का 'ळ')।

क्ष– प० ७; दू० ८; ती० १६; चौ० १९ (उष्णीषविजयधारणी); पां० २७ (चीरवा का लेख)।

ज्ञ– प० ८; दू० पहले का रूपांतर; ती० २७ (ओरिया का लेख)।

वर्तमान नागरी लिपि के ई, लृ, ओ और औ ये चार अक्षर उनके मूल अक्षरों के रूपांतर नहीं है। 'ई', 'इ' के ऊपर रेफ का सा चिह्न लगा कर[१]; 'लृ' ल् के साथ ऋ की मात्रा जोड़ कर; 'ओ' और 'औ', 'अ' के साथ क्रमश: उक्त स्वरों की मात्राएं लगा कर, बनाये जाते हैं। 'ऊ' और 'ऐ' प्राचीन अक्षरों के रूपांतर ही हैं। 'ऋ' प्राचीन 'ॠ' के स्थानापन्न हो ऐसा पाया जाता है (देखो लिपिपत्र १९ में दी हुई 'उष्णीषविजयधारणी' के अंत की वर्णमाला का 'ॠ')। वर्तमान 'ओं' में जो 'ओ' का रूप ॐ लिखा जाता है वह प्राचीन 'औ' का रूपांतर है (देखो लिपिपत्र १८, १९,

२१ और ३५ में दिया हुआ 'औ'), परंतु उज्जैन के लेख के अंत की पूरी वर्णमाला (लिपिपत्र २५) में 'ओ' का रूप वैसा ही दिया है जिससे अनुमान होता है कि ई० स० की ११वीं शताब्दी के उत्तरार्द्ध में नागरी के लेखक 'ओ' के स्थान में 'औ' के प्राचीन रूप का व्यवहार करने और 'औ' के लिये नया चिह्न लिखने लग गये थे। 'झ' का वर्तमान नागरी रूप किसी प्राचीन रूप से नहीं बना, नवीन कल्पित है।

शारदा (कश्मीरी) लिपि की उत्पत्ति

शारदा लिपि नागरी की बहन होने से उसके उत्पत्तिक्रम में दिये हुए प्रत्येक अक्षर के रूपों में से कुछ ठीक वे ही हैं जो नागरी की उत्पत्ति में दिये हैं। इसलिये उन रूपों का वर्णन न कर बाकी का ही किया जायगा।

अ– चौ० तीसरे से बना (बाईं ओर का अर्धवृत्त सा अंश मूल अक्षर से मिल जाने से)।

इ– दू० १८ ती० २४; चौ० तीसरे से बना (ऊपर की दोनों बिंदियों को चलती कलम से लिखने से); पां० ३१ (अथर्ववेद)।

ई– प० १० ('ई' से मिलता हुआ); दू० १९ (आसीरगढ़ की मुद्रा); ती० ३० (बैजनाथ की प्रशस्ति)।

उ– नागरी के समान।

ए– ती० २८; चौ० ३१ (अथर्ववेद)।

ओ–प० १; दू० ६; ती० दूसरे का रूपांतर; चौ० १७ (देखो, 'औ' में); पां० चौथे का नीचे का अंश ऊपर की ओर अधिक बढ़ जाने से बना।

क– पां० २९।

ख– चौ० २८।

ग– नागरी के समान।

घ– ती० दूसरे से बना।

ङ– दू० पहले से बना।

च– ती० चौ० २९।

छ– दू० ६।

ज– ती० २८; चौ० २९।

झ–चौ० तीसरे से बना; पां० ३१ (शाकुंतल)।

ञ– ती दूसरे से बना; चौ० तीसरे को चलती कलम से लिखने से नीचे गांठ बन गई।

ट– ती० २१ (दुर्गगण का लेख)।

ठ– मूल रूप में बना रहा।

ड– जैन शैली की नागरी के 'ड' के समान।

ढ– दू० १९ (उष्णीषविजयधारणी); ती० ३० (सोमवर्मन् का दानपत्र)।

ण– चौ० २९।

त– दू० ती० ८, चौ० २८।

थ– चौ० ३१।

द– पां० १८।

ध– दू० ती० १६।

न– नागरी के समान (प्रारंभ की ग्रंथि को छोड़कर)।

प– नागरी के समान।

फ– दू० ३१ (शाकुंतल)।

ब– नागरी के समान।

भ– चौ० १८।

म– नागरी के समान (सिररहित)।

य, र, ल, व–चारों नागरी के समान।

श– चौ० तीसरे से बना।

ष–नागरी के समान।

स– चौ० तीसरे से बना।

ह– ती० दूसरे से बना।

वर्तमान शारदा लिपि के अक्षर अपने प्राचीन रूपों से नागरी की अपेक्षा अधिक मिलते हुए हैं और उनमें पूरे स्वर वर्ण उनके प्राचीन चिह्नों से ही बने हैं।

लिपिपत्र ८३वां

इस लिपिपत्र में बंगला और कन्नड़ी लिपियों की उत्पत्ति बतलाई गई है।

बंगला लिपि की उत्पत्ति

बंगला लिपि प्राचीन नागरी की पुत्री है इसलिये उसकी उत्पत्ति में दिये हुए प्रत्येक अक्षर के भिन्न-भिन्न रूपों में से कितने एक नागरी के उक्त रूपों से मिलते हैं अतएव उनको छोड़कर बाकी का ही विवेचन किया जाएगा और जो अक्षर नागरी के समान हैं वा जिनके वर्तमान रूप के पूर्व के सब रूप नागरी की उत्पत्ति में बतलाये हुए रूपों के सदृश हैं उनको भी नागरी के समान कहेंगे।

अ– दक्षिणी शैली की नागरी के समान (मध्य की आड़ी लकीर तिरछी)।

इ– पां० जैन शैली से।

उ– नागरी के समान।

ए– चौ० ३२ (देवपारा का लेख)।

ओ– चौ० १८।

क– पां० चौथे से बना।

ख– ती० २१ (दुर्गगण का लेख); चौ० राष्ट्रकूट गोविंद (तीसरे) के दानपत्र से; पां० ३२ (देवपारा का लेख)।

ग– ती० ६; चौ० ३२।

घ– नागरी के समान।

ङ– ती० १९ (उष्णीषविजयधारणी); चौ० ३५ (हस्त्राकोल का लेख)।

च– ती० ३४।

छ– ती० १९ (उष्णीषविजयधारणी)।

ज– नागरी के समान।

झ– ती० १९ (उष्णीषविजयधारणी); चौ० तीसरे का रूपांतर; पां० ३४ (वल्लभेंद्र का दानपत्र)।

ञ– ती० ३५ (हस्त्राकोल का लेख)।

ट– ती० २३ (जोधपुर का लेख)।

ठ– दू० १९ (उज्जैन का लेख)।

ड– नागरी के समान।

ढ– नागरी के समान।

ण– पां० कन्हेरी के लेख से; छ ३४ (वल्लभेंद्र का दानपत्र)।

त– चौ० ३३ (तर्पंडिघी का दानपत्र); पां० ३४ (हस्तलिखित पुस्तकें)।

थ– चौ० ३२।

द– चौ० ३२।

ध– नागरी क समान।

न– नागरी के समान

प– चौ० तीसरे से बना।

फ– नागरी के समान।

ब– नागरी के समान।

भ– ती० १८, चौ० २३ (जोधपुर के लेख के 'भू' में)।

म– नागरी के समान।

य– नागरी के समान।

र– ती० ३२ (देवपारा का लेख); चौ० ३४ (वल्लभेंद्र का दानपत्र)

ल– नागरी के समान।

व– नागरी के समान।

श– चौ० २५ (देवल का लेख); पां० ३२ (देवपारा का लेख)।

ष– नागरी के समान।

स– चौ० ३२ (देवपारा का लेख)।

ह– नागरी के समान।

वर्तमान बंगला लिपि के स्वर मूल स्वरों से बने हैं; केवल 'ई' नागरी की तरह 'इ' से बना है।

कन्नड़ी लिपि की उत्पत्ति

अ– दू० ४५; ती० ४७; चौ० ४९; पां० ५० (चेब्रोलु का लेख)।

इ– दू० ४० (कर्कराज का दानपत्र); ती० ४५ (पुलुकेशिन् का दानपत्र); चौ० ४५ (चेंबलूर का दानपत्र;।

ई– प० ३६ (मंदसौर का लेख); दू० पहले से बना; ती० ४७; चौ० ५० (अनंकौंडा का लेख)।

ए– दू० ९ (वासिष्ठीपुत्र के लेख); ती० १५ चौ० ४५ (चैंडलूर का दानपत्र); पां० ४८ (राजा अम्म का दानपत्र)।

ओ– दू० ९ (वासिष्ठीपुत्र के लेख); ती० ५०।

क– दू० ९ (वासिष्ठीपुत्र के लेख); ती० ४४ (देवगिरि का दानपत्र); चौ० ४७; पां० ५० (चेब्रोलू का लेख)।

ख– दू० ९ (वासिष्ठीपुत्र के लेख); १३; चौ० ४७।

ग– दू० ९ (वासिष्ठीपुत्र के लेख); ती० ४३ (उरुवुल्लि का दानपत्र)।

घ– दू० ९ (वासिष्ठीपुत्र के लेख); ती० ४४ (देवगिरि का दानपत्र); चौ० ४५ (चेंबलूर का दानपत्र); पां० ५० (अनंकौंडा का लेख)।

ङ– दू० ४४ (काकुस्थवर्मन् के दानपत्र के 'ङ्घो' में); ती० दूसरे से बना।

च– दू० ९ (वासिष्ठीपुत्र के लेख); ती० ४६; चौ० ४८; पां० ५० (चेब्रोलू का लेख)।

छ– दू० ८; ती० ४०; चौ० ५० (चेब्रोलू का लेख)।

ज– दू० ४३; ती० ४७; चौ० ४८ (राजा भीम का दानपत्र)।

झ– दू० ९ (वासिष्ठीपुत्र के लेख): ती० दूसरे से बना; चौ० तीसरे से बना पां० ५०।

ञ– दू० ७; ती० ४४ ('ज्ञा' में); चौ० ४८ ('ज्ञा' में)।

ट– दू० ४५ (बादामी का लेख); ती० दूसरे से बना; चौ० ४८; पां० ५१ (दोनेपुंडी का दानपत्र।

ठ– दू० ५१।

ड– प० २ (खालसी); दू० ७; ती० ४४ (मृगेशवर्मन् का दानपत्र); चौ० ५०।

ढ– दू० ती० ४७; चौ० ५०।

ण– दू० १२; ती० ४५; चौ० ४८; पां० ४९।

त– दू० ९; ती० ४७; चौ० ४८।

थ– दू० ४४ (काकुस्थवर्मन् का दानपत्र); ती० ४७।

द– प० २ (जौगड़); दू० ७; ती० ४३ (पिकिर का दानपत्र); चौ० ४८; पां० ५०।

ध– दू० ९ (गौतमीपुत्र शतकर्णी के लेख); ती० १३; चौ० ४६; पां० ५०।

न– दू० ४३ (उरुल्लि का दानपत्र); ती० ४५ (चेंडलूर का दानपत्र); चौ० ५०।

प– दू० ९ (वासिष्ठीपुत्र के लेख); ती० ४५; चौ० ५०; पां० ५१ (राजा गाणदेव का दानपत्र)।

फ– दू० ८; ती. ४३; चौ० ४७; पां० ५०।

ब– दू० ४३ (विष्णुगोपवर्मन् का दानपत्र); ती० ४३ (सिंहवर्मन् का दानपत्र); चौ० ४७।

भ– दू० ४४ (मृगेशवर्मन् का दानपत्र); चौ० ४९; पां० ५०।

म– दू० ९; ती० ४४ (मृगेशवर्मन् का दानपत्र)); चौ० ४९; पां० ५०।

य– दू० ७; ती० ४३; चौ० ४५; पां० ४८,

र– दू० ७; ती० ४३; चौ० ४७; पां० ४८।

ल– दू० ८; ती० ४४ (मृगेशवर्मन् का दानपत्र); चौ० ४८।

व– दू० ९; ती० १३; चौ० ४६; पां० ५०।

श– प० २ (खालसी); दू० ७; ती० ४४; (मृगेशवर्मन् का दानपत्र); चौ० ४५; पां० ५०।

ष– प० ३ (घोसुंडी के 'र्ष' में); दू० ४४; ती० ४५; चौ० ५०; पां० ५१।

स– दू० ४७; ती० ४८।

ह– दू० ७; ती० ४३; चौ० ५०; पां० ५१।

ल– प० ७; दू० ४७; ती० ५०; ५१ (वनपल्ली का दानपत्र)।

वर्तमान कनड़ी लिपि का 'उ' प्राचीन 'उ' से नहीं बना किंतु 'अ' के साथ 'उ' की मात्रा जोड़ने से बना है। उसी 'उ' से 'ऊ' बना है। 'ऋ' का कोई प्राचीन रूप नहीं मिलता। संभव है कि उष्णीषविजयधारणी के अंत की वर्णमाला के 'ऋ' जैसे ही अक्षर में विकार होकर वह बना हो। 'ऐ' और 'औ' उनके प्राचीन रूपों से ही बने हैं। 'ऐ' लिपिपत्र ३८ के 'ऐ' से, और 'औ' लिपिपत्र ४३ और ५० में मिलने वाले 'औ' से बना है।[२]

लिपिपत्र ८४वां

इस लिपिपत्र में ग्रंथ और तामिल लिपियों की उत्पत्ति दी गई है।

ग्रंथ लिपि की उत्पत्ति

ग्रंथ लिपि की उत्पत्ति में बहुधा प्रत्येक अक्षर के प्रारंभ के कुछ रूप वे ही हैं जो कनड़ी लिपि की उत्पत्ति में दिये गये हैं, इसलिये ऐसे रूपों को छोड़ कर बाकी के रूपों ही का विवेचन किया जायगा।

अ– ती० ५२ (मामल्लपुरम् के लेख); चौ० ५४ (उदयेंदिरम् का दानपत्र); पां० ५६।

इ– पां० ५३ (नंदिवर्मन् का दानपत्र।

ई– ती० दूसरे से बना।

उ– दू० ती० ११ (जुन्नर); चौ० तीसरे से बना; पां० ५६।

ए– ती० ५२ (कांचीपुरम् का लेख); चौ० ५३ (नंदिवर्मन् का दानपत्र); पां० ५२ (परमेश्वरवर्मन् का दानपत्र); छः ५४।

ओ– दू० ९; ती० ४३ (देखो, सिंहवर्मन् के दानपत्र का 'औ'); चौ० ५६।

क– ती० ५४ (उदयेंदिरम् का दानपत्र); चौ० ५६ (श्रीरंगम् का लेख); पां० ५६ (गिरिभूपाल का दानपत्र)।

ख– दू० ७; ती० ५३; चौ० ५४ (उदयेंदिरम् का दानपत्र)

ग– ती० ४५ (बादामी का लेख); चौ० ५३; पां० ५३ (नंदिवर्मन् का दानपत्र)।

घ– ती० ५४।

ङ– ती० ५२ ('ङ्क' में); चौ० ५३ ('ङ्ग' में)।

च– ती० ५२ (कूरम् का दानपत्र); चौ० ५३ (नारसिंगम का लेख); पां० ५४ (पृथ्वीपति का दानपत्र)।

छ– दू० ९ ती० ४५ (सर्वलोकाश्रय का दानपत्र); चौ० ५३; पां० चौथे से बना।

ज– ती० ४३; चौ० ५२ (कांचीपुरम् का लेख); पां० चौथे से बना (चलती कलम से लिखने से); छ: ५४।

झ– ती० दूसरे से बना; चौ० तीसरे से बना।

ञ– ती० ५२ (कांचीपुरम के लेख के 'ज्ञा' में); चौ० ५२ (कूरम् के दानपत्र के 'ञ्ज' में); पां० ५३ (नंदिवर्मन् के दानपत्र के 'ज्ञा' में)।

ट– दू० ५४ (नंदिवर्मन् का दानपत्र)।

ठ– मूल ब्राह्मी के समान।

ड– ती० ५३; चौ० ५४; पां० ५५ (शेविलिमेड्ड का लेख)।

ढ– दू० ४७; ती० ५४।

ण– ती० ५२ (मामल्लपुरम् के लेख); चौ० ५३ (मावलीपुरम् का लेख); पां० चौथे से बना।

त– ती० ५२; चौ० ५६।

थ– दू० ११ (कार्ली के लेख); ती० ५२ (कांचीपुरम् का लेख); चौ० ५२ (कूरम् का दानपत्र); पां० चौथे से बना।

द– दू० ५२ (मामल्लपुरम् के लेख); ती० ५३; चौ० ५६।

घ– ती० ४३ (पिकिर का दानपत्र); चौ० ५२ (कांचीपुरम् का लेख)।

न– दू० १२ (जग्गयपेट के लेख); ती० ५२ (कूरम् का दानपत्र); चौ० ५४ (पृथ्वीपति का दानपत्र); पां० ५६।

प– ती० ५४।

फ– ती० ५३; चौ० ५६ (श्रीरंगम् का लेख)।

ब– दू० १३; ती० १५; चौ० ५२ (कांचीपुरम् का लेख); पां० ५२ (कूरम् का दानपत्र)।

भ– दू० ५२ (मामल्लपुरम् के लेख); ती० ५२ (कांचीपुरम् का लेख); चौ० ५२ (कूरम् का दानपत्र); पां० ५६ (श्रीरंगम् का लेख)।

म– ती० ५२ (कूरम् का दानपत्र); चौ० ५४ (पृथ्वीपति का दानपत्र)।

य– दू० ९ (वासिष्ठीपुत्र का लेख)।

र– चौ० ५५ (चिदंबरम का लेख)।

ल– दू० ९; ती० ५२ (कांचीपुरम् का लेख); चौ० ५२ (कूरम् का दानपत्र)।

व– ती० ५२ (कूरम् का दानपत्र); चौ० ५४ (पृथ्वीपति का दानपत्र)।

श– ती० ५२ (कांचीपुरम् के लेख के 'शू' में); चौ० ५३; पां० ५४ (पृथ्वीपति का दानपत्र)।

ष– 'ती' ५३ (नंदिवर्मन् का दानपत्र); चौ० ५५; पां० ५६।

स– दू० १२; ती० ५३ (नंदिवर्मन् का दानपत्र); चौ० ५३ (नारसिंगम् का लेख); पां० ५४ (पृथ्वीपति का दानपत्र)।

ह– ती० ५२ (कूरम् का दानपत्र); चौ० तीसरे से बना।

ल– दू० ५२; ती० ५३; चौ० ५४ (नंदिवर्मन् का दानपत्र); पां० ५५ (उदयेंदिरम् का दानपत्र)।

तामिल लिपि की उत्पत्ति

तामिल लिपि की उत्पत्ति में बहुधा प्रत्येक अक्षर के प्रारंभ के कुछ रूप वे ही हैं जो ग्रंथ लिपि की उत्पत्ति में दिये गये हैं; इसलिये उनको छोड़कर बाकी के रूपों ही का विवेचन किया जायेगा।

अ– चौ० ६१ (तिरुवेळ्ळरे का लेख); पां० ६० (कूरम् का दानपत्र)।

इ– दू० ९; ती० १२ (जग्गयपेट के लेख); चौ० ६० (कूरम् का दानपत्र; दूसरे की तीनों वक्र रेखाओं को चलती कलम से मिला कर लिखने से)।

ई– प० ६२; दू. पहले से बना।

उ– ग्रंथ लिपि के समान।

ए– ती० १४; चौ० ६० (कशाकूडि का दानपत्र)।

ऐ– दू० ३ (हाथीगुंफा का लेख); ती० ४५ ('ए' के साथ 'ऐ' की मात्रा जोड़ने से, लिपिपत्र ३८ के 'ऐं' की तरह)।

ओ– ती० ६० (उदयेंदिरम् का दानपत्र); चौ० ६२ (तिरुमलै के चट्टान का लेख)।

क– दू० (कूरम् का दानपत्र); ती० ६१ (वेल्लोर का लेख); चौ० ६२ (जंबुकेश्वर का लेख)

ङ– दू० पहले से बना; ती० दूसरे से बना; चौ० ६२ (विरुपाक्ष का दानपत्र)।

च– दू० ६० (कूरम् का दानपत्र); ती० ६२ (विरूपाक्ष का दानपत्र)।

ञ– ती० ३८ (सिंहादित्य के दानपत्र के 'ज्ञा' में); चौ० ६२ (विरूपाक्ष का दानपत्र)।

ट– दू० ६० (उदयेंदिरम् का दानपत्र)।

ण– ग्रंथ लिपि का समान।

त– ग्रंथ लिपि के समान।

न– चौ० ६२, (विरूपाक्ष का दानपत्र)।

प– दू० ७।

म– दू० ९; ती० ५८ (देवेंद्रवर्मन् का दानपत्र); चौ० तीसरे से बना।

य– ग्रंथ लिपि के समान।

र– चौ० ५६ (श्रीरंगम् का लेख)।

ल– दू० ६० स (कूरम् का दानपत्र); ती० ६१ (तिरुवेळ्ळरे का लेख)।

व– ग्रंथ लिपि के समान।

सन्दर्भ :

१. नागरी में इस प्रकार के 'ई' की कल्पना का कुछ-कुछ पता ई० स० की ६ठी शताब्दी से लगता है। 'उष्णीषविजयधारणी' के अंत की वर्णमाला में 'इ' पर बिंदी (लिपिपत्र १९) और राजा भोज के 'कूर्मशतक' में रेफ सा चिह्न मिलता है (लिपिपत्र २५)।

२. वर्तमान तेलुगु लिपि कन्नड़ी से बहुत मिलती हुई है। जिन अक्षरों में विशेष अंतर है वे उ, ऋ, क, त, श और ह हैं। इनमें से 'उ' उसके प्राचीन रूप से बना है (विकासक्रम के लिये देखो, क्रमशः लिपिपत्र ४४,४७ और ५० में मिलने वाले उक्त अक्षर के रूप)। 'क' कनड़ी की उत्पत्ति में दिये हुए उक्त अक्षर के पांचवें रूप की आड़ी लकीर और नीचे के वृत्त को चलती कलम से कुछ अंतर के साथ लिखने से बना है। 'त' के बाईं ओर के अंत में ग्रंथि और लगा दी है। 'श' और 'ह' भी कन्नड़ी की उत्पत्ति में दिये हुए उक्त अक्षरों के उपांत्य रूपों के विकास मात्र हैं।

अध्याय-२३

वर्तमान नागरी अंकों की उत्पत्ति

(लिपिपत्र ८४ के उत्तरार्द्ध का द्वितीय खण्ड)

जैसे वर्तमान नागरी लिपि ब्राह्मी लिपि में परिवर्तन होते-होते बनी है वैसे ही वर्तमान नागरी के अंक भी प्राचीन ब्राह्मी के अंकों के परिवर्तन से बने हैं।

१– प० ७१ (नानाघाट का लेख); दू० ७१ (गुप्तों के लेख); ती० चौ० ७२ (बौद्ध पुस्तक); पां० ७५ (प्रतिहार भोजदेव का दूसरा लेख)।

२– प० ७१ (कुशनवंशियों के लेख); दू० ७१ (गुप्तों के लेख); ती० ७२ (मि० बाबर के पुस्तक)।

३– प० ७१ (कुशनवंशियों के लेख); दू० ती० ७१ (गुप्तों के लेख); चौ० ७२ (मि० बाबर के पुस्तक; तीनों वक्र रेखाओं के परस्पर मिल जाने से)।

४– प० ७१ (अशोक के लेख); दू० ७१ (नानाघाट का लेख); ती० ७१ (कुशनवंशियों के लेख); चौ० ७१ (गुप्तों के लेख)।

५– प० दू० ७१ (कुशनवंशियों के लेख); ती० दूसरे से बना (बाईं ओर की खड़ी लकीर को चलती कलम से दाहिनी ओर बनाने से)।

६– प० ७१ (अशोक के लेख); दू० ७१ (कुशनवंशियों के लेख)।

७– प० ७१ (कुशनवंशियों के लेख); दू० ७१ (क्षत्रपों के सिक्के); ती० ७१ (वलभी के राजाओं के दानपत्र)।

८– प० दू० ७१ (कुशनवंशियों के लेख); ती० ७१ (क्षत्रपों के सिक्के); चौ० ७१ (कुशनवंशियों के लेख); पां० ७१ (गुप्तों के लेख)।

९– प० ७१ (नानाघाट का लेख); दू० ७१ (कुशनवंशियों के लेख); ती० ७१ (आंध्रों के नासिक के लेख); चौ० ७५ (राष्ट्रकूट दंतिवर्मन् का दानपत्र); पां० चौथे के ऊपर की ग्रंथि को उलटा लिखने से; छ; ७६ (कलचुरि कर्ण का लेख); सा० ७६ (चौलुक्य त्रिलोचनपाल का दानपत्र); आ० ७६ (अजमेर का लेख)।

९ के अंक के छठे, सातवें और आठवें रूपों में विशेष अन्तर नहीं है।

अध्याय-२४

लेखन सामग्री

ताड़पत्र

ताड़पत्र--ताड़ (ताल, ताली) नामक वृक्ष की दो भिन्न जातियों के पत्रे हैं। ताड़ के वृक्ष दक्षिण में तथा समुद्रतट के प्रदेशों में विशेष रूप से और राजपूताना, पंजाब आदि में कम होते हैं। टिकाऊ होने तथा थोड़े मूल्य में बहुत मिल जाने के कारण प्रारंभिक काल से[१] ही ताड़ के पत्रे पुस्तक आदि लिखने के काम में आते थे। ताड़ के पत्रे बहुत बड़े-बड़े होते हैं; उन्हें संधियों में से काटकर, अधिक लंबी परंतु चौड़ाई में एक से चार इंच तक की ही, पट्टियां निकाली जाती हैं जिनमें से जितनी लंबाई का पत्रा बनाना हो उतना काट लेते हैं। पुस्तक लिखने के लिये जो ताड़पत्र काम में आते थे उनको पहले सुखा देते थे, फिर उनको पानी में उबालते या भिगो रखते थे। पीछे उनको फिर सुखाकर शंख, कौड़े या चिकने पत्थर आदि से घोटते थे। मामूली कामों के लिये जो पत्रे पहले काम में लाये जाते थे या अब लाये जाते हैं वे इस तरह तैयार नहीं किये जाते। कश्मीर और पंजाब के कुछ अंश को छोड़कर बहुधा सारे भारतवर्ष में ताड़पत्र का बहुत प्रचार था। पश्चिमी और उत्तरी भारत वाले उन पर स्याही से लिखते थे परंतु दक्षिण वाले तीखे गोल मुख की शलाका को उन पर दबा कर अक्षर कुरेदते थे। फिर पत्रों पर कज्जल फिरा देने से अक्षर काले बन जाते थे। कम लंबाई के पत्रों के मध्य में एक, और अधिक लंबाई वालों के मध्य से कुछ अंतर पर दाहिनी और बाईं ओर एक-एक छिद्र किया जाता था। पुस्तकों के नीचे और ऊपर उसी अंदाज़ के सूराख वाली लकड़ी की पाटियां रहती थीं। इन सूराखों में डोरी डाले जाने से एक माप की एक या अधिक पुस्तकें एकत्र बंध सकती थीं। पढ़ने के समय डोरी को ढीला करने से प्रत्येक पत्रा दोनों ओर से आसानी के साथ उलटाया तथा पढ़ा जा सकता था। सुंदर सस्ते कागजों के प्रचार के साथ ताड़पत्रों का प्रचार कम होता गया और अब तो बंगाल में कोई-कोई 'दुर्गा पाठ' लिखने में ही उन्हें काम में लेते हैं। भारत के सब से दक्षिणी और दक्षिण पूर्वी हिस्सों की प्रारंभिक पाठशालाओं में विद्यार्थियों के लिखने में या रामेश्वर, जगदीश आदि के मंदिरों में जमा कराये हुए रुपयों की रसीदें देने आदि में ताड़पत्र अब भी काम में आते हैं। दक्षिण की अधिक उष्ण हवा में ताड़पत्र के पुस्तक उतने अधिक समय तक रह नहीं सकती जितने कि नेपाल आदि शीत देशों में रह सकते हैं।

अब तक मिले हुए स्याही से लिखी ताड़पत्र की पुस्तकों में सबसे पुराना एक नाटक का कुछ

त्रुटित अंश है जो ई० स० की दूसरी शताब्दी के आसपास का है।[२] मि० मॅकार्टने के काशगर से भेजे हुए ताड़पत्रों के टुकड़े ई० स० की चौथी शताब्दी के हैं[३]। जापान के होरियूज़ि के मठ में रखे हुए 'प्रज्ञापारमिताहृदयसूत्र' तथा 'उष्णीषविजयधारणी' नामक बौद्ध पुस्तक[४], जो मध्य भारत से वहां पहुंचे थे, ई० स० की छठी शताब्दी के आसपास के लिखे हुए हैं। नेपाल के ताड़पत्र के पुस्तकसंग्रह में ई० स० की ७वीं शताब्दी का लिखा हुआ 'स्कंदपुराण'[५], कैम्ब्रिज के संग्रह में हर्ष संवत् २५२ (ई० स० ८५९) का लिखा हुआ 'परमेश्वरतंत्र'[६] और नेपाल के संग्रह में नेवार सं० २८ (ई० स० ९०६-७)[७] का लिखा हुआ 'लंकावतार' नामक पुस्तक है। ई० स० की ११वीं शताब्दी और उसके पीछे के तो अनेक ताड़पत्र के पुस्तक गुजरात, राजपूताना, नेपाल आदि के एवं यूरोप के कई पुस्तक संग्रहों में रखे हुए अक्षर वाले पुस्तक ई० स० की १५वीं शताब्दी से पहले के अब तक नहीं मिले जिसका कारण दक्षिण की उष्ण हवा से उनका शीघ्र नष्ट होना ही है।

भूर्जपत्र (भोजपत्र)

भूर्जपत्र (भोजपत्र)–'भूर्ज' नामक वृक्ष की, जो हिमालय प्रदेश में बहुतायत से होता है, भीतरी छाल है। सुलभता तथा नाममात्र के मूल्य से बहुत मिलने के कारण प्राचीन काल में वह पुस्तक, पत्र आदि के लिखने के काम में बहुत आता था। अल्बेरुनी लिखता है कि 'मध्य और उत्तरी भारत के लोग 'तूज़' (भूर्ज) वृक्ष की छाल पर लिखते हैं। उसको 'भूर्ज' कहते हैं। वे उसके प्रायः एक गज लंबे और एक बालिश्त चौड़े पत्रे लेते हैं और उनको भिन्न-भिन्न प्रकार से तैयार करते हैं। उनको मजबूत और चिकना बनाने के लिये वे उन पर तेल लगाते हैं और [घोट कर] चिकना करते हैं, फिर उन पर लिखते हैं[८]' भूर्जपत्र लंबे चौड़े निकल आते हैं जिनको काट कर लेखक अपनी इच्छानुसार भिन्न-भिन्न लंबाई चौड़ाई के पत्रे बनाते और उन पर स्याही से लिखते थे। ताड़पत्रों का अनुकरण कर भूर्जपत्र की पुस्तकों के प्रत्येक पत्रे का मध्य का हिस्सा खाली छोड़ा जा कर उसमें छेद किया जाता था। पुस्तक के ऊपर और नीचे रखी जाने वाली लकड़ी की पाटियों में भी उसी अंदाज़ से छेद रहता था। इस प्रकार सब पत्रों के छेदों में डोरी पोई जाकर पाटियों पर लपेट ली जाती थी। मुग़लों के समय से कश्मीर वाले भूर्जपत्र के पुस्तकों पर वर्तमान किताबों की तरह चमड़े की जिल्दें भी बांधने लगे। सस्ते और सुंदर कागज़ों के प्रचार के साथ भूर्जपत्र पर पुस्तकें लिखने की प्रथा कम होती गई और अब तो केवल हिंदुओं में ताबीजों के लिये यंत्र लिखने के काम में उसका प्रचार रहा है जिससे हरेक बड़े शहर में पंसारियों आदि की दुकानों पर वह मिल जाता है।

भूर्ज पत्र पर लिखी हुई पुस्तकें विशेष कर कश्मीर में मिलती हैं और कुछ उड़ीसा आदि में। हिंदुस्तान में पूना आदि के तथा यूरोप के कई प्राचीन हस्तलिखित पुस्तकसंग्रहों में भूर्जपत्र पर लिखी हुई पुस्तकें सुरक्षित हैं जो बहुधा कश्मीर से ही ली गई हैं। भूर्जपत्र पर लिखी हुई सब से पुरानी पुस्तक, जो अब तक मिली है, खोतान से मिला हुआ खरोष्ठी लिपि के 'धंमपद' (प्राकृत) का कुछ अंश है। वह ई० स० की दूसरी या तीसरी शताब्दी का लिखा हुआ होना चाहिए।

'संयुक्तागमसूत्र' (संस्कृत) ई० स० की चौथी शताब्दी का लिखा हुआ मिला है।[९] मि० बावर की पुस्तक ई० स० की छठी शताब्दी के आसपास के और बख्शाली का अंकगणित ई० स० की ८वीं शताब्दी के आसपास का लिखा हुआ प्रतीत होता है। ये पुस्तक स्तूपों के भीतर रहने या पत्थरों की बीच गड़े रहने से ही इतने दीर्घकाल तक बचने पाये हैं परंतु खुले रहने वाले भूर्जपत्र की पुस्तक ई० स० की १५वीं शताब्दी की पूर्व की नहीं मिलती जिसका कारण यही है कि भूर्जपत्र, ताड़पत्र या कागज़ जितना टिकाऊ नहीं होता।

कागज़

यह माना जाता है कि पहले-पहल चीन वालों ने ई० स० १०५[१०] में कागज़ बनाया, परंतु उससे ४३२ वर्ष पूर्व अर्थात् ई० स० पूर्व ३२७ में, निआर्कस, जो सिकंदर बादशाह के साथ हिंदुस्तान में आया था, अपने व्यक्तिगत अनुभव से लिखता है कि 'हिंदुस्तान के लोग रूई को कूट कर लिखने के लिये कागज़ बनाते हैं'[११]। इससे स्पष्ट है कि ई० स० पूर्व की चौथी शताब्दी में भी यहां वाले रूई या चीथड़ों से कागज़ बनाते थे, परंतु हाथ से बने हुए कागज़ सस्ते और सुलभ नहीं हो सकते। यहां पर ताड़पत्र और भूर्जपत्र (भोजपत्र) की बहुतायत होने और नाममात्र के मूल्य से उनके बहुत मिल जाने से कागज़ों का प्रचार कम ही होना संभव है। यूरोप के बने हुए सस्ते और सुंदर कागज़ों के प्रचार के पहले भी इस देश में चीथड़ों से कागज़ बनाने के कई कारखाने थे और अब भी हैं परंतु यहां के बने कागज़ चिकने न होने से पुस्तक लिखने की पक्की स्याही उनमें और पार फैल जाती थी। इसलिये उन पर गेहूं या चावल के आटे की पतली लेई लगाकर उनको सुखा देते थे जिससे वे कड़े पड़ जाते थे। फिर शंख आदि से घोटने से वे चिकने और कोमल हो जाते थे तभी उन पर पुस्तक लिखे जाते थे। जैन लेखकों ने कागज़ की पुस्तकें लिखने में ताड़पत्र पर लिखी हुई पुस्तकों का अनुकरण किया है, क्योंकि उनकी लिखी हुई पुरानी पुस्तकों में ताड़पत्रों की पुस्तकों की तरह प्रत्येक पत्रे का मध्य का हिस्सा, जहां डोरी डाली जाती थी, बहुधा खाली छोड़ा हुआ मिलता है जिसमें कहीं हिंगलू का वृत्त और चतुर्मुख वापी आदि के रंगीन या खाली चित्र मिलते हैं। इतना ही नहीं, ई० स० की १४वीं शताब्दी की लिखी हुई पुस्तकों[१२] में प्रत्येक पत्रे और ऊपर नीचे की पाटियों तक में छेद किये हुए भी देखने में आये हैं यद्यपि उन छेदों की कोई आवश्यकता न थी।

भारतवर्ष की जलवायु में कागज़ बहुत अधिक काल तक नहीं रह सकता। कागज़ पर लिखी हुई पुस्तकों में जो अब तक इस देश में मिली हैं, सब से पुरानी ई० स० १२२३-२४ की बतलाई जाती है[१३], परंतु मध्य एशिया में यारकंद नगर से ६० मील दक्षिण 'कुगिअर' स्थान से जमीन में गढ़े हुए भारतीय गुप्त लिपि के ४ पुस्तक मि० वेबर को मिले जो ई० स० की पांचवीं शताब्दी[१४] के आसपास के होने चाहियें। इसी तरह मध्य एशिया के काशगर आदि से जो-जो पुराने संस्कृत पुस्तक[१५] मिली हैं वे भी उतने ही पुरानी प्रतीत होती हैं।

रूई का कपड़ा

रूई का कपड़ा जिसको 'पट' कहते हैं प्राचीन काल से लिखने के काम में कुछ-कुछ आता था और अब तक भी आता है। उसे भी कागज़ों की तरह पहले आटे की पतली लेई लगाकर सुखाते हैं, फिर शंख आदि से घोट कर चिकना बनाते हैं तब वह लिखने के काम में आता है। जैनों के मंदिरों की प्रतिष्ठा के समय अथवा उत्सवों पर रंगीन चावल आदि अन्नों से जो भिन्न-भिन्न मंडल बनाये जाते हैं उनके पटों पर बने हुए रंगीन नक्शों का संग्रह जैन मंदिरों या उपासरों में पुस्तकों के साथ जगह-जगह मिलता है।[१६] ब्राह्मणों के यहां 'सर्वतोभद्र', 'लिंगतोभद्र' आदि मंडलों के पट पर बने हुए रंगीन नक्शे तथा 'मातृका स्थापन', 'ग्रहस्थापन' के सादे नक्शे मिलते हैं जिनके प्रत्येक कोष्ठ में स्थापित किये जाने वाले देवता आदि का नाम स्याही से यथा स्थान लिखा रहता है। राजपूताने में 'भडली' या 'गुरडे' लोग कपड़े के लंबे-लंबे खरड़ों पर लिखे हुए पंचांग रखते हैं जिनमें देवताओं, अवतारों आदि के रंगीन चित्र भी होते हैं। वे गांवों और खेतों में फिर कर वहां के लोगों को पंचांग सुना कर और उनके साथ के रंगीन चित्रों का हाल कहकर अपनी जीविका चलाते हैं। दक्षिण में मैसूर आदि की तरफ के व्यापारी लोग कपड़े पर इमली की गुठली की लेई लगा कर पीछे उसको काला करते हैं और उससे अपने हिसाब की 'बही' बनाते हैं जिसको 'कडितम्' कहते हैं और उस पर खड़िया से लिखते हैं। ऐसे दो तीन सौ वर्ष तक के पुराने सैंकड़ों कड़िते श्रृंगेरी के मठ में मिले हैं[१७] जिनमें मठ के हिसाब, शिलालेखों और ताम्रपत्रों आदि की नकलें तथा गुरुपरम्परा आदि बातें लिखी हुई हैं। पाटण (अणहिलवाड़ा) के एक जैन पुस्तक भण्डार में श्रीप्रभसूरिरचित 'धर्मविधि' नामक पुस्तक, उदयसिंह की टीका सहित, १३ इंच लंबे और ५ इंच चौड़े कपड़े के ९३ पत्रों पर लिखा हुआ विद्यमान है।[१८] कपड़े के पत्रे बनाकर उन पर पुस्तक लिखे जाने का केवल यही एक उदाहरण मिला है।

लकड़ी का पाटा और पाटी

भारतवर्ष में पत्थर की स्लेटों के प्रचार के पहले प्राचीन काल से ही विद्यार्थी लोग पाटों पर लिखना सीखते थे। ये पाटे लकड़ी के होते थे और चारों कोनों पर चार पाये उसी लकड़ी में से निकाले हुए होते थे। पाटों पर मुलतानी मिट्टी या खड़िया पोत कर सुखा देते थे। फिर उन पर ईंटों की सुरखी बिछा कर तीखे गोल मुख की लकड़ी की कलम से, जिसको राजपूताने में 'बरतना' या 'बरथा' (वर्णक) कहते हैं, लिखते थे। अब पाटों के स्थान में स्लेटों का प्रचार हो गया है तो भी कितने ही ग्रामीण पाठशालाओं के विद्यार्थी अब तक पाटों पर ही 'पहाड़े', 'हिसाब' आदि लिखते हैं। ज्योतिषी लोग अब तक बहुधा जन्मपत्र और वर्षफल आदि का गणित[१९] पाटों पर करने के बाद कागज़ों पर उतारते हैं। बच्चों की जन्म कुण्डलियां तथा विवाह के समय लग्नकुंडलियां प्रथम पाटे पर गुलाल बिछा कर उस पर ही बनाई जाती हैं। फिर वे कागज़ पर लिखी जाकर यजमानों को दी जाती हैं।

लकड़ी की बनी हुई पतली पाटी (फलक) पर भी प्राचीन काल में विद्यार्थी लिखते थे। बौद्धों

की जातक कथाओं में विद्यार्थियों के फलक का उल्लेख मिलता है[२०]। अब भी उस पर मुलतानी मिट्टी या खड़िया पोतने के बाद स्याही से लिखते हैं। अब तक राजपूताना आदि के बहुत से दुकानदार बिक्री या रोकड़ का हिसाब पहले ऐसी पाटियों पर लिख लेते हैं, फिर अवकाश के समय उसे बहियों में दर्ज करते हैं। विद्यार्थियों को सुंदर अक्षर लिखना सिखलाने के लिये ऐसी पाटियों को बहुधा एक तरफ लाल और दूसरी ओर काली रंगवाते हैं। फिर सुंदर अक्षर लिखने वाले से उन पर हरताल से वर्णमाला, बारहखड़ी (द्वादशाक्षरी) आदि लिखवा कर उन पर रोगन फिरा देते हैं। जिससे उन पर के हरताल के अक्षर पक्के हो जाते हैं। फिर विद्यार्थी लोग खड़िया को पानी में घोल कर नड (बरू) की कलम से उन पर लिखने का अभ्यास करते हैं जिसको 'पाटी घोटना' कहते हैं। इस तरह कुछ समय तक उन पर लिखने से विद्यार्थियों के अक्षर सुंदर बनने लग जाते हैं।

प्राचीन पुस्तकों की नकल करने वाले अर्थात् पुस्तक लेखक लकड़ी की सादी या रंगीन पाटी पर, ऊपर से करीब ४ इंच छोड़कर डोरी लपेटते हैं ओर उसमें चार-पांच इंच लंबी पतली लकड़ी लगा देते हैं, जिससे मूल प्रति का पत्रा दबा रहता है। उस पाटी को घुटनों पर रख जमीन पर बैठ कर पुस्तकों की नकल करते हैं।

रेशमी कपड़ा

रेशमी कपड़ा भी सूती कपड़े की तरह प्राचीन काल में लिखने के काम में लाया जाता था परंतु उसके बहुत महंगे होने के कारण उसका उपयोग बहुत कम ही होता होगा, अल्बेरुनी लिखता है कि 'मैंने यह सुना कि रेशम पर लिखी हुई काबुल के शहियावंशी हिंदू राजाओं की वंशावली नगरकोट के किले में विद्यमान है। मैं उसे देखने को बहुत उत्सुक था परंतु कई कारणों से वह न बन सका।[२१] डॉ० बूलर ने जेसलमेर के 'बृहत् ज्ञानकोष' नामक जैन पुस्तक भंडार में रेशम की एक पट्टी पर स्याही से लिखी हुई जैन सूत्रों की सूची देखी थी।[२२]

चमड़ा

यूरोप तथा अरब आदि एशिया के देशों में प्राचीन काल में लेखन सामग्री की सुलभता न होने से वहां के लोग जानवरों के चमड़ों को साफ कर उन पर भी लिखते थे परंतु भारतवर्ष में ताड़पत्र, भोजपत्र आदि प्राकृतिक लेखन सामग्री की प्रचुरता तथा सुलभता एवं जैनों में चर्ममात्र तथा वैदिक काल के पीछे के ब्राह्मणों के मृगचर्म के अतिरिक्त और चमड़ा अपवित्र माना जाने के कारण लिखने में उसका उपयोग शायद ही होता हो। तो भी कुछ उदाहरण ऐसे मिल जाते हैं जिनसे पाया जाता है कि चमड़ा भी लिखने के काम में कुछ-कुछ आता होगा। बौद्ध ग्रंथों में चमड़ा लेखन सामग्री में गिनाया गया है।[२३] सुबंधु ने अपनी 'वासवदत्ता' में अंधकारयुक्त आकाश में रहे हुए तारों को स्याही से काले किये हुए चमड़े पर चंद्रमा रूपी खड़िया के टुकड़े से बनाये हुए शून्य बिंदुओं (बिंदियों) की उपमा दी है[२४]। जेसलमेर के 'बृहत् ज्ञानकोष' नामक जैन पुस्तक भण्डार में बिना लिखे हुए एक चर्मपत्र का हस्तलिखित पुस्तकों के साथ मिलना डॉ० बूलर बतलाता है।[२५]

पत्थर

ताड़पत्र, भूर्जपत्र (भोजपत्र) या कागज़ पर लिखा लेख बहुत काल तक बचा नहीं रहता इस लिये जिस घटना की यादगार चिरस्थायी करना होता था उसको लोग पत्थर पर खुदवाते थे और अब भी खुदवाते हैं। ऐसे लेख चट्टान, स्तंभ, शिला, मूर्तियों के आसन या पीठ, पत्थर के पात्रों या उन के ढक्कनों पर खुदे हुए मिलते हैं। पत्थर पर खुदे हुए लेखों को 'शिलालेख', और जिनमें राजाओं आदि का प्रशंसायुक्त वर्णन होता है उनको 'प्रशस्ति' कहते हैं। जिस आधार पर लेख खुदवाना होता वह यदि समान और चिकना न हो तो पहले टांकियों से छील कर उसे समान बनाते फिर पत्थर आदि से घोटकर वह चिकना बनाया जाता था।[२६] जिस आशय का लेख लिखना होता उसकी रचना कोई कवि, विद्वान्, राजकीय अधिकारी[२७] या अन्य पुरुष करता। फिर सुंदर अक्षर लिखने वाला लेखक[२८] एक-एक अथवा दो-दो पंक्तियां स्याही से पत्थर पर लिखता और उनको कारीगर (सूत्रधार) खोदता जाता था। इस प्रकार क्रमशः सारा पत्थर खोदा जाता।[२९] इस प्रकार से तैयार किये जाते हुए शिलालेख मैंने स्वयं देखे हैं। लिखने से पूर्व पंक्तियां सीधी लाने के लिये यदि पत्थर अधिक लंबा होता तो सूत की पतली डोरी को गेरू में भिगो कर उससे पंक्तियों के निशान बनाते। जैसे कि लकड़ी के लट्ठे को चीर कर तख्ते निकालने वाले खाती लोग लट्ठे पर बनाते हैं, और पत्थर कम लंबाई का होता तो गज़ या लकड़ी की पट्टी रखकर उसके सहारे टांकी आदि से लकीर का निशान बना लेते। मंदिर, बावड़ी आदि की भींतों में लगाये जाने वाले लेख पत्थर की छोटी-बड़ी पट्टियों (शिलाओं) पर खुदवाये जाकर बहुधा दीवारों में, जो पहले बना लिये जाते थे, लगाये जाते थे। ऐसे लेखों के चारों ओर पुस्तकों के पत्रों की तरह हाशिया छोड़ा जाता था। कभी-कभी खोदे जाने वाले स्थान के चारों ओर लकीरें[३०] खुदी हुई मिलती हैं। कभी वह स्थान पाव इंच से एक इंच या उससे भी अधिक खोद कर हाशिये से नीचा[३१] किया हुआ मिलता है। अधिक सावधानी से खुदवाये हुए लेखों में कभी पत्थर की चटक उड़ गई तो इसमें पत्थर के रंग की मिश्रधातु भर कर उस स्थान को समान बनाते थे और यदि अक्षर का कोई अंश चटक के साथ उड़ जाता तो उसको पीछा उस धातु पर खोद लेते थे।[३२] बहुधा शिलालेखों के प्रारंभ में और कभी अंत में कोई मंगल सूचक सांकेतिक चिह्न[३३], शब्द[३४] या किसी देवता के प्रणामसूचक शब्द[३५] मिलते हैं। वर्तमान लेखनशैली के अनुसार उनमें पदच्छेद अर्थात् प्रत्येक शब्द का अलग-अलग लिखना नहीं मिलता परंतु पंक्ति की पंक्ति बिना स्थान छोड़े लिखी जाती थी। कभी-कभी शब्द अलग-अलग भी लिखे मिलते हैं[३६]। परंतु किसी नियम से नहीं। विराम के चिह्नों के लिये केवल एक और दो खड़ी लकीरों (दण्ड) का बहुधा प्रयोग होता था।[३७] श्लोकार्ध बतलाने अथवा शब्दों या वाक्यों को अलग करने के लिये एक, और श्लोकांत या विषय की समाप्ति के लिये दो खड़ी लकीरें बहुधा बनाई जाती थीं।[३८] कहीं-कहीं प्रत्येक पंक्ति में आधा या एक श्लोक ही लिखा हुआ मिलता[३९] है और कभी कविताबद्ध लेखों में श्लोकांक भी पाये जाते हैं।[४०] कभी अंत में अथवा एक विषय की समाप्ति पर कमल[४१], फूल[४२], वृत्त[४३] या कोई अन्य चिह्न[४४] भी खोदा जाता था। लेखक जब किसी अक्षर या शब्द को भूल से छोड़ जाता तो वह अक्षर या शब्द या तो पंक्ति के ऊपर

या नीचे अथवा हाशिये पर लिखा जाता था और कभी वह अक्षर या शब्द किस स्थान पर चाहिये था वह बतलाने के लिये ^ या × चिह्न भी मिलता है जिसको 'काकपद' या 'हंसपद' कहते हैं।[४५] भूल से अधिक लिखा हुआ अक्षर, शब्द, मात्रा या अनुस्वार आदि या तो टांकी से उड़ा दिया जाता या उस पर छोटी-छोटी खड़ी या तिरछी लकीर या लकीरें[४६] बनाकर उसे काट दिया जाता था। कई लेखों के अंत में उनके लगाये जाने या उनसे संबंध रखने वाले स्थानों के बनने का संवत्, ऋतु, मास, दिन, पक्ष, तिथि आदि[४७] एवं उनके रचयिता, लेखक और खोदने वालों के नाम भी दिये हुए मिलते हैं।[४८] मंदिर आदि की दीवारों के ताकों में लगाये जाने वाले लेख बहुधा एक ही छोटी या बड़ी शिला पर खुदे हुए होते हैं परंतु कभी पांच तक पर भी खुदे हुए मिलते हैं।[४९] ये लेख प्राकृत, संस्कृत, कन्नड़ी, तेलुगु, तामिल, प्राचीन हिंदी आदि भाषाओं में हैं।

पुस्तकें भी चिरस्थायी रखने के लिये कभी-कभी चट्टान या शिलाओं पर खुदवाई जाती थीं।[५०] अकीक, स्फटिक आदि कीमती पत्थरों पर भी खुदे हुए छोटे-छोटे लेख मिले हैं।[५१]

ईंट

बौद्ध लोग पत्थर की तरह मिट्टी की ईंटों पर भी अपने धर्म संबंधी सूत्रों आदि को खुदवाते थे। मथुरा के म्यूज़ियम में कितने एक बड़ी-बड़ी ईंटों के टुकड़े रखे हुए हैं जिनकी मोटाई पर एक तरफ की लंबाई की ओर ई० स० पूर्व की पहली शताब्दी के आसपास की लिपि में बड़े अक्षरों की एक-एक पंक्ति खुदी हुई है। अनुमान होता है कि ये ईंटें दीवार आदि में एक पंक्ति में लगाई गई होंगी कि उन पर खुदा हुआ आशय क्रम से पढ़ा जाये। गोरखपुर जिले के गोपालपुर गांव से तीन ईंटें अखण्डित और कुछ के टुकड़े मिले हैं[५१] जिनके दोनों ओर बौद्ध सूत्र खुदे हैं। ये ईंटें ११½ से ९½ इंच तक लंबी और ४ ¾ से ४½ इंच तक चौड़ी हैं और उनकी एक ओर १२ से १० और दूसरी तरफ १२ से ९ तक पंक्तियां ई० स० की तीसरी या चौथी शताब्दी की लिपि में खुदी हुई हैं।[५२] नैनीताल जिले के तराई परगने में काशीपुर के निकट के उज्जैन नामक प्राचीन किले से दो ईंटें मिली हैं जिनमें से एक पर '. . . .त्तस्य राज्ञो: श्रीपृथिविमित्तस' और दूसरी पर 'राज्ञो मातृमित्तपुत्त' लेख खुदा हुआ है।[५३] ये लेख ई० स० की तीसरी शताब्दी के आसपास के होने चाहियें। कच्ची ईंटों पर लेख खोद लेने के बाद वे पकाई जाती थीं।

ईंटों के अतिरिक्त कभी मिट्टी के पात्रों[५४] पर भी लेख खुदवाये जाते थे और मिट्टी के ढेलों पर भिन्न-भिन्न पुरुषों, स्त्रियों आदि की मुद्राएं लगी हुई मिलती हैं, जिनके अक्षर उभरे हुए होते हैं। पुरुषों की[५५] मुद्राओं के अतिरिक्त कितने एक ढेलों पर बौद्धों के धर्ममंत्र 'ये धर्महेतुप्रभवा०' की मुद्रा लगी हुई भी मिलती है। बर्तन एवं ढेले लेख के खुदने और मुद्रा के लगने के बाद पकाये जाते थे।

सोना

बौद्धों की जातक कथाओं में कभी-कभी कुटुम्बसंबंधी आवश्यक विषयों, राजकीय आदेशों

तथा धर्म के नियमों के सुवर्ण के पत्रों पर खुदवाये जाने का उल्लेख मिलता है[५६], परंतु सोना बहुमूल्य होने के कारण उसका उपयोग कम ही होता होगा। तक्षशिला के गंगू नामक स्तूप से खरोष्ठी लिपि के लेख वाला एक सुवर्ण का पत्रा[५७] जनरल कनिंघम को मिला था। वर्मा के प्रोम जिले के ह्मज़्वा नामक गांव के पास से दो सोने के पत्रे[५८] खुदे हुए मिले हैं। उनमें से प्रत्येक के प्रारंभ में 'ये धर्महेतुप्रभवा०' श्लोक और उसके पीछे पाली भाषा का गद्य है। उनकी लिपि ई० स० की चौथी या पांचवीं शताब्दी के आसपास की है और उसमें कई अक्षर दक्षिणी शैली के हैं।

चांदी

सुवर्ण की तरह कभी-कभी चांदी के पत्रों पर भी लेख खुदवाये जाते थे। ऐसा एक पत्रा भट्टिप्रोलू के स्तूप से[५९] और दूसरा तक्षशिला[६०] से मिला है। जैन मंदिरों में चांदी के गट्टे[६१] और यंत्र[६२] मिलते हैं।

तांबा

लेखन सामग्री के संबंध में धातुओं में तांबा सबसे अधिक काम में आता था। राजाओं तथा सामंतों की तरफ से मंदिर, मठ, ब्राह्मण, साधु आदि को दान में दिये हुए गांव, खेत, कुएं आदि की सनदें तांबे पर प्राचीन काल से ही खुदवा कर दी जाती थीं और अब तक दी जाती हैं जिनको 'दानपत्र', 'ताम्रपत्र', 'ताम्रशासन' या 'शासनपत्र' कहते हैं। दानपत्रों की रचना अमात्य (मंत्री), सांधिविग्रहिक[६३] बलाधिकृत (सेनापति) या अक्षपटलिक[६३] आदि अधिकारियों में से कोई स्वयं करता या किसी विद्वान् से कराता था। कहीं उस काम के लिये एक अधिकारी[६५] भी रहता था। फिर उसको सुंदर अक्षर लिखने वाला लेखक तांबे के पत्रे पर स्याही से लिखता और सुनार, ठठेरा, लुहार या कोई शिल्पी उसे खोदता था। कभी-कभी ताम्रलेख रेखारूप में नहीं किंतु बिंदियों[६६] से खुदे हुए भी मिलते हैं। जिस पुरुष की मारफ़त भूमिदान की सनद तैयार करने की राजाज्ञा पहुंचती उसको 'दूतक'[६७] कहते थे। दूतक का नाम बहुधा दानपत्रों में लिखा रहता है। दक्षिण से मिले हुए किसी-किसी दानपत्र के अक्षर इतने पतले हैं कि वे पहले स्याही से लिखे गये हों ऐसा प्रतीत नहीं होता। संभव है कि तांबे के पत्रों पर पहले मुलतानी मिट्टी या ऐसा ही कोई और पदार्थ पोतने के बाद दक्षिणी शैली के ताड़पत्रों की तरह उन पर तीखे गोल मुंह की लोहे की कलम से लेखक ने अक्षर बनाये हों जिनको खोदने वाले कारीगर ने किसी तीक्ष्ण औज़ार से खोदा हो। उत्तरी हिंदुस्तान से मिलने वाले दानपत्र बहुधा एक या दो पत्रों पर ही खुदे मिलते हैं परंतु दक्षिण से मिलने वाले अधिक पत्रों पर भी खुदे हुए मिलते हैं, जैसे कि विजयनगर के वेंकटपतिदेव महाराय का मदुरा से मिला हुआ शक सं० १५०८ (ई० स० १५८६) का दानपत्र ९ पत्रों[६८] पर और हॉलैण्ड देश की लेडन यूनिवर्सिटी (विश्वविद्यालय) के म्यूज़ियम में रखा हुआ राजेंद्र चोल के २३वें राज्यवर्ष का दानपत्र २१ पत्रों[६९] पर खुदा हुआ है। दो से अधिक और ९ से कम पत्रों पर खुदे हुए तो कई एक मिल चुके हैं। कभी-कभी ऐसे ताम्रपत्रों की एक तरफ के बाईं ओर के हाशिये पर या ऊपर पत्रांक भी खुदे मिलते हैं। जो दानपत्र दो या अधिक पत्रों पर खुदे रहते हैं उनका पहला और अंत का

पत्रा बहुधा एक ही ओर अर्थात् भीतर की तरफ से खुदा रहता है। ऐसे दानपत्रों के प्रत्येक पत्रे में यदि पंक्तियां कम लंबाई की हों तो एक, और अधिक लंबाई की हों तो दो, छेद होते हैं जिनमें तांबे की कड़ियां डाली जाती हैं जिनसे सब पत्रे एकत्र रहते हैं। कभी-कभी ताम्रपत्रों को एकत्र रखने वाली कड़ी की संधि पर तांबे का लोंदा लगा कर उस पर राजमुद्रा लगाई जाती थी[७०], जिसके साथ के लेख के अक्षर उभरे हुए मिलते हैं। कभी-कभी एक ही पत्रे पर खुदे हुए दानपत्र की बाईं ओर राजमुद्रा, जो अलग ढाली जा कर बनाई जाती थी, जुड़ी हुई मिलती है।[७१] कभी-कभी राजमुद्रा पत्रे पर[७२] ही खोदी जाती थी, जिसके साथ कोई लेख नहीं होता। कितने एक ताम्रपत्रों के अंत में राजाओं के हस्ताक्षर खुदे हुए रहते हैं जिनसे उनके लेखनकला के ज्ञान का भी पता लगता है। ताम्रपत्र छोटे बड़े भिन्न-भिन्न लंबाई-चौड़ाई के पतले या मोटे पत्रों[७३] पर खुदवाये जाते थे जो तांबे के पाट को कूट-कूट कर बनाये जाते थे। कई ताम्रपत्रों पर हथोड़ों की चोटों के निशान पाये जाते हैं। अब जो ताम्रपत्र बनते हैं वे तांबे की चद्दरों को काट कर उन पर ही खुदवाये जाते हैं। ताम्रपत्र खोदने में यदि कोई अशुद्धि हो जाती तो उस स्थान को कूट कर बराबर कर देते और फिर उस पर शुद्ध अक्षर खोद देते। ताम्रपत्रों पर भी शिलालेखों की तरह कुछ-कुछ हाशिया छोड़ा जाता और कभी-कभी किनारें ऊंची उठाई जाती थीं। दानपत्रों के अतिरिक्त कभी कोई राजाज्ञा[७४] अथवा स्तूप मठ आदि बनाये जाने के लेख[७५] तथा ब्राह्मणों और जैनों के विविध यंत्र[७६] भी तांबे के त्रिकोण, गोल या चतुरस्त्र पत्रों पर खुदे हुए मिलते हैं। तांबे आदि के बर्तनों पर उनके मालिकों के नाम खुदाये जाने की प्रथा भी प्राचीन है। कभी-कभी तांबे के पत्रों पर पुस्तकें[७७] भी खुदवाई जाती थीं।

पीतल

जैन मंदिरों में पीतल की बनी हुई बड़ी-बड़ी कई मूर्तियां मिलती हैं जिनके आसनों[७८] पर और छोटी मूर्तियों की पीठ पर लेख खुदे रहते हैं। ऐसे लेखों वाली १००० से अधिक जैन मूर्तियां मेरे देखने में आई हैं जिन पर के लेख ई० स० की ७वीं से १९वीं शताब्दी तक के हैं। जैन मंदिरों में पीतल के गोल गट्टे रखे हुए मिलते हैं जिन पर 'नमोकार' मंत्र और यंत्र खुदे रहते हैं।

कांसा

कई मंदिरों में लटकते हुए कांसे के घंटों पर भी उनके भेंट करने वालों के नाम और भेंट करने का संवत् आदि खुदा हुआ मिलता है।

लोहा

लोहे पर भी लेख खोदे जाने के कुछ उदाहरण मिल जाते हैं। दिल्ली (मैहरोली) के कुतुब मीनार के पास के लोह के स्तंभ पर राजा चंद्र का लेख खुदा है जो ई० स० की ५वीं शताब्दी का है। आबू पर अचलेश्वर के मंदिर में खड़े हुए लोहे के विशाल त्रिशूल पर वि० सं० १४६८ फाल्गुन सुदि १५ का लेख खुदा हुआ है। चित्तौड़ आदि कई स्थानों में लोहे की तोपों पर भी लेख खुदे हुए मिलते हैं। सोने, चांदी, तांबे और सीसे के सिक्कों के ठप्पे लोहे के ही बनते थे और उन पर अक्षर उलटे खोदे जाते थे।

काली स्याही

कागज़ पर लिखने की काली स्याही (मसी) दो तरह की होती है पक्की और कच्ची। पक्की स्याही से पुस्तकें लिखी जाती हैं और कच्ची स्याही से व्यापारी लोग अपनी बही आदि लिखते हैं। पक्की स्याही बनाने के लिये पीपल की लाख को, जो अन्य वृक्षों की लाख से उत्तम समझी जाती है, पीस कर मिट्टी की हंडिया में रखे हुए जल में डालकर उसे आग पर चढ़ाते हैं। फिर उसमें सुहागा और लोध पीस कर डालते हैं। उबलते-उबलते जब लाख का रस पानी में यहां तक मिल जाता है कि कागज़ पर उससे गहरी लाल लकीर बनने लगती है तब उसे उतार कर छान लेते हैं। उसको अलता (अलक्तक) कहते हैं। फिर तिलों के तेल के दीपक के कज्जल को महीन कपड़े की पोटली में रखकर अलते में उसे फिराते जाते हैं जब तक कि उससे सुंदर काले अक्षर बनने न लग जायें। फिर उसको दवात (मसीभाजन) में भर लेते हैं। राजपूताने के पुस्तक लेखक अब भी इसी तरह पक्की स्याही बनाते हैं। संभव है कि ताड़पत्र के पुस्तक भी पहले ऐसी ही स्याही से लिखे जाते हों।

कच्ची स्याही कज्जल, कत्था, बीजाबोर और गोंद को मिलाकर बनाई जाती है परंतु पत्रे पर जल गिरने से स्याही फैल जाती है और चौमासे में पत्रे परस्पर चिपक जाते हैं इसलिये उसका उपयोग पुस्तक लिखने में नहीं किया जाता।

भूर्जपत्र (भोजपत्र) पर लिखने की स्याही बादाम के छिलकों के कोयलों को गोमूत्र में उबाल कर बनाई जाती थी।[७९] भूर्जपत्र उष्ण हवा में जल्दी खराब हो जाते हैं परंतु जल में पड़े रहने से वे बिल्कुल नहीं बिगड़ते इस लिये कश्मीर वाले जब मैले भूर्जपत्र के पुस्तकों को साफ करना चाहते हैं तब उनको जल में डाल देते हैं जिससे पत्रों एवं अक्षरों पर का मैल निकल कर वे फिर स्वच्छ हो जाते हैं और न स्याही हलकी पड़ती है और न फैलती है। भूर्जपत्र पर लिखे हुए पुस्तकों में कहीं अक्षर आदि अस्पष्ट हों तो ऐसा करने से वे भी स्पष्ट दीखने लग जाते हैं।[८०]

काली स्याही से लिखे हुए सब से पुराने अक्षर ई० स० पूर्व की तीसरी शताब्दी तक के मिले हैं।[८१]

रंगीन स्याही

रंगीन स्याहियों में लाल स्याही मुख्य है। वह दो तरह की होती है। एक तो अलता की और दूसरी हिंगलू की, जो उसको गोंद के पानी में घोल कर बनाई जाती है। हस्तलिखित वेद की पुस्तकों में स्वरों के चिह्न, और सब पुस्तकों के पत्रों पर की दाहिनी और बाईं ओर की हाशिये की दो-दो खड़ी लकीरें अलता या हिंगलू से बनी हुई होती हैं। कभी-कभी अध्याय की समाप्ति का अंश एव 'भगवानुवाच', 'ऋषिरुवाच' आदि वाक्य तथा विरामसूचक खड़ी लकीरें लाल स्याही से बनाई जाती हैं। ज्योतिषी लोग जन्मपत्र तथा वर्षफल के लंबे-लंबे खरड़ों में खड़े, हाशिये, आड़ी लकीरें तथा भिन्न-भिन्न प्रकार की कुंडलियां लाल स्याही से ही बनाते हैं।

सूखे हरे रंग को गोंद के पानी में घोल कर हरी, जंगाल से जंगाली और हरिताल से पीली स्याही भी लेखक लोग बनाते हैं। कभी-कभी पुस्तकों के अध्याय आदि समाप्ति के अंशों में वे इन रंगीन स्याहियों का उपयोग करते और विशेष कर जैन पुस्तकों में उनसे लिखे हुए अक्षर मिलते हैं। बहुधा सब पुस्तक लेखक जिन अक्षरों या शब्दों को काटना होता उन पर हरिताल फिरा देते अथवा स्याही से उनके चारों और कुण्डल या ऊपर खड़ी लकीर बना दिया करते थे।

सोने और चांदी की स्याही

सोने और चांदी के बरकों को गोंद के पानी में घोंट कर सुनहरी और रुपहली स्याहियां बनाई जाती हैं। इन स्याहियों से लिखने के पहले पत्रे सफेद हों तो उन्हें काले या लाल रंग से रंग लेते हैं। फिर कलम से उस पर लिखकर अकीक या कौड़े आदि से घोटते हैं तब अक्षर चमकीले निकले आते हैं। ऐसी स्याहियों का उपयोग विशेष कर चित्रकार लोग चित्रों में करते हैं तो भी श्रीमंत लोग प्राचीन काल से उनका उपयोग पुस्तकादि लिखवाने में कराते थे जिसके उदाहरण मिल आते हैं।[८२]

कलम

विद्यार्थी लोग प्राचीन काल से ही लकड़ी के पाटों पर लकड़ी की गोल तीखे मुंह की कलम (वर्णक) से लिखते चले आते हैं। स्याही से पुस्तकें लिखने के लिये नड (बरू) या बांस की कलमें (लेखिनी) काम में आती हैं। अजंता की गुफाओं में जो रंगों से लेख लिखे गये हैं वे महीन बालों की कलमों (वर्तिका) से लिखे गये होंगे। दक्षिणी शैली के ताड़पत्रों के अक्षर कुचरने के लिये लोहे की तीखे गोल मुख की कलम (शलाका) अब तक काम में आती है। कोई-कोई ज्योतिषी जन्मपत्र और वर्षफल के खरड़ों के लंबे हाशिये तथा आड़ी लकीरें बनाने में लोहे की कलम को अब तक काम में लाते हैं, जिसका ऊपर का भाग गोल और नीचे का स्याही के परकार जैसा होता है।

परकार

ज्योतिषी लोग जन्मपत्र और वर्ष फल में भिन्न-भिन्न प्रकार की कुंडलियां बनाने में लोहे के बने हुए पुराने ढंग के परकार अब तक काम में लाते हैं। प्राचीन हस्तलिखित पुस्तकों में कभी-कभी विषय की समाप्ति आदि पर स्याही से बने कमल[८३] मिलते हैं वे परकारों से ही बनाये हुए हैं। वे इतने छोटे होते हैं कि उनके लिये जो परकार काम में आये होंगे वे बड़े सूक्ष्म मान के होने चाहियें।

रेखापाटी

कागज़ों पर लिखी जानी वाली पुस्तकों के पत्रों में पंक्तियां सीधी और समानांतर लाने के लिये लेखक लोग 'रेखापाटी' काम में लाते हैं। लकड़ी की पतली पाटी पर दोनों और डोरा लपेट कर डोरों की पंक्तियां समानांतर की जाती हैं। फिर एक ओर के सब डोरे एकत्र कर उनके मध्य में एक पतली तीन चार इंच लंबी लकड़ी डालकर उसको घुमाते हैं जिससे दूसरी तरफ की डोरों की

समानांतर पंक्तियां दृढ़ हो जाती हैं और इधर-उधर हटती नहीं। कोई-कोई, पाटी में लंबाई की तरफ के दोनों किनारों के पास, समानांतर छेद कर उनमें डोरा डालते हैं। इस प्रकार की पाटी को 'रेखापाटी' कहते हैं। कोई-कोई उसे 'समासपाटी' भी कहते हैं। कितने एक जैन साधुओं के पास बड़ी सुंदर रेखापाटी देखने में आती हैं। वे कागज़ के मज़बूत पुट्ठे या कुट्टी की बनी हुई होती हैं और उनके दोनों ओर भिन्न अंतर वाली डोरों की समानांतर पंक्तियां पाटी के साथ रोगन से चिपकी हुई होती हैं जो कभी हिल ही नहीं सकती। रेखापाटी पर कागज रख प्रत्येक पंक्ति पर अंगुली दबा कर चलाने से कागज़ की लंबाई में डोरों के निशान पड़ जाते हैं। इस प्रकार एक तरफ निशान हो जाने के बाद कागज़ को उलटा कर पहले के निशानों के मध्य में उसी तरह निशान बना लिये जाते हैं। इससे दो पंक्तियों के बीच का अंतर दो अंशों में विभक्त हो जाता है जिनमें से ऊपर वाले में अक्षर लिखे जाते हैं और नीचे का खाली छोड़ दिया जाता है जिससे हस्तलिखित पुस्तकों की पंक्तियां समानांतर होती हैं। ऐसे ही कागज़ की दाहिनी और बाईं ओर जितना हाशिया रखना हो उतना स्थान छोड़कर एक-एक लकीर खींच ली जाती है जिस पर पीछे से लाल स्याही से हाशिये की दो-दो लकीरें बनाई जाती हैं। ताड़पत्रों पर लिखी हुई पुस्तकों में पंक्तियां सीधी लाने के लिये पहले उन पर काली या रंगीन स्याही की बहुत बारीक लकीरें[८४] खींच ली जाती थीं अथवा लोहे की बारीक तीखे गोल मुंह की कलम से उनके निशान कर लिये जाते थे। भूर्जपत्रों पर भी ऐसा ही करते होंगे।

कांबी (रूल)

इस समय स्याही की लकीरें खींचने के लिये गोल रूल का प्रचार हो गया है परंतु पहले उसके लिये लकड़ी की गज़ (कंबा) जैसी चपटी पट्टी काम में आती थी जिसके ऊपर और नीचे का एक तरफ का किनारा बाहर निकला हुआ रहता था। उसके सहारे लकीरें खींची जाती थीं। ऐसी पट्टी को राजपूताने के लेखक 'कांबी' (कंबा) कहते हैं। वह रूल की अपेक्षा अच्छी होती हैं क्योंकि रूल पर जब स्याही लग जाती है जब यदि उसे पोंछ न लिया जाये तो घूमता हुआ रूल नीचे के कागज को बिगाड़ देता है परंतु कांबी का वह अंश जिसके साथ कलम सटी रहती है बाहर निकला हुआ होने से कागज़ को स्पर्श ही नहीं करता जिससे उस पर लगी हुई स्याही का दाग़ कागज़ पर कभी नहीं लगता। पुस्तक लेखक तथा ज्योतिषी लोग लकीरें खींचने के लिये पुरानी शैली से अब तक कांबी काम में लाते हैं।

सन्दर्भ :

१. बौद्धों की जातक कथाओं में 'पण्ण' (पत्र, पत्ता, पन्ना) का उल्लेख कई जगह मिलता है (देखो, ऊपर पृ० ५, टिप्पण २, ३, ४) जो ताड़पत्र का ही सूचक होना चाहिये। ह्वेनसांग के जीवनचरित से, जो उसी के शिष्य ह्वूली का बनाया हुआ है, पाया जाता है कि बुद्ध के निर्वाण के वर्ष में बौद्धों का जो पहला संघ एकत्र हुआ (देखो, ऊपर पृ० , टिप्पण ९) उसमें बौद्धों का 'त्रिपिटक' ताड़पत्रों पर प्रथम लिखा

गया था (बील अनुवादित ह्वेनसांग का जीवनचरित, पृ० ११६-१७)। ऐसा कह सकते हैं कि भारतवर्ष में लिखने के लिये सबसे पहले ताड़पत्र ही काम में आया हो और प्रारंभ में उस पर दक्षिणी शैली से लोहे की तीखे गोल मुंह की शलाका में से अक्षर कुचरना ही प्रतीत होता है क्योंकि 'लिख्' धातु का मूल अर्थ कुचरना, रगड़ना या रेखा करना ही है। स्याही से लिखने के लिये 'लिप्' धातु (लीपना, रंग पोतना) अधिक उपर्युक्त है, अतएव संभव है कि ताड़पत्रों पर स्याही से लिखने की उत्तरी प्रथा पीछे की हो।

संस्कृत साहित्य के कई शब्द और मुहावरे सबसे प्राचीन पुस्तकों का ताड़पत्र पर ही होना सूचित करते हैं, जैसे कि एक विषय का पुस्तक 'ग्रंथ' या 'सूत्र' कहलाता था जो ताड़पत्रों के एक गांठ या एक डोरी से बंधे हुए होने का स्मरण दिलाता है। वृक्ष के पत्रों के संबंध से ही पुस्तक के विषयों का विभाग स्कंध, कांड, शाखा, वल्ली आदि शब्दों से किया गया है। पत्र (पत्रा) और पर्ण (पन्ना) शब्द भी वृक्षों के पत्रों के ही स्मारक है।

२. देखो, ऊपर पृ० २, टिप्पण २।

३. ज० ए० सो० बंगा० जि० ६६, पृ० २१८; प्लेट ७, संख्या १, टुकड़े ९ (*a* से i तक)।

४. ऍ० ऑ० (आर्यन् सीरीज) प्लेट १-४।

५. ह; कॅ० पा; अंग्रेजी भूमिका, पृ० ५२, और अंत का प्लेट।

६. वही, पृ० ५२।

७. वही, पृ० १४०।

८. सा० अ० इं;जि० १, पृ० १७१।

९. देखो, ऊपर पृष्ठ २, टिप्पण २।

१०. बा; ए० इ. २२९।

११. इस विषय में मैक्समूलर लिखता है कि निआर्कस् भारतवासियों का रूई से कागज़ बनाने की कला का जानना प्रकट करता है' (देखो ऊपर पृ० ३, टि० ७) और बूलर निआर्कस के कथन का आशय अच्छी तरह कूट कर तैयार किये हुई रूई के कपड़ों के 'पट' से होना मानता है (बू; इं; पे; ९८) जो भ्रमपूरित है क्योंकि 'पट' अब तक बनते हैं और वे सर्वथा कूट कर नहीं बनाये जाते। (उनका विवेचन आगे किया जायगा) निआर्कस का अभिप्राय कागज़ों से ही है।

१२. अजमेर के सेठ कल्याणमल ढट्डा के यहां हस्तलिखित प्राचीन जैन एवं अन्य पुस्तकों का बड़ा संग्रह है। उसमें ज्योतिषसंबंधी पुस्तकों तथा विषयों के संग्रह का २९२ पत्रों की एक पुस्तक है जिसके पत्रांक प्राचीन और नवीन शैली दोनों तरह से दिये हुए हैं। उसके प्रारंभ में दो पत्रों में उक्त संग्रह की पत्रांक सहित विषयसूची भी लगी हुई है जो वि० सं० १४२९ (ई० स० १३७२) में उक्त संग्रह के लेखक श्रीलोकहिताचार्य ने ही तैयार की थी। उक्त पुस्तक के प्रत्येक पत्रे के मध्य के खाली छोड़े हुए हिस्से में बने हुए हिंगलू के वृत्त में सूराख बना हुआ है और ऊपर नीचे की पाटियों में भी। वहीं के २३५ पत्रों के एक दूसरे पुस्तक में, जिसमें भिन्न-भिन्न पुस्तकों का संग्रह है और जो १४वीं शताब्दी के आसपास का लिखा हुआ प्रतीत होता है (संवत् नहीं दिया), इसी तरह सूराख बने हुए हैं।

१३. गुजरात, काठियावाड़, कच्छ, सिंध और खानदेश के खानगी पुस्तकसंग्रहों की सूचियां, बूलर संगृहीत, भाग १, पृ० २३८, पुस्तकसंख्या १४७।

१४. देखो, ऊपर पृ० २, टि० ४।

१५. [ज० ए० सो० बंगा० जि० ६६, पृ० २१३-२६०] इन पुस्तकों में से जो मध्य एशिया की गुप्तकाल की लिपि में हैं वे तो मध्य एशिया के ही लिखे हुए हैं, परंतु कितने एक जो भारतीय गुप्त लिपि के हैं (प्लेट ७, संख्या ३ के a, b, c, e, f टुकडे; संख्या ५-८, ११ प्लेट १३, १५, १६) उनका भारतवर्ष से ही वहां पहुंचना संभव है जैसे कि होर्युज़ी के मठ के ताड़पत्र के और मि० बेवर के भोजपत्र के पुस्तक यहीं से गये हुए हैं। बूलर आदि कितने एक यूरोपियन विद्वानों ने यूरोप की तरह भारतवर्ष में भी कागज़ों का प्रचार मुसलमानों ने किया ऐसा अनुमान कर मध्य एशिया से मिले भारतीय गुप्त लिपि के पुस्तकों में से एक का भी यहां से वहां पहुंचना संदेहरहित नहीं माना परंतु थोड़े समय पूर्व डॉ० सर ऑरल स्टाइन को चीनी तुर्कस्तान से चीथड़ों के बने हुए ई० स० की दूसरी शताब्दी के जो कागज़ मिले उनके आधार पर डॉ० बार्नेट ने लिखा है कि 'यह संभव है कि मुग़लों (? मुसलमानों) के आने से बहुत पहले हिंदुस्तान में कागज़ का प्रचार होगा। परंतु उसका उसका उपयोग कम होता था (बा० एँ० इं० पृ० २२९-३०)।

१६. अजमेर के बीसपंथी आस्नाय के बड़े धड़े के दिगंबर जैन मंदिर में २० से अधिक पट रखे हुए हैं, जिन पर ढाई द्वीप, तीन लोक, तेरा द्वीप, जंबू द्वीप आदि के विवरण सहित रंगीन चित्र हैं। उनमें से कितने एक पुराने और कुछ नये हैं सब से छोटा १ फुट सब ५½ इंच लंबा उतना ही चौड़ा और सबसे बड़ा १५½ फुट लंबा और ५ फुट ७½ इंच चौड़ा है। कितने ही अन्य स्थानों में भी ऐसे अनेक पट देखने में आये हैं।

१७. मैसूर राज्य की आर्कियोलॉजिकल सर्वे की रिपोर्ट, ई० स० १९१६, पृ० १८।

१८. पी० पीटर्सन की बंबई इहाते के संस्कृत पुस्तकों की खोज की पांचवीं रिपोर्ट, पृ० ११३।

१९. इस प्रकार गणित करने की चाल को ज्योतिष शास्त्र के ग्रंथों में 'धूलीकर्म' कहा है।

२०. देखे, ऊपर पृ० ३, और उसी पृष्ठ का टिप्पण २।

२१. सॅ० अ० इं; जि० २, पृ० ११।

२२. वू; इं० पे; पृ० ९३।

२३. कच्चायन की भूमिका, पृ० २७. वू; इं० पे; पृ० ९५।

२४. विश्व गणयतो विधातुः शशियाकठिनोखण्डेन तमोमशोयामेऽजिन इन नभसि संचारस्यातिशून्यत्वाच्छून्यबिन्दव इव (वासवदत्ता; हॉल का संस्करण, पृ० १८२)।

२५. वू; इं. पे; पृ० ९५।

२६. यह हाल सावधानी के साथ तैयार किये हुए लेखों का है। कई लेख खुरदरे पत्थरों पर लापरवाही के साथ खोदे हुए भी मिलते हैं।

२७. जिन शिलालेखों में राजा की तरफ की किसी आज्ञा आदि का उल्लेख होता उन्हें राजकर्मचारी ही तैयार करते थे।

२८. लेखक बहुधा ब्राह्मण, कायस्थ, जैन साधु या सूत्रधार (सिलावट) लोग होते थे।

२९. हिंदुओं के शिलालेखों के अक्षर पत्थर के भीतर खोदे जाते हैं परंतु मुसलमानों के अरबी या फारसी के लेखों के अक्षर उभरे हुए होते हैं और पत्थर का वह अंश जहां पर अक्षर नहीं होता टांकियों से तोड़कर उड़ा दिया जाता है। कोई-कोई हिंदू-मुसलमानों का अनुकरण का उभरे हुए अक्षर वाले लेख भी बनाने लग गये परंतु ऐसे लेख बहुत ही कम मिलते हैं। अब तक ऐसे केवल दो ही लेख मेरे देखने में आये हैं। एक तो मथुरा के म्यूज़ियम में और दूसरी वाड़ी (धोलपुर राज्य में) वे दोनों मुसलमानों के समय के हैं।

३०. अशोक के गिरनार के लेख की १४ धर्माज्ञाओं में से प्रत्येक के चारों ओर लकीरें खुदी हुई हैं। वि० सं० १३७३ (ई० स० १३१६) के लाडनू (जोधपुर राज्य में) से मिले हुए लेख (जो राजपूताना म्यूज़ियम, अजमेर में रखा हुआ है) के चारों ओर लकीरें है (ऍ० इं० जि० १२, पृ० २४ के पास का प्लेट)।

३१. वसंतगढ़ (सिरोही राज्य में) से मिले हुए परमार राजा पूर्णपाल के समय के वि० सं० १०९९ (ई० स० १०४२) के लेख का, जो राजपूताना म्यूज़ियम में रखा हुआ है, खुदा हुआ अंश हाशिये से करीब पाव इंच नीचा है और वहीं रखे हुए अर्थूणा (बांसवाड़ा राज्य में) के दो शिलालेखों का खुदा हुआ अंश प्राय: एक इंच नीचा है। इनमें से एक (खण्डित) परमार राजा चामुंडराज के समय का वि० सं० ११५७ (ई० स० ११०१) का और दूसरा परमार राजा विजयराज के समय का वि० सं० ११६६ (ई० स० १११०) का है।

३२. राजपूताना म्यूज़ियम (अजमेर) में अजमेर के चौहान राजा विग्रहराज (वीसलदेव) रचित 'हरकेलिनाटक' की तथा सोमेश्वर पंडितरचित 'ललितविग्रहराजनाटक' की दो-दो शिलाएं रखी हुई हैं। इन चारों शिलाओं में कई जगह धातु भरी हुई है और कहीं उस पर अक्षर का अंश भी खुदा हुआ है।

३३. चिह्नों में स्वस्तिक (आ० स० स० ई; जि० १, प्लेट ६९; आ० स० वे० इं; जि० प्लेट ४९, लेख संख्या ५, ६, ७, ९, ११, १३, १४ आदि) चक्र (धर्मचक्र) पर रहा हुआ त्रिशूल (त्रिरत्न; आ० स० वे० इं; जि० ४, प्लेट, ४९, लेख संख्या ८, १० १५ आदि), 'ओ' का सांकेतिक चिह्न (देखो, लिपिपत्र १९, २१, २३ आदि के साथ दी हुई मूल पंक्तियों के प्रारंभ में) तथा कई अन्य चिह्न मिलते हैं जिनका आशय ठीक-ठीक ज्ञात नहीं हुआ (आ० सं० वे० इं; जि० ४, प्लेट ४४, भाजा का लेख ७; प्लेट ४५, कूडा के लेख १, ६, १६; प्लेट ४६ कूडा के लेख २०, २२, २४, २६)।

३४. शब्दों में 'सिद्धम्' (ऍ० इं० जि० १२, पृ० ३२० के पास का प्लेट, लिपिपत्र ७, ९, ११, १२, १५ आदि के साथ दी हुई मूलपंक्तियों के प्रारंभ में), 'स्वस्ति' (लिपिपत्र १८ की मूलपंक्तियों के प्रारंभ में 'ओं' के सांकेतिक चिह्न के बाद), 'हरि: ओम् स्वस्ति श्री:' (ऍ० इं० जि० ३, पृ० १४ के पास का प्लेट) आदि।

३५. 'ओं' (सांकेतिक चिह्न से) नम: शिवाय' (लिपिपत्र २१ की मूल पंक्तियों के प्रारंभ में), 'ओं (सांकेतिक चिह्न से) नमो विष्णवे' (लिपिपत्र २३ की मूल पंक्तियों के प्रारंभ में), 'नमो अरहतो वर्धमानस्य' (लिपिपत्र ५ की मूल पंक्तियों के प्रारंभ में), 'ओं (सांकेतिक चिह्न से) ओं नमो वीतरागाय' (राजपूताना म्यूज़ियम में रखे हुए परमार राजा विजयराज के समय के वि० सं० ११६६ के शिलालेख के प्रारंभ में)। 'ओं (सांकेतिक चिह्न से) नमो बुद्धाय' (एँ० इं; जि० १२, पृ० २८ के पास का प्लेट); 'ओं नमो रत्नत्रयाय' (शेरगढ़ का लेख; इं० एँ; १४ पृ० ४५) आदि लेखों के अंत में कभी-कभी 'श्री:', 'शुभं भवतु', 'श्रीरस्तु' आदि शब्द मिलते हैं और कभी '।।छ।।' लिखा हुआ मिलता है। यह 'छ' प्राचीन 'थ' अक्षर का रूपान्तर प्रतीत होता है जो वास्तव में धर्मचक्र या सूर्य का सूचक होना चाहिये।

३६. अशोक के दिल्ली (इं०एं.जा० १३, पृ० ३०६ से ३१० के बीच के प्लेट; जि० १९, पृ० १२२ और १२४ के बीच के प्लेट), रधिआ, मथिआ, रामपुरवा (ऍ.इं.जि. पृ० २४८ से २५२ के बीच का प्लेट), पदेरिया, निग्लिवा (ऍ० इं; जि० ५, पृ० ४ के पास का प्लेट) और सारनाथ (ऍ० इं; जि० ८, पृ०

१६८ के पास का प्लेट) के स्तंभों के लेखों; खालसी के चट्टान की १ से ९ तक की धर्मज्ञाओं (एँ० इं; जि० २, पृ० ४५० के बीच के दो प्लेट), एवं कितने एक अन्य लेखों में (आ० स० वे० इं; जि० ४ प्लेट ५२, लेखसंख्या ५, १०, १८, १९; प्लेट ५३, लेखसंख्या १३, १४; प्लेट ५४, लेखसंख्या ११; प्लेट ५६, लेखसंख्या ४; एँ० इं; जि० ८, पृ० १७६ के पास के प्लेट, लेख ७) शब्दों या समास वाले शब्दों के बीच स्थान छोड़ा हुआ मिलता है।

३७. इन विराम चिह्नसूचक लकीरों के लिये कोई निश्चित नियम नहीं था। कहीं बिना आवश्यकता के लगाई जाती थीं और कहीं आवश्यकता होने पर भी छोड़ दी जाती थीं। कहीं लेख की प्रत्येक पंक्ति के प्रारंभ में (बेरावल से मिले हुए वलभी संवत् ९२७ के लेख में प्रत्येक पंक्ति के प्रारंभ में दो-दो खड़ी लकीरें हैं; एँ० इं; जि० पृ० ३०६ के पास का प्लेट) और कहीं अंत में भी (अजमेर म्यूज़ियम में रखी हुई चौहानों के किसी ऐतिहासिक काव्य की शिलाओं में से पहली शिला की बहुधा प्रत्येक पंक्ति के अंत में एक या दो खड़ी लकीरें हैं) ऐसी लकीरें बिना आवश्यकता के मिलती हैं।

३८. इन विरामसूचक लकीरों में भी अक्षरों की तरह सुंदरता लाने का यत्न करना पाया जाता है। कहीं खड़ी लकीर के स्थान में अर्धवृत्त, कहीं उनके ऊपर के भाग में गोलाई के सिर की सी आड़ी लकीर और कहीं मध्य में आड़ी लकीर लगी हुई मिलती है।

३९. मौखरी अनंतवर्मन के नागार्जुन गुफा के लेख की प्रत्येक पंक्ति में आधा (फ्ली; गु; लं० प्लेट ३१ A)और अजंता की गुफा के एक लेख (आ० स० वे० इं० जि० ४ प्लेट ५६, लेख संख्या ४) तथा गुलवाड़ा के पास की गुफा के घटोत्कच के लेख (आ० स० वे० इं० जि० ४ प्लेट ६०) में एक-एक श्लोक ही खुदा है।

४०. समुद्रगुप्त के इलाहाबाद के अशोक के लेख वाले स्तंभ पर खुदे हुए लेख के श्लोकबद्ध अंश में (फ्ली; गु० इं; प्लेट १) तथा ग्वालियर से मिले हुए प्रतिहार राजा भोजदेव के शिलालेख (आ० स० इं० ई० स० १९०३-४, प्लेट ७२) में श्लोकांक दिये हैं।

४१. जोधपुर से मिले हुए प्रतिहार राजा बाउक के लेख में, जो राजपूताना म्यूज़ियम (अजमेर) में रखा हुआ है, संवत् के पूर्व कमल खुदा है।

४२. चाहमान विग्रहराज क हर्षनाथ के लेख की ३३वीं पंक्ति में विषय की समाप्ति पर फूल खुदा है (एँ० इं; जि० २, पृ० १२० के पास का प्लेट)।

४३. परताबगढ़ (राजपूताने में) से मिले हुए कन्नौज के प्रतिहार राजा महेंद्रपाल (दूसरे) के समय के वि० सं० १००३ (ई० स० ९४६) के शिलालेख में, जो राजपूताना म्यूज़ियम (अजमेर) में रखा हुआ है, १४वीं और ३०वीं पंक्तियों में वृत्त (O) बने हुए हैं।

४४. वसंतगढ़ (सिरोही राज्य में) से मिले हुए परमार राजा पूर्णपाल के समय के वि० सं० १०९९ (ई० स० १०४२) के शिलालेख के अंत में तथा ऊपर दो जगह भिन्न-भिन्न प्रकार के चिह्न बने हुए हैं। कितने एक लेखों के ऊपर के खाली हिस्सों में शिवलिंग नंदी, वत्ससहित गौ, सूर्य या चंद्र आदि के चित्र भी खुदे मिलते हैं।

४५. बुद्धगया से मिले हुए अशोकचल्ल के लक्ष्मणसेन संवत् ५१ के लेख की पहली पंक्ति में 'तथागतो ह्यवदत्' में 'तो' लिखना रह गया जिसकी पंक्ति के ऊपर लिखा है और नीचे चिह्न बनाया है (एँ० इं; जि० १२, पृ० २८ के पास का प्लेट)। वि० सं० १२०७ की महाजन की प्रशस्ति की ८वीं पंक्ति में 'तस्याभूत्तनयो नयोन्नतमतिः' में दूसरा 'नयो' लिखना रह गया जिसको पंक्ति के नीचे लिखा है। उसी

प्रशस्ति की ११वीं पंक्ति में [८वें] श्लोक का चतुर्थ चरण लिखना रह गया जो बाईं ओर के हाशिये पर लिखा गया है और जहां वह चाहिये था उस स्थान पर पंक्ति के ऊपर O चिह्न किया है। ऐसे ही उसी प्रशस्ति की २०वीं पंक्ति में [१७वां] श्लोक रह गया वह भी बाईं ओर के हाशिये पर लिखा है और जहां वह चाहिये था वहां पंक्ति के ऊपर × चिह्न किया है और वही चिह्न हाशिये पर (अंत में) दिया है (ऍ० इं; जि० २, पृ० २७६ के पास का प्लेट)।

४६. बिल्हारी के लेख की पहली पंक्ति [श्लोक १] में पहले 'तोरगपतिः प्रस्फार' खुदा था परंतु पीछे से 'पोतः' का विसर्ग टांकी से उड़ा दिया है तो भी नीचे की बिंदी का कुछ अंश दीखता है (ऍ० इं; जि० १, पृ० २५४ के पास का प्लेट)। उसी लेख की पांचवीं पंक्ति [श्लोक ९] में 'लीलोल्लालितशर्व्वपर्व्वतपते' खुदा था परंतु पीछे से 'शार्व्व' के 'शा' के साथ लगी हुई थी 'आ' की मात्रा की सूचक खड़ी लकीर को तिरछी लकीर से काट दिया है। कणस्वा के लेख की १६वीं पंक्ति में 'यतिहीनंमर्थशब्दहीनं' खुदा था परंतु पीछे से 'मर्थ' के दोनों अक्षरों के ऊपर पांच-पांच छोटी खड़ी लकीरें बना कर उन्हें काट दिया है (इं० ऍं; जि० १९, पृ० ५८ के पास का प्लेट)।

४७. कहीं पुराने लेखों में संवत् के साथ ऋतु और दिन ('कनिष्कस्य सं० ५ हे १ दिन १-ऍ० इं; जि० १, पृ० ३८१); कहीं ऋतु, मास और दिन (संवत्सरे पंचविशे हेमंतम से त्रितिये दिवस वीशे'--ऍ० इं०; जि० १, पृ० ३८४); कहीं मास, पक्ष और तिथि (रुद्रदाम्नोत वर्षे द्विसप्ततिमे ७० २ मार्ग्गशीर्षवहुलप्रति. ..ऍ० इं०; जि० ८, पृ० ४२) मिलते हैं। कहीं संवत् के स्थान में राज्यवर्ष (सन् जुलूस) भी मिलते हैं। चौथी शताब्दी के पीछे के लेखों में बहुधा संवत्, मास, पक्ष, तिथि आदि मिलते हैं।

४८. अर्थूणा (बांसवाड़ा राज्य में) के मंडलेसर के मंदिर में लगे हुए परमार चामुंडराज के वि० सं० ११३६ फाल्गुन सुदि ७ शुक्रवार के कविताबद्ध बड़े लेख में उसका रचयिता चंद्र लेखक बालभ्यजाति का कायस्थ आसराज और खोदने वाला चामुंडक होना लिखा है।

४९. कुंभलगढ़ (मेवाड़ में) के कुंभस्वामी (मामादेव) के मंदिर में लगा हुआ महाराणा कुंभकर्ण का लेख बड़ी-बड़ी पांच शिलाओं पर खुदा हुआ था जिनमें से ४ के टुकड़े मिल गये हैं।

५०. प्राग्वाट (पोरवाड) श्रेष्ठी (सेठ) लोलाक (लॉलिग) ने बीजोल्यां (मेवाड़ में) के निकट के जैन मंदिर के पास के एक चट्टान पर 'उन्नतशिखरपुराण' नामक दिगंबर जैन पुस्तक वि० सं० १२२६ (ई० स० ११७०) में खुदवाया जो अब तक विद्यमान है। बीजोल्यां के विद्यानुरागी स्वर्गीय राव कृष्णसिंह ने उस पर तथा उसके पास के दूसरे चट्टान पर खुदे हुए उक्त जैन मंदिर के संबंध के ही विशाल लेख पर भी (जो उसी संवत् का है और जिसमें चाहमान से लगाकर सोमेश्वर तक की सांभर और अजमेर के चौहानों की पूरी वंशावली और लोलाक के वंश का वर्णन है) मेरे आग्रह से पक्के मकान बना कर उनकी रक्षा का सुप्रबंध कर दिया है। चौहान राजा विग्रहराह (वीसलदेव) के बनाये हुए 'हरकेलिनाटक' की दो शिला, सोमेश्वर कविरचित 'ललितविग्रहराजनाटक' की दो शिला तथा चौहानों के किसी ऐतिहासिक काव्य की पहली शिला, ये पांचों अजमेर के ढाई दिन के झोंपड़े से (जो प्रारंभ में वीसलदेव की बनाई हुई पाठशाला थी) मिली हैं और इस समय अजमेर के राजपूताना म्यूज़ियम में रखी हुई हैं। मालवे के प्रसिद्ध विद्वान् राजा भोजरचित 'कूर्मशतक' नामक दो प्राकृत काव्य (ऍ० इं०; जि० ८, पृ० २४३–६०) और राजकवि मदनरचित 'पारिजातमंजरी (विजयश्री) नाटिका' --ऍ० इं०; जि० ८, पृ० १०१–१७, ये तीनों पुस्तक धार (मालवे में) में कमल मौला नामक स्थान। (जो पहले राजा भोज की बनवाई हुई 'सरस्वती कंठाभरण' नामक पाठशाला थी) से शिलाओं पर खुदे हुए मिले हैं। मेवाड़ के

महाराण कुंभकर्ण (कुंभा) ने कीर्तिस्तंभों के विषय का कोई पुस्तक शिलाओं पर खुदवाया था जिसकी पहली शिला का प्रारंभ का अंश चित्तौड़ के किले से मिला जिसका मैंने वहां से उठवा कर उदयपुर के विक्टोरिया हॉल के म्यूज़ियम में रखवाया है। मेवाड़ के महाराणा राजसिंह (प्रथम) ने, तैलंग भट्ट मधुसूदन के पुत्र रणछोड़ भट्ट रचित 'राजप्रशस्ति' नामक २४ सर्गों का महाकाव्य बड़ी-बड़ी २४ शिलाओं पर खुदवाकर अपने बनवाये हुए 'राजसमुद्र' नामक विशाल तालाब के सुंदर बंद पर २४ ताकों में लगवाया जो अब तक वहां पर सुरक्षित है।

५१. स्फटिक के टुकड़े पर खुदा हुआ एक छोटा लेख भट्टिप्रोलु के स्तूप से मिला है (एँ० इं०; जि० २, ३२८ के पास का प्लेट)।

५२. एशियाटिक सोसाइटी बंगाल के प्रोसेंडिंग्ज़ ई० स० १८९६, पृ० १००-१०३। डे; बु० इं; पृ० १२२ के पास का प्लेट।

५३. इन लेखों की प्रतिकृतियां ई० स० १९०१ ता० ६ दिसम्बर के 'पायोनियर' नामक इलाहाबाद के दैनिक अंग्रेज़ी पत्र में प्रसिद्ध हुई थी।

५४. वलभीपुर (वला, काठियावाड़ में) से मिले हुए मिट्टी के एक बड़े पात्र के टुकड़े पर [२००] ४० ७ श्रीगुहसेन घटा....' लेख है (इं. एँ० जि० १४, पृ० ७५)। यह पात्र वलभी के राजा गुहसेन (दूसरे) के समय का गुप्त सं० २४७ (ई० स० ५६६-७) का होना चाहिये।

५५. आ० स० रि; ई० स० १९०३-४; प्लेट ६०-६२।

५६. देखो, ऊपर पृ० ५ और उसी पृष्ठ के टिप्पण ६, ७, ८।

५७. क; आ० स० रि; जि० पृ० १३० और प्लेट ५९।

५८. ए० इं० जि० ५, १०१ और उसी के पास का प्लेट।

५९. बू; इं० पे; पृ० ९५।

६०. ज० रॉ० ए० सो; ई० स० १९१४, पृ० ९७५-७६ और ई० स० १९१५ के सामने का प्लेट।

६१. जैन मंदिर में मूर्तियों के साथ पूजन में रखे हुए चांदी के गट्टे गोल आकृति के होते हैं जिन पर 'नमोकार मंत्र' (नभो अरिहंताणं०) आठ दल के कमल और मध्य के वृत्त, नव स्थानों में मिल कर पूरा खुदा हुआ होने से उसको 'तवपदजी का गट्टा' कहते हैं। ऐसे ही चांदी के गट्टों पर यंत्र भी खुदे रहते हैं। अजमेर में श्वेतांबर संप्रदाय के मूंतों के मंदिर में चांदी के ४ नवपद के गट्टे और करीब एक फुट लंबे और उतने ही चौड़े चांदी के पत्रे पर 'ऋषिमंडलयंत्र' खुदा है। वहीं के बड़े मंदिर (श्वेतांबरी) में 'ह्रीं बीज तथा सिद्धचक्र' यंत्रों के गट्टे भी रखे हुए हैं।

६२. 'संधिविग्रहिक' उस राजमंत्री को कहते थे जिसको 'संधि' (सुलह) और 'विग्रह' (युद्ध) का अधिकार होता था।

६३. 'अक्षपटलिक' राज्य के उस अधिकारी को कहते थे जिसके अधीन हिसाब संबंधी काम रहता था, परंतु कभी इस शब्द का प्रयोग के दफ्तर के अध्यक्ष के लिये भी होता था। अतएव संभव है कि दफ्तर और हिसाब दोनों ही कहीं-कहीं एक ही अधिकारी के अधीन रहते हों।

६४. कश्मीर के राजा ताम्रपत्र तैयार करने के लिये 'पट्टोपाध्याय' नामक अधिकारी रखते थे। यह अधिकारी अक्षपटलिक के अधीन रहता था (कल्हणकृत राजतरंगिणी, तरंग ५, श्लोक ३९७-९८)।

६५. देखो, ऊपर पृ० १०० टिप्पण ३।

६६. दूतक कभी-कभी राजकुमार, राजा का भाई, कोई राज्याधिकारी आदि होते थे। कभी राजा स्वयं आज्ञा देता था। राजपूताने में ई० स० की १४वीं शताब्दी के आसपास से ताम्रपत्र राजस्थानी हिंदी में लिखे जाने लगे तो भी दूतक का नाम रहता था (प्रत दुए)।

६८. एॅ० इं०; जि० १२, पृ० १७१-८५।

६९. डॉ० बर्जेस संपादित 'तामिल एण्ड संस्कृत इस्क्रिप्शन्स', पृ० २०६-१६।

७०. राजमुद्रा में राज्यचिह्न, किसी जानवर या देवता का सूचक होता है। भिन्न-भिन्न वंशों के राज्यचिह्न भिन्न-भिन्न मिलते हैं जैसे कि वलभी के राजाओं का नंदी, परमारों का गरुड, दक्षिण के चालुक्यों का वराह, सेनवंशियों का सदाशिव आदि।

७१. राजपूताना म्यूज़ियम में रखे हुए प्रतिहार राजा भोजदेव के वि० सं० ९०० (ई० स० ८४३) के दानपत्र की बड़ी राजमुद्रा अलग बनाई जाकर ताम्रपत्र की बाईं ओर झाल कर जोड़ी हैं। प्रतिहार महेन्द्रपाल (प्रथम) और विनायकपाल के दानपत्रों की मुदाएं भी इसी तरह जुड़ी हुई होनी चाहिये। (ई० एँ० जि० १५, पृ० ११२ और १४० के पास के प्लेट। इन प्लेटों में मुद्रा की प्रतिकृति नहीं दी परंतु बाईं ओर जहां वह जुड़ी थी वह स्थान खाली पाया जाता है।

७२. मालवे के परमारों के दानपत्रों में राजमुद्रा बहुधा दूसरे पत्रे के बाईं ओर के नीचे के क़ोण पर लगी होती है।

७३. राजपूताना म्यूज़ियम (अजमेर) में रखे हुए दानपत्रों में से सबसे छोटा साढ़े चार इंच लंबा और ३ इंच चौड़ा है और तोल में १२ तोले हैं। सब से बड़ा प्रतिहार राजा भोजदेव का दौलतपुरे (जोधपुर राज्य में) से मिला हुआ मुद्रासहित २ फुट साढ़े पांच इंच लंबा और १ फुट ४ इंच तथा तोल में १९¾ सेर (३९ ½ पौंड) के करीब है। ये दोनों एक-एक पत्रे पर ही खुदे हैं।

७४. सौहगौरा के ताम्रलेख में राजकीय आज्ञा है (ए० सो० बंगा० के प्रोसीडिङ्स ई०स० १८९४, प्लेट १)।

७५. तक्षशिला के ताम्रलेख में क्षत्रप पतिक के बनाये बौद्ध स्तूप एवं मठ का उल्लेख है (एॅ० इं०; जि० ४, पृ० ५५-५६)।

७६. राजकोट के सुप्रसिद्ध स्वर्गीय वैद्य बाबा मेहता के घर की देवपूजा में तांबे के कई एक छोटे बड़े यंत्र मेरे देखने में आये मंगल का त्रिकोण यंत्र कई लोगों के यहां मिलता है। अजमेर के संभवनाथ के जैन (श्वेतांबर) मंदिर में छोटी ढाल जैसा बड़ा एक गोल यंत्र रखा हुआ, जिसको 'बीसस्थानक' का यंत्र कहते हैं।

७७. त्रिपति (मद्रास इहाते में) में तांबे के पत्रों पर खुदे हुए तेलुगु पुस्तक मिली हैं (बी; सा० इं० पे; पृ० ८६)। ह्वेनसांग के लेख से पाया जाता है कि 'राजा कनिष्क ने प्रसिद्ध विद्वान् पार्श्व की प्रेरणा से कश्मीर में बौद्धसंघ एकत्रित किया जिसने सूत्रपिटक पर 'उपदेशशास्त्र', विनयपिटक पर 'विनयविभाषाशास्त्र' और अभिधर्मपिटक पर 'अभिधर्मविभाषाशास्त्र' नामक लाख-लाख श्लोकों की टीकाएं तैयार कीं। कनिष्क ने इस तीनों टीकाओं को ताम्रफलकों पर खुदवाया और उनको पत्थर की पेटियों में रखकर उन पर स्तूप बनवाया' (बी० बु० रे० वे० व; जि० १, पृ० १५५)। ह्वेनसांग की भारतीय यात्रा पर थॉमस वॉटर्स का पुस्तक, जि० १, पृ० २७१)। ऐसी भी प्रसिद्धि है कि सायण के वेदभाष्य भी तांबे के पत्रों पर खुदवाये गये थे (मैक्समूलर संपादित ऋग्वेद जि० १, पृ० XVII)।

७८. आबू पर अचलगढ़ के जैन मंदिर में पीतल की बनी हुई ४ विशाल और ८ कुछ छोटी मूतियां स्थापित हैं जिनके आसनों पर ई० स० १५वीं और १६वीं शताब्दी के लेख खुदे हुए हैं। अन्यत्र भी ऐसी मूर्तियां देखने में आती हैं परंतु इतनी एक साथ नहीं।

७९. बूलर की कश्मीर आदि के पुस्तकों की रिपोर्ट, पृ० ३०।

८०. द्वितीय राजतरंगिणी का कर्ता जोनराज अपने ही एक मुकद्दमे के विषय में लिखता है कि [मेरे दादा] लोलराज ने किसी कारण से अपनी दस प्रस्थ भूमि में से एक प्रस्थ भूमि किसी को बेची और अपने नोनराज आदि बालक पुत्रों को यह कह कर उसी वर्ष वह मर गया। नोनराज आदि को असमर्थ देखकर भूमि खरीदने वाले एक के बदले जबरदस्ती से दसों प्रस्थ भोगते रहे और उसके लिये उन्होंने यह जाल बना लिया कि विक्रयपत्र (बैनामे) में लिखे हुए 'भूप्रस्थमेकं विक्रीतं' में 'म' के पूर्व रेखारूप से लगने वाली 'ए' की मात्रा* को 'द' और 'म' को 'श'** बना दिया, जिससे विक्रय पत्र में 'भूप्रस्थमेकं' का 'भूप्रस्थदशकं' हो गया। मैंने यह मामला उस राजा (जैनोल्लाभदीन; ज़ैन-उल्-आबदीन) की राजसभा में पेश किया तो राजा ने भूर्जपत्र पर लिखे हुए विक्रयपत्र को मंगवा कर पढ़ा और उसे पानी में डाल दिया तो नये अक्षर 'धुल गये और पुराने ही रह गये जिससे 'भूप्रस्थमेकं' ही निकल आया। इस [न्याय] से राजा को कीर्ति, मुझको भूमि, जाल करने वालों को अद्‌भुत दण्ड, प्रजा को सुख और दुष्टों को भय मिला। (जोनराजकृत राजरंगिणी, श्लोक १०२५-३७)। इससे यह पाया जाता है कि या तो कश्मीर वाले तीन पीढ़ियों में ही पक्की स्याही बनाने की विधि भूल गये थे, या भुर्जपत्र पर की स्याही जितनी पुरानी हो उतने ही अक्षर दृढ़ हो जाते थे या अधिक संभव है कि पंडित लोलराज की पुस्तक लिखने की स्याही, जिससे विक्रयपत्र लिखा गया था, पक्की थी और दूसरी स्याही, जिससे जाल किया गया, कच्ची थी।

८१. सांची के एक स्तूप में से पत्थर के दो गोल डिब्बे मिले हैं जिनमें सारिपुत्र और महामोगलान की हड्डियां निकली हैं। एक डिब्बे के ढक्कन पर 'सारिपुतस' खुदा है और भीतर उसके नाम का पहला अक्षर 'सा' स्याही से लिखा हुआ है। दूसरे के ढक्कन पर 'महामोगलानस' खुदा है और भीतर 'म' अक्षर स्याही का लिखा हुआ है। सारिपुत्र और महाभोगलान दोनों बुद्धदेव (शाक्यमुनि) के मुख्य शिष्य थे। सारिपुत्र का देहांत बुद्धदेव की मौजूदगी में हो गया था और महामोगलान का बुद्ध के निर्वाण के बाद हुआ था। यह स्तूप ई० स० की पूर्व की तीसरी शताब्दी का बना हुआ माना जाता है। (कनिंघम का 'भिलसाटोप्स', पृ० २९५-३०८)। यदि ये डिब्बे उक्त स्तूप के बनने के समय नये बनाये जा कर उनमें वे हड्डियां रखी गई थीं ऐसा माना जाये तो ये स्याही से लिखे हुए अक्षर ई० स० पूर्व की तीसरी शताब्दी के होने चाहिये परंतु यदि यह माना जाये कि ये डिब्बे किसी अन्य स्तूप से निकाले जा कर सांची के स्तूप में रखे गये थे तो उक्त स्याही के अक्षरों के लिखे जाने का समय ई० स० पूर्व की पांचवीं शताब्दी होगा।

८२. अजमेर के सेठ कल्याणमल ढढ्डा के पुस्तकसंग्रह में बहुत सुंदर अक्षरों में लिखा हुआ 'कल्पसूत्र' है जिसका पहला पत्रा सुवर्ण की स्याही से लिखा हुआ है। यह पुस्तक १७वीं शताब्दी की लिखा हुई प्रतीत होती है। सुवर्ण की स्याही से पूरे लिखे हुए दो जैन पुस्तकों का सिरोही राज्य के जैन पुस्तक संग्रहों में होना विश्वस्त रीति से सुना गया है परंतु वे मेरे देखने में नहीं आये। वि० सं० १९२२ के करीब मेरे पिता ने उदयपुर के पंडित सदाशिव से एक छोटा पत्रा सोने की स्याही से और दूसरी चांदी की

* शारदा (कश्मीरी) एवं अन्य प्राचीन लिपियों से पहले 'ए' की मात्रा का चिह्न छोटी या बड़ी खड़ी लकीर भी था जो व्यंजन के पहले लगाया जाता था (देखो, लिपिपत्र २८ में 'शे' ; २९ में 'दे' ; ३० में दिये हुए अरिगांव के लेख के अक्षरों में 'ते'।

** कश्मीरी लिपि में 'म' और 'श' में इतना ही अंतर है कि 'म' के ऊपर सिर की लकीर नहीं लगती और 'श' के लगती है (देखो, लिपिपत्र ३१) बाकी कोई भेद नहीं है।

स्याही से लिखवाया, वे दोनों अब तक विद्यमान है और रंगीन कागज़ों पर लिखे हुए हैं। सोने की स्याही से लिखी हुई फारसी की एक किताब अलवर के राज्यपुस्तकालय में है ऐसा सुना जाता है। ऐसी ही फारसी की एक किताब सेठ कल्याणमल ढढ्ढा के यहां गिरवी रखी हुई है परंतु उस पर मुहर लगी हुई होने के कारण उसका नाम मालूम नहीं किया जा सका। सेठ कल्याणमल ढढ्ढा के यहां कई हस्तलिखित पुस्तकों के संग्रह की देशी छींट के पुट्ठे की एक पुरानी किताब है जिसमें 'यंत्रावचूरि' नामक पुस्तक १८ पत्रों (३८ पृष्ठ) पर चांदी की स्याही से बड़े ही सुंदर अक्षरों में लिखा हुआ है, जिसके प्रत्येक पृष्ठ के चारों तरफ के हाशिये रंगीर लकीरों से बनाये गये हैं। हाशियों पर जो इबारत लिखी है वही काली स्याही से है बाकी सब चांदी की स्याही से है। चांदी की स्याही से लिखा हुआ हिस्सा कागज को पहले लाल या काला रंगने के बाद लिखा गया है। पुस्तक में संवत् नहीं है परंतु वह ई० स० की १५वीं शताब्दी के आसपास का लिखा हुआ प्रतीत होता है। पत्रे इतने जीर्ण हो गये हैं कि हाथ देने से टूटते हैं। दो-दो पृष्ठों के बीच रेशम के टुकड़े रखे हैं वे भी बिल्कुल जीर्णशीर्ण हो गये हैं।

८३. मेमॉयर्स ऑफ दी एशियाटिक ऑफ बंगाल जि० ५, प्लेट ३७ में ताड़पत्र पर लिखे हुए पंचरक्षा नामक पुस्तक के एक पत्रे की जो प्रतिकृति छपी है उसमें दो कमल बने हुए हैं। एक १२ और दूसरा ६ पंखुड़ी का। वे कमल इतने छोटे और उनकी परिधि की वृत्त रेखाएं इतनी बारीक हैं कि जिस प्रकार से वे बनाये गये हैं उसकी बड़ी सूक्ष्मता का अनुमान भली-भांति हो सकता है।

८४. ताड़पत्रों पर पंक्तियां सीधी और समानांतर लाने के लिये खींची हुई लकीरों के लिये देखो, मेमॉयर्स ऑफ दी एशियाटिक सोसाइटी ऑफ बंगाल, जि० ५, प्लेट ३६।

परिशिष्ट

भारतीय संवत्[१]

भारतवर्ष के भिन्न-भिन्न विभागों में समय-समय पर भिन्न-भिन्न संवत् चलते रहे जिनके प्रारंभ आदि का हाल जानना प्राचीन शोध के अभ्यासियों के लिये आवश्यक है, इसलिये उनका संक्षेप से विवेचन किया जाता है।

१. सप्तर्षि[२] संवत्

सप्तर्षि संवत् को लौकिककाल, लौकिक संवत्[३], शास्त्र संवत्[४], पहाड़ी संवत्[५] या कच्चा संवत्[६] भी कहते हैं। यह संवत् २७०० वर्ष का कल्पित चक्र है जिसके विषय में यह मान लिया गया है कि सप्तर्षि नाम के सात तारे अश्विनी से रेवती पर्यंत २७ नक्षत्रों में से प्रत्येक पर क्रमशः सौ-सौ वर्ष तक रहते हैं।[७] २७०० वर्ष में एक चक्र पूरा हो कर दूसरे चक्र का प्रारंभ होता है। जहां-जहां यह संवत् प्रचलित रहा या है वहां नक्षत्र का नाम नहीं लिखा जाता, केवल १ से १०० तक के वर्ष लिखे जाते हैं। १०० वर्ष पूरे होने पर शताब्दी का अंक छोड़ कर फिर से प्रारंभ करते हैं। कश्मीर के पंचांग[८] तथा कितने की एक पुस्तकों[९] में कभी-कभी प्रारंभ से भी वर्ष लिखे हुए मिलते हैं। कश्मीर वाले इस संवत् का प्रारंभ कलियुग के २५ वर्ष पूरे होने पर[१०] (२६वें वर्ष से) मानते हैं परंतु पुराण तथा ज्योतिष के ग्रन्थों में इसका प्रचार कलियुग के पहले से होना माना गया है।[११]

(अ) 'राजतरंगिणी' में कल्हण पंडित लिखता है कि 'इस समय लौकिक [संवत्] के २४वें (वर्तमान) वर्ष में शक संवत् के १०७० वर्ष बीत चुके हैं।[१२] इस हिसाब से वर्तमान[१३] लौकिक संवत् और गत शक संवत् के बीच का अंतर (१०७०-२४=) १०४६=४६ है। अर्थात् शताब्दी के अंक रहित सप्तर्षि संवत् में ४६ जोड़ने से शताब्दी रहित शक (गत), ८१ जोड़ने से चैत्रादि विक्रम (गत), २५ जोड़ने से कलियुग (गत) और २४ या २५ जोड़ने से ई० स० (वर्तमान) आता है।

(आ) चंबा से मिले हुए एक लेख में विक्रम संवत् (गत) १७१७, शक संवत् १५८२ (गत) और शास्त्र संवत् ३६ वैशाखा वति (वदि)[१४] १३ बुधवार[१५] लिखा है। इससे भी वर्तमान शास्त्र संवत् और [गत] विक्रम संवत् (१७१७-३६=८१) तथा शक संवत् (१५८२-३६=१५४६=४६) के बीच का अंतर ऊपर लिखे अनुसार ही आता है।

(इ) पूना के दक्षिण कॉलेज के पुस्तकालय में शारदा (कश्मीरी) लिपि का 'काशिकावृत्ति' पुस्तक है जिसमें गत विक्रम संवत् १७१७ और सप्तर्षि संवत् ३६ पौषवति (वदि) ३ रविवार और तिष्य (पुष्य) नक्षत्र लिखा है।[१६] इससे भी सप्तर्षि और विक्रम संवत् के बीच का अंतर ऊपर लिखे अनुसार (१७१७-३६=१६८१=८१) ही आता है।

सप्तर्षि संवत् का प्रारंभ चैत्र शुक्ला १ से होता है और इसके महीने पूर्णिमांत हैं। इस संवत् के वर्ष बहुधा वर्तमान[१७] ही लिखे जाते हैं। प्राचीन काल में इस संवत् का प्रचार कश्मीर और पंजाब में था परंतु अब कश्मीर तथा उसके आसपास के पहाड़ी इलाकों में ही, विशेष कर ज्योतिषियों में रह गया है।

२. कलियुग[१८] संवत्

कलियुग संवत् को भारतयुद्ध संवत् और युधिष्ठिर संवत् भी कहते हैं। इस संवत् का विशेष उपयोग ज्योतिष के ग्रंथों तथा पंचांगों में होता है तो भी शिलालेखादि में भी कभी-कभी इसमें दिये हुए वर्ष मिलते हैं।[१९] इसका प्रारंभ ई० स० पूर्व ३१०२ तारीख १८ फरवरी के प्रात:काल से माना जाता है। चैत्रादि विक्रम संवत् १९७५ (गत) और शक संवत् १८४० (गत) के पंचांग में गत कलि ५०१९ लिखा है। इस हिसाब से चैत्रादि गत विक्रम संवत् में (५०१९-१९७५=) ३०४४, गत शक संवत् (५०१९-१८४०=)३१७९ और ई० स० में ३१०१ जोड़ने से गत कलियुग संवत् आता है।

दक्षिण के चालुक्यवंशी राजा पुलकेशि (दूसरे) के समय के एहोले की पहाड़ी पर के जैन मंदिर के शिलालेख में भारतयुद्ध से ३७३५ और शक राजाओं (शक संवत्) के ५५६ वर्ष बीतने पर उक्त मंदिर का बनना बतलाया है।[२०] उक्त लेख के अनुसार भारत के युद्ध (भारत युद्ध संवत्) और शक संवत् के बीच में अंतर (३७५३=५५६) ३१९७ वर्ष आता है। ठीक यही अंतर कलियुग संवत् और शक संवत् के बीच होना ऊपर बतलाया गया है अतएव उक्त लेख के अनुसार कलियुग संवत् और भारतवर्ष संवत् एक ही है। भारत के युद्ध में विजय पाने से राजा युधिष्ठिर को राज्य मिला था जिससे इस संवत् को युधिष्ठिर संवत्[२१] भी कहते हैं। पुराणों में कलियुग का प्रारंभ कृष्ण के स्वर्गारोहण[२२] से अर्थात् भारत के युद्ध के पीछे माना है परंतु उसको पिछले विद्वानों ने स्वीकार नहीं किया। वराहमिहिर लिखता है कि युधिष्ठिर के राज्य समय सप्तर्षि मेघा नक्षत्र पर थे और उस राजा का शककाल (संवत्) २५२६ वर्ष रहा[२३] अर्थात् उसके संवत् के २५२६ वर्ष बीतने पर शक संवत् चला। इससे महाभारत के युद्ध का द्वापर के अंत में नहीं किंतु कलियुग संवत् के (३१७९-२५२६=) ६५३ वर्ष व्यतीत होने पर होना मानना पड़ता है। कल्हण पंडित कश्मीर के राजाओं के राज्य समय के विषय में लिखते हुए कहता है कि 'द्वापर के अंत में भारत [युद्ध] हुआ इस दंतकथा से विमोहित होकर कितने एक [विद्वानों] ने इन राजाओं का राज्यकाल गलत मान लिया है . . . . .जब कलि के ६५३ वर्ष व्यतीत हुए तब कुरुपांडव हुए[२४] अर्थात् भारत का युद्ध हुआ। यह कथन वराहमिहिर के उपर्युक्त कथन के अनुसार ही है।

पुराणों में परीक्षित के जन्म[२५] (महाभारत के युद्ध) से लगा कर महापद्म (नंद) के राज्याभिषेक तक १०५०[२६] वर्ष होना भी लिखा मिलता है। महापद्म (नंद) के वंश का राज्य १०० वर्ष तक रहा जिसके पीछे मौर्य चंद्रगुप्त ने राज्य पाया। चंद्रगुप्त का राज्याभिषेक ई० स० पूर्व ३२१ के आसपास होना निश्चित है अतएव पुराणों के उपर्युक्त कथनानुसार भारत युद्ध का ई० स० पूर्व (३२१+१००+१०५०=) १४७१ के आसपास होना मानना पड़ता है। पुराणों में दी हुई भारत के युद्ध से लगा कर महापद्म (नंद) तक की वंशावलियों में मिलने वाली राजाओं की संख्या[२७] देखते हुए भी यह समय ठीक प्रतीत होता है।

भारत युद्ध के समय संबंधी ऊपर उद्धृत किये हुए भिन्न-भिन्न मतों पर से यही कहा जा सकता है कि पहले के कितने एक लेखकों ने कलियुग संवत् और भारतयुद्ध संवत् को एक माना है परंतु भारत का युद्ध कलियुग के प्रारंभ में नहीं हुआ।

३. वीरनिर्वाण संवत्

जैनों के अंतिम तीर्थंकर महावीर (वीर, वर्द्धमान) के निर्वाण (मोक्ष) से जो संवत् माना जाता है उसको 'वीरनिर्वाण संवत्' कहते हैं। उसका प्रचार हुआ बहुधा जैन ग्रंथों में मिलता है तो भी कभी-कभी उसमें दिये हुए वर्ष शिलालेखों में भी मिल जाते हैं।

(अ) श्वेतांबर मेरुतुंगसूरि ने अपने 'विचारश्रेणि' नामक पुस्तक में वीरनिर्वाण संवत् और विक्रम संवत् के बीच का अंतर ४७० दिया है।[२८] इस हिसाब से विक्रम संवत् में ४७०, शतक संवत् में ६०५ और ई० स० ५२७ मिलाने से वीरनिर्माण संवत् आता है।

(आ) श्वेतांबर अंबदेव उपाध्याय के शिष्य नेमिचंद्राचार्य रचित 'महावीरचरियं' नामक प्राकृत काव्य में लिखा है कि 'मेरे (महावीर के) निर्वाण से ६०५ वर्ष और ५ महीने बीतने पर शक राजा उत्पन्न होगा।[२९] इससे भी वीरनिर्वाण संवत् और शक संवत् के बीच ठीक वही अंतर आता है जो ऊपर लिखा गया है।

(इ) दिगंबर संप्रदाय के नेमिचंद्र रचित 'त्रिलोकसार' नामक पुस्तक में भी वीरनिर्वाण से ६०५ वर्ष और ५ महीने बाद शक राजा का होना लिखा है।[३०] इससे पाया जाता है कि दिगंबर सम्प्रदाय के जैनों में भी पहले वीरनिर्वाण और शक संवत् के बीच ६०५ वर्ष का अंतर होना स्वीकार किया जाता था जैसा कि श्वेताम्बर संप्रदाय वाले मानते हैं, परंतु 'त्रिलोकसार' के टीकाकार माधवचंद्र ने त्रिलोकसार में लिखे हुए 'शक' राजा को भूल से 'विक्रम'[३१] मान लिया जिससे कितने एक पिछले दिगंबर जैन लेखकों ने विक्रम संवत् से ६०५[३२] (शक संवत् से ७४०) वर्ष पूर्व वीरनिर्वाण होना मान लिया जो ठीक नहीं है। दिगंबर जैन लेखकों ने कहीं शक संवत् से ४६१, कहीं ९७९५ और कहीं १४७९३[३३] वर्ष पूर्व वीरनिर्वाण होना भी लिखा है परंतु ये मत स्वीकार योग्य नहीं हैं।

४. बुद्धनिर्वाण संवत्

बौद्धों में बुद्ध (शाक्यमुनि) के निर्वाण से जो संवत् माना जाता है उसको 'बुद्धनिर्वाण संवत्' कहते हैं। यह बौद्ध ग्रंथों में लिखा मिलता है और कभी-कभी शिलालेखों[३४] में भी बुद्ध का निर्वाण किस वर्ष में हुआ इसका यथार्थ निर्णय अब तक नहीं हुआ। सीलोन[३५] (सिंहलद्वीप, लंका), ब्रह्मा और स्याम में बुद्ध का निर्वाण ई० स० से ५४४ वर्ष पूर्व होना माना जाता है और ऐसा ही आसाम के राजगुरु मानते हैं।[३६] चीन वाले ई० स० पूर्व ६३८ में उसका होना मानते हैं।[३७] चीनी यात्री फाहियान ने जो ई० स० ४०० में यहां आया था, लिखा है कि इस समय तक निर्वाण से १४९७ वर्ष व्यतीत तक हुए हैं।[३८] इससे बुद्ध के निर्वाण का समय ई० स० पूर्व (१४९७-४००=) १०९७ के आसपास मानना पड़ता है। चीनी यात्री ह्वेनसांग ने निर्वाण से १००वें वर्ष में राजा अशोक (ई० स० पूर्व २६९ से २२७ तक) का राज्य दूर-दूर फैलना बतलाया है[३९] जिससे निर्वाणकाल ई० स० पूर्व की चौथी शताब्दी के बीच आता है। डॉ० बूलर ने ई० स० पूर्व ४८३-२ और ४७२-१ के बीच[४०], प्रोफेसर कर्न ने ई० स० पूर्व ३८८ में, फर्गसन[४१] ने ४८१ में, जनरल कनिंघम ने[४२] ४७८ में, मैक्समूलर[४३] ने ४७७ में, पंडित भगवानलाल इंद्रजी ने[४४] ३६८ में (गया के लेख के आधार पर) मिस् डफ्ने[४५] ४७७ में, डॉ० बार्नेट ने[४६] ४८३ में, डॉ० फ्लीट ने[४७] ४८२ में और बी० ए० स्मिथ[४८] ने ई० स० पूर्व ४८७ या ४८६ में निर्वाण होना अनुमान किया है। बुद्धनिर्वाण संवत् वाले अधिक लेख न मिलने तथा विद्वानों में इसके प्रारंभ के विषय में मतभेद होने पर भी अभी तो इसका प्रारंभ ई० स० पूर्व ४८७ के आसपास होना स्वीकार होना ठीक जंचता है, परंतु वही निश्चित है ऐसा नहीं कहा जा सकता।

५. मौर्य संवत्

उदयगिरि (उड़ीसा से कटक के निकट) की हाथी गुंफा में जैन राजा खारवेल (महामेघवाहन) का एक लेख है जो मौर्य संवत् (मुरियकाल) १६५ का है।[४९] उक्त लेख को छोड़कर और कहीं इस संवत् का उल्लेख[५०] नहीं मिलता। नंद वंश को नष्ट कर राजा चंद्रगुप्त ने ई० स० पूर्व ३२१ के आसपास मौर्य राज्य की स्थापना की थी अत एव अनुमान होता है कि यह संवत् उसी घटना से चला हो। यदि यह अनुमान ठीक हो तो इस संवत् का प्रारंभ ई० स० पूर्व ३२१ के आसपास होना चाहिये।

६. सेल्युकिडि संवत्

ई० स० ३२३ में यूनान के बादशाह सिकंदर (अलेक्जेण्डर) का देहांत होने पर उसके सेनापति राज्य के लिये आपस में लड़ते रहे। अंत में तीन राज्य मक्दूनिया (मसिडोनिया, ग्रीस में), मिस्र और सीरिया (बेबीलॉन) क़ायम हुए। सीरिया का स्वामी सेल्युकस निकाटॉर बना जिसके अधीर वाक्ट्रिया आदि एशिया के पूर्वी देश भी रहे। सेल्युकस के राज्य पाने के समय अर्थात् ता० १ अक्टोवर ई० स० पूर्व ३१२ से उसका संवत् (सन्) चला जो वाक्ट्रिया में भी प्रचलित हुआ। हिंदुस्तान के काबुल तथा पंजाब आदि हिस्सों पर वाक्ट्रिया के ग्रीकों (यूनानियों) का आधिपत्य होने के बाद उक्त संवत् का प्रचार भारतवर्ष के उन हिस्सों में कुछ-कुछ हुआ हो यह संभव है।

यद्यपि अब तक कोई ऐसा लेख नहीं मिला कि जिसमें इस संवत् का लिखा जाना निश्चयात्मक माना जा सके तो भी इस संवत् के साथ लिखे जाने वाले मसीडोनियन् (यूनानी) महीने[५१] शक तथा कुशन वंशियों के समय के कितने एक खरोष्ठी लेखों में मिल आते हैं। जिन लेखों में ये विदेशी महीने मिले हैं वे विदेशियों के खुदवाये हुए हैं। उनमें दिये हुए वर्ष किस संवत् के हैं इसका अब तक ठीक निर्णय नहीं हुआ तो भी संभव है कि जो लोग विदेशी मसीडोनियन् (यूनानी) महीने लिखते थे वे संवत् भी विदेशी ही लिखते होंगे चाहे वह सेल्युकिडि (शताब्दियों के अंकरहित), पार्थियन्[५२] या कोई अन्य (शक) संवत् हो।

७. विक्रम संवत्

विक्रम संवत् को मालव संवत् (मालव काल)[५३] भी कहते हैं। इसके संबंध में यह प्रसिद्धि चली आती है कि मालवा के राजा विक्रम या विक्रमादित्य ने शकों को पराजय कर अपने नाम का संवत् चलाया। धौलपुर से मिले हुए चाहमान (चौहान) चंडमहासेन के विक्रम संवत् ८९८ (ई० स० ८४१) के शिलालेख में पहले-पहल[५४] इस संवत् के साथ विक्रम का नाम जुड़ा हुआ मिलता है।[५५] उसके पहले के अब तक के मिले हुए लेखों में विक्रम का नाम तो नहीं मिलता किंतु संवत् नीचे लिखे अनुसार भिन्न-भिन्न रीति से दिया हुआ मिलता है–

(१) मंदसौर से मिले हुए नरवर्मन् के समय के लेख में–'श्रीर्म्मालवगणाम्नाते प्रशस्ते कृतसंज्ञिते[।] एकषष्ठ्ययधिके प्राप्ते समाशतचतुष्टये [।।] प्रावृक्का(ट्का)ले शुभे प्राप्ते[५५क], अर्थात् 'मालवगण के प्रचलित किये हुए प्रशस्त कृत संज्ञा वाले ४६१वें वर्ष के लगने पर वर्षा ऋतु में।

(२) राजपूताना म्यूज़ियम (अजमेर) में रखे हुए नागरी (मध्यमिका, उदयपुर राज्य में) के शिलालेख में–'कृतेषु चतुर्षु वर्षशतेष्वेकाशीत्युत्तरेष्वस्यां मालवर्पूर्व्वायां[४००] ८०१ कार्त्तिकशुक्ल पञ्चम्याम्', अर्थात् 'कृत [नामक] ४८१[वें] वर्ष (संवत्)) में इस मालवपूर्ण कार्तिक शुक्ला पंचमी के दिन।'

(३) मंदसौर से मिले हुए कुमारगुप्त (प्रथम) के समय के शिलालेखों में–'मालवानांगणस्थित्या याते शतचतुष्टये। त्रिनवत्यधिकेब्दानाम्रि(मृ)तौ सेव्यघनस्तने।। सहस्यमासशुक्लस्य प्रशस्तेह्नि त्रयोदशे'[५६], अर्थात् 'मालवों के गण (जाति) की स्थिति में ४९३ वर्ष बीतने पर पौष शुक्ल १३ को।'

(४) मंदसौर से मिले हुए यशोधर्मन् (विष्णुवर्द्धन्) के समय के शिलालेखों में–'पञ्चसु शतेषु शरदां यातेष्वेकान्नवतिसहितेषु। मालवगणस्थितिशात्कालज्ञानाय लिखितेषु'[५७] अर्थात् 'मालवगण (जाति) की स्थिति के वश से कालज्ञान के लिये लिखे हुए ५८६ वर्षों के बीतने पर'।

(५) कोटा के पास के कणस्वा के शिव मंदिर में लगे हुए शिलालेख में–'संवत्सरशतैर्यातैः सपंचनवत्यर्ग्गलैः [।] सप्तभिर्म्मालवेशानां[५८], अर्थात् 'मालव जाति के राजाओं (राजा)[५९] के ७९५ वर्ष बीतने पर।

इन सब अवतरणों से यही पाया जाता है कि–

(अ) मालव गण (जाति) अथवा मालव (मालवा) के राज्य या राजा की स्वतंत्र स्थापना के समय से इस संवत् का प्रारंभ होता था।

(आ) अवतरण १ और २ में दिये हुए वर्षों की संज्ञा 'कृत' भी थी।[६०]

(इ) इसकी मासपक्षयुत तिथिगणना भी 'मालवपूर्वा', अर्थात् मालवे (या मालवों) की गणना[६१] के अनुसार की, कहलाती थी।

जयपुर राज्य के नगर (कर्कोटक नगर) से कुछ सिक्के ऐसे मिले हैं जिन पर 'मालवान(नां) जय(यः)[६२] लेख होना बतलाया जाता है। उनकी लिपि ई० स० पूर्व २५० से लगा कर ई० स० २५० के बीच की अर्थात् विक्रम संवत् के प्रारंभ के आसपास की मानी गई है। इन सिक्कों से अनुमान होता है कि मालव जाति के लोगों ने जय प्राप्त करके उसकी यादगार में ये सिक्के चलाये हों। समुद्रगुप्त ने मालव जाति को अपने अधीन किया था।[६३] इससे भी यह अनुमान होता है कि मालवों का उपर्युक्त विजय गुप्तों से पूर्व ही हुआ था। यह भी संभव है कि मालव जाति के लोगों ने अवंति देश को जीत कर अपना राज्य वहां जमाया हो और उसी से वह देश पीछे से मालव (मालवा) कहलाया हो एवं वहां पर मालव जाति का राज्य स्थिर होने के समय से प्रचलित होने के कारण यह संवत् 'मालवकाल' या 'मालव संवत्' कहलाया हो।

कुछ विद्वानों का मत यह है कि इस संवत् का नाम वास्तव में 'मालव संवत्' ही था परंतु पीछे से गुप्त वंश के राजा चंद्रगुप्त (दूसरे) का जिसके विरुद 'विक्रम' और 'विक्रमादित्य' आदि[६४] मिलते हैं, नाम इस संवत् के साथ जुड़ जाने से इसका नाम 'विक्रम संवत्' हो गया हो। यह कल्पना तभी ठीक कही जा सकती है जब इतिहास से यह सिद्ध हो जाये कि चंद्रगुप्त (दूसरे) के पहले विक्रम नाम का कोई प्रसिद्ध राजा नहीं हुआ, परंतु हाल (सातवाहन, शालिवाहन) की 'गाथासप्तशती' से यह पाया जाता है कि उस पुस्तक के संगृहीत होने के पूर्व विक्रम नाम का प्रसिद्ध राजा हुआ था।[६५] हाल का समय ई० स० की दूसरी शताब्दी[६६] से इधर का नहीं माना जा सकता। ऐसी दशा में यही मानना पड़ता है कि या तो विक्रम[६७], जिसका नाम इस संवत् के साथ जुंड़ा है, मालव जाति का मुखिया या राजा हो अथवा चंद्रगुप्त (दूसरे) से पहले का उससे भिन्न कोई राजा हो।

विक्रम संवत् का प्रारंभ कलियुग संवत् के (५०१९-१९७५=) ३०४४ वर्ष व्यतीत होने पर माना जाता है जिसमें इसका गत वर्ष १ कलियुग संवत ३०४५ के बराबर होता है। इस संवत् में से ५७ या ५६ घटाने से ईसवी सन् और १३५ घटाने से शक संवत् आता है। इसका प्रारंभ उत्तरी हिंदुस्तान में चैत्र शुक्ला १ से और दक्षिण में कार्तिक शुक्ला १ से होता है जिससे उत्तरी (चैत्रादि) विक्रम संवत् दक्षिणी (कार्तिकादि)[६८] विक्रम संवत् से ७ महीने पहले प्रारंभ होता है। उत्तरी हिंदुस्तान में महीनों का प्रारंभ शुक्ला १ से और अंत कृष्णा अमावास्या को होता है। इसलिये उत्तरी

विक्रम संवत् के महीने पूर्णिमांत और दक्षिणी के अमांत (दर्शांत) कहलाते हैं। शुक्ल पक्ष तो उत्तरी और दक्षिणी हिंदुस्तान में एक ही होता है परंतु उत्तरी हिंदुस्तान का कृष्ण पक्ष दक्षिणी से १ महीना पहले रहता है अर्थात् जिस पक्ष को इस उत्तरी हिंदुस्तान वाले वैशाख कृष्ण कहते हैं उसी को दक्षिण वाले चैत्र कृष्ण लिखते हैं। काठियावाड़, गुजरात तथा राजपूताने के कुछ अंश में विक्रम[६९] संवत् का प्रारंभ आषाढ़ शुक्ला १ (अमांत) से भी होता था जिससे उसको 'आषाढादि[७०] संवत्' कहते हैं। राजपूताने के उदयपुर आदि राज्यों में राजकीय विक्रम संवत् अब श्रावण कृष्णा (पूर्णिमांत) से प्रारंभ होता है।

८. शक संवत्

शक संवत् के प्रारंभ के विषय में ऐसी प्रसिद्धि है कि दक्षिण के प्रतिष्ठानपुर (पैठण) के राजा शालिवाहन (सातवाहन, हाल) ने यह संवत् चलाया। कोई इसका प्रारंभ शालिवाहन के जन्म से[७१] मानते हैं। जिन प्रभसूरि अपने 'कल्पप्रदीप'[७२] नामक पुस्तक में लिखता है कि प्रतिष्ठानपुर (पैठण) में रहने वाले एक विदेशी ब्राह्मण की विधवा बहन से सातवाहन (शालिवाहन) नामक पुत्र उत्पन्न हुआ। उसने उज्जैन के राजा विक्रम को परास्त किया। जिसके पीछे उसने प्रतिष्ठानपुर का राजा बनकर तापी नदी तक का देश अपने अधीन किया और वहां पर अपना संवत् प्रचलित किया।[७४]

अल्बेरुनी लिखता है कि 'विक्रमादित्य ने शक राजा को परास्त कर यह संवत् चलाया'[७५]। इस प्रकार इसके प्रचलित किये जाने के विषय में भिन्न-भिन्न मत हैं।

पहले-पहल यह संवत् काठियावाड़ तथा कच्छ से मिले हुए पश्चिमी क्षत्रपों के [शक] संवत् ५२ से १४३ तक के शिलालेखों[७६] में तथा उन्हीं के सिक्कों में, जो [शक] संवत् १०० (ई० स० १७८) के आस पास से लगा कर ३१० (ई० स० ३८८) से कुछ पीछे तक के हैं, मिलता है। उक्त शिलालेखों में केवल 'वर्षे' (=संवत्सरे) लिखा मिलता है, 'शक' आदि कोई नाम 'वर्षे' (संवत्) के साथ जुड़ा हुआ नहीं है, और सिक्कों में तो अंक ही मिलते हैं ('वर्षे' भी नहीं)।

संस्कृत साहित्य में इस संवत् के साथ 'शक' नाम जुड़ा हुआ (=शककाल) पहले-पहल[७७] वराहमिहिर की 'पंचसिद्धांतिका' में शक संवत् ४२७[७८] (ई० स० ५०५) के संबंध में मिलता है, और शक संवत् ५०० (ई० स० ५७८) से लगा कर १२६२ (ई० स० १३४०) तक के शिलालेखों और दानपत्रों में 'शकनृपतिराज्याभिषेकसंवत्सर'[७९], 'शकनृपतिसंवत्सर'[८०], 'शकनृपसंवत्सर'[८१] 'शकनृपकाल'[८२], शकसंवत्[८३], शकवर्ष[८४], 'शककाल[८५], 'शककालसंवत्सर'[८६], 'शक'[८७], और 'शक'[८८] शब्दों का प्रयोग इस संवत् के वास्ते किया हुआ मिलता है जिसमें पाया जाता है कि ई० स० ५०० के आसपास से लगा कर शक संवत् १२६२ (ई० स० १३४०) तक तो यह संवत् किसी राजा के राज्याभिषेक से चला हुआ या किसी एक राजा अथवा शकों का चलाया हुआ माना जाता था और उस समय तक शालिवाहन का नाम इसके साथ नहीं जुड़ा था।

इस संवत् के साथ जुड़ा हुआ शालिवाहन (सातवाहन) का नाम संस्कृत साहित्य में ई० स० की १४वीं शताब्दी के प्रारंभ[८९] के आस पास से और शिलालेखादि से पहले-पहल हरिहर गांव से मिले हुए विजयनगर के यादव राजा बुक्कराय (प्रथम) के शक संवत् १२७६ (ई० स० १३५४) के दानपत्र[९०] में मिलता है; जिसके पीछे शालिवाहन का नाम लिखने का प्रचार बढ़ता गया। विद्वान् राजा सातवाहन (शालिवाहन) का नाम 'गाथासप्तशती' और 'बृहत्कथा' से साक्षर वर्ग में प्रचलित था अतएव संभव है कि ई० स० की १४वीं शताब्दी के आसपास दक्षिण के विद्वानों ने उत्तरी हिंदुस्तान में चलने वाले संवत् के साथ जुड़े हुए राजा विक्रम के नाम का अनुकरण कर अपने यहां चलने वाले 'शक' (शक संवत्) के साथ दक्षिण के राजा शालिवाहन (सातवाहन, हाल) का नाम जोड़ कर 'नृपशालिवाहनशक'[९१], 'शालिवाहनशक',[९२] 'शालिवाहनाशकवर्ष'[९३], 'शालिवाहनशकाब्द'[९४], आदि से इस संवत् का परिचय देना प्रारंभ किया हो।

शालिवाहन, सातवाहन नाम का रूपांतर[९५] मात्र है और सातवाहन (पुराणों के 'आंध्रभृत्य') वंश के राजाओं का राज्य दक्षिण पर ई० स० पूर्व की दूसरी शताब्दी से ई० स० २२५ के आसपास तक रहा था, उनकी राजधानियों में से एक प्रतिष्ठान नगर (पैठण, गोदावरी पर) भी थी और उनमें सातवाहन (शातकर्णि, हाल) राजा बहुत प्रसिद्ध भी था अतएव संभव है कि दक्षिण के विद्वानों ने उसी का नाम इस संवत् के साथ जोड़ा हो, परंतु यह निश्चित है कि सातवाहनवंशियों में से किसी ने यह संवत् नहीं चलाया क्योंकि उनके शिलालेखों में यह संवत् नहीं मिलता किंतु भिन्न-भिन्न राजाओं के राज्यवर्ष (सन् जुलूस) ही मिलते हैं और सातवाहन वंश का राज्य अस्त होने के पीछे अनुमान ११०० वर्ष तक शालिवाहन का नाम इस संवत् के साथ नहीं जुड़ा था। इसलिये यही मानना उचित होगा कि यह संवत् शक जाति के किसी विदेशी राजा या शक जाति का चलाया हुआ है।

यह संवत् किस विदेशी राजा ने चलाया इस विषय में भिन्न-भिन्न विद्वानों ने भिन्न-भिन्न अटकलें लगाई हैं। कोई तुरुष्क (तुर्क, कुशन) वंश के राजा कनिष्क को, कोई क्षत्रप नहपान को, कोई शक राजा वेननस् को और कोई शक राजा अय (अज़=Azes) को इसका प्रवर्तक मानते हैं परंतु ये सब अनुमान ही हैं, निश्चित रूप से इसके प्रचारक का नाम अब तक ज्ञात नहीं हुआ।

गत शक संवत् में ३१७९ जोड़ने से कलियुग संवत्, १३५ जोड़ने से गत चैत्रादि विक्रम संवत् और ७८ (अंत के करीब तीन महीनों में ७९) जोड़ने से ई० स० आता है। यह संवत् बहुधा सारे दक्षिण में (तिन्नेवेल्लि और मलबार प्रदेशों को छोड़ कर) प्रचलित है। उत्तरी हिंदुस्तान में पंचांग, जन्मपत्र और वर्षफल आदि में विक्रम संवत् के साथ यह भी लिखा जाता है और वहां के शिलालेखादि में भी कभी-कभी इसके वर्ष लिखे मिलते हैं। इसका प्रारंभ चैत्र शुक्ला १ से होता है। इसके महीने उत्तरी हिंदुस्तान में पूर्णिमांत और दक्षिण में अमांत माने जाते हैं। दक्षिण के जिन हिस्सों में सौर मान का प्रचार है वहां इसका प्रारंभ मेष संक्रांति से होता है। करण ग्रंथों के आधार पर पंचांग बनाने वाले सारे भारतवर्ष के ज्योतिषी इसी संवत् का आश्रय लेते हैं। पंचांगों में इसके

वर्ष गत ही लिखे रहते हैं। शिलालेख और दानपत्रों में भी विशेष कर गत वर्ष ही लिखे मिलते हैं वर्तमान वर्ष कम।

९. कलचुरि संवत्

कलचुरि[९६] संवत् को 'चेदि संवत्'[९७] और 'त्रैकूटक संवत्'[९८] भी कहते हैं। यह संवत् किस राजा ने चलाया इसका कुछ भी पता नहीं चलता। डॉ० भगवानलाल इंद्रजी ने महाक्षत्रप ईश्वरदत्त को[९९] और डॉ फ्लीट ने अभीर ईश्वरदत या उसके पिता शिवदत्त[१००] को इसका प्रवर्तक बतलाया है। रमेश चंद्र मजुमदार ने इसको कुशन (तुर्क) वंशी राजा कनिष्क का चलाया हुआ[१०१] मान कर कनिष्क, वासिष्क, हुविष्क और वासुदेव के लेखों में मिलने वाले वर्षों का कलचुरि संवत् का होना अनुमान किया है। परंतु यह सब अटकलें ही हैं और इनके लिये कोई निश्चित प्रमाण नहीं है।

यह संवत् दक्षिणी गुजरात, कोंकण एवं मध्य प्रदेश के लेखादि में मिलता है। ये लेख गुजरात आदि के चालुक्य, गुर्जर, सेंद्रक, कलचुरि और त्रैकूटक वंशियों के एवं चेदि देश (मध्य प्रदेश के उत्तरी हिस्से) पर राज्य करने वाले कलचुरि (हैहय) वंशी राजाओं के हैं। इस संवत् वाले अधिकतर लेंख कलचुरियों (हैहयों) के मिलते हैं और उन्हीं में इसका नाम 'कलचुरि' या 'चेदि' संवत् लिखा मिलता है जिससे यह भी संभव है कि यह संवत् उक्त वंश के किसी राजा ने चलाया हो।

त्रिपुरी के कलचुरि राजा नरसिंहदेव के दो लेखों में कलचुरि संवत् ९०७[१०२] और ९०९[१०३] तीसरे में विक्रम संवत् १२१६[१०४] मिलने से स्पष्ट है कि कलचुरि ९०९, विक्रम संवत् १२१६ के निकट होना चाहिये। इससे विक्रम संवत् और कलचुरि संवत् के बीच का अंतर (१२१६-९०९=) ३०७ के लगभग आता है। डॉ० कीलहार्न ने कलचुरि संवत् वाले शिलालेख और दानपत्रों के महीने, तिथि और बार आदि को गणित से जांच कर ई० स० २४९ तारीख २६ अगस्त अर्थात् वि० सं० ३०६ अश्विन शुक्ला[१०५] से इसका प्रारंभ होना निश्चित किया है जिससे वर्तमान चेदि संवत् में २४८-४९[१०६] जोड़ने से ईसवी सन् और ३०५-६ जोड़ने से गत चैत्रादि विक्रम संवत् आता है। इस संवत् वाला सब से पहला लेख कलचुरि संवत् २४५[१०७] (ई० स० ४९४) का और अंतिम ९५८[१०८] (ई० स० १२०७) का मिला है, जिसके पीछे यह संवत् अस्त हो गया। इसके वर्ष बहुधा वर्तमान[१०९] लिखे मिलते हैं।

१०. गुप्त संवत्

इस संवत् के लिये शिलालेखादि 'गुप्तकाल', 'गुप्तवर्ष[११०]' आदि शब्द लिखे मिलते हैं जिस से पाया जाता है कि यह संवत् गुप्तवंशी किसी राजा ने चलाया हो। इस विषय का लिखित प्रमाण तो अब तक नहीं मिला, परंतु समुद्रगुप्त के इलाहाबाद के लेख में गुप्त वंश के पहले दो राजाओं (गुप्त और घटोत्कच) के नामों के साथ केवल 'महाराज'[१११] विरुद और घटोत्कच के पुत्र चंद्रगुप्त

(पहले) के नाम के साथ 'महाराजाधिराज' विरुद लिखा रहने तथा चंद्रगुप्त (प्रथम) के पौत्र और समुद्रगुप्त के पुत्र चंद्रगुप्त (दूसरे) के समय के गुप्त सं० ८२[११२] से ९३[११३] तक के शिलालेखों[११४] के मिलने से विद्वानों का यह अनुमान है कि गुप्तवंश में पहले चंद्रगुप्त (पहला) प्रतापी राजा हुआ हो और उसके राज्य पाने के समय से यह संवत् चला हो। गुप्तों के पीछे काठियावाड़ में वलभी के राजा का उदय हुआ जिसके अस्त होने के पीछे वहां वालों ने गुप्त संवत् का ही नाम 'वलभी संवत्'[११५] रखा।

अल्बेरुनी लिखता है कि 'वलभीपुर के राजा वलभ'[११६] के नाम से उसका संवत् वलभी संवत् कहलाया। यह संवत् शक संवत् के २४१ वर्ष पीछे शुरू हुआ है। शक संवत् में से ६ का घन और ५ का वर्ग (२१६+२५=२४१) घटाने से वलभी संवत् रह जाता है। गुप्तकाल के विषय में लोगों का कथन है कि गुप्त लोग दुष्ट [और] पराक्रमी थे और उनके नष्ट होने पर भी लोग उनका संवत् लिखते रहे। अनुमान होता है कि वलभ उन (गुप्तों) में से अंतिम था क्योंकि वलभी संवत् की तरह गुप्त संवत् का प्रारंभ भी शक काल से २४१ वर्ष पीछे होता है। श्रीहर्ष संवत् १४८८, विक्रम संवत् १०८८, शककाल ९५३ और वलभी तथा गुप्तकाल ७१२ ये सब परस्पर समान हैं।[११७] इससे विक्रम संवत् और गुप्तकाल का अंतर (१०८८-७१२=) ३७६ आता है अर्थात् गुप्त संवत् में ३७६ मिलाने से चैत्रादि विक्रम संवत्, २४१ मिलाने से शक संवत् और ३१९-२० मिलाने से ई० स० आता है।

गुजरात के चौलुक्य अर्जुन देव के समय के वेरावल (काठियावाड़ में) के एक शिलालेख में रसूल महम्मद संवत् (हिजरी सन्) ६६२, विक्रम संवत् १३२०, वलभी संवत् ९४५ और सिंह संवत् १५१ आषाढ़ कृष्णा १३ रविवार लिखा है।[११८] इस लेख के अनुसार विक्रम संवत् और वलभी (गुप्त) संवत् के बीच का अंतर (१३२०-९४५=) ३७५ आता है परंतु यह लेख काठियावाड़ का होने के कारण इसका विक्रम संवत् १३२० कार्तिकादि[११९] है जो चैत्रादि १३२१ होता है जिससे चैत्राादि विक्रम संवत् और गुप्त (वलभी) संवत् का अंतर ३७६ ही आता है जैसा कि ऊपर लिखा गया है। चैत्रादि पूर्णिमांत विक्रम संवत् और गुप्त (वलभी) संवत् का अंतर सर्वदा ३७६ वर्ष का और कार्तिकादि अमांत विक्रम संवत् और गुप्त (वलभी) संवत् का अंतर चैत्रशुक्ला १ से आश्विन कृष्णा अमावस्या तक ३७५ वर्ष का और कार्तिक शुक्ला १ से फाल्गुन कृष्णा अमावस्या तक ३७६ वर्ष का रहता है।

गुप्त संवत् का प्रारंभ चैत्र शुक्ला १ से और महीने पूर्णिमांत हैं। इस संवत् के वर्ष बहुधा गत लिखे मिलते हैं और जहां वर्तमान लिखा रहता है वहां एक वर्ष अधिक[१२०] रहता है।

पहले यह संवत् नेपाल से काठियावाड़ तक चलता था। इसका अंतिम लेख वलभी (गुप्त) संवत् ९४५ (ई० स० १२६४) का मिला है जिसके पीछे इसका प्रचार बिल्कुल ही उठ गया।

११. गांगेय संवत्

कलिंग नगर (मुखलिंग, मद्रास इहाते के गंजाम जिले में पर्लाकिमेडी से २० मील पर) के गंगावंशी राजाओं के कितने एक दानपत्रों में 'गांगेय संवत्'[१२१] लिखा मिलता है। यह संवत् गंगावंश के किसी राजा ने चलाया होगा परंतु इसके चलने वाले का कुछ भी पता नहीं चलता। गंगावंशियों के दानपत्रों में केवल संवत्, मास, पक्ष और तिथि (या और दिन) दिये हुए होने तथा वार किसी में न होने से इस संवत् के प्रारंभ का ठीक-ठीक निश्चय नहीं हो सकता।

मद्रास इहाते के गोदावरी जिले से मिले हुए महाराज प्रभारकवर्द्धन के पुत्र राजा पृथ्वीमूल के राज्यवर्ष (सन् जुलूस) २५वें के दानपत्र में लिखा है कि 'मैंने मितवर्मन् के प्रिय पुत्र इंद्राधिराज की, जिसने अन्य राजाओं के साथ रहकर इंद्र भट्टारक को उखाड़ने में विजय पाकर विशुद्ध यश प्राप्त किया था, प्रार्थना से चूयिपाक नामक गांव ब्राह्मणों को दान किया।[१२२] यदि उक्त दानपत्र का इंद्रभट्टारक उक्त नाम का वेंगी देश का पूर्वी चालुक्य (सोलंकी) राजा हो, जैसा कि डॉ० फ्लीट ने अनुमान किया है[१२३], तो इस घटना का समय ई० स० ६६३ होना चाहिये, क्योंकि उक्त सन् में वेंगीदेश के चालुक्य राजा जयसिंह का देहांत होने पर उसका छोटा भाई इंद्रभट्टारक उसका उत्तराधिकारी हुआ था।[१२३] और केवल ७ दिन राज्य करने पाया था। ऐसे ही यदि इंद्राधिराज को वेंगीदेश के पड़ौस के कलिंगनगर का गंगावंशी राजा इंद्रवर्मन् (राजसिंह), जिसके दानपत्र [गांगेय] संवत् ८७ और ९१ के मिले हैं, अनुमान करें, जैसा कि डॉ० फ्लीट ने माना है[१२३], तो गांगेय संवत् ८७ ई० स० ६६३[१२४] के लगभग होना चाहिये। परंतु इंद्रभट्टारक के साथ के युद्ध के समय तक इंद्राधिराज ने राज्य पाया हो ऐसा पाया नहीं जाता। इसलिये उपर्युक्त ई० स० ६६३ की घटना गांगेय संवत् ८७ से कुछ पूर्व की होनी चाहिये। यदि ऊपर के दोनों अनुमान ठीक हों तो गांगेय संवत् का प्रारंभ ई० स० (६६३-८७=) ५७६ से कुछ पूर्व अर्थात् ई० स० ५७० के आसपास होना चाहिये, परंतु जब तक अन्य प्रमाणों से इस संवत् के प्रारंभ का ठीक निर्णय न हो तब तक हमारा अनुमान किया हुआ इस संवत् के प्रारंभ का यह सन् भी अनिश्चित ही समझना चाहिये।

गांगेय संवत् वाले दानपत्रों में सबसे पहला गांगेय संवत् ८७ का और सबसे पिछला ३५१ का है। यह संवत् ३५० वर्ष से कुछ से अधिक समय तक प्रचलित रह कर अस्त हो गया।

१२. हर्ष संवत्

यह संवत् थानेश्वर के बैसवंशी राजा हर्ष (श्रीहर्ष, हर्षवर्द्धन, शीलादित्य) के राज्यसिंहासन पर बैठने के समय से चला हुआ माना जाता है परंतु किसी लेख में इस संवत् के साथ हर्ष का नाम जुड़ा हुआ अब तक नहीं मिला। स्वयं राजा हर्ष के दोनों दानपत्रों में भी केवल 'संवत्' ही लिखा है।[१२५]

अल्बेरुनी लिखता है कि 'मैंने कश्मीर के एक पंचांग में पढ़ा है कि श्रीहर्ष विक्रमादित्य से ६६४ वर्ष पीछे हुआ।[१२६] यदि अल्बेरुनी के इस कथन का अर्थ ऐसा समझा जाये कि विक्रम संवत्

६६४ से हर्ष संवत् का प्रारंभ हुआ है तो हर्ष संवत् में ६६३ जोड़ने से विक्रम संवत् तथा ६०६-७ जोड़ने से ईसवी सन् होगा।

नेपाल के राजा अंशुवर्मन् के लेख में संवत् ३४ प्रथम पौष शुक्ला २ लिखा है।[१२७] संभव है कि उक्त लेख का संवत् हर्ष संवत् हो। कैम्ब्रिज के प्रोफेसर एडम्स और विएना के डॉक्टर श्राम ने हर्ष संवत् ०= ई० स० ६०६ (वि० सं० ६६३) मान कर गणित किया तो 'ब्रह्मसिद्धांत' के अनुसार ई० स० ६४० अर्थात् वि० सं० ६९७ में पौष मास अधिक आता है।[१२८] इससे भी वि० स० और हर्ष संवत् के बीच का अंतर (६९७-३४=) ६६३ तथा ई० स० और हर्ष संवत् का अंतर ६०६ आता है जैसा कि ऊपर बतलाया गया है। यह संवत् बहुधा संयुक्त प्रदेश तथा नेपाल में करीब ३०० वर्ष प्रचलित रह कर अस्त हो गया।

अल्बेरुनी ने विक्रम संवत् १०८८ के मुताबिक जिस श्रीहर्ष संवत् १४८८ का होना लिखा है (देखो, ऊपर पृ० १७५) वह इस हर्ष संवत् से भिन्न होना चाहिये परंतु उसका प्रचलित होना किसी शिलालेख, दानपत्र या पुस्तक से पाया नहीं जाता।

१३. भाटिक (भट्टिक) संवत्

भाटिक (भट्टिक) संवत् जैसलमेर के दो शिलालेखों में मिला है। भट्टि या भट्टिक (भाटी) नामक राजा जैसलमेर के राजाओं का प्रसिद्ध पूर्वज था जिसके नाम से उसके वंशज भाटी कहलाये। यह संवत् राजा भट्टिक (भाटी) का चलाया हुआ होना चाहिये।[१२९] जैसलमेर के लक्ष्मीनारायण के मंदिर के शिलालेख में, जो वहां के राजा बैरिसिंह के समय का है, वि० सं० १४९४ और भाटिक संवत् ८१३ लिखा है[१३०] जिससे वि० सं० और भाटिक संवत् का अंतर (१४९४-८१३=) ७८१ आता है। वहीं के महादेव के मंदिर के लेख में, जो रावल भीमसिंह के समय का है। वि० सं० १६७३, शक संवत् १५३८ और भाटिक संवत् ९९३ मार्गशीर्ष मास लिखा है।[१३१] इस हिसाब से वि० सं० और भाटिक संवत् के बीच का अंतर (१६७३-९९३=) ६८० आता है। इन दोनों लेखों से से पाया जाता है कि भाटिक संवत् में ६८०-८१ मिलाने से विक्रम संवत् और ६२३-२४ मिलाने से ई० स० आता है।

अभी तक जैसलमेर राज्य के प्राचीन लेखों की खोज बिल्कुल नहीं हुई जिससे यह पाया नहीं जाता कि कब से कब तक इस संवत् का प्रचार रहा।

१४. कोल्लम् (कोलंब) संवत्

इस संवत् को संस्कृत लेखों में कोलंब[१३२] संवत् (वर्ष) और तामिल में 'कोल्लम् आंडु' (कोल्लम्=पश्चिमी और आंडु=वर्ष) अर्थात् पश्चिमी [भारत का] संवत् लिखा है। यह संवत् किसने और किस घटना की यादगार में चलाया इस विषय में कुछ भी लिखा नहीं मिलता। इसके वर्षों को कभी 'कोल्लम् 'वर्ष' और कभी 'कोल्लभ के उद्भव से वर्ष' लिखते हैं, जिससे अनुमान होता है कि भारत के पश्चिमी तट पर के मलबार प्रदेश के कोल्लम् (क्विलोन, त्रावनकोर राज्य

में) नामक प्राचीन नगर से[१३३], जिसको संस्कृत लेखक 'कोलंबपत्तन'[१३४] लिखते हैं, संबंध रखने वाली किसी घटना से यह संवत् चला हो।[१३५] मलबार के लोग इस को 'परशुराम का संवत्' कहते हैं तथा १००० वर्ष का चक्र अर्थात् १००० वर्ष पूरे होने पर वर्ष फिर १ से प्रारंभ होना, मानते हैं और वर्तमान चक्र को चौथा चक्र बतलाते हैं परंतु ई० स० १८२५ में इस संवत् या चक्र के १००० वर्ष पूरे हो जाने पर फिर उन्होंने १ से वर्ष लिखना शुरू नहीं किया किंतु १००० से आगे लिखते चले जा रहे हैं जिससे इस संवत् को १००० वर्ष का चक्र मान नहीं सकते। वीर रवि रविवर्मन् के त्रिवेंद्रम् से मिले हुए शिलालेख में कलियुग संवत् ४७०२ (वर्तमान=गत ४७०१) और कोल्लम् संवत् ७७६ दोनों लिखे हुए हैं[१३६] जिससे भी यही पाया जाता है कि गत कलियुग संवत् और कोल्लम संवत् के बीच का अंतर (४७०१-७७६=)३९२५ है।

डॉ० कीलहॉर्न ने कोल्लम् संवत् वाले कई शिलालेखों में दिये हुए संवत्, संक्रांति, वार आदि को गणित से जांच कर कोल्लम् संवत् में ८२४-२५ मिलाने से ई० स० होना निश्चय किया है (ई० एं; जि० २५, पृ० ५४) और दीवान बहादुर ऍल० डी० स्वामिकन्नु पिल्ले ने ई० स० में से ८२५ घटाने से कोल्लम् संवत् का बनना माना है (इंडियन क्रोनोलॉजी, पृ० ४३)।

यह संवत् मलबार से कन्याकुमारी तक और तिन्नेवेल्लि जिले में अब तक प्रचलित है। उत्तरी मलाबार में इसका प्रारंभ कन्या संक्रांति (सौर आश्विन) से और दक्षिणी मालाबार तथा तिन्नेवेल्लि जिले में सिंह संक्रांति (सौर भाद्रपद) से होता है। इसका वर्ष सौर है और मालाबार में महीनों के नाम संक्रांतियों के नाम ही हैं; परंतु तिन्नेवेल्लि जिले में उनके नाम चैत्रादि महीनों के लौकिक रूप से हैं (चैत्र को 'शित्तिरै' या 'चित्तिरै' कहते हैं)। वहां का सौर चैत्र मलाबार वालों का 'मेष' है। इस संवत् के वर्ष बहुधा वर्तमान ही लिखे जाते हैं। इस संवत् वाला सबसे पुराना लेख कोल्लम् संवत् १४९[१३७] का मिला है।

१५. नेवार (नेपाल) संवत्

डॉ० भगवानलाल इंद्रजी को नेपाल से जो वंशावली मिली उससे पाया जाता है कि दूसरे ठाकुरी वंश के राजा अभयमल्ल के पुत्र जयदेवमल्ल[१३८] ने नेवार संवत् चलाया। उसने कांतिपुर और ललितपट्टन पर राज्य किया और उसके छोटे भाई आनंदमल्ल ने भक्तपुर (भाटगांव) बसाया और वह वहीं रहा। इन दोनों भाईयों के समय कर्णाटकवंश को स्थापित करने वाले नान्यदेव ने दक्षिण से आकर नेपाल संवत् ९ या शक संवत् ८११ श्रावण शुदी ७ को समग्र देश (नेपाल) विजय कर दोनों मल्लों (जयदेवमल्ल और आनंदमल्ल) को तिरहुत की तरफ निकाल दिया।[१३९] इस कथन के अनुसार शक संवत् और नेवार संवत् के बीच का अंतर (८११-९=) ८०२ और विक्रम संवत् तथा नेवार संवत् के बीच का अंतर (९४६-९=) ९३७ आता है।

नेपाल से मिले हुए दामोदर भट्ट रचित 'नवरत्नम्' नामक पुस्तक के अंत में शक संवत् १६०७ मार्गशिर वदी अष्टमी, मघा नक्षत्र, सोमवार और नेपाल संवत ८०६ लिखा है[१४०]। इसके अनुसार शक संवत् और नेपाल संवत् के बीच का अंतर (१६०७-८०६=) ८०१ आता है।

डॉ० कीलहॉर्न ने नेपाल के शिलालेखों और पुस्तकों में इस संवत् के साथ दिये हुए मास, पक्ष, तिथि, वार, नक्षत्र आदि को गणित से जांच कर ई० स० ८७९ तारीख २० अक्टोवर अर्थात् चैत्रादि वि० सं० ९३६ कार्तिक शुक्ला १ से इस संवत् का प्रारंभ होना निश्चय किया है।[१४१] इससे गत नेपाल संवत् में ८७८–७९ जोड़ने से ई० स० और ९३५–३६ जोड़ने से वि० सं० होता है। इसके महीने अमांत हैं और वर्ष बहुधा गत लिखे मिलते हैं। यह संवत् नेपाल में प्रचलित था परंतु जब से नेपाल पर गोरखों का राज्य हुआ (ई० स० १७६८) तब से राजकीय लिखा–पढ़ी में इस संवत् के स्थान पर शक संवत् प्रचलित हो गया है परंतु पुस्तक लेखक आदि अब तक इसको काम में लाते हैं।

१६. चालुक्य विक्रम संवत्

कल्याणपुर (कल्याण, निज़ाम राज्य में) के चालुक्य (सोलंकी) राजा विक्रमादित्य (छठे) ने अपने राज्य में शक संवत् को मिटा कर उसके स्थान में अपने नाम का संवत् चलाया। मालवे के प्रसिद्ध विक्रमादित्य के संवत् से भिन्न बतलाने के लिये शिलालेखादि में इसका नाम 'चालुक्य विक्रमकाल',[१४२] या 'चालुक्य विक्रमवर्ष'[१४३] मिलता है। कभी इसके लिये 'वीरविक्रमकाल'[१४४], 'विक्रमकाल'[१४५] और 'विक्रमवर्ष'[१४६] भी लिखा मिलता है। यह संवत् उक्त राजा के राज्याभिषेक के वर्ष से चला हुआ माना जाता है।

चालुक्य राजा विक्रमादित्य (छठे) के समय के येवूर गांव से मिले हुए शिलालेख में चालुक्य विक्रमवर्ष दूसरा, पिंगल संवत्सर, श्रवण शुक्ला १५ रविवार चंद्रग्रहण लिखा है।[१४७] बार्हस्पत्यमान का पिंगल संवत्सर दक्षिणी गणना के अनुसार शक संवत् ९९९ था अतएव गत शक संवत् और वर्तमान चालुक्य विक्रम संवत् के बीच का अंतर (९९९–२=) ९९७ गत विक्रम संवत् और वर्तमान चालुक्य विक्रम संवत् का अंतर ११३२ तथा ई० स० और वर्तमान चालुक्य विक्रम संवत् का अंतर १०७५–७६ आता है अर्थात् वर्तमान चालुक्य विक्रम संवत् १०७५–७६ मिलाने से ई० स० बनता है।

कुर्तकोटि से मिले हुए लेख में चालुक्य विक्रमवर्ष ७ दुंदुभि संवत्सर पौष शुक्ला ३ रविवार उत्तरायण संक्रांति और व्यतीपात लिखा है।[१४८] दक्षिणी बार्हस्पत्य गणना के अनुसार दुंदुभि संवत्सर शक सं० १००४ था; इससे भी गत शक संवत् और वर्तमान चालुक्य विक्रम संवत् का अंतर (१००४–७=) ९९७ आता है जैसा कि ऊपर बतलाया गया है।

इस संवत् का प्रारंभ चैत्रशुक्ला १ से माना जाता है। यह संवत् अनुमान १०० वर्ष चल कर अस्त हो गया। इसका सबसे पिछला लेख चालुक्य विक्रम संवत् ६४[१४९] का मिला है।

१७. सिंह संवत्

यह संवत् किसने चलाया यह अब तक निश्चित रूप से मालूम नहीं हुआ। कर्नल जेम्स टॉड ने इसका नाम 'शिवसिंह संवत्' लिखा है और इसको दीव बेट (काठियावाड़ के दक्षिण में) के गोहिलों का चलाया हुआ बतलाया है।[१५०] इससे तो इस संवत् का प्रवर्तक गोहिल शिवसिंह मानना

पड़ता है। भावनगर के भूतपूर्व दीवान विजयशंकर गौरीशंकर ओझा ने लिखा है कि 'श्रीसिंह का नाम पोरबंदर के एक लेख में मिल आता है जिसमें उसको सौराष्ट्र का मंडलेश्वर लिखा है, परंतु पीछे से उसने अधिक प्रबल होकर विक्रम संवत् ११७० (ई० स० १११४) से अपने नाम का संवत् चलाया हो ऐसा मालूम होता है[१५१]; परंतु पोरबंदर का वह लेख अब तक प्रसिद्धि में नहीं आया जिससे मंडलेश्वर सिंह के विषय में कुछ भी कहा नहीं जा सकता।

डॉ० भगवानलाल इंद्रजी का कथन है कि 'संभवत: ई० स० १११३-१११४ (वि० सं० ११६९-७०) में [चौलुक्य] जयसिंह (सिद्धराज) ने सोरठ (दक्षिणी काठियावाड़) के [राजा] खेंगार को विजय कर अपने विजय की यादगार में यह संवत् चलाया हो।[१५२] परंतु यह कथन भी स्वीकार नहीं किया जा सकता क्योंकि प्रथम तो ई० स० १११३-१११४ में ही जयसिंह के खेंगार को विजय करने का कोई प्रमाण नहीं है। दूसरी आपत्ति यह है कि यदि जयसिंह ने यह संवत् चलाया होता तो इसका नाम 'जयसिंह संवत्' होना चाहिये था न कि सिंह संवत् क्योंकि संवतों के साथ उनके प्रवर्तकों के पूरे नाम ही जुड़े रहते हैं। तीसरी बात यह है कि यदि यह संवत् जयसिंह ने चलाया होता तो इसकी प्रवृत्ति के पीछे के उसके एवं उसके वंशजों के शिलालेखों तथा दानपत्रों में मुख्य संवत् यही होना चाहिये था परंतु ऐसा न होना यही बतलाता है कि यह संवत् जयसिंह का चलाया हुआ नहीं है। काठियावाड़ से बाहर इस संवत् का कहीं प्रचार न[१५३] होना भी यही साबित करता है कि यह संवत् काठियावाड़ के सिंह नाम के किसी राजा ने चलाया होगा जिसका नाम इसके साथ जुड़ा हुआ है और जैसा कि विजयशंकर गौरीशंकर ओझा का अनुमान है।

मांगरोल की सोढडी वाव (बावड़ी) के लेख में विक्रम संवत् १२०२ और सिंह संवत् ३२ आश्विन वदि १३ सोमवार लिखा है[१५४] जिससे विक्रम संवत् और सिंह संवत् के बीच का अंतर १२०२-३२=) ११७० आता है। इस हिसाब से ई० स० से १११३-१४ घटाने से सिंह संवत् होगा।

चौलुक्य राजा भीमदेव (दूसरे) के दानपत्र में वि० सं० १२६६ और सिंह संवत् ९६ मार्गशिर शुद्धि १४ गुरुवार[१५५] लिखा है। इससे भी वि० सं० और सिंह संवत् के बीच का अंतर (१२६६-९६=) ११७० आता है जैसा कि ऊपर बतलाया गया है।

चौलुक्य अर्जुनदेव के समय के उपर्युक्त वेरावल के ४ संवत् वाले शिलालेख में वि० सं० १३२० और सिंह संवत् १५१ आषाढ़ कृष्णा १३[१५५] लिखा है। उक्त लेख का विक्रम संवत् १३२० कार्तिकादि[१५६] इसलिये चैत्रादि और आषाढादि १३२१ होगा जिससे विक्रम संवत् और सिंह संवत् के बीच का अंतर (१३२१-१५१=) ११७० ही आता है।

इस संवत् वाले थोड़े से शिलालेख काठियावाड़ से ही मिले हैं और चौलुक्य भीमदेव (दूसरे) के उपर्युक्त वि० सं० १२६६ के दानपत्र में विक्रम संवत् के साथ सिंह संवत् दिया है जिसका कारण यही है कि वह दानपत्र काठियावाड़ में दान की हुई भूमि के संबंध का है। इस संवत् का प्रारंभ आषाढ़ शुक्ला १ (अमांत) से है और इसका सब से पिछला लेख सिंह संवत् १५१ का मिला है।

१८. लक्ष्मणसेन संवत्

यह संवत् बंगाल के सेनवंशी राजा बल्लालसेन के पुत्र लक्ष्मणसेन के राज्याभिषेक (जन्म)[१५७] से चला हुआ माना जाता है।

अबुल फज़ल ने 'अकबरनामे' में तारीख इलाही के प्रसंग में लिखा है कि 'बंग (बंगाल) में लछमनसेन (लक्ष्मणसेन) के राज्य के प्रारंभ से संवत् गिना जाता है। उस समय से अब तक ४६५ वर्ष हुए हैं। गुजरात और दक्षिण में शालिवाहन का संवत् है जिसके इस समय १५०६ और मालवा तथा दिल्ली आदि में विक्रम का संवत् चलता है जिसके १६४१ वर्ष व्यतीत हुए[१५८] हैं इससे शक संवत् और लक्ष्मणसेन संवत् के बीच का अंतर (१५०६–४६५=) १०४१ आता है।

डॉ० राजेन्द्रपाल मित्र को मिले हुए 'स्मृतितत्वामृत' नामक हस्तलिखित पुस्तक के अंत में 'ल० सं० ५०५ शाके १५६४' लिखा है।[१५९] इससे भी शक संवत् और लक्ष्मणसेन संवत् के बीच का अंतर (१५४६–५०५=) १०४१ आता है जैसा कि अबुल फज़ल ने लिखा है।

नेपाल से मिले हुए 'नरपतिजयचर्या टीका' (स्वरोदयदीपिका) नामक हस्तलिखित पुस्तक के अंत में शाके १५३६ ल० सं० ४९४ लिखा है।[१६०] यदि यह शक संवत् वर्तमान माना जाये तो गत १५३५ होगा। इससे भी शक संवत् और लक्ष्मणसेन संवत् के बीच का अंतर अबुल फज़ल के लिखे अनुसार ही आता है।

उपर्युक्त तीनों प्रमाणों के आधार पर शक संवत् और लक्ष्मणसेन संवत् के बीच का अंतर १०४१ होता है, परंतु तिरहुत के राजा शिवसिंहदेव के दानपत्र में, जो जाली है, ल० सं० २९३ श्रावण सुदी ७ गुरुवार लिख अंत में सन् ८०९ (?८०१) संवत् १४५५ शाके १३२१ लिखा है[१६१], जिससे शक संवत् और लक्ष्मणसेन संवत् के बीच का अंतर (१३२१–२९३=) १०२८ आता है।

'द्विजपत्रिका' की तारीख १५ मार्च ई० स० १८९३ की संख्या में लिखा है कि 'बल्लालसेन' के पीछे उनके बेटे लक्ष्मण सेन ने शक संवत् १०२८ में बंगाल के सिंहासन पर बैठ कर अपना नया शक चलाया। वह बहुत दिन तक चलता रहा और अब सिर्फ मिथिला में कहीं-कहीं लिखा जाता है।

ई० स० १७७८ में डॉ० राजेंद्र लाल मित्र ने लिखा कि 'तिरहुत के पंडित इसका प्रारंभ माघ शुक्ला १ से मानते हैं। इसका प्रारंभ ई० स० ११०६ के जनवरी (वि० सं० ११६२=श० सं० १०२७) से होना चाहिये।[१६२]

इन पिछले तीनों अवतरणों के अनुसार शक संवत् और लक्ष्मणसेन संवत् के बीच का अंतर १०२८ या उसके करीब आता है। मिथिला देश के पंचांगों में विक्रम, शक और लक्ष्मणसेन संवत् तीनों लिखे जाते हैं परंतु उनमें शक संवत् और लक्ष्मणसेन संवत् के बीच का अंतर एक-सा नहीं मिलता किंतु लक्ष्मणसेन संवत् १ शक संवत् १०२६–२७, १०२७–२८, १०२९–३० और १०३०–३१ के मुताबिक आता है।[१६३]

डॉ० कीलहॉर्न ने एक शिलालेख और पांच हस्तलिखित पुस्तकों में लक्ष्मणसेन संवत् के साथ दिये हुए मास, पक्ष, तिथि और बार को गणित से जांच कर देखा तो मालूम हुआ कि गत शक संवत् १०२८ मार्गशिर सुदी १ (ई० स० ११०६ तारीख २९ अक्तूबर) को इस संवत् का पहला दिन अर्थात् प्रारंभ मान कर गणित किया जाये तो उन ६ में से ५ तिथियों के वार ठीक मिलते हैं[१६४] परंतु गत शक संवत् १०४१ अमांत कार्तिक शुक्ला १ (ई० स० १११९ तारीख ७ अक्तूबर) को इस संवत् का पहला दिन मानकर गणित किया जाये तो छहों तिथियों के वार मिल जाते हैं।[१६५] ऐसी दशा में अबुलफ़ज़ल का कथन ही ठीक है। इस हिसाब से लक्ष्मणसेन संवत् में १०४०-४१ जोड़ने से गत शक संवत् ११७५-७६ जोड़ने से गत चैत्रादि विक्रम संवत् और १११८-१९ जोड़ने से ईसवी सन् होगा।

यह संवत् पहले बंगाल, बिहार और मिथिला में प्रचलित था और अब मिथिला में इसका कुछ-कुछ प्रचार है, जहां इसका प्रारंभ माघ शुक्ला १ से माना जाता है।

१९. पुडुवैप्पु संवत्

ई० स० १३४१ में कोचीन के उत्तर में एक टापू (१३ मील लंबा और १ मील चौड़ा) समुद्र में से निकल आया, जिसे 'वीपीन' कहते हैं, उसकी यादगार में वहां पर एक नया संवत् चला जिसको पुडुवैप्पु (पुडु=नई; वेप=आबादी; मलयालम् भाषा में) कहते हैं[१६६] कोचीन राज्य और डच ईस्ट इंडिया कंपनी के बीच जो संधि हुई वह तांबे के ५ पत्रों पर खुदी हुई मिली है जिसमें पुडुवेप्पु संवत् ३२२; १४ मीनम् (मीन संक्रांति का १४वां दिन=ई० स० १६६३ तारीख २२ मार्च) लिखा है।[१६७] यह संवत् कोचीन राज्य में कुछ-कुछ चलता रहा परंतु अब उसका प्रचार पाया नहीं जाता।

२०. राज्याभिषेक संवत्

राज्याभिषेक संवत्, जिसको दक्षिणी लोग 'राज्याभिषेक शक' या 'राजशक' कहते हैं, मराठा राज्य के संस्थापक प्रसिद्ध शिवाजी के राज्याभिषेक के दिन अर्थात् गत शक संवत् १५९६ (गत चैत्रादि वि० सं० १७३१) आनंद संवत्सर ज्येष्ठ शुक्ला १३ (तारीख जून ई० स० १६७४) से चला था, इसका वर्ष ज्येष्ठ शुक्ला १३ से पलटता था और वर्तमान ही लिखा जाता था। इसका प्रचार मराठों के राज्य में रहा परंतु अब यह लिखा नहीं जाता।

२१. बार्हस्पत्य संवत्सर (१२ वर्ष का)

यह बार्हस्पत्य संवत्सर १२ वर्ष का चक्र है और इसका संबंध बृहस्पति की गति से है। इसके वर्षों के नाम कार्तिकादि १२ महीनों के अनुसार हैं परंतु कभी-कभी महीनों के नाम के पहले 'महा' लगाया जाता है जैसे कि 'महाचैत्र', 'महावैशाख' आदि।

सूर्य समीप आने से बृहस्पति अस्त होकर जब सूर्य उससे आगे निकल जाता है तब (२५ से ३१ दिन के बाद) जिस नक्षत्र पर फिर वह (बृहस्पति) उदय होता है उस नक्षत्र के अनुसार

से ३१ दिन के बाद) जिस नक्षत्र पर फिर वह (बृहस्पति) उदय होता है उस नक्षत्र के अनुसार संवत्सर (वर्ष) का नाम नीचे लिखे क्रम से रखा जाता है–

कृत्तिका या रोहिणी पर उदय हो तो महाकार्तिक (कार्तिक); मृगशिर या आर्द्रा पर महामार्गशीर्ष (मार्गशीर्ष); पुनर्वसु या पुष्य पर महापौष; अश्लेषा या मघा पर माहमाघ; पूर्वाफाल्गुनी, उत्तराफाल्गुनी या हस्त पर महाफाल्गुन; चित्रा या स्वाति पर महाचैत्र; विशाखा या अनुराधा पर महावैशाख; ज्येष्ठा या मूल पर महाज्येष्ठ; पूर्वाषाढा या उत्तराषाढा पर महाआषाढ; श्रवण या धनिष्ठा पर महाश्रावण; शतभिषा, पूर्वाभाद्रपदा या उत्तराभाद्रपदा और रेवती, अश्विनी या भरणी पर उदय हो तो महाआश्वयुज (आश्विन) संवत्सर कहलाता है[१६८] इस चक्र में १२ वर्षों में एक संवत्सर क्षय[१६९] हो जाता है। प्राचीन शिलालेख और दानपत्रों में बार्हस्पत्य संवत्सर दिये हुए मिलते हैं,[१७०] जो सब ई० स० की ७वीं शताब्दी के पूर्व के हैं। उसके पीछे इस का प्रचार सामान्य व्यवहार से उठ गया और केवल पंचांगों में वर्ष का नाम[१७१], बतलाने में ही रह गया जो अब तक चला आता है।

२२. बार्हस्पत्य संवत्सर (६० वर्ष का)

यह बार्हस्पत्य संवत्सर ६० वर्ष का चक्र है। इसमें वर्षों की संख्या नहीं किंतु १ से ६० तक के नियत नाम ही लिखे जाते हैं। मध्यम मान से बृहस्पति के एक राशि पर रहने के समय को 'बार्हस्पत्य संवत्सर' (वर्ष) कहते हैं[१७२] जो ३६१ दिन, २ घड़ी और ५ पल का होता है, और सौर वर्ष ३६५ दिन, १५ घड़ी, ३१ पल और ३० विपल का होता है, अतएव बार्हस्पत्य संवत्सर सौर वर्ष से ४ दिन, १३ घड़ी और २६ पल के करीब छोटा होता है जिससे प्रति ८५ वर्ष में एक संवत्सर क्षय हो जाता है। इस चक्र के ६० वर्षों के नाम ये हैं–

१ प्रभव, २ विभव, ३ शुक्ल, ४ प्रमोद, ५ प्रजापति, ६ अंगिरा, ७ श्रीमुख, ८ भाव, ९ युवा, १० धाता, ११ ईश्वर, १२ बहुधान्य, १३ प्रमाथी, १४ विक्रम, १५ वृष, १६ चित्रभानु, १७ सुभानु, १८ तारण, १९ पार्थिव, २० व्यय, २१ सर्वजित्, २२ सर्वधारी, २३ विरोधी, २४ विकृति, २५ खर, २६ नंदन, २७ विजय, २८ जय, २९ मन्मथ, ३० दुर्मुख, ३१ हेमलंब, ३२ विलंबी, ३३ विकारी, ३४ शार्वरी, ३५ प्लव, ३६ शुभकृत्, ३७ शोभन, ३८ क्रोधी, ३९ विश्वावसु, ४० पराभव, ४१ प्लवंग, ४२ कीलक, ४३ सौम्य, ४४ साधारण, ४५ विरोधकृत, ४६ परिधावी, ४७ प्रमादी, ४८ आनंद, ४९ राक्षस, ५० अनल, ५१ पिंगल, ५२ कालयुक्त, ५३ सिद्धार्थी, ५४ रौद्र, ५५ दुर्मति, ५६ दुंदुभि, ५७ रुधिरोद्गारी, ५८ रक्ताक्ष, ५९ क्रोधन और ६० क्षय।

वराहमिहिर ने कलियुग का पहला वर्ष विजय संवत्सर माना है परंतु 'ज्योतिषतत्व' के कर्ता ने प्रभव माना है। उत्तरी हिंदुस्तान में इस संवत्सर का प्रारंभ बृहस्पति के राशि बदलने से माना जाता है परंतु व्यवहार में चैत्र शुक्ला १ से ही उसका प्रारंभ गिना जाता है। उत्तरी विक्रम संवत् १९७५ के पंचांग में 'प्रमोद' संवत्सर लिखा है जो वर्ष भर माना जायेगा, परंतु उसी पंचांग में यह भी लिखा है कि मेषार्क के समय (चैत्र शुक्ला ३ को) उसके १० मास, १६ दिन, ४२ घड़ी और १५ पल व्यतीत हो चुके थे और १ मास, १३ दिन, १७ घड़ी और ४५ पल बाकी रहे हैं[१७३]

वराहमिहिर के मत से उत्तरी बार्हस्पत्य संवत्सर का नाम मालूम करने का नियम यह है–

इष्ट गत शक संवत् को ११ से गुणो, गुणनफल को चौगुना कर उसके ८५८९ जोड़ दो, फिर योग में ३७५० का भाग देने से जो फल आये उसको इष्ट शक संवत् में जोड़ दो, फिर योग में ६० का भाग देने से जो शेष रहे वह प्रभवादि क्रम से गत संवत्सर की संख्या होगी।[१७४]

दक्षिण में बार्हस्पत्य संवत्सर लिखा जाता है परंतु वहां इसका बृहस्पति की गति से कोई संबंध नहीं है। वहां वाले इस बार्हस्पत्य संवत्सर को सौर वर्ष के बराबर मानते हैं जिससे उनके यहां कभी संवत्सर क्षय नहीं माना जाता। कलियुग का पहला वर्ष प्रमाथी संवत्सर मानकर प्रतिवर्ष चैत्रशुक्ला १ से क्रमश: नवीन संवत्सर लिखा जाता है।

दक्षिणी बार्हस्पत्य संवत्सर का नाम मालूम करने का नियम नीचे अनुसार है–

इष्ट गत शक संवत् में १२ जोड़ कर ६० का भाग देने से जो शेष रहे वह प्रभवादि वर्तमान संवत्सर होगा; अथवा गत इष्ट कलियुग संवत् में १२ जोड़कर ६० का भाग देने से जो शेष रहे वह प्रभवादि गत संवत्सर होगा।[१७५]

उत्तरी हिंदुस्तान के शिलालेखादि में बार्हस्पत्य लिखे जाने के उदाहरण बहुत ही कम मिलते हैं परंतु दक्षिण में इसका प्रचार अधिकता के साथ मिलता है। लेखादि में इसका सबसे पहले उदाहरण दक्षिण के चालुक्य (सोलंकी) राजा मंगलेश (ई० स० ५९१-६१०) के समय के बादामी (महाकूट) के स्तंभ पर के लेख में मिलता है जिसमें 'सिद्धार्थ' संवत्सर लिखा है।[१७६]

२३. ग्रहपरिवृत्ति संवत्सर

ग्रहपरिवृत्ति संवत्सर ९० वर्ष का चक्र है जिसके ९० वर्ष पूरे होने पर फिर वर्ष १ से लिखना शुरू करते हैं। इसका प्रचार बहुधा मद्रास इहाते के मदुरा जिले में है। इसका प्रारंभ वर्तमान कलियुग संवत् ३०७९ (ई० स० पूर्व २४) से होना बतलाते हैं। वर्तमान कलियुग संवत् में ७२ जोड़कर ९० का भाग देने से जो बचे वह उक्त चक्र का वर्तमान वर्ष होता है; अथवा वर्तमान शक संवत् में ११ जोड़कर ९० का भाग देने से जो बचे वह वर्तमान संवत्सर होता है। इसमें सप्तर्षि संवत् की तरह वर्षों की संख्या ही लिखी जाती है।

२४. सौर वर्ष

सूर्य के मेष से मीन तक १२ राशियों के भोग के समय को सौर वर्ष कहते हैं। सौर वर्ष बहुधा ३६५ दिन, १५ घड़ी, ३१ पल और ३० विपल का माना जाता है[१७७] (इसमें कुछ-कुछ मत भेद भी है)। और वर्ष के १२ हिस्से किये जाते हैं जिनको सौर मास कहते हैं। सूर्य के एक राशि से दूसरी में प्रवेश को संक्रांति (मेष से मीन तक) कहते हैं। हिंदुओं के पंचांगों में मास, पक्ष और तिथि आदि की गणना तो चांद्र है परंतु संक्रांतियों का हिसाब सौर है। पंजाब, बंगाल आदि उत्तर के पहाड़ी प्रदेशों तथा दक्षिण के उन हिस्सों में, जहां कोल्लम् संवत् का प्रचार है, बहुधा सौर वर्ष

ही व्यवहार में आता है। कहीं महीनों के नाम संक्रांतियों के नाम ही हैं और कहीं चैत्रादि नामों का प्रचार है। जहां चैत्रादि का व्यवहार है वहां मेष को वैशाख, वृष को ज्येष्ठ आदि कहते हैं। सौर मान के मासों में १ से २९, ३०, ३१ या ३२ तक दिनों का ही व्यवहार होता है, तिथियों का नहीं। बंगाल वाले संक्रांति के दूसरे दिन से पहला दिन गिनते हैं और पंजाब आदि उत्तरी प्रदेशों में यदि संक्रांति का प्रवेश दिन में हो तो उसी दिन को और रात्रि में हो तो दूसरे दिन को पहला दिन (जैसे मेषार्कभुक्तदिन १, मेषगते १, मेष प्रविष्टे १) मानते हैं।

२५. चांद्र वर्ष

दो चांद्र पक्ष का एक चांद्र मास होता है। उत्तरी हिंदुस्तान में कृष्णा १ से शुक्ला १५ तक (पूर्णिमांत) और नर्मदा से दक्षिण में शुक्ला १ से अमावस्या तक (अमांत)[१७८] एक चांद्र मास माना जाता है। ऐसे १२ चांद्र मास का एक चांद्र वर्ष कहलाता है। चांद्र वर्ष ३५४ दिन, २२ घड़ी, १ पल और २४ विपल के करीब होता है।[१७९] हिंदुओं के पंचांगों में मास, पक्ष, तिथि आदि चांद्र मान से ही हैं। चांद्र वर्ष सौर वर्ष से १० दिन, ५३ घड़ी, ३० पल और ६ विपल छोटा होता है। सौर मान और चांद्र मान में करीब ३२ महीनों में १ महीने का अंतर पड़ जाता है। हिंदुओं के यहां शुद्ध चांद्र वर्ष नहीं किंतु चांद्रसौर है और चांद्र मासों तथा ऋतुओं का संबंध बना रखने तथा चांद्र को सौर मान से मिलाने के लिये ही जिस चांद्र मास में कोई संक्रांति न हो उसको अधिक (मल) मास और जिस चांद्र मास में दो संक्रांति हों उसको क्षय मास मानने की रीति निकाली है। हिंदूमात्र के श्राद्ध, व्रत आदि धर्म कार्य तिथियों के हिसाब से ही होते हैं इस लिये बंगाल आदि में जहां-जहां सौर वर्ष का प्रचार है वहां भी धर्मकार्यों के लिये चांद्र मास की तिथियों आदि का व्यवहार करना ही पड़ता है, इसी से वहां के पंचांगों में सौर दिनों के साथ चांद्र मास, पक्ष, तिथियां आदि भी लिखी रहती हैं।

२६. हिजरी सन्

हिजरी सन् का प्रारंभ मुसलमान धर्म के प्रवर्तक पैग़म्बर मुहम्मद साहब ने मक्के से भाग कर मदीने को कूच करने के दिन से माना जाता है। अरबी में 'हिजर्' धातु का अर्थ 'अलग होना', 'छोड़ना' आदि है इसीलिये इस सन् को हिजरी सन् कहते हैं। प्रारंभ से ही इस सन् का प्रचार नहीं हुआ किंतु मुसलमान होने वालों में पहले पैग़म्बर के कामों के नामों से वर्ष बतलाये जाते थे जैसे कि पहले वर्ष को 'यजन' अर्थात् 'आज्ञा' (मक्के से मदीना जाने की) का वर्ष दूसरे को हुक्म का वर्ष (उस वर्ष में मुसलमान न होने वालों से लड़ने का हुक्म होना माना जाता है) आदि। खलीफा उमर (ई० स० ६३४ से ६४४ तक) के समय यमन के हाकिम अबूमूसा अशअरी ने खलीफा को अर्ज़ी भेजी कि दरगाह से (श्रीमान् के यहां से) शाबान् महीने की लिखी हुई लिखावटें आई हैं परंतु उनसे यह मालूम नहीं होता कि कौन सा (किस वर्ष का) शाबान है? इस पर ख़लीफा ने कोई सन् नियत करने के लिये विद्वानों की संमति ली और अंत में यह निश्चय हुआ कि पैग़म्बर के मक्का छोड़ने के समय से (अर्थात् तारीख १५ जुलाई ई० स० ६२२ वि० सं० ६७९ श्रावण

शुक्ला २ की शाम से) इस सन् का प्रारंभ माना जाये।[१८०] यह निश्चिय हि० सं० १७ में होना माना जाता है।[१८१]

हिजरी सन् का वर्ष शुद्ध चांद्र वर्ष है। इसके प्रत्येक मास का प्रारंभ चंद्रदर्शन (हिंदुओं के प्रत्येक मास की शुक्ला २) से होता है और दूसरे चंद्रदर्शन तक मास माना जाता है। प्रत्येक तारीख सायंकाल से प्रारंभ.होकर दूसरे दिन के सायंकाल तक मानी जाती है। इसके १२ महीनों के नाम ये हैं–

१. मुहर्रम्, २. सफ़र, ३. रबीउल अव्वल, ४. रबीउल आखिर या रबी उसमानी, ५. जमादिउल् अव्वल, ६. जमादिउल् आखिर या जमादि उस्सानी, ७. रजब, ८. शाबान, ९. रमज़ान, १०. शव्वाल, ११. ज़िल्काद और १२. ज़िलहिज्ज, चांद्र मास २९ दिन, ३१ घड़ी, ५० पल और ७ विपल के करीब होने से चांद्र वर्ष सौर वर्ष से १० दिन, ५३ घड़ी, ३० पल और ६ विपल के करीब कम होता है। तारीख १५ जुलाई ई० स० १९२२ (वि० सं० १९७९ श्रावण कृष्णा ६) की शाम को इस सन् को प्रारंभ हुए १३०० सौर वर्ष होंगे। उस समय हिजरी सन् १३४० तारीख २० ज़िल्काद का प्रारंभ होगा अत एव १३०० सौर वर्षों में ३९ चांद्र वर्ष, १० महीने और १९ दिन बढ़ गये। इस हिसाब से १०० सौर वर्ष में ३ चांद्र वर्ष २४ दिन और ९ घड़ी बढ़ जाती हैं। ऐसी दशा में ईसवी सन् (या विक्रम् संवत्) और हिजरी सन् का कोई निश्चित अंतर नहीं रहता। उसका निश्चय गणित से ही होता है।

हिंदुस्तान में मुसलमानों का अधिकार होने पर इस सन् का प्रचार इस देश में हुआ और कभी-कभी संस्कृत लेखों में भी यह सन् मिल जाता है।[१८२] इसका सब से पहला उदाहरण महमूद गज़नबी के महमूद पुर (लाहौर) के सिक्कों पर के दूसरी ओर के संस्कृत लेखों में मिलता है।[१८३] जो हिजरी सन् ४१८ और ४१९ (ई० स० १०२७ और १०२८) के हैं।

२७. शाहूर सन्

शाहूर सन् को 'सूर सन्' और 'अरबी सन्' भी कहते हैं। 'शाहूर सन्' नाम की उत्पत्ति का ठीक पता नहीं लगता परंतु अनुमान है कि अरबी भाषा में महीने को 'शहर' कहते हैं और उस का बहुवचन 'शहूर' होता है जिस पर से 'शाहूर' शब्द की उत्पत्ति हुई हो। यह सन् हिजरी सन् का प्रकारांतर मात्र है। हिजरी सन् के चांद्र मास इसमें सौर माने गये हैं जिससे इस सन् का वर्ष सौर वर्ष के बराबर होता है और इसमें मौसम और महीनों का संबंध बना रहता है। इस सन् में ५९९-६०० मिलाने से ई० स० और ५६५-५७ मिलाने से वि० सं० बनता है इससे पाया जाता है कि तारीख १ मुहर्रम् हिजरी सन् ७४५ (ई० स० १३४४ तारीख १५ मई=वि० सं० १४०१ ज्येष्ठ शुक्ला २) से, जब कि सूर्य मृगशिर नक्षत्र पर आया था, इसका प्रारंभ हुआ है। इसका नया वर्ष सूर्य के मृगशिर नक्षत्र पर आने के (मृगे रविः)[१८३] दिन में बैठता है जिससे इसके वर्ष को 'मृग साल' भी कहते हैं। इसके महीनों के नाम हिजरी सन् के विद्वानों के अनुसार ही हैं। यह

सन् किसने चलाया इसका ठीक-ठीक पता नहीं चलता परंतु संभव है कि दिल्ली के सुल्तान मुहम्मद तुग़लक (ई० स० १३२५-१३५१) ने जिसने अपनी राजधानी दिल्ली से उठा कर देवगिरि (दौलताबाद) में स्थिर करने का उद्योग किया था, दोनों फसलों (रबी और खरीफ) का हासिल नियत महीनों में लिये जाने के लिये इसे दक्षिण में चलाया हो।[१८४] जैसे कि पीछे से अकबर बादशाह ने अपने राज्य में फसली सन् चलाया। इस सन् के वर्ष अंकों में नहीं किंतु अंक सूचक अरबी शब्दों[१८५] में ही लिखे जाते हैं। मरहठों के राज्य में इस सन् का प्रचार रहा परंतु अब तो इसका नाममात्र रह गया है और मराठी पंचांगों में ही इसका उल्लेख मिलता है।[१८६]

२८. फसली सन्

हिंदुस्तान में मुसलमानों का राज्य होने पर हिजरी सन् उनका राजकीय सन् हुआ परंतु उसका वर्ष शुद्ध चांद्र होने के कारण सौर वर्ष से करीब ११ दिन छोटा होता है इससे महीनों एवं फसलों का परस्पर कुछ भी संबंध नहीं रहता। दोनों फसलों (रबी और खरीफ) का हासिल नियत महीनों में लेने में सुभीता देखकर बादशाह अकबर ने हिजरी सन् ९७१ (ई० स० १५६३=वि० सं० १६२०) से यह सन् जारी किया। इसी से इसको फसली सन् कहते हैं। सन् तो हिजरी (९७१) ही रखा गया परंतु महीने सौर (या चांद्रसौर) माने गये जिससे इसका वर्ष सौर (या चांद्रसौर) वर्ष के बराबर हो गया। अतएव फसली सन् भी शाहूर सन् की तरह हिजरी सन् का प्रकारांतर मात्र है। पहले इस सन् का प्रचार पंजाब और संयुक्त प्रदेश में हुआ और पीछे से जब बंगाल आदि देश अकबर के राज्य में मिले तब से वहां भी इसका प्रचार हुआ। दक्षिण में इसका प्रचार शाहजहां बादशाह के समय में हुआ। अब तक यह सन् कुछ-कुछ प्रचलित हैं परंतु भिन्न-भिन्न हिस्सों में इसकी गणना में अंतर है।

पंजाब, संयुक्त प्रदेश तथा बंगाल में इसका प्रारंभ आश्विन कृष्णा १ (पूर्णिमांत) से माना जाता है जिससे इसमें ५९२-९३ मिलाने से ई० स० और ६४९-५० मिलाने से विक्रम संवत् बनता है।

दक्षिण में इसका प्रचार बादशाह शाहजहां के समय हिजरी सन् १०४६ (ई० स० १६३६= वि० सं० १६९३) से हुआ और वहां इसका प्रारंभ उसी सन् से गिना गया जिससे उत्तरी और दक्षिणी फसली सनों के बीच करीब सवा दो वर्ष का अंतर पड़ गया। बंबई इहाते में इसका प्रारंभ शाहूर सन् की तरह सूर्य की मृगशिर नक्षत्र पर आने के दिन से (तारीख ५, ६ या ७ जून से) माना जाता है और महीनों के नाम मुहर्रम आदि ही हैं। मद्रास इहाते में इस सन् का प्रारंभ पहले तो आडि (कर्क) संक्रांति से ही होता रहा परंतु ई० स० १८०० के आसपास से तारीख १३ जुलाई से माना जाने लगा और ई० स० १८५५ से तारीख १ जुलाई से प्रारंभ स्थिर किया गया है। दक्षिण के फसली सन् में ५९०-९१ जोड़ने से ई० स० और ६४७-४८ जोड़ने से वि० सं० बनता है।

२९. विलायती सन्

विलायती सन् एक प्रकार से बंगाल के फसली सन् का ही दूसरा नाम है। इसका प्रचार उड़ीसा तथा बंगाल के कुछ हिस्सों में है। इसके मास और वर्ष सौर हैं और महीनों के नाम चैत्रादि

नामों से हैं। इसका प्रारंभ सौर अश्विन अर्थात् कन्या संक्रांति से होता है और जिस दिन संक्रांति का प्रवेश होता है उसी को मास का पहला दिन मानते हैं। इस संन् में ५९२-९३ जोड़ने से ई० स० और ६४९-५० जोड़ने से वि० सं० बनता है।

३०. अमली सन्

अमली सन् विलायती सन् के समान ही है। इसमें और विलायती सन् में अंतर केवल इतना ही है कि इसके नये वर्ष का प्रारंभ भाद्रपद शुक्ला १२ से और उसका कन्या संक्रांति से होता है। इस संवत् का पक्ष के बीच में ही प्रारंभ होने का कारण ऐसा बतलाया जाता है कि उक्त तिथि को उड़ीसा के राजा इन्द्रद्युम्न का जन्म हुआ था। इस सन् का प्रचार उड़ीसा के व्यापारियों में तथा वहां की कचहरियों में है।।

३१. बंगाली सन्

बंगालो सन् को 'बंगाब्द' भी कहते हैं। यह भी एक प्रकार से बंगाल के फसली सन् का प्रकारांतर मात्र है। बंगाली सन् और फसली सन् में अंतर इतना ही है इसका प्रारंभ आश्विन कृष्णा १ से नहीं किंतु उससे सात महीने बाद मेष संक्रांति (सौर वैशाख) से होता है और महीने सौर हैं जिससे उनमें पक्ष और तिथि की गणना नहीं है। जिस दिन संक्रांति का प्रवेश होता है उसके दूसरे दिन को पहला दिन मानते हैं। इस सन् में ५९३-९४ जोड़ने से ई० स० और ६५०-१ जोड़ने से वि० सं० बनता है।

३२. मगि सन्

मगि सन् बहुधा बंगाली सन् के समान ही है। अंतर केवल इतना ही है इसका प्रारंभ बंगाली सन् से ४५ वर्ष पीछे माना जाता है। इसलिए इसमें ६३८-३९ जोड़ने से ई० स० और ६९५-९६ जोड़ने से वि० सं० बनता है। इसका प्रचार बंगाल के चिटगांव जिले में है। अनुमान होता है कि वहां वालों ने बंगाल में फसली सन् का प्रचार होने से ४५ वर्ष पीछे उसको अपनाया हो। इस सन् के 'मगि' कहलाने का ठीक कारण तो ज्ञात नहीं हुआ परंतु ऐसा माना जाता है कि आराकान के राजा ने ई० स० की ९वीं शताब्दी में चिटगांव जिला विजय किया था और ई० स० १६६६ में मुग़लों के राज्य में वह मिलाया गया तब तक वहां पर अराकानियों अर्थात् मगों का अधिकार किसी प्रकार बना रहा था। संभव है कि मगों के नाम से यह मगि सन् कहलाया हो।[१८७]

३३. इलाही सन्

बादशाह अकबर के धर्म संबंधी विचार पलटने पर उसने 'दीन-ए-इलाही' नाम का नया धर्म चलाने का उद्योग किया जिसके पीछे उसने 'इलाही सन्' चलाया। अब्दुल क़ादिर बदायूनी जो अकबर के दरबार के विद्वानों में से एक था, अपनी 'मुंतख़बुत्तवारीख़' में लिखता है कि 'बादशाह अकबर ने हिजरी सन् को मिटा कर तारीख-ए-इलाही नाम का नया सन् चलाया जिसका पहला वर्ष बादशाह की गद्दी नशीनी का वर्ष था।[१८८] वास्तव में यह सन् बादशाह अकबर के राज्यवर्ष २९वें

अर्थात् हिजरी सन् ९९२ (ई० स० १५८४) से चला परंतु पूर्व के वर्षों का हिसाब लगा कर इसका प्रारंभ अकबर की गद्दी नशीनी के वर्ष से मान लिया गया है। अकबर की गद्दीनशीनी तारीख २ रबीउस्सानी हिजनी सन् ९६३ (ई०सं० १५५६ तारीख १४ फरवरी=वि० सं० १६१२ फाल्गुन कृष्णा ४) को हुई थी परंतु उसी दिन से इसका प्रारंभ माना नहीं गया किंतु उससे २५ दिन पीछे तारीख २८ रबीउस्सानी हि० स० ९६३ (ई० स० १५५६ तारीख ११ मार्च=वि० स० १६१२ चैत्र कृष्णा अमावस्या) से, जिस दिन के ईरानियों के वर्ष का पहला महीना फरवरदीन लगा, माना गया है। इस सन् के वर्ष सौर है और महीनों[१८९] तथा दिनों[१९०] (तारीखों) के नाम ईरानी ही हैं। इस में दिनों (तारीखों) की संख्या नहीं किन्तु १ से ३२ तक के दिनों के नियत नाम ही लिखे जाते थे।

इस सन् में १५५५-५६ मिलाने से ई० स० और १६१२ मिलाने से विक्रम संवत् बनता है।

यह सन् अकबर और जहांगीर के समय तक चलता रहा परंतु शाहजहां ने गद्दी पर बैठते ही (ई० स० १६२८) इस सन् को मिटा दिया। यह सन् केवल ७२ के करीब ही प्रचलित रहा और अकबर तथा जहांगीर के समय के लिखावटों, सिक्कों तथा इतिहास के पुस्तकों में लिखा मिलता है।

३४. ईसवी सन्

ईसवी सन् ईसाई धर्म के प्रवर्तक ईसा मसीह (जीसस क्राइस्ट) के जन्म के वर्ष से[१९१] चला हुआ माना जाता है और ईसा मसीह के नाम से इसको ईसवी सन् कहते हैं। ई० स० की पांचवीं शताब्दी तक तो इस सन् का प्रादुर्भाव भी नहीं हुआ था। ई० स० ५२७ के आसपास रोम नगर (इटली में) के रहने वाले डायोनिसियस एक्सिगुयस नामक विद्वान् पादरी ने मज़हबी सन् चलाने के विचार से हिसाब लगा कर १९४वें ओलिंपियड[१९२] के चौथे वर्ष अर्थात् रोम नगर की स्थापना[१९३] से ७९५वें वर्ष में ईसा मसीह का जन्म होना स्थिर किया और वहां से लगा कर अपने समय तक के वर्षों की संख्या नियत कर ईसाइयों में इस सन् का प्रचार करने का उद्योग किया। ई० स० की छठी शताब्दी में इटली में, आठवीं में इंग्लैण्ड में, आठवीं तथा नवीं शताब्दी में फ्रांस, बेल्जियम, जर्मनी और स्विट्जरलैण्ड में और ई० स० १००० के आसपास तक यूरोप के समस्त ईसाई देशों में इसका प्रचार हो गया, जहां की काल गणना पहले भिन्न-भिन्न प्रकार से थी। अब तो बहुधा सारे भूमण्डल में इसका, कहीं कम कहीं ज़्यादा प्रचार है। सन् के अंकों को छोड़ कर बाकी सब बातों में यह रोमन लोगों का ही वर्ष है। रोमन लोगों का पंचांग पहले जुलियस सीजर ने स्थिर और ठीक किया था।[१९४]

उसके पीछे जो अंतर पड़ा उसको पोप ग्रेगरी ने ठीक दिया।[१९५] इस सन् का वर्ष सौर है जिसका प्रारंभ तारीख १ जनवरी[१९६] से होता है और जो ३६५ दिन के १२ महीनों में विभक्त है। प्रति चौथे वर्ष १ दिन[१९७] फरवरी मास में बढ़ा दिया जाता है। ईसाइयों का दिन (तारीख) मध्य रात्रि से प्रारंभ होकर दूसरे दिन की मध्य रात्रि तक माना जाता है। इस सन् में ५७-५६ जोड़ने से वि० सं० बनता है।

हिंदुस्तान में अंग्रेज़ों का राज्य होने पर इसका प्रचार इस देश में भी हुआ और यहां का राजकीय सन् यही है। लोगों के सामान्य व्यवहार में भी इसका प्रचार बहुत कुछ है।

भिन्न-भिन्न संवतों का ईसवी सन् से संबंध।

शताब्दी के अंक रहित सप्तर्षि संवत्-ई० स० २४-२५ (शताब्दी के अंक रहित)

कलियुग संवत् (गत)	–	३१०१-३१००	=	ईसवी सन्।
वीर निर्वाण संवत् (गत)	–	५२७-२६	=	ईसवी सन्।
बुद्धनिर्वाण संवत्	–	४८७ (?)	=	ईसवी सन्।
मौर्य संवत्	–	३२० (?)	=	ईसवी सन्।
सेल्युकिडि संवत्	–	३१२-११	=	ईसवी सन्।
चैत्रादि विक्रम संवत् (गत)	–	५७-५६	=	ईसवी सन्।
शक संवत् (गत)	+	७८-७९	=	ईसवी सन्।
कलचुरि संवत्	+	२४८-४९	=	ईसवी सन्।
गुप्त संवत्	+	३१९-२०	=	ईसवी सन्।
गांगेय संवत्	+	५७० (?)	=	ईसवी सन्।
हर्ष संवत्	+	६०६-७	=	ईसवी सन्।
भाटिक संवत्	+	६२३-२४	=	ईसवी सन्।
कोल्लम् संवत्	+	८२४-२५	=	ईसवी सन्।
नेवार संवत्	+	८७८-७९	=	ईसवी सन्।
चालुक्य विक्रम संवत्	+	१०७५-७६	=	ईसवी सन्।
सिंह संवत्	+	१११३-१४	=	ईसवी सन्।
लक्ष्मणसेन संवत्	+	१११८-१९	=	ईसवी सन्।
पडुवैप्पु संवत्	+	१३४०-४१	=	ईसवी सन्।
राज्याभिषेक संवत्	+	१६७३-७४	=	ईसवी सन्।
शाहूर सन्	+	५९९-६००	=	ईसवी सन्।
उत्तरी फसली सन्	+	५९२-९३	=	ईसवी सन्।
दक्षिणी फसली सन्	+	५९०-९१	=	ईसवी सन्।
विलायती सन्	+	५९२-९३	=	ईसवी सन्।
अमली सन्	+	५९२-९३	=	ईसवी सन्।
बंगाली सन्	+	५९३-९४	=	ईसवी सन्।
मगि सन्	+	६३८-३९	=	ईसवी सन्।
इलाही सन्	+	१५५५-५६	=	ईसवी सन्।

सन्दर्भ :

१. 'संवत्' शब्द 'संवत्सर' शब्द का संक्षिप्त रूप है जिसका अर्थ 'वर्ष' है। कभी-कभी इसके और भी संक्षिप्त रूप 'संब', 'सं' या 'सब' और 'स' (प्राकृत लेखों में) मिलते हैं। संवत् शब्द को कोई-कोई विक्रम संवत् का ही सूचक मानते हैं परंतु वास्तव में ऐसा नहीं है। यह शब्द केवल 'वर्ष' का सूचक होने से विक्रम संवत् आदि प्रत्येक संवत् के लिये आता है और कभी-कभी इसके पूर्व उक्त संवतों के नाम भी (विक्रम संवत्, वलभी संवत् आदि) लिखे मिलते हैं। इसके स्थान में वर्ष, अब्द, काल, शक आदि इसी अर्थ वाले शब्दों का भी प्रयोग होता है।

२. सप्तर्षि नामक ७ तारों की कल्पित गति के साथ इसका संबंध माना गया है जिससे इसको 'सप्तर्षि संवत्' कहते हैं।

३. कश्मीर आदि में शताब्दियों के अंकों को छोड़कर ऊपर के वर्षों के अंक लिखने का लोगों में प्रचार होने के कारण इसको 'लौकिक संवत्' या 'लौकिक काल' कहते हैं।

४. विद्वानों के शास्त्रसंबंधी ग्रंथों तथा ज्योतिष: शास्त्र के पंचांगों में इसके लिखने का प्रचार होने से ही इसको शास्त्र संवत् कहते हैं।

५. कश्मीर और पंजाब के पहाड़ी प्रदेश में प्रचलित होने से इसको पहाड़ी संवत् कहते हैं।

६. इस संवत् के लिखने में शताब्दियों को छोड़ कर ऊपर के ही वर्ष लिखे जाने से इसे कच्चा संवत् कहते हैं।

७. एकैकस्मिन्नृक्षे शतं शतं ते (मुनय:) चरन्ति वर्षाणाम् (वाराही संहिता, अध्याय, १३, श्लोक ४)। सप्तर्षीणां तु यौ पूर्वौ दृश्येते उदितौ दिवि) तयोस्तु मध्ये नक्षत्रं दृश्यते तत्समं निशि।। तेनैत ऋषयो युक्तास्तिष्ठत्यब्दशतं, नृणाम् (भागवत, स्कंध १२, अध्याय २, श्लोक २७-२८ विष्णुपुराण, अंश ४, अध्याय २४, श्लोक ५३-५४)। पुराण और ज्योतिष के संहिताग्रंथों में सप्तर्षियों की इस प्रकार की गति लिखी है वह कल्पित है। 'सिद्धांततत्वविवेक' का कर्ता कमलाकर भट्ट भी ऐसी गति को स्वीकार नहीं करता। (अद्यापि कैरपि नरैर्गतिरार्यवर्यैर्दृष्टा न यात्र कथिता। किल संहितासु। तत्काव्यमेव हि पुराणवदत्र तज्ज्ञास्तेनैव तत्वविषयं गदितुं प्रवृत्त:।। (सिद्धांततत्वविवेक, भग्रहयुत्यधिकार, श्लोक ३२)।

८. श्रीसप्तर्षिचारानुमतेन, संवत् ४८६९ तथा च संवत् ६९ चैत्रशुति १ श्रीशाका: १७१५ करणगताव्दा(ब्दा): १० २८ दिनगण: ४१२०१० श्रीविक्रमादित्यसंवत् १८५० कल्पगताव्दा(ब्दा); १९७२९४८८९४ शेषाव्दा(ब्दा): २३४७०५११०६....कलेर्गतवर्षाणि ४८९४ शेषवर्षाणि ४२७१०६ (विक्रम संवत् १८५० का पंचांग इं० एँ०; जि० २०, पृ० १५०)।

९. सप्तर्षि:(र्षि)संवत् ४९५ अ[ा]श्व[यु]जकृष्णसप्तमी मंगल(ल)वासरं(रे) (हस्तलिखित 'ध्वन्यालोक:; एँ० इं०; जि० २०, पृ० १५१)।

१०. कलेर्गतै: सायकनेत्र (२५)वर्ष: सप्तर्षिवर्यास्त्रिदिवं प्रयाता:। लोके हि संवत्सरपत्रिकायां सप्तर्षिमानं प्रवदन्ति सन्त:।। (डॉ० बूलर की कश्मीर की रिपोर्ट, पृ० ६०)।

११. क; इं० ई० ; पृ० ४।

१२. लौकिकाब्दे चतुर्विंशे शककालस्य सांप्रतम्। सप्तत्याभ्यधिकं यातं सहस्रं (राजतरंगिणी, तरंग, १, श्लोक ५२)।

१३. सप्तर्षि संवत् के वर्ष वर्तमान और कलियुग, विक्रम तथा शक संवतों के वर्ष पंचांगों में गत लिखे रहते

हैं। ता० १२ अप्रैल ई० स० १९१८ को जो चैत्रादि विक्रम संवत् १९७५ और शक संवत् १८४० प्रवेश हुआ उसको लोग वर्तमान मानते हैं। परंतु ज्योतिष के हिसाब से वह गत है, न कि वर्तमान। मद्रास इहाते के दक्षिणी विभाग में अब तक शक संवत् के वर्तमान वर्ष लिखे जाते हैं तो वहां का वर्ष बंबई इहाते तथा उत्तरी भारतवर्ष के पंचांगों के शक संवत् से एक वर्ष आगे रहता है।

१४. 'शुदि'(सुदि) और 'बदि' या 'वदि' का अर्थ शुक्लपक्ष और बहुल (कृष्ण) पक्ष माना जाता है परंतु वास्तव में इन शब्दों का अर्थ 'शुक्लपक्ष का दिन' और 'बहुल (कृष्ण) पक्ष का दिन' है। ये स्वयं शब्द नहीं हैं किंतु दो-दो शब्दों के संक्षिप्त रूपों के संकेत मात्र हैं जिनको मिला कर लिखने से ही उनकी शब्दों में गणना हो गई है। प्राचीन लेखों में संवत्सर (संवत्), ऋतु, पक्ष और दिन या तिथि ये सब कभी-कभी संक्षेप में भी लिखे जाते थे। जैसे संवत्सर के संक्षिप्त रूप संवत्, संव, सं आदि मिलते हैं (देखो, ऊपर पृ० १५९, टि० १) वैसे ही ग्रीष्मः (प्राकृत में गिह्माण) का संक्षिप्त रूप 'ग्री' या 'गृ' और 'गि' (प्राकृत लेखों में); 'वर्षा' का 'व;' 'हेमन्त' का 'हे'; 'बहुलपक्ष' या 'बहुल' (कृष्ण) का 'ब'; 'शुक्लपक्ष) या 'शुक्ल' का 'शु' 'दिवसे' का 'दि' और 'तिथि' का 'ति' मिलता है। 'बहुल' और 'दिवसे' के संक्षिप्त रूप 'ब' और 'दि' को मिलाकर साथ लिखने से 'बदि' और उससे 'वदि' (वबयोरैक्यम्) शब्द बन गया, ऐसे ही 'शुक्ल' के 'शु' और 'दिवसे' के 'दि' को साथ लिखने से 'शुदि' और उससे 'सुदि' ('श' के स्थान में 'स' लिखने से) बन गया। कश्मीर वाले 'दिवस' के स्थान में 'तिथि' शब्द का प्रयोग करते रहे जिससे उनको यहां बहुधा 'शुति' और 'वति' शब्द मिलते हैं। दिल्ली के अशोक के स्तंभ पर अजमेर के चौहान राजा वीसलदेव (विग्रहराज) के तीन लेख खुदे हुए हैं जिनमें से दो संवत् १२२० वैशाख शुदि १५ के हैं। इन दोनों में 'शुति' खुदा है (संवत् १२२० वैशाखशुति १५. ई० एँ० जि० १९, पृ० २१७-१८)। व्याकरण के पिछले आचार्यों ने 'शुदि' और 'बदि' (वदि) शब्दों की उत्पत्ति न जान कर ही उनकी अव्ययों में गणना कर दी है। 'शुदि' या 'शुति' और 'वदि' या 'बति' (वति) के पीछे 'तिथि' शब्द (श्रावणशुदि पंचम्यां तिथौ) लिखना भी अशुद्ध है क्योंकि 'शुदि' और 'बदि' में तिथिसूचक 'दिवस' शब्द मौजूद है। केवल उपर्युक्त शब्दों के ही संक्षिप्त रूप लेखादि में मिलते हैं ऐसा ही नहीं किंतु अनेक दूसरे शब्दों के भी संक्षिप्त रूप मिलते हैं, जैसे कि 'ठक्कुर' का 'ठ°' 'महन्तम' का 'महं°' श्रेष्ठिन्' का 'श्रे°' 'ज्ञातीय' या 'ज्ञाति' का 'ज्ञा°' 'उत' (पुत्र का प्राकृत रूप) का 'उ°' (एँ० इं०; जि० ८, पृ० २१९-२२) आदि अनेक ऐसे संक्षिप्त रूपों के साथ कहीं कुंडल (°), लगाया मिलता है और कहीं नहीं भी।

१५. श्रीमन्नृपतिविक्रमादित्यसंवत्सरे १७१७ श्रीशालिवाहनशके १५८२ श्रीशास्त्रसंवत्सरे ३६ वैशाप(ख)वदि त्रयोदश्यां वु(बु)धवासरे मेषेर्कसंक्रातौ (इं० एं० जि० २० पृ० १५२)

१६. श्रीनृपविक्रमादित्यपराजस्य गताब्दाः १७१७ श्रीसप्तर्षिमते संवत् ३६ पो[ब]ति ३ रवौ तिष्यनक्षत्रे (इं० एँ० जि० २०, पृ० १५२)।

१७. कभी-कभी गत वर्ष भी लिखे मिलते हैं, जैसे कि कय्यटरचित 'देवीशतक' की टीका के अंत में यह श्लोक हैं-

वसुमुनिगगणेदधिसमकाले याते कलेस्तथा लोके।
द्वापञ्चाशे वर्षे रचितेयं भीमगुप्तनृपे।। (इं० एँ० जि० २०, पृ० १५४)।

यहां पर गत कलियुग संवत् ४०७८ और लौकिक संवत् ५२ दिया है जो गत है ('याते' दोनों के साथ लगता है) क्योंकि वर्तमान ५३ में ही गत कलियुग संवत् ४०७८ आता है। परंतु ऐसे उदाहरण बहुत कम मिलते हैं।

१८. हिंदुओं की कालगणना के अनुसार कलियुग एक महायुग का १०वां अंश मात्र है। महायुग में ४ युग माने जाते हैं जिनको कृत, त्रेता, द्वापर और कलि कहते हैं। कलियुग ४३२००० वर्ष का, द्वापर उससे दुगुना अर्थात् ८६४००० वर्ष का, त्रेता तिगुना अर्थात् १२९६००० वर्ष का और कृत चौगुना अर्थात् १७२८००० वर्ष का माना जाता है। इस प्रकार एक महायुग, जिसको चतुर्युगी भी कहते हैं, कलियुग से १० गुना अर्थात् ४३२०००० वर्ष का माना जाता है। ऐसे ७१ महायुग का एक मन्वंतर कहलाता है। १४ मन्वंतर और ६ महायुग अर्थात् १००० महायुग (=४३२०००००० वर्ष) को एक कल्प या ब्रह्मा का दिन कहते हैं और उतने ही वर्षों की रात्री भी मानी गई है।

१९. अष्टाचत्वारिंशदधिकात्रिशतो[त्त]रेषु चतु:सहस्रेषु कलियुगसंवत्सरेषु परावृत्तेषु सत्सु। स्वराज्यानुभवकाले पंचमे साधारणासंवत्सरे (गोवा के कदंबवंशी राजा शिवचित्त [षष्ठदेव दूसरे] के समय के दानपत्र से। इं० एँ० जि० १४, पृ० २९०)।

२०. त्रिंशत्सु त्रिसहस्रेषु भारतादाहवादित: [।] सप्ताब्दशतयुक्तेषु श(ग)तेष्वब्दषु पञ्चसु [।।] पञ्चाशत्सु कलौ काले षट्सु पञ्चशतासु स च [।] समासु समतीतासु शकानामपि भूभुजाम् (एँ० इं०; जि० ६, पृ० ७)।

२१. डॉ० कीलहॉर्न संगृहीत दक्षिण के लेखों की सूची, पृ० १६२, लेखसंख्या १०१७।

२२. यदैव भगवद्विष्णोरंशो यातो दिवं द्विज। वसुदेवकुलोद्भूतस्तदैव कलिरागत: (विष्णु पुराण, अंश ४, अध्याय २४, श्लोक ५५)। विष्णुर्भगवतो भानु: कृष्णाख्योऽसौ दिवं गत:। तदा विशत्कलिर्लोकं पोप यद्रमते जन: (भागवत, स्कंध १२, अध्याय २, श्लोक २९) महाभारत से पाया जाता है कि पांडवों ने विजयी होने के बाद १५ वर्ष तक तो राजा (धृतराष्ट्र) की आज्ञा के अनुसार सब कार्य किया। फिर भीम के वाग्बाण से खिन्न हो कर राजा विरक्त हुआ तब युधिष्ठिर स्वतंत्र राजा बना। फिर ३६वें वर्ष कृष्ण और यादवों के स्वर्गवास की खबर आई तब परीक्षित को राज्यसिंहासन पर बिठला कर पांडवों ने द्रौपदी सहित महाप्रस्थान किया (इं; एँ० जि० ४०, पृ० १६३-६४)। इस हिसाब से तो कृष्ण का स्वर्गारोहण, पांडवों का महाप्रस्थान, एवं पुराणों का कलियुग का प्रारंभ भारतयुद्ध से (१५+३६=) ५१ वर्ष बाद होना चाहिये।

२३. आसन्मघासु मुनय: शासात पृथ्वीं युधिष्ठिरे नृपतौ। षड्द्विकपञ्चद्वियुत: शककालस्तस्य राज्यस्य (वाराही संहिता, सप्तर्षिचार, श्लोक ३)।

२४. भारतं द्वापरान्तेऽभूद्वार्तयेति विमोहिता:। केचिदेतां मृषा तेषां कालसङ्ख्यां प्रचक्रिरे।।४९।।.....।। शतेषु षट्सु सार्द्धेषु त्र्यधिकेषु च भूतले। कलेर्गतेषे वर्षागणामभवन्कुरुपांडवा:।।५१।। (राजतरंगिणी, तरंग १)।

२५. भारत का युद्ध हुआ उस समस परीक्षित गर्भ में था उसका जन्म भारत के युद्ध की समाप्ति से कुछ ही महीनों बाद हुआ होगा।

२६. महापद्माभिषेकात्तु यावज्जन्म परीक्षित:। एवं वर्षसहस्रं तु ज्ञेयं पंचाशुदुत्तरं (मत्स्यपुराण, अध्याय २७३, श्लोक ३६. वायुपुराण, अ० ९९, श्लोक ४१५. ब्रह्मांड पुराण, मध्यम भाग, उपोद्घात पाद ३, अ० ७४, श्लोक २२७)। यावत्परीक्षितो जन्म यावन्नंदाभिषेचनम्। एतद्वर्षसहस्रं तु ज्ञेयं पंचदशोत्तरं (विष्णुपुराण अंश ४, अ० २४, श्लोक ३२)। आरभ्य भवतो जन्म यावन्नदाभिषेचनम्। एतद्वर्षसहस्रं तु शतं पंचदशोत्तरम् (भागवत, स्कंध १२, अ० २ श्लोक २६)। इस प्रकार परीक्षित के जन्म से लगा कर महापद्म (नंद) के राज्याभिषेक तक के वर्षों की संख्या मत्स्य, वायु और ब्रह्माण्डपुराण में १०५०, विष्णु में १०१५ और भागवत में १११५ दी है। अधिकतर पुराणों में १०५० ही है जिसको हमने स्वीकार किया है।

२७. चंद्रवंशी अजमीढ़ के पुत्र ऋक्ष का वंशज और जरासंध का पुत्र सहदेव भारत के युद्ध में मारा गया। फिर उसका पुत्र (या उत्तराधिकारी) सोमाधि (सोमापि) गिरिव्रज का राजा हुआ जिसके पीछे २१ और राजा

हुए। ये २२* राजा बृहद्रथवंशी कहलाये। इस वंश के अंतिम राजा रिपुंजय को मार कर उसके मंत्री शुकन (पुलिक) ने अपने पुत्र प्रद्योत को राजा बनाया....प्रद्योत के वंश में ५ राजा हुए जिनके पीछे शिशुनाग वंश के १० राजा हुए। जिनमें से १०वें राजा महनंदी का पुत्र महापद्म (नंद) था। इस गणना के अनुसार महाभारत के युद्ध से लगाकर महापद्म की गद्दी नशीनी तक ३७ राजा होते हैं जिनके लिये १०५० वर्ष का समय कम नहीं किंतु अधिक ही है क्योंकि औसत हिसाब से प्रत्येक राजा का राजत्वकाल २८ वर्ष के कुछ अधिक ही आता है।

२८. विक्कमरज्जारंभा परउ सिरिवीरनिव्वुई भणिया। सुन्न मुणिवेअजुतो विक्कमकालउ जिणकालो।। विक्रम कालाज्जिनस्य वीरस्य कालो जिनकाल: शून्यमुनिवेदयुक्त: चत्वारिशतानि सप्तत्यधिकवर्षाणि श्रीमहावीरविक्रमादित्येरंतरमित्यर्थः। (विचारश्रेणि)। यह पुस्तक ई० स० १३१० के आसपास बना था।

२९. छहिं वासाणसएहिं पंचहिं वासेहिं पंचमासेहिं। मम निव्वणगयस्स उ उप्पज्जिस्सइ सगो राया। (महावीरचरियं) यह पुस्तक वि० सं० ११४१ (ई० स० १०८४) में बनी थी।

३०. पणछस्सयवस्सं पणमासजुदं गमिअ वीरनिब्बुइदो सगराजो० (त्रिलोकसार, श्लोक ८४८)। यह पुस्तक वि० सं० की ११वीं शताब्दी में बनी थी। हरिवंशपुराण में भी वीरनिर्वाण से ६०५ वर्ष बीतने पर शक राजा का होना लिखा है और मेघनंदि के श्रावकाचार में भी ऐसा ही लिखा है (इं० एँ० जि० १२, पृ० २२)।

३१. श्रीवीरनाथनिर्वृत्ते: सकाशात् पच्चोत्तराषट्छतवर्षाणि पञ्चमासयुतानि गत्वा पश्चात् विक्रमाङ्कशकराजोऽजायत। (त्रिलोकसार के उपर्युक्त श्लोक की टीका)।

३२. दिगंबर जैनों के प्रसिद्ध तीर्थस्थान श्रवणबेल्गोला के एक लेख में वर्धमान (वीर) निर्वाण संवत् २४९३ में विक्रम संवत् १८८८ और शक संवत् १७५२ होना लिखा है जिसमें वीरनिर्वाण संवंत् और विक्रम संवत् का अंतर ६०५ आता है (इं० एँ० जि० २५, पृ० ३४६)। इस अशुद्धि का कारण माधवचंद्र की अशुद्ध गणना का अनुसरण करना ही हो।

३३. वीरजिणं सिद्धिगदे चउसदइगिसट्ठिवासपरिमाणो। कालमि अदिक्कते उप्पणो एत्थ संगराओ।। अहवा वीरे सिद्धे सहस्सणवकंमिसग(त)सयब्भहिये। पणसीदिंभि यतीदे पणमासे सगणिओ जादा (पाठान्तरं)।। चोद्दससहस्ससग(त)सयतेणउदीवासकालविच्छेदे।। वीरेसरसिद्धदो उप्पणाो सगणिओ अहवा (पाठान्तर)।। (त्रिलोकप्रज्ञप्ति–देखो, 'जैनहितैषी मासिक पत्र', भाग १३, अंक २२, दिसंबर १९१७, पृ० ५३३)।

३४. भगवति परिनिर्वृते सम्वत् १८१३ कार्तिकवादि १ बुधे (गया का लेख० इं. एँ० जि० १० पृ० ३४३)।

३५. कॉर्पस् इन्स्क्रिप्शन्स इंडिकेरम् (जनरल कनिंघम संपादित), जि० १, भूमिका, पृ० ३।

३६. प्रि; एँ.; जि० २, यूसफुल् टेबल्स, पृ० १६५।

३७. वी० बु० रे० वे० व; जि० १, की भूमिका, पृ० ७५।

३८. वही, पृ० १५०।

३९. इं० एँ० जि० ६, पृ० १५४।

४०. साइक्लोपीडिया ऑफ इंडिया, जि० १, पृ० ४९२।

४१. कॉर्पस् इस्निक्रप्शनम् इंडिकेरम् जि० १ की भूमिका, पृ० ९।

---

* ब्रह्माण्डपुराण में बृहदथवंशी राजाओं की संख्या २२ और मत्स्य तथा वायु में ३२ दी है। विष्णु और भागवत में संख्या नहीं दी। किसी पुराण में २२ से अधिक राजाओं की नामावली नहीं मिलती इसी से हमने बृहद्रथवंशी राजाओं की संख्या २२ मानी है।

४२. मॅ० हि; ए० सं० लि० ; पृ० २९८।

४३. इं० ऍं० ; जि० १०, पृ० ३४६।

४४. ड; क्रॉ० इं; पृ० ६।

४५. वा; ऍं० इं० पृ० ३७।

४६. ज० रॉ० ए० सो; ई० स० १९०६, पृ० ६६७।

४७. स्मि; अ० हि० इं; पृ० ४७ (तीसरा संस्करण)।

४८. पनंतरियसठिवससते राजमुरियकाले वोछिने च चोयठअगसतिकुतरियं (पंडित भगवान लाल इंद्रजी संपादित 'दी हाथी गुंफा एण्ड थ्री अदर इन्स्क्रिप्शन्स)। डॉक्टर स्टेन कॉनो ने ई० स० १९०५-६ की आर्कियोलॉजिकल सर्वे की रिपोर्ट में लिखा है कि 'इस वर्ष कलिंग के राजा खारवेल के प्रसिद्ध हाथी गुंफा के लेख की नकल (प्रतिकृति) तैयार की गई.....वह लेख मौर्य संवत् १६५ का है' (पृ० १६६)। उक्त पुस्तक की समालोचना करते हुए डॉक्टर फ्लीट ने उक्त लेख के संवत् संबंधी अंश के विषय में लिखा है कि 'उक्त लेख में कोई संवत् नहीं है किंतु वह यह बतलाता है कि खारवेल ने कुछ मूल पुस्तक और ६४वें अध्याय अथवा [जैनों के] सात अंगों के अन्य विभाग का पुनरुद्धार किया, जो मौर्यकाल से उच्छिन्न हो रहा था' (ज० रॉ० ए० सो; ई० स० १९१०, पृ० २४३-४४)। डॉ० फ्लीट के इस कथनानुसार प्रो० लूडर (ऍं० इं० जि० १०, ब्राह्मी लेखों की सूची, पृ० १६१) और वी० ए० स्मिथ ने (स्मि; अ० हि० इं० २०७, टि० २) उक्त लेख में कोई संवत् न होना मान लिया है, परंतु थोड़े ही समय पूर्व पश्चिमी भारत के आर्कियोलॉजिकल विभाग के विद्वान् सुपरिंटेंडेंट राखाल दास बेनर्जी ने उक्त लेख को फिर प्रसिद्ध करने के लिये उसकी प्रतिकृति तैयार कर पढ़ा है। उनके कथन से पाया गया कि उसमें मौर्य संवत् १६५ होना निर्विवाद है। ऐसी दशा में डॉ० फ्लीट आदि का कथन ठीक नहीं कहा जा सकता।

४९. लोरिअन् तंगाई (स्वात ज़िले में) से मिली हुई बुद्ध की मूर्ति के आसन पर खुदे हुए सं० ३१८ के खरोष्ठी लेख (स० ३१८ प्रोठवदस दिं० २७...आ०...स० रि; ई० स० १९०३-४ पृ० २५१) तथा हश्तनगर (पुष्कलावती) से मिली हुई बुद्ध की (अपने शिष्यों सहित) मूर्ति के आसन पर खुदे सं० ३८४ (सं० ३८४ प्रोठवदस मसस दिवसंमि पंचमि ५–ऍ० इं० जि० १२, पृ० ३०२) के लेख में दिया हुआ संवत् कौन सा है यह अनिश्चित है। संभव है कि उनका संवत् मौर्य संवत् हो।

५०. मसीडोनियन् महीनों के नाम क्रमश: हाइपरबेरेटियस् (Hyperberetaeus), डिअस् (Dius), ऐपेल्लिअस् (Appllaeus), ऑडिनियस् (Audynaeus), पेरिटियस् (Peritius), डिस्ट्रस् (Dystrus) जँथिकस् (Xanthicus), आर्टेमिसियस् (Artemisius), डेसिअस् (Daesius), पनेमस् (Panemus), लोअस् (Lous), और गॉर्पिएयस (Gorpieaus) हैं। इनमें से पहला हाइपर्बरेटियस अंग्रेज़ी अक्तूबर के और अंतिम गॉर्पिएयस सितम्बर के स्थानापन्न है। अब तक इन मैसीडोनियन् महीनों में से ४ महीने–ऐपेल्लिअस (क; इं० ई० पृ० ४१)। आर्टेमिसिअस (हुविष्क के समय के सं० ५१ के वर्डक के मिले हुए पात्र पर के लेख में ऍं० इं० जि० ११, पृ० २१०) डेसिअस् (दइसिक, कनिष्क के समय के सं० ११ के सुएविहार के ताम्रलेख में इं० ऍं० ; जि० १०, पृ० ३२६, जि० ११, पृ० १२८) और पनेमस् (क्षत्रप पतिक तक्षशिला से मिले हुए सं० ७८ के ताम्रलेख में ऍ० इं० जि० ४, पृ० ५५) लेखों में मिले हैं।

५१. पार्थियन् संवत् का प्रारंभ ई० स० पूर्व २४७ के मध्य के आसपास होना माना जाता है (क; इं० ई; पृ० ४६)।

५२. मालवकालाच्छरदां षट्त्रिंशत्संयुतेष्वतीतेषु नवसु शतेषु (ग्यारिसपुर का लेख; क; आ० स० रि; जि० १०, प्लेट ११)।

५३. धिनिकि गांव (काठियावाड़) से मिले हुए दानपत्र में विक्रम संवत् ७९४ कार्तिक कृष्णा अमावस्या आदित्यवार, ज्येष्ठा नक्षत्र और सूर्यग्रहण लिखा है (इं. ऍं० जि० १२, पृ० १५५) परंतु उक्त तिथि को आदित्यवार, ज्येष्ठा नक्षत्र और सूर्यग्रहण न होने और उसकी लिपि इतनी प्राचीन न होने से डॉ० फ्लीट और कीलहॉर्न ने उसको जाली ठहराया है।

५४. वसु नव [अ]ष्टौ वर्षा गतस्य कालस्य विक्रमाख्यस्य [।] वैशाखस्य सिताया (यां)रविवारयुतद्वितीयायां (इं० ऍं; जि० १९, पृ० ३५)।

५५. ऍ० इं; जि० १२, पृ० ३२०।

५६. फ्ली; गु० इं; पृ० ८३।

५७. वही, पृ० १५४।

५८. ऍ० इं; जि० १९, पृ० ५९।

५९. मैनालगढ़ (उदयपुर राज्य में) से मिले हुए अजमेर के चौहान राजा पृथ्वीराज (पृथ्वीभट्ट) के समय के लेख के संवत् १२२६ को मालवा के राजा का संवत् कहा है (मालवेशगतवत्सर(रैः) शतैः द्वादशैश्च षट्(ड्)विंशपूर्वकैः) (ज० ए० सो; बंगा० जि० ५५, भाग १, पृ० ४६)।

६०. संवत् के साथ 'कृत' शब्द अब तक केवल ४ शिलालेखों में मिला है। डॉ० फ्लीट ने इसका अर्थ 'गत' अर्थात् गुजरे हुए [वर्ष] अनुमान किया था परंतु गंगधार के शिलालेख में 'कृतेषु' और 'यातेषु' (=गत) दोनों शब्द होने से उस अनुमान को ठीक न माना। मंदसौर के लेख में 'कृतसंज्ञिते' लिखा है (देखो, ऊपर अवतरण) उसमें 'कृत' वर्ष का नाम होना पाया जाता है। जैसे प्राचीन लेखों में १२ वर्ष (महाचैत्रादि) और ६० वर्ष (प्रभवादि) के दो भिन्न-भिन्न वार्हस्पत्यमान (चक्र) मिलते हैं वैसे ही वैदिक काल में ४ वर्ष का एक युगमान (चक्र) भी था (देखो, आर० शामशास्त्री का 'गवामयन' पृ० ३, १३८)। इस युगमान के वर्षों के नाम वैदिक काल के जुए के पासों की तरह (देखो, ऊपर पृ० ११ और उसी के टिप्पण ३-५) कृत, त्रेता, द्वापर और कलि थे, और उनकी रीति के विषय में यह अनुमांन होता है कि जिस गत वर्ष में ४ का भाग देने से कुछ न बचे उस वर्ष की 'कृत', ३ बचे उसकी 'त्रेता', २ बचे उसकी 'द्वापर' और १ बचे उसकी 'कलि' संज्ञा होती हो। जैनों के 'भगवतीपुत्र' में युगमान का ऐसा ही उल्लेख मिलता है। उसमें लिखा है कि 'युग चार हैं कयजुम्म (कृत), त्र्योज (त्रेता), दावरजुम्म (द्वापर) और कलियुग (कलि) जिस संख्या में ४ का भाग देने से ४ बचे (अर्थात् कुछ न बचे) उसका नाम कृत, ३ बचे उसका त्रेता, २ बचे उसका द्वापर और १ बचे उसका कलि है' *यह युगमान जिन ४ लेखों में 'कृत' संज्ञा का प्रयोग हुआ है उनमें नीचे लिखे अनुसार ठीक घट जाता है–

---

* कयिणं भंते जुम्मा पण्णत्ता? गोयम चत्तारि जुम्मा पण्णत्ता। तं जहा। कयजुम्म तेयोजे दावरजुम्मे कलिनुगे। से केणात्येण भते? एवं उच्चयि जाव कलिनुगे गोयम। जेणं चयुक्केणं अवहारेणं अवहरिमाणे चयुपज्जवसिये से त कयजुम्मे। जेणं रासा चयुक्के अवहारेणं अवहरिमाणे तिपज्जवसिये से तं तेयोजे। जेणं रासी चयुक्केणं अवहारेणं अवहरिमाणे दुपज्जवसिये से तं दावरजुम्मे। जेणं रासी चयुक्केणं अवहारेण अवहरिमाणे एकपज्जवसिये से तं कलिनुगे। से तेणत्येणं (१३७१-७२, भगवती सूत्र, 'गवामयन'; पृ० ७२)।

(१) विजयमंदिरगढ़ (बयाना) के लेख के वर्ष ४२८[१] को [२]गत मान कर ४ का भाग देने से कुछ नहीं बचता इससे उसका नाम 'कृत' हुआ।

(२) मंदसौर के वर्ष ४६१ को वर्तमान ('प्राप्ते') कहा ही है इसलिये गत वर्ष ४६० है जो 'कृत' ही है।

(३) गंगधार (झालावाड़ राज्य में) के लेख[३] के वर्ष ४८० को गत ही लिखा है जिससे वह 'कृत' ही है।

(४) नगरी के लेख के वर्ष ४८१ को वर्तमान मानें तो गत ४८० होता है जो 'कृत' ही है। ऐसी दशा में यह कहा ज़ा सकता है कि मालवा और राजपूताने में कृतादि युगगणना की प्राचीन शैली का प्रचार ई० स० की पांचवीं शताब्दी के पूर्वार्द्ध तक बना हुआ था।

६१. संभव है कि मालवा की गणना चैत्रादि पूर्णिमांत हो।

६२. क; आ० स० रि; जि० ६, पृ० १८२।

६३. फ्ली; गु० इं० पृ० ८।

६४. चंद्रगुप्त (दूसरे) के सिक्कों पर एक तरफ उस राजा के नामवाले लेख और दूसरी ओर 'श्रीविक्रम:' 'विक्रमादित्य:', 'सिंहविक्रम:', 'अजितविक्रम:' आदि उसी के बिरुद सूचक लेख हैं (जॉन ऐलन संपादित गुप्तों के सिक्कों की सूची)।

६५. संवाहणसुहरसतोसिहण देन्तेण तुह करे लक्खं। चलणेण विक्कमाइच्चचरिअमणुसिक्खिअं तिस्सा (गाथा ४६४, वेबर का संस्करण)। इस गाथा में विक्रमादित्य की दानशीलता की प्रशंसा है।

६६. 'गाथासप्तशती' के अंत में सातवाहन को कुंतल देश का राजा, प्रतिष्ठान (पैठण) नगर का अधीश, शतकर्ण (शातकर्णि) उपनामवाला, द्वीपिकर्ण का पुत्र, मलयवती का पति और हालादि उपनामवाला लिखा है (प्रो० पीटर्सन की ई० स० १८८४-८६ तक की रिपोर्ट, पृ० ३४९)। शिलालेखों में आंध्र (आंध्रभृत्य) वंश के लिये सातवाहन नाम का प्रयोग मिलता है। नानाघाट के लेख में उक्त वंश के मूल पुरुष सिमुक को सातवाहन कहा है और उक्तवंश के राज्य का अंत ई० स० २२५ के आसपास होना। (स्मि; अ० हि० इं; पृ० २१८ के पास का नक्शा) माना जाता है। ऐसी दशा में 'गाथासप्तशती' का समय उक्त सन् से पूर्व का ही होना चाहिए। देवदत्त रामकृष्ण भण्डारकर ने विक्रम संवत् संबंधी अपने लेख में 'गाथासप्तशती' के राजा विक्रम के विषय में लिखते हुए उक्त पुस्तक के रचनाकाल के संबंध में लिखा है कि 'क्या गाथासप्तशती वास्तव में उतना पुराना ग्रंथ है जितना कि माना जाता है? ......बाण के हर्षचरित के प्रारंभ के १३वें श्लोक में सातवाहन के द्वारा गीतों के 'कोश' के बनाये जाने का उल्लेख अवश्य है परंतु इस 'कोश' को हाल की सप्तशती मानने के लिये कोई कारण नहीं है जैसा कि प्रो० वेबर ने अच्छी तरह बतलाया है। उसी पुस्तक में मिलने वाले प्रमाण उसकी रचना का समय बहुत पीछे का होना बतलाते हैं। यहां पर केवल दो बातों का विचार किया जाता है। एक तो उस (पुस्तक) में कृष्ण और राधिका का (१।८९) और दूसरा मंगलवार (३/६१) का उल्लेख है। राधिका का सब से पुराना उल्लेख जो मुझे मिल सका वह पंचतंत्र में है जो ई० स० की पांचवीं शताब्दी का बना हुआ है। ऐसे ही तिथियों के साथ या सामान्य व्यवहार में वार लिखने की रीति ९वीं शताब्दी से

---

१. कृतेषु चतुर्षु वर्षशतेष्वटाविंशेषु ४००२० ८ फाल्गुण(न)बहुलस्य पञ्चदश्यामेतस्यां पूर्व्वायां (फ्ली; गु. इं., पृ० २५३)।

२. शिलालेखादि में विक्रम् संवत् के वर्ष बहुधा गत लिखे जाते हैं (ए. इ. ; जि. १, पृ० ४०६) वर्तमान बहुत कम। जब कभी वर्तमान वर्ष लिखा जाता है तब एक वर्ष अधिक लिखा रहता है।

३. यातेषु चतुर्षु क्रि(कृ)तेषु शतेषु सौस्यै(म्यै)ष्वा(ष्टा)शीतसोत्तरपदेष्विह वत्स[रेषु] शुक्ले त्रयोदशदिने भुवि कार्त्तिकस्य मासस्य सर्व्वजनचित्तसुखावहस्य।। (फ्ली; गु. इं. पृ० ७४)

प्रचलित हुई, यद्यपि उसका सब से पुराना उदाहरण बुधगुप्त के ई० स० ४८४ के एरण के लेख में मिलता है। यदि हम गाथासप्तशती के हाल का समय छठी शताब्दी का प्रारंभ मानें तो अधिक अनुचित न होगा' (आर० जी० भंडारकर कोम्मेमॉरेशन वोल्यूम पृ० १८८-८९)। हम उक्त विद्वान् के इस कथन से सर्वथा सहमत नहीं हो सकते क्योंकि बाणभट्ट सातवाहन के जिस सुभाषितरूपी उज्ज्वलरूपों के कोश (संग्रह, खज़ाने) की प्रशंसा करता है (अविनाशिनमग्राम्यकरोत्सातवाहनः। विशुद्धजातिभिः कोशं रत्नैरिव सुभाषितैः॥१३) वह 'गाथासप्तशती' ही है जिसमें सुभाषित रूपी रत्नों का ही संग्रह है। यह कोई प्रमाण नहीं कि प्रॉ० बेवर ने उसे गाथासप्तशती नहीं माना इसलिये वह उससे भिन्न पुस्तक होनी चाहिये। बेवर ने ऐसी-ऐसी कई प्रमाणशून्य कल्पनाएं की हैं जो अब मानी नहीं जातीं। प्रसिद्ध विद्वान् सर् रामकृष्ण गोपाल भण्डारकर ने भी वेबर के उक्त कथन के विरुद्ध बाणभट्ट के उपर्युक्त श्लोक का संबंध हाल की सप्तशती से होना माना है (बंब० गे ; जि० १, भा० २०, पृ० १७१)। ऐसा ही डॉ० फ्लीट ने (ज० रॉ० ए० सो; ई० स० १९१६, पृ० ८२०) और 'प्रबंधचिंतामणि' के कर्ता मेरुतुंग ने माना है (प्रबंधचिंतामणि, पृ० २६)। पांचवीं शताब्दी के बने हुए 'पंचतंत्र' में कृष्ण और राधिका का उल्लेख होना तो उल्टा यह सिद्ध करता है कि उस समय कृष्ण और राधिका की कथा लोगों में भली-भांति प्रसिद्ध थी अर्थात् उक्त समय के पहले से चली आती थी। यदि ऐसा न होता तो पंचतंत्र का कर्ता उसका उल्लेख ही कैसे करता? ऐसे ही तिथियों के साथ या सामान्य व्यवहार में वार लिखने की रीति का ९वीं शताब्दी में प्रचलित होना बतलाना भी ठीक नहीं हो सकता, क्योंकि कच्छ राज्य के अंधो गांव से मिले हुए क्षत्रप रुद्रदामन् के समय के [शक] संवत् ५२ (ई० स० १३०) के ४ लेखों मे से एक लेख में 'गुरुवार' लिखा है (वर्षे द्विपंचाशे ५० २, फागुणबहुलस द्वितीया बी २ गुरुवास[रे] सिंहलपुत्रस ओपशतस गोत्रस० स्वर्गीय आचार्य वल्लभी हरिदत्त की तैयार की हुई उक्त लेख की छाप से) जिससे सिद्ध है कि ई० स० की दूसरी शताब्दी में वार लिखने की रीति परंपरागत प्रचलित थी। राधिका और बुधवार के उल्लेख से ही 'गाथासप्तशती' का छठी शताब्दी में बनना किसी प्रकार सिद्ध नहीं हो सकता। डॉ० सर रामकृष्ण गोपाल भंडारकर ने भी गाथा सप्तशती के कर्ता हाल को आंध्रभृत्य वंश के राजाओं में से एक माना है (बंब; गॅ० जि० १, भा० २, पृ० १७१) जिससे भी उसका आंध्रभृत्य (सातवाहन) वंशियों के राजत्वकाल में अर्थात् ई० स० की पहली या दूसरी शताब्दी में बनना मानना पड़ता है।

केवल 'गाथासप्तशती' से ही चंद्रगुप्त (दूसरे) से पूर्व के राजा विक्रम का पता लगता है इतना ही नहीं किंतु राजा सातवाहन (हाल) के समय महाकवि गुणाढ्य रचित पैशाची (कश्मीर तरफ की प्राकृत) भाषा के 'बृहत्कथा' नामक ग्रंथ से भी। जिसकी प्रशंसा बाणभट्ट ने अपने हर्षचरित के प्रारंभ के १७वें श्लोक (समुद्दीपितकंदर्पा कृतगौरीप्रसाधना। हरलीलेव नोकस्य विस्मयाय बृहत्कथा) में की है। वह पुस्तक अब तक नहीं मिला परंतु उसके संस्कृत अनुवाद रूपी सोमदेव भट्ट के 'कथासरित्सागर' में उज्जैन के राजा विक्रमसिंह (लंबक० ६, तरंग १), पाटलीपुत्र के राजा विक्रमतुंग (लंबक, ७, तरंग १) आदि विक्रम नाम के राजाओं की कई कथाएं मिलती हैं। इस पुस्तक को भी बेबर ने ई० स० की छठी शताब्दी का माना है परंतु डॉ० सर रामकृष्ण गोपाल भण्डारकर ने उपर्युक्त सातवाहन के समय का अर्थात् ई० स० की पहली या दूसरी शताब्दी का माना है (बंब० गॅ; जि० १, भा० २, पृ० १७०-७१) और काव्यमाला के विद्वान् संपादक स्वर्गीय महामहोपाध्याय पं० दुर्गाप्रसाद और काशीनाथ पाण्डुरंग परब ने इसका ई० स० की पहली शताब्दी में बनना बतलाया है इतना ही नहीं वेबर के माने हुए उसके समय के विषय में लिखा है कि 'वेबर पंडित' हिस्टरी ऑफ संस्कृत लिटरेचर' नामक

पुस्तक में गुणाढ्य का ई० स० की छठी शताब्दी में होना बतलाता है और दशकुमारचरित के रचयिता आचार्य दंडी का भी छठी शताब्दी में होना स्वीकार करता है। किंतु आचार्य दंडी काव्यादर्श में 'भूतभाषामयीं प्राहुरद्भुतार्थी बृहत्कथाम्' में 'प्राहु: पद से बृहत्कथा का अपने से बहुत प्राचीन होना प्रकट करता है। इसलिये दण्डी और गुणाढ्य दोनों छठी शताब्दी में हुए ऐसा वेबर पंडित ने किस आधार पर माना यह मालूम नहीं होता। अथवा प्राय: यूरोपियन् विद्वानों का यह स्वभाव है कि भारतवर्ष के प्राचीनतम ग्रंथों एवं उनके रचयिताओं को अर्वाचीन सिद्ध करने का जहां तक हो सके ये यत्न करते हैं और उनका प्राचीनत्व सिद्ध करने का दृढ़ प्रमाण मिल भी जाये तो उसको 'प्रक्षिप्त' कह कर अपने को जो अनुकूल हो उसी को आगे करते हैं (अर्थात् ठीक बतलाते हैं) (बंबई के निर्णयसागर प्रेस का छपा हुआ 'कथासरित्सागर', तीसरा संस्करण, भूमिका, पृ० १)।

६७. 'ज्योतिर्विदाभरण' का कर्त्ता कालिदास नामक ज्योतिषी उक्त पुस्तक के २२वें अध्याय में अपने को उज्जैन के राजा विक्रम का मित्र (श्लोक १९) और 'रघुवंश' आदि तीन काव्यों का कर्ता बतला कर (श्लोक २०) गत कलियुग संवत् ३०६८ (वि० सं० २४) के वैशाख में उक्त पुस्तक का प्रारंभ और कार्तिक में उसकी समाप्ति होना (श्लोक २१) लिखता है। उसमें विक्रम के विषय में यह भी लिखा है कि 'उसकी सभा में शंकु, वररुचि, घटखर्पर, मणि, अंशु, जिष्णु, त्रिलोचन, हरि, घटखर्पर और अमरसिंह आदि कवि (श्लोक ८); सत्य, वराहमिहिर, श्रुतसेन, बादरायण, मणित्थ और कुमारसिंह आदि ज्योतिषी थे (श्लोक ९)। धन्वन्तरि, क्षपणक, अमरसिंह, शंकु, बेतालभट्ट, घटखर्पर, कालिदास, वराहमिहिर और वररुचि ये नवविक्रम की सभा के रत्न थे। उनके पास ३००००००० पैदल, १००००००००० सवार, २४३०० हाथी और ४०००० नावें थीं। (श्लोक १२) उसने ९५ शक राजाओं को मार कर अपना शक अर्थात् संवत् चलाया (श्लोक १३) और रूम देश के शक राजा को जीत कर उज्जैन में लाया परंतु फिर उसको छोड़ दिया' (श्लोक १७)। यह सारा कथन मनघड़ंत ही है क्योंकि 'ज्योतिर्विदाभरण' की कविता मामूली है और रघुवंश आदि के कर्ता कविशिरोमणि कालिदास की अलौकिक सुंदरता वाली कविता के आगे तुच्छ है। ऐसे ही गत कलियुग संवत् ३०६८ (वि० सं० २४) में उक्त पुस्तक की रचना करने का कथन भी कृत्रिम ही है क्योंकि उसी पुस्तक में अयनांश निकालने के लिये यह नियम दिया है कि 'शक संवत् में से ४४५ घटाकर शेष में ६० का भाग देने से अयनांश आते हैं' (शाक: शराम्भोधियुगोनितो हृतो मानं खतर्कैरयनांशका: स्मृता:।१। १८) विक्रम संवत् के १३५ वर्ष बीतने पर शंक संवत् चला था अतएव यदि वह पुस्तक वि० सं० २४ में बनी होती तो उसमें शक संवत् का नाम भी नहीं होना चाहिये था। वास्तव में वह पुस्तक श० सं० ११६४ (वि० सं० १२९९=ई० स० १२४२) के आसपास की बनी हुई है (देखो, शंकर बालकृष्ण दीक्षित का 'भारतीय ज्योति:शास्त्र', पृ० ४७६)। ऐसी दशा में उक्त पुस्तक का विक्रमसंबंधी सारा कथन कल्पित ही मानना पड़ता है।

६८. वास्तव में विक्रम संवत् का प्रारंभ कार्तिक शुक्ला १ से और शक संवत् का चैत्र शुक्ला १ से है। उत्तरी हिन्दुस्तान के भी पंचांग शक संवत् के आधार पर बनने से उनमें वर्ष चैत्र शुक्ला १ से प्रारंभ होता है, जिससे वहां वालों ने पीछे से विक्रम संवत् का प्रारंभ चैत्र शुक्ला १ से भी मानना शुरू कर दिया हो। उत्तरी भारत के लेखों में संवत् दोनों तरह से (कार्तिकादि और चैत्रादि) मिल जाते हैं। ई० स० की १२वीं शताब्दी तक के लेखों में कार्तिकादि संवत् अधिक परंतु १३वीं शताब्दी तक के लेखों में चैत्रादि अधिक मिलते हैं (इं० एँ० जि०, २०, पृ० २९९)।

६९. 'पृथ्वीराज रासो' में दिये हुए कितनी एक घटनाओं के अशुद्ध संवतों का ठीक होना सिद्ध करने की

खींचतान में स्वर्गीय पंडित मोहन लाल विष्णुलाल पंड्या ने पृथ्वीराज के जन्म संवत् संबंधी दोहे (एकादश से पंच दह विक्रम साक अनंद। तिहि रिपु जय पुर हरन कौं भय प्रिथिराज नरिंद। मोहनलाल विष्णुलाल पंड्या संपादित 'पृथ्वीराजरासो' आदिपर्व, (पृ० १३८), के 'अनंद' शब्द पर से 'अनंद विक्रम शक' (संवत्) की कल्पना कर लिखा है कि 'विक्रम साक आनन्द को क्रम से आनंद विक्रम साफ अथवा विक्रम अनंद साक करके उसका अर्थ करो कि नव-रहित विक्रम का शक अथवा विक्रम का नव-रहित शक अर्थात् १००-९=९०। ९१ अर्थात् विक्रम का वह शक कि जो उसके राज्य के वर्ष ९०।९१ से प्रारंभ हुआ है। यहीं थोड़ा सा और उत्पेक्षा (?) करके यह भी समझ लीजिये कि हमारे देश के ज्योतिषी लोग जो सैंकड़ों वर्षों से यह कहते चले आते हैं और आज भी वृद्ध लोग कहते हैं कि विक्रम के दो संवत् थे कि जिनमें एक तो अब तक प्रचलित है और दूसरा कुछ समय तक प्रचलित रह अब अप्रचलित हो गया है.....अतएव विदित हो कि विक्रम के दो संवत् हैं। एक तो **सनन्द** जो आज कल प्रचलित है और दूसरा **अनन्द** जो इस महाकाव्य में प्रयोग में आया है' (पृथ्वीराजरासो, आदि पर्व, पृ० १३९)। पं० मोहनलाल पंड्या का यह सारा कथन सर्वथा स्वीकार योग्य नहीं है क्योंकि रासे के 'अनंद' शब्द का अर्थ 'आनंददायक' या 'शुभ' ही है जैसा कि भाषा के अन्य काव्यों में मिलता है*, उसको वास्तविक अर्थ में न ले कर 'विक्रम के राज्य के ९०वें या ९१वें वर्ष से चलने वाला अनंद विक्रम संवत्' अर्थ निकालना हठधर्मी से खाली नहीं है। ज्योतिषियों ने विक्रम के दो संवतों का होना कभी नहीं माना और न किसी वृद्ध पुरुष को ऐसा कहते हुए सुना। पं० मोहनलाल की यह कल्पना भी ठीक वैसी ही है जैसी कि 'राजप्रशस्ति' में खुदे हुए 'भाषारासापुस्तकेस्य' के 'भावनगर प्राचीनशोधसंग्रह' में छपे हुए अशुद्ध पाठ 'भाषारासापुस्तकेस्य' पर से 'भीखारासा' नामक ऐतिहासिक पुस्तक की सृष्टि खड़ी कर दी गई। पं० मोहनलाल पंड्या के इस मनघड़ंत कथन के आधार पर डॉ० ग्रीअर्सन (स्मि; अ० हि० इं; पृ० ४२, टिप्पण २), वी० ए० स्मिथ (स्मि; अ० हि० इं; पृ० ३८७, टिप्पण २) और डॉ बार्नेट ने (वा; एँ इं; पृ० ९५) 'अनंद विक्रम संवत्' का ई० स० ३३ से चलना माना है परंतु हम उसे स्वीकार नहीं कर सकते क्योंकि राजपूताने में विक्रम के दो संवतों का होना कभी माना नहीं गया, न वहां से मिले हुए शिलालेखों, दानपत्रों, हस्तलिखित पुस्तकों, भाटों तथा चारणों के लिखे हुए भाषा कविता के ग्रंथों या ख्यातों में कहीं भी अनंद विक्रम संवत् का उल्लेख मिलता है, 'पृथ्वीराजरासो' के उपर्युक्त दोहे में 'अनंद विक्रम संवत्' की कल्पना पाई जाती है और न 'पृथ्वीराजविजय' महाकाव्य से, जो चौहानों के इतिहास की प्राचीन और प्रामाणिक पुस्तक है, वि० सं० १२२० (ई० स० ११६३) के पूर्व पृथ्वीराज का जन्म होना माना जा सकता है।

७०. आषाढादि विक्रम संवत् शिलालेखों तथा पुस्तकों में मिलता है। अड़ालिज (अहमदाबाद से १२ मील पर) की बावड़ी के लेख में 'श्रीमन्नृपविक्रमसमयातीता(त)आषाढादिसंवत् १५५५ वर्षे शाके १४२०..... माघमासे पंचम्यां तिथौ बुधवासरे' (इं० एँ० जि० १८, पृ० २५१)। डुंगरपुर राज्य के डेसां गांव के पास के शिवमंदिर के लेख में-'श्रीमनृ(न्नृ)पविक्रमार्क (र्क्क)राज्यसमवातीतसंवत् १६ आषाढादि २३ वर्षे शाके १४८८ प्रवर्तमाने। युवारत्यनाम्नि संवत्सरे.....वैशाखमासे। कृष्णपक्षे। प्रतिपति(त्ति)था। गुरुवासरे', डुंगरपुर राज्य से मिले हुए कई शिलालेखों में 'आषाढादि' संवत् लिखा मिलता है। 'प्रभासक्षेत्रतीर्थयात्राक्रम'

* गगन पाणि पुनि द्वीप ससि (१७२०) हिम रुत मंगसर मास। शुक्ल पक्ष तेरस दिने बुध वासर दिन जाम।।२९६।। मरदानो अरु महा बली अवरंग शाह नरिंद। तासु राज महिं हरखसूं रच्यो शास्त्र अनंद।।२९७।। (पद्मराग के शिष्य रामचन्द्र रचित 'रामविनोद' नामक पुस्तक)।

नामक पुस्तक के अंत में–'संवत् १५ आषाढादि ३४ वरषे (वर्षे) श्रावणशुदि ५ बू(भो)मे'–लिखा मिला है (इं० एँ० जि० १८, पृ० २५१)।

७१. त्र्यंकेन्द्र (१४९३) प्रमिते वर्षे शालिवाहनजन्मत:। कृतस्तपसि मार्तंडोऽयमत्वं जयतूद्गत: (मुहूर्तमार्तंड, अलंकार, श्लोक ३)

७२. यह पुस्तक ई० स० १३०० के आसपास बनी थी।

७३. ज० ए० सो० वंब० १० पृ० १३२-३३।

७५. सा; अ० इं० जि० २, पृ० ६।

७६. राज्ञो चष्टनस ध्समेतिकपुत्रस राज्ञो रुद्रदामस जयदामपुत्रस वर्षे द्विपंचाशे ५२ २ फागुणबहुलस द्वितीय बी २ मदनेन सिंहलपुत्रेण० कच्छराज्य के अंधौ गांव से मिले हुए क्षत्रपों के लेखों की स्वर्गीय आचार्य वल्लभजो हरिदत्त की तैयार की हुई छापों पर से राज्ञो महाक्षत्रपस्य गुरुभिरभ्यस्तनाम्नो वर्षे द्विसप्ततिमे ७० २ (महाक्षत्रप रुद्रदामन के गिरनार के पास के अशोक के लेख वाले चट्टान पर के लेख से, एँ० इं० जि० ८, पृ० ४२)।

७७. सिंहसूरिरचित 'लोकविभाग' नामक संस्कृत जैन ग्रंथ में .उक्त पुस्तक का शकाब्द (शक संवत्) ३८० में बनना लिखा है (संवत्सरे तु द्वाविंशे कांचीशसिंहवर्मण:। अशीत्यग्रे शकाब्दानां। सिद्धमेतच्छतत्रये।। (मोक्षविभाग नामक ११वें प्रकरण के अंत की प्रशस्ति, श्लोक ४) परंतु यह मूल ग्रंथ नहीं किंतु सर्वनंदि मुनि के बनाये हुए प्राकृत ग्रंथ का परिवर्द्धित संस्कृत अनुवादं है और ई० स० की ग्यारहवीं शताब्दी के पीछे का बना हुआ है क्योंकि इसमें यतिवृषभरचित 'त्रिलोक्यविज्ञप्ति' राष्ट्रकूट राजा अमोघवर्ष के समय के अर्थात् ई० स० की ९वीं शताब्दी के बने हुए 'उत्तरपुराण' तथा ई० स० की ११वीं शताब्दी के आसपास के बने हुए नेमिचंद्ररचित 'त्रिलोकसार' से भी श्लोक उद्धृत किये हुए मिलते हैं। संभव है कि सर्वनंदि का मूल प्राकृत ग्रंथ शक संवत् ३८० में बना हो, परंतु उसमें इस संवत् के साथ 'शक' नाम जुड़ा हुआ था या नहीं इसका जब तक मूल ग्रंथ न मिल आये तब तक निश्चय नहीं हो सकता। ऐसी दशा में ११वीं शताब्दी के पीछे के बने हुए 'लोकविभाग' के 'शकाब्द' को शक संवत् का सब से प्राचीन उल्लेख नहीं कह सकते।

७८. सप्तश्विवेदसंख्यं शककालमपास्य चैत्रशुक्लादौ (पंचसिद्धांतिका १।८, देखो ऊपर पृ० ११६, टिप्पण)*

७९. शकनृपतिराज्याभिषेकसंवत्सरेष्वतिक्रांतेषु पञ्चसु शतेषु (इं० एँ० ; जि० १०, पृ० ५८ के पास का प्लेट)।

८०. शकनृपतिसंवत्सरेषु चतुस्त्रिंशधिकेषु पञ्चस्वतीतेषु भाद्रपदामावास्यायां सूर्य्यग्रहणनिमित्तं (इं० एँ० ; जि० ६, पृ० ७३)।

८१. शकनृपसंवत्सरेषु शरशिखिमुनिषु व्यतीतेषु जे (ज्ये)ष्ठमासशुक्लपक्षदशम्यां पुष्यनक्षत्रे चंद्रवारे (इं० एँ० ; जि० १२, पृ० १६)।

८२. शकनृपकालातीतसंवत्सरस(श)तेषु सप्तमु(सु) जे(षो)डशोत्तरेषु वैशाखव(ब)हुलामावास्यामादित्यग्रहणपर्व्वणि (ऍ० इं; जि० ३, पृ० १०९)।

८३. शकसंवत् ८३२ वैशाखशुद्धपौर्ण्णमास्यां महावैशाख्यां (ऍ० इं; जि० १, पृ० ५६)।

८४. एकादेशात्तरषट्छतेषु शकवर्षेष्वतीतेषु.......कार्त्तिकपौर्ण्णमास्यां (एँ० इं; जि० ६, पृ० ८६)

८५. सप्तस(श)त्या नवत्या च समायुक्तेसु(षु) सप्तसु[।] स (श)ककाळे(ले)श्व (ष्व)तीतेषु मन्मथाह्वयवत्सरे (ज० ए० सो० बंब० जि० १०, पृ० १९५)।

८६. पंचसप्तत्यधिकशककालसंवत्सरशतषट्के व्यतीते संवत(त्) ६७५......माघमासरथसप्तम्यां (इं० एँ; जि० ११, पृ० ११२)।

८७. शक ११५७ मन्मथसंवत्सरे श्रावणबहुल ३० गुरौ (की; लि० इं० सं० पृ० ६३, लेख संख्या ३४८)।

८८. शाके ११२८ प्रभवसंवत्सरे श्रावणमासे पौर्णमास्यां (ऍ० इं; जि० १, पृ० ३४३)।

८९. देखो ऊपर, पृ० १७० और टिप्पण ३, ४।

९०. नृपशालिवाहनशक १२७६ (की; लि० इं० सं० इं ; पृ० ७८, लेखसंख्या ४५५)। इससे पूर्व के थाणे से मिले हुए देवगिरि के यादव राजा रामचंद्र के समय के शक संवत् १२१२ (ई० स० १२९०) के दानपत्र की छपी हुई प्रति में (की; लि० इं० सं० इं० ; पृ० ६७, लेख संख्या ३७९) में 'शालिवाहनशके १२१२' छपा है परंतु डॉ० फ्लीट का कथन है कि उक्त ताम्रपत्र का अब पता नहीं है और न उसकी कोई प्रतिकृति प्रसिद्धि में आई और जैसे थाणे से मिले हुए ई० स० १२७२ के दानपत्र में शालिवाहन का नाम न होने पर भी नकल में जोड़ दिया वैसा ही इसमें भी हुआ होगा (ज० रॉ० ए० सो; ई० स० १९१६, पृ० ८१३)। ऐसी दशा में उक्त ताम्रपत्र को शालिवाहन के नामवाला सब से पहला लेख मान नहीं सकते।

९१. देखो, इसी पृष्ठ का टि० २।

९२. शालिवाहनशक १४७९ (इं० ऍ० ; जि० १०, पृ० ६४)।

९३. शालिवाहनशकवर्ष १४३०.....माघशु १४ (ऍ० इं; जि० १, ३६६)।

९४. शकाब्दे शालिवाह्नस्य सहस्रेण चतु:शतै:। चतुस्त्रिंशत्समैर्युक्ते संख्याते गणितक्रमात्। श्रीमुखीवत्सरे श्लाघ्ये माघे चासितपक्षके। शिवरात्रा महातिथ्यां पुं(पु) रायकाले शुभे दिने (ज, ए० सो; बंव० १२, पृ० ३८४)।

९५. सातवाहन-सालवाहन-शालिवाहन 'शाला हाले मत्स्यभेदे:' हाल: सातवाहनपार्थिवे (हैम अनेकार्थकोश) सालाहणम्मि नामानि (देशीनाममाला वर्ग ८, श्लोक ६६)। शालिवाहन, शालवाहन, सालवाहण, सालवाहन, सालाहण, सातवाहन, हालेत्येकस्य नामानि (प्रबंधचिन्तामणि, पृ० २८ का टिप्पण)। गाथासप्तशती के अंत के गद्यभाग में सातवाहन राजा को शातकर्ण (शातकर्णि) भी कहा है (डॉ० पीटर्सन की ई० स० १८८४-८६ की रिपोर्ट, पृ० ३४९)। पुराणों में मिलने वाली आंध्रभृत्य (सातवाहन) वंश के राजाओं की नामावली में शातकर्णि, शातकर्ण, यज्ञश्रीशातकर्णि, कुंतलशातकर्ण आदि नाम मिलते हैं। वात्स्यायन के 'कामसूत्र' में शातकर्णि सातवाहन का कर्तरी (कैंची) से महादेवी मलयवती को मारना लिखा है-कर्तर्या कुंतल: शातकर्णि: शातवाहनो महादेवीं मलयवतीं [अघान] (निर्णयसागर प्रेस का छपा हुआ 'कामसूत्र', पृ० १४५)। नासिक से मिले हुए वासिष्ठीपुत्र पुळुमायि के लेख में उसके पिता गौतमीपुत्र शातकर्णि का शक, यवन और पल्हवों को नष्ट करना तथा खखरात वंश (अर्थात् क्षत्रप नहपान के वंश) को निरवशेष करना लिखा है (ऍ० इं; जि० ८, पृ० ६०)। उसी लेख से यह भी पाया जाता है कि उसके अधीन दूर-दूर के देश थे। गौतमीपुत्र शातकर्णि सातवाहन वंश में प्रबल राजा हुआ था अतएव संभव है कि शक संवत् के साथ जो शलिवाहन (सातवाहन) का नाम जुड़ा है वह उसी का सूचक हो और 'गाथासप्तशती', 'बृहत्कथा' तथा 'कामसूत्र' का सातवाहन भी वही हो।

९६. कलचुरिसंवत्सरे ८९३ राजश्रीमत्पृथ्वीदेव(राज्ये] (इं० एँ० जि० २० पृ० ८४)। कलचुरिसंवत्सरे ९१० राजश्रीमत्पृथ्वीदेवविजयराज्ये (क; आ० स० रि; जि० १७, प्लेट २०)।

९७. नवस(श)तयुगल[ब्दा]धिक्येगे ज[न]पदमवतीमं श्रीगयाकर्ण्णदेवे। प्रतीपदि शुचिमासश्वेतपक्षेर्क्कवारे शिवशरणसमीपे स्थापितेयं प्रशस्ति:। (इं० एँ० ; जि० १८, पृ० २११)। चेदिसंवत् ९३३ (इं० एँ जि० २२, पृ० ८२)।

९८. त्रैकूटकानां प्रबर्द्धमानराज्यसंव्वत्सरशतद्वये पञ्चचत्वारिंशदुत्तरे (केवटेंपल्स ऑफ वेस्टर्न इंडिया पृ० ५८ और प्लेट)।

९९. ज० रॉ० ए० सो; ई० स० १९०५ पृ० ५६६। डॉ० भगवानलाल इंद्रजी ने नासिक के लेख वाले अभीर ईश्वरसेन और महाक्षत्रप ईश्वरदत्त को, जिसके केवल पहले और दूसरे राज्यवर्ष के सिक्के मिलते हैं एक ही माना था।

१००. ज० रॉ० ए० सो; ई० स० १९०५, पृ० ५६८।

१०१. इं० एँ जि० ४६, पृ० २६९-७०।

१०२. ऍ० इं; जि० २, पृ० १०-१३।

१०३. इं० एँ जि० १८, पृ० २१२-१३।

१०४. वही, पृ० २१४।

१०५. वही, १७, पृ० २१५, एँ० जि० २, पृ० २९९।

१०६. आश्विन शुक्ला १ से लगा कर माघ के प्रारंभ के आसपास तक अर्थात् जनवरी मास के लगने से पहले के कुछ महीनों में ही ई० स० और वर्तमान कलचुरि संवत् का अंतर २४८ रहेता है और बाकी अधिकतर महीनों में २४९ रहता है।

१०७. कन्हेरी से मिला हुआ ताम्रपत्र (केवर्टेपल्स ऑफ वेस्टर्न इण्डिया, पृ० ५८)।

१०८. क; आ० स० रि० ; जि० २१, पृ० १०२, प्लेट २७।

१०९. इं० एँ० ; जि० १७, पृ० २१५, टिप्पण ५।

११०. संवत्सराणामधिके शते तु त्रिंशद्भिरन्यैरपि षड्भिरेव। रात्री दिने प्रौष्ठपदस्य षष्ठ गुप्तप्रकाले गणनां विधाय।।.....वर्षशतेष्टात्रिंशे गुप्तानां काल....(गिरनार के पास के अशोक के लेखवाले चट्टान पर खुदे हुए स्कंदगुप्त के समय के लेख से। फ्ली; गु० इं; पृ० ६०-६१)। मोरबी (काठियावाड़ में) से मिले हुए गुप्त संवत् ५८५ के दानपत्र में 'पंचशीत्या युतेतीते समानां शतपंचके। गौप्ते ददावदो नृप: सोपरागेर्क्कमण्डले' (इं. एँ; जि. २, पृ० २५८)। वर्षशते गुप्तानां सचतु:पंचाशदुत्तरे भूमिम्। शासति कुमारगुप्ते मासे ज्येष्ठे द्वितीयायाम् (सारनाथ से मिली हुई बुद्ध की मूर्ति के आसन पर का लेख भं० कॉ० वॉ; पृ० २०३)। गुप्तानां समतिक्रांते सप्तपंचाशदुत्तरे। शते समानां पृथिवी बुधगुप्ते प्रशासति (सारनाथ से मिली हुई बुद्ध की मूर्ति के आसन पर का लेख भं० कॉ० वॉ; पृ० २०३)। परिव्राजक महाराज हस्तिन् के गुप्त संवत् १९१ के दानपत्र में 'एकनवत्युत्तरेब्दशते गुप्तनृपराज्यभुक्तौ श्रीमति प्रवर्द्धमानमहाचैत्रसंव(व)सरे माघामासबहुल-पक्षतृतीयायाम्' (फ्ली; गु० इं० पृ० १०७) लिखा मिलता है, और अल्बेरुनी अपनी मूल अरबी पुस्तक में गुबंत्काल 'गुवितकाल' (=गुप्तकाल) ही लिखता है (फ्ली; गु० इं; भूमिका, पृ० २९-३०)।

१११. 'बिरुद' महाराज का प्रयोग सामंत के लिये होता था। मेवाड़ के गुहिल राजा अपराजित के समय के वि० सं० ७१८ के लेख में उसको 'राजा' और उसके सेनापति वसंतसिंह को 'महाराज' लिखा है (एँ० इं; जि० ४, पृ० ३१), परंतु कन्नौज के प्रतिहारों के दानपत्रों में यही बिरुद उन प्रबल स्वतंत्र राजाओं के नामों के साथ लगा हुआ भी मिलता है (इं० एँ० ; जि० १५, पृ० ११२, १४०; ऍ० जि० ५, पृ० २११-१२)।

११२. फ्ली; गु० इं० ; पृ० २५।

११३. वही, पृ० ३१-३२।

११४. चंद्रगुप्त (दूसरे) का सबसे पहला शिलालेख गुप्त संवत् ९३ का और उसके पुत्र कुमारगुप्त (पहले) का सब से पहला शिलालेख गुप्त संवत् ९६ का मिला है। जिससे चंद्रगुप्त (दूसरे) के राज्य की समाप्ति

गुप्त संवत् ९५ के आसपास होनी चाहिये। गुप्त संवत् का प्रारंभ चंद्रगुप्त (पहले) के राज्य पाने के समय से मानने से उन तीन राजाओं (चंद्रगुप्त, समुद्रगुप्त और चंद्रगुप्त दूसरे) का राजत्वकाल करीब ९५ वर्ष मानना पड़ता है जो सरसरी तौर से देखने वालों को अधिक प्रतीत होगा परंतु तीन राजाओं के लिये समय अधिक नहीं है क्योंकि अकबर, जहांगीर और शाहजहां इन तीन बादशाहों का राजत्वकाल १०२ (ई० स० १५५६-१६५८) वर्ष होता है।

११५. काठियावाड़ में गुप्त संवत् के स्थान में 'वल्लभी संवत्' लिखे जाने का पहला उदाहरण ऊना गांव (जूनागढ़ राज्य में) से मिले हुए कन्नौज के प्रतिहार राजा महेंद्रपाल के चालुक्यवंशी सामंत बलवर्मन् के वलभी संवत् ५७४ (ई० स० ८९४) माघ शुद्ध ६ के दानपत्र में मिलता है (एँ० इं० ; जि० ९, पृ० ६)।

११६. अल्बेरुनी ने 'वलभी संवत्' को वलभीपुर के राजा वलभ का चलाया हुआ माना है और उक्त राजा को गुप्त वंश का अंतिम राजा बतलाया है परंतु ये दोनों कथन ठीक नहीं है क्योंकि उक्त संवत् के साथ जुड़ा हुआ 'वलभी' नाम उक्त नगर का सूचक है न कि वहां के राजा का और न गुप्त वंश का अंतिम राजा वलभ था, संभव है कि गुप्त संवत् के प्रारंभ से ७०० से अधिक वर्ष पीछे के लेखक अल्बेरुनी को 'वलभी संवत्' कहलाने का ठीक-ठीक हाल मालूम न होने के कारण उसने ऐसा लिख दिया हो अथवा उसको लोगों ने ऐसा ही कहा हो।

११७. सा; अ० इं० ; जि० २, पृ० ७ फ्ली; गु० इं० ; भूमिका, पृ० ३०-३१।

११८. रसूलमहंमदसंवत् ६६२ तथा श्रीनृप[वि]क्रमसं १३२० तथा श्रीमद्वलभीसं ९४५ तथा श्रीसिंहसं १५१ वर्षे आषाढवदि १३ रवौ (इं० एँ० ; जि० ११, पृ० २४२)।

११९. वेराबल के उक्त लेख के विक्रम संवत् को कार्तिकादि मानने का यह भी कारण है कि उसमें लिखा हुआ हिजरी सन् ६६२ चैत्रादि विक्रम संवत् १३२० मार्गशीर्ष शुक्ला २ का प्रारंभ हुआ था अतएव हि० सं० ६६२ में जो आषाढ़ मास आया वह चैत्रादि वि० सं० १३२१ चैत्रादि १३२१ (कार्तिकादि १३२०) का ही था।

१२०. खेड़ा से मिले हुए वलभी के राजा धरसेन (चौथे) के गुप्त संवत ३३० के दानपत्र में उक्त संवत् में मार्गशिर मास अधिक होना लिखा है (सं० ३०० ३० द्विमार्ग्गशिरशु २, इं० एँ० ; जि० १५, पृ० ३४०)। गत गुप्त संवत् ३३० गत विक्रम संवत् (३३०+३७६=) ७०६ के मुताबिक होता है। गत विक्रम संवत् ७०६ में कोई अधिक मास नहीं था परंतु वि० सं० ७०५ में मध्यम मान से मार्गशिर मास अधिक आता है इसलिये उक्त ताम्रपत्र का गुप्त संवत् ३३० वर्तमान (३२९ गत) होना चाहिये।

१२१. गाङ्गेयवङ्स(वंश)संवछ(त्स)रशतत्रपेकपञ्चास्(शत)त् (कलिंग के गंगावंशी राजा सत्यवर्मदेव के गांगेय संवत् ३५१ के दानपत्र से इं० एँ०; जि० १४ ; पृ० १२)। गाङ्गेयवङ्श(वंश)प्रवर्धमानविजयराज्यसवंछरसतातृणि चतुरोतरा ('संवत्सरशतानि त्रीणि चतुरुत्तराणि) (गंगावंशी महाराज राजेंद्रवर्मन् के पुत्र अनंतवर्मदेव के गांगेय संवत् ३०४ के दानपत्र से इं० एँ० ; जि०३, पृ० १८)।

१२२. ज० ए० सो० वंब; १६, पृ० ११६-१७।

१२३. इं० एँ० जि० १३, पृ० १२०।

१२४. गौ; सो० प्रा० इं; भाग, १ पृ० १४२।

१२५. इं० एँ० जि० १३, पृ० १२०।

१२६. डॉ० बार्नेट ने ई० स० ५९० से गांगेय संवत् का चलना माना है (व; इं० एँ०: पृ० ९५) परंतु उसके

लिये कोई प्रमाण नहीं दिया। ऐसा मानने के लिये कोई प्रमाण अब तक न मिलने से मैंने डॉ० बार्नेट को लिखा कि 'आपने ई० स० ५९० से गांगेय संवत् का चलना जिस आधार पर माना है वह कृपा कर मुझे सूचित कीजिये' इसके उत्तर में उक्त विद्वान् ने अपने ता० २ अप्रैल ई० स० १९१८ के पत्र में लिखा कि 'इनसाईक्लोपीडिया ब्रिटेनिका' में छपे हुए डॉ० फ्लीट के 'हिंदु क्रॉनॉलॉजी' (हिंदुओं की कालगणना) नामं लेख के आधार पर यह लिखा गया है'। डॉ० फ्लीट ने अपने उक्त लेख में लिखा है कि 'लेखों में जो भिन्न-भिन्न वृत्तांत मिलते हैं उनसे गंगावंशी राजाओं की उत्पत्ति पश्चिमी भारत में होना पाया जाता है और उनके संवत् का प्रारंभ ई० स० ५९० से होना माना जा सकता है जब कि सत्याश्रय-ध्रुवराज-इंद्रवर्मन् ने जो गंगावंश के पहले राजा राजसिंह-इंद्रवर्मन् का पूर्वपुरुष और संभवतः उसका दादा था, चालुक्य राजा कीर्तिवर्मन् (पहले) के अधीन कोंकण प्रदेश में शासन करना प्रारंभ किया था (ए० ब्रि० ; जि० १३, पृ० ४९६; ११वां संस्करण) डॉ फ्लीट का उपर्युक्त कथन भी ठीक नहीं माना जा सकता क्योंकि उसका सारा आधार सत्याश्रय-ध्रुवराज-इंद्रवर्मन के गोवा से मिले हुए दानपत्र पर ही है, जिसका सारांश यह है कि 'रेवती द्वीप में रहने वाले चार ज़िलों के अधिपति (शासक) बप्पूरवंशी सत्याश्रय-ध्रुवराज-इंद्रवर्मन् ने पृथ्वीवल्लभ महाराज (चालुक्य राजा मंगलीश्वर) की आज्ञा से विजयराज्यसंत्वसर २०वें अर्थात् शककाल ५३२ माघ सुदि १५ के दिन खेटाहार देश का कारेल्लिका गांव शिवार्व को दान किया' (ज० ए० सो० बंब० १०, पृ० ३६५)। प्रथम तो इस दानपत्र से सत्याश्रय-ध्रुवराज-इंद्रवर्मन का गंगावंशी होना ही पाया नहीं जाता क्योंकि वह अपने को बप्पूरवंशी लिखता है और बप्पूरवंश तथा गंगावंश का एक होना अब तक कहीं लिखा नहीं मिला। दूसरी आपत्ति यह है कि उक्त दानपत्र में लिखे हुए राज्यवर्ष २०वें को डॉ० फ्लीट ने उक्त सामंत का राज्यवर्ष मानकर उसके राज्य (शासन) का प्रारंभ शक संवत् (५३२-२०८) ५१२ अर्थात् ई० स० ५९० से होना स्थिर कर वहीं से गांगेय संवत् का प्रारंभ मान लिया है, परंतु रेवती द्वीप मंगलीश्वर ने ही विजय किया था (गौ० सो० प्रा० इं० पृ०२३) इसलिये उक्त दानपत्र का राज्यवर्ष उक्त सामंत का नहीं किंतु उसके स्वामी मंगलीश्वर का ही होना चाहिये जैसा कि डॉ० सर रामकृष्ण गोपाल भण्डारकर का मानना है। तीसरी बात यह है कि उक्त सामंत का कोंकण से गंजाम जिले में जाकर नवीन राज्य स्थापित करना मानने के लिये भी कोई प्रमाण नहीं मिलता। ऐसी दशा में डॉ० फ्लीट का गांगेय संवत् संबंधी कथन स्वीकार नहीं किया जा सकता।

१२५. बंसखेड़ा से मिले हुए राजा हर्ष के दान पत्र में 'संवत् २० २ (=२) कार्ति[क]वदि १' (एँ० इं; जि० ४, पृ० २११) और मधुबन से मिले हुए दानपत्र में 'संवत् २० ५ (=२५) मार्गशीर्षवदि ६' (एँ० इं; जि० १, पृ० ७२) लिखा है।

१२६. सा; अ० इं; जि० २, पृ० ५।

१२७. संवत् ३० ४ (=३४) प्रथमपौषशुक्लद्वितीयायाम् (की; लि० नॉ० इं; पृ० ७३, लेखसंख्या ५३०)।

१२८. इं० एँ० जि. १५, पृ० ३३८।

१२९. चारण रामनाथ रत्नू ने अपने 'इतिहास राजस्थान' में भाटीजी (भट्टिक, भाटी) का समय वि० सं० ३३६-३५२ दिया है (पृ० २३२) जो सर्वथा मानने योग्य नहीं है। ऐसे ही भाटीजी और देवराज के बीच के राजाओं की नामावली एवं देवराज का समय वि० सं० ९०४ से १०३० लिखा है (पृ० २३८) वह भी ठीक नहीं है। क्योंकि जोधपुर से मिले हुए प्रतिहार बाउक के वि० सं० ८९४ के लेख से पाया

जाता है कि भट्टिक (भाटी) देवराज को बाउक के पांचवें पूर्वपुरुष शीलुक ने परास्त किया था (की; लि० नॉ० इं० पृ० ४७, लेखसंख्या ३३०)। बाउक वि० सं० ८९४ में विद्यमान था। यदि बाउक से शीलुक तक (शीलुक, झोट, भिल्लादित्य, कक्क और बाउक) प्रत्येक राजा का राजत्वकाल औसत हिसाब से २० वर्ष माना जाये तो शीलुक का वि० सं० ८१४ के आसपास विद्यमान होना स्थिर होता है और उसी समय भट्टिक (भाटी) देवराज भी विद्यमान होना चाहिये। देवराज का ७वां पूर्वपुरुष भट्टिक (भाटी) था (भाटी, मंगलराव, मजमराव, कहर, तनो या तनुजी, विजयराज और देवराज-मेजर अर्सकिन् का जैसलमेर का गॅजेटियर, पृ० ९-१० और टेबल संख्या ५)। यदि इन राजाओं का राज्यसमय भी औसत हिसाब से २० वर्ष माना जाये तो भट्टिक (भाटी) की गद्दीनशीनी का समय वि० सं० ६८० के करीब आ जाता है। इसलिये भाटिक (भट्टिक) संवत् को राजा भट्टिक का चलाया हुआ मानने में कोई बाधा नहीं है, चाहे वह उक्त राजा के राज्याभिषेक से चला हो या उस राजा ने अपने समय की किसी अन्य घटना की यादगार में चलाया हो।

१३०. संवत् श्रीविक्रमार्कसमयातीतसंवत् १४९४ वर्षे भाटिके संवत् ८१३ प्रवतमानं महामांगल्य....चंद्र (प्रॉ० श्रीधर, आर० भण्डारकर की संस्कृत पुस्तकों की तलाश की ई० स० १९०४-५ और १९०५-६ की रिपोर्ट, पृ० ९५)।

१३१. स्वस्ति श्रीनृपविक्रमादिता(त्य)समयातात:(तीत)संवत् १६७३ रामाश्वभूपतौ वर्षे शाके १५३८ वसुरामशरैके प्रवत्तमन(र्तमाने) भाटिक ९९३ माग्र(र्ग)शिर....(उपर्युक्त रिपोर्ट, पृ० ९८)।

१३२. श्रीमत्कोलंबवर्षे भवति गुणमणिश्रेणिरादित्यवर्मा वञ्चीपालो (इं; एँ० जि० २, पृ० ३६०)।

१३३. कोल्लम् (क्विलोन) एक प्राचीन नगर और बंदरगाह है। दक्षिणी भारत के पश्चिमी तट पर का व्यापार का प्रसिद्ध स्थान होने के कारण पहले मिस्र, यूरोप, अरब, चीन आदि के व्यापारी वहां माल खरीदने को आया करते थे। ई० स० की ७वीं शताब्दी के नेस्टोरियन् पादरी ने क्विलोन का उल्लेख किया है। ई० स० ८५१ के अरब लेखक ने 'कोल्लम-मल्ल' नाम ने इसका उल्लेख किया है (इंपीरियल गॅज़ेटियर ऑफ इंडिया, जि० २१, पृ० २२)।

१३४. बंबई गॅज़ेटियर, जि० १, भाग १, पृ० १८३, टिप्पण १।

१३५. बर्नेल लिखता है कि 'इस संवत् का ई० स० ८२४ के सितम्बर से प्रारंभ हुआ है। ऐसा माना जाता है कि वह कोल्लम (क्विलोन) की स्थापना की यादगार में चला' (ब; सा० इं० पे; पृ० ७३), परंतु कोल्लम् शहर ई० स० ८२४ से बहुत पुराना है और ई० स० की ७वीं शताब्दी का लेखक उसका उल्लेख करता है (देखो, इसी पृष्ठ का टिप्पण १) इसलिये ई० स० ८२४ में उसका बसाया जाना और उसकी यादगार में इस संवत् का चलाया जाना माना नहीं जा सकता। ट्रावनकोर राज्य के आर्कियोलॉजिकल सर्वे के सुपरिंटेंडेंट टी० ए० गोपीनाथ राव का अनुमान है कि ई० स० ८२५ में मरुवान् सपीर ईशो नामक ईसाई व्यापारी दूसरे ईसाईयों के साथ कोल्लम् में आया हो और उसकी यादगार में वहां के राजा ने यह संवत् चलाया हो...........[उस समय] सारा मालाबार देश वस्तुत: एक ही राजा के अधीन था और यदि उसने आज्ञा दी हो कि मरुवान् सपीर ईशो के जहाज़ से कोल्लम् में उतरने के दिन से लोग अब [नया] संवत् गिना करें तो सारे मलेनाडू (मलबार) के; जिसका वह शासक था, लोगों ने अवश्य उसे शिरोधार्य किया होगा' (ट्रा० आ० सी; जि० २, पृ० ७६, ७८-७९; और ता० ८ फरवरी ई० स० १९१८ के पत्र के साथ गोपीनाथ राव का मेरे पास भेजा हुआ कोल्लम् संवत् का वृत्तान्त)। गोपीनाथ राव का यह कथन भी ठीक नहीं कहा जा सकता। उक्त कथन का सारा दारोमदार कोट्टयं के ईसाइयों के पास

से मिले हुए वट्टेलुत्तु लिपि के ताम्रलेख हैं जिनसे पाया जाता है कि मरुवान् समीर ईशो ने कोल्लम में तिरिस्सापल्लि (ईसाइयों का गिरजा) बनाया और [मलबार के राजा] स्थाणुरवि के राज्य समय उसकी तरफ के वहां के शासक अय्यंडिगल् तिरुवडि ने राजमंत्री विजयराघवदेवर आदि की सलाह से उस गिरजे को कुछ भूमि दी और उसकी सहायता के लिये वहां के कुछ कुटुंब भी उसके अधीन कर कुछ अधिकार भी दिये। उक्त ताम्रलेखों में कोई संवत् नहीं है केवल राजा के राज्यवर्ष हैं। गोपीनाथ राव ने उनकी लिपि को ई० स० ८६० और ८७० के बीच का अनुमान कर उसी पर से ई० स० ८२५ में मरुवान् सपीर ईशो के कोल्लम में आने, स्थाणुरवि के समय उसकी अवस्था ७० या ७५ वर्ष की होने और उसके कोल्लम आने की यादगार में मलबार के राजा के कोल्लम् संवत् चलाने की कल्पना कर डाली परंतु न तो ई० स० ८२५ में मरुवान् सपीर ईशो के कोल्लम् में आने का प्रमाण है और न ई० स० ८६० और ८७० के बीच स्थाणुरवि के विद्यमान होने का कोई सबूत है। तिल्लैस्थानम् के लेख में स्थाणुरवि और राजकेसरीवर्मन् के नाम हैं परंतु राजकेसरीवर्मन् को उक्त नाम का पहला चोलवंशी राजा मानने के लिए भी कोई प्रमाण नहीं है। चोलवंशो में उस नाम के कई राजा हुए हैं। किसी लेख या ताम्रपत्र में कोई निश्चित संवत् न होने की दशा में उसकी लिपि के आधार पर उसका कोई निश्चित समय मान लेना सर्वथा भ्रम ही है क्योंकि उसमें पच्चीस पचास ही नहीं किंतु सौ दो सौ या उससे भी अधिक वर्षों की भूल होना बहुत संभव है। जैसे कि कोट्टयम् से ही मिले हुए वट्टेलुत्तु और मलयालम् लिपि के वीरराघव के दानपत्र को बर्नेल ने ई० स० ७७४ का अनुमान किया था परंतु तामिल आदि दक्षिण की भाषाओं और वहां की प्राचीन लिपियों के प्रसिद्ध विद्वान् राय बहादुर वी० वैंकय्या ने उसी ताम्रपत्र का समय सप्रमाण ई० स० की १४वीं शताब्दी बतलाया है (एँ० इं; जि० ४, पृ० २९३)। कोई ऐसा भी कहते हैं कि मलबार के राजा चेरुमान् पेरुमाल ने अपना देश छोड़ कर मक्के को प्रस्थान किया तब से यह संवत् चला हो। 'तुहफतुल्मजाहिदीन' नामक पुस्तक का कर्ता उसका हिजरी सन् २०० (ई० स० ८१५-१६) में मुसलान होना बतलाया है। अरब के किनारे के जफ़हार नामक स्थान में एक कब्र है जिसको मलबार के अबदुर्रहमान सामिरी की कब्र बतलाते हैं और ऐसा भी कहते हैं कि उस पर के लेख में वेरुमान् का हिजरी सन् २०२ में वहां पहुंचना और २१६ में मरना लिखा है (इं; एँ० जि० ११, पृ० ११६, ड; क्रॉ० इं; पृ० ७४), परंतु मलबार गॅज़ेटियर का कर्ता मि० इन्नेस लिखता है कि उक्त लेख का होना कभी प्रमाणित नहीं हुआ (मलबार गॅज़ेटियर, पृ० ४१)। मलबार में तो यह प्रसिद्धि है कि चेरुमान् बौद्ध हो गया था (गोपीनाथ राव का भेजा हुआ कोल्लम् संवत् का वृत्तांत) इसलिये चेरुमान् के मुसलमान हो जाने की बात पर विश्वास नहीं होता और यदि ऐसा हुआ हो तो भी उस घटना से इस संवत् का चलना माना नहीं जा सकता क्योंकि कोई हिंदू राजा मुसलमान हो जाये तो उसकी प्रजा और उसके कुटुंबी उसे बहुत ही घृणा की दृष्टि से देखेंगे और उसकी यादगार स्थिर करने की कभी चेष्टा न करेंगे। कोई कोई ऐसा भी मानते हैं कि शंकराचार्य के स्वर्गवास से यह संवत् चला है (गोपीनाथ राव का भेजा हुआ कोल्लम् संवत् का वृत्तांत)। यदि शंकराचार्य का जन्म ई० स० ७८८ (विक्रम स० ८४५८) कलियुग संवत् ३८९९*) में और देहांत ३८ वर्ष की अवस्था में (केरलोत्पत्ति के अनुसार) माना जाये तो उनका देहांत ई० स० (७८८+३८८) ८२६ में होना स्थिर होता है। यह समय कोल्लम् संवत् के प्रारंभ के निकट आ जाता है परंतु ऐसा मानने के लिये मलबार वालों की जनश्रुति के सिवाय कोई अन्य प्रमाण नहीं है। ऐसी दशा में यही कह सकते हैं कि यह संवत् किसने किस घटना की यादगार में चलाया यह अब तक अनिश्चित ही है।

१३६. ट्रा० आ० सी० ; जि० २, पृ० २८।

१३७. एँ० इं; जि० ९, पृ० २३४।

१३८. डॉ० भगवानलाल इंद्रजी को मिली हुई नेपाल की वंशावली में जयदेवमल्ल का नेवार (नेपाल) संवत् चलाना लिखा है परंतु जनरल कनिंघम लिखता है कि राजा राघवदेव ने ई० स० ८८० में नेपाल में यह संवत् प्रचलित किया (क; इं० ई; पृ० ७४)। राघवदेव का नाम डॉ० भगवानलाल इंद्रजी की वंशावली तथा नेपाल के इतिहास के अंग्रेज़ी पुस्तकों में नहीं मिलता परंतु नेपाल के राजा जयस्थितिमल्ल (ई० स० १३८०-१३९४) के समय की लिखी हुई वंशावली की पुस्तक में जो प्रो० सेसिल बेंडाल को नेपाल से मिला, उक्त राजा का नाम मिलता है और नेपाल से मिले हुए हस्तलिखित संस्कृत पुस्तकों के अंत में मिलने वाले वहां के राजाओं के नाम और संवतों को देखते हुए राघवदेव का यह संवत् चलाना अधिक संभव प्रतीत होता है। राघवदेव ठाकुरी वंश (प्रथम) के राजा जयदेव का पूर्वज होना चाहिये। डॉ० भगवानलाल इंद्रजी को मिली हुई वंशावली में जयदेवमल्ल का ई० स० ८८० में विद्यमान होना लिखा है परंतु उसका ठीक समय ई० स० १२५२ और १२६० के बीच होना चाहिये।

१३९. इं० एँ० ; जि० १३, पृ० ४१४ नेपाल में पहले गुप्त संवत् और उसके पीछे हर्ष संवत् चलता था। जिसके बाद नेवार (नेपाल) संवत् चला।

१४०. कशे (शके) १६०७ मार्गशिरवदि अष्टमी मघानक्षत्रे सोमदिने.......नेपाल संवत् ८०६ (ह; कॅ० पा; पृ० १९५)।

१४१. इं० एँ० जि० १७, पृ० २४६।

१४२. श्रीमच्चालुक्यविक्रमकालद १२ नेय प्रभवसंवत्सरद० (ज० ए० सो० वंब; जि० १०, पृ० २९०)। इस शिलालेख की भाषा कन्नड़ी है।

१४३. श्रीमच्चालुक्यविक्रमवर्षद २ नेय पिंगलसंवत्सरद० (इं० एँ० ; जि० ८, पृ० २०)।

१४४. श्रीवीरविक्रमकाळ(ल) नामधेयसंवत्सरैकविंशतिप्रमितेष्वतीतेषु वर्त्तमानधातुसंवत्सरे० (ज० ए० सो० बंब; जि० १०, पृ० १९७)।

१४५. श्रीविक्रु(क्र)मकालसंवत्सरेषु षट्सु अतीतेषु सप्तमे दुंदुभिसंत्वसरे प्रवर्त्तमाने (ऍ० इं; जि० ३, पृ० ३०८)।

१४६. गिरिभवलोचन ३७ प्रमितविक्रमवर्षजनन्दनाख्यवत्सर० (की; लि० इं० सं० इं; पृ० ३८, लेख संख्या २१२)।

१४७. इं; एँ०, जि० ८, पृ० २० (देखो इसी पृष्ठ का टिप्पण ५)।

१४८. वही, जि० २२, पृ० १०९।

१४९. वही, जि० ९, पृ० ९७-८।

१५०. कर्नल जेम्स टॉड का 'ट्रेवल्स इन वेस्टर्न इंडिया' पृ० ५०६ और टिप्पण।

---

* शंकराचार्यप्रादुर्भावस्तु विक्रमार्कसमयादतीते पंचचत्वारिंशदधिकाष्टशतीमिते संवत्सरे केरलदेशे कालपीग्रामे. . . । तथा च संप्रदायविद आहु:। निधिभागेभवह्न्यब्दे विभवे मासि माधवे। शुक्ले तिथौ दशम्यां तु शंकरार्योदय: स्मृत:।। इति ३८८९। . .. . तथा च शंकरमंदारसौरभेनीलकंठभट्टा अपि एवमाहु:। प्रासूत तिष्यशरदाम् अतियातवत्याम् एकादशाधिकशतोनचतु:सहस्याम्। ३८८९। (यज्ञेश्वर शास्त्री का 'आर्यविद्यासुधाकर' पृ० २२६, २२७)

१५१. 'भावनगर प्राचीन शोध संग्रह', भाग १, पृ० ४-५ (गुजराती); अंग्रेज़ी अनुवाद पृ० २-३।

१५२. बंब; गॅ० जि० १, भाग १, पृ० १७६।

१५३. गुजरात के चौलुक्य (सोलंकी) राजा भीमदेव के दानपत्र में, जिसमें कच्छ मण्डल (कच्छ राज्य) के सहसचाण गांव की कुछ भूमि दान करने का उल्लेख है, केवल 'संवत् ९३' लिखा है जिसको उसके संपादक डॉ० फ्लीट ने सिंह संवत् अनुमान कर उक्त दानपत्र को विक्रम संवत् १२६२ या १२६३ का माना और चौलुक्य भीमदेव (दूसरे) का जिसने वि० सं० १२३५ से १२९८ तक राज्य किया था, ठहरा दिया (इं०; एँ० ; जि० १८, पृ० १०८-९); परंतु ऐसा करने में उक्त विद्वान् ने धोखा खाया है क्योंकि न तो वह दानपत्र भीमदेव (दूसरे) का है और न उसका संवत् ९३ सिंह संवत् है जैसा कि माना गया है। वास्तव में वह दानपत्र चौलुक्य (सोलंकी) भीमदेव (पहले) का है और उसका संवत् वि० सं० १०९३ है परंतु शताब्दियों के अंक (१०) छोड़ कर केवल ऊपर के ही अंक लिखे गये हैं। ऐसा मानने का कारण यह है कि उक्त दानपत्र के छपने से १२ वर्ष पहले डॉ० बूलर ने चौलुक्य भीमदेव (पहले) का वि० सं० १०८६ कार्तिक शुदि १५ का दानपत्र प्रसिद्ध किया (इं०; एँ० ; जि० ६, पृ० १९३-४) जिसमें उसका लेखक कायस्थ कांचन का पुत्र वटेश्वर और दूतक महासांधिविग्रहिक चंडशर्मा होना लिखा है। डॉ० फ्लीट के प्रसिद्ध किये हुए संवत् ९३ वाले दानपत्र का लेखक भी वही कायस्थ कांचन का पुत्र वटेश्वर और दूतक वही महासांधिविग्रहिक चंडशर्मा है इसलिये ये दोनों दानपत्र एक ही राजा के हैं यह निश्चित है। ऐसी दशा में डॉ० फ्लीट वाले दानपत्र का संवत् ९३ विक्रम संत् १०९३ ही है न कि १२६२ या १२६३। शिलालेख और दानपत्रों के संवतों में कभी-कभी शताब्दियों के अंकों को छोड़कर केवल ऊपर के ही अंक दिये हुए मिलते हैं जो विद्वानों को चक्कर में डाल देते हैं।

देवदत्त रामकृष्ण भण्डारकर ने कोटा राज्य के अटू नामक स्थान से मिले हुए महाराजाधिराज जयसिंह के लेख में 'संवत् १४' खुदा हुआ होने से लिखा है कि 'यदि यह जयसिंह चौलुक्य सिद्धराज जयसिंह है और संवत् १४ उसका चलाया हुआ संवत् [अर्थात् सिंह संवत्, जिसको जयसिंह का चलाया हुआ मान लिया है] है तो उस [लेख] का समय ई० स० ११२८ [वि० सं० ११८५] आता है। उक्त लेख का जयसिंह कोई दूसरा जयसिंह हो सकता है परंतु वह उक्त नाम के चौलुक्य राजा के पहले का नहीं हो सकता क्योंकि अक्षरों पर से उक्त लेख का [ई० स० की] १२वीं शताब्दी से पहले का होना पाया नहीं जाता' (प्रो० रि० आ० स० वे० इं० ; ई० स० १९०४-५, पृ० ४८)। अटू के लेख का संवत् भी सिंह संवत् १४ नहीं किंतु वि० सं० १३१४ होना चाहिये जिसमें भी शताब्दियों के अंक छोड़ दिये गये हैं। वह लेख या तो मालवे के महाराजाधिराज जयसिंह दूसरे (जयतुगिदेव) का, जिसके समय का राहटगढ़ का लेख वि० सं० १३१२ भाद्रपद सुदि ७ (की; लि० इं; नॉ० इं. पृ० ३२, लेखसंख्या २२३) का मिला है, या उसके छोटे भाई जयवर्मन् का, जिसका दानपत्र वि० सं० १३१७ का मिला है (इं०; एँ० ; जि० ९, पृ० १२०-२३) होना चाहिये। कोटा और झालावाड़ के इलाके पहले मालवा के परमारों के अधीन थे जिनके लेख ई० स० की ११वीं से १३वीं शताब्दी के वहां पर मिलते हैं। ऐसे ही उक्त विद्वान् ने जोधपुर राज्य के सेवाड़ी गांव से मिले हुए कटुराज के समय के एक लेख का संवत् ३१ पढ़ा है और उसको सिंह संवत् मान कर विक्रम संवत् १२०० में कटुराज का नाडोल का राजा होना माना है तथा उक्त कटुराज को चाहमान (चौहान) अश्वराज (आशाराज) का पुत्र कटुकराज बतलाया है (एँ० इं; जि० ११, पृ० ३४, ६९) वह लेख बहुत बिगड़ी हुई दशा में है इसलिये उसके शुद्ध पढ़े जाने के विषय में हमें शंका ही है। यदि उसका संवत् वास्तव में ३१ हो तो भी वह

सिंह संवत् नहीं किंतु वि० सं० १२३१ होना चाहिये क्योंकि नाडोल के चौहान के लेखों में कहीं सिंह संवत् नहीं है। अश्वराज के पुत्र कटुकराज के सेवाड़ी के दूसरे लेख में वि० सं० ११७२ (एँ० इं; जि० ११, पृ० ३१-३२) ही लिखा है और वि० सं० ११८९ से १२०२ तक के कई शिलालेख चौहान राजा रायपाल के समय के नाडोल और नारलाई से मिले हैं (एँ० इं; जि. ११, पृ० ३४-४३) जिनसे पाया जाता है कि वि० स० १९११८९ से १२०२ तक नाडोल का राजा रायपाल था न कि कटुराज। ऐसी दशा में सिंह संवत् ३१ (वि० स० १२००) में कटुराज का नाडोल का राजा होना संभव नहीं हो सकता। काठियावाड़ से संबंध न रखने वाले लेखों में सिंह संवत् मानने की चेष्टा करने के केवल उपयुक्त तीन ही उदाहरण अब तक मिले हैं जिनमें से एक में भी सिंह संवत् नहीं किंतु शताब्दियों के अंकरहित वि० सं० के ही वर्ष हैं।

१५४. श्रीमद्विक्रमसंवत् १२०२ तया श्रीसिंहसंवत् ३२ आश्विनवदि १३ सोमे (भावनगर प्राचीन शोध संग्रह, भाग १, पृ० ७)।

१५५. श्रीविक्रमसंवत् १२६६ वर्षे श्रीसिंहसंवत् ९६ वर्षे लौकि० मार्ग्ग शुदि १४ गुरा० (इं०; एँ० ; जि० १८, पृ० ११२)।

१५६. देखो, ऊपर पृ० १७५ और उसी का टिप्पण ४।

१५७. देखो, ऊपर पृ० १७५ और उसी का टिप्पण ५।

१५८. ई० स० ११९८-९९ के आसपास (इं. एँ. ; जि. १९, पृ० ७) दिल्ली के गुलाम सुलतान कुतबुद्दीन ऐबक के ऐबक के समय बख़्तियार खिलजी ने नदिया पर चढ़ाई कर उसे ले लिया और वहां का राजा लक्ष्मणसेन भाग गया। इस चढ़ाई का वृत्तांत मिनहाज उस्सिराज (जन्म ई० स० ११९३-देहांत ई० स० १२९५) ने 'तब्कात-इ-नासिरी' नामक इतिहास की पुस्तक में इस तरह लिखा है कि 'राय लखमणिआ (लक्ष्मणसेन) गर्भ में था उस वक्त उसका पिता मर गया था। उसकी माता का देहांत प्रसववेदना से हुआ और लखमणिआ जन्मेत ही गद्दी पर बिठलाया गया। उसने ८० वर्ष राज्य किया' (तबकात-इ-नासिरी का अंग्रेजी अनुवाद, मेजर राबर्टी का किया हुआ; पृ० ५५५)। लक्ष्मणसेन संवत् का प्रारम्भ ई० स० १११९ में हुआ जैसा कि आगे लिखा गया है, इस लिये बख़्तियार खिलजी की लक्ष्मणसेन पर की नदिया की चढ़ाई लक्ष्मणसेन संवत् (११९९-१११९=) ८० में हुई, जब कि लक्ष्मणसेन की उम्र ८० वर्ष की थी और उतने ही वर्ष उसको राज्य करते हुए थे।

'लघुभारत' नामक संस्कृत पुस्तक में लिखा है कि परंपरागत जनश्रुति से यह प्रवाद सुनने में आता है कि बल्लाल (बल्लालसेन, लक्ष्मणसेन का पिता) मिथिला की चढ़ाई में मर गया। जब ऐसा संवाद फैला उसी समय विक्रमपुर में लक्ष्मण का जन्म हुआ' (प्रवादः श्रूयते चात्र पारम्परीणवार्त्तया। मिथिले युद्धयात्रायां बल्लालोभून्मृतध्वनिः।। तदानीं विक्रमपुरे लक्ष्मणो जातवानसौ। लघुभारत, खण्ड २; ज.ए.सो. बंगा. ई० स० १८१६). यक कथन मिनहाज की सुनी हुई बात से मिलता जुलता ही है परंतु इससे पाया जाता है कि लक्ष्मणसेन का जन्म हुआ उस समय बल्लालसेन के मिथिला में मर जाने की खाली अफवाह ही उड़ी थी। संभव है कि इस अफवाह के उड़ने से विक्रमपुर में लक्ष्मणसेन गद्दी पर बिठला दिया गया हो और उसके जन्म की खबर पाने पर बल्लालसेन ने मिथिला में रहते समय पुत्रजन्म की खुशी में यह संवत् चलाया हो। बल्लालसेन ने शक संवत् १०९१ (ई० स० ११६९) में 'दानसागर' नामक ग्रंथ रचा (निखिलचक्रतिलकश्रीमद्बल्लालसेनेन। पूर्णे शशिनवदशमिते शकवर्षे दानसागरो रचितः।। दानसागर ज.ए.सो. बंगा ई. स. १८९६ भाग १, पृ० २३) डॉ० राजेन्द्रलाल मित्र ने बंगाल के सेनवंशी

राजाओं के समय के निर्णय करने में दानसागर की सहायता ली और उसकी रचना का श्लोक भी टिप्पण में उद्धृत किया (पूर्णे शशिनवदशमिते शकाब्दे-ज.ए. सो० बंगा; ई० स० १८६५ पृ० १३७) परंतु उसका अनुवाद करने में गलती की और शक संवत् १०९१ के स्थान पर १०१९ (ई० स० १०९७) लिखकर बल्लालसेन का समय ई० स० से ११०६ तक मान लिया जो ठीक नहीं है।

बल्लालसेनरचित 'अद्‌भुतसागर' नामक बड़े ग्रंथ के प्रारंभ की भूमिका में लिखा है कि 'गौडेंद्र (बल्लालसेन) ने शक संवत् १०९० (ई० स० ११६८) में 'अद्‌भुतसागर' का प्रारंभ किया परंतु उसके समाप्त होने के पूर्व ही उसने अपने पुत्र (लक्ष्मणसेन) को राज्यसिंहासन पर बिठलाया और अपने ग्रंथ को पूर्ण करने का भार उस पर डाला। फिर गंगा में अपने दान के जल के प्रवाह से यमुना का संगम बना कर अपनी स्त्री सहित स्वर्ग को गया (अर्थात् डूब मरा) और लक्ष्मणसेन के उद्योग से 'अद्‌भुतसागर' पूर्ण हुआ' (शाके खनवखेन्द्वब्दे आरेभेऽद्भुतसागरं। गौडेन्द्रकुञ्जरालानस्तम्भबाहुर्महीपतिः।। ग्रन्थेऽस्मिन्नसमाप्त एव तनयं साम्राज्यरक्षामहादीक्षापर्वणि दीक्षणान्निजकृते निष्पत्तिमभ्यर्थ्य सः। दानादानचिताम्बुसंचलनतः सूर्यात्मजासंगमं गङ्गायां विरचय्य निर्जरपुरं भार्यानुपातो गतः।। श्रीमल्लक्ष्मणसेनभूपतिरतिश्लाघ्यो यदुद्योगतो निष्पन्नोऽद्भुतसागरः कृतिरसौ बल्लालभूमीभुजः। अद्‌भुतसागर)। यदि लक्ष्मणसेन के जन्म समय (ई० स० ११९ में) बल्लालसेन की अवस्था २० वर्ष की मानें तो अद्‌भुतसागर के प्रारंभ के समय उसकी अवस्था ६७ वर्ष होनी चाहिये। ऐसी दशा में प्रारंभ किए हुए बड़े ग्रंथ को समाप्त करने की शक्ति उसमें न रही हो जिससे राजपूतों की रीति के अनुसार बिस्तर में मरना पसंद न कर पूर्ण वृद्धावस्था में वीरता के साथ आत्मघात करना पसंद किया हो यह संभव है (गौ; मो. प्रा. इ. भाग १, पृ० ९५, टिप्पण*) उपर्युक्त दोनों ग्रंथों की रचना के श्लोकों से तो यही पाया जाता है कि ई० स० ११६९ के पीछे तक बल्लालसेन जीवित था जिसके पीछे लक्ष्मणसेन ने स्वतंत्रतापूर्वक राज्य किया हो।

राखालदास बेनर्जी ने 'लक्ष्मणसेन' नामक लेख में (ज. ए. सो. बंगा. ई० स० १९१३, पृ० २७१–९०) यह सिद्ध करने की कोशिश की है कि 'लक्ष्मणसेन का राज्य ई० स० ११७० के पूर्व ही समाप्त हो चुका था, बख़्यिार खिलजी की नदिया की चढ़ाई के समय वहां का राजा लक्ष्मणसेन न था, 'दानसागर' और 'अद्‌भुतसागर' की रचना के संवत् विषयक जो श्लोक मिलते है वे पिछले क्षेपक होने चाहियें तथा 'अद्‌भुतसागर' की रचना की संवत् संबंधी श्लोक तो केवल एक ही प्रति में, जो डॉ० रामकृष्ण गोपाल भण्डारकर को मिली, मिलते हैं'। उनके कथन का मुख्य आधार गया से मिले हुए दो शिलालेख हैं जिन में से पहले के अंत में–'श्रीमल्लक्ष्मणसेनस्यातीतराज्ये सं० ५१ भाद्रदिने २९' (ए. इं. जि. १२, पृ० २९) और दूसरे के अंत में–'श्रीमल्लक्ष्मणसेनदेवपादानामपादानामतीराज्ये सं० ७४ वैशाखवदि १२ गुरौ' (ए. इं;जि. १२, पृ० ३०) लिखा है। इनमें से पहले लेख के 'अतीतराज्ये' पद से लक्ष्मणसेन संवत् ५१ (ई० स० ११७०) से पूर्व लक्ष्मणसेन का राज्य 'अतीत' (समाप्त) हो चुका यह मान कर बख़्यिार खिलजी की चढ़ाई के समय अर्थात् ११९९ (१२०० माना है) में लक्ष्मणसेन का विद्यमान न होना बतलाया है परन्तु हम उक्त कथन से सहमत नहीं हो सकते क्योंकि नदिया की चढ़ाई मिन्हाज उस्सिराज की जीवित दशा की घटना थी, उक्त चढ़ाई के पीछे वह बंगाल में रहा था और बख़्तियार खिलजी के साथ रहने वालों से उसने वह हाल सुना था ऐसा वह लिखता है। ऐसे ही 'दानसागर' और 'अद्‌भुतसागर' में मिलने वाले उनकी रचना के समय संबंधी श्लोकों को क्षेपक नहीं कह सकते। अद्‌भुतसागर की एक ही प्रति में वे श्लोक मिलते हैं ऐसा ही नहीं किन्तु राजपूताने में उसकी तीन प्रति देखने में आईं उन सब में वे श्लोक हैं। ऐसी दशा में बल्लालसेन का शक संवत् १०९१ (ई० स० ११६९) के पीछे तक जीवित

रहना पाया जाता है। गया के लेखों के 'अतीतराज्ये सं' को 'अतीतराज्यसं' (जैसा कि राखालदास बेनर्जी के उक्त लेख में छपा है, पृ० २७१, २७२) पढ़ना और 'अतीत' को 'राज्यसंवत्' का विशेषण मान कर 'गतराज्यवर्ष' अर्थ करना ही उचित है। तब वे लेख लक्ष्मणसेन के राजत्वकाल के ही माने जा सकते हैं।

१५९. ज० ए० सो० ; बंगा० ; जि० ५७, भाग १, पृ० १-२।

१६०. नोटिसिज़ ऑफ संस्कृत मैनुस्क्रिप्टस्, जि० ६, पृ० १३।

१६१. ह; कॅ० पा; पृ० १०९।

१६२. इं; एँ० जि० १४, पृ० १९०, १९१।

१६३. ज० ए; सो० बंगा० ; जि० ४७, भाग १, पृ० ३९८।

१६४. क; इं० ई; पृ० ७९।

१६५. इं०; एँ० ; जि० १९, पृ० ५।

१६६. वही, पृ० ६।

१६७. ट्रा० आ० सी; जि० १, पृ० २८-२९।

१६८. वही, पृ० २९।

१६९. नक्षत्रेण सहोदयमुपगच्छति येन देवपतिमन्त्री।
तत्संज्ञं वक्तव्यं वर्षं मासेक्रमेणैव।।
वर्षाणि कार्तिकादीन्याग्नेयाद्भद्वयानुपयोगीनि।
क्रमशस्त्रिभं तु पञ्चममुपान्त्यमन्त्यं च यद्वर्षम्।। (वाराही संहिता; अध्याय ८, श्लोक १-२)।

१७०. १२ सौर वर्षों में ११ बार गुरु अस्त होकर फिर उदय होता है इसलिये १२ वर्ष में एक बार्हस्पत्य संवत्सर क्षय हो जाता है। जैसे कि पं० श्रीधर शिवलाल के वि० सं० १९६५ के पंचांग में 'वर्षनाम पौष' लिखा है मरंतु १९६६ के पंचांग से 'वर्षनाम फाल्गुन' लिखा है जिससे माघ (महामाघ) संवत्सर क्षय हो गया।

१७१. भरतपुर राज्य के कोट नामक गांव से मिले हुए शिलालेख में 'महाचैत्र' संवत्सर (रि० रा० म्यु० अ; ई० स० १९१६-१७, पृ० २), परिव्राजक महाराज हस्तिन् के गुप्त संवत् १६३ (ई० स० ४८२- ८३) के दानपत्र में 'महाआश्वयुज' संवत्सर (त्रिषट्युत्तरेब्दशते गुप्तनृपराज्यभुक्तौ महाश्वयुजसंवत्य(त्स)रे चैत्रमासशुक्लपक्षद्वितीयायाम्—फ्ली; गु० इं० पृ० १०२)और कदंबवंशी राजा मृगेशवर्मन् के राज्यवर्ष तीसरे के दानपत्र में 'पौष' संवत्सर—श्रीमृगेशवर्म्मा आत्मन: राज्यस्य तृतीये वर्षे पौषे संवत्सरे कार्त्तिकमासबहुलपक्षे दशाम्यां तिथौ (इं०; एँ० ; जि० ७, पृ० ३५) आदि।

१७२. पं० श्रीधर शिवलाल के वि० सं० १९७४ के पंचांग में 'वर्षनाम आश्विन' और १९७५ के पंचांग में 'वर्षनाम कार्तिक' लिखा है। ये वर्षनाम १२ बरस वाले बार्हस्पत्य संवत्सर के ही हैं।

१७३. बृहस्पतेर्मध्यमराशिभोगात्संवत्सरं सांहितिका वदन्ति (भास्कराचार्य का 'सिद्धांतशिरोमणि १।३०)।

१७४. अथ चैत्रादौ नर्मदोत्तरभागे बार्हस्पत्यमानेन प्रभवादिषष्ठ्यब्दानां मध्ये ब्रह्मविंशतिकायां चतुर्थ: प्रमोदनामा संवत्सर: प्रवर्तते तस्य मेषाक[प्रवेश]समये गतमासादि: १०।१६।४२।१५ भोग्यमासादि: १।१३।१७।४५ (कूंथालाल ज्योतिषरत्न का बनाया हुआ राजपूताना पंचांग वि० सं० १९७५ का)।

१७५. गतानि वर्षाणि शकेन्द्रकालाद्धतानि रुद्रैर्गणयेच्चतुर्भि:। नवाष्टपंचाष्टयुतानि कृत्वा विभाजयेच्छून्यशरागरामै:। फलेन युक्तं शकभूपकालं संशोधषष्ठ्या......शेषा: क्रमश: समा: स्यु: (वाराही संहिता, अध्याय ८, श्लोक २०-२१)।

उदाहरण—विक्रम संवत् १९७५ में बार्हस्पत्य संवत्सर कौन सा होगा।

गत वि० सं० १९७५=गत शक संवत् (१९७५-१३५=) १८४० १८४०×११=२०२४० २०२४०×४=८०९६०, ८०९६०+८५८९=८९५४९, ८९४९÷३७५०=२३, ३२९९/३७५०, १८५४०+२३= १८६३, १८६३/६०=३१, शेष ३, जो गत संवत्सर है। इसलिये वर्तमान संवत्सर =४ अर्थात् प्रमोद।

१७६. प्रमाथी प्रथमं वर्षं कल्पादौ ब्रह्मणा स्मृत। तदादि षष्टिहृच्छाके शेषं चांद्रोऽत्र वत्सर:। व्यावहारिकसंज्ञोऽयं काल: स्मृत्यादिकर्मसु। योज्य: सवत्र तत्रापि जैवो त्रा नर्मदोत्तेर (पैतामहसिद्धांत)।

उदाहरण–शक संवत् १८४० में बार्हस्पत्य संवत्सर कौन-सा होगा?

१४८०+१२=१८५२, १८५२/६०=३०, शेष ५२; इसलिये वर्तमान संवत्सर ५२वां कालयुक्त गत शक संवत् १८४०=गत कलियुग संवत् (१८४०+३१७९=)५०१९, ५०१९+१२=५०३१, ५०३१/६०=८३, शेष ५१ गत संवत्सर; इसलिये वर्तमान=५३वां कालयुक्त संवत्सर।

१७७. उत्तरोत्तरप्रवर्द्धमानराज्य....वर्षे: प्रवर्त्तमाने सिद्धार्थे वैशाखपौर्णमास्याम् (इं०; एँ० ; जि० १९, पृ० १८ के पास का प्लेट)।

१७८. मूल सूर्यसिद्धांत के अनुसार (पंचसिद्धांतिका)।

१८९. मूल गणना अमांत हो ऐसा प्रतीत होता है। उत्तरी भारत वालों के वर्ष का एवं अधिमास का प्रारंभ शुक्ला १ से होना तथा अमावस्या के लिये ३० का अंक लिखना यही बतलाता है कि पहले मास भी वर्ष की तरह शुक्ता १ से प्रारंभ होकर अमावस्या को समा्प्त होता होगा।

१८०. सूर्यसिद्धांत के अनुसार।

१८१. नवलकिशोर प्रेस (लखनऊ) की छपी हुई 'आईन अकबरी' दफ्तर १, पृ० ३३७।

१८२. 'गयासुल्लुगात' में अजायबउल्बुल्दान' के हवाले से हिजरी सन् १७ में यह निर्णय होना लिखा है (नवलकिशोर प्रेस का छपा, 'गयासुल्लुगात', पृ० ३२४)।

१८३. देखो, ऊपर पृ० १७५ और उसी का टिप्पण ४।

१८४. एँडवर्ड थॉमस रचित 'क्रानिकल्स ऑफ दि पठान किंग्ज ऑफ दिल्ली', पृ० ४८।

१८५. ग्रेट डफ रचित 'हिस्टरी ऑफ दी महरट्टाज' जि० १, पृ० ४० , टिप्पण; ई० स० १८६३ का संस्करण।

१८६. इस सन् के वर्ष लिखने में नीचे लिखे अनुसार अंकों के स्थान में उनके सूचक अरबी शब्दों का प्रयोग किया जाता है। मराठी में अरबी शब्दों के रूप कुछ-कुछ बिगड़ गये हैं जो (   ) चिह्न के भीतर जे० टी० मोलेल्वर्य के मराठी-अंग्रेज़ी कोश के अनुसार दिये गये हैं। १=अहद् (अहदे, इहदे)। २ =अस्ना (इसन्ने); ३=सलासह (सल्लीॅल); ४=अरवा; ५=खम्सा (खम्मस); ६=सित्ता (सिन?=सित्त); ७=सबा (सब्बा); ८=समानिआ (सम्मान); ९=तसआ (तिस्सा); १०=अशर, ११=अहद् अशर; १२=अस्ना (इसन्ने) अशर, १३=सलासह् (सल्लास) अशर; १४ अरबा अशर; २०=अशरीम्; ३०=सलासीन् (सल्लासीन); ४०=अरबईन्; ५०=खम्सीन्; ६०=सित्तीन् (सितैन); ७०=सबीन् (सब्बैन); ८०=समानीन् (सम्मानीन); ९०=तिसईन् (तिस्सैन); १००=माया (मया); २००=मअतीन (मयातैन); ३००=सलास माया (सल्लास मया); ४००=अरबा माया; १०००=अलफ् (अलफ), १००००=अशर् अलफ्। इन अंक सूचक शब्दों के लिखने में पहले शब्द से इकाई, दूसरे से दहाई, तीसरे से सैंकड़ा और चौथे से हज़ार बतलाये जाते हैं जैसे कि १३१३ के लिये 'सलासो अभो सत्रास माया व अलफ'।

१८७. ज्योतिषपरिषद् के नियमानुसार रामचंद्र पांडुरंग शास्त्री मोघे वसईकर के तैयार किये हुए शक संवत् १८४० (चैत्रादि वि० सं० १९७५) के मराठी पंचांग में वैशाख कृष्णा १३ (अमांत=पूर्णिमांत ज्येष्ठ कृष्ण १३) शुक्रवार को 'मृगार्क' लिखा है और साथ में फसली सन् १३२८ अरबी सन् १३१९ सूरसेन 'तिसा अशर

सल्लासें मया व अल्लफ' लिखा है (तिसा=९; अशर= १०; सल्लासें मया=३००; व=और,; अल्लफ=१०००। यह सब अंक मिलाने से १३१९ होते हैं)।

१८८. ए० ब्रि० जि० १३, पृ० ५००; ११वां संस्करण।

१८९. क; इं० ई; पृ० ५४।

१९०. इलाही सन् के १२ महीनों के नाम ये हैं–१. फरवरदीन्, २. उर्दिबहिश्त, ३. खुर्दाद, ४. तीर, ५. अमरदाद्, ६. शहरेवर्, ७. मेहर्, ८. आवां (आबान्), ९. आज़र् (आदर्), १०. दे, ११. बहमन्, १२. अस्फंदिआरद्। ये नाम ईरानियों के यज़्दजर्द सन् के ही लिये गये हैं।

१९१. ईरानियों का वर्ष सौर वर्ष है। उसमें तीस दिन के १२ महीने हैं और १२वें महीने में ५ दिन गाथा (अहुनवद्, ओशतवद्, स्पेंतोमद्, बहुक्षद्र और बहिश्तोयश्त) के मिलाकर ३६५ दिन का वर्ष माना जाता है और १२० वर्ष में १ अधिक मास महीनों के क्रम से जोड़ा जाता है जिसको 'कबीसा' कहते हैं, परंतु इलाही सन् के महीने कुछ २९ दिन के, कुछ ३० दिन के, कुछ ३१ और एक ३२ दिन का भी माना जाता था और ३६५ दिन का होता था एवं चौथे वर्ष १ दिन और जोड़ दिया जाता था। महीनों के दिनों की संख्या किस हिसाब से लगाई जाती थी इसका ठीक हाल मालूम नहीं हो सकता। १ से ३२ तक के दिनों के नाम ये हैं–

१. अहुर्मज़्द, २. बहमन्, ३. उर्दिबहिश्त:, ४. शहरेवर्, ५..स्पंदारमद्, ६. खुर्दाद, ७. मुरदाद (अमरदाद), ८. देपादर, ९. आज़र (आदर), १०. आवां (आबान्), ११. खुरशेद्, १२. माह (म्होर), १३. तीर, १४. गोश, १५. देपमेहर, १६. मेहर, १७. सरोश, १८. रश्नह, १९. फरवरदीन, २०. बेहराम, २१. राम, २२. गोवाद, २३. देपदीन, २४. दीन, २५. अर्द (अशीश्वंग), २६. आस्ताद, २७. आस्मान, २८. ज़मिआद्, २९. मेहरेस्पंद ३०. अनेरा, ३१. रोज़ ३२. शब। इनमें से ३० तक के नाम तो ईरानियों के दिनों (तारीखों) के ही और अंतिम दो नये रखे गये हैं।

१९२. ईसा मसीह का जन्म किस वर्ष में हुआ यह अनिश्चित है। इस सन् के उत्पादक डायोनिसियस् एक्सिगुयस ने ईसा का जन्म रोम नगर की स्थापना से ९७५वें वर्ष (वि० सं० ५७) में होना मान कर इस संवत् के गत वर्ष स्थिर किये परंतु अब बहुत से विद्वानों का मानना यह है कि ईसा का जन्म ई० स० पूर्व ८ से ४ के बीच हुआ था न कि ई० स० १ में (दी न्यू इन्साईक्लोपीडिया; एच० सी० ओ' नील संपादित पृ० ८७०)।

१९३. ग्रीस (यूनान) देश में जेअस (=जुपिटर्=इंद्र) आदि देवताओं के मंदिरों के लिये पवित्र माने जाने वाले ओलिपस पर्वत के आगे के मैदान में प्राचीन काल से ही प्रति चौथे वर्ष शारीरिक बल की परीक्षा के दंगल हुआ करते थे। जिनको 'ओलिंपिक् गेम्स्' कहते थे। इस पर से एक दंगल से दूसरे दंगल के बीच के ४ वर्षों की संज्ञा 'ओलिंपियड्' हुई। पहले उस देश में काल गणना के लिये कोई सन् (संवत्) प्रचलित न था इसलिये ई० स० पूर्व २६४ के आसपास सिसिली नामक द्वीप के रहने वाले टिमेइअस् नामक विद्वान् ने हिसाब लगा कर जिस ओलिंपियड् में कॉरोइबस् पैदल दौड़ में जीत पाया था उसको पहला ओलिंपियड् मान कर ग्रीकों में कालगणना की नींव डाली। यह पहला ओलिपियड ई० स० पूर्व ७७६ में होना माना गया।

१९४. ग्रीकों की तरह रोमन लोगों में भी प्राचीन काल में कालगणना के लिये कोई सन् प्रचलित न था इसलिये पीछे से रोम नगर की स्थापना के वर्ष से सन् कायम किया गया, परंतु जिस समय यह सन् स्थिर किया गया उस समय रोम नगर को बसे कई शताब्दियां बीत चुकी थीं इसलिये वहां के इतिहास के

भिन्न-भिन्न पुस्तकों में रोम की स्थापना से जो सन् लिखा गया है उसका प्रारंभ एक सा नहीं मिलता। रोमन इतिहास का सबसे प्राचीन लेखक फॅबियस पिक्टर (ई० स० पूर्व २२०) ई० स० ७४७ से पॉलिवियस् (ई० स० २०४-१२२) ७५० से, पॉसिअस् कॅटो (ई० स० पूर्व २३४-१४९) ७५१ से वॅरिअस् फ्लॅअस् ७५२ से और टेरॅटियस् वॅरों (ई० स० ११६-२७) ई० स० पूर्व ७५३ से इस सन् का प्रारंभ मानता है। वर्तमान इतिहास लेखक वरों का अनुकरण करते हैं।

१९५. प्रारंभ में रोमन लोगों का वर्ष ३०४ दिन का था जिसमें मार्च से दिसम्बर तक के १० महीने थे। जुलाई के स्थानापन्न मास का नाम (क्रिन्क्लिस्' और ऑगस्ट के स्थापन्न का नाम 'सेक्स्टिलिस्' था। फिर नुमा पॉपिलिअस् (ई० स० पूर्व ७१५-६७२) राजा ने वर्ष के प्रारंभ में जॅन्युअरी (जनवरी) और अंत में फेब्रुअरी (फरवरी) मास बड़ा कर १२ चांद्र मास अर्थात् ३५५ दिन का वर्ष बनाया ई० स० पूर्व ४५२ से चांद्र वर्ष के स्थान पर सौर वर्ष माना जाने लगा जो ३५५ दिन का ही होता था परंतु प्रति दूसरे वर्ष (एकांतर से) क्रमशः २२ और २३ दिन बढ़ाते थे, जिससे ४ वर्ष के १४६५ दिन और १ वर्ष के ३६६¼ दिन होने लगे। उनका यह वर्ष वास्तविक सौर वर्ष से करीब १ दिन अधिक बड़ा था। इस वर्षगणना से २६ वर्ष में करीब २६ दिन का अंतर पड़ गया, जिससे ग्रीकों के वर्तमान का अनुकरण किया गया जिसमें समय-समय पर अधिक मास मानना पड़ता था। इससे भी अंतर बढ़ता ही चला और जुलियस सीज़र के समय वह अंतर ९० दिन का हो गया जिससे उसने ई० स० ४६ को ४५५ दिन का वर्ष मानकर वह अंतर मिटा दिया, क्विंक्टिलिस् मास का नाम अपने नाम पर से 'जुलाई' रखा और आगे के लिये अधिक मास का झगड़ा मिटा कर ३६५¼ दिन का वर्ष नियत कर जैन्युअरी, मार्च, मे, जुलाई सेप्टेंबर और नवम्बर महीने तो ३१, ३१ दिन के, बाकी के, फेब्रुअरी (फरवरी) के सिवाय, ३०, ३० दिन के और फेब्रुअरी २९ दिन का, परंतु प्रति चौथे वर्ष ३० दिन का स्थिर किया। जुलियस सीज़र के पीछे ऑगस्ट ने, जो रोम का पहला बादशाह हुआ, सेक्टाइलिस मास का नाम अपने नाम से ऑगस्टस् रखा और उसको ३१ दिन का, फेब्रुअरी को २८ दिन का, सेप्टेंबर और नवम्बर को ३०, ३० दिन का और दिसंबर को ३१ का बनाया। इसी परिवर्तन के अनुसार ई० स० के महीनों के दिनों की संख्या अब तक चली आ रही है।

१९६. जुलिअस् सीज़र का स्थिर किया हुआ ३६५¼ दिन का सौर वर्ष वास्तविक सौर वर्ष से ११ मिनट और १४ सेकेंड बड़ा था जिससे करीब १२८ वर्ष में १ दिन का अंतर पड़ने लगा। इस अंतर के बढ़ते-बढ़ते ई० स० ३२५ में मेष को सूर्य, जो जुलियस सीज़र के समय २५ मार्च को आया था, ता० २१ मार्च को आ गया और ई० स० १५८२ में ११ मार्च को आ गया। पोप ग्रेगरी (१३वें) ने सूर्य के चार में इतना अंतर पड़ा हुआ देखकर ता० २२ फरवरी ई० स० १५८२ को यह आज्ञा दी कि इस वर्ष के अक्टोबर मास की चौथी तारीख के बाद का दिन १५ अक्टोबर माना जाये। इससे लौकिक सौर वर्ष वास्तविक सौर वर्ष से मिल गया। फिर आगे के लिये ४०० वर्ष में ३ दिन का अंतर पड़ता देख कर उसको मिटाने के लिये पूरी शताब्दियों के वर्षों (१६००, १७०० आदि) में से जिनमें ४०० का भाग पूरा लग जाये उन्हीं में फेब्रुअरी के २९ दिन मानने की व्यवस्था की। इस व्यवस्था के बाद अंतर इतना सूक्ष्म रहा है कि करीब ३३२० वर्ष के बाद फिर २ दिन का अंतर पड़ेगा। पोपग ग्रेगरी की आज्ञा के अनुसार रोमन केथौलिक संप्रदाय के अनुयायी देशों अर्थात् इटली, स्पेन, पोर्तुगाल आदि में तो ता० ५ ऑक्टोबर के स्थान पर १५ ऑक्टोबर मान ली गई परंतु प्रोटेस्टंट सम्प्रदाय के अनुयायी देश वालों ने

प्रारंभ में इसका विरोध किया तो भी अंत में उनको भी लाचार इसे स्वीकार करना पड़ा। जर्मनी वालों ने ई० स० १६९९ के अंत के १० दिन छोड़ कर १७०० के प्रारंभ से इस गणना का अनुकरण किया। इंग्लैण्ड में ई० स० १७५२ में इसका प्रचार हुआ परंतु उस समय तक एक दिन का और अंतर पड़ गया था इसलिये ता० २ सेप्टेंबर के बाद की तारीख (३) को १४ सेप्टेंबर मानना पड़ा। रशिया, ग्रीस आदि ग्रीक चर्च संप्रदाय के अनुयायी देशों में केवल अभी-अभी इस शैली का अनुकरण हुआ है। उनके यहां के दस्तावेज़ आदि में पहले दोनों तरह अर्थात् जुलिअस् एवं ग्रेगरी की शैली से तारीखें लिखते रहे जैसे कि २० अप्रैल तथा ३ में आदि।

१९७. ई० स० का प्रारंभ तारीख १ जनवरी से माना जाता है परंतु यह गणना अधिक प्राचीन नहीं है। ई० स० के उत्पादक डायोनिसिअस् ने इसका प्रारंभ तारीख २५ मार्च से माना था और वैसा ही ई० स० की १६वीं शताब्दी के पीछे तक यूरोप के अधिकतर राज्यों में माना जाता था। फ्रांस में ई० स० १६६३ से वर्ष का प्रारंभ तारीख १ जनवरी से माना जाने लगा। इंग्लैण्ड में ई० स० की सातवीं शताब्दी से क्रिसमस के दिन (तारीख २५ दिसम्बर) से माना जाता था। १२वीं शताब्दी से २५ मार्च से माना जाने लगा और ई० स० १७५२ से, जबकि पोप ग्रेगरी के स्थिर किये हुए पंचांग का अनुकरण किया गया, तारीख १ जनवरी से सामान्य व्यवहार में वर्ष का प्रारंभ माना गया (इसके पूर्व भी अंग्रेज़ ग्रंथकारों का ऐतिहासिक वर्ष तारीख १ जनवरी से ही प्रारंभ होता था)।

१९८. जिस वर्ष के अंकों में ४ का भाग पूरा लग जाये उसमें फेब्रुअरी (फरवरी) के २९ दिन होते हैं। शताब्दियों के वर्षों में से जिसमें ४०० का भाग पूरा लग जाय उसके २९ और बाकी के २८ जैसे कि ई० स० १६०० और २००० के २९, २९ दिन और १७००, १८०० और १९०० के २८, २८ दिन।

लिपिपत्र पहिला

मैर्यवंशी राजा अशोक के गिरनार के चटान पर के खेख से

(ईसवी सन् पूर्व की तीसरी शताब्दी)

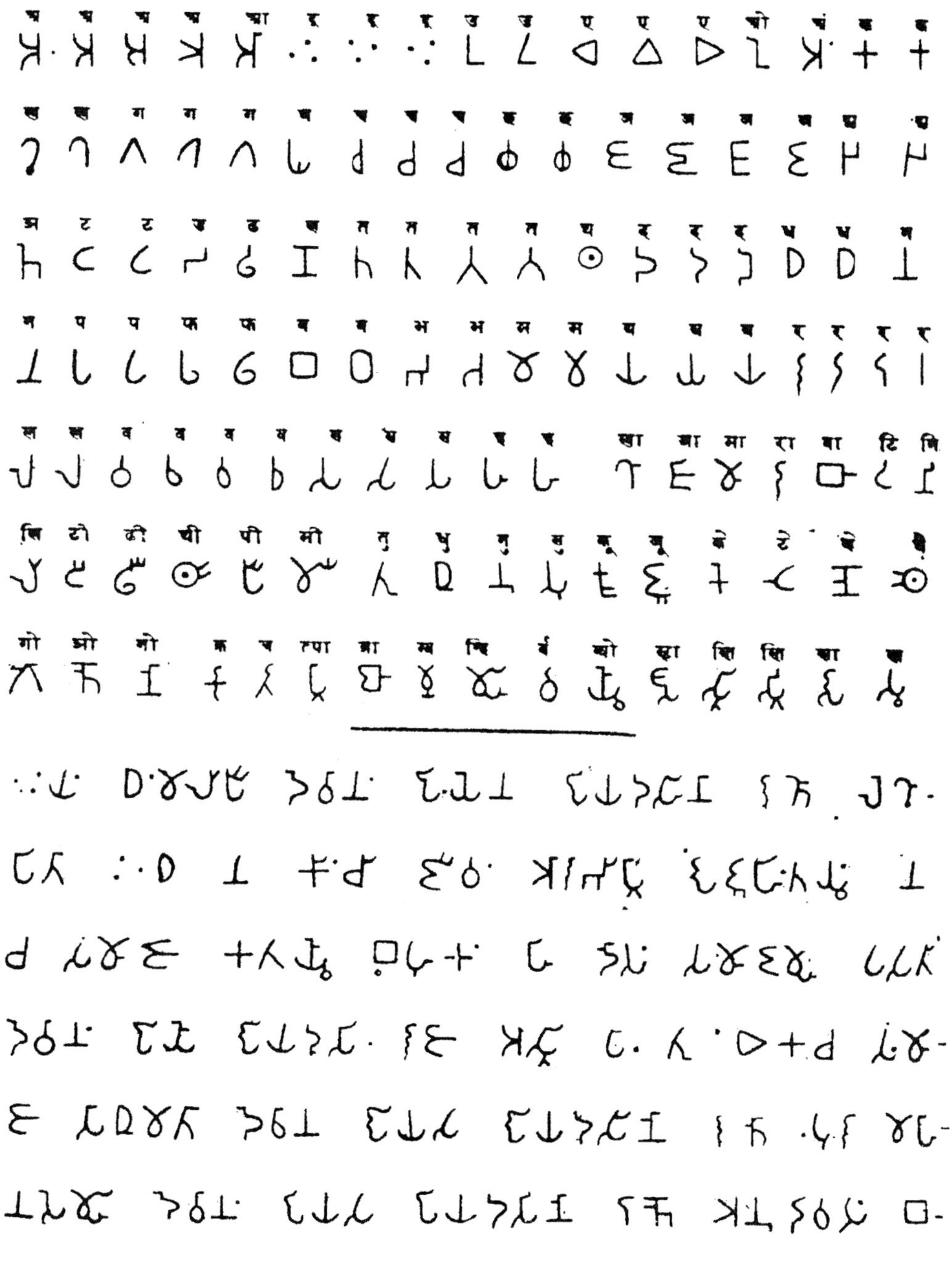

लिपिपत्र दूसरा

मैर्यवंशी राजा अशोक के अन्य लेखों से उद्घृत किये हुए मुख्य अक्षर

(ई. स. पूर्व की तीसरी शताब्दी)

देहली के शिवालिक स्तंभ के लेख से.

अ आ ओ ख घ ज ठ ढ ध म म आ पिं भी ख्य भ्य भ्यु

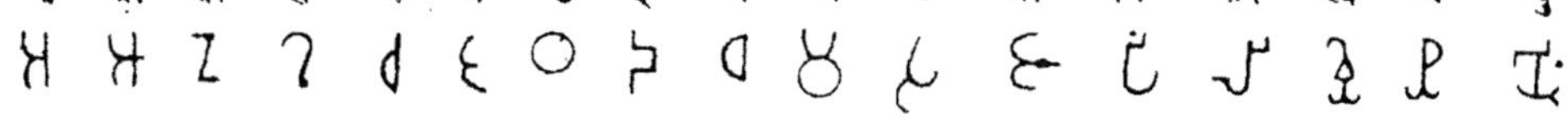

खालसी के चटान के लेख से.

अ अ उ ए ए ख ख ग घ छ ज ज ज ञ त ल ल श

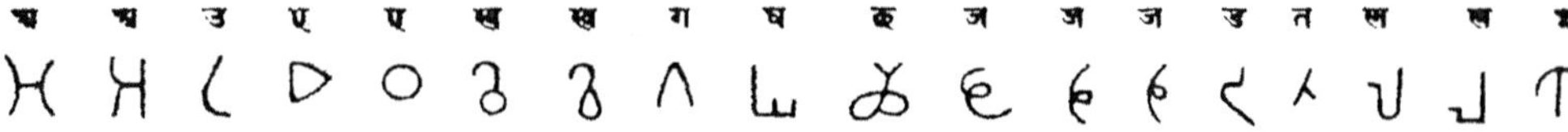

श श श ष ष म ह ता शा शि तु खे गे ले ख्य ष्म

जोगड के लेख से. सिद्धापुर. रधिआ. सारनाथ. सांची.

ओ ह ल ध ध ह अ फ म र सु ख द व सु

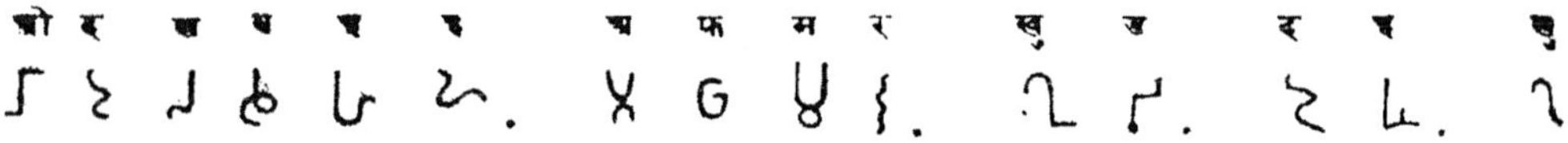

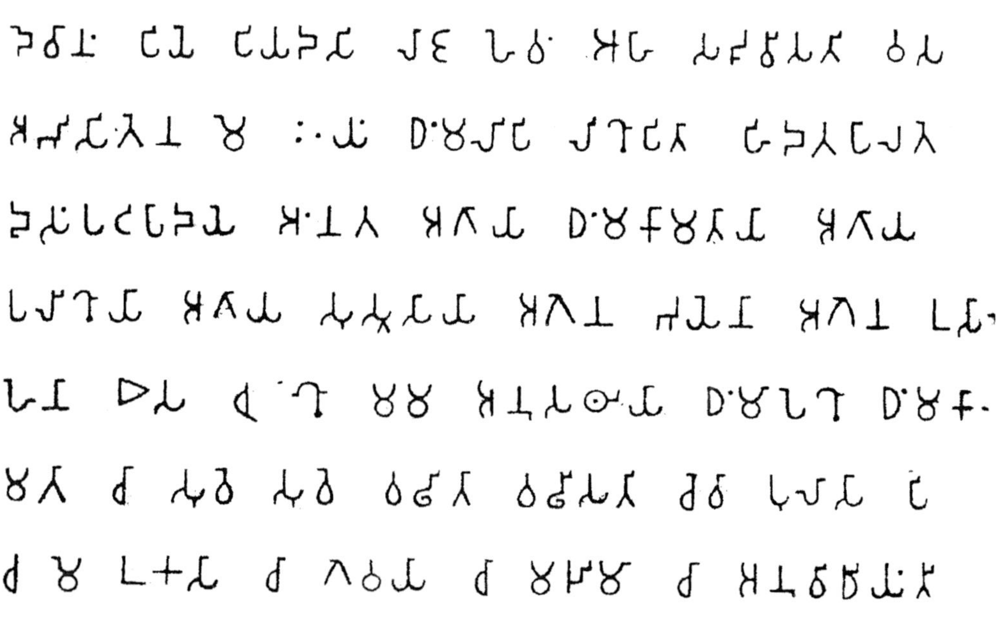

लिपिपत्र तीसरा

रामगढ़, घोसुंडी आदि के लेखों से उद्धृत किये हुए मुख्य अक्षर

(ई. स. पूर्व की दूसरी शताब्दी)

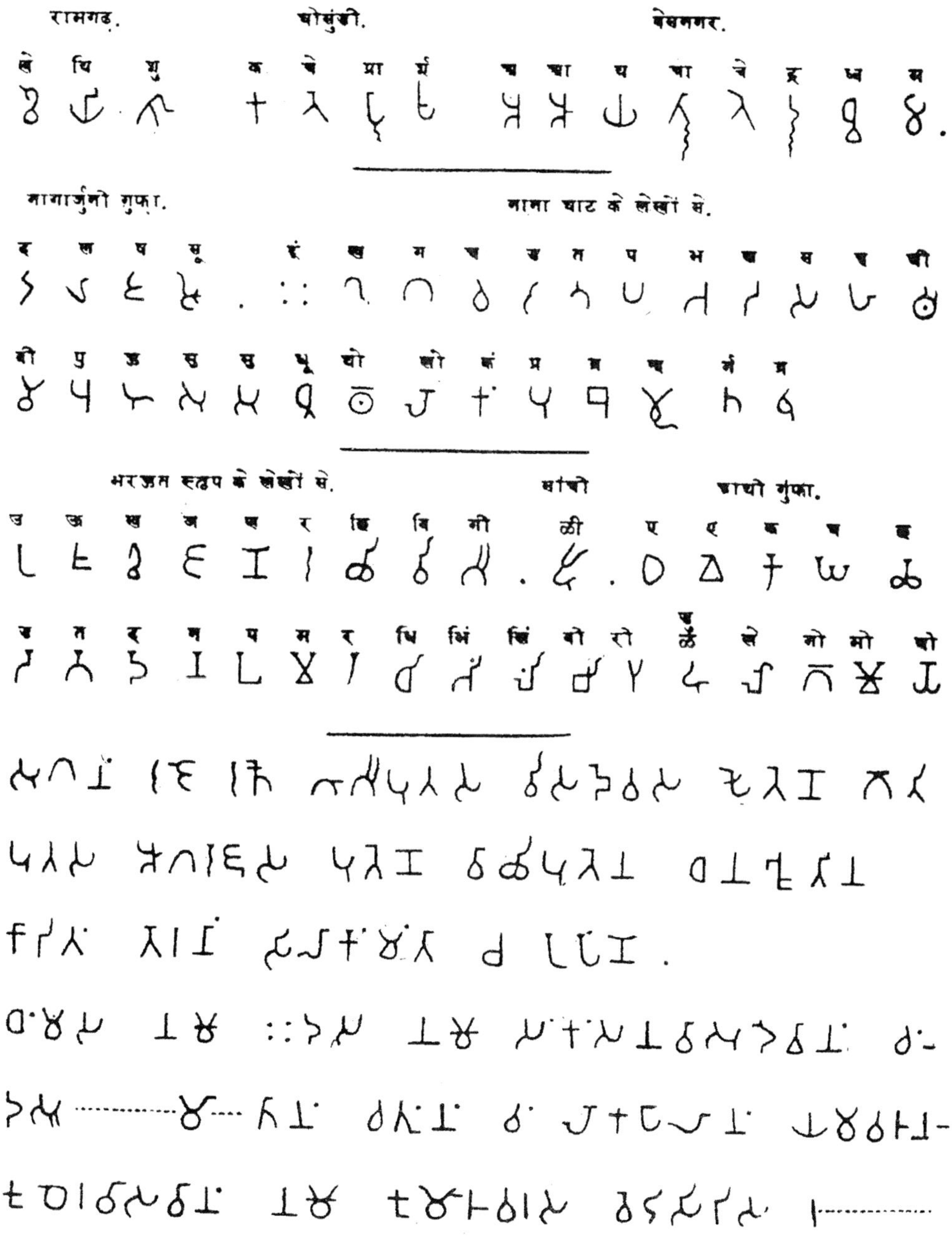

लिपिपत्र चौथा

भट्टिप्रोलु के स्तूप के १० लेखों से

(ई. स. पूर्व की दूसरी शताब्दी)

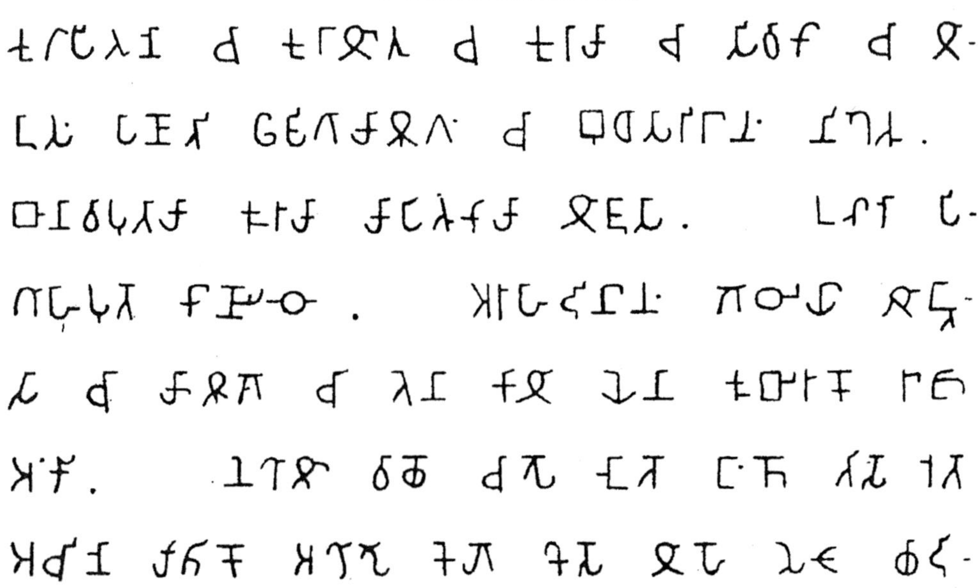

लिपिपत्र पांचवां

पभोसा और मथुरा के लेखों से उद्धृत किये हुए मुख्य अक्षर

(ई. स. पूर्व की पहिली शताब्दी के आस पास)

पभोसा के २ लेखों से.

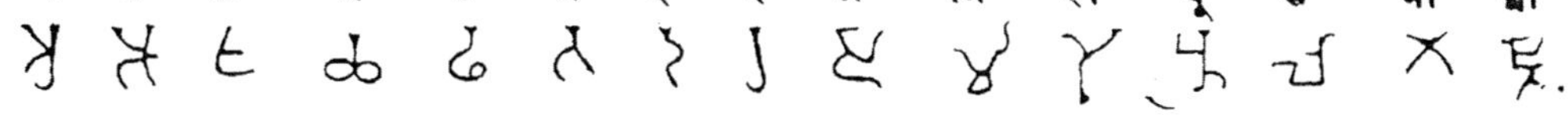

मथुरा के ४ जैन लेखों से.

महाक्षत्रप शोडास के समय के मथुरा के जैन लेख से.

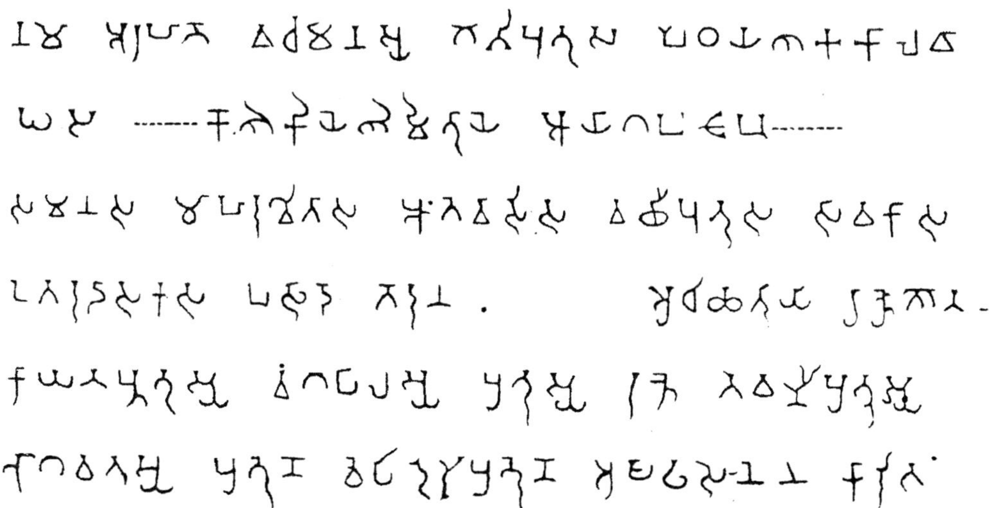

लिपिपत्र छठा

कुशनवंशी राजाओं के समय के मथुरा, सारनाथ आदि के लेखों से

(ई. स. पहिली व दूसरी शताब्दी)

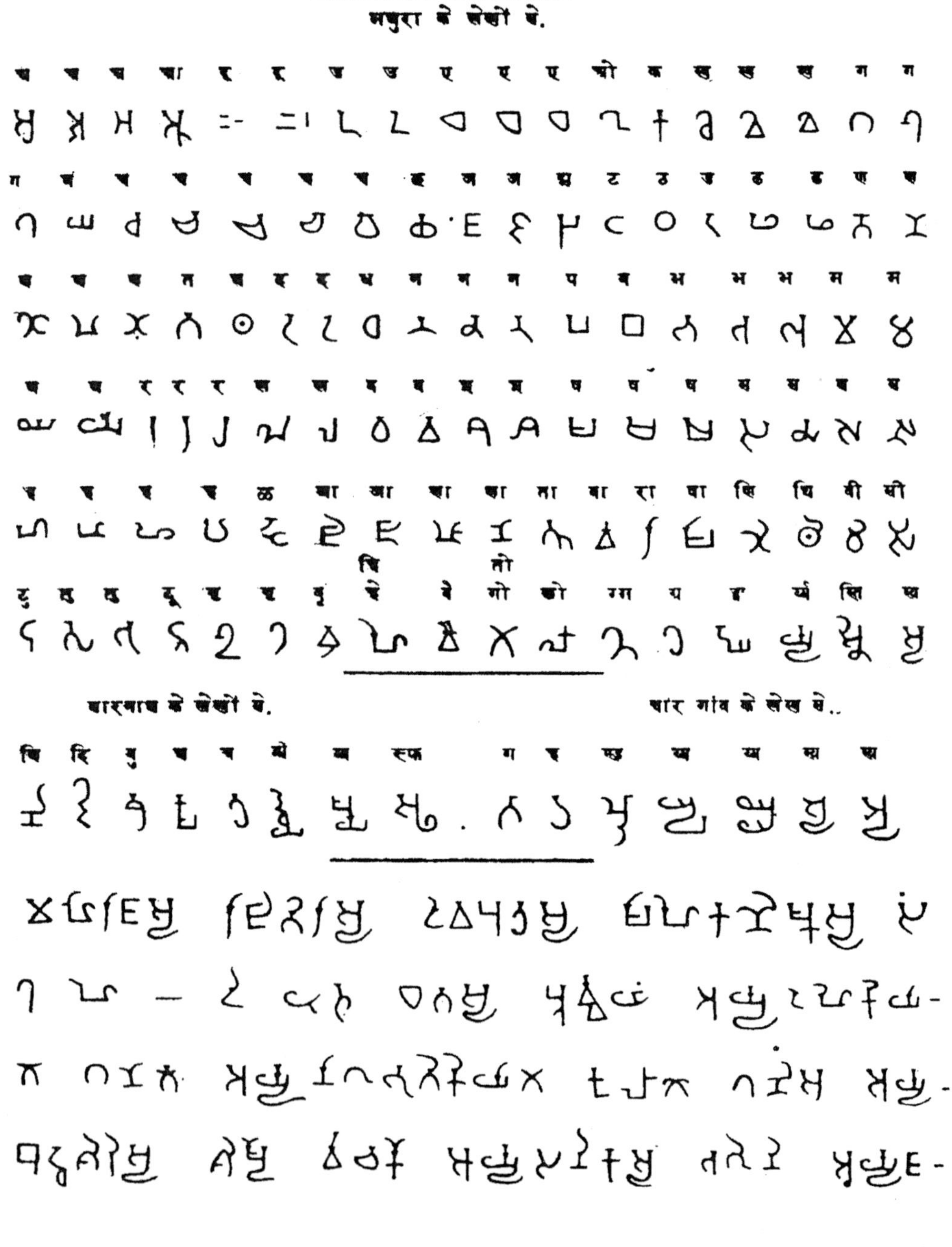

लिपिपत्र सातवां

शक उषवदात और उसकी स्त्री दक्षमित्रा के नाशिक के ५ लेखों से

(ई. स. की दूसरी शताब्दी)

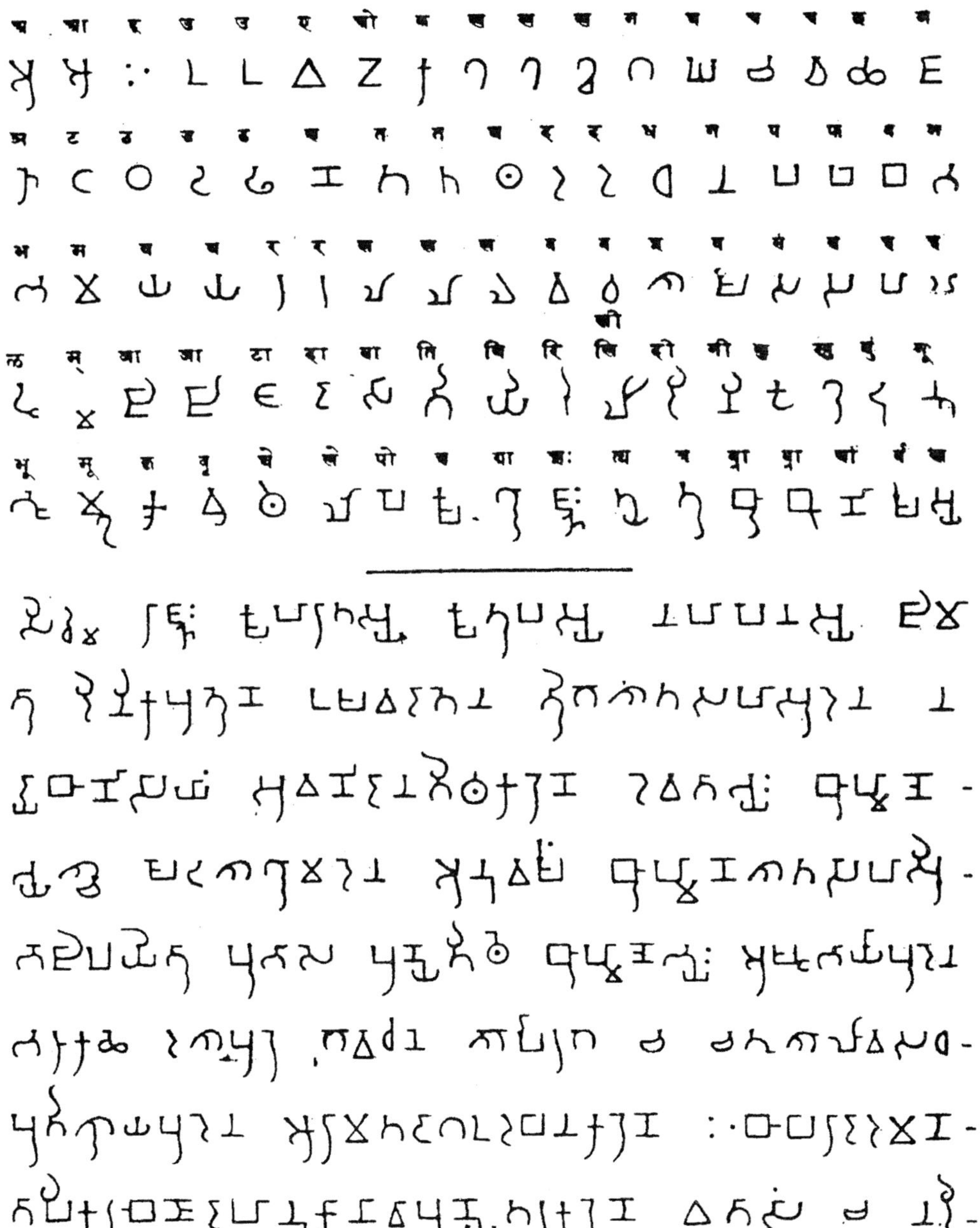

लिपिपत्र आठवां

क्षत्रप वंशी राजा रुद्रदामा के गिरनार के चटान पर लेख से

(ई. स. की दूसरी शताब्दी)

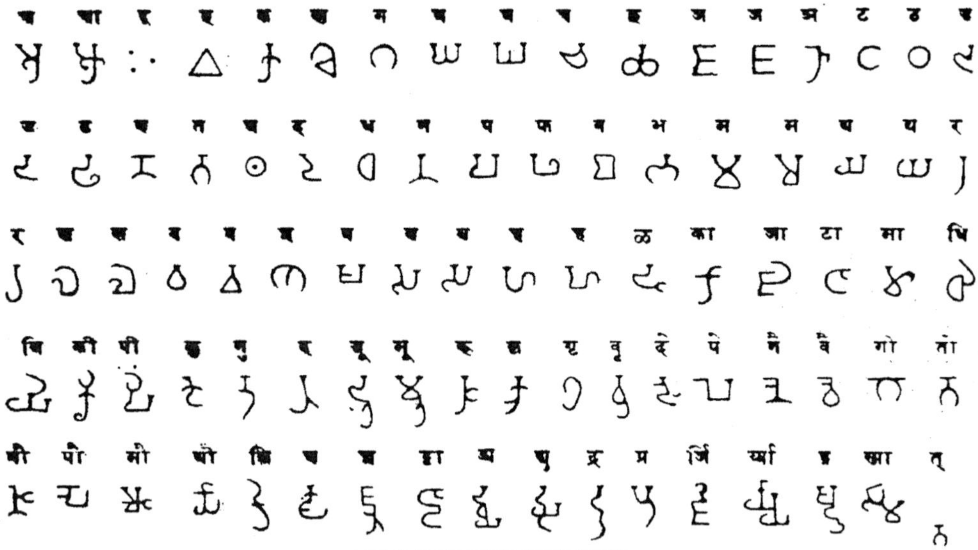

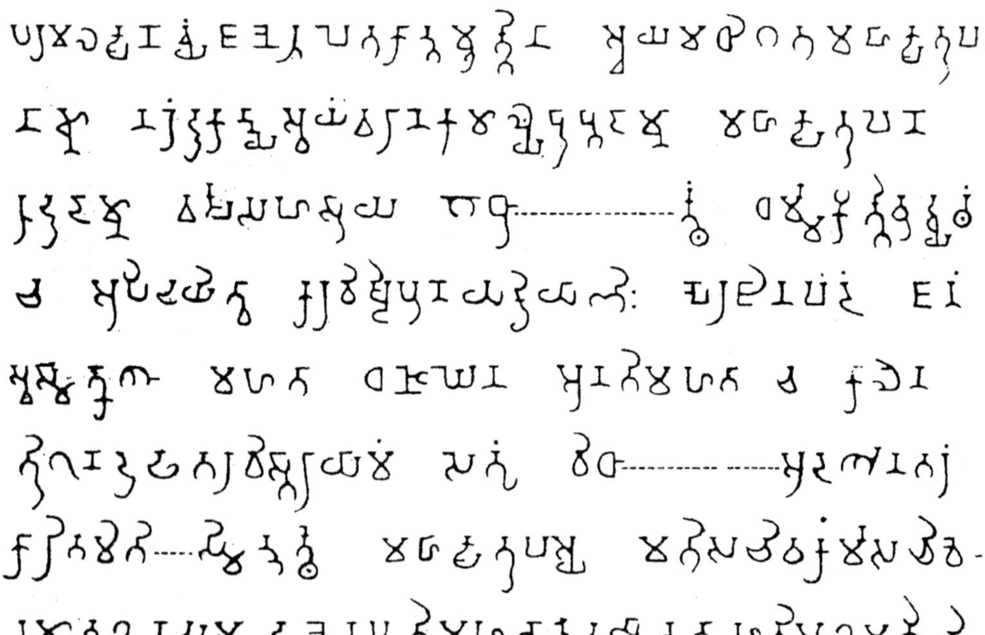

लिपिपत्र नवमां

सातवाहन (आन्ध्र) वंशी राजाओं के नासिक के लेखों से

(ई. स. की दूसरी शताब्दी)

वासिष्ठीपुत्रपुळुमायि के ४ लेखों से.

गोतमीपुत्रयज्ञशातकर्णी के लेख से. **गौतमीपुत्रशातकर्णी के २ लेखों से.**

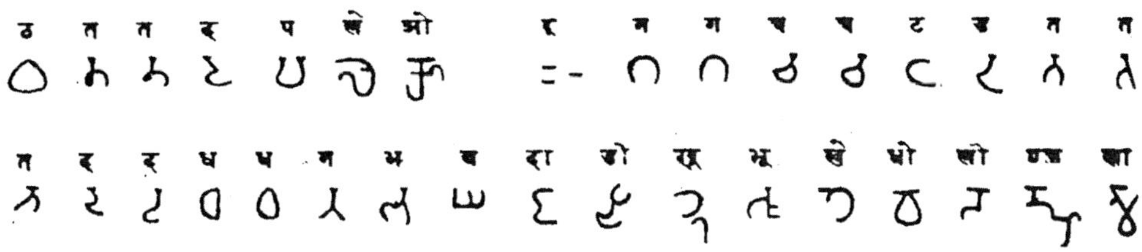

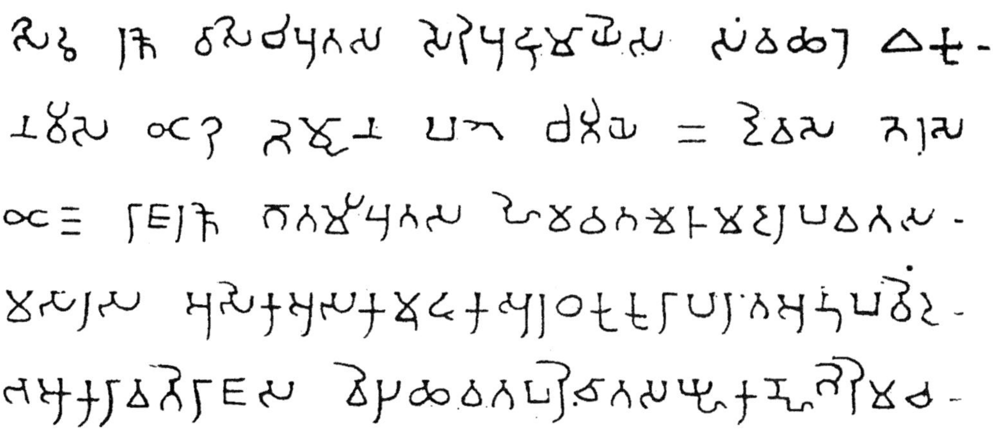

लिपिपत्र दसवां

पश्चिमी क्षत्रप, चैकूटक और आंध्रवंशी राजाओं के सिक्कों से उद्धृत किये हुए मुख्य २ अक्षर (ई. स. की दूसरी से पांचवी शताब्दी)

पश्चिमी क्षत्रपों के सिक्कों से (ई. स. की दूसरी से चौथी शताब्दी तक).

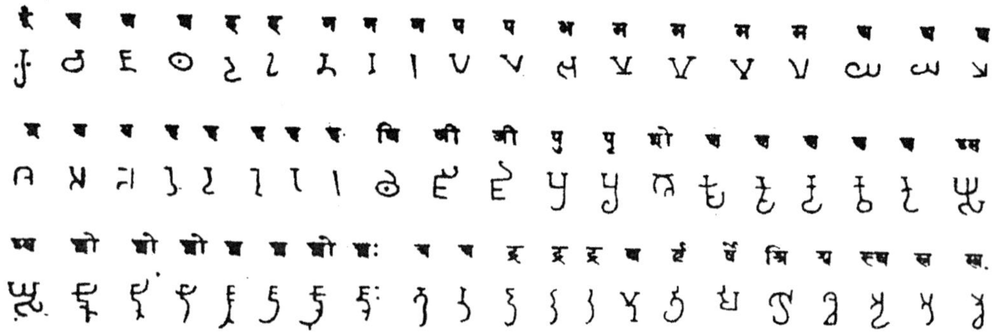

चैकूटकों के सिक्कों से (ई. स. की ५वीं शताब्दी). आंध्रों के सिक्कों से (ई. स. की २री व ३री शताब्दी).

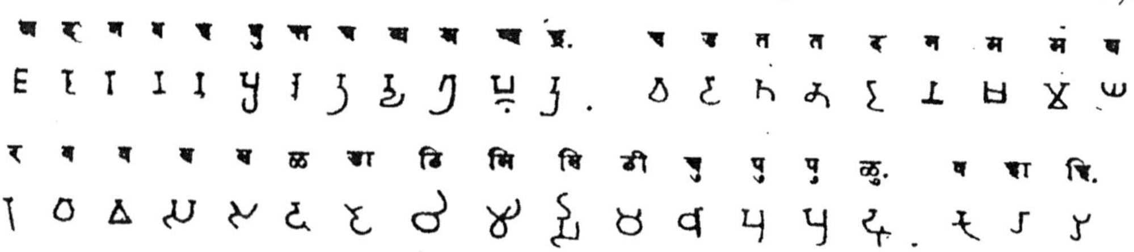

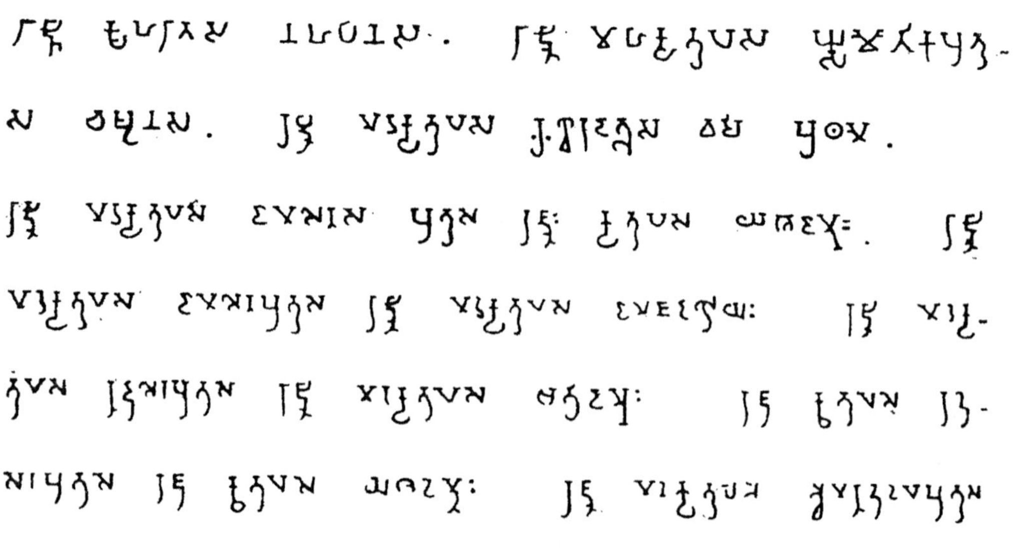

लिपिपत्र ११वां

दक्षिण की भिन्न २ गुफाओं के कई लेखों से उद्धृत किये हुए मुख्य २ अक्षर

(ई. स. की दूसरी से चौथी शताब्दी)

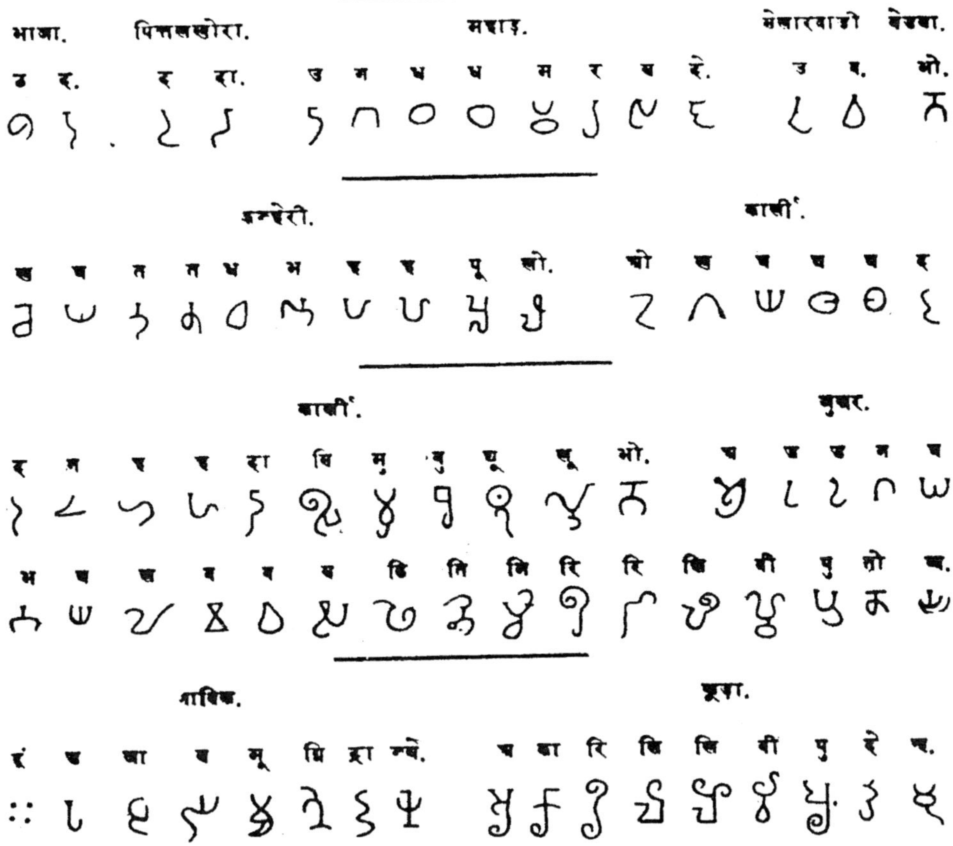

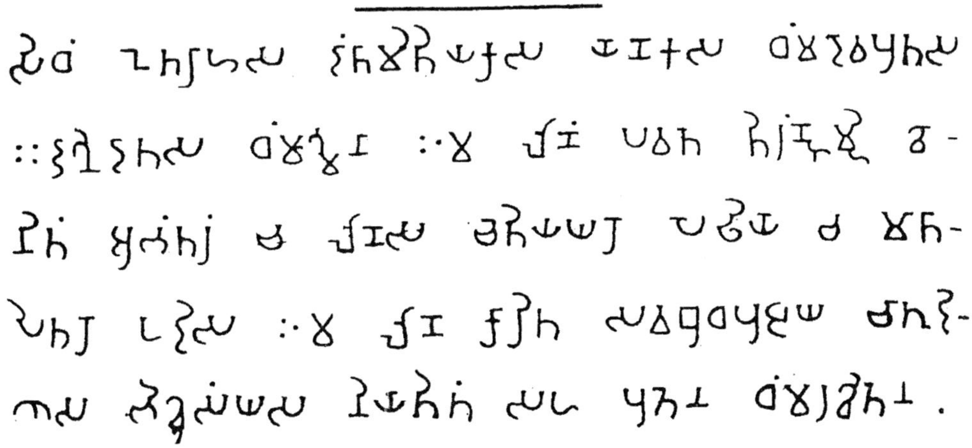

लिपिपत्र १२वां

अमरा वती और जग्गय्यपेट के लेखों से

(ई. स. की दूसरी व तीसरी शताब्दी)

अमरावती के लेखों से उद्धृत किये हुए मुख्य मुख्य अक्षर (ई. स. की दूसरी शताब्दी.)

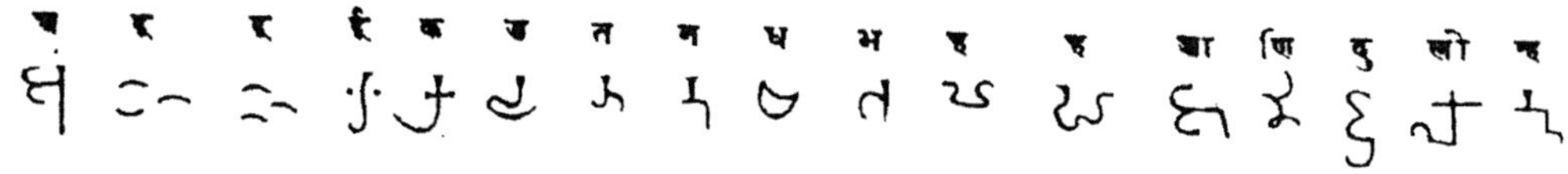

जग्गय्यपेट के २ लेखों से (ई. स. की तीसरी शताब्दी के आसपास).

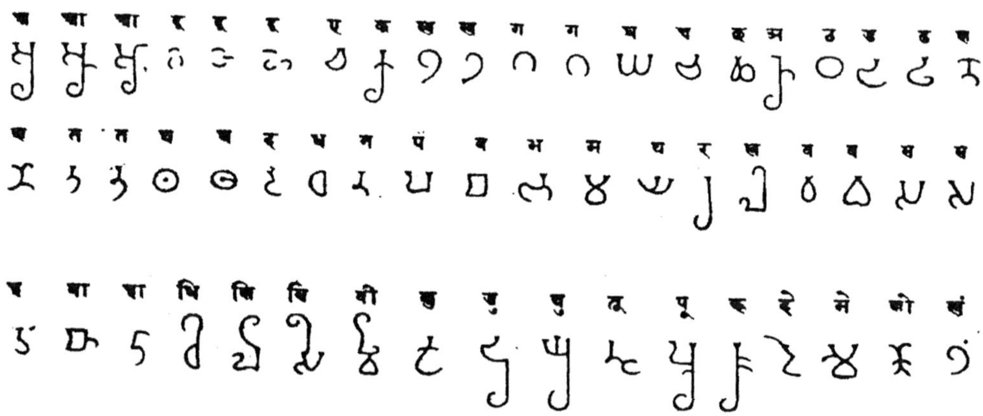

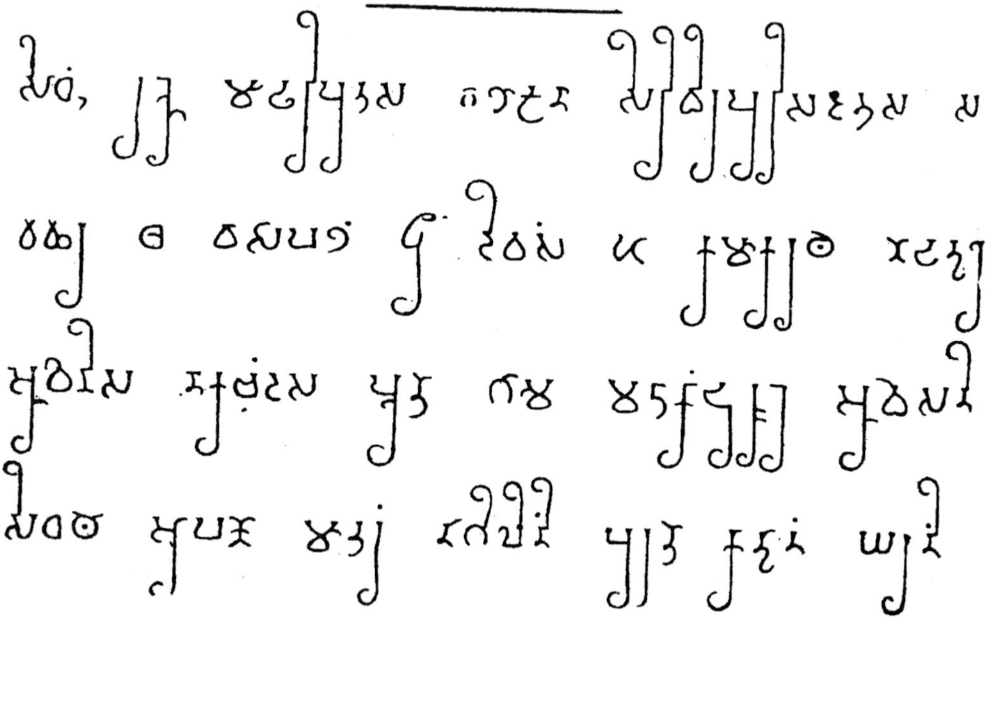

लिपिपत्र १३वां

मयिडवोलु से मिले हुए पल्लववंशी शिवस्कंदवर्मन् के दानपत्र से

(ई. स. की चौथी शताब्दी के प्रारंभ के आसपास)

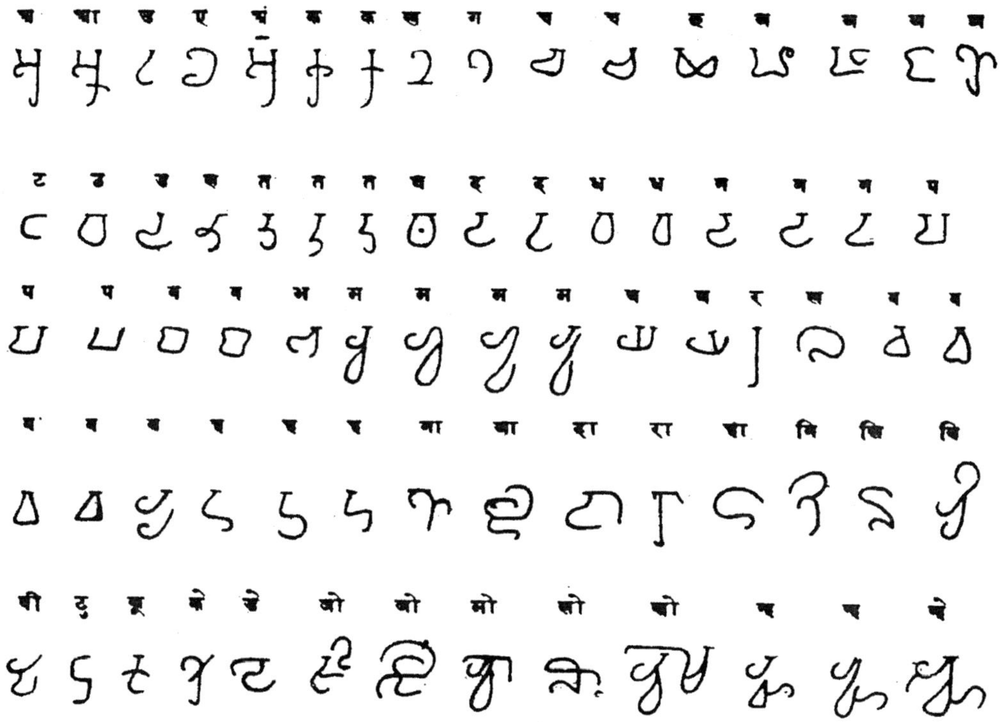

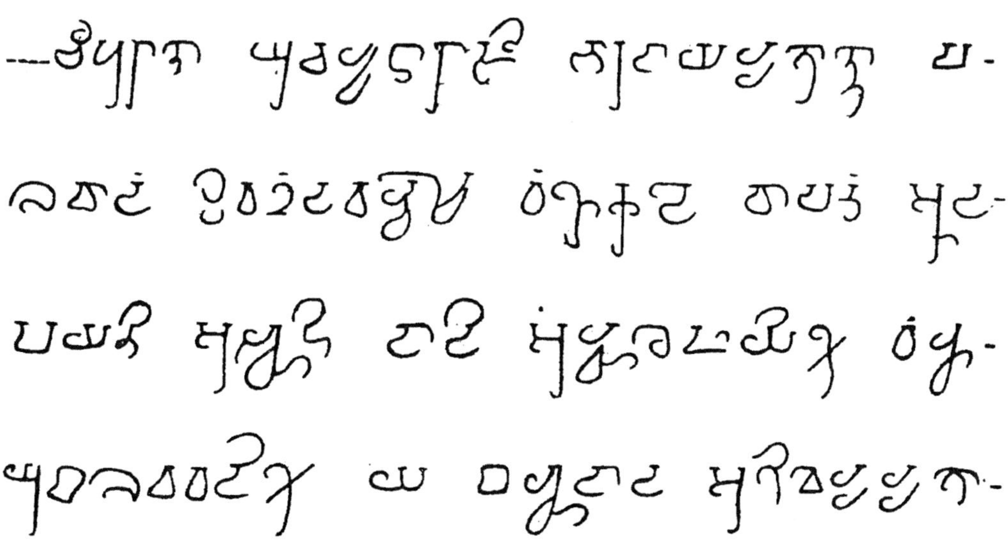

लिपिपत्र १४वां

कोण्डमुडि से मिले हुए राजा जयवर्मन् के दानपत्र से

(ई. स. की चौथी शताब्दी के प्रारम्भ के आसपास)

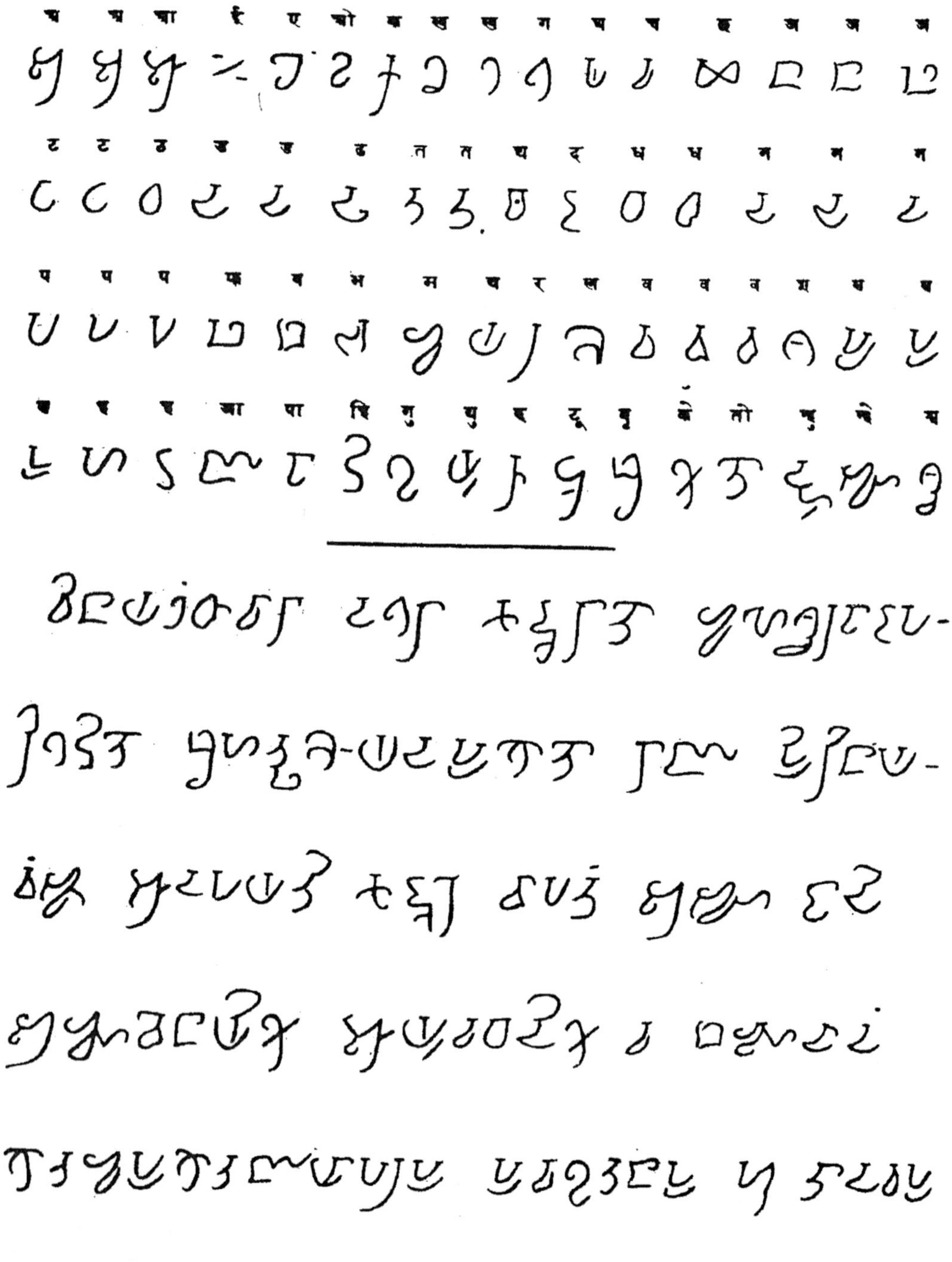

लिपिपत्र १५वां

हीरहड़गल्ली से मिले हुए पल्लववंशी राजा शिवस्कंदवर्मन् के दानपत्र से

(ई. स. की चौथी शताब्दी के प्रारंभ के आसपास)

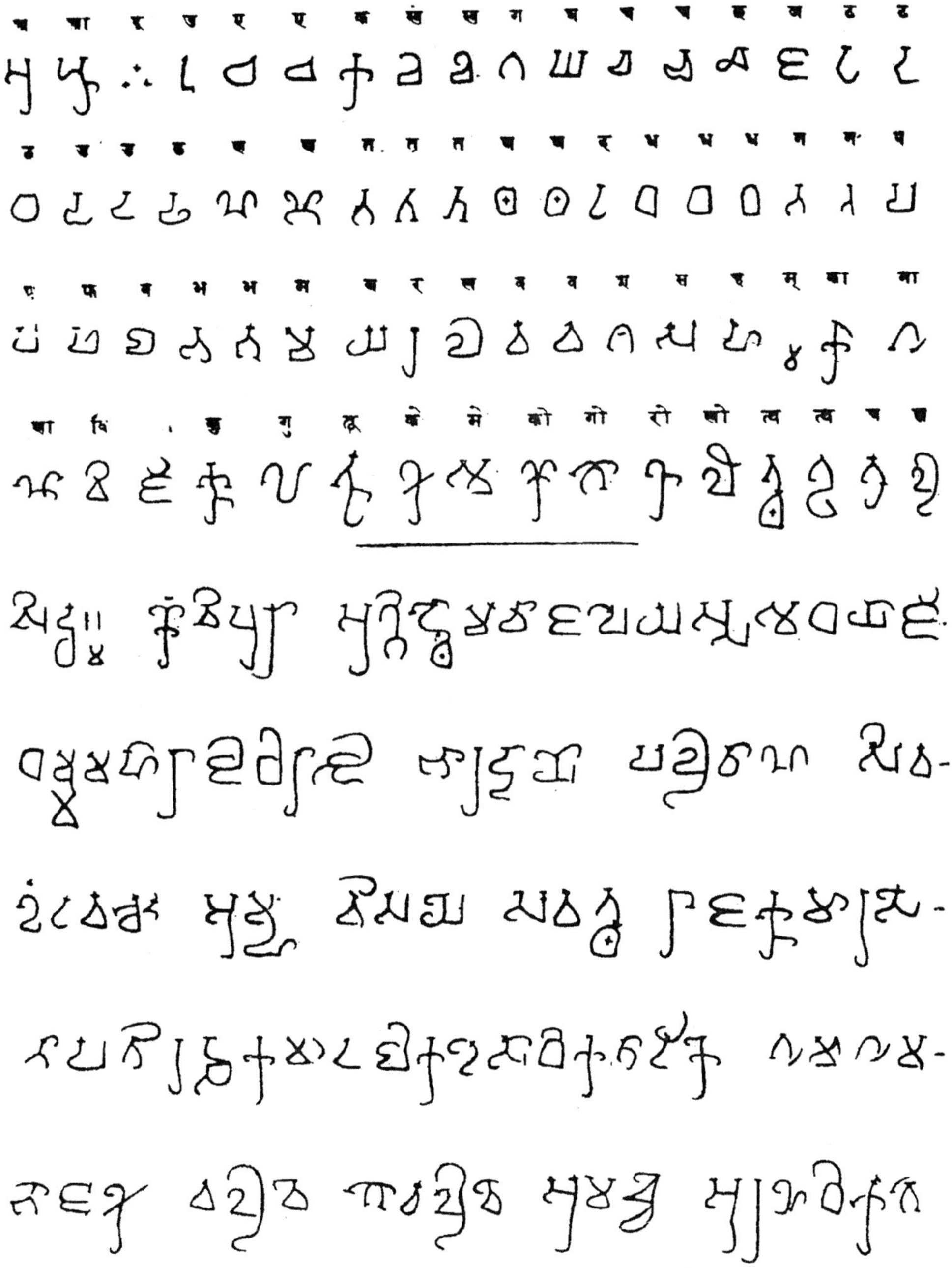

लिपिपत्र १६वां

गुप्तवंशी राजा समुद्रगुप्त के अलाहाबाद के स्तंभ के लेख से

(ई. स. की चौथी शताब्दी के मध्य के आसपास)

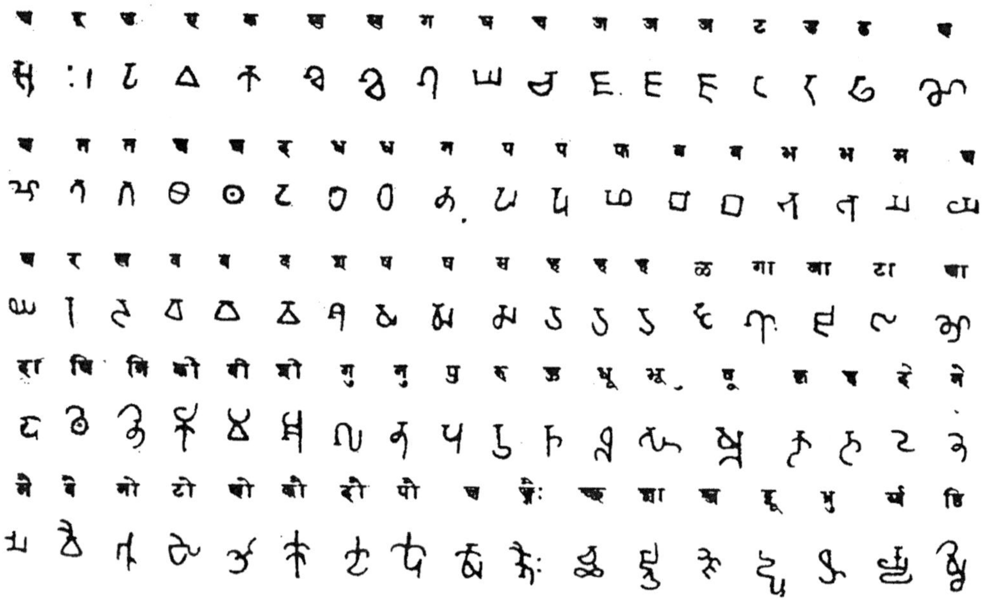

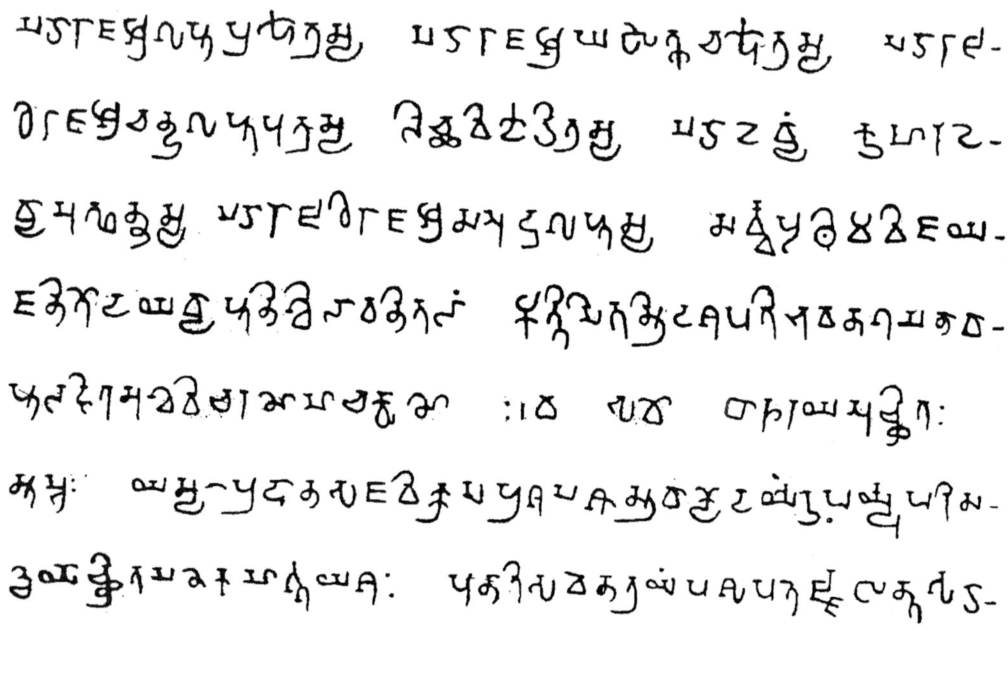

लिपिपत्र १७वां

गुप्तों के समय के भिन्न भिन्न लेख और दानपत्रों से उद्धृत किये हुए मुख्य मुख्य अक्षर (ई. स. की पांचवी शताब्दी)

उदयगिरि के लेख से. मिहरोली (देहली) के लोहस्तंभ के लेख से.

ल त्वौं स्त्री ×क ⋊पा. ख्वा चि गी ञ ओं यं चि र्ष्मा थि त्नि. ले.

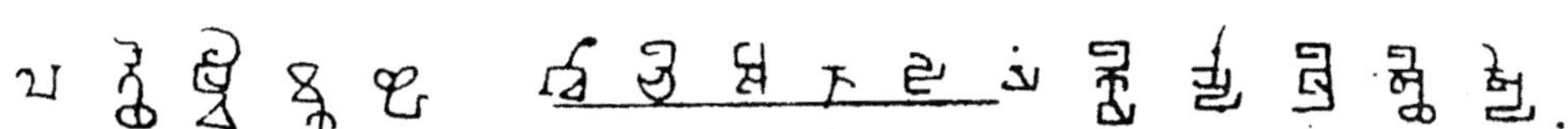

कुमारगुप्त के समय के बिलसद के स्तंभ के लेख से (गुप्त सं. ९६=ई. स. ४१५-१६).

ल म त जा णा रा हि धि मी गु पु पू ह मे लो कौ गृ श्री स्मे

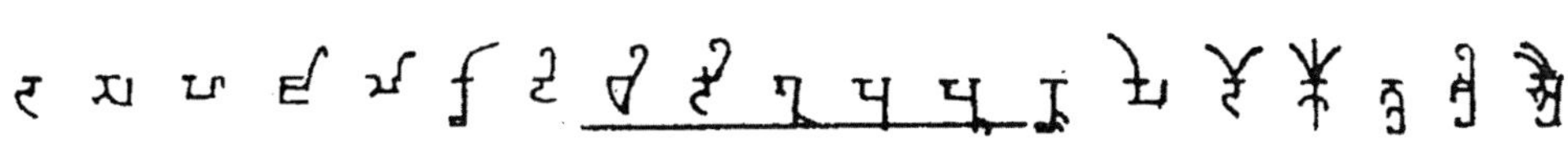

कुमारगुप्त के समय के करंडांडा के लेख से (गुप्त सं. ११७=ई. स. ४३६-३७).

श्रा र ख्य ध म म्म म दा चि गु पु मू ले इ त्यो र्थि श्री

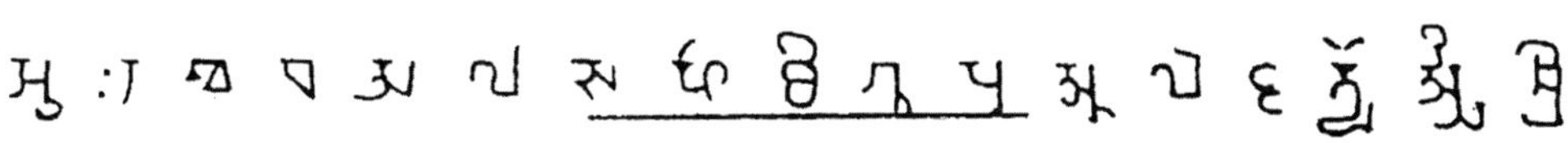

पाली गांव से मिले हुए महाराज लक्ष्मण के दानपत्र से (गुप्त सं. १५८=ई. स. ४७७-७८).

अ श्रा ख त फ म यु र ल वा भ्र पा श्रा श्रा म र्व्व

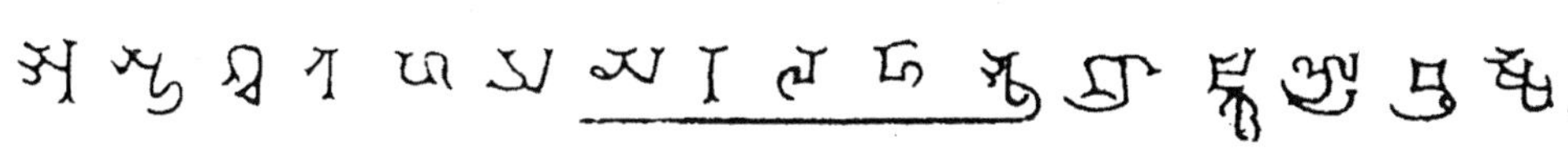

जयनाथ के दानपत्र से (ई. स. ४९६). हूण राजा तोरमाण के कुडा के लेख से.

अ श्रा द श्रां ड फ ट्ठ ल्मि श्र. अ श्रा ञ ख ग म व मो र्थ.

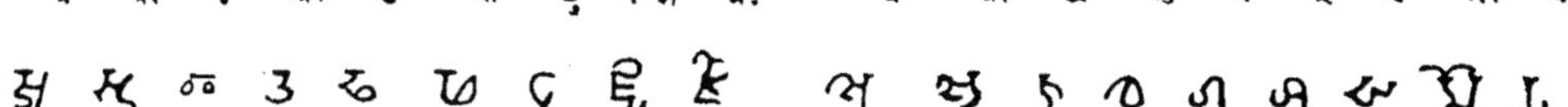

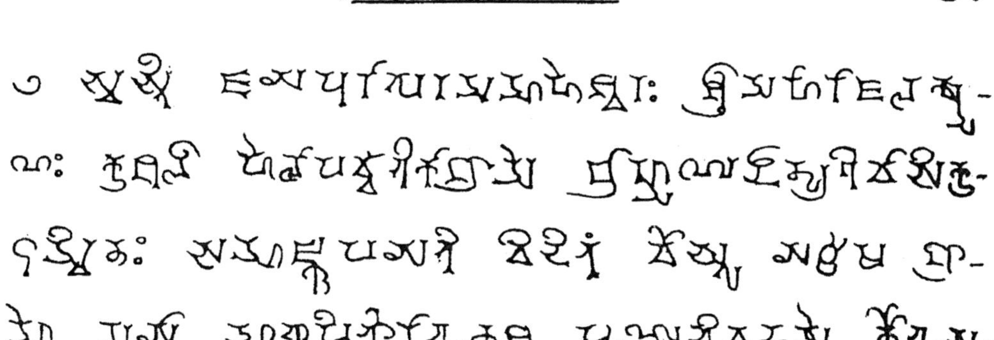

लिपिपत्र १८वां

राजा यशोधर्मन् (विष्णुवर्द्धन) के समय के मंदसोर के लेख से

(वि. स. ५८९=ई. स. ५३२)

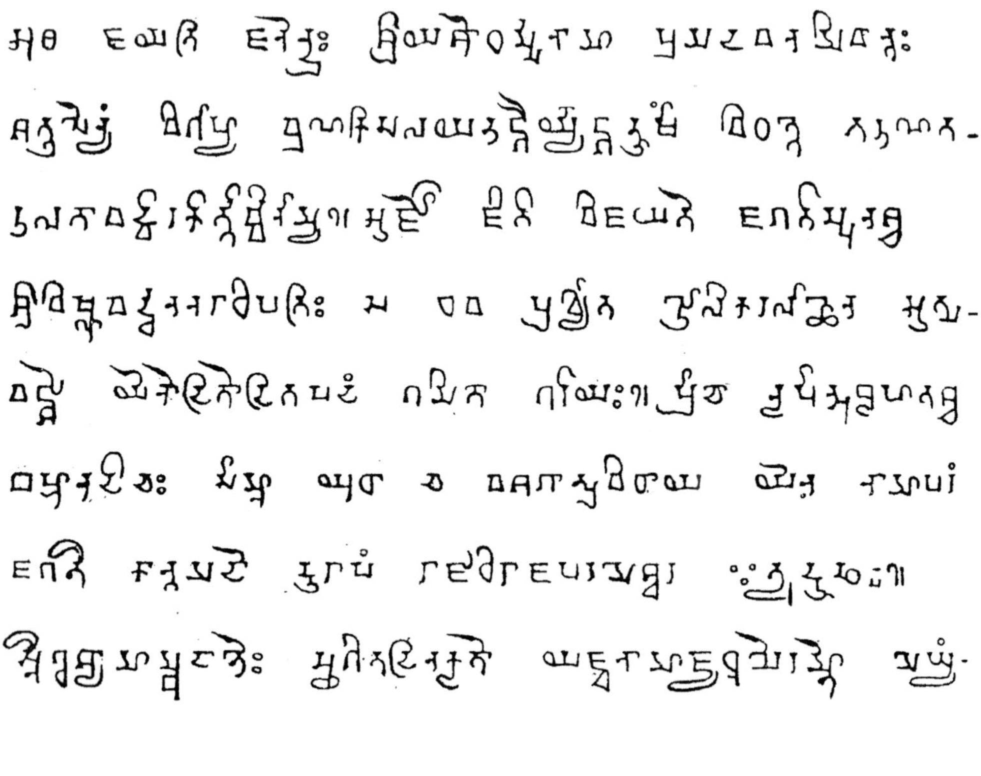

लिपिपत्र १९वां

प्रचिन इस्तलिखित पुस्तकों तथा लेखो से

(ई. स. की छठी शताब्दी)

होर्युजी के मठ (जापान में) से मिली हुई 'उष्णीषविजयधारणी' की ताड़पत्र पर लिखी हुई पुस्तक के अन्त में दी हुई पूरी वर्णमाला.

बावर साहब को मिली हुई भोजपत्र पर लिखी पुस्तकों से मुख्य मुख्य अक्षर.

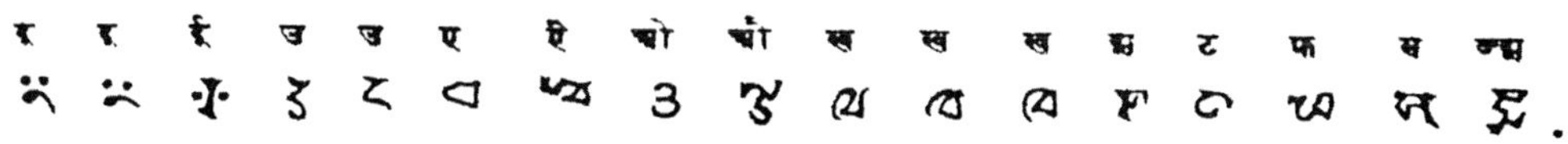

आसिरगढ से मिली हुई मौखरी शर्ववर्मन् की मुद्रा से मुख्य मुख्य अक्षर.

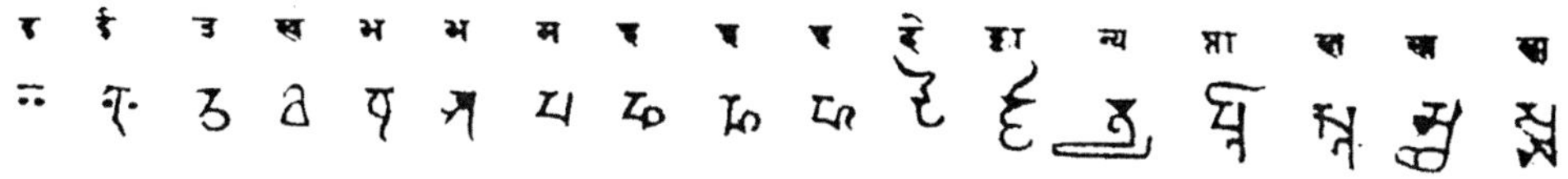

मौखरी अनंतवर्मन् के २ लेखों से. महानामन् के बुद्धगया के ले. (ई. ५८८)

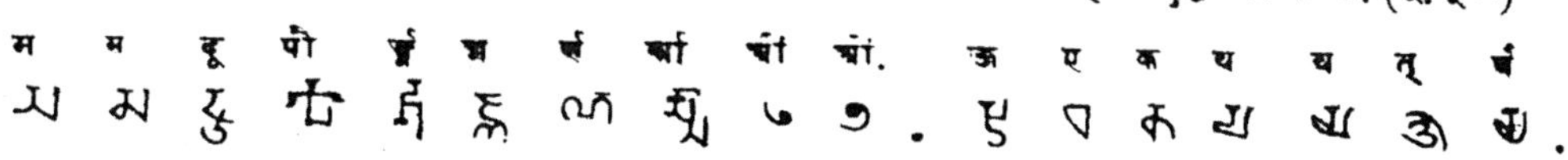

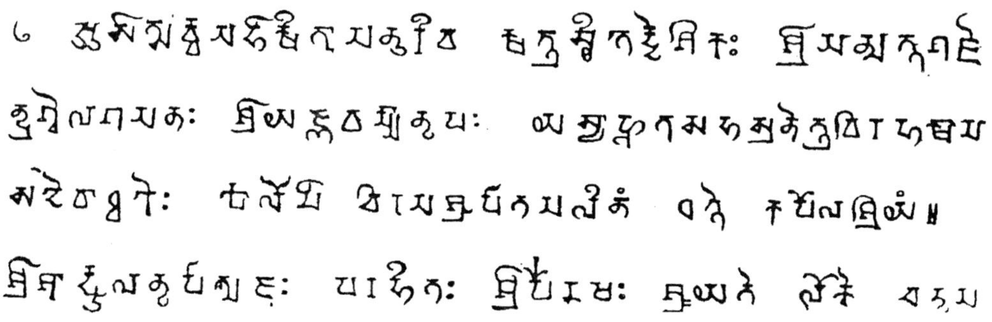

लिपिपत्र २०वां

मेवाड़ के गुहिलवंशी राजा अपराजित के समय के कुण्डेश्वर के लेख से

(वि. स. ७१५=ई. स. ६६१)

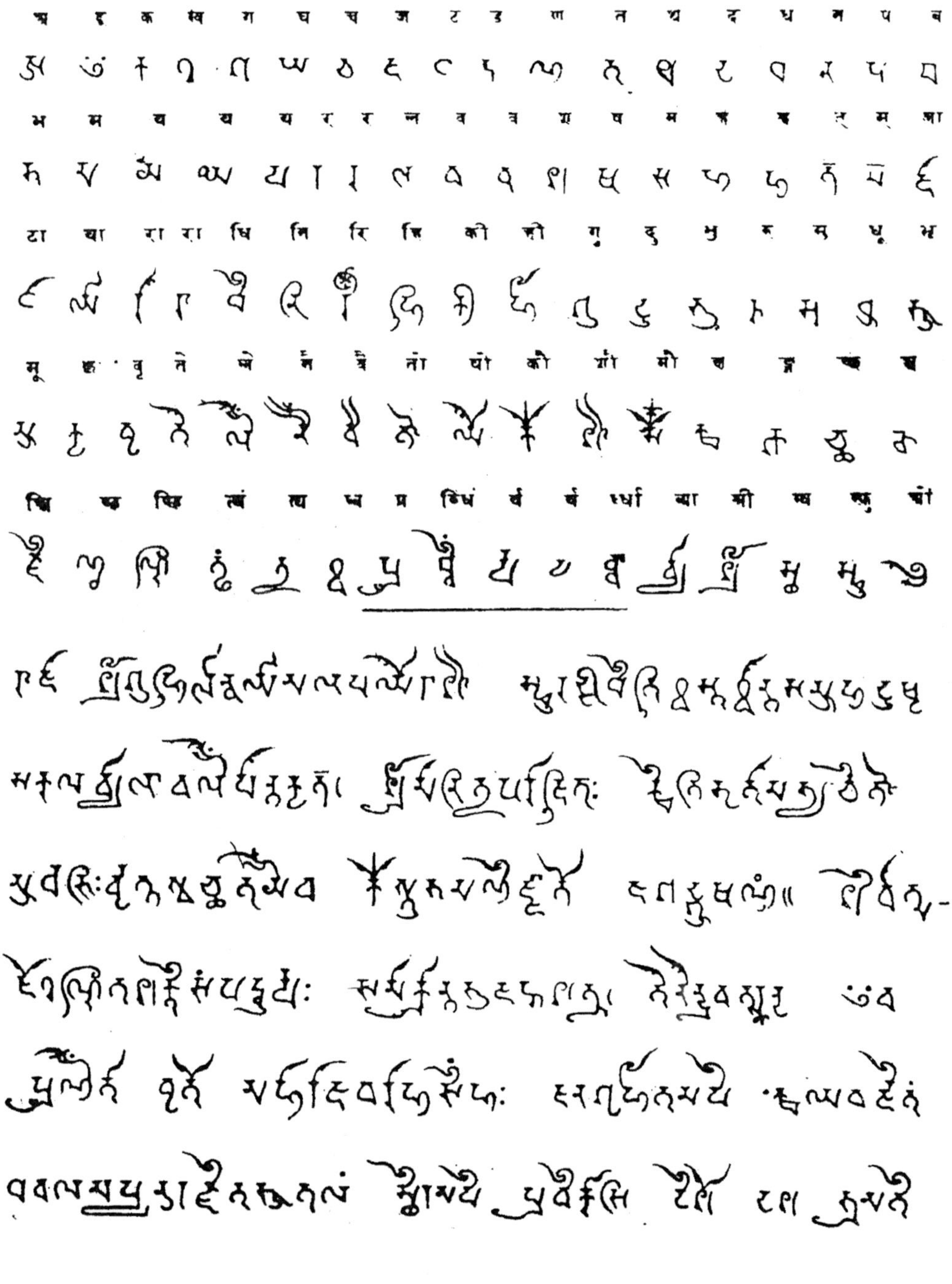

लिपिपत्र २१वां

राजा हर्ष के दानपत्र तथा अंशुवर्मा, दुर्गगण आदि के लेखों से

(ई. स. की सातवीं और आठवीं शताब्दी)

बंसखेड़ा से मिले हुए राजा हर्ष के दानपत्र से मुख्य मुख्य अक्षर (हर्ष सं. २२ = ई. स. ६२८).

ए ष ट थ द का ह्रा ख्य प्य ४प्र. ध म रा ह्रा श्री.

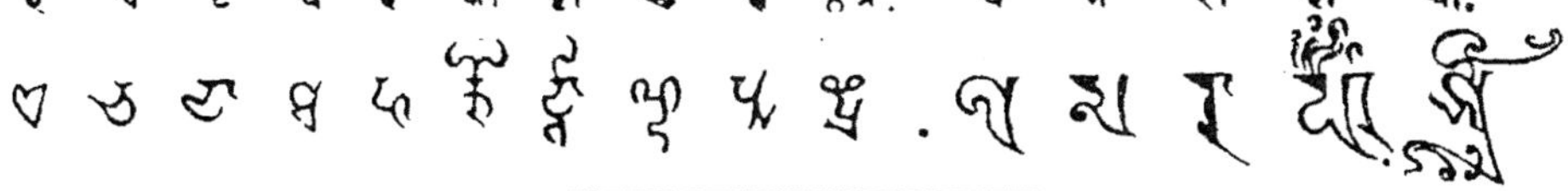

नेपाल के राजा अंशुवर्मा के लेख से मुख्य मुख्य अक्षर (हर्ष सं. ३९ = ई. स. ६४५).

ट ड थ ध ब भ य व स त्नु षि ह्रा न्पू व्या र्मा चि क्ष ङ्गि.

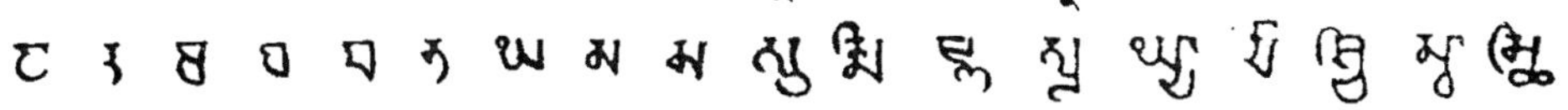

राजा दुर्गगण के झालरापाटन के लेख से मुख्य मुख्य अक्षर (वि. सं. ७४६ = ई. स. ६८९).

अ आ इ उ ए क ख ग घ च ज ट ड त थ द

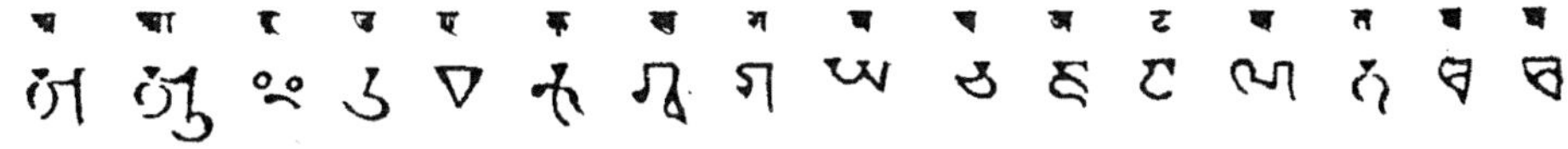

ध न प फ भ य ल दुः र पू ह्रा त्सं श्रीं धं ४ब श्री.

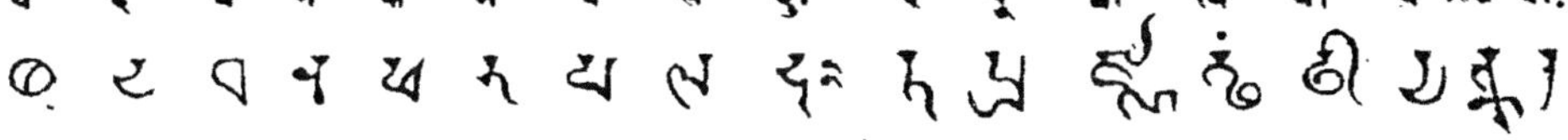

कुदारकोट के लेख से मुख्य मुख्य अक्षर (ई. स. की सातवीं शताब्दी).

अ अ आ उ ए ऐ ओ क ख घ णा धा ष श्रि ष्या कै त् थ्.

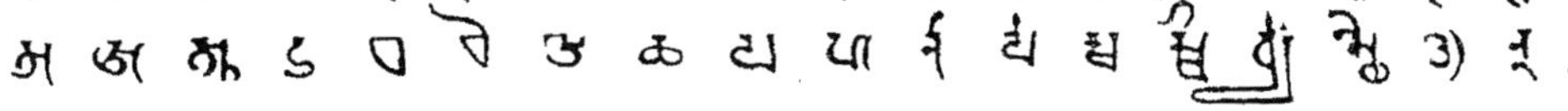

राजा शिवगण के कोटा के लेख से मुख्य मुख्य अक्षर (वि. सं. ७९५ = ई. स. ७३८).

अ आ उ क ख घ ज झ थ म ह जू धू रू ष ष्व त्.

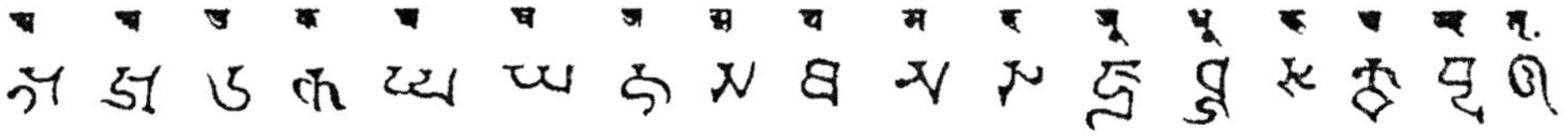

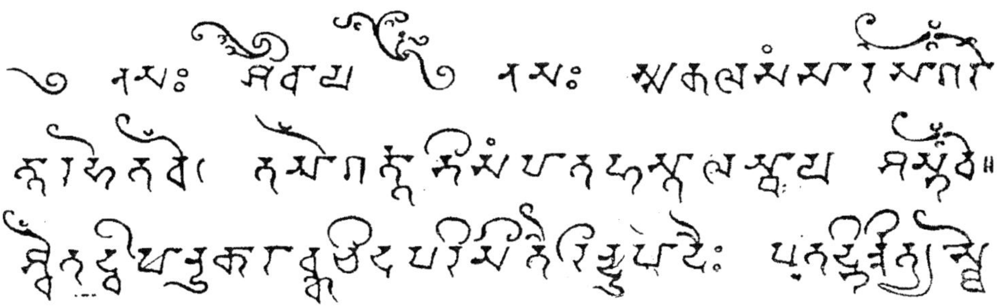

लिपिपत्र २२वां

चंबा के राजा मेरुवर्मा के ५ लेखों से

(ई. स. की आठवीं शताब्दी)

राजा मेरुवर्मा के गूंगांव के लेख से मुख्य मुख्य अक्षर.

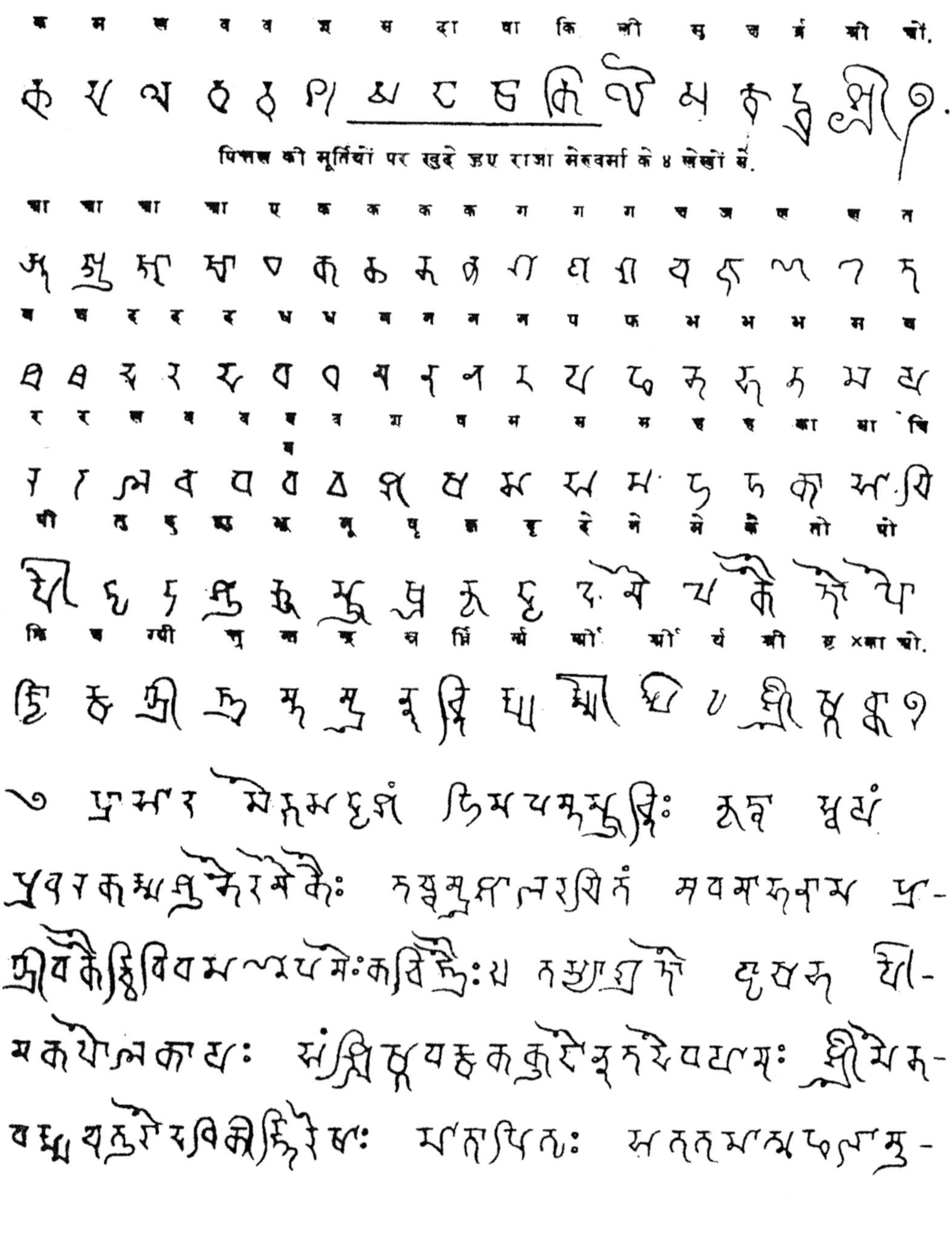

लिपिपत्र २३वां

प्रतिहार वंशी राजा नागभट, बाउक और कक्कुक के लेखों से

(ई. स. की नवीं शताब्दी)

प्रतिहार राजा नागभट के बुचकला के लेख से मुख्य मुख्य अक्षर (वि. सं. ८७२ = ई. स. ८१५).

अ आ इ उ क ख न म ड गु भु दे ड्डा म द्ध श्री श्रौं.

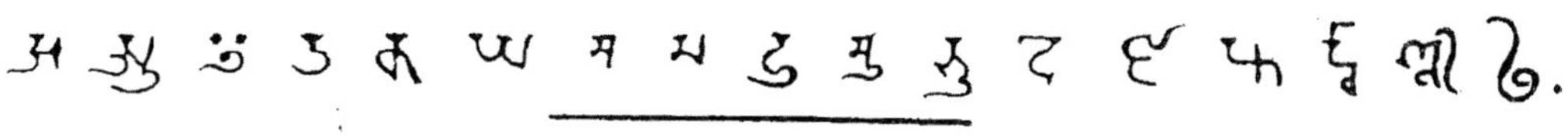

प्रतिहार बाउक के जोधपुर के लेख से (वि. सं. ८९४ = ई. स. ८३७).

अ इ उ ए क ख ग घ च छ ज ट ठ ड ढ ण त

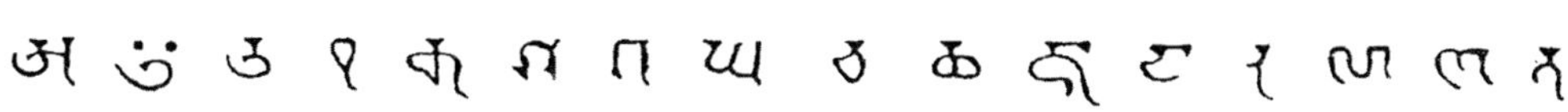

थ द ध न प फ ब भ म य र ल व श ष स ह

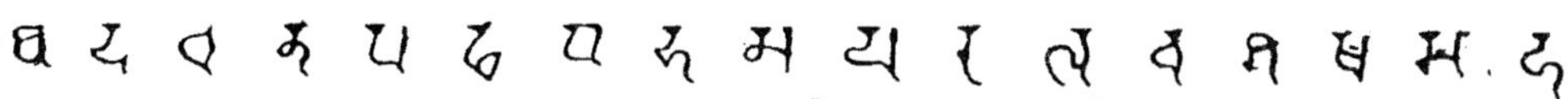

न् आ भू ल क्ष व क्षु श्री ष्ट न्यं क्षि स्फु ×पा श्रौं.

प्रतिहार कक्कुक के घटिआला के लेख से (वि. ९१८ = ई. स. ८६१).

अ अ आ इ ई उ ओ क ख ज ध भ मे बो श्री.

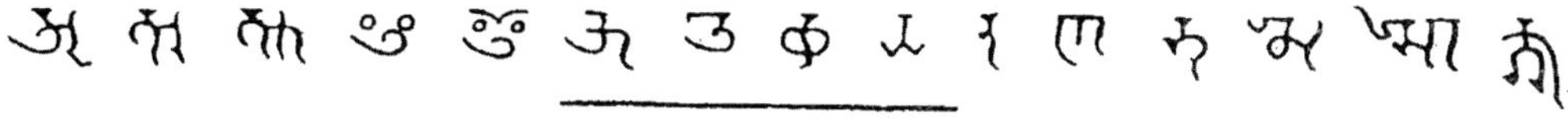

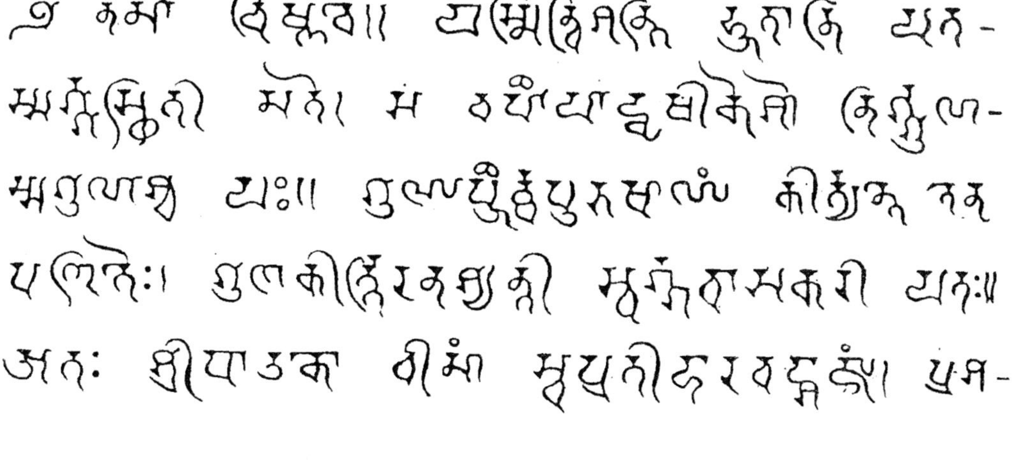

लिपिपत्र २४वां

जाइंकदेव के दानपत्र, विजयपाल के लेख और हस्तलिखित पुस्तक से

(ई. स. की दसवीं शताब्दी)

मोरबी से मिले हुए राजा जाइंकदेव के दानपत्र से (गुप्त सं. ५८५=ई. स. ९०४)

प्रतिहार राजा विजयपाल के समय के अलवर के लेख से (वि. सं. १०१६=ई. स. ९५९).

नेपाल से मिले हुए हस्तलिखित पुस्तक से (ई. स. की दसवीं शताब्दी के आसपास).

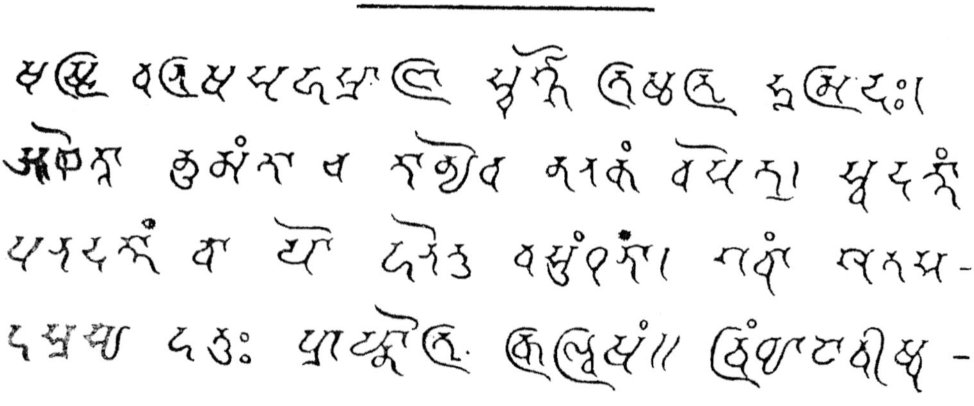

लिपिपत्र २५वां

देवल, धार, उदेपुर और उज्जैन के लेखों से मुख्य अक्षर

(ई. स. की दसवीं और ग्यारहवीं शताब्दी)

छिंदवंशी लल के देवल के लेख से (वि. सं. १०४९ = ई. स. ९९२).

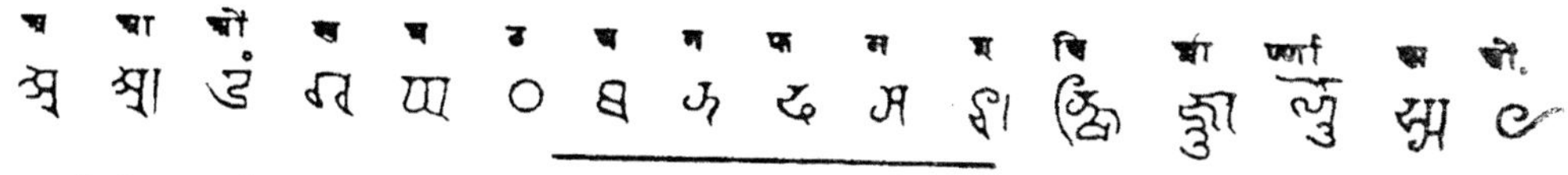

धार से मिली हुई शिलाओं पर खुदे हुए राजा भोजरचित 'कूर्मशतक' काव्य से (ई. स. की ११वीं शताब्दी).

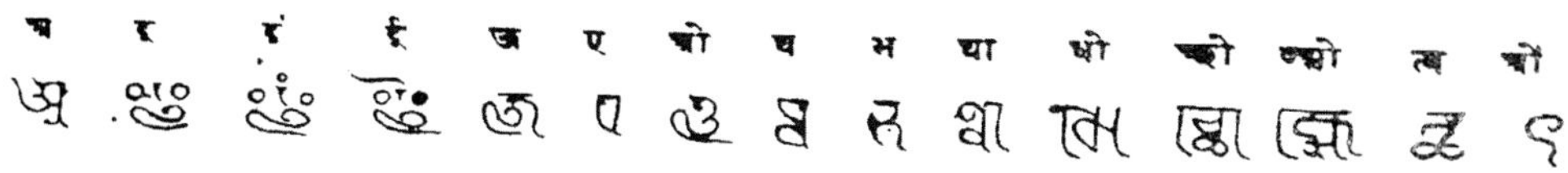

परमार राजा उदयादित्य के उदेपुर के लेख से (ई. स. की ११वीं शताब्दी).

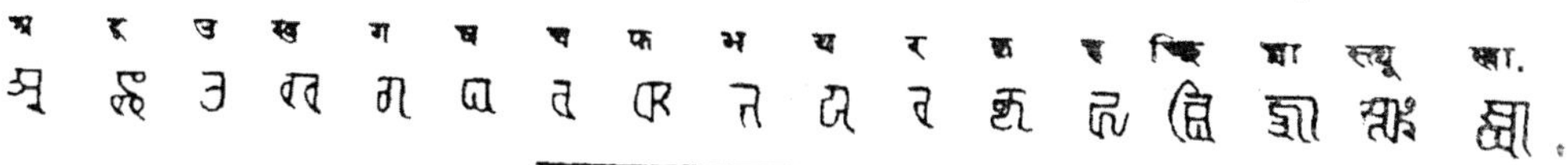

उदयादित्य के समय के उज्जैन के लेख के अंत में खुदी हुई पूरी वर्णमाला (ई. स. की ११वीं शताब्दी)

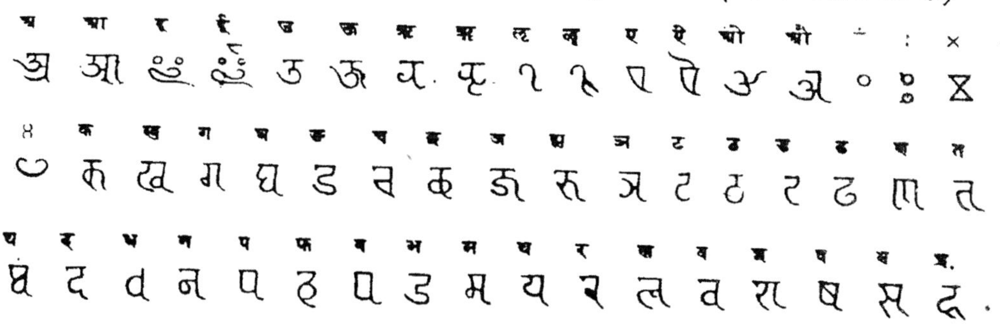

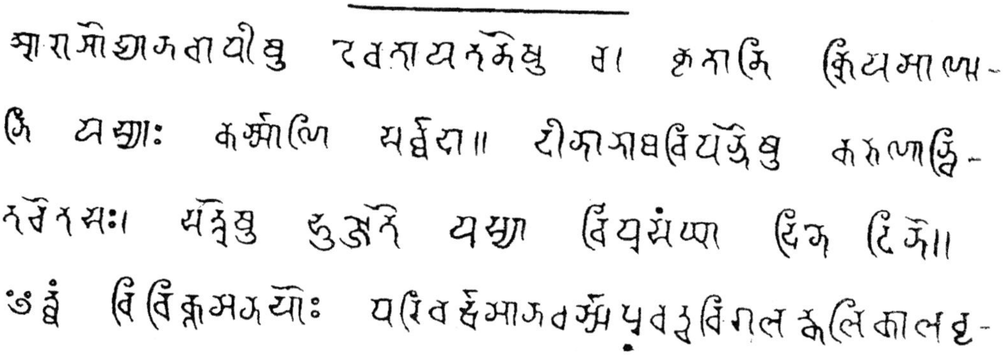

लिपिपत्र २६वां

चंद्रदेव के दानपत्र, हस्तलिखित पुस्तक और जाजल्लदेव के लेख से

(ई. स. की ११वीं और १२वीं शताब्दी)

कन्नौज के गाहडवाल राजा चन्द्रदेव के दानपत्र से मुख्य मुख्य अक्षर (वि. सं. ११५४=ई. स. १०९८).

इ ई ओ घ ध धा स्थ था शा है त्रि र्णा र्थिं श्री ष्णा स्तु. म.

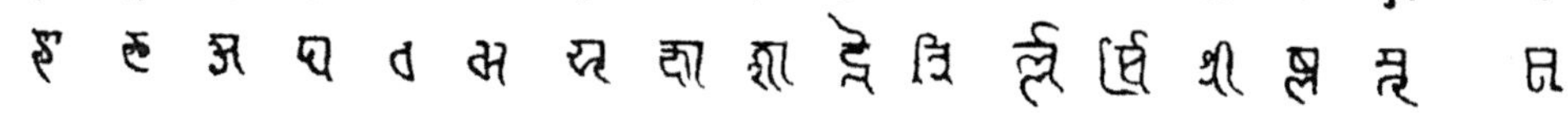

हस्तलिखित पुस्तकों से मुख्य मुख्य अक्षर (ई. स. की ११वीं शताब्दी).

अ इ ई ऋ ॠ ऌ ॡ ए ऐ ओ ओ औ घ घ ङ ञ झ

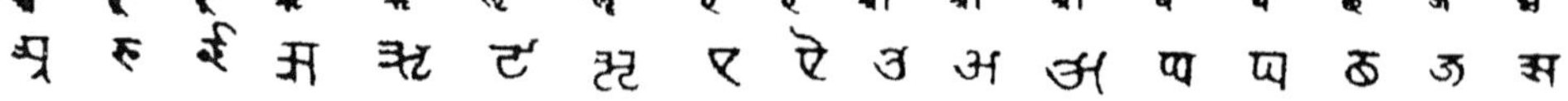

ड ढ थ ध फ भ श ष स क्कु द्रु स्तूं गृ ह्र णे गो ष्म

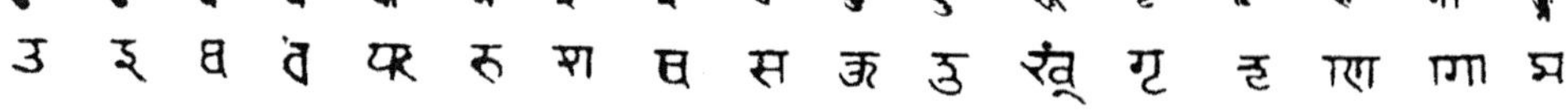

हैहय वंशी राजा जाजल्लदेव के समय के लेख से (कलचुरि सं. ८६६=ई. स. १११४).

अ आ इ ई उ ए ऐ क ख ग च ज ट ठ ड ण त थ द

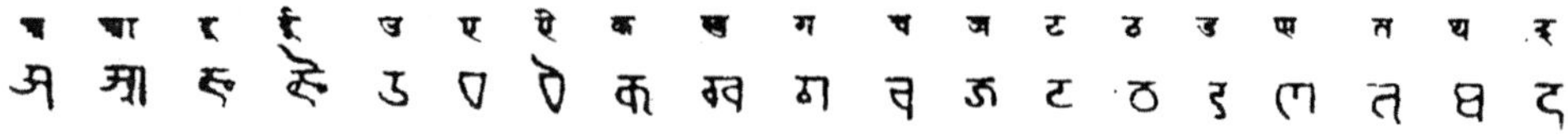

ध न प फ भ भ म य र ल व श ष स ह त् ऽ रु नृ

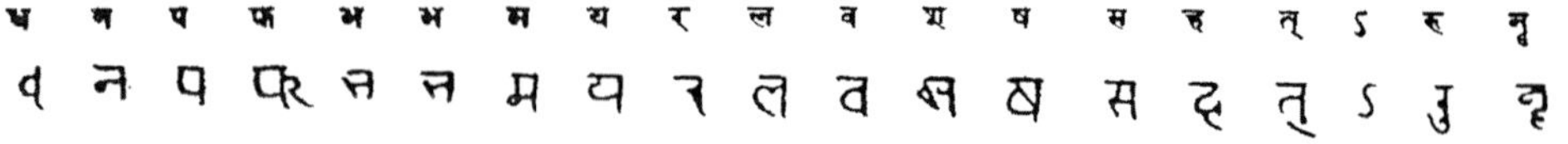

ते थि ख्य च्छ ञ्च प्रे ष्मि र्णा ल्ल य श्री ष्टा. इ ई

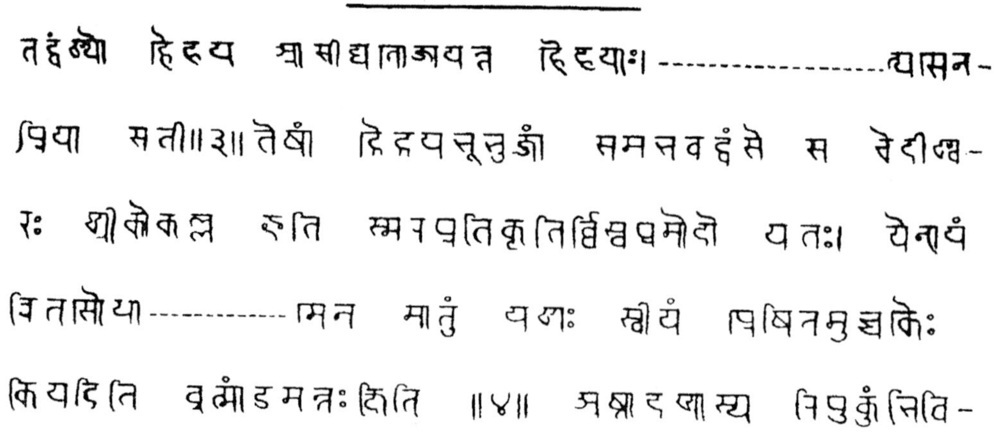

लिपिपत्र २७वां

परमार धारावर्ष, चाहमान चाचिगदेव और गुहिल समर सिंह के लेखों से

(ई. स. की १३वीं शताब्दी)

आबू के परमार राजा धारावर्ष के समय के ओरिआ के लेख से (वि. सं. १२६५ = ई. स. १२०८)

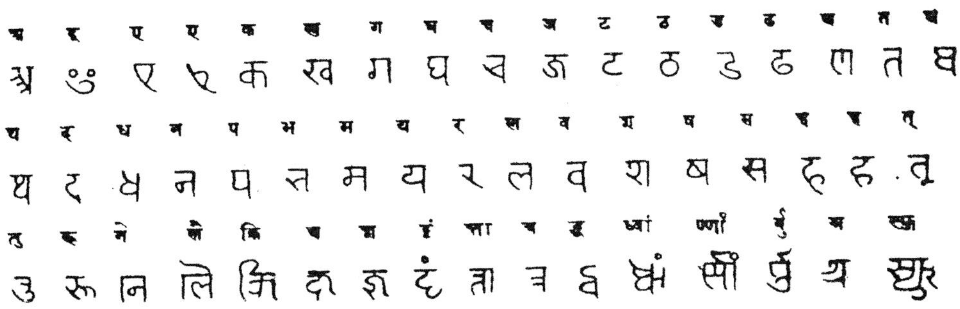

जालोर के चाहमान चाचिगदेव के समय के सूंधा के लेख से (वि. सं. १३१९ = ई. स. १२६२).

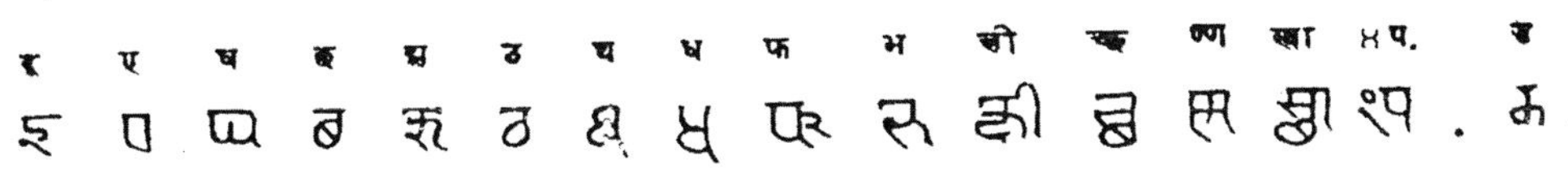

मेवाड़ के गुहिलवंशी रावल समरसिंह के समय के चीरवा के लेख से (वि. सं. १३३० = ई. स. १२७३).

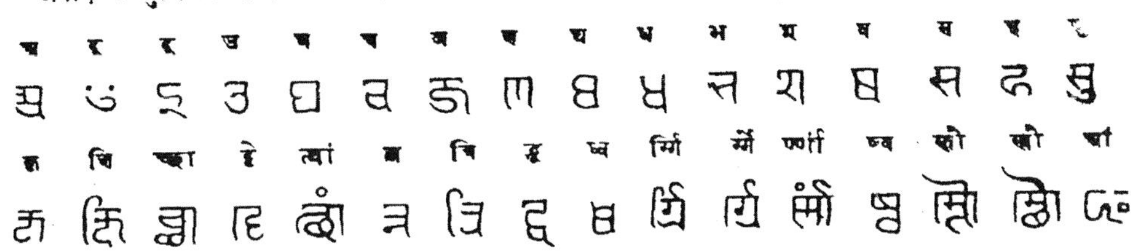

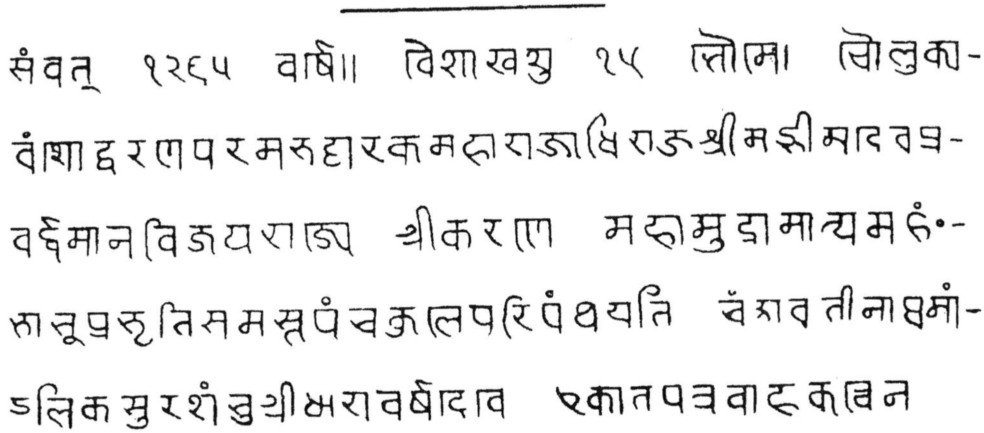

लिपिपत्र २८वां

सराहां (चंबा राज्य में) से मिली हुई सात्यकि के समय की मशस्ति से

(ई. स. की १०वीं शताब्दी)

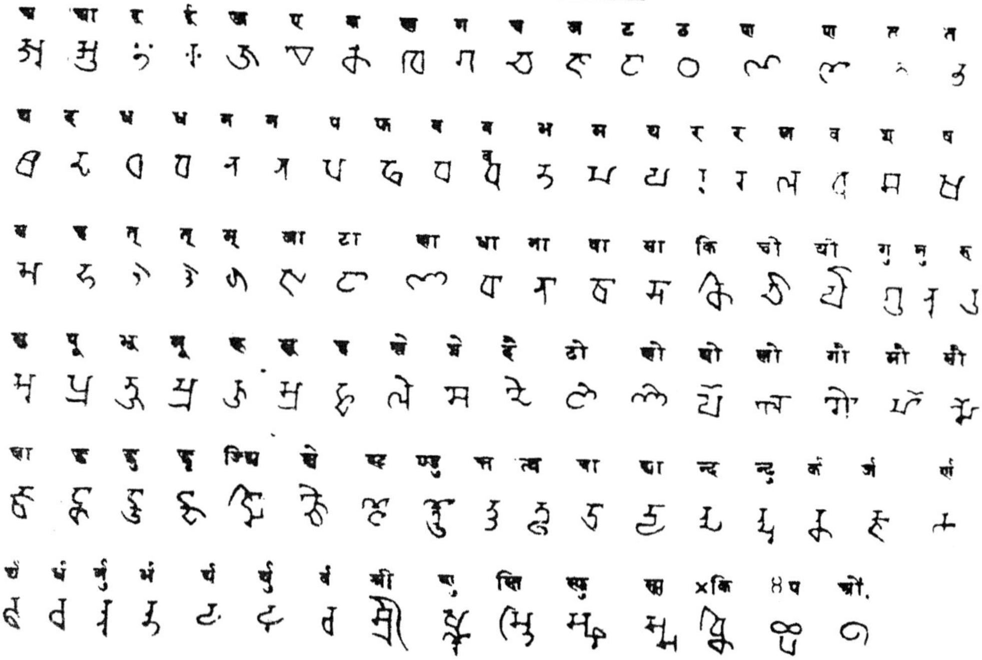

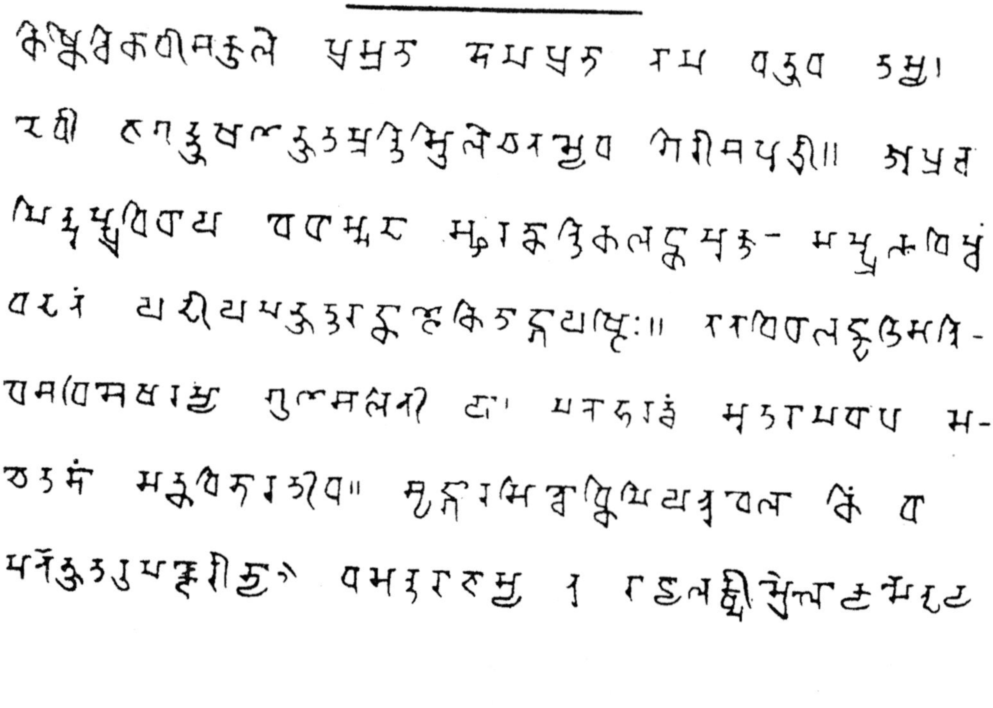

लिपिपत्र २९वां

सुंगल से मिले हुए राजा विदग्ध के दानपत्र से

(ई. स. की ११वीं शताब्दी)

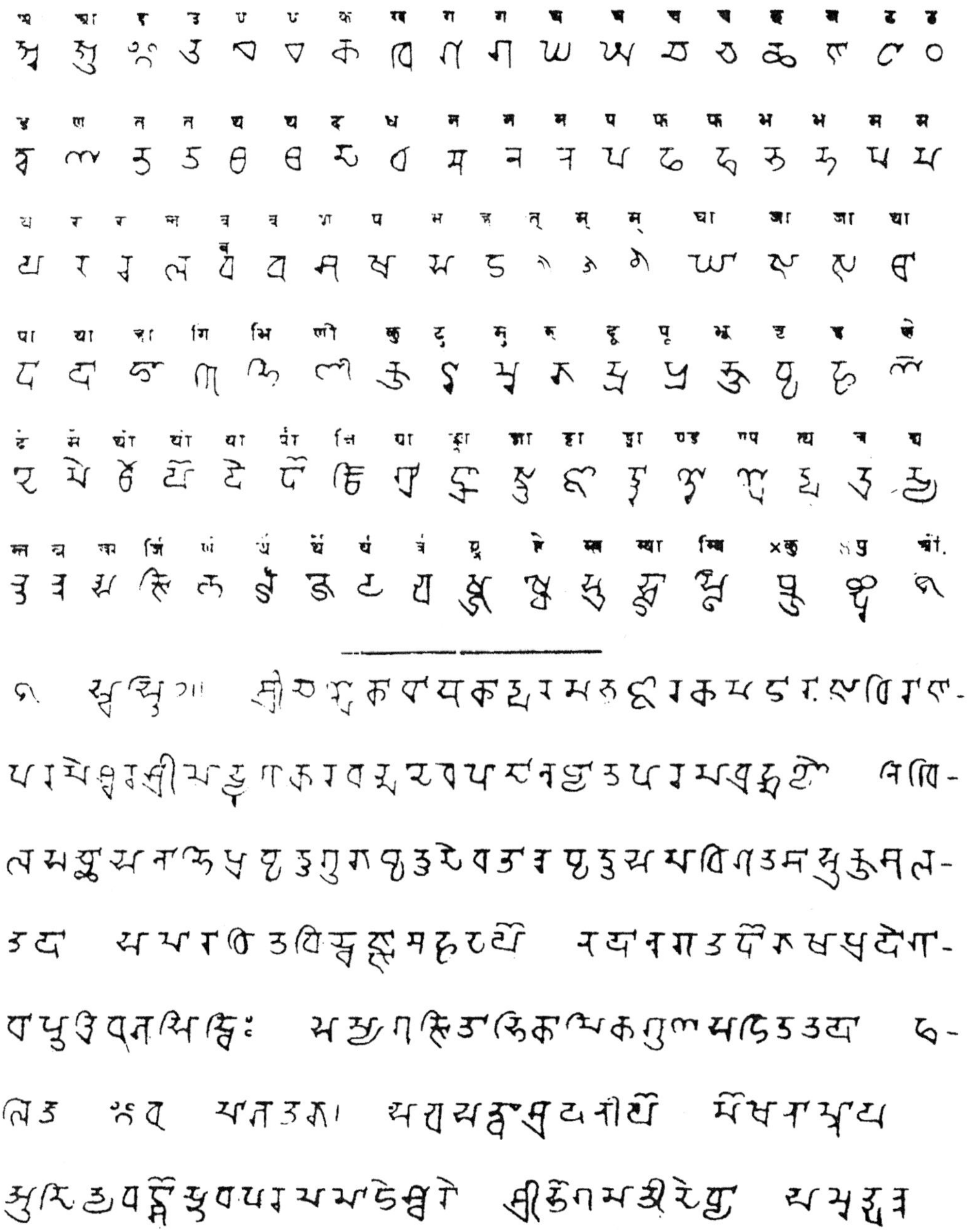

लिपिपत्र ३०वां

भिन्न भिन्न दानपत्रों और शिलालेखो से उद्धृत किये हुए मुख्य मुख्य अक्षर

(ई. स. की ११वीं से १३वीं शताब्दी तक)

कुलैत से मिले हुए राजा सोमवर्मा के दानपत्र से (ई. स. की ११वीं शताब्दी).

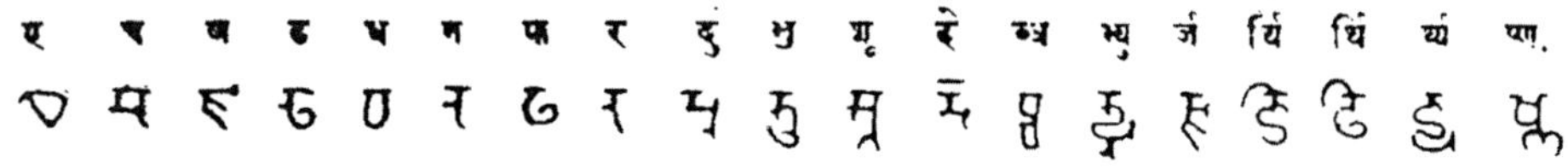

चंबा से मिले हुए सोमवर्मा और आसट के दानपत्र से (ई. स. की ११वीं शताब्दी).

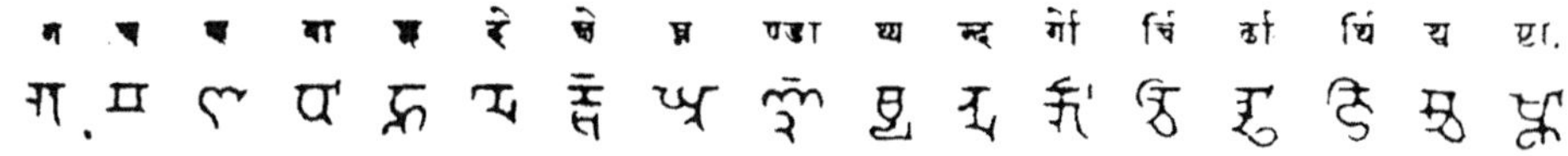

राजानक नागपाल के देवीरीकोठी के लेख से (ई. स. ११६०).

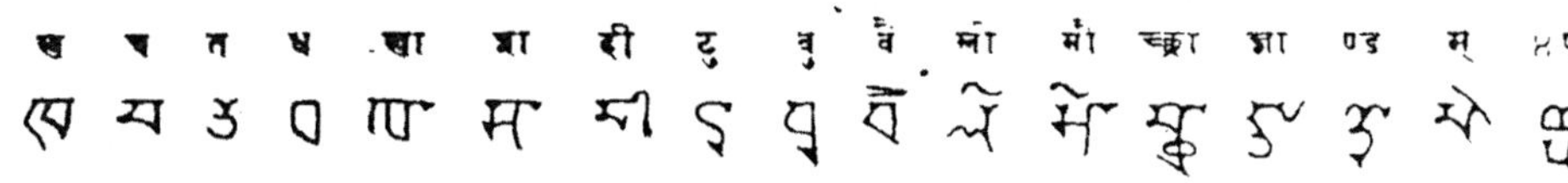

आरिगांव के लेख से (ई. स. ११८७).

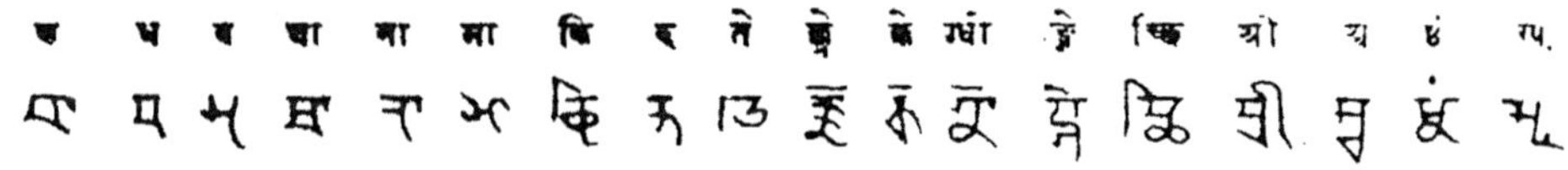

बैजनाथ (कांगड़े में) के मंदिर की प्रशस्ति से (शक सं. ११२६ ई. स. १२०४)

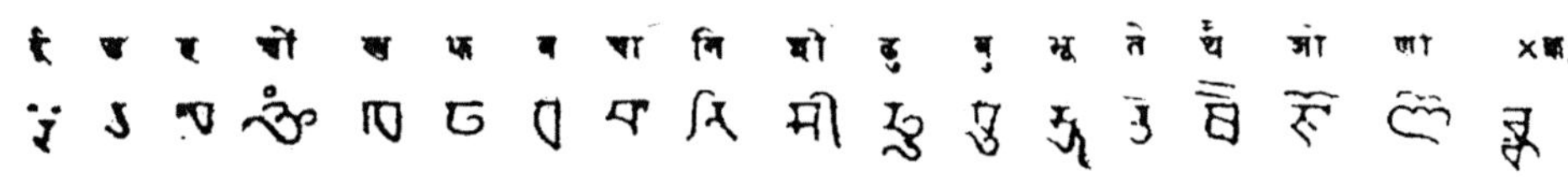

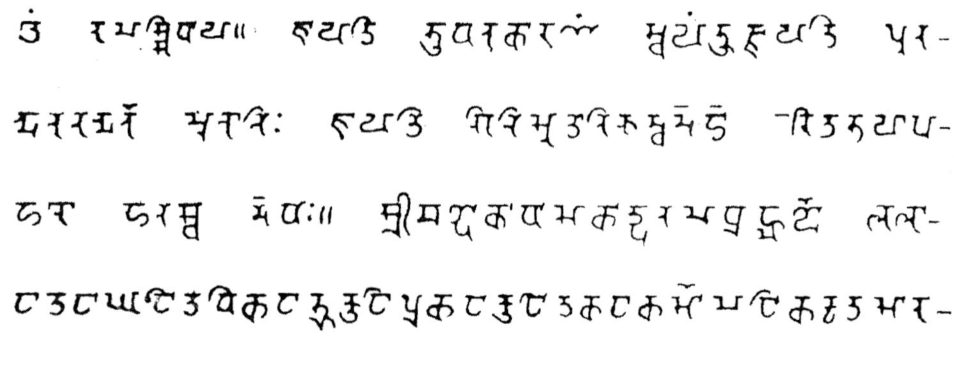

लिपिपत्र ३१वां

कूल के राजा बहादुरसिंह के दानपत्र और हस्तलिखित पुस्तकों से मुख्य मुख्य अक्षर

(ई. स. की १३वीं शताब्दी)

कुलू के राजा बहादुरसिंह के दानपत्र से (ई. स. १५५८).

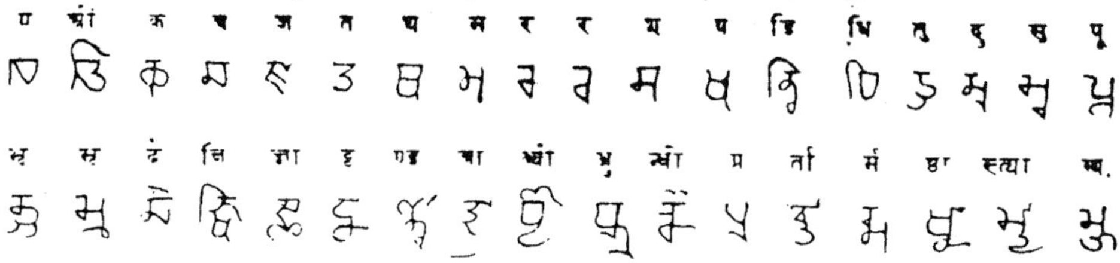

अथर्ववेद (पिप्पलादशाखा) की हस्तलिखित पुस्तक से (ई. स. की १६वीं शताब्दी).

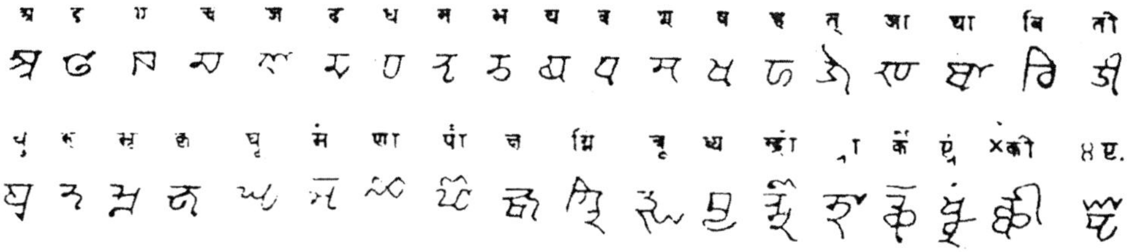

शाकुंतल नाटक की हस्तलिखित पुस्तक से (ई. स. की १६वीं शताब्दी).

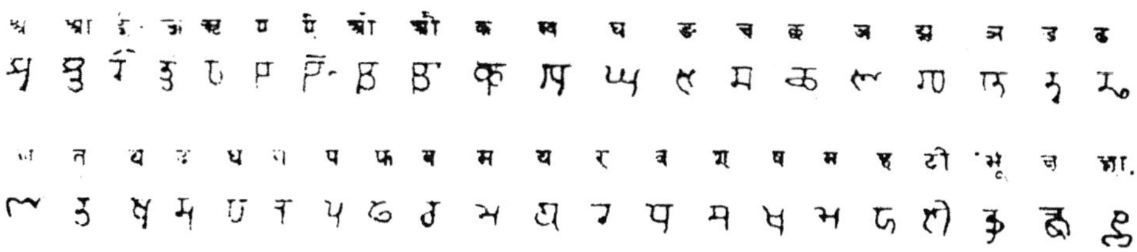

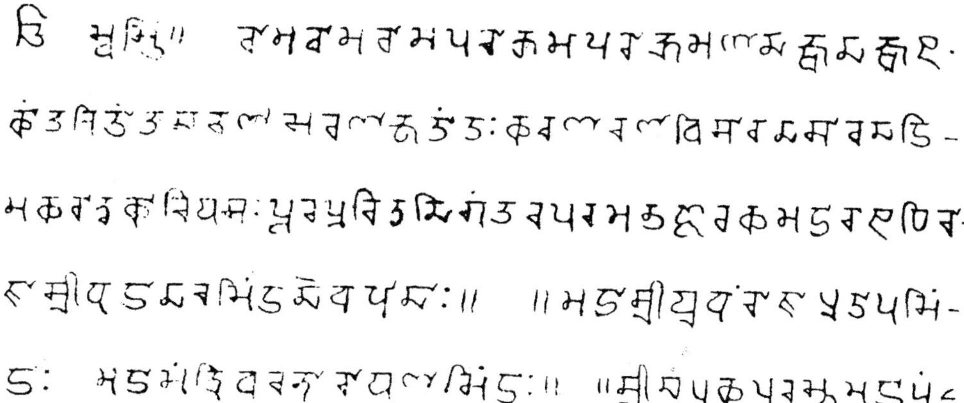

लिपिपत्र ३२वां

बंगाल के राजा नारायणपाल और विजयसेन के समय के लेखों से
(ई. स. की १०वीं से ११वीं शताब्दी तक)

राजा नारायणपाल के समय के बदाल के स्तंभ के लेख से मुख्य मुख्य अक्षर (ई. स. की १०वीं शताब्दी).

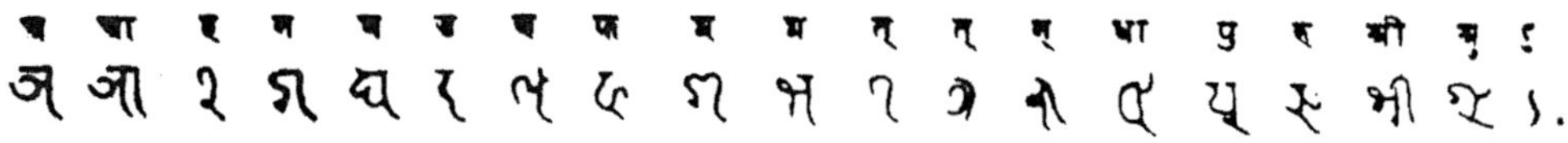

राजा विजयसेन के समय के देवपारा के लेख से (ई. स. की ११वीं शताब्दी).

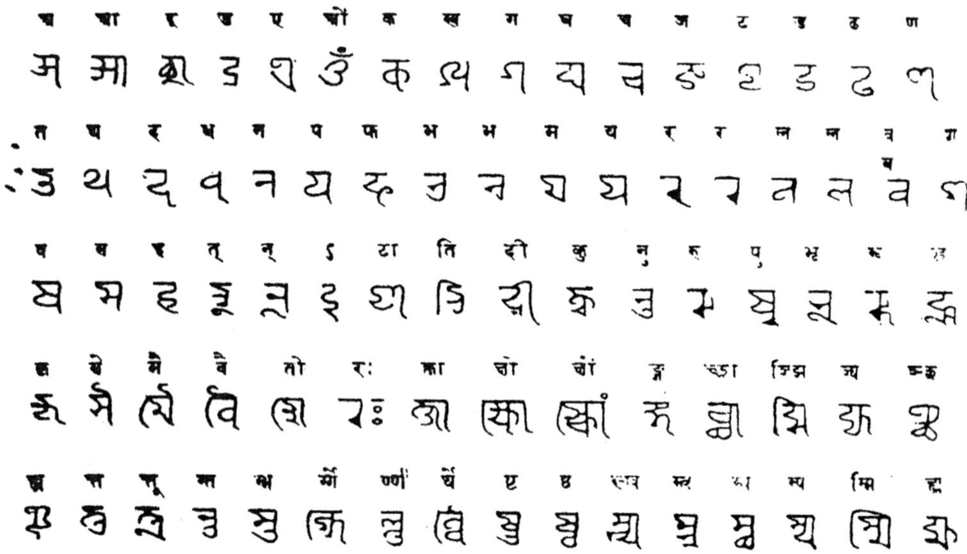

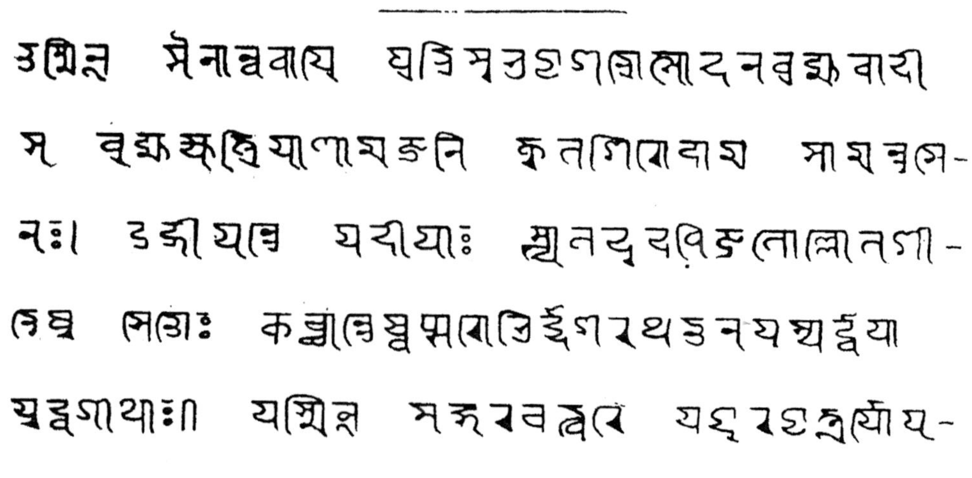

लिपिपत्र ३३वां

बंङ्गाल के राजा लक्ष्मणसेन और कामरूप के वैद्यदेव के दानपत्रों से

(ई. स. की १२वीं शताब्दी)

राजा लक्ष्मणसेन के तर्पणदिघी के दानपत्र से (लक्ष्मणसेन सं. ३ - ई. स. ११२२).

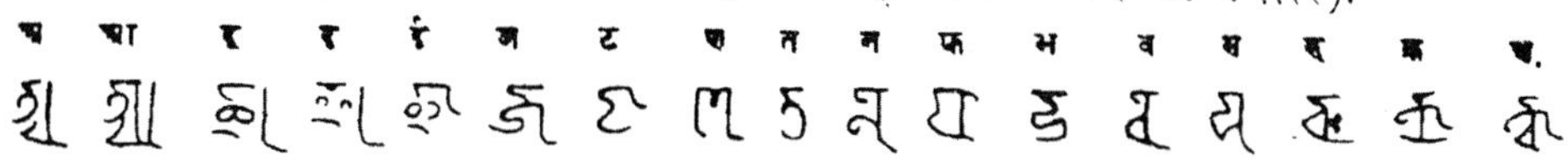

कामरूप के राजा वैद्यदेव के दानपत्र से (ई. स. की १२वीं शताब्दी).

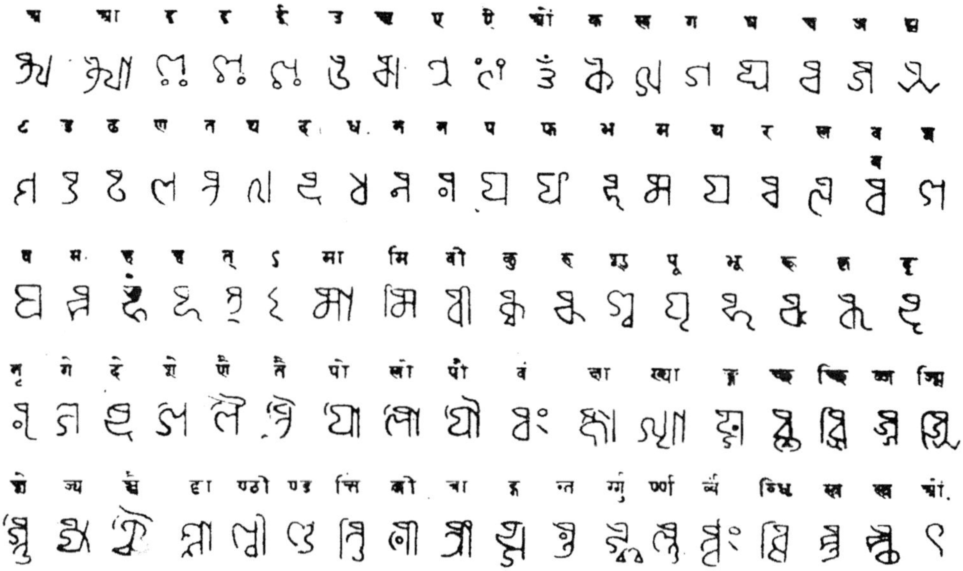

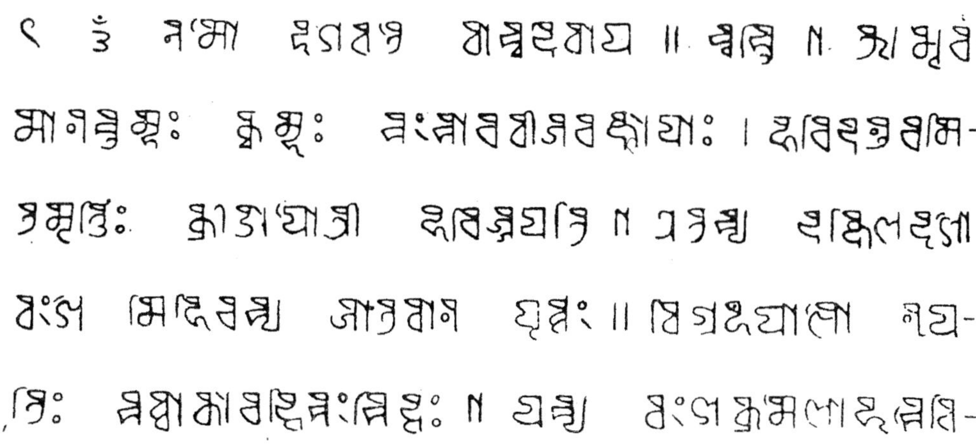

लिपिपत्र ३४वां

वल्लभेन्द्र के दानपत्र और हस्तलिखित पुस्तकों से

(ई. स. की १२वीं शताब्दी)

आसाम से मिले हुए वल्लभेन्द्र के दानपत्र से (शक सं. ११०७ = ई. स. ११८५).

हस्तलिखित पुस्तकों से मुख्य मुख्य अक्षर (ई. स. की १२वीं शताब्दी).

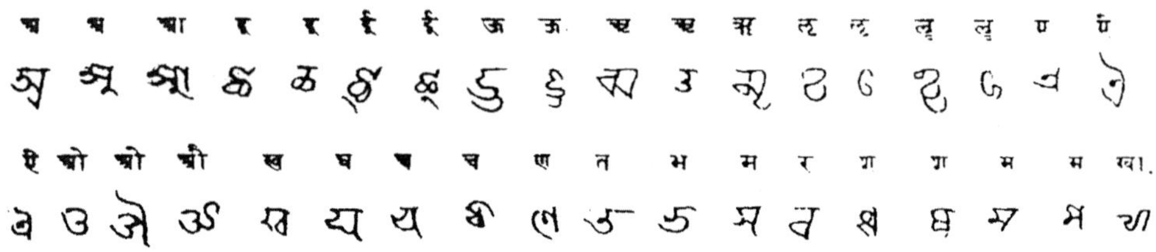

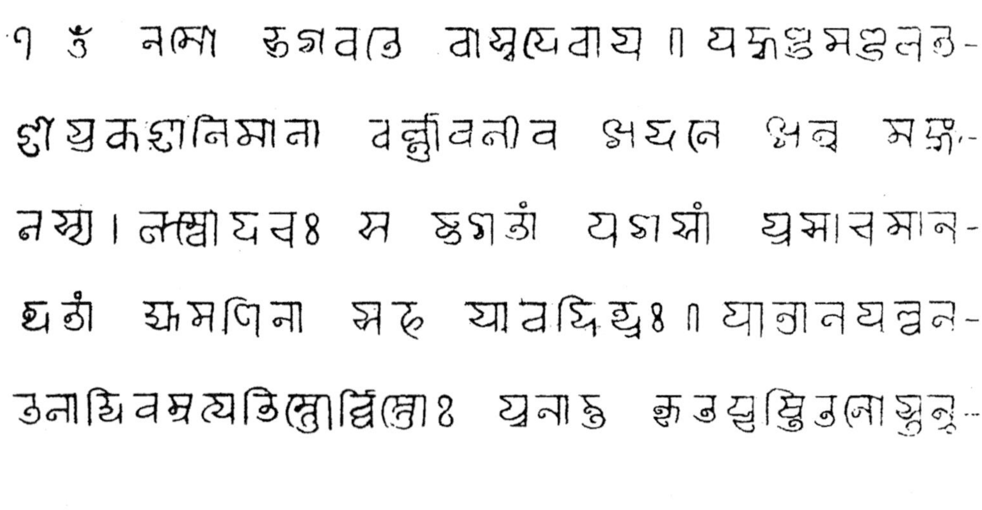

लिपिपत्र ३५वां

इस्त्रकोल के लेख और पुरुषोत्तमदेव के दानपात्र से

(ई. स. की ११वीं और १५वीं शताब्दी)

इस्त्रकोल से मिले हुए लेख में खुदी हुई पूरी वर्णमाला (ई. स. की ११वीं शताब्दी).

अ आ इ ई उ ऊ ऋ ॠ ऌ ॡ ए ऐ ओ औ अं अः क

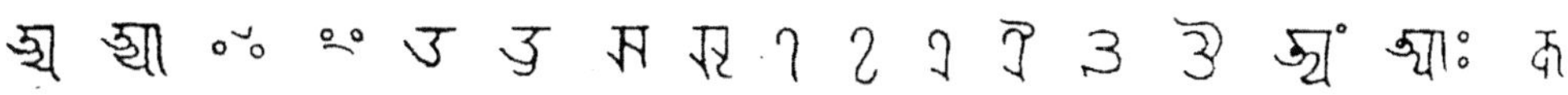

ख ग घ ङ च छ ज झ ञ ट ठ ड ढ ण त थ द

ध न प फ ब भ म य र ल व श ष स ह ळ ओं.

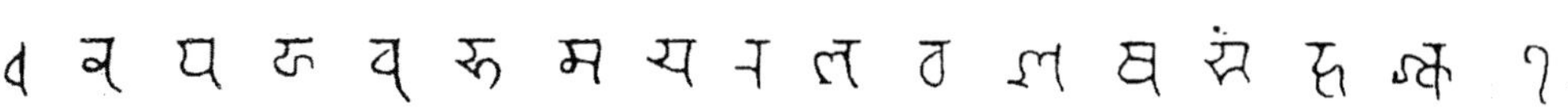

उड़ीसा के राजा पुरुषोत्तमदेव के दानपत्र से (ई. स. १४८२).

अ उ ए क ग च ज ट ड ण त थ द ध न प भ

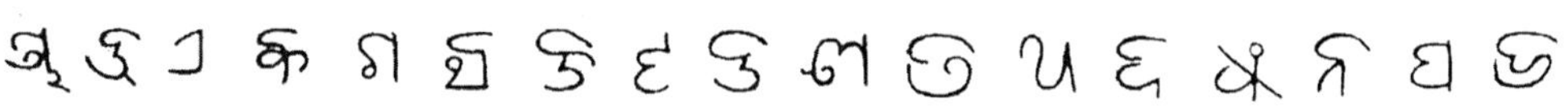

म य र र ल व श ष स ह ह आ रा टि ति वी दु

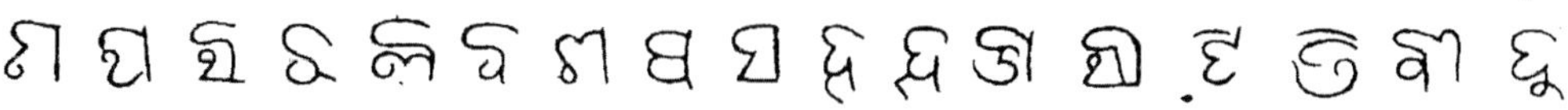

पु रु भू सू वृ डे घो पौ क्र ष ङ्क ञ्च च र्गी र्भे.

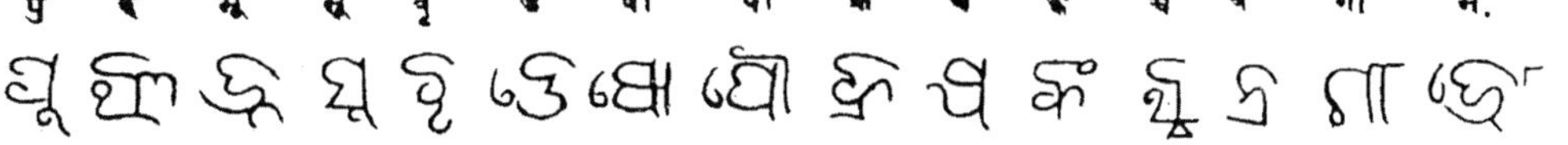

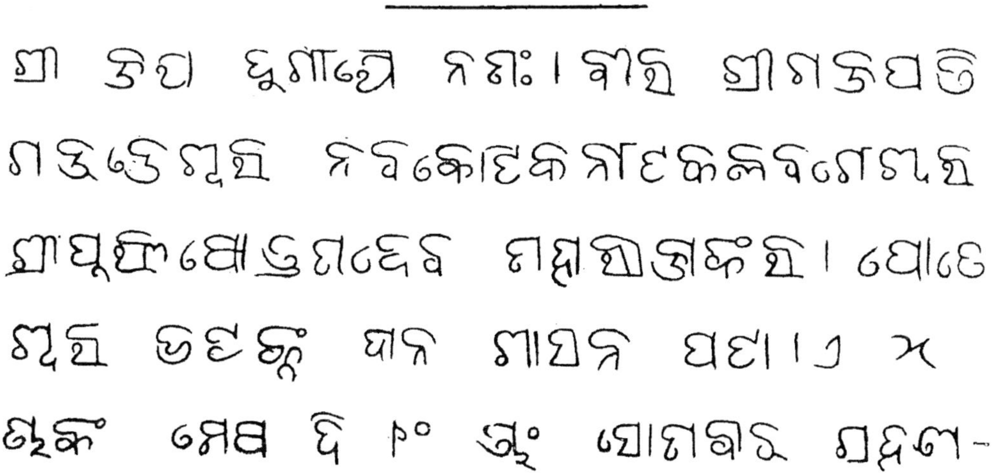

लिपिपत्र ३६वां

राजा नरवर्मन् और कुमारगुप्त के समय के मंदसौर के लेखों से

(ई. स. की पांचवीं शताब्दी)

राजा नरवर्मन् के समय के मंदसौर के लेख से (मालव सं. ४६१ = ई. स. ४०४).

गुप्तवंशी राजा कुमारगुप्त के समय के मंदसौर के लेख से (वि. सं. ५२८ = ई. स. ४७२).

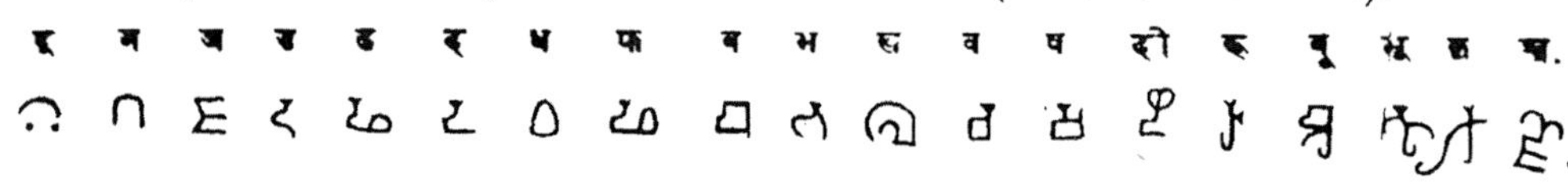

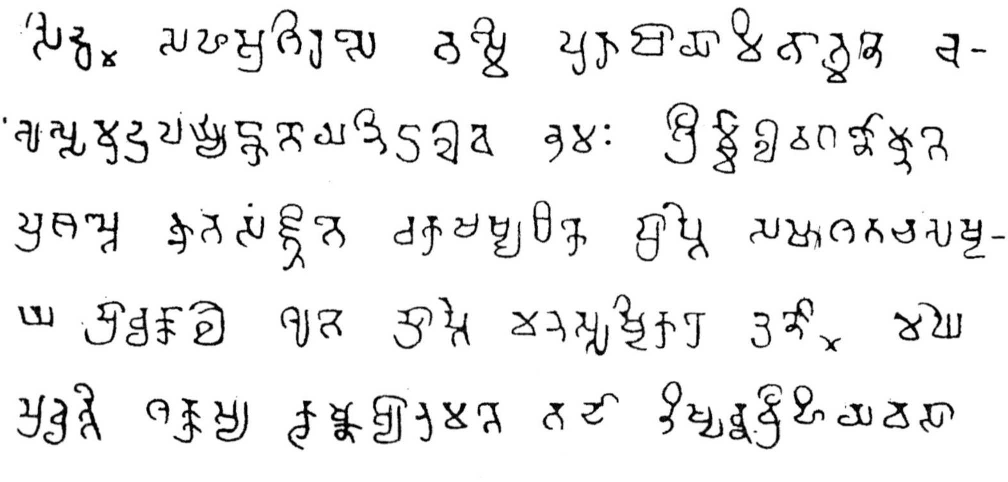

लिपिपत्र ३७वां

वलभी के राजा ध्रुवसेन और धरसेन (दूसरे) के दानपत्रों से

(ई. स. की छठी शताब्दी)

पालीताना से मिले हुए ध्रुवसेन के दानपत्र से (गुप्त सं. २१० = ई. स. ५२८–३०).

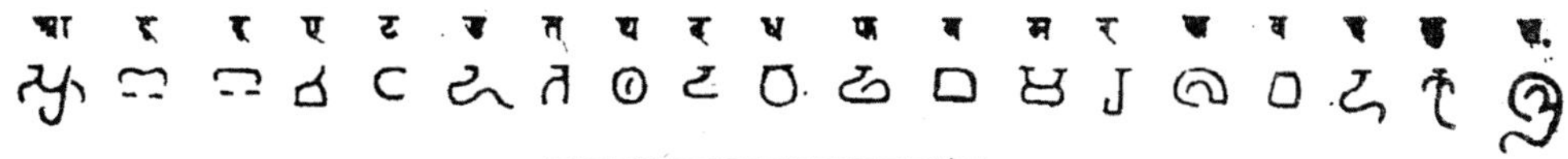

धरसेन (दूसरे) के दानपत्र से (गुप्त सं. २५२ = ई. स. ५७१–२).

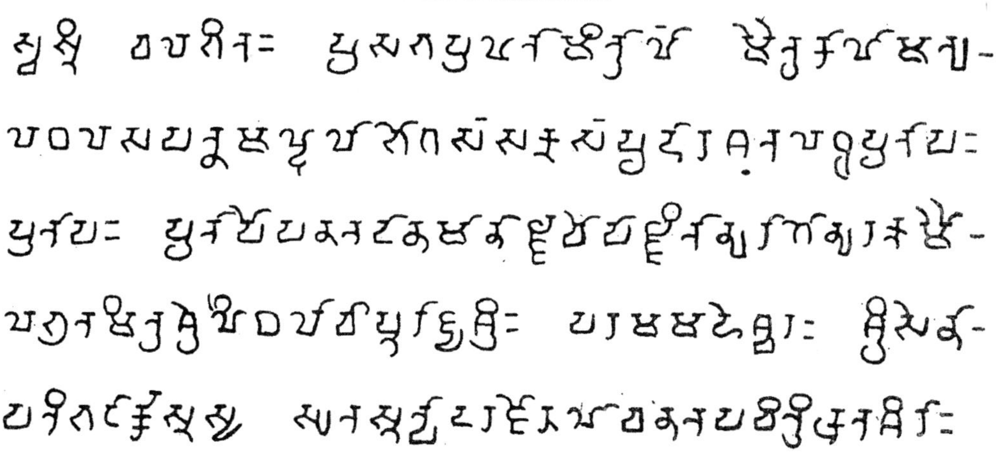

लिपिपत्र ३८वां

गारुलक सिंहादित्य और वलभी के राजा शीलादित्य (पांचवे) के दानपत्रों से

(ई. स. की छठी और आठवीं शताब्दी)

पालीताना से मिले हुए गारुलक सिंहादित्य के दानपत्र से (गुप्त सं. २५५=ई. स. ५७४).

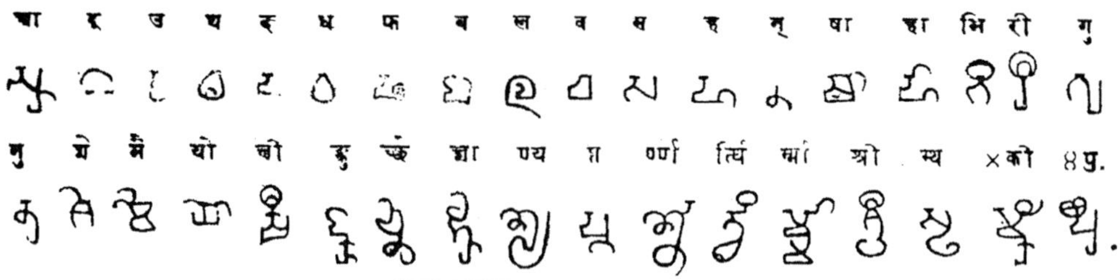

वलभी के राजा शीलादित्य (पांचवें) के दानपत्र से (गुप्त सं. ४०३ = ई. स. ७२२).

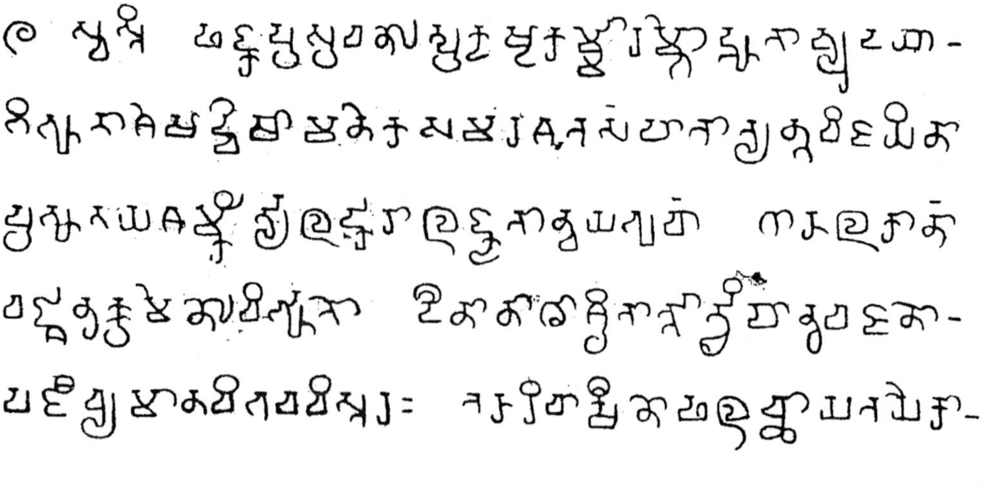

Plate XXXIX

लिपिपत्र ३९वां

चैकूटक वंशी राजा दर्हसेन और गुर्जर वंशी रणग्रह तथा दह (दूसरे) के दानपत्रों से

(ई. स. की पांचवी और सातवीं शताब्दी)

पारडी मे मिले हुए चैकूटक वंशी राजा दर्हसेन के दानपत्र से (कलचुरि सं. २०७ = ई. स. ४५६).

अ आ इ क ख ग घ ज ट ण त थ द ध न प भ म ळ

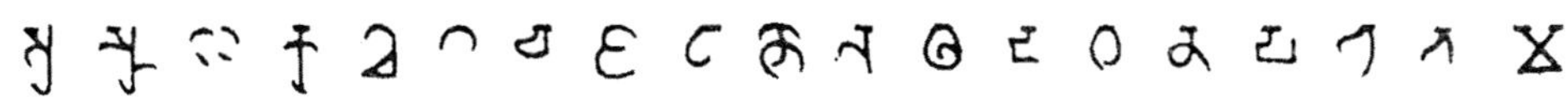

य र व श ष स ह ह रा लि गु सु दू भू ये पौ ष्ठा ण्ड.

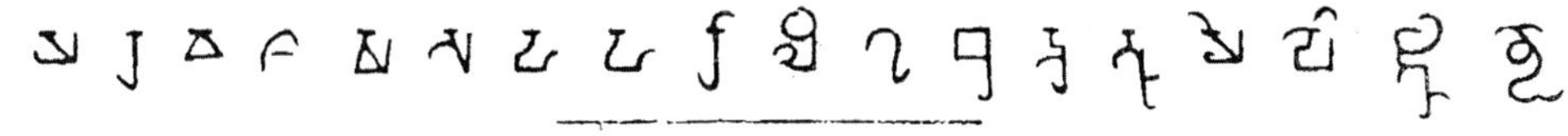

संखेड़ा मे मिले हुए गुर्जरवंशी रणग्रह के दानपत्र से (कलचुरि सं. ३९१ = ई. स. ६४०).

अ आ इ उ ए क ख ग घ ट ण त द न प ब ब भ म

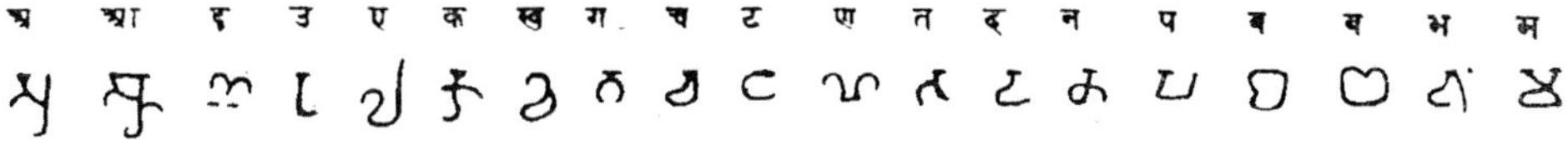

य र ल व ष स ह जा धु दू वै यां प शै च्छि ग्रा ह्म त्यु श्री.

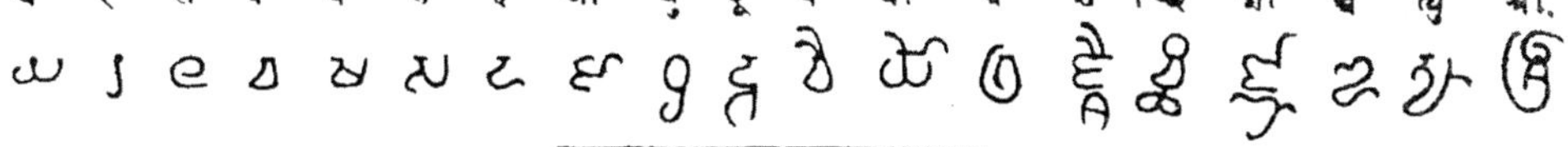

संखेडा मे मिले हुए गुर्जर वंशी राजा दद्द (दूसरे) के दानपत्र से (कलचुरि सं. ३९२ = ई. स. ६४१)

अ आ इ उ ख घ च ज ट ण ण त थ द ध फ ब भ म र

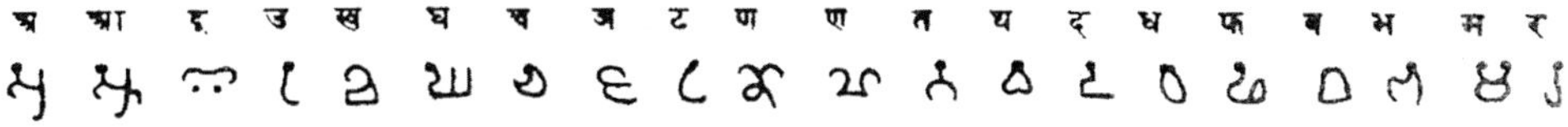

ल ळ व स ह ड्ड च्च ग्रा ज्ञ ष्ठ ण्ड न्था द्धो ग्नि ण्णां रू ×ह्य.

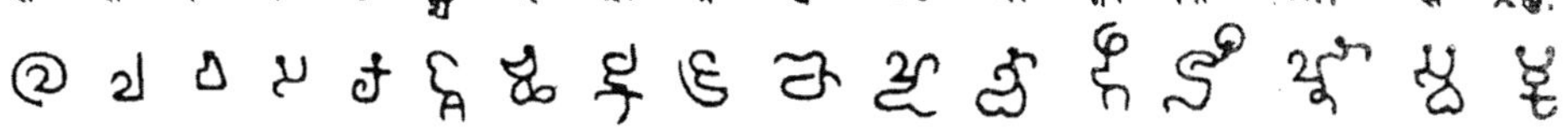

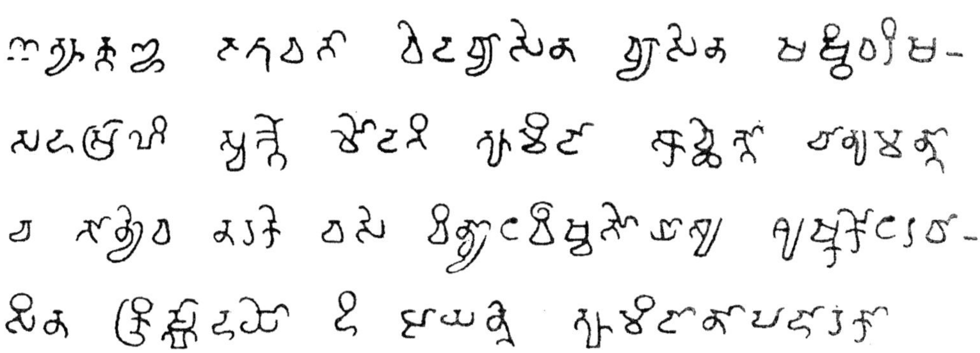

लिपिपत्र ४०वां

चालुक्य युवराज श्रयाश्रय (शीलादित्य) और राष्ट्रकूट कर्कराज के दानपत्रों से

(ई. स. की सातवीं और नवीं शताब्दी)

नवसारी से मिले हुए चालुक्य युवराज श्रयाश्रय (शीलादित्य) के दानपत्र से (कलचुरि सं. ४२१ = ई. स. ६७०).

गुजरात के राष्ट्रकूट राजा कर्कराज (सुवर्णवर्ष) के दानपत्र से (शक सं. ७३४ = ई. स. ८१२).

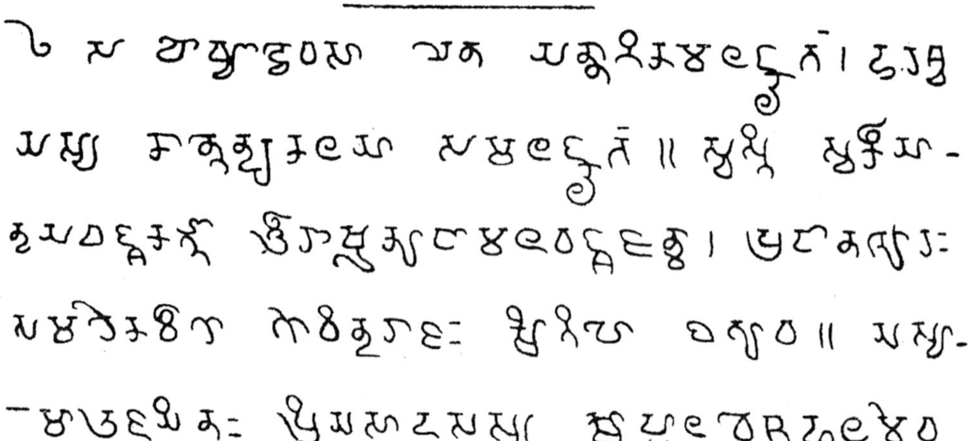

लिपिपत्र ४१वां

वाकाटक वंशी राजा प्रवरसेन (दूसरे) के तीन दानवों से

(ई. स. की पांचवी शताब्दी)

दूदिआ से मिले हुए राजा प्रवरसेन (दूसरे) के दानपत्र से.

सिवनी से मिले हुए राजा प्रवरसेन (दूसरे) के दानपत्र से.

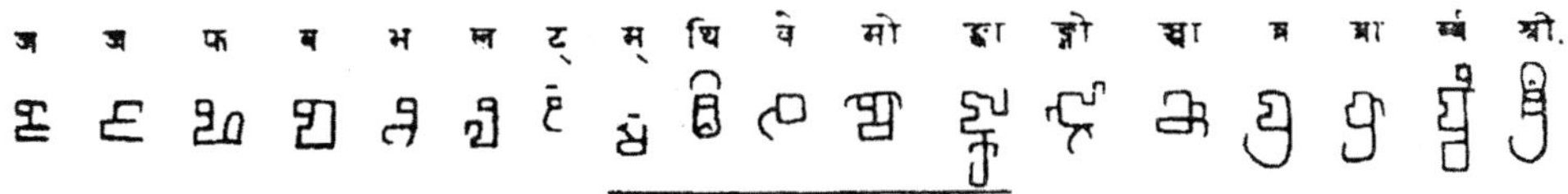

चम्मक से मिले हुए राजा प्रवरसेन (दूसरे) के दानपत्र से.

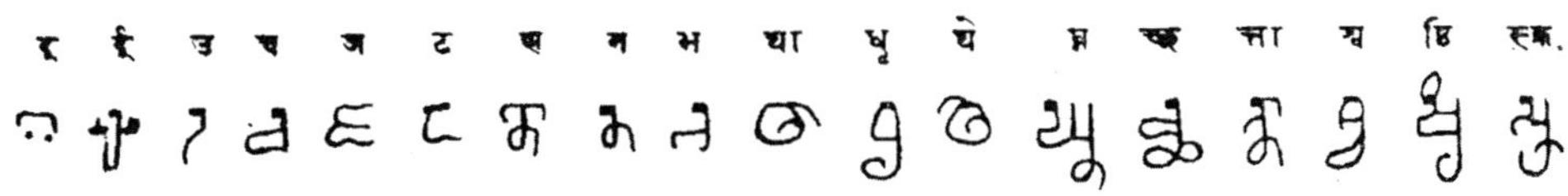

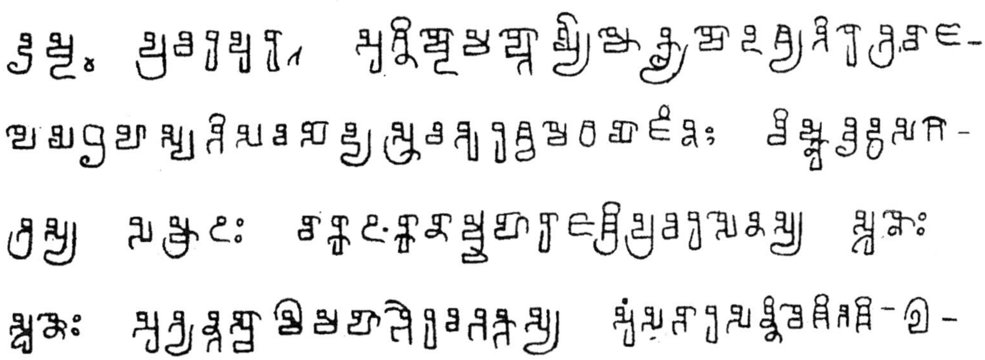

लिपिपत्र ४२वां

पृथिवीसेन, महासुदेव और तिविरदेव के दानवपत्रों से

(ई. स. की पांचवीं से आठवीं शताब्दी तक)

बालाघाट से मिले हुए वाकाटक वंशी राजा पृथिवीसेन (दूसरे) के दानपत्र से। (ई. स. की पांचवीं शताब्दी।)

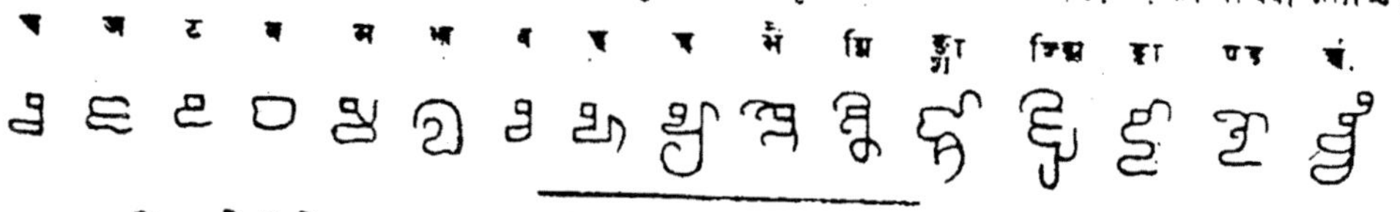

खरिअर से मिले हुए राजा महासुदेव के दानपत्र से। (ई. स. की सातवीं शताब्दी के आस पास)

राजीम से मिले हुए राजा तिविरदेव के दानपत्र से। (ई. स. की आठवीं शताब्दी के आसपास).

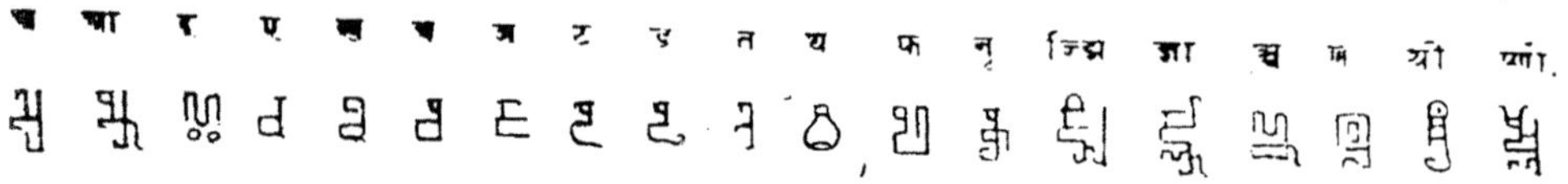

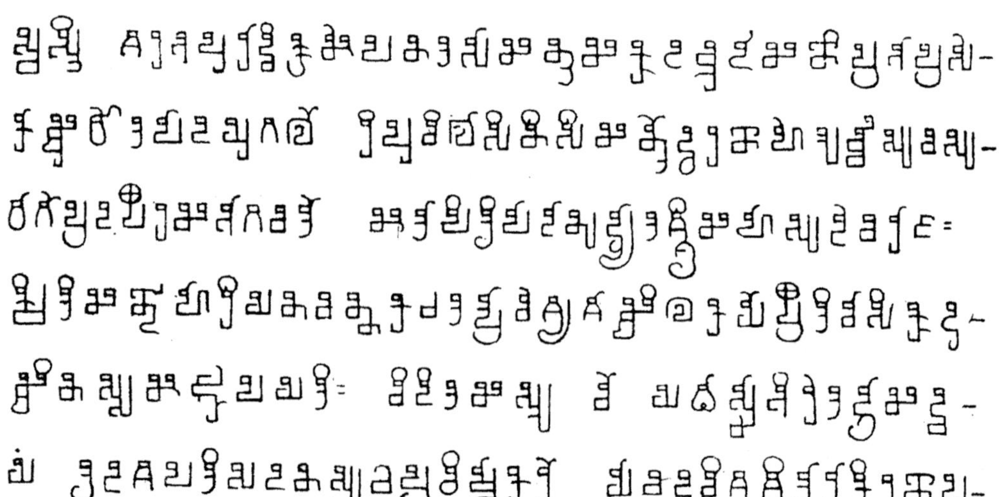

लिपिपत्र ४३वां

पल्लव वंशी राजा विष्णुगोपवसेन् और सिंहवर्मन् के दानपत्रों से

(ई. स. की पांचवी शताब्दी)

पल्लव वंशी राजा विष्णुगोपवर्मन् के उरुवुपल्लि गांव के दानपत्र से.

पल्लव वंशी राजा सिंहवर्मन के पिकिर गांव के दानपत्र से मुख्य मुख्य अक्षर.

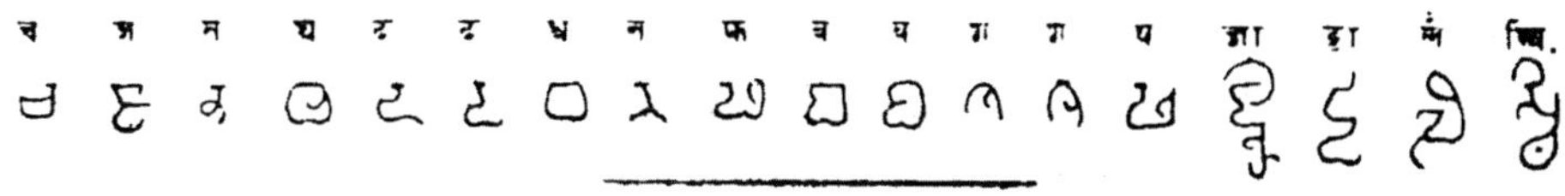

पल्लव वंशी राजा सिंहवर्मन के मंगलूर गांव के दानपत्र से मुख्य मुख्य अक्षर.

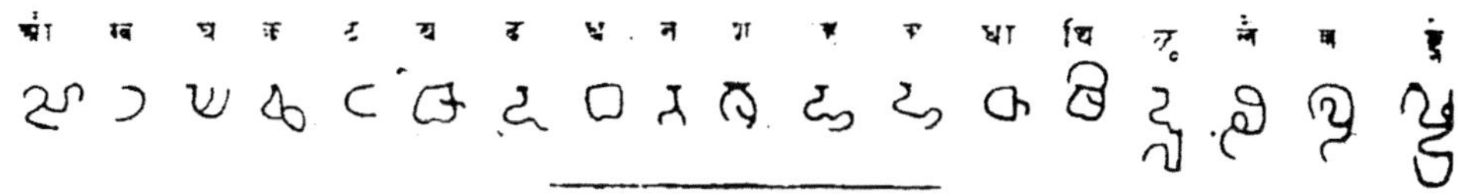

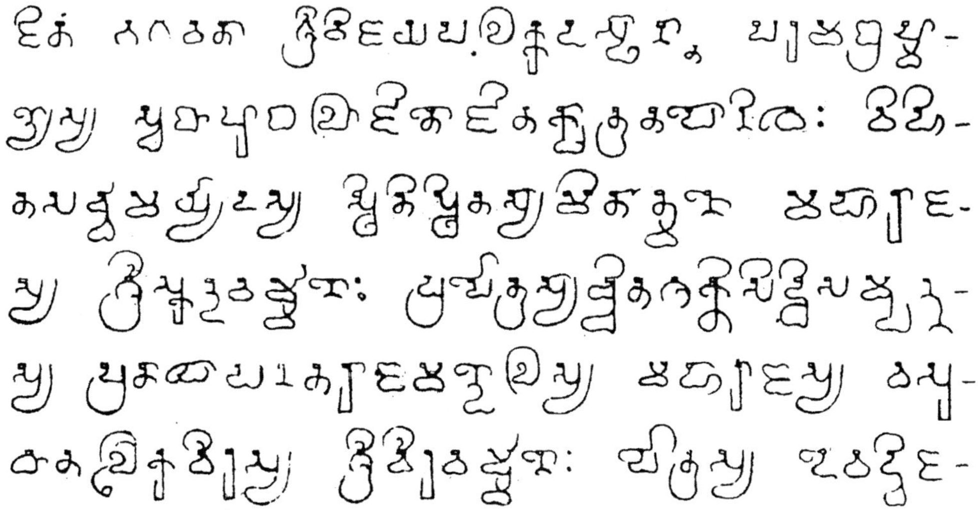

लिपिपत्र ४४वां

कदंब वंशी राजा मृगेशवर्मन् और काकुस्थवर्मन् के दानपत्रों से

(ई. स. की छठी शताब्दी)

देवगिरि से मिलेहुए कदंब वंशी राजा मृगेशवर्मन् के दानपत्र से.

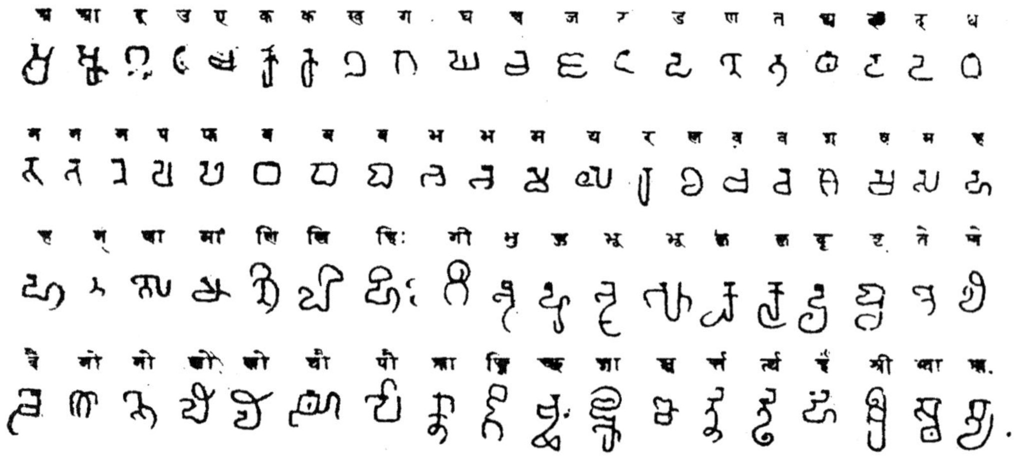

देवगिरि से मिलेहुए कदंब वंशी राजा काकुस्थवर्मन् के दो दानपत्रों से मुख्य मुख्य अक्षर.

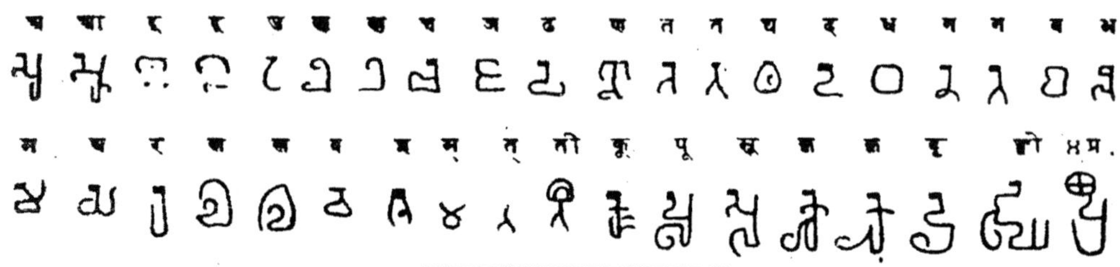

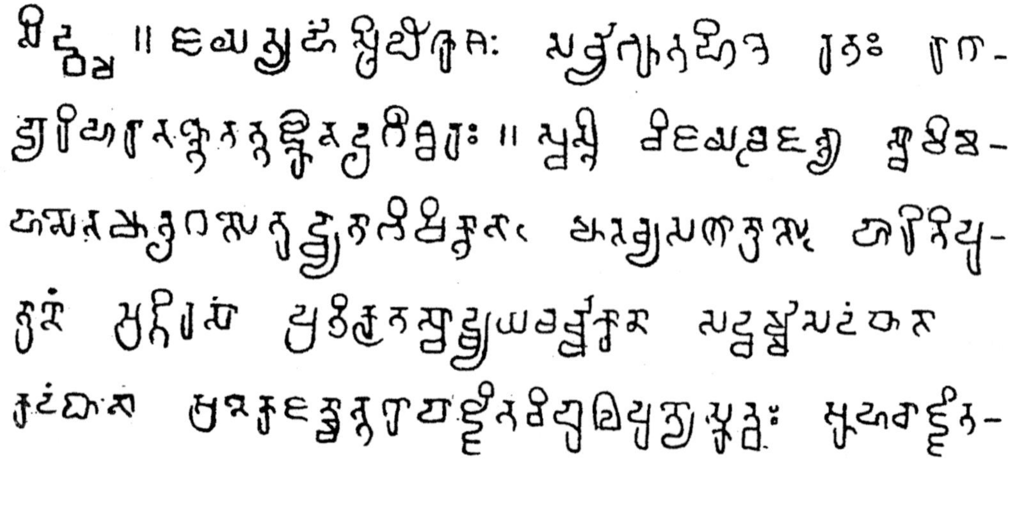

लिपिपत्र ४५वां

चालुक्य वंशी राजाओं के लेख और दानत्रों से

(ई. स. की छठी और सातवी शताब्दी)

चालुक्य वंशी राजा मंगलीश्वर के समय के बादामी के लेख से (शक सं ५०० = ई. स. ५७८).

अ क क ख ग घ ज ट ड ण त थ द ध ध न न प फ ब

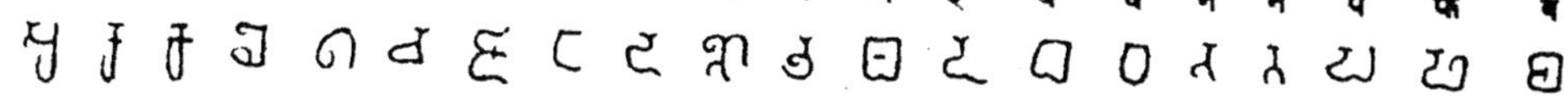

ब भ म म य य र र ल व व श श ष स ह हा मि

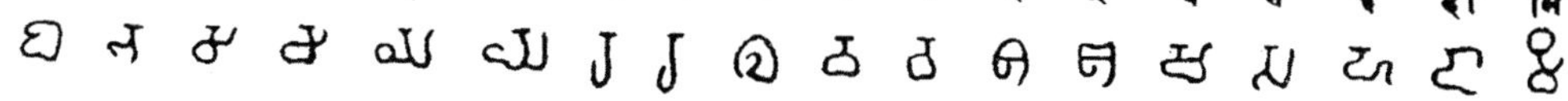

री ली मु पृ ह ह मो यो पौ त्त ज्ञ च्छे ष्ठ [illegible] र्त्व र्य ष्मी हि.

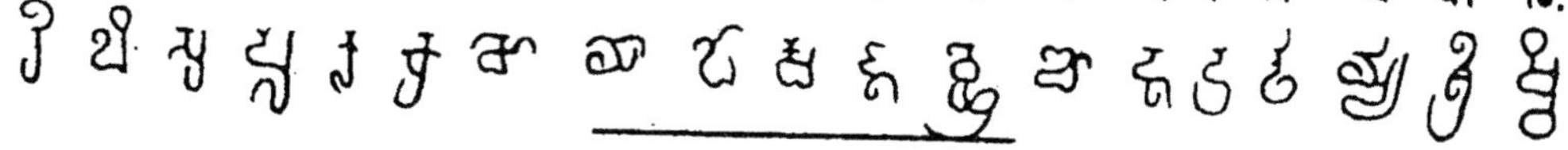

चालुक्य वंशी राजा पुलकेशी (दूसरे) के हैदराबाद के दानपत्र से (शक सं. ५३४ = ई. स. ६१२).

अ आ इ उ क ख ग घ ट ड त थ द ध न ब भ ऱ [illegible] श.

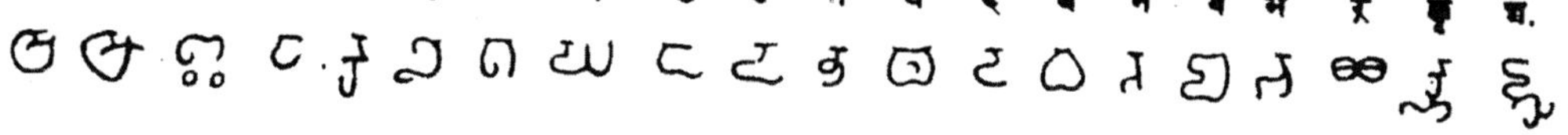

पूर्वी चालुक्य राजा सर्वलोकाश्रय (मंगियुवराज) के चेंडलूर के दानपत्र से (ई. स. ६७२).

आ इ ए अं क क ख ग घ ङ ङ त द न ब र श ष

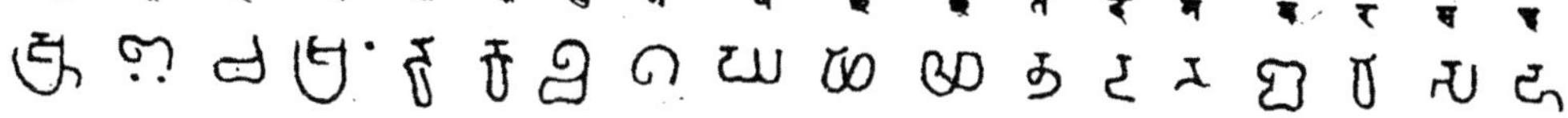

ऱ टा रि कु मु दू ए गो पौ क्र ग्र द्य ण्ड न्द म्भ र्वं.

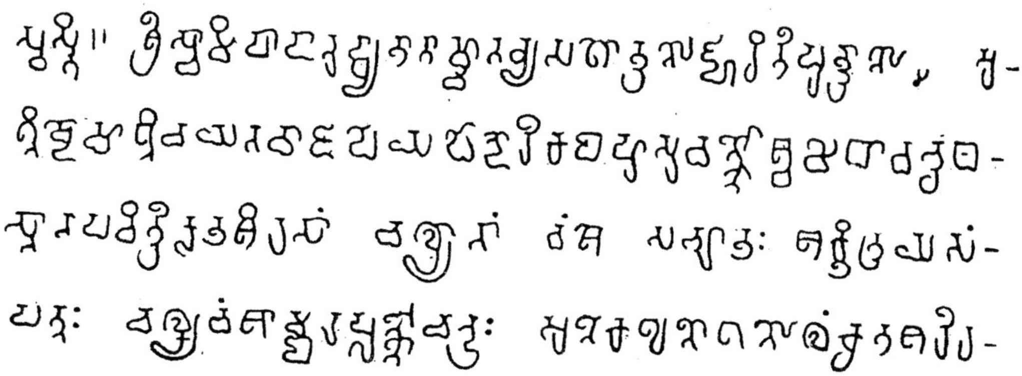

लिपिपत्र ४६वां

केंडूर से मिले हुए पश्चिमी चालुक्य वंशी राजा कीर्तिवर्मन् (दूसरे) के दानपत्र से

(श. स.६७२=ई. स. ७५०)

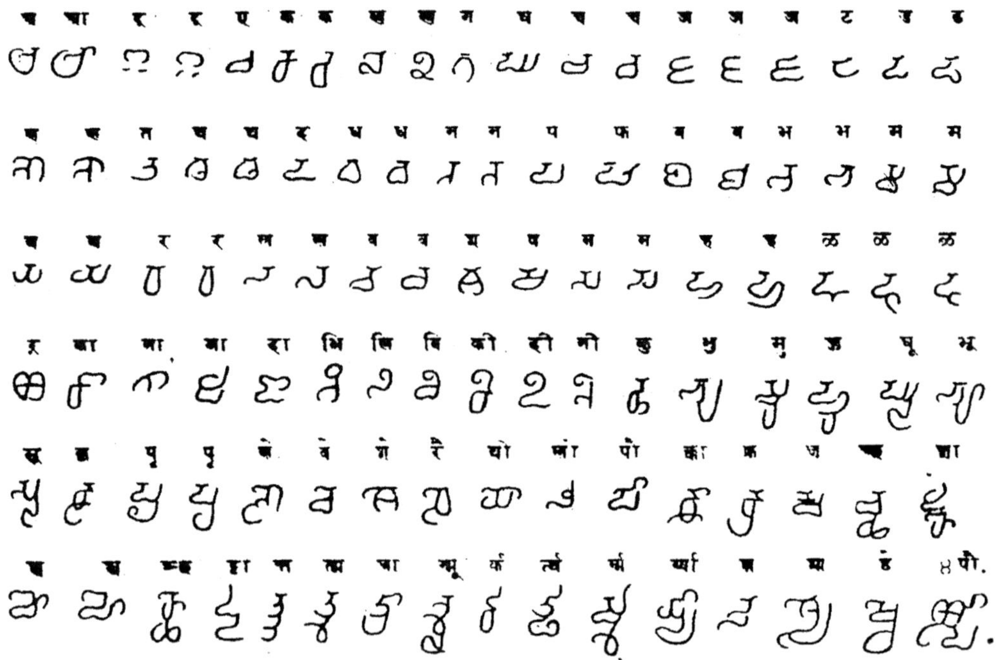

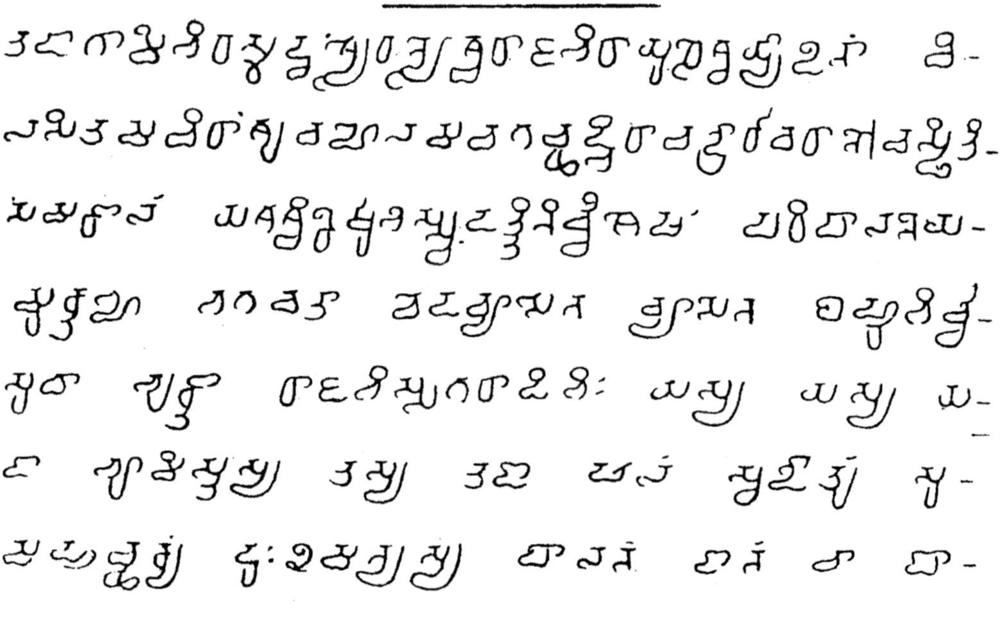

लिपिपत्र ४७वां

कड़ब से मिले हुए राष्ट्रकूट वंशी राजा प्रभूतवर्ष (गोविंदराज तीसरे) के दानपत्र से

(श. स. ७३५=ई. स. ८१३)

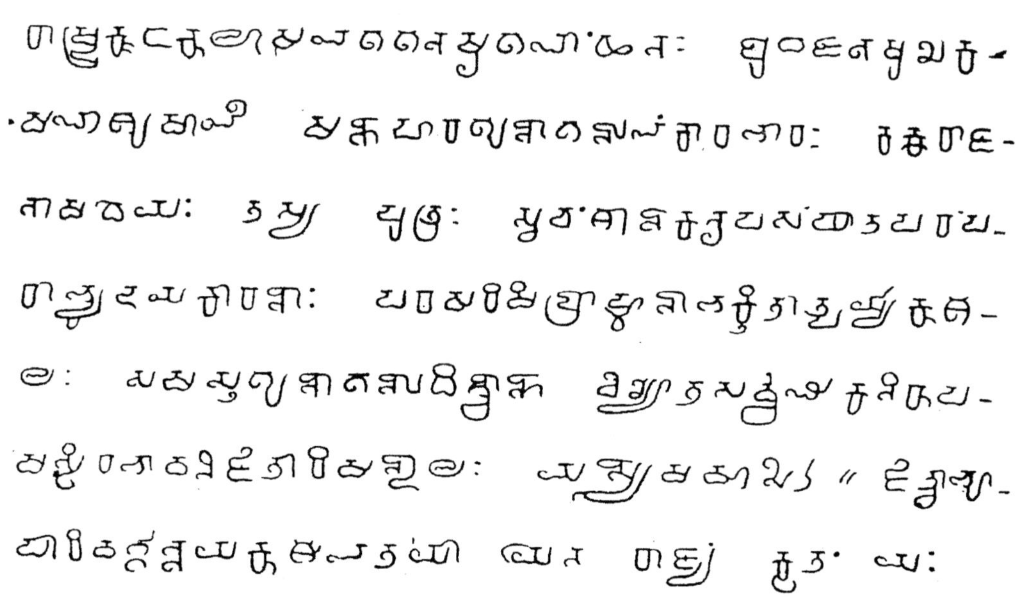

लिपिपत्र ४८वां

पूर्वी चालुक्य वंशी राजा भीम (दूसरे) और अझ (दूसरे) के दानपत्रों से

(ई. स. की १०वीं शताब्दी)

पागनवरं से मिलेहुए राजा भीम (दूसरे) के दानपत्र से (ई. स. की १०वीं शताब्दी का पूर्वार्द्ध).

पूर्वी चालुक्य वंशी राजा अम्म (दूसरे) के दानपत्र से (ई. स. की १०वीं शताब्दी का उत्तरार्द्ध).

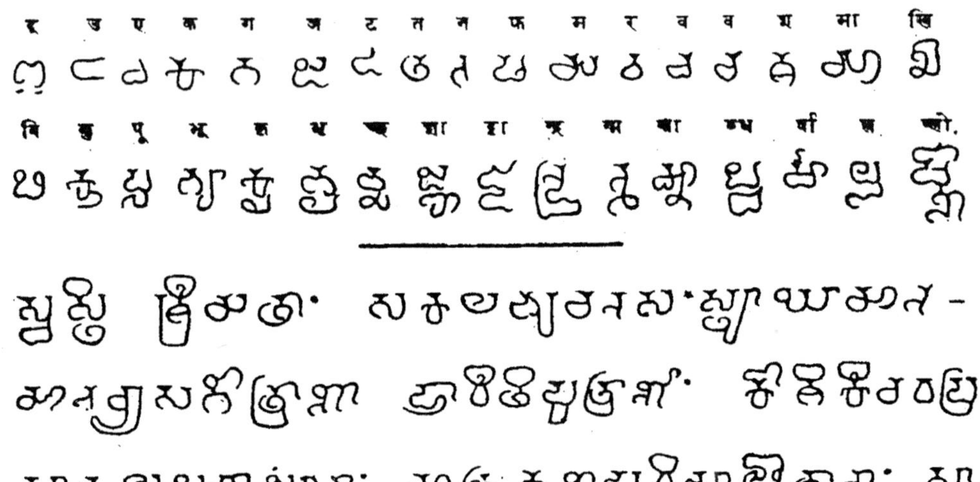

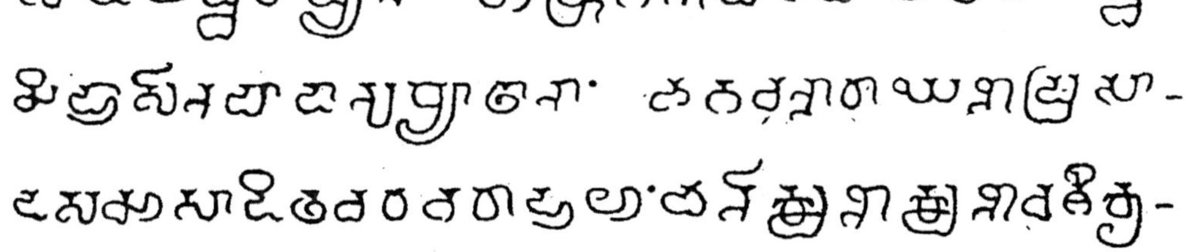

लिपिपत्र ४९वां

कोरुमेल्लि से मिले हुए पूर्वी चालुक्यवंशी राजा राजराज के दानपंच में

(ई. स. की ११वीं शताब्दी)

लिपिपत्र ५०वां

काकतीयवंशी राजा रुद्रदेव और गणपति वे समय के लेखों से

(ई. स. की ११वीं और १२वीं शताब्दी)

काकतीयवंशी राजा रुद्रदेव के अनंकोंडा के लेख से (श. सं. १०८४ = ई. स. ११६२).

अ आ इ ई उ ए ओ घ ट ठ ड ढ थ ध भ ष स ळ.

काकतीयवंशी राजा गणपति के समय के चेब्रोलू के लेख से (श. सं. ११३५ = ई. स. १२१३).

अ आ इ ई उ ऊ ए ओ क ख ग घ च छ ज झ ट

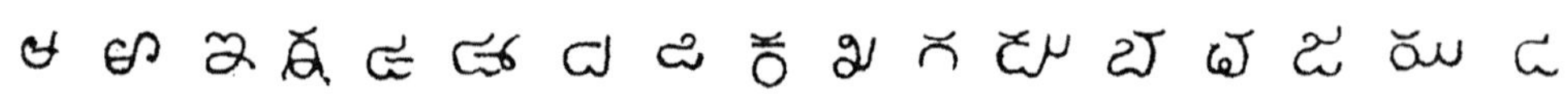

ड ढ ण त थ द ध न प फ ब भ म य र ल व

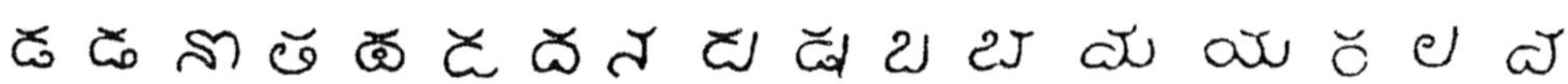

श ष स ह ळ ऱ ऴ न का टा ता कि रि वि डी री कु

पू पृ के दे कै रै बो सो गौ सौ चि ज्ञ ण्म ङ्गं द्धी

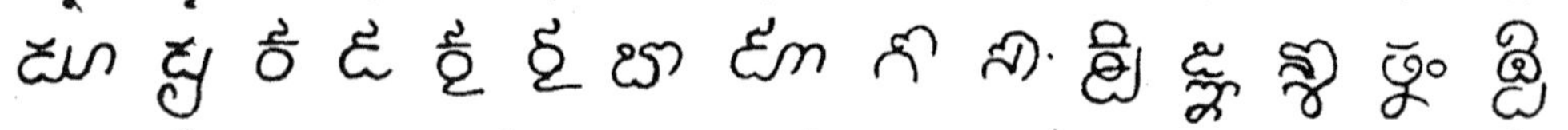

द्रु प्रे भ्रां र्य्य प्र स्थ त्री हा स्व स्त्रा. श्र. श्र. श्र. ऐ.

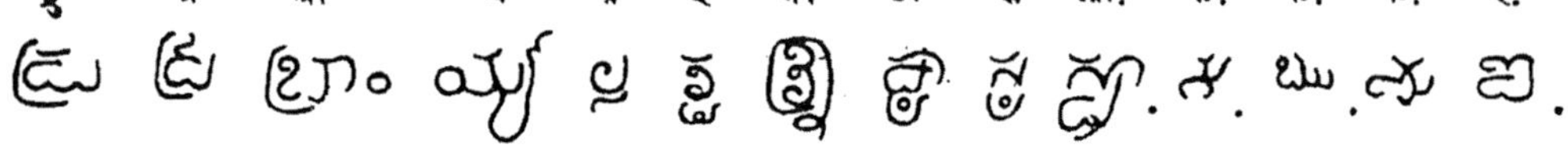

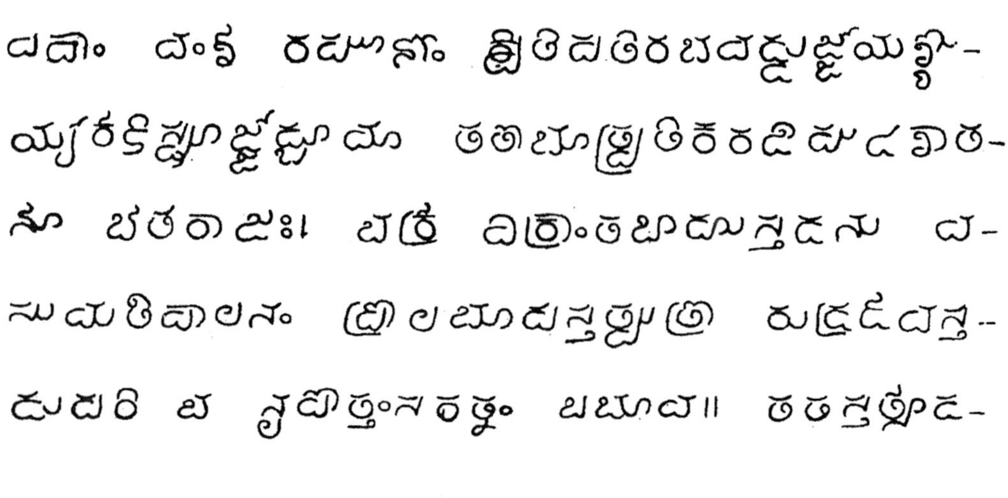

लिपिपत्र ५१वां

नामय नायक, अन्नवेम और गाणदेव के दानपत्रों से

(ई. स. की १४वीं और १५वीं शताब्दी)

पीठापुरी के नामय नायक के दोनेपुंडि के दानपत्र से (श. सं. १२५८=ई. स. १३३७).

वनपल्ली से मिले हुए अन्नवेम के दानपत्र से मुख्य मुख्य अक्षर (श. सं. १३००=ई. स. १३७८).

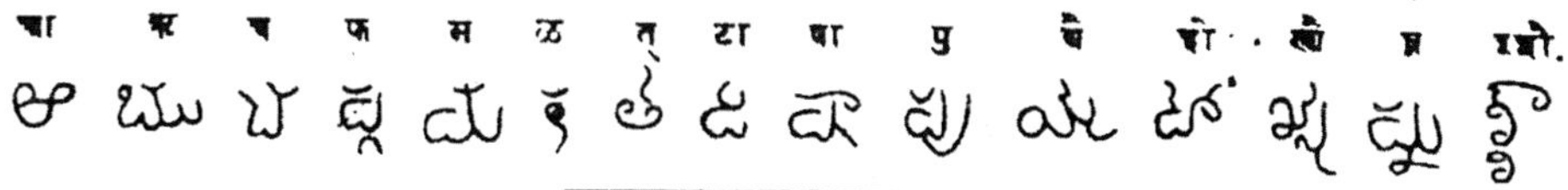

कोण्डवीडु के राजा गाणदेव के दानपत्र से (श. सं. १३७७=ई. स. १४५५).

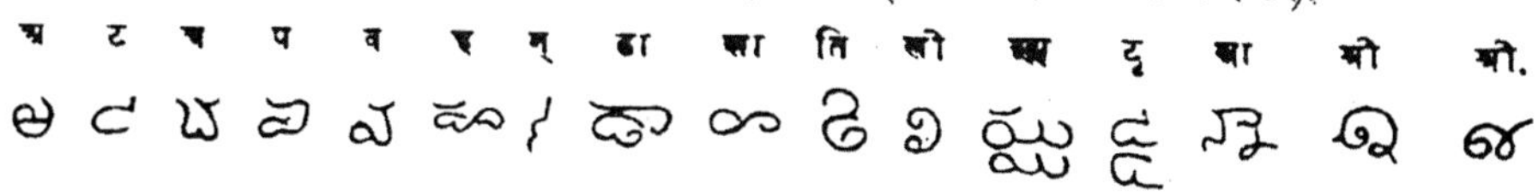

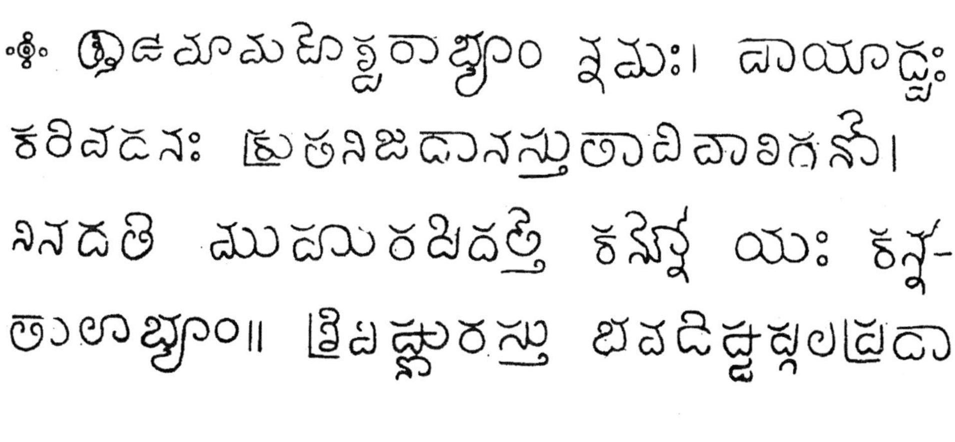

लिपिपत्र ५२वां

पल्लववंशी राजाओं के समय के १० लेखों और कूरम के दानपत्र से

(ई. स. की सातवीं शताब्दी)

पल्लववंशी राजा नरसिंहवर्मन् के समय के मामल्लपुरं के छोटे छोटे ८ लेखों से.

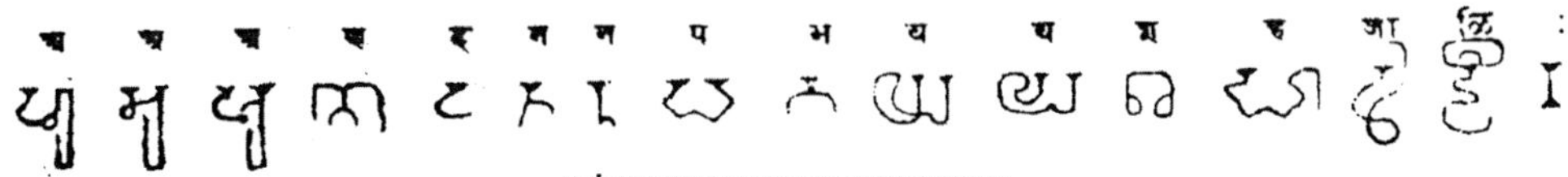

पल्लववंशी राजा राजसिंह के समय के कांचीपुरं के कैलासनाथ नामक मंदिर के लेख से.

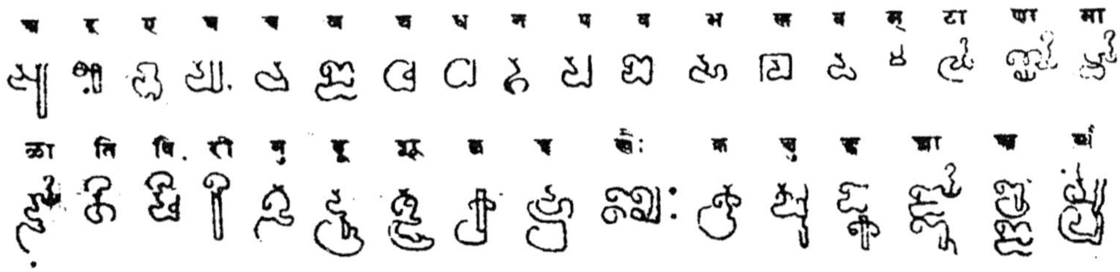

कूरम से मिले हुए पल्लववंशी राजा परमेश्वरवर्मन् के दानपत्र से.

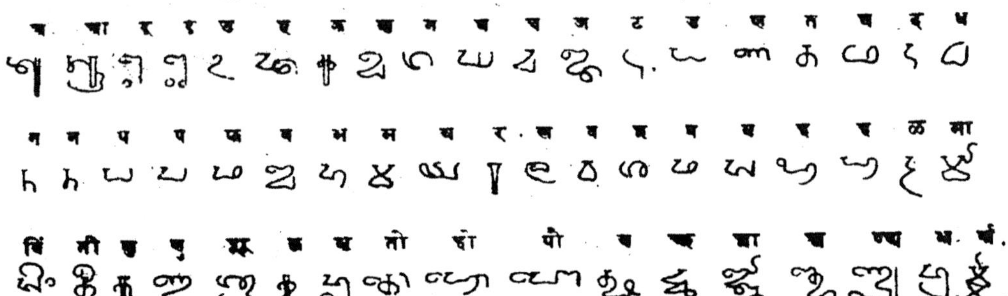

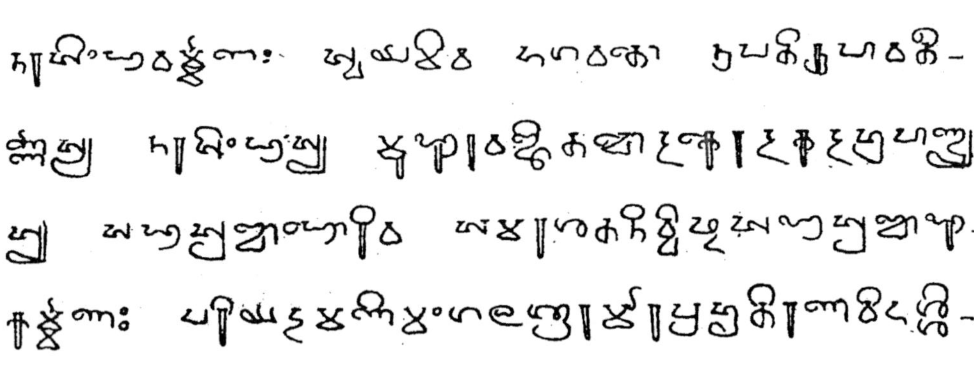

लिपिपत्र ५३वां

पल्लव और पाण्ड्यवंशी राजाओं के समय के लेख और दानपत्रों से

(ई. स. की ८वीं शताब्दी)

मामल्लपुरं के अतिरणचंडेश्वर नामक गुफामंदिर के लेख से (ई. स. की ८वीं शताब्दी).

कशाकुडि से मिले हुए पल्लव राजा नंदिवर्मा के दानपत्र से (ई. स. की ८वीं शताब्दी).

पाण्ड्यवंशी राजा परान्तक के समय के नारसिंगं के लेख से (कलियुग सं. ३८७१ = ई. स. ७७०).

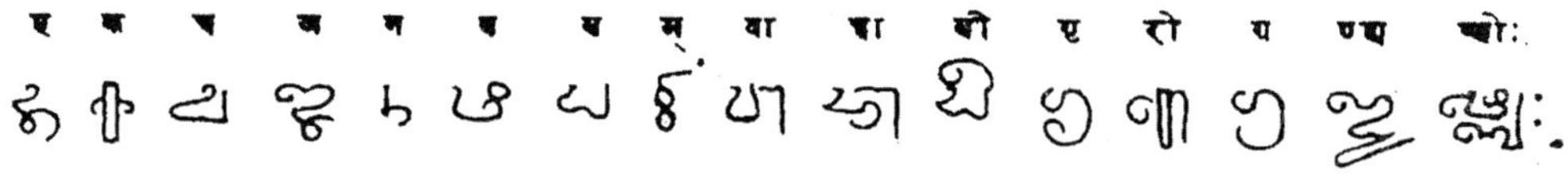

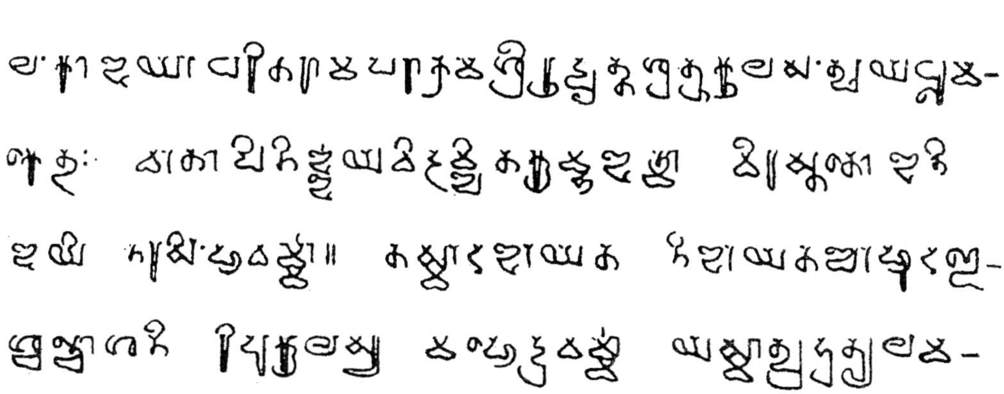

लिपिपत्र ५४वां

पल्लववंशी नन्दिवर्मा (पल्लवमल्ल) और गंगावंशी पृथ्वीपति (दूसरे) के दानपत्रों से (ई. स. की ८वीं और १०वीं शताब्दी)

पल्लववंशी नन्दिवर्मा (पल्लवमल्ल) के उदयेन्दिरं के दानपत्र से (ई. स. की ८वीं शताब्दी).

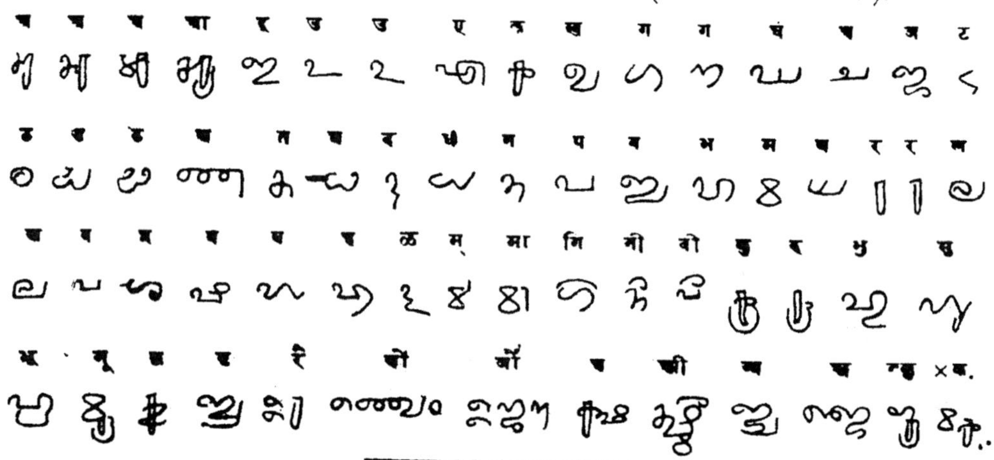

गंगावंशी राजा पृथ्वीपति (दूसरे) के उदयेन्दिरं के दानपत्र से (ई. स. की १०वीं शताब्दी).

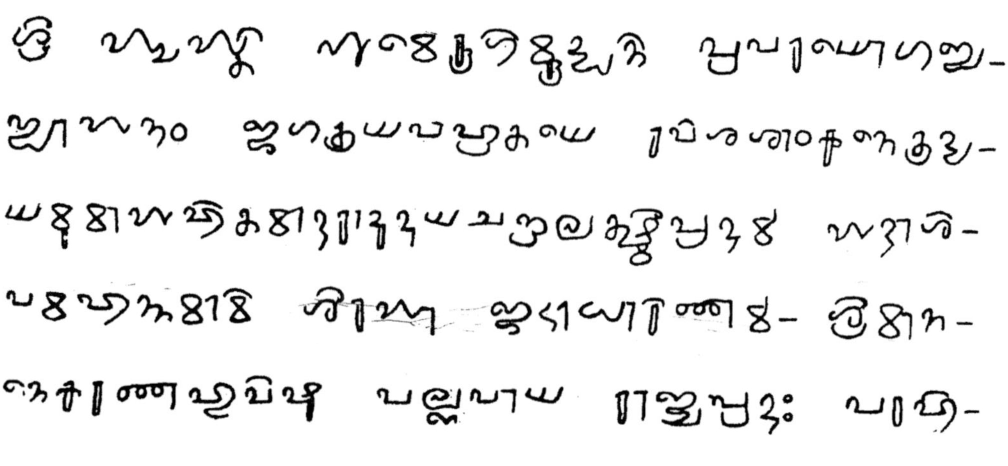

लिपिपत्र ५५वां

कुलोत्तुंगचोड और विक्रमचोड के लेखों तथा विक्रमादित्य के दानपत्र से

(ई. स. की ११वीं और १२वीं शताब्दी)

कुलोत्तुंगचोड के चिदंबरं के लेख से (ई. स. की ११वीं शताब्दी).

थ र न भ य र म म व ळ की ष ष टटा ष्णीः.

विक्रमचोड के समय के शेविलिमेडु के लेख से (ई. स. ११२४).

ए ख ग घ ञ ट ड ण द ध प ब भ म य र ल

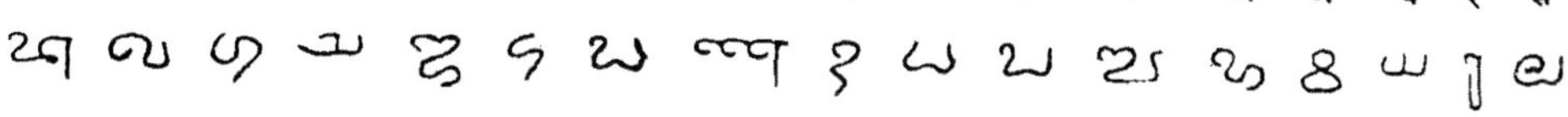

व श स ळ त् म् ख ग्र क्ष पू नृ मे ष पा श्रो नक्र.

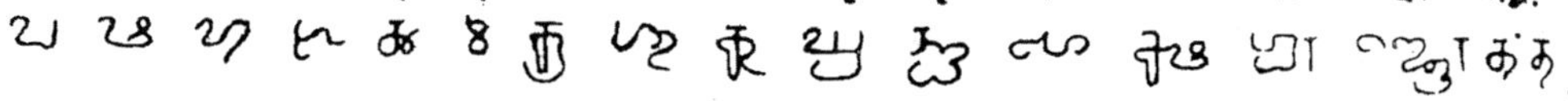

चालुक्यवंशी राजा विक्रमादित्य (विजयादित्य) दूसरे के उदयेंदिरं के दानपत्र से (ई. स. की १०वीं शताब्दी.

अ आ इ क ख ग घ च ज ट ठ ड ण त थ द ध

न प ब भ म य य र ल ल व श ष स ह ळ

ळ क़ त् म् थि [illegible] [illegible] [illegible] ष्णी त्वा था री [illegible] [illegible] था [illegible].

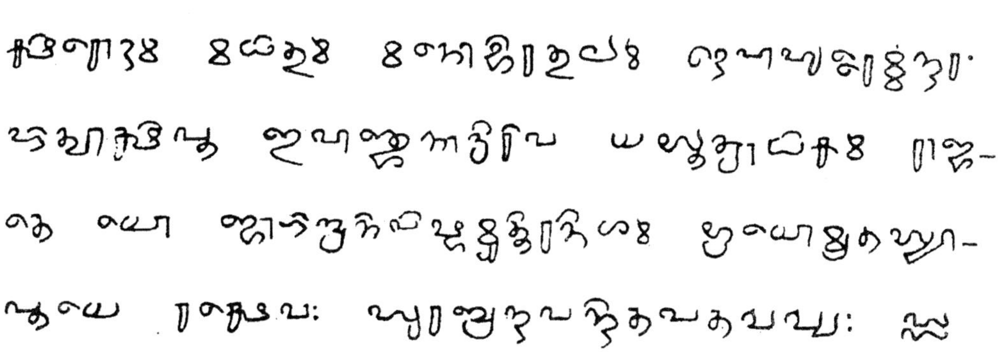

लिपिपत्र ५६वां

पाण्ड्यवंशी सुंदरपाण्ड्य के लेख और यादव विरूपाक्ष तथा गिरिभूपाल के दानपत्रों से
(ई. स. की १३वीं और १५वीं शताब्दी तक)

पाण्ड्यवंशी राजा सुन्दरपाण्ड्य के श्रीरंगं के लेख से (ई. स. की १३वीं शताब्दी).

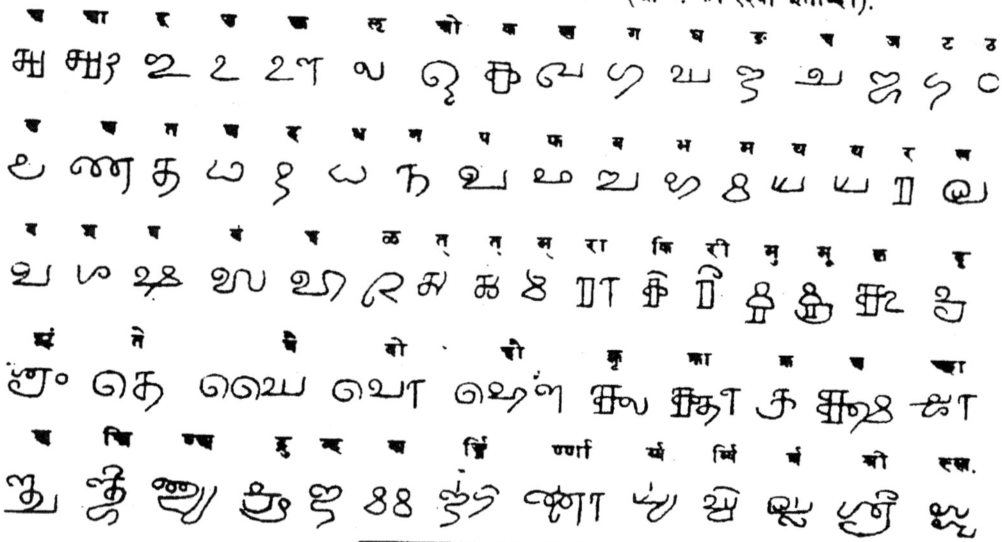

चारलंपूण्डि से मिलेहुए विजयनगर के यादव राजा विरूपाक्ष के दानपत्र से (श. सं. १३०५ = ई. स. १३८३).

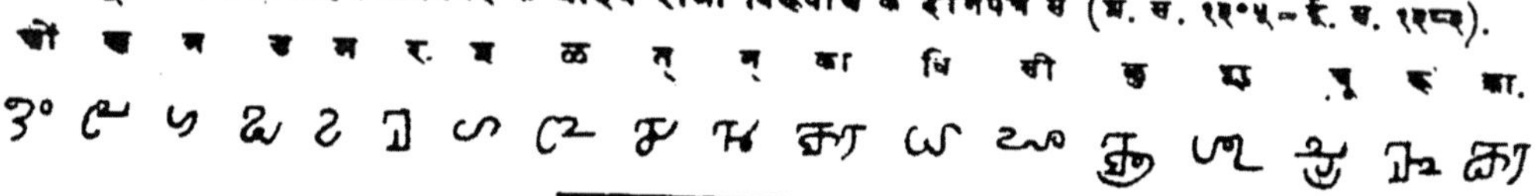

विजयनगर के यादव गिरिभूपाल के दानपत्र से (शक. सं. १३४६ = ई. स. १४२४).

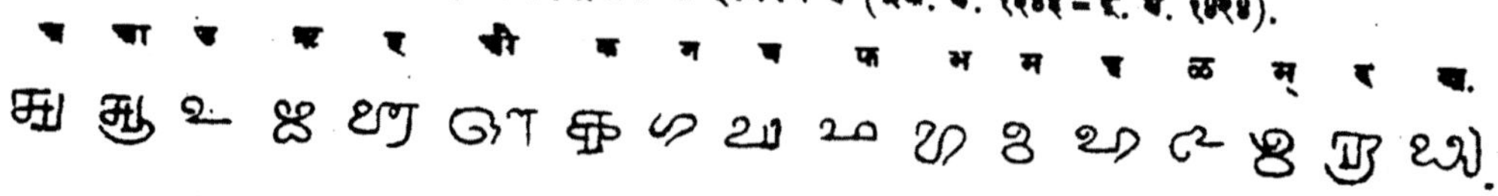

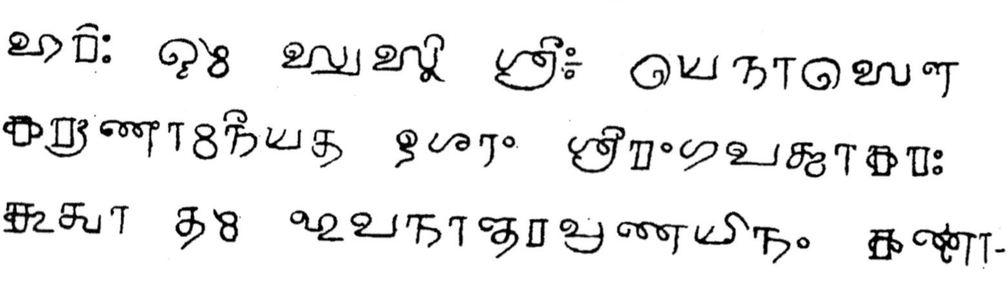

लिपिपत्र ५७वां

कलिंग नगर के गंगावंशी (पूर्वी) राजाओं के तीन दानपत्रो से

(ई. स. की ७वीं और ८वीं शताब्दी)

पूर्वी गंगावंशी राजा इन्द्रवर्मन् के अच्युतपुरं के दानपत्र से (गांगेय सं. ८७ = ई. स. की ७वीं शताब्दी ?).

अ आ इ उ क ख ग घ च ज ट ड त द ध न प फ ब

भ म र व श ष ण्या ष्या लि ली सु हृ जे गो गौ ज्ञा च्छ ढ.

पूर्वी गंगावंशी राजा इन्द्रवर्मन् (दूसरे) के चिकाकोल के दानपत्र से (गांगेय सं. १४६ = ई. स. की ७वीं शताब्दी ?).

आ क ख ग घ च ज ट ड ण त थ द ध न प फ ब भ

म य र श ष स म् ला त्रि जे है या ञ्ज च्छ ष्टा र्क ह

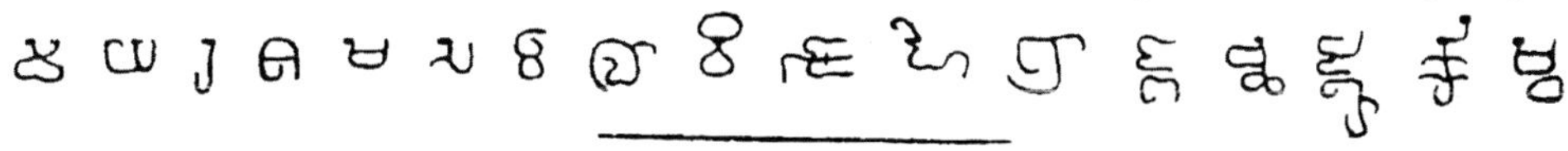

गंगावंशी राजा देवेन्द्रवर्मन् (गुणार्णव के पुत्र) के दानपत्र से (गांगेय सं. १८३ = ई. स. की ८वीं शताब्दी ?).

अ इ उ क ख ग घ च ज ट ड ण त थ द ध न प फ

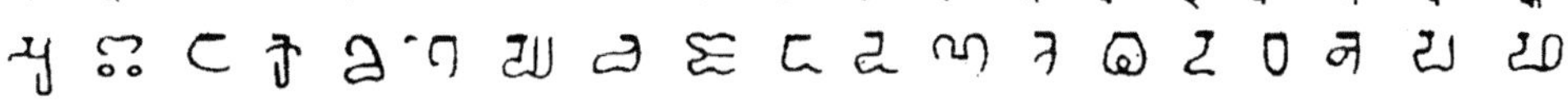

ब भ म य र ल व श ष स ह ज्ञ च्छ ष्ठा ध्य ×क ᳵप.

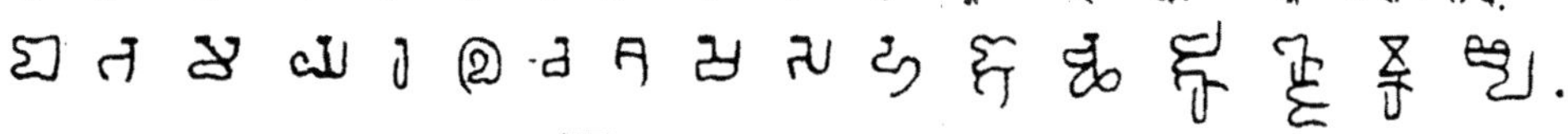

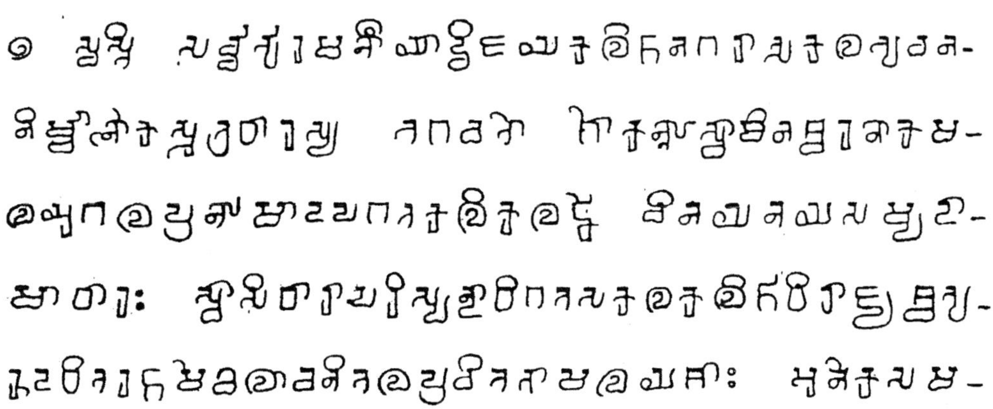

लिपिपत्र ५८वां

कलिंग नगर के गंगावंशी (पूर्वी) राजाओं के दानपत्रों से

(ई. स. की ८वीं शताब्दी)

गंगावंशी देवेन्द्रवर्मन् (अनंतवर्मन् के पुत्र) दूसरे के दानपत्र से (गांगेय सं. [२]११ = ई. स. की ८वीं शताब्दी !)

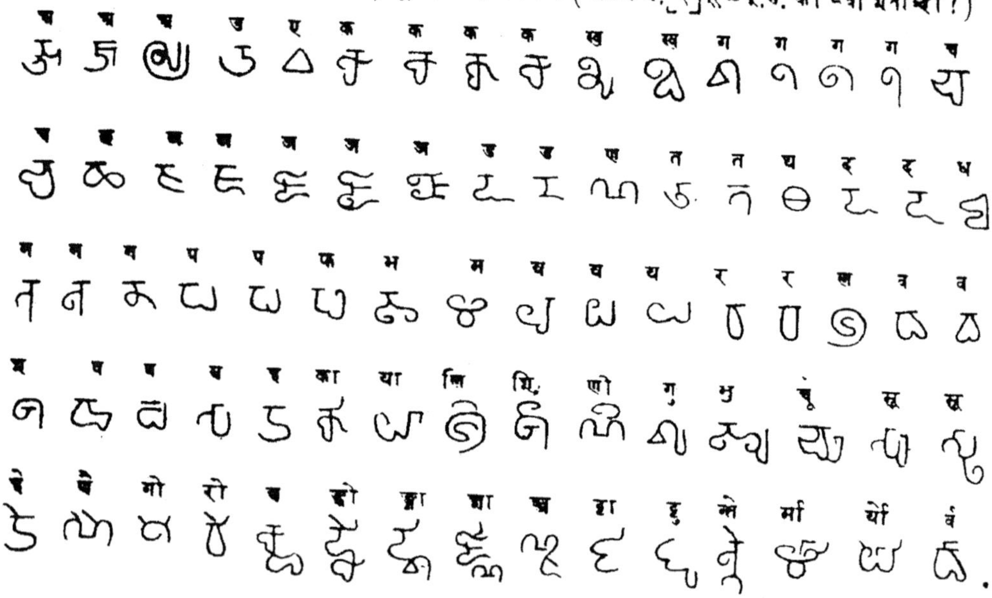

राजा देवेन्द्रवर्मन् (दूसरे) के विज़ागापट्टम् के दानपत्र से (गांगेय सं. २५४ = ई. स. की ८वीं शताब्दी !).

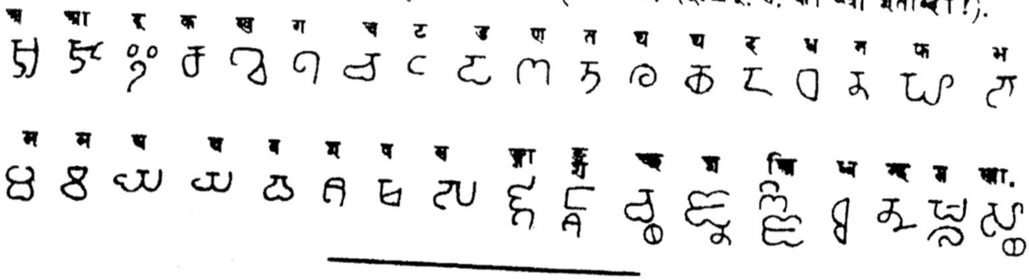

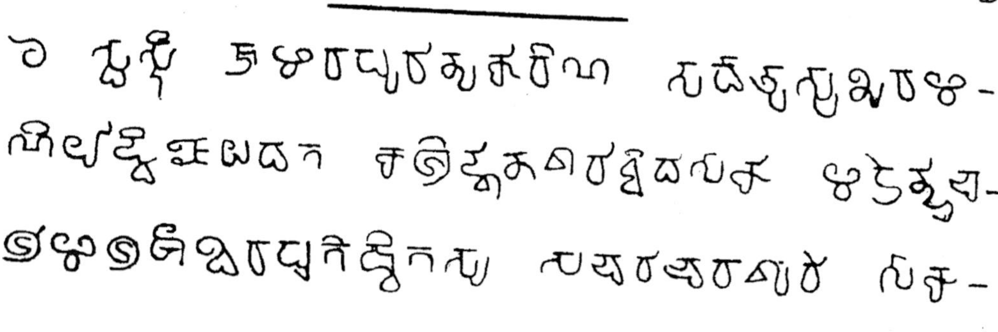

लिपिपत्र ५९वां

कलिंग नगर के गंगावंशी राजा वज्रहस्त के पर्लाकिमेडी के दानपत्रो से

(ई. स. की ११वीं शताब्दी के मध्य के आस पास)

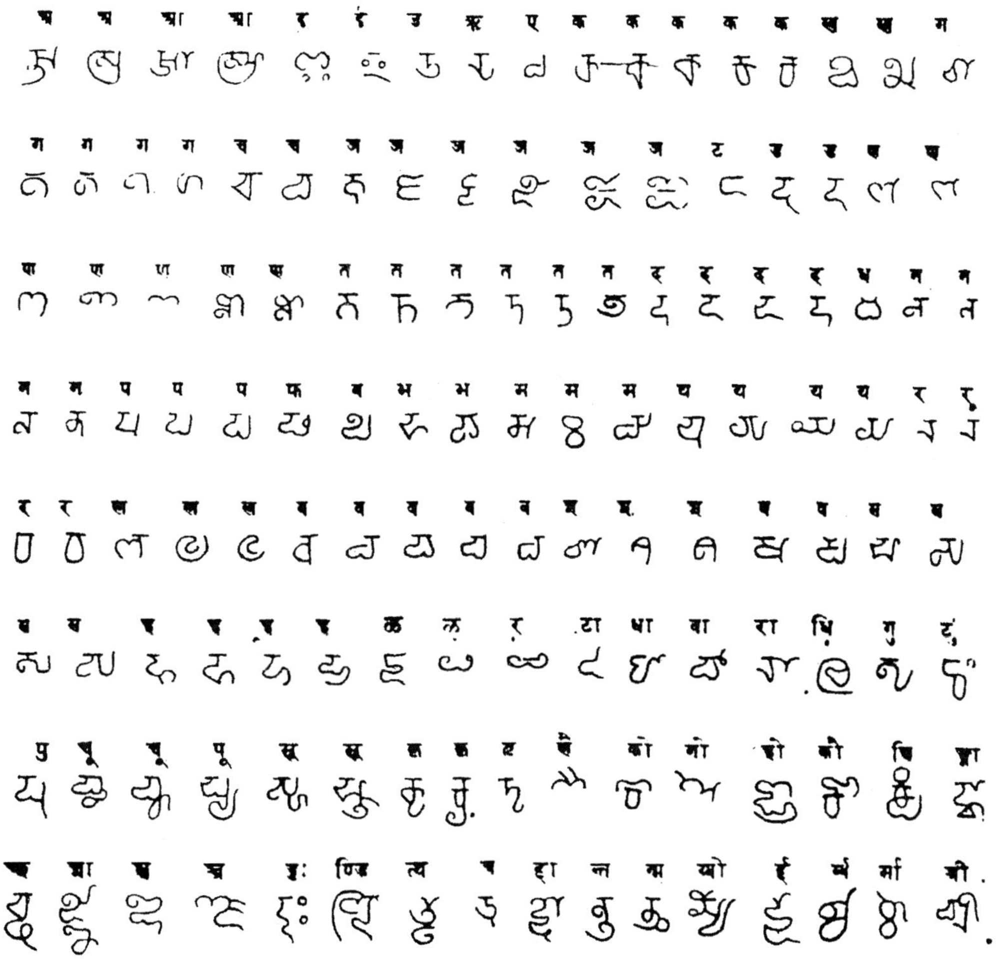

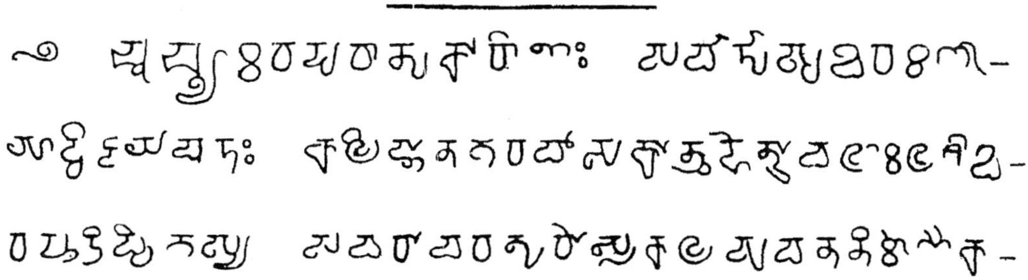

लिपिपत्र ६०वां

पल्लववंशी राजाओं के तीन दानपत्रों के अंत के तमिल अंशों से

(ई. स. की ७वीं और ८वीं शताब्दी)

पल्लववंशी राजा परमेश्वरवर्मन् के कूरम के दानपत्र से (ई. स. की ७वीं शताब्दी).

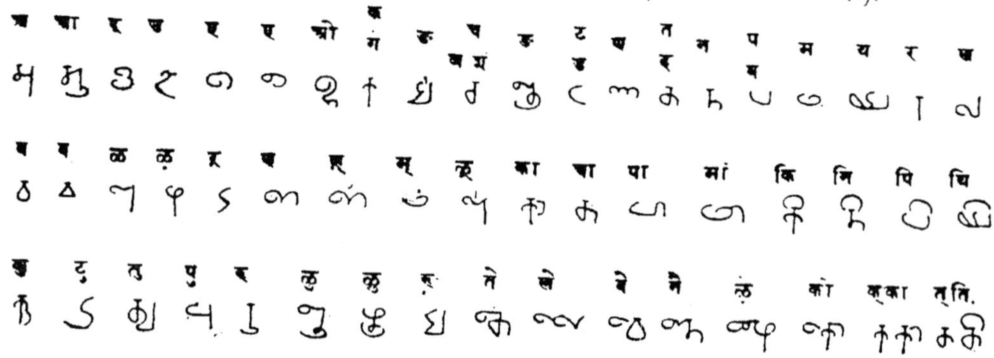

पल्लववंशी राजा नन्दिवर्मन् के कशाकुडि के दानपत्र से (ई. स. की ८वीं शताब्दी).

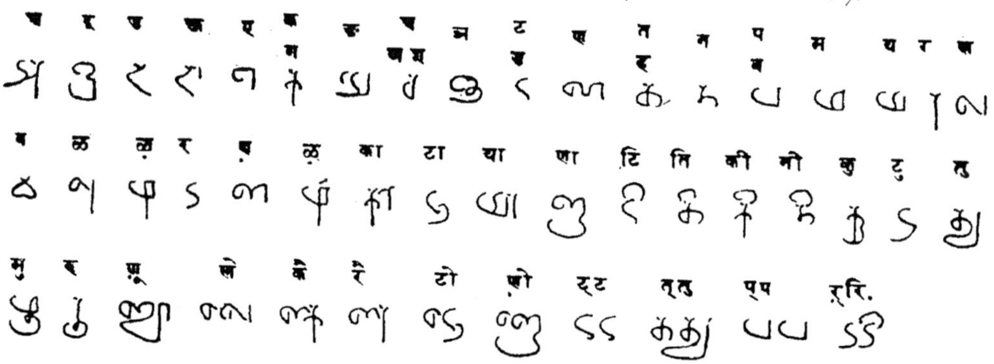

पल्लववंशी राजा नन्दिवर्मन् (पल्लवमल्ल) के उदयेंदिरम् के दानपत्र से (ई. स. की ८वीं शताब्दी).

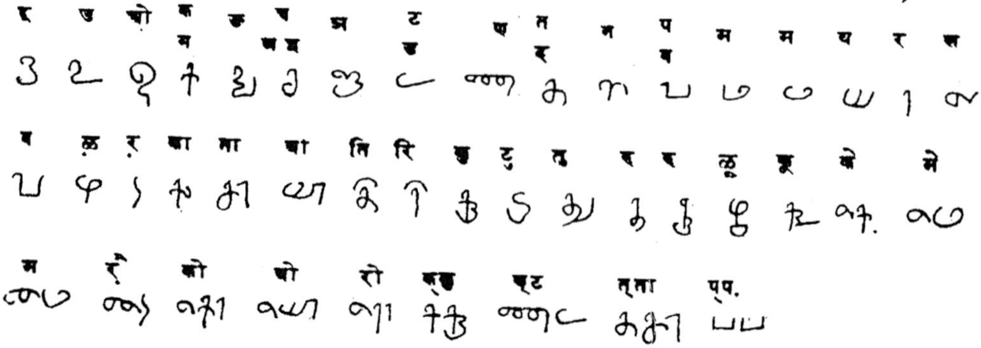

लिपिपत्र ६१वां

पल्लवतिलक दन्तिवर्मन् और राष्ट्रकूट कृष्णराज (तीसरे) के लेखों से

(ई. स. की ९वीं और १०वीं शताब्दी)

पल्लवतिलकवंशी राजा दन्तिवर्मन् के समय के तिरुवेळ्ळरै के लेख से (ई. स. की ९वीं शताब्दी).

राष्ट्रकूट राजा कण्णरदेव (कृष्णराज तीसरे) के समय के तिरुक्कोवलूर के लेख से (ई. स. की १०वीं शताब्दी).

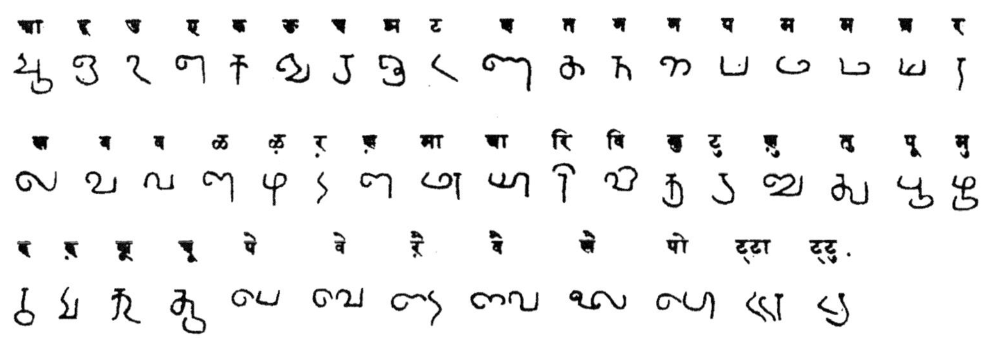

राष्ट्रकूट राजा कण्णरदेव (कृष्णराज तीसरे) के समय के वेलोर के चटान पर के लेख से.

लिपिपत्र ६२वां

राजेन्द्रचोल, विरूपाक्ष और वावलकाय के लेखाकामय के लेखादि से
(ई. स. की ११वीं और १५वीं शताब्दी)

राजेन्द्रचोल (प्रथम) के तिरुमलै के चट्टान पर खुदे हुए लेख से (ई. स. की ११वीं शताब्दी).

अ इ ई उ ऊ ए ओ क ङ च ञ ञ ट ण त न प म

य र ल व, ळ ऴ ऱ ऩ पा ति णि षी पु मु षू वे वै.

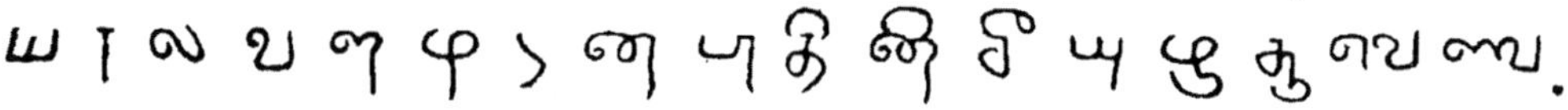

पगन (बर्मा में) से मिले हुए वैष्णव लेख से (ई. स. की १३वीं शताब्दी के आसपास).

अ इ क क च ञ ट ट ट ण त न प प म म य य

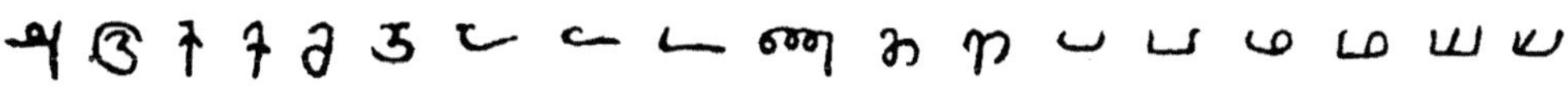

र ल व ळ ऴ ऱ ऩ मा वा रि यि कु टु पु ऱे लै.

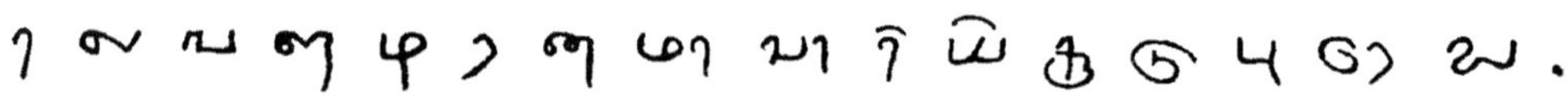

विजयनगर के राजा विरूपाक्ष के शोरैक्कावुर के दानपत्र से (श. सं. १३०८=ई. स. १३८०).

अ आ इ उ ए ओ क ङ च ञ ट ट ण त न प म

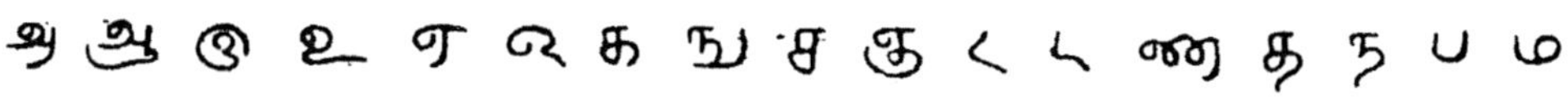

य र ल व ळ ऴ ऱ ऩ ति लि की कु पु कू वू रे को.

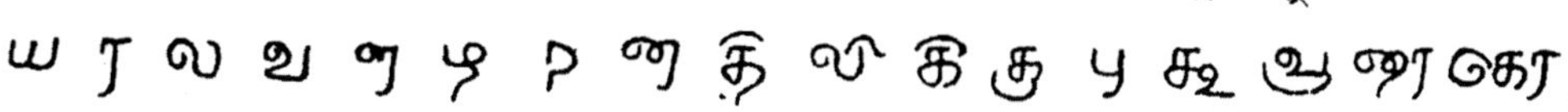

महामंडलेश्वर वालककामय के जंबुकेश्वर के लेख से (श. सं. १४०४=ई. स. १४८२).

अ आ इ उ ए ओ क ङ च ट ण त न प म य र ल

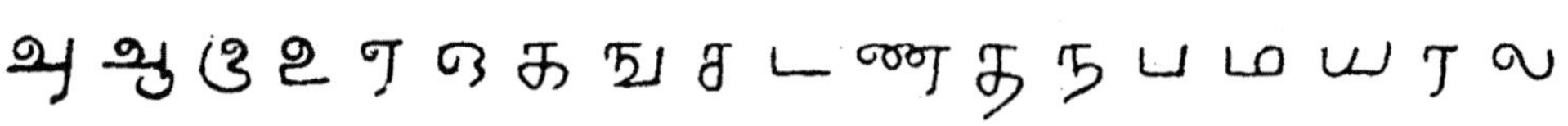

व ळ ऴ ऱ ऩ ऩा टि यि मु वु रु पू ण ऩै रे.

लिपिपत्र ६३वां

जटिलवर्मन् और वरगुणपांड्य के लेखादि से

(ई. स. की ८वीं और ९वीं शताब्दी)

जटिलवर्मन् के समय के आनैमलै के लेख से (ई. स. की ८वीं शताब्दी).

अ आ इ उ क ङ च ञ ट ण त न प म य र

ल व ळ ऱ ऩ प् य् ऴ् ता पा मा या कि रि मी कु

तु मु मू ले पे मे टै रै को क्कु ऱ्कु ऴ्ऴै त्त.

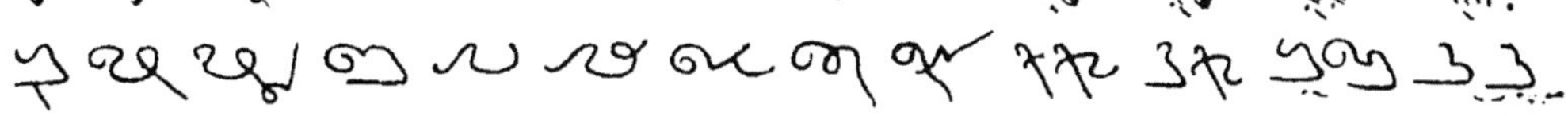

जटिलवर्मन् के दानपत्र से (ई. स. की ८वीं शताब्दी).

अ आ इ ई उ ए ओ क ङ च ञ ट ण त न प म य र

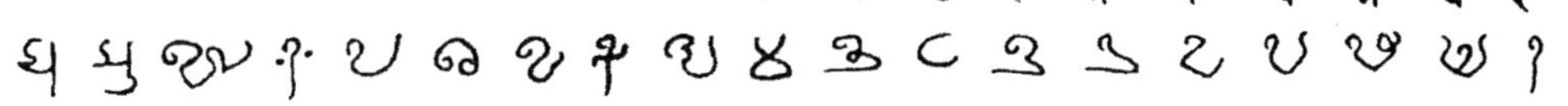

ल व ळ ऴ ऱ ऩ क् त् या ना मा णा कि टि की मी

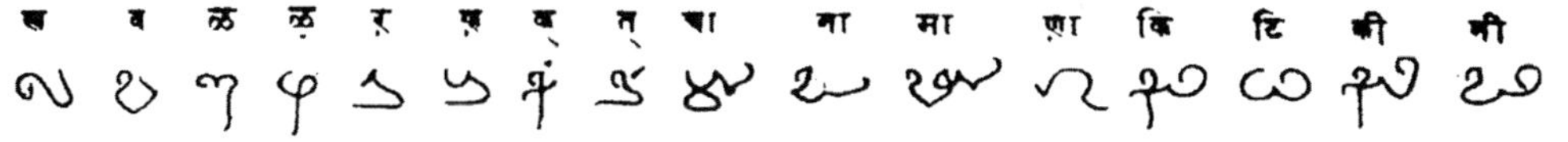

कु टु तु थु द कू यू रू ते पे ये रे को तो पो.

वरगुणपांड्य के अंबासमुद्रं के लेख से (ई. स. की ९वीं शताब्दी)

अ आ इ इ ई उ ए ऐ ऐ ओ क ङ च ञ ट ण त

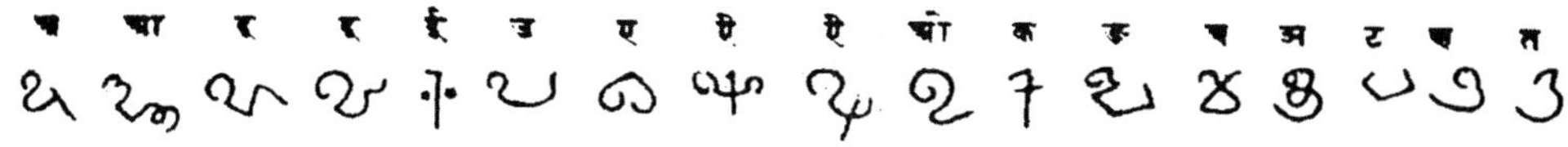

न ण प म य र ल व ळ ळ ऴ ऱ ऱ ऩ ऩ का टा

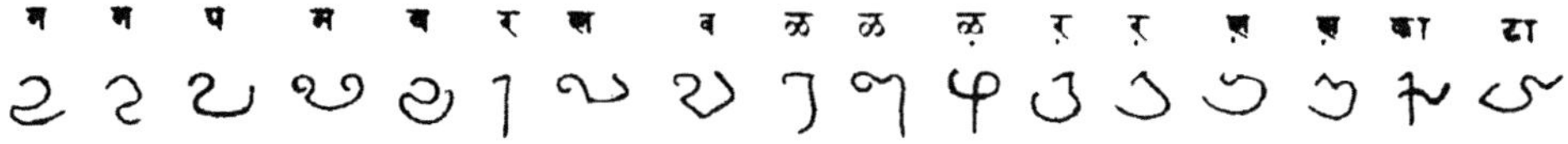

ऱा या वि ऱी कु पु टु तु लु मू रू ने वे मे पो.

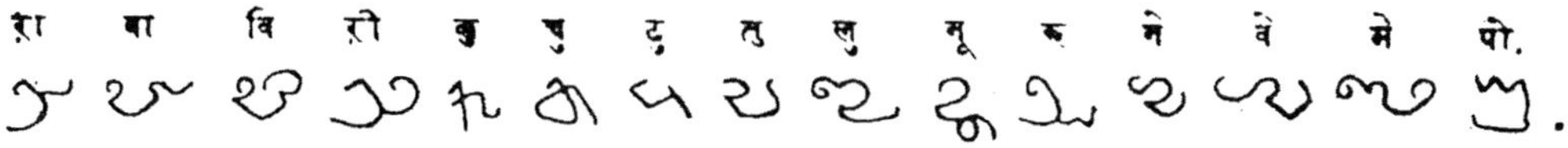

लिपिपत्र ६४वां

श्रीवल्लवंतोडे, भास्कररविवर्मन् और वीरराघव के दानपत्रों से

(ई. स. की १०वीं और १४वीं शताब्दी के आस पास तक)

मांबल्लि से मिले हुए श्रीवल्लवंगोडे के दानपत्र से (कोल्लम् सं. १४८=ई. स. ८७१).

अ आ इ उ क ङ च ञ ट ण त न प म म य र ल

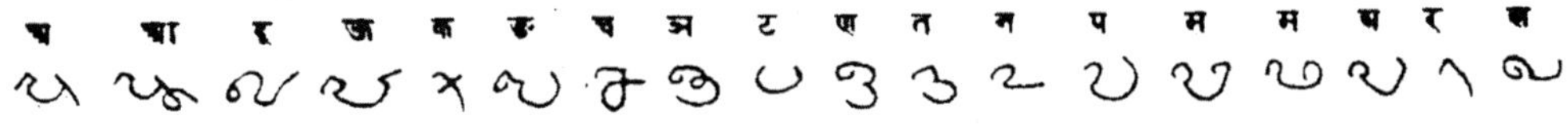

व ळ ऴ ऱ ऩ का गा या चि यि रि वि की ऴी कु गु

तु नु ळु ऱु कू पू ऱू पे ने टे रै को चो पो रा.

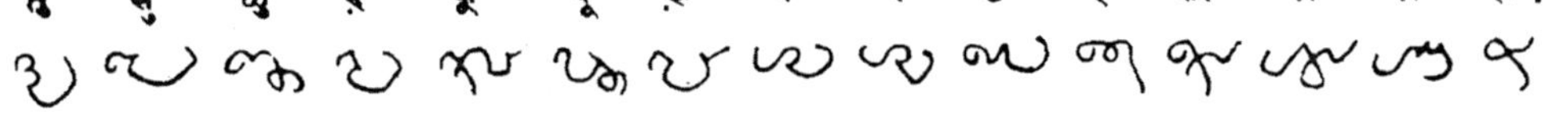

कोचिन् से मिले हुए भास्कररविवर्मन् के दानपत्र से (ई. स. की ११वीं शताब्दी के आसपास).

अ आ इ ई उ ए क ङ च ञ ट ण त न प म

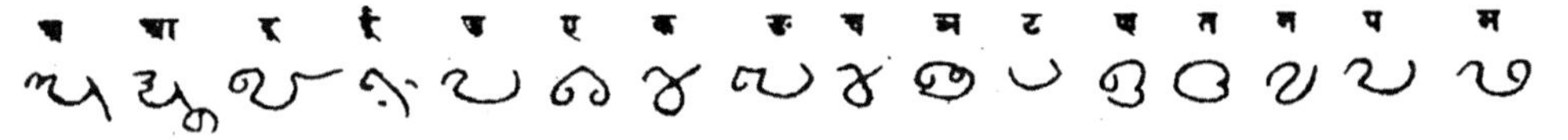

य र ल व ळ ऴ ऱ ऩ ण टा मा टि ति वी कु

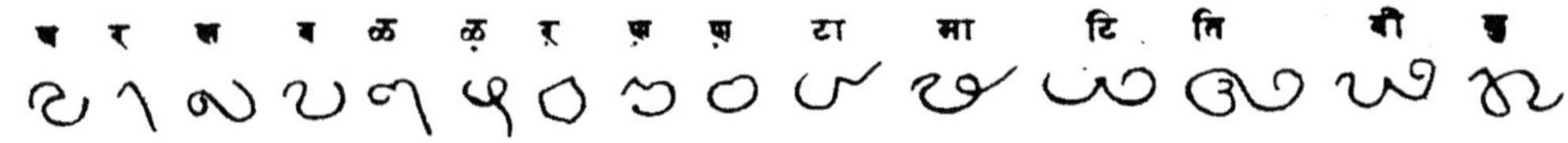

गु टु मु रु ळु ऴु कू नू पू के पे वे मै को तो.

कोट्टयं से मिले हुए वीरराघव के दानपत्र से (ई. स. की १४वीं शताब्दी के आसपास).

अ इ उ ए ए ऐ ओ क ङ च ञ ट ण त न प

म य र ल व ळ ऴ ऱ ण ता या ऴा ति णि वि

चि ऴि कु तु मु रु ऱु नू चे टे तै तो चो रो.

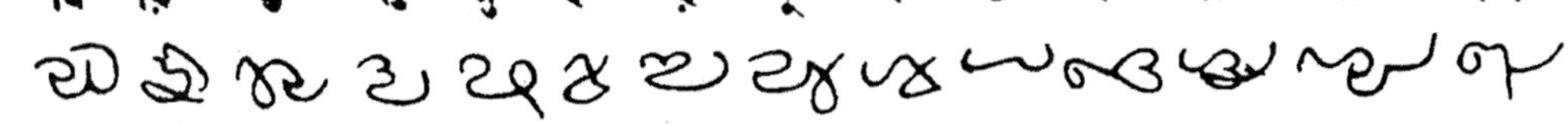

लिपिपत्र ६५वां

मौर्यवंशी राजा अशोक के शहबाजगढ़ी और मान्सेरा के लेखों से

(ई. स. की पूर्व की तीसरी शताब्दी)

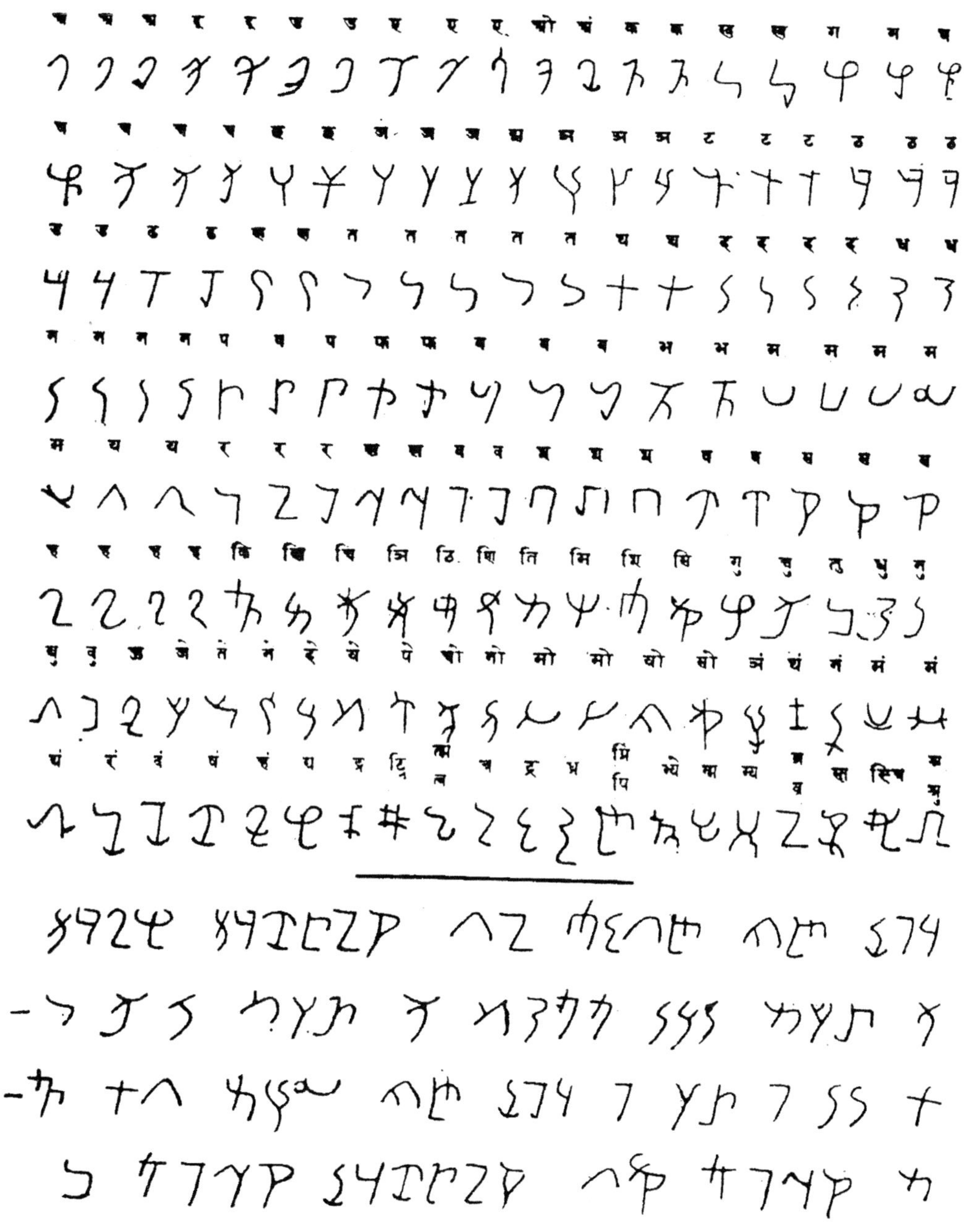

लिपिपत्र ६६वां

हिन्दुस्तान के ग्रीक (यूनानी), शक, पार्थिअन् और कुशनवंशी राजाओं के सिक्कों से

(ई. स. पूर्व की दूसरी शताब्दी से ई. स. की पहिली शताब्दी तक)

ग्रीक (यूनानी) राजाओं के सिक्कों से.

शक, पार्थिअन् और कुशनवंशी राजाओं के सिक्कों में मुख्य मुख्य अक्षर.

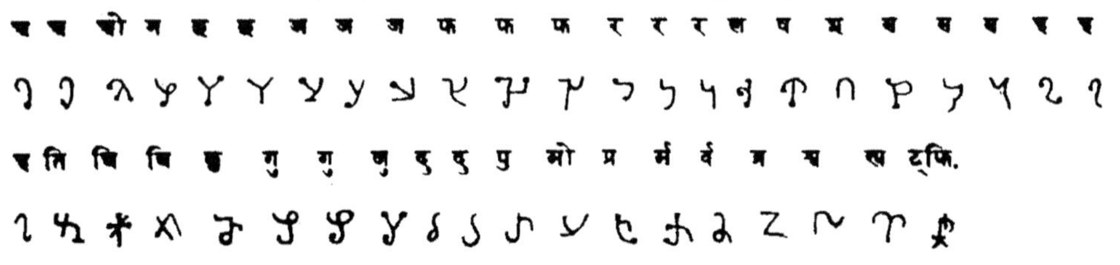

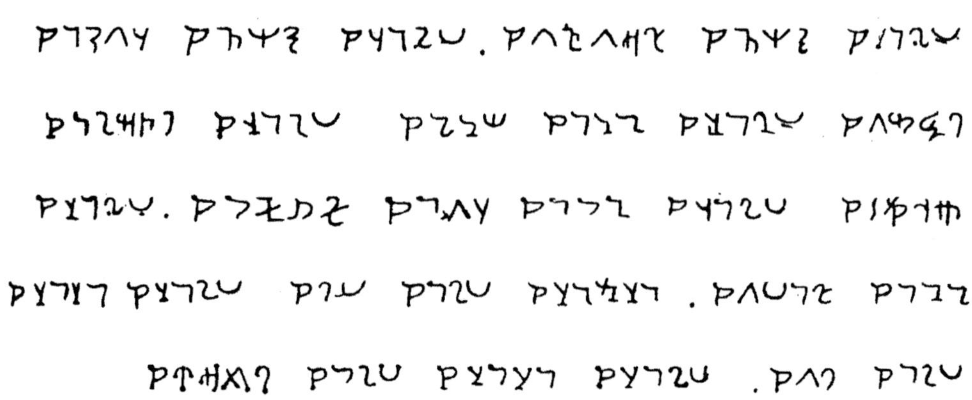

लिपिपत्र ६७वां

मथुरा तथा तक्षशिला से मिले हुए लेखों से

(ई. स. की पूर्व की पहिली शताब्दी से ई. स. मी पहिली शताब्दी तक)

क्षत्रप राजुल के समय के मथुरा के सिंहाकृतिवाले स्तंभ पर के लेखों से.

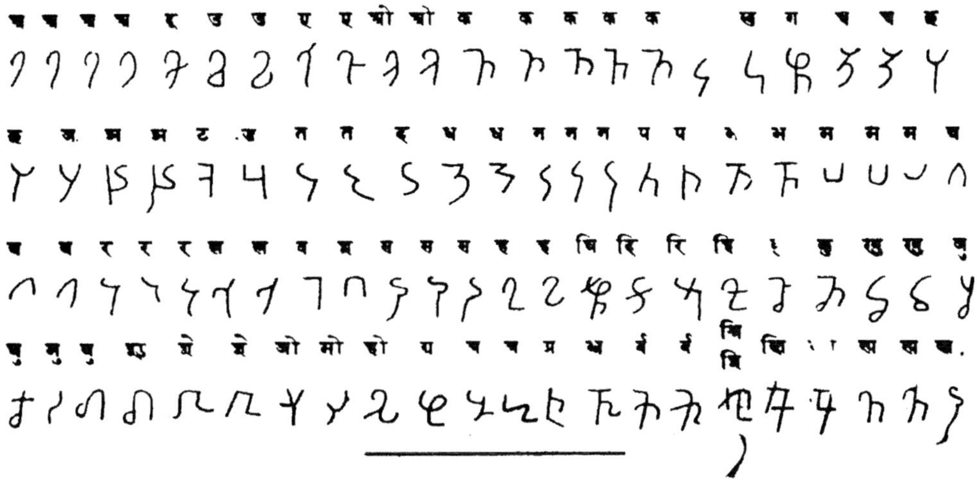

तक्षशिला से मिले हुए क्षत्रप पतिक के ताम्रलेख से.

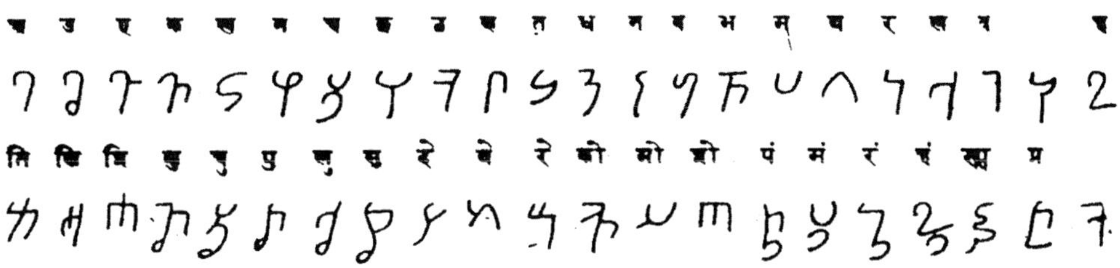

तक्षशिला से मिले हुए पत्थर के पात्र पर के लेख से.

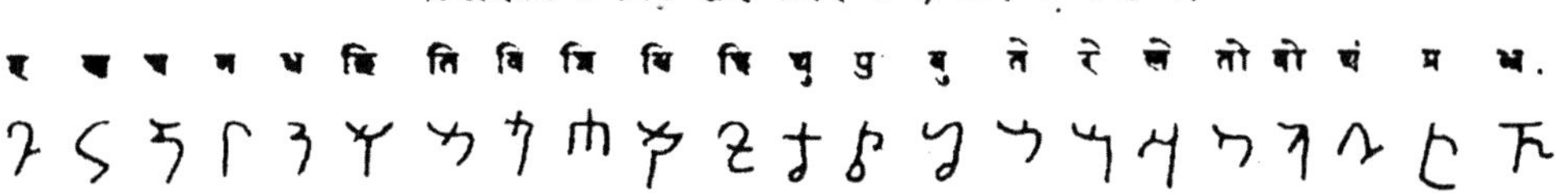

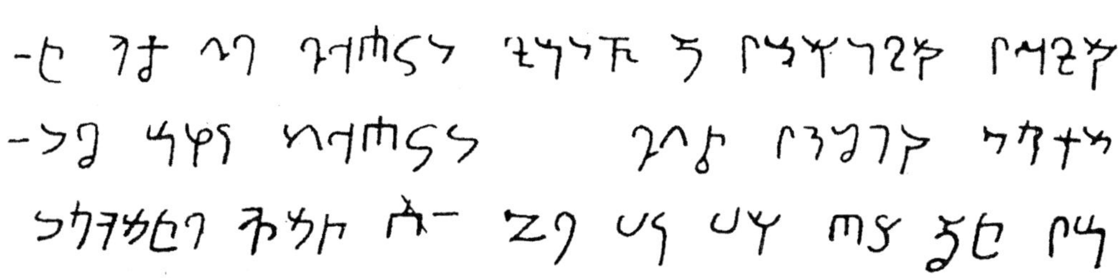

लिपिपत्र ६८वां

पर्थिअन्वंशी राजा गंडोफर और कुशनवंशी राजा कनिष्क के समय के लेखों से

(ई. स. की पहिली शताब्दी)

पार्थिअनवंशी राजा गंडोफर के समय के तख्तिबाही के लेख से.

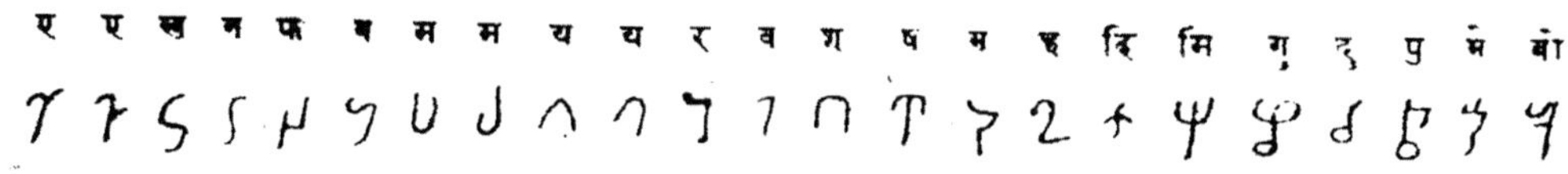

कुशनवंशी राजा कनिष्क के समय के सुएविहार के ताम्रलेख से.

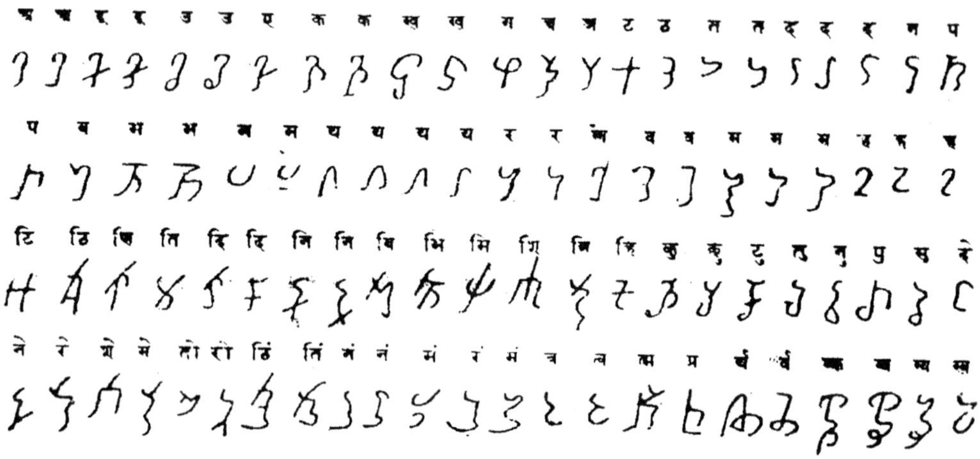

तक्षशिला के स्तूप से निकले हुए पात्र के लेख से. पाजा के लेख से.

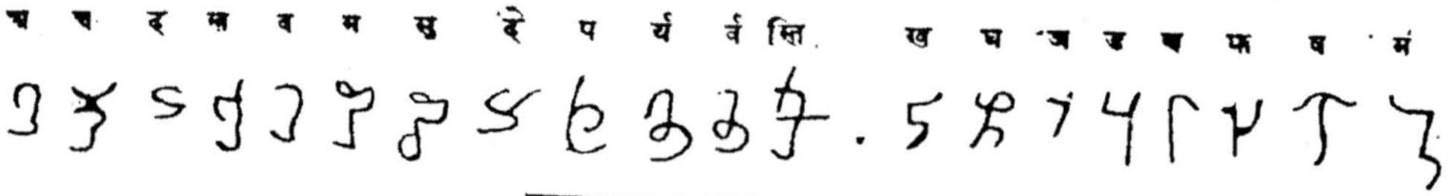

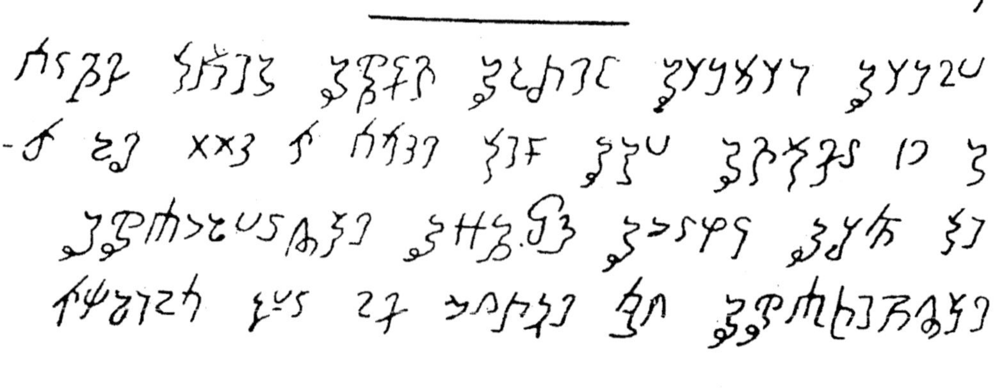

लिपिपत्र ६९वां

वर्डक् (अफगानिस्तान में), आरा, पाजा और कल्दरा के लेखों से

(ई. स. की दूसरी शताब्दी)

वर्डक् से मिले हुए पीतल के पात्रपर खुदे हुए कुशनवंशी राजा हुविष्क के समय के लेख से.

कुशनवंशी राजा वाझेष्क के पुत्र कनिष्क के समय के आरा के लेख से.

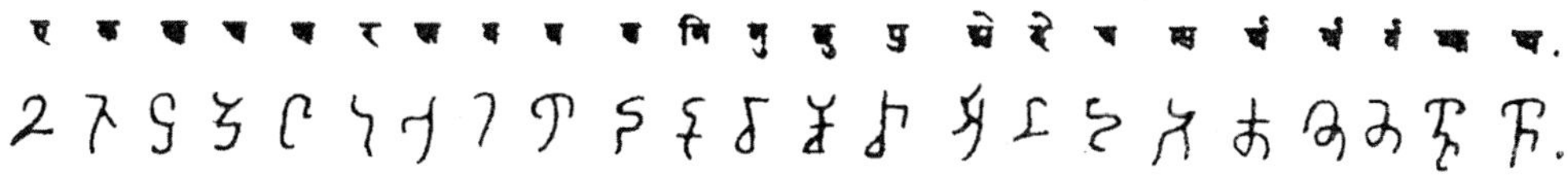

पाजा के लेख से. कल्दरा के लेख से.

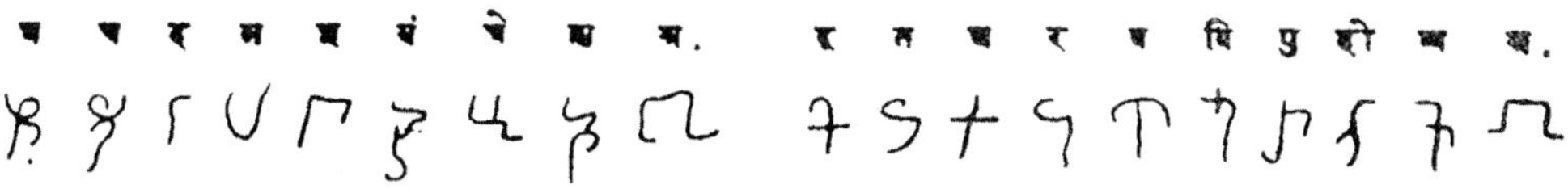

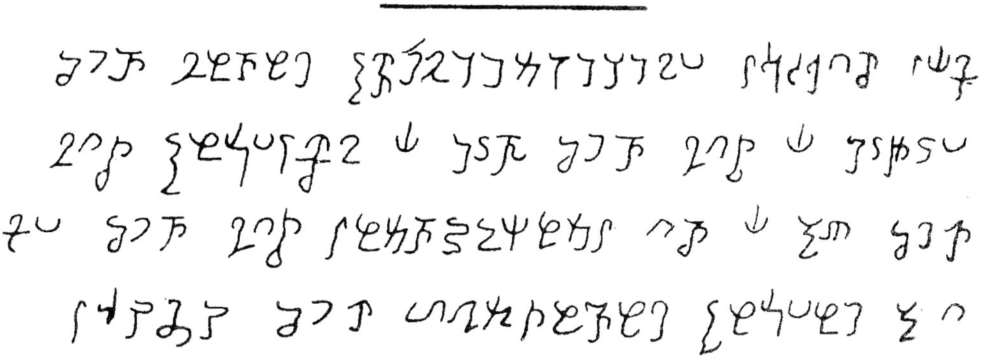

लिपिपत्र ७०वां

तक्षशिला, फतहजंग, कनहारा, पथ्रियार और चारसडा के लेखों से

(ई. स. की दूसरी शताब्दी)

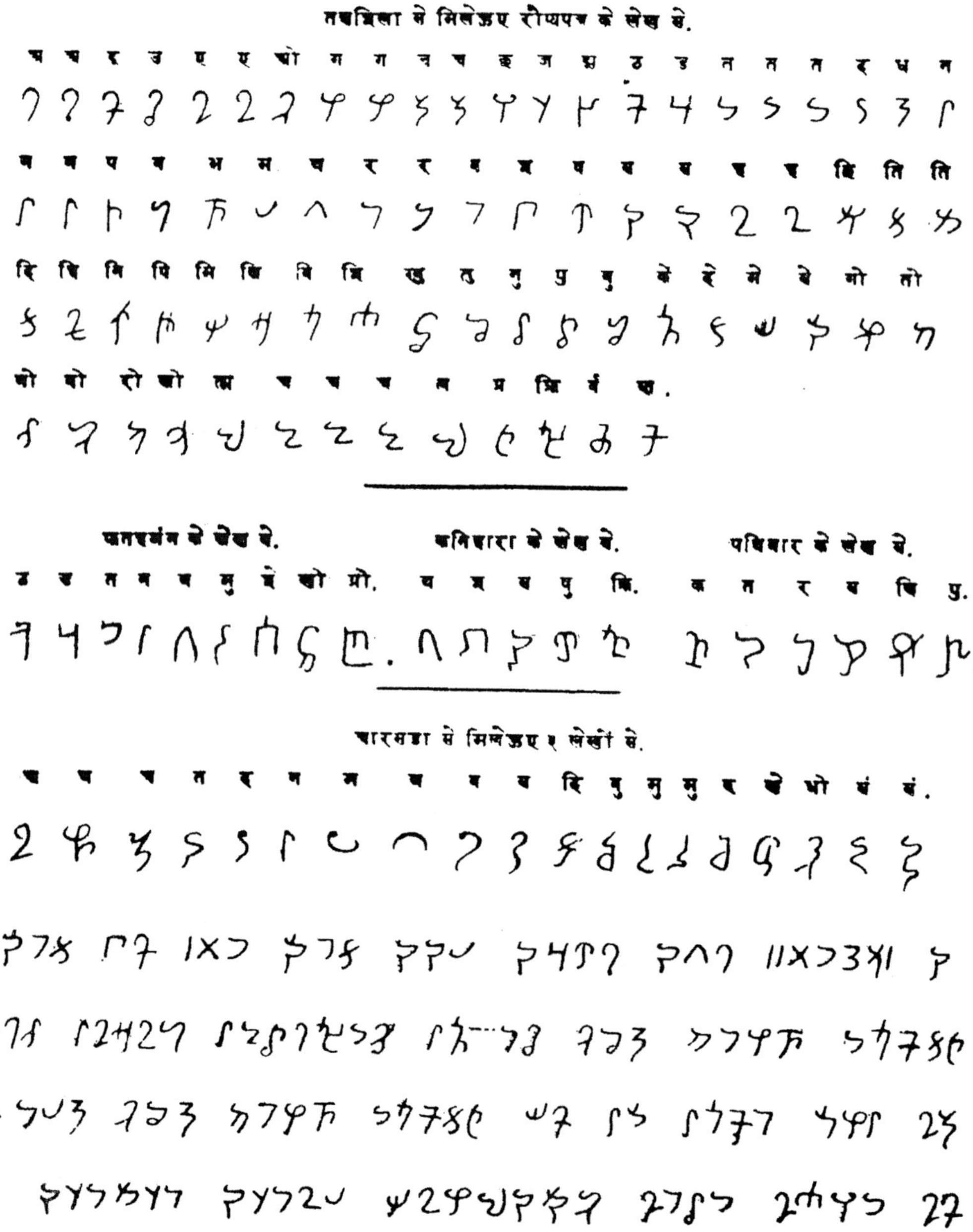

लिपिपत्र ७१वां

ब्रह्मी और उससे निकली हुई लिपियों के प्रचीन शैली के अंक

(१ से ९ तक)

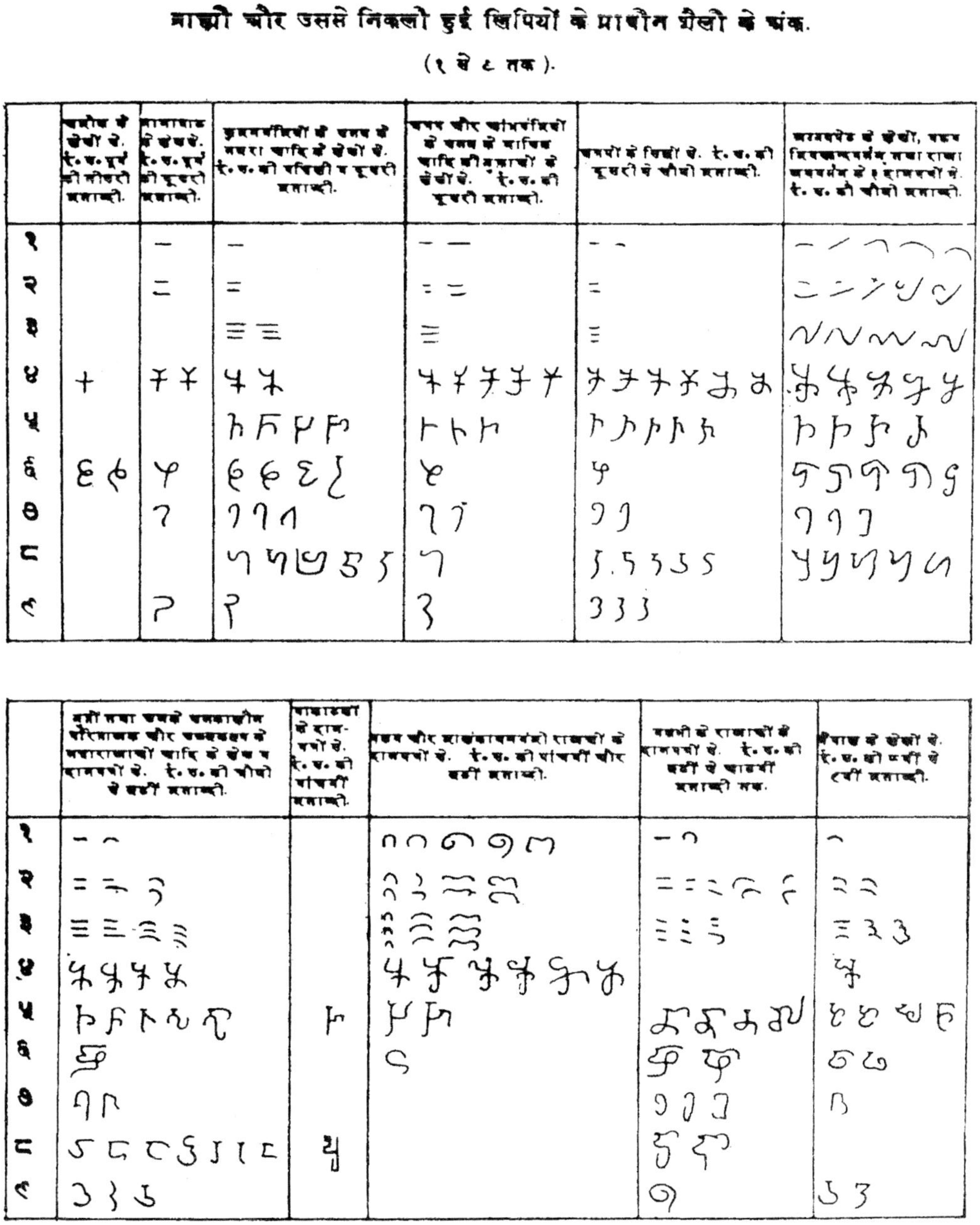

लिपिपत्र ७२वां

ब्रह्मी और उससे निकली हुई लिपियों के प्रचीन शैली के अंक

(१ से ९ और १० से ९० तक)

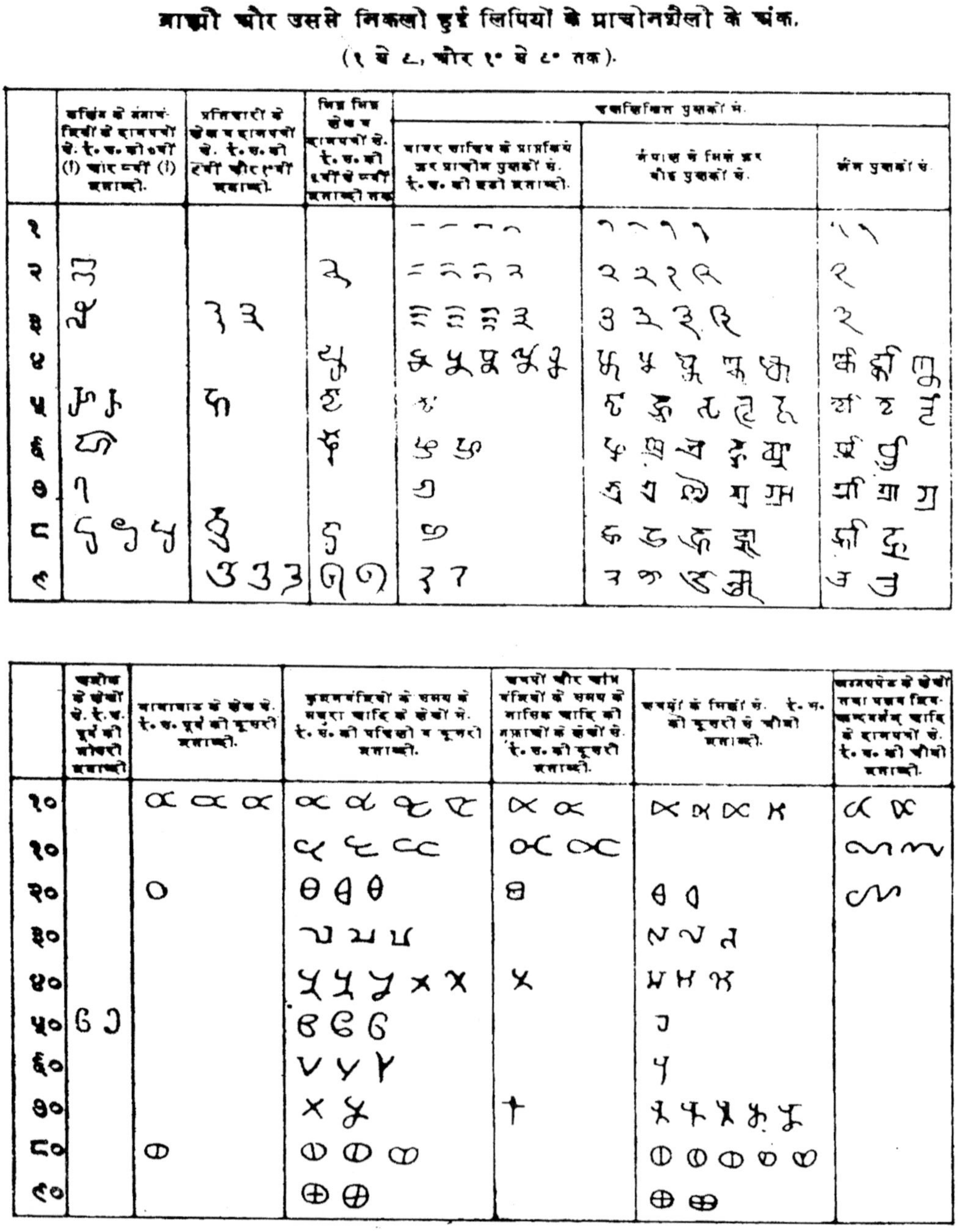

लिपिपत्र ७३वां

ब्रह्मी और उससे निकली हुई लिपियों के प्रचीन शैली के अंक

(१० से ९० तक)

ब्राह्मी और उससे निकली हुई लिपियों के प्राचीन शैली के अंक.

(१० से ९० तक).

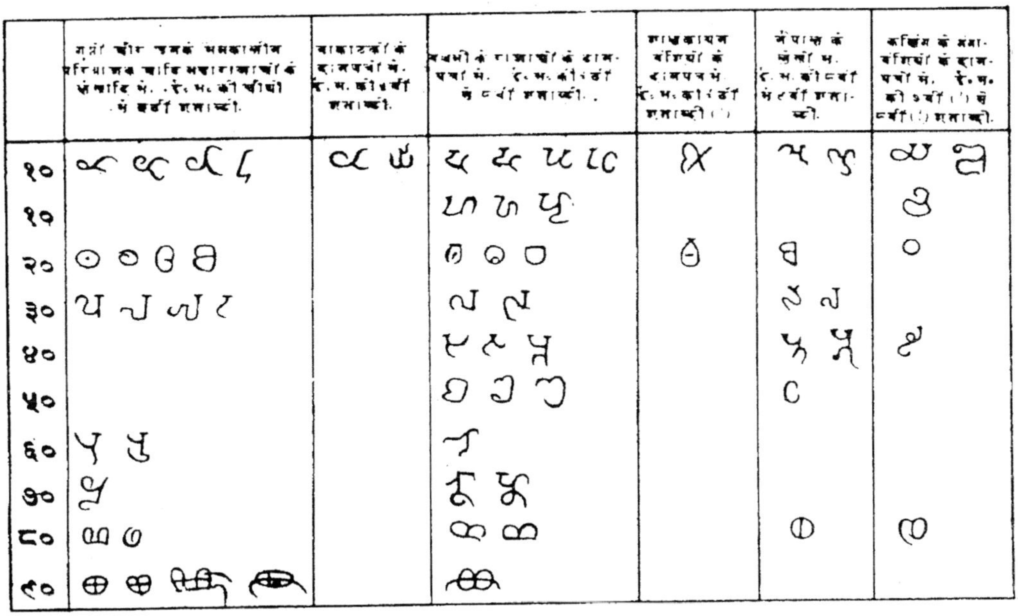

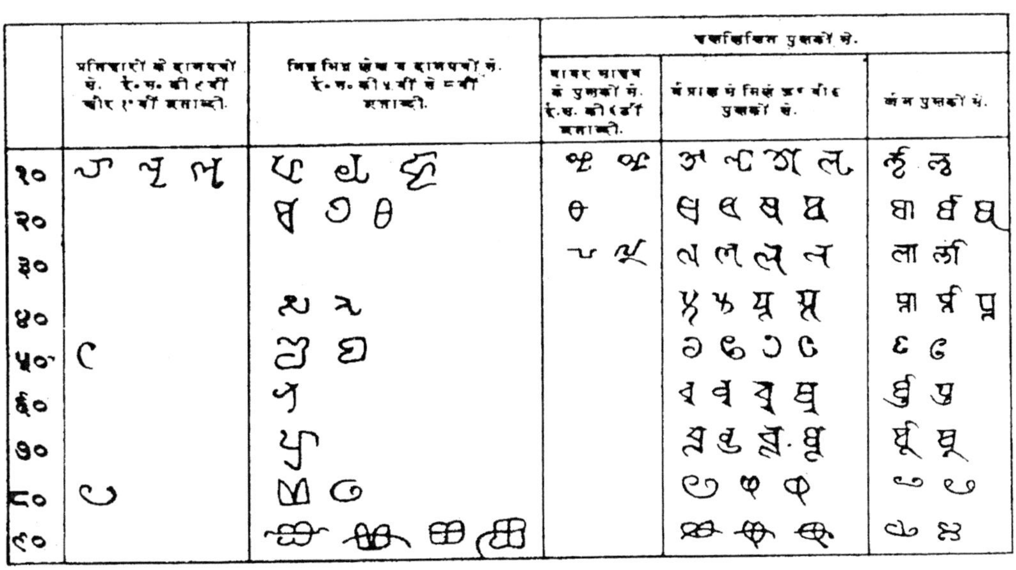

लिपिपत्र ७४वां

ब्रह्मी और उससे निकली हुई लिपियों के प्रचीन शैली के अंक

(१०० से ९०० तक)

ब्राह्मी और उससे निकली हुई लिपियों के प्राचीन शैली के अंक.

(१०० से ८०० तक).

	अशोक के लेखों से. ई.स. पूर्व की ३री शताब्दी.	नानाघाट के लेख से. ई.स. पूर्व की दूसरी शताब्दी.	नासिक के लेखों से. ई.स. की १ली व २री शताब्दी.	क्षत्रपों के सिक्कों से. ई.स. की दूसरी से चौथी शताब्दी.	गुप्तों तथा उनके समकालीन राजाओं के लेखादि से. ई.स. की चौथी से छठी शताब्दी.	वलभी के राजाओं के दानपत्रों से. ई.स. की छठी से आठवीं शताब्दी.
१००		[illegible]	[illegible]	[illegible]	[illegible]	
१००				[illegible]	[illegible]	
२००	[illegible]	[illegible]	[illegible]	[illegible]	[illegible]	[illegible]
३००				[illegible]		[illegible]
४००		[illegible]				[illegible]
५००		[illegible]			[illegible]	[illegible]
६००			[illegible]			
७००		[illegible]				

	नेपाल के लेखों से. ई.स. की ७वीं व ८वीं शताब्दी.	कलिंग के गंगावंशियों के दानपत्रों से. ई.स. की ७वीं (?) से ११वीं (?) शताब्दी.	प्रतिहारों के दानपत्रों से. ई.स. की ९वीं और १०वीं शताब्दी.	भिन्न भिन्न लेखादि से. ई.स. की ५वीं से ८वीं शताब्दी.	हस्तलिखित पुस्तकों से.	
					बौद्ध पुस्तकों से.	जैन पुस्तकों से.
१००	[illegible]	[illegible]			[illegible]	[illegible]
२००				[illegible]	[illegible]	[illegible]
३००	[illegible]				[illegible]	[illegible]
४००	[illegible]			[illegible]		[illegible]
५००	[illegible]					
६००				[illegible]		
७००				[illegible]		
८००				[illegible]		
९००			[illegible]			

लिपिपत्र ७५वां

ब्राह्मी ओर उससे निकली हुई लिपियों के प्राचिन और नवीन शैली के अंक

प्राचीन शैली के अंक (१००० से ७०००० तक, और मिश्र अंक).

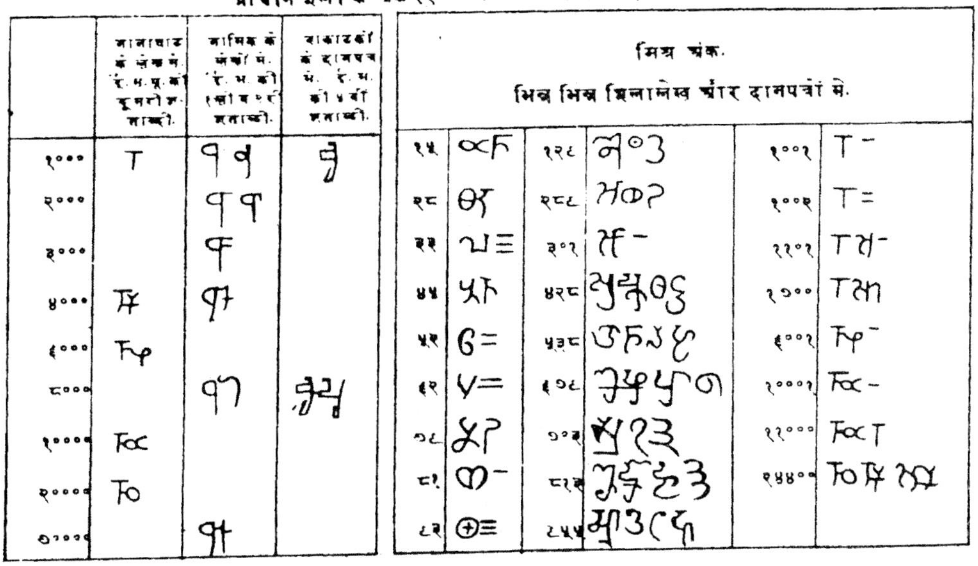

ब्राह्मी से निकली हुई लिपियों के नवीन शैली के अंक (१ से ९ तक और ०)

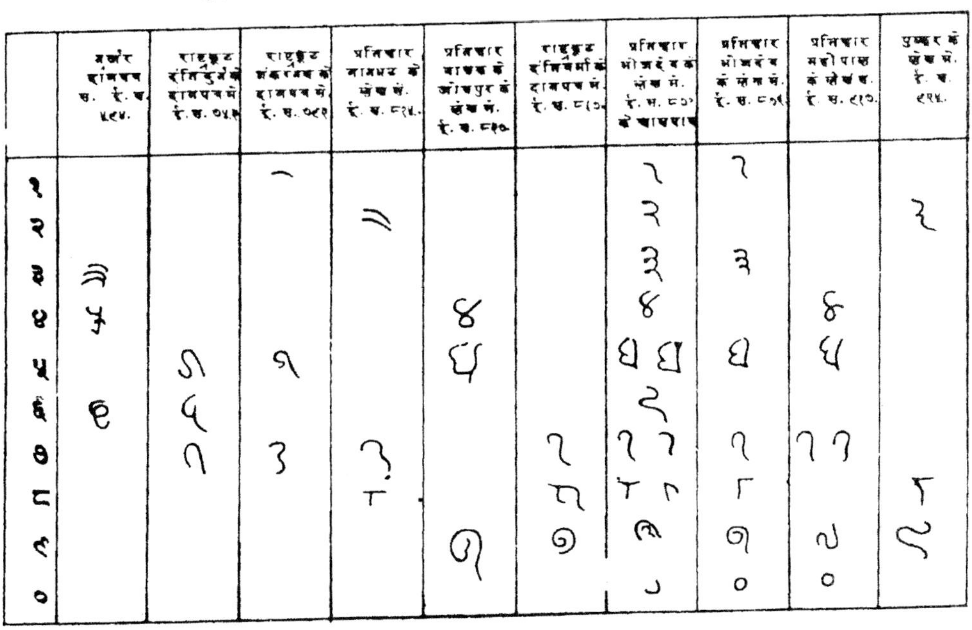

लिपिपत्र ७६वां

ब्रह्मी और उससे निकली हुई लिपियों के तथा खरोष्ठी लिपि के अंक

ब्राह्मी से निकली हुई लिपियों के नवीन शैली के अंक (१ से ८ तक और ०).

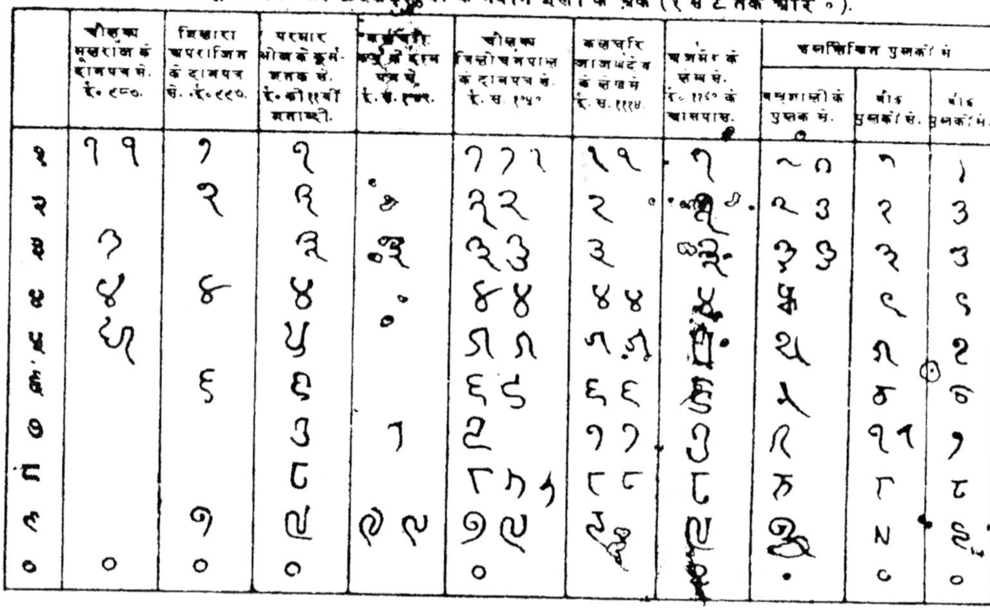

ब्राह्मी से निकली हुई लिपियों के अंक. खरोष्ठी लिपि के अंक.

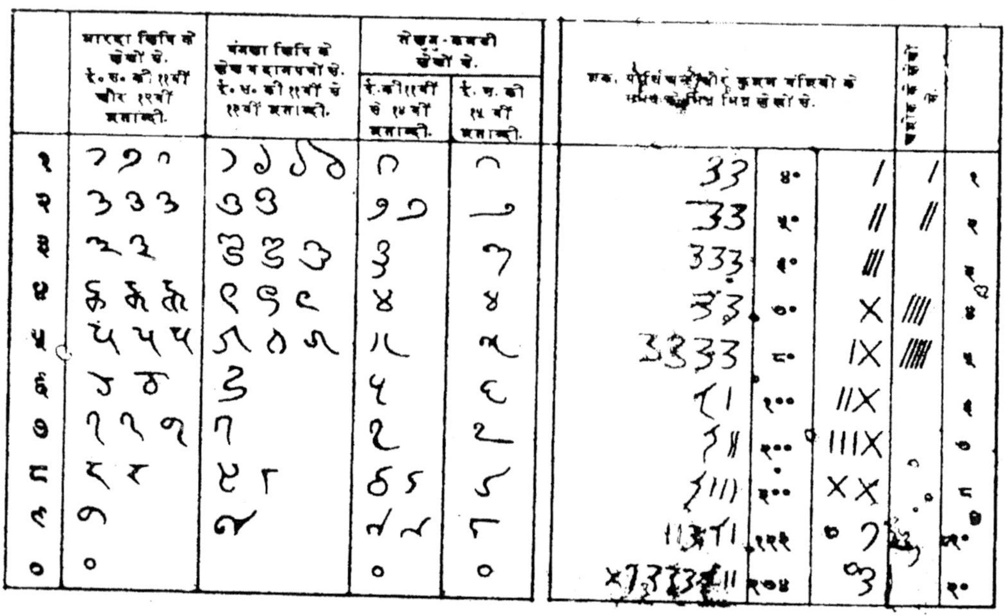

लिपिपत्र ७७वां

वर्तमान शारदा (कश्मीरी), टाकरी और गुरमुखी (पंजाबी) लिपियां

शारदा (कश्मीरी) लिपि.

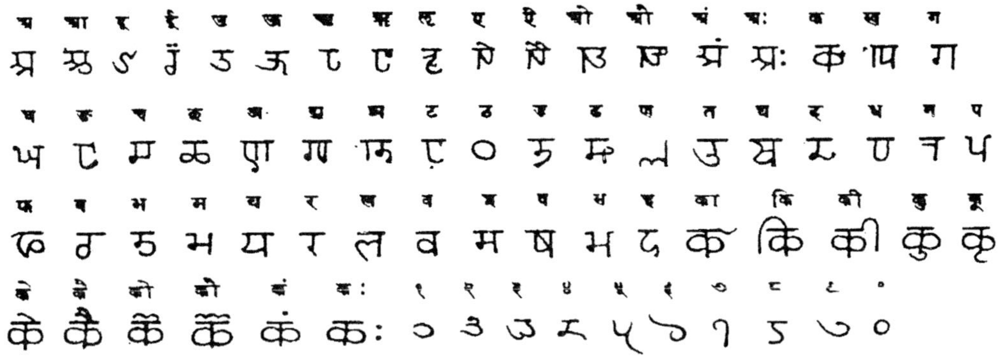

टाकरी लिपि.

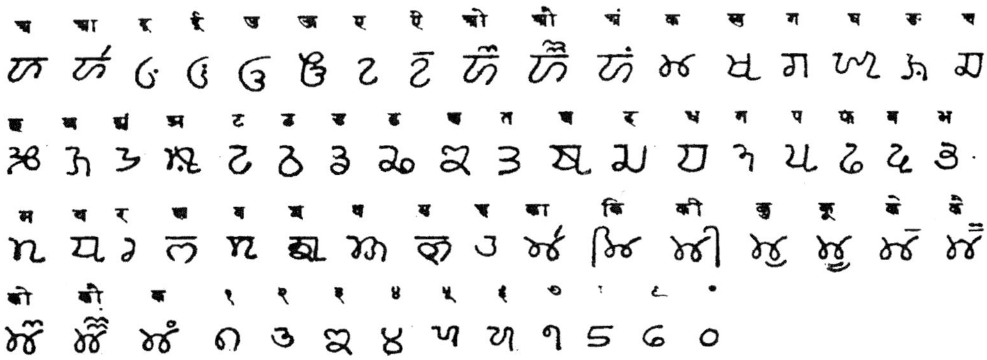

गुरमुखी (पंजाबी) लिपि.

लिपिपत्र ७८वां

वर्तमान कैथी, बंगला और मैथिल लिपियां

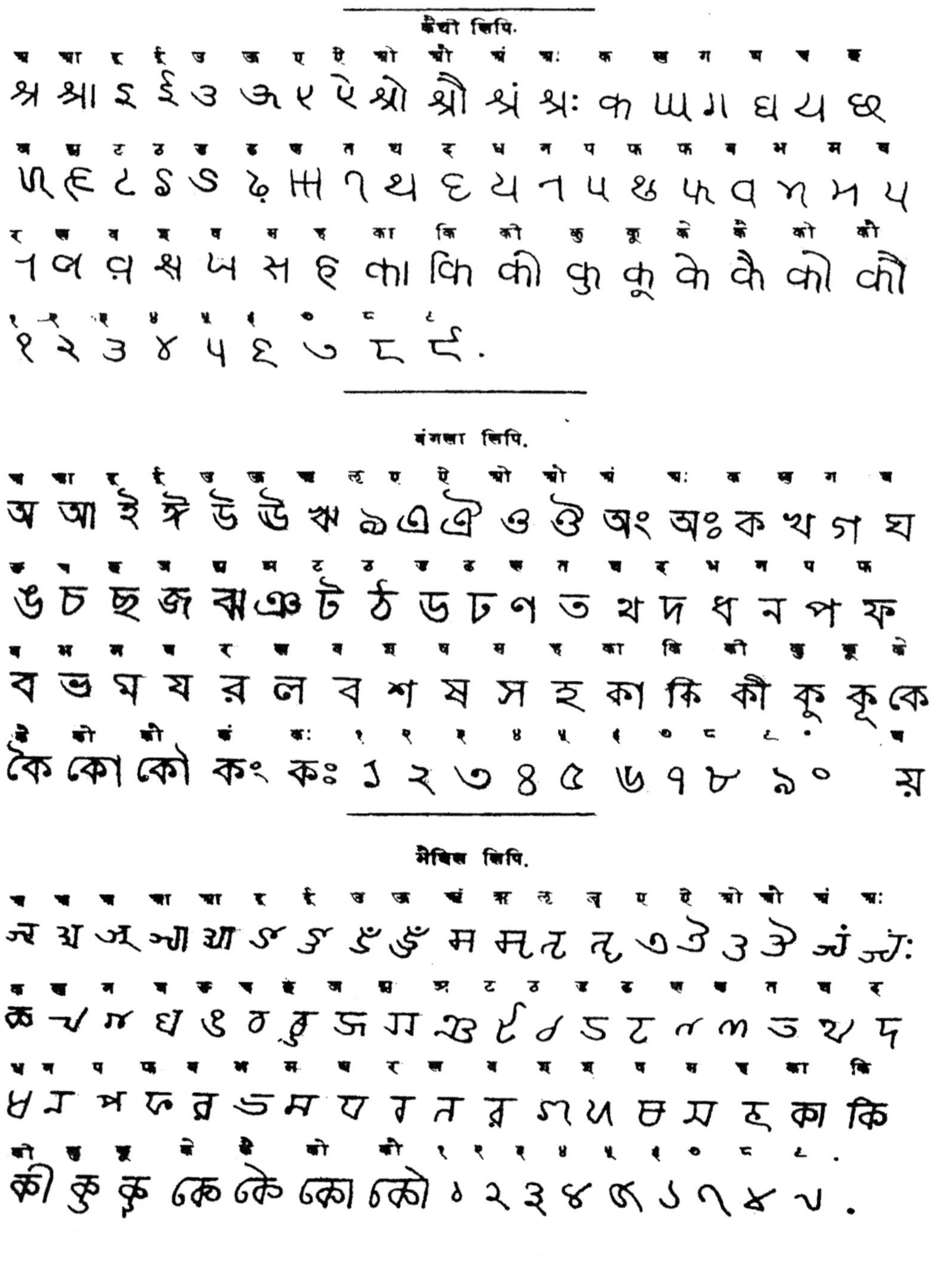

लिपिपत्र ७९वां

वर्तमान उड़िया, गुजराती और मोडी (मराठी) लिपियां

उड़िया लिपि.

गुजराती लिपि.

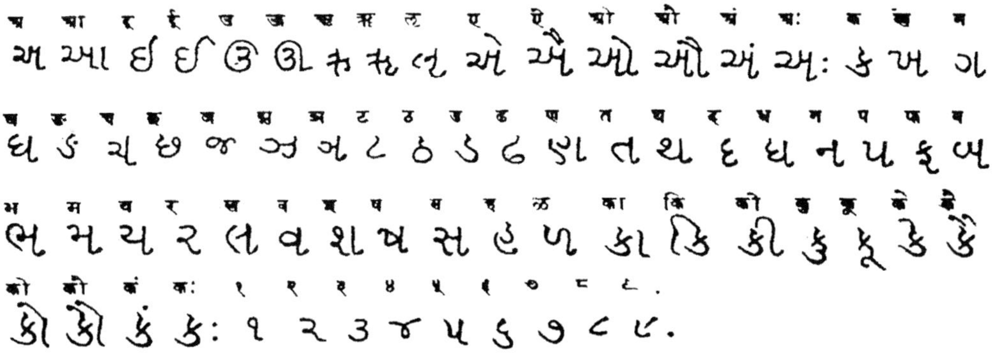

मोडी (मराठी) लिपि.

लिपिपत्र ८०वां

वर्तमान तेलगु, कनड़ी और ग्रन्थ लिपियां

तेलुगु लिपि.

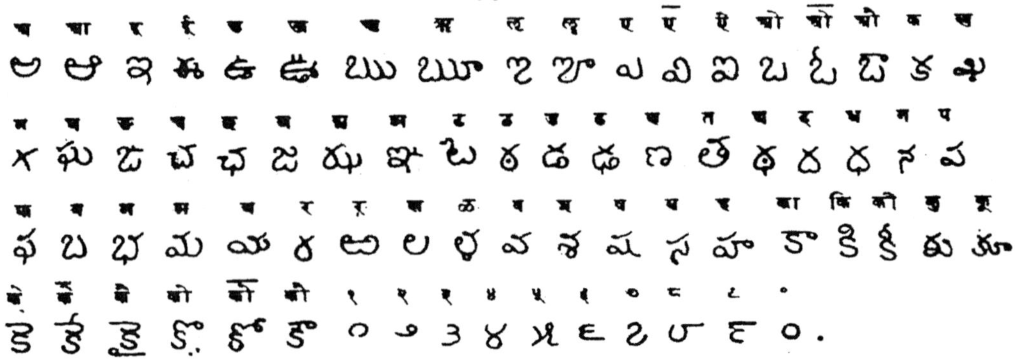

कनड़ी लिपि.

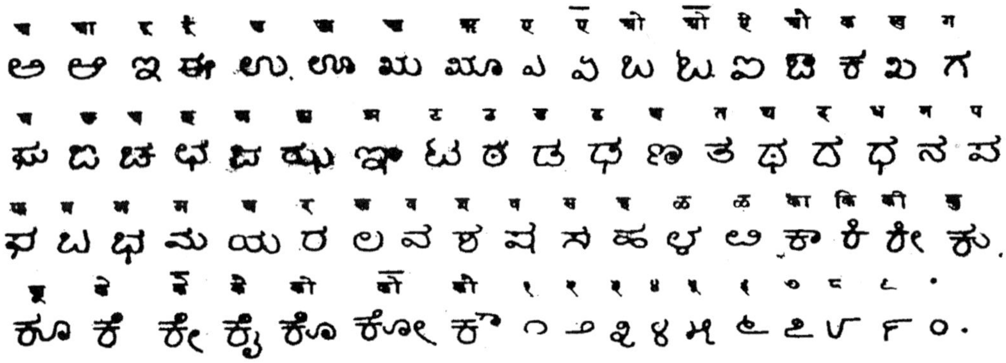

ग्रन्थ लिपि.

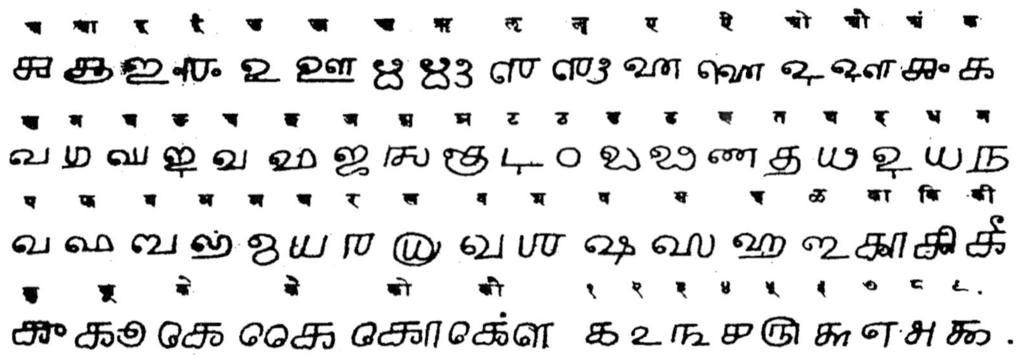

लिपिपत्र ८१वां

वर्तमान मलयाळम्, तुळु और तामिळ लिपियां

मलयाळम् लिपि.

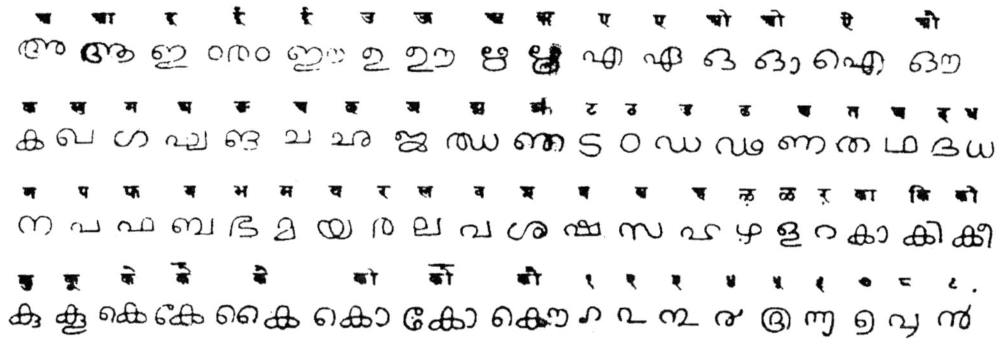

तुळु लिपि.

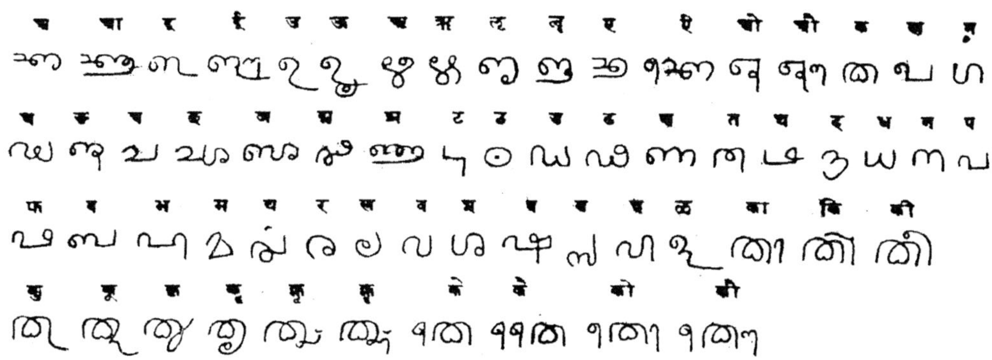

तामिळ लिपि.

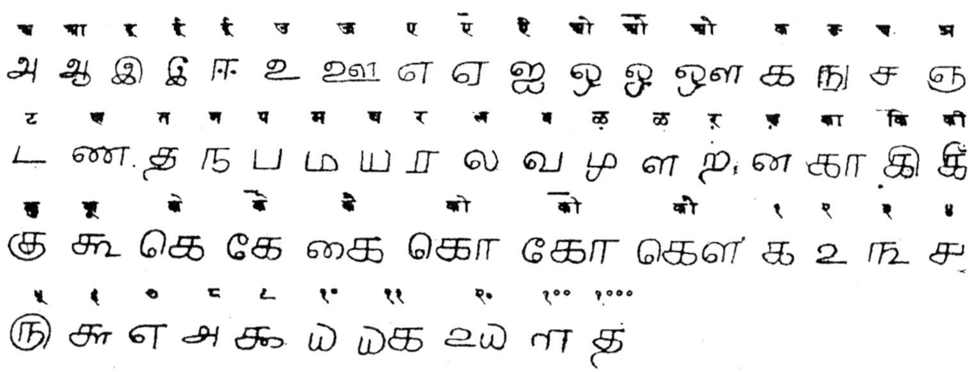

लिपिपत्र ८२वां

वर्तमान नागरी और शारदा (कश्मीरी) लिपियों की उत्पत्ति

नागरी लिपि की उत्पत्ति.

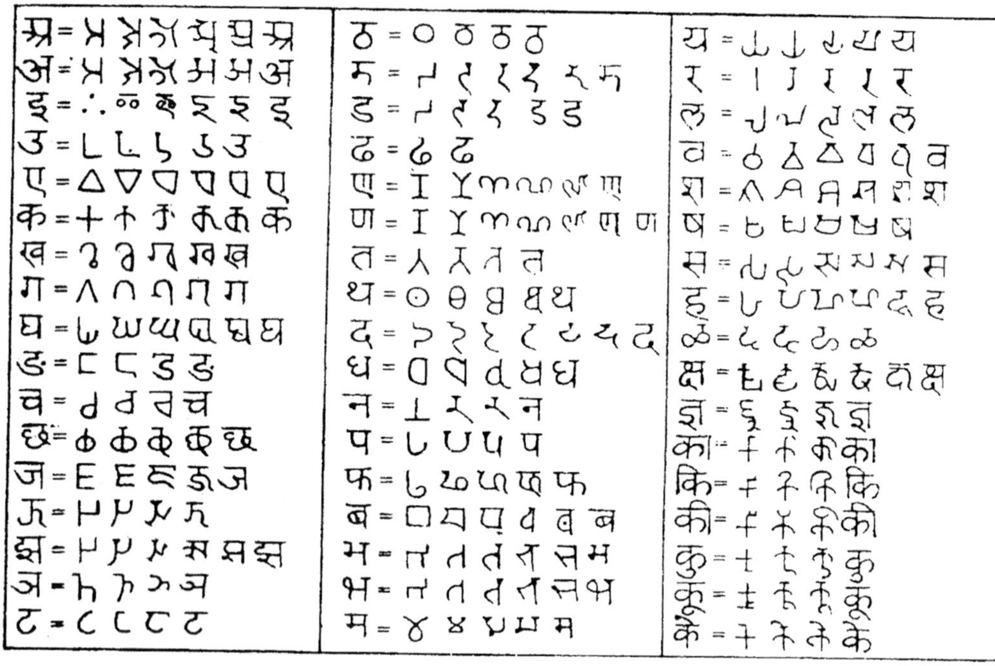

शारदा (कश्मीरी) लिपि की उत्पत्ति.

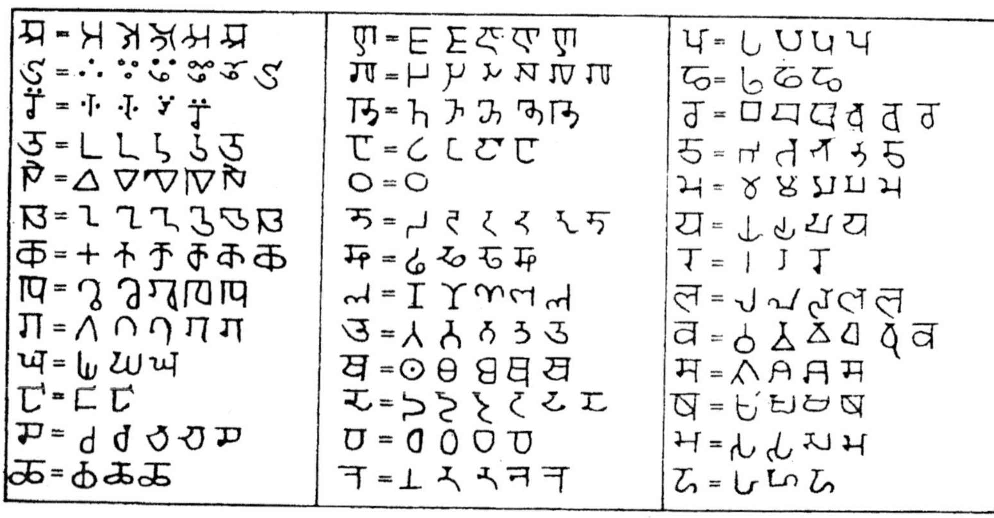

चित्र 6. हेलिओदोर का बेसनगर
गरूड़–स्तंभ–अभिलेख 113 ई० पू०

चित्र 7. समुद्रगुप्त का
एरण शिलालेख

चित्र 8. गुप्त कालीन मुद्रा

चित्र 9. चन्द्रगुप्त द्वितीय का सांची लेख – वर्ष 93

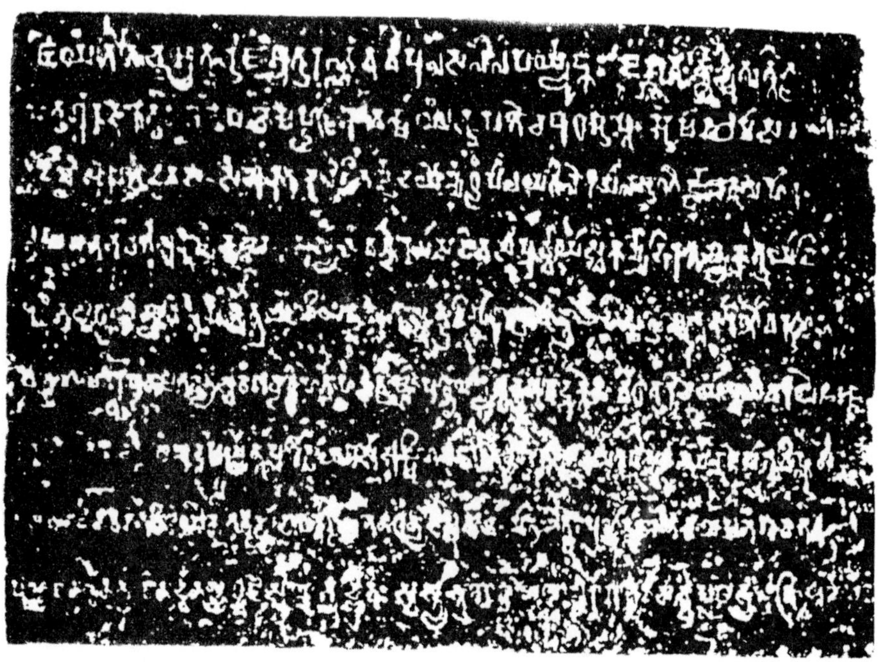

चित्र 10. बुधगुप्त का एरण स्तंभ–लेख

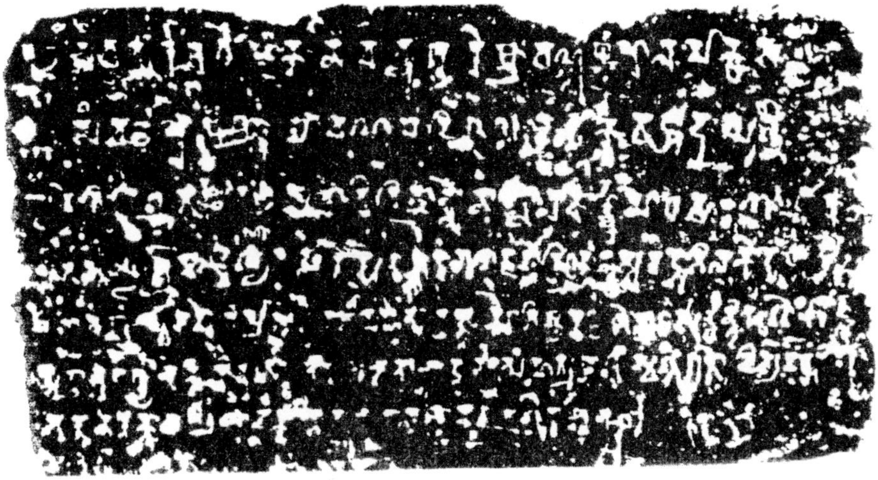

चित्र 11. गोपराज का मरणोपरान्त लिखित एरण स्तंभ–लेख–वर्ष 191

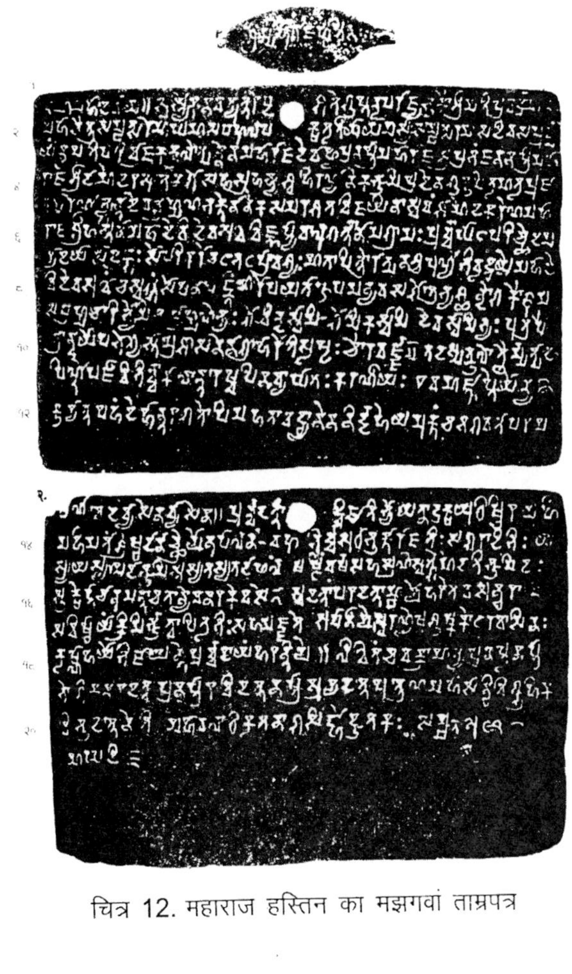

चित्र 12. महाराज हस्तिन का मझगवां ताम्रपत्र

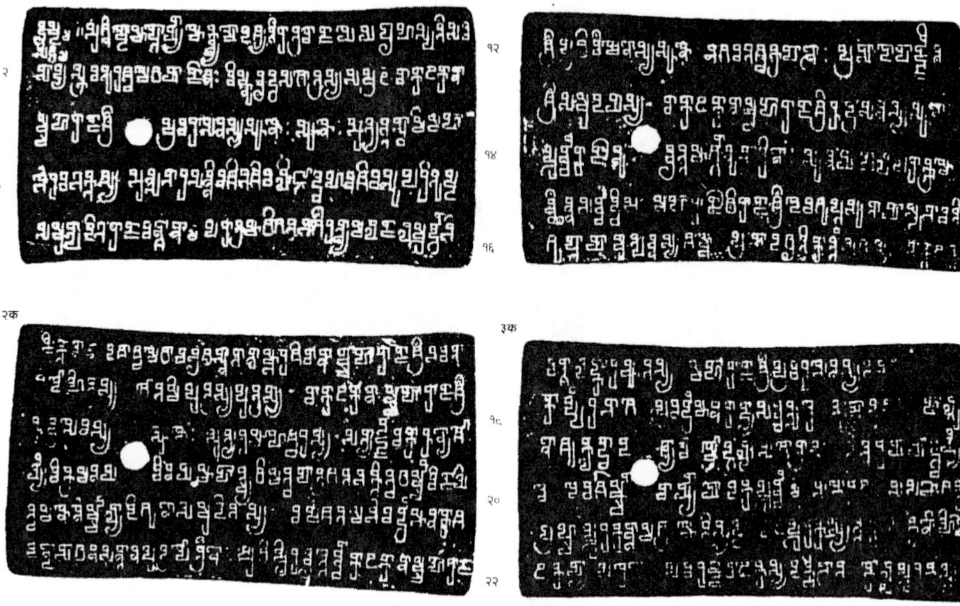

चित्र 13. महाराज प्रवरसेन द्वितीय के सिवनी–ताम्रपत्र

चित्र 14. महाराज पृथ्वीषेण का नचने की तलाई शिलालेख

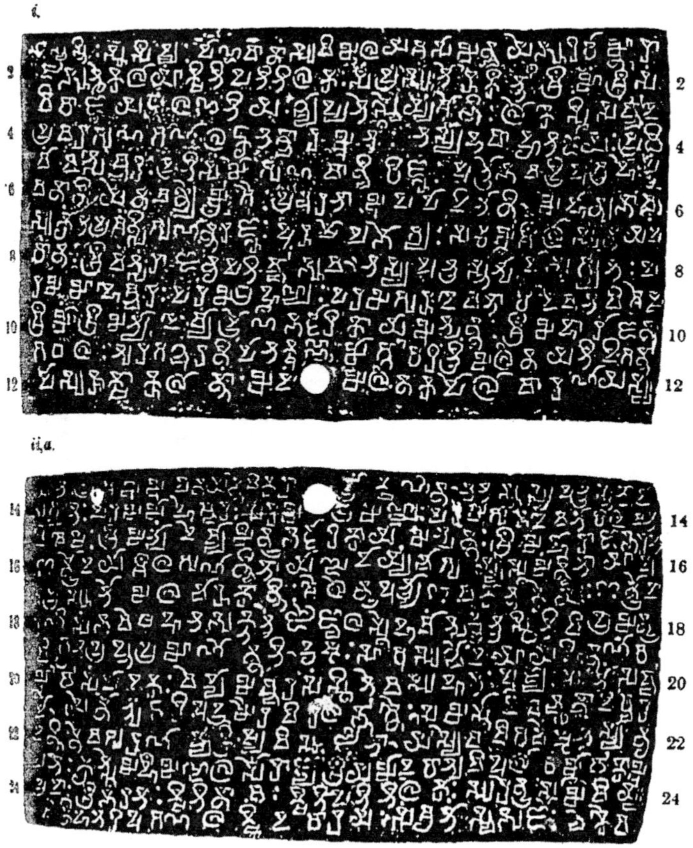

चित्र 15. भरतबल का बम्हनी ताम्रपत्र राज्य वर्ष – 2

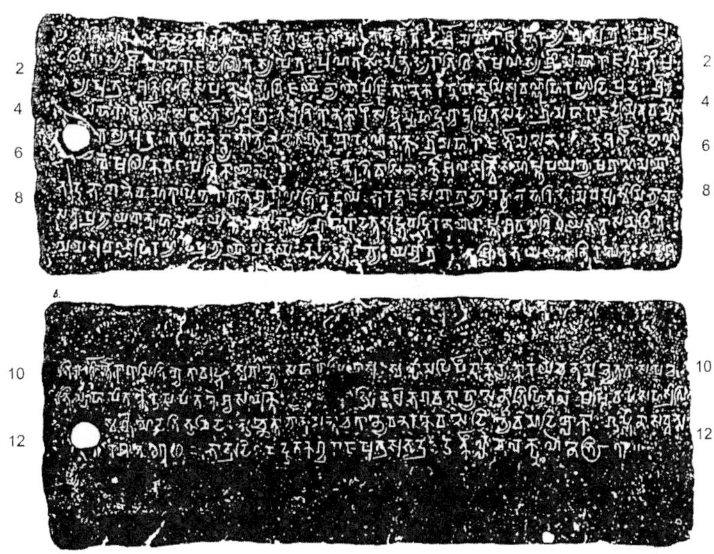

चित्र 16. भीमसेन द्वितीय का आरंग ताम्रपत्र

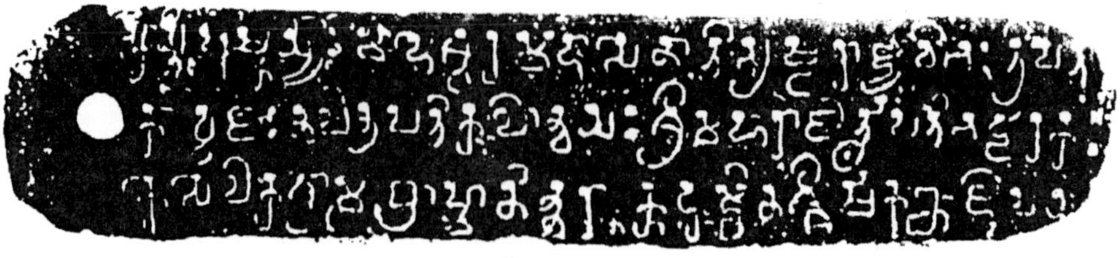

ii,a.

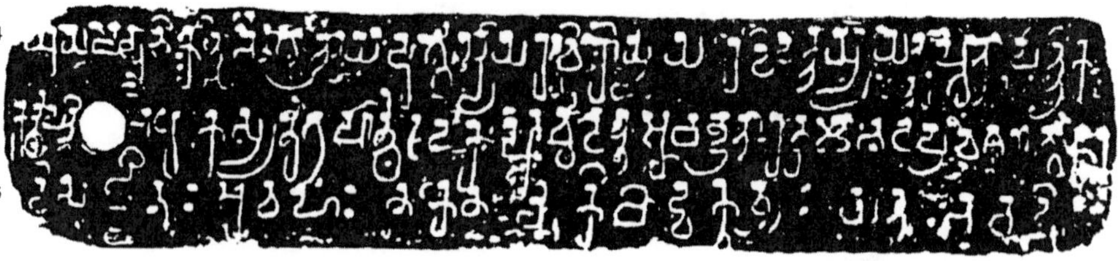

ii,b.

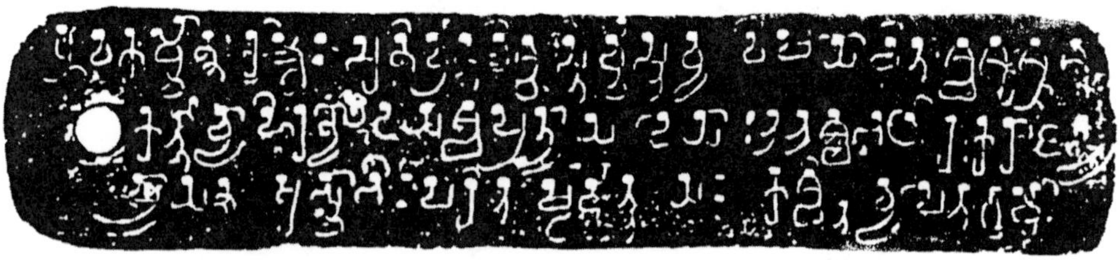

iii,a.

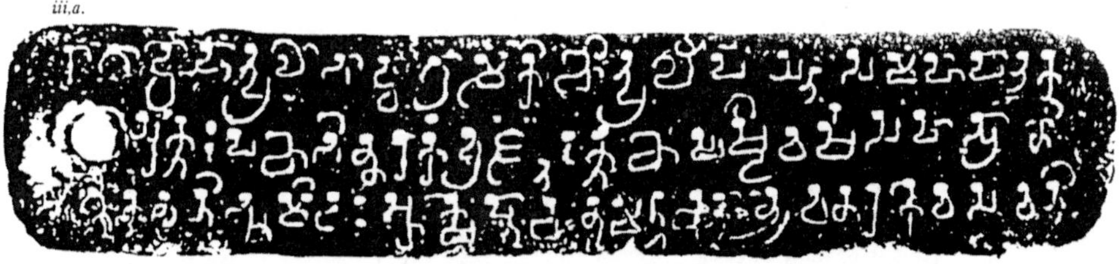

iii,b.

चित्र 17. अर्थपति का केसरी बेड़ा ताम्रपत्र

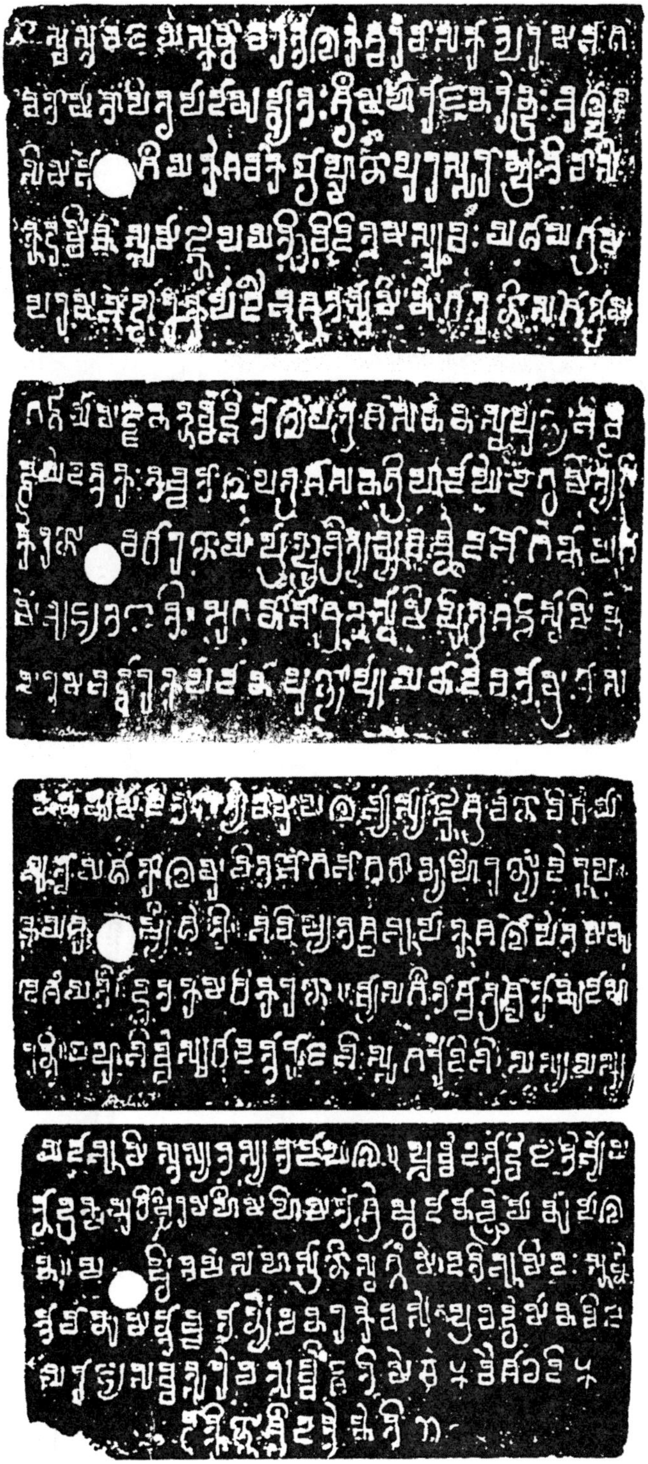

चित्र 18. नरेन्द्र कुरूद ताम्रपत्र लेख राज्य वर्ष – 24

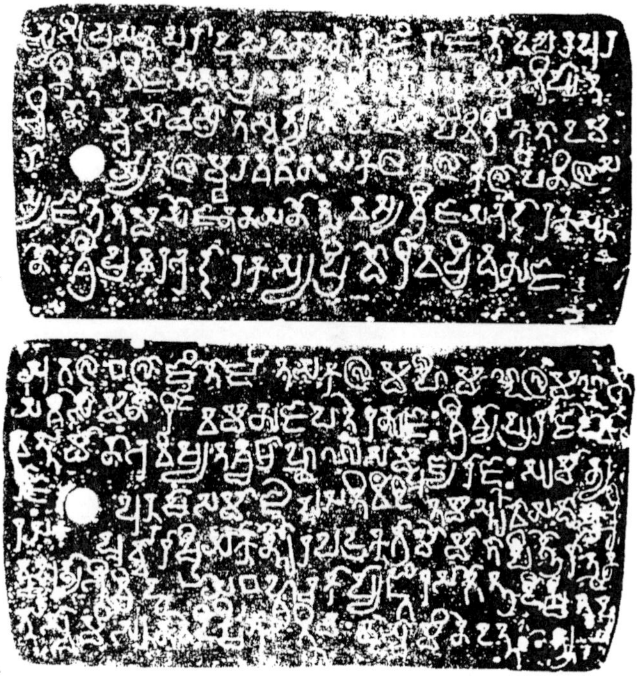

चित्र 19. व्याघ्रराज का मल्लार ताम्रपत्र लेख राज्य वर्ष – 4

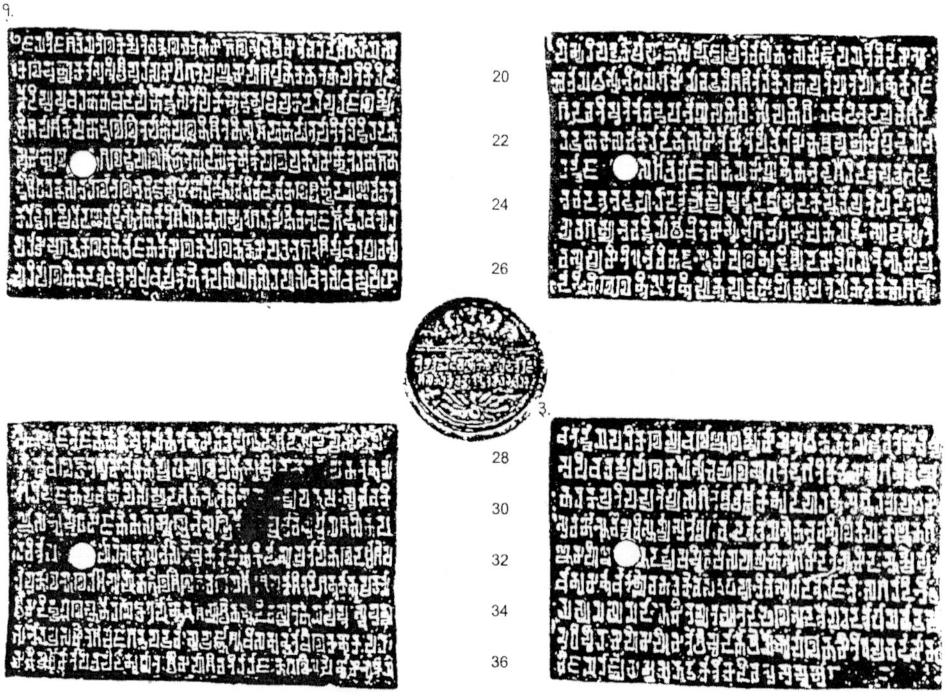

चित्र 20. तीवरदेव का रजिम ताम्रपत्र राज्य वर्ष – 7

चित्र 21. शर्ववर्मन् का असीरगढ़ ताम्र–मुहर लेख

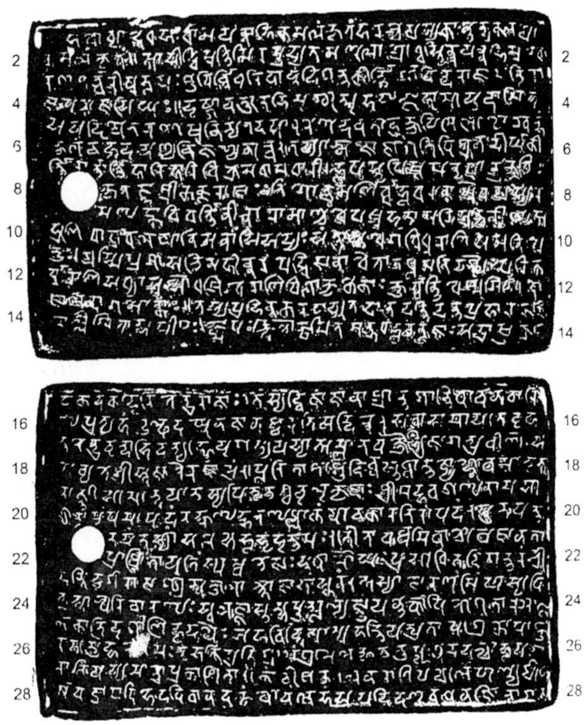

चित्र 22. कृष्णराज प्रथम का भांदक ताम्रपत्र लेख

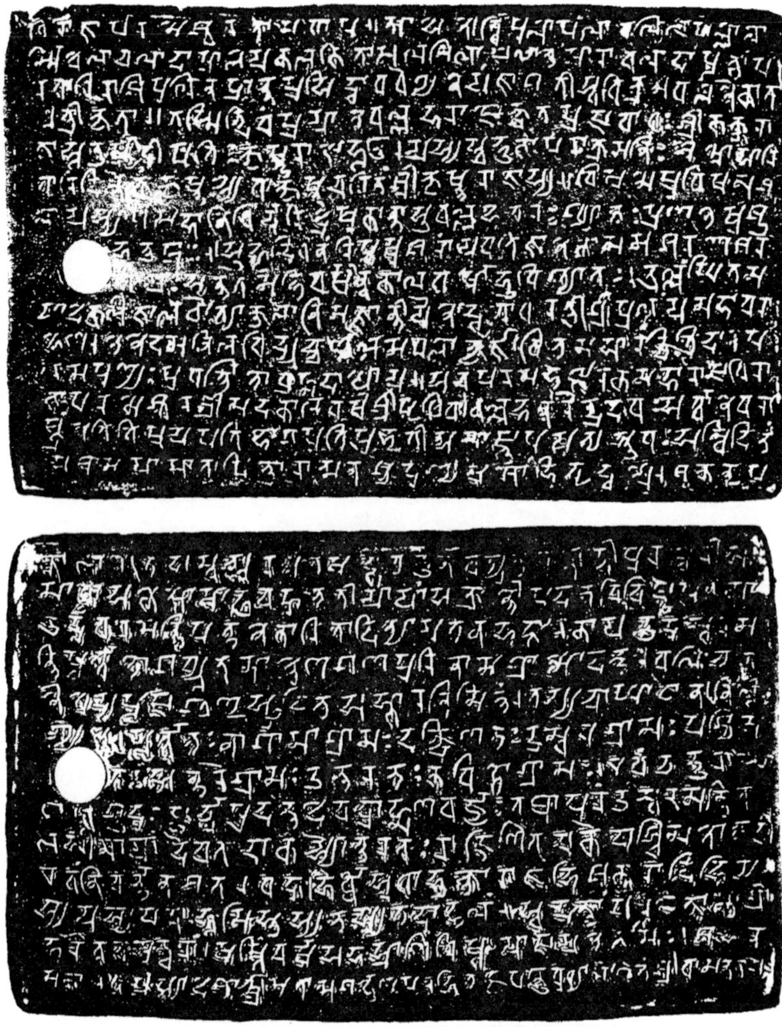

चित्र 23. कृष्णराज प्रथम का भांदक ताम्रपत्र लेखट

चित्र 24. महाशिवगुप्त बालार्जुन का सेनाकपाट शिलालेख

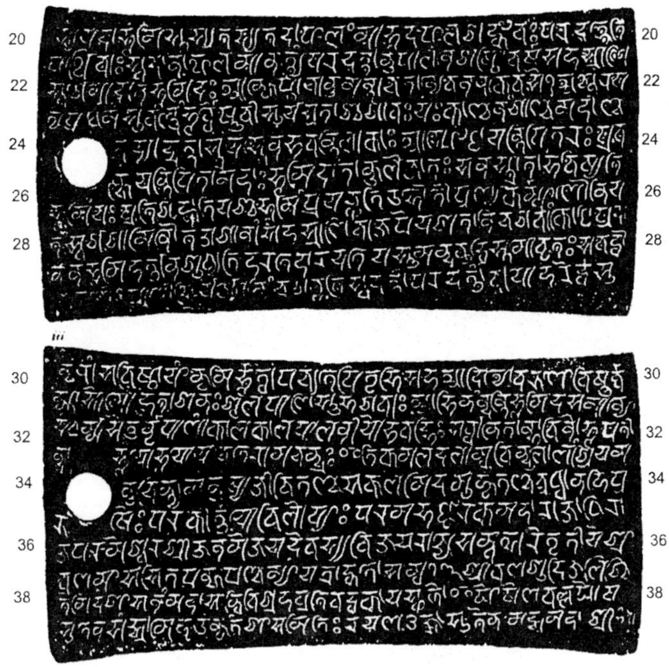

चित्र 25. महाभवगुप्त प्रथम जनमेजय का वक्रतेन्तली ताम्रपत्र लेख

चित्र 26. भोज का ग्वालियर शिलालेख

चित्र 27. नागभट्ट का बुचकला – शिलालेख

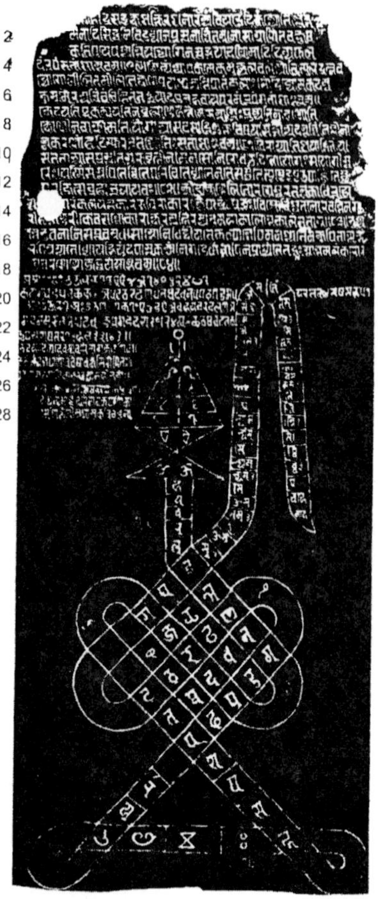

चित्र 28. महाकालेश्वर मंदिर सर्प बन्ध अभिलेख

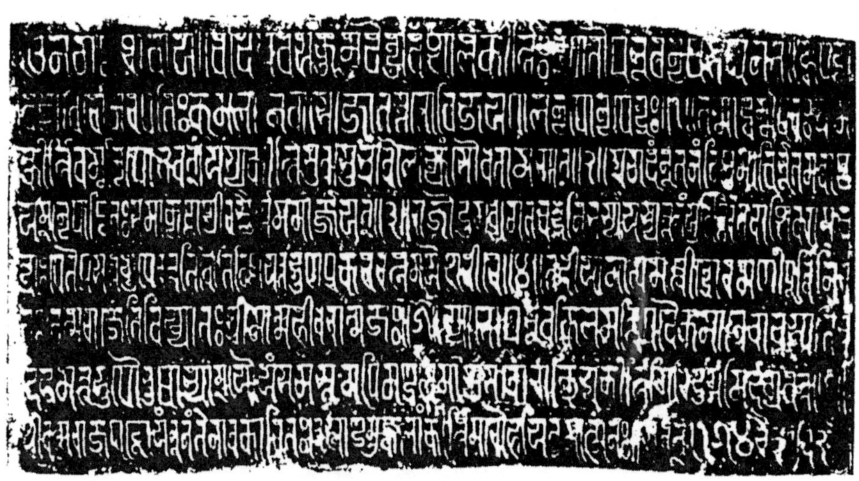

चित्र 29. देवगाँव शिलालेख – कीर्तिवर्मन

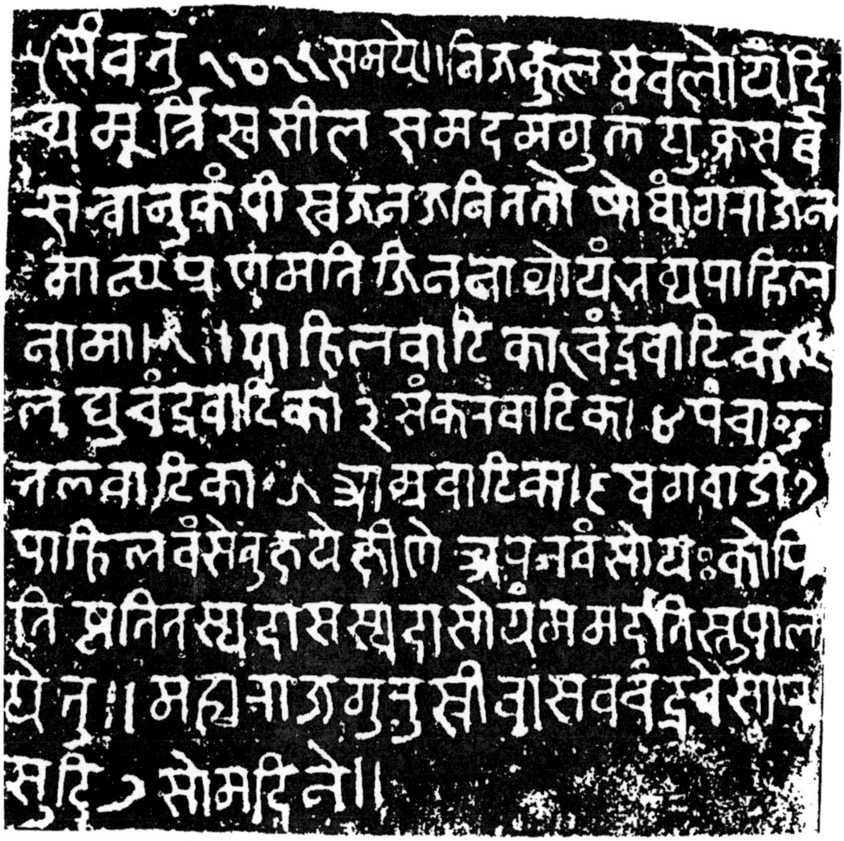

चित्र 30. खजुराहो जैन मंदिर शिलालेख – धंगदेव

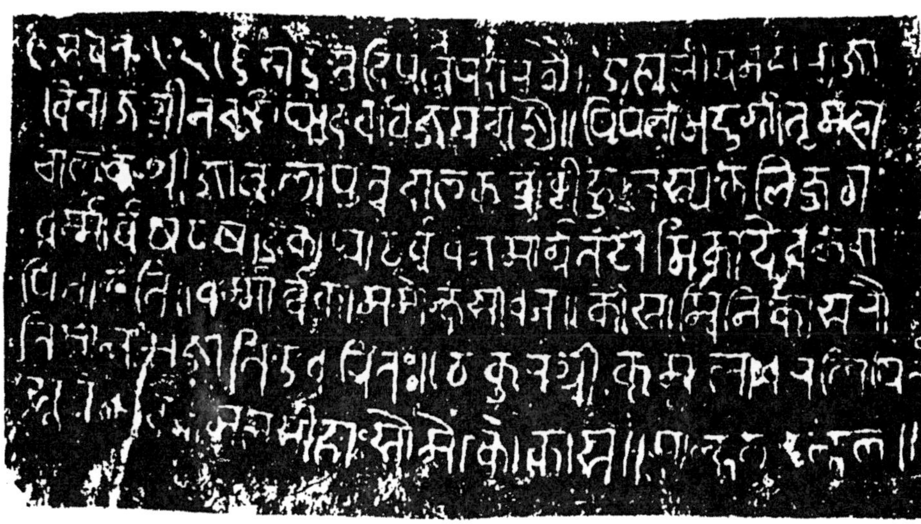

चित्र 31. अल्हाघाट शिलालेख – नरसिंहदेव

A

चित्र 32. चन्द्रेह शिलालेख – प्रबोध शिव

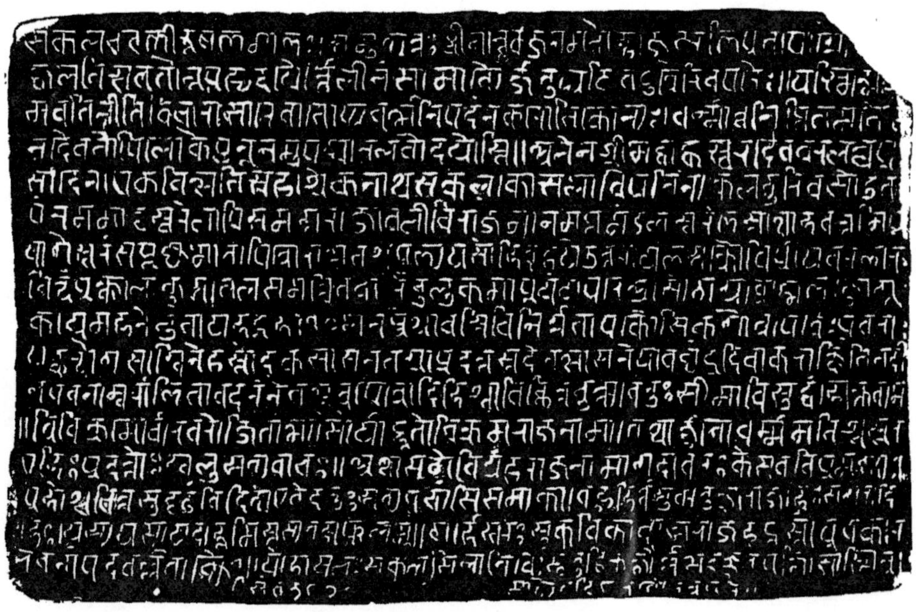

चित्र 33. रायपुर ताम्रपात्र – पृथ्वी देव प्रथम